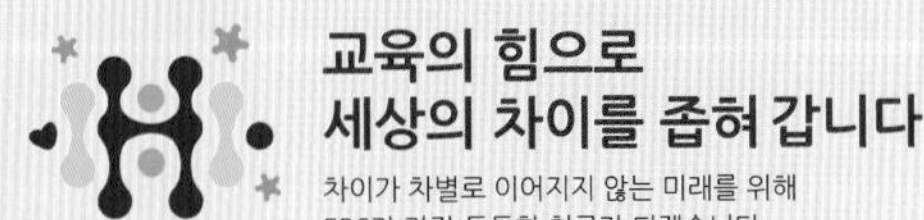

모든 교재 정보와 다양한 이벤트가 가득!
EBS 교재사이트 book.ebs.co.kr

본 교재는 EBS 교재사이트에서
eBook으로도 구입하실 수 있습니다.

2025학년도 수능 대비

수능특강 사용설명서

국어영역

독서

발행일 2024. 1. 28. **1쇄 인쇄일** 2024. 1. 21. **신고번호** 제2017-000193호 **펴낸곳** 한국교육방송공사 경기도 고양시 일산동구 한류월드로 281
기획 및 개발 EBS 교재 개발팀
표지디자인 ㈜무닉 **편집** ㈜글사랑 **인쇄** ㈜재능인쇄
인쇄 과정 중 잘못된 교재는 구입하신 곳에서 교환하여 드립니다. 신규 사업 및 교재 광고 문의 pub@ebs.co.kr

교재 내용 문의
교재 및 강의 내용 문의는
EBS*i* 사이트(www.ebs*i*.co.kr)의 학습 Q&A 서비스를
활용하시기 바랍니다.

교재 정오표 공지
발행 이후 발견된 정오 사항을
EBS*i* 사이트 정오표 코너에서 알려 드립니다.
교재 → 교재 자료실 → 교재 정오표

교재 정정 신청
공지된 정오 내용 외에 발견된 정오 사항이 있다면
EBS*i* 사이트를 통해 알려 주세요.
교재 → 교재 정정 신청

2025학년도 수능 대비

수능특강 사용설명서

국어영역

독서

차례 | 수능특강 사용설명서 독서

교과서 개념 학습

적용 학습

contents

III 실전 학습

2025학년도 수능특강, 어떻게 공부할까?

효율적인 연계교재 공부법은 따로 있습니다. 문제가 점점 길어지고 복잡해지는 최근 수능 출제 경향을 생각하면, 더 빠르고 정확하게 지문과 자료를 분석하는 연습을 우선해야 합니다.

〈수능특강 사용설명서〉는 신경향 수능 대비에 최적화된 교재입니다. EBS 연계교재에 담긴 지문과 자료의 수록 의도, 출제 포인트를 분석하는 연습을 지금부터 시작해야 합니다.

2025학년도 수능, **〈수능특강 사용설명서〉**와 함께 성공할 수 있습니다.

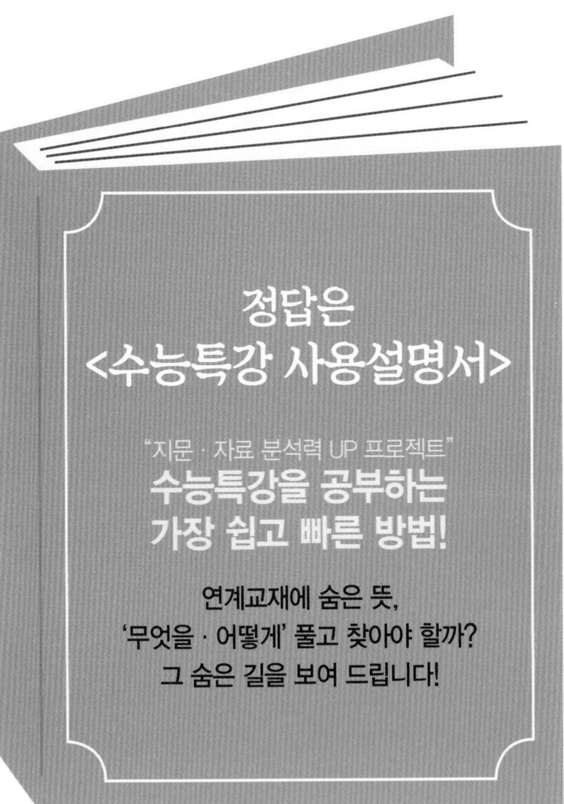

정답은
<수능특강 사용설명서>
"지문 · 자료 분석력 UP 프로젝트"
수능특강을 공부하는
가장 쉽고 빠른 방법!
연계교재에 숨은 뜻,
'무엇을 · 어떻게' 풀고 찾아야 할까?
그 숨은 길을 보여 드립니다!

 **1단계 연계교재 독해 포인트**

연계교재 수록 지문에 대한 주요 내용, 핵심 키워드 등을 소개합니다. 제시된 지문을 어떻게 공부하면 좋을지 미리 방향을 안내하여, 더 빠르고 정확하게 학습할 수 있도록 구성하였습니다.

 **2단계 수능특강 지문 분석**

수능특강에 제시된 지문의 모든 핵심 내용을 수록하였습니다. 정확하고 빠른 지문 분석과 문제 해결 방법을 보여 주기 위해서 풍부한 해설을 제공합니다. 선생님의 밀착 지도를 받는 듯한 생생한 학습으로 실력을 향상할 수 있습니다.

 **3단계 이것만은 꼭! / 만점 구조도**

수능특강에 제시된 지문을 한눈에 파악할 수 있도록 핵심 개념을 요약하여 제시합니다. 또한 꼭 알아야 할 핵심 내용을 '포인트'로 구조화하여, 지문의 내용 구조와 특징을 파악하고, 수능특강 문제도 쉽게 해결할 수 있습니다.

 **4단계 더 알아보기**

'더 알아보기'에서는 제시된 지문과 관련된 다양한 자료를 수록하여, 배경지식을 얻을 수 있도록 구성하였습니다.

수험생이 기다렸던 교재!!

- 연계교재가 어려운 학생들을 위해 더 친절하고 자세하게 설명합니다.
- 수능특강에 수록된 지문을 그대로 싣고 개념의 이해를 도와주는 교재입니다.
- 수능특강의 어려운 내용과 도움이 되는 자료를 자세히 설명하여 연계교재 학습을 확실하게 마무리할 수 있도록 도와줍니다.

선생님들이 기다렸던 교재!!

- 연계교재를 효율적으로 가르치고, 활용하는 방법을 보여 드립니다.
- 오개념 전달, 검증 안 된 변형 문항 등 잘못된 방법으로 공부하는 것을 안타까워하시는 선생님들께 꼭 필요한 교재입니다.
- 수능특강에 수록된 지문에 대한 쉬운 설명, 개념 자료, 심화 학습 자료 등을 제공합니다.

I

교과서 개념 학습

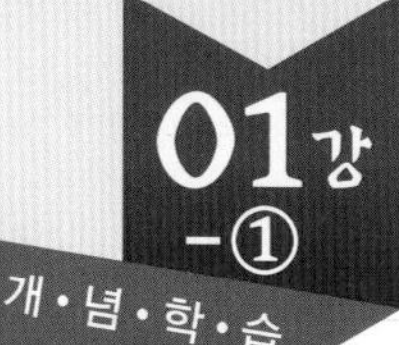

자기 선택적 독서와 북매치 전략

EBS 수능특강 **독서 009쪽**

독해 포인트 자기 선택적 독서는 독자가 자기가 읽고 싶은 책을 읽는 것이다. 자기 선택적 독서를 하기 위해서, 독자에게는 자신에게 적절한 책을 선정해서 읽을 수 있는 전략이 필요하다. 이를 위한 전략으로 북매치 전략이 있다. 북매치 전략은 9가지 책 선정 요소 모두를 고려하여 독자 자신에게 적합한 책을 고르게 하는 방법이다. 독자는 9가지 책 선정 요소와 관련된 질문으로 자신이 고른 책에 대해 점검을 하고, 점검 결과를 종합하여 자신에게 적합한 책을 고른다. 자신에게 적합한 책을 선정하여 읽은 독자는 독서에 대한 흥미를 갖게 되며 독서 능력이 향상된다. 또한 독자는 성공적인 독서 행위에 대한 기대와 믿음을 높일 수 있게 된다.

주 제 자기 선택적 독서와 책 선정 전략으로서 북매치 전략

자기 선택적 독서는 독자가 자기가 읽고 싶은 책을 스스로 선정*하고 자율적으로 책을 읽는 것이다. 독자는 추천 도서 목록에서 책을 스스로 선정하거나, 선정해야 할 책의 목록 같은 것이 없는 상황에서 책을 선정할 수도 있다. 책을 선정할 범위가 정해져 있는 경우이든, 그렇지 않은 경우이든 독자는 책을 선정하는 데 어려움을 겪을 수 있으며, 이 어려움은 독서에 대한 독자의 흥미를 떨어뜨릴 수 있다. 또한 책을 잘못 선정하여 독서에 실패하면 독서 자체에 대한 흥미나 동기가 떨어질 수도 있다. 따라서 독자는 성공적인 독서를 위해서, 자신에게 적절한 책을 선정할 수 있는 전략을 사용할 수 있어야 한다. 이와 관련하여 독자에게 적합한 책을 고를 수 있는 전략으로 우츠와 웨드윅은 북매치(BOOKMATCH) 전략을 제안하였다.

(책을 선정할 범위가 정해져 있는 경우 / 책을 선정할 범위가 정해져 있지 않은 경우 / 적절한 책을 선정해야 하는 이유)

▶ 자기 선택적 독서에서 적절한 책 선정의 필요성

북매치는 9가지 책 선정 요소인 '책의 길이(Book length)', '언어의 친숙성(Ordinary language)', '글의 구조(Organization)', '책에 대한 선행 지식(Knowledge prior to book)', '다룰 만한 텍스트(Manageable text)', '장르에 대한 관심(Appeal to genre)', '주제 적합성(Topic appropriate)', '연관(Connection)', '높은 흥미(High-Interest)'의 앞 글자를 따서 만든 전략의 명칭으로, 독자의 독서 수준과 흥미를 고려하여, 독자가 스스로 책을 선택할 수 있도록 돕기 위해 개발된 전략이다. 9가지 요소는 독자와 관련된 것과, 책과 관련된 것으로 나눌 수 있다. 전자에는 책의 내용에 대한 흥미와 관련된 '높은 흥미', 장르에 대한 독자의 선호*와 관련된 '장르에 대한 관심', 책이 어떤 내용이나 어떤 인물을 독자에게 떠오르게 하는 것과 관련된 '연관', 독자에게 주제가 편안하게 느껴지는 것과 관련된 '주제 적합성', '책에 대한 선행 지식'이 있다. 후자에는 독자가 읽기에 적당한 정도의 분량과 관련된 '책의 길이', 글의 의미가 잘 이해되는 것과 관련된 '언어의 친숙성', '글의 구조', 책에 사용된 단어의 수준과 관련된 '다룰 만한 텍스트'가 있다. 9가지 요소를 이와 같이 분류해 볼 수 있지만 사실 각 요소는 독자와 관련된 것과 책과 관련된 것이 결부*되어 있는 것으로 볼 수 있다.

(독자와 관련된 요소 / 책과 관련된 요소 / 책의 주제, 내용, 작가 등 책과 관련하여 독자가 가지고 있는 지식 / 책에 있는 단어들이 독자에게 어려운 단어인지, 쉬운 단어인지에 대한 것)

▶ 북매치 전략에서의 책 선정 요소

독자는 9가지 요소와 관련된 질문을 직접 만들거나 미리 만들어진 질문을 활용하여 9가지 요소에 대한 자신의 수준이나 능력, 경험 등을 점검한다. 점검을 마친 후에는 점검 결과를 종합하여 자신에게 가장 적절하다고 생각되는 책을 선정한다. 가령 한국의 풍속화와 관련한 책이 있다고 할 때, 독자는 '글의 구조'와 관련한 질문에 대해 '각 장의 작품을 예로 많이 들어 내용을 이해하는 데에 도움이 많이 될 것 같고, 4개의 장으로 나뉘어 있어 내가 읽기에 편할 것 같다.'와 같이 답변을 작성한다.

(글의 구조에 대한 점검 결과)

▶ 북매치 전략 활용 방법

독자는 북매치 전략을 활용하는 과정에서 책 선택의 어려움이나 적절하지 않은 책 선정으로 독서 과정에서 겪

었던 어려움을 떠올려 보고, 이를 인식함으로써 자신에게 적합한 책을 고를 수 있는 역량을 기를 수 있다. 북매치 전략을 활용한 자기 선택적 독서를 통해 독자는 자신에게 적절한 수준의 책을 읽음으로써 책의 내용에 대한 이해의 폭을 넓히고, 독서에 성공하는 경험을 가질 수 있다. 독서에 성공하는 경험을 한 독자는 독서에 대한 흥미와 동기가 높아지며, 독자 자신의 독서 능력과 성공적인 독서 행위에 대한 기대와 믿음을 높일 수 있게 된다.

독자 자신에게 적절한 책을 선정하여 읽었을 때 얻을 수 있는 효과

성공적인 독서를 통해 얻을 수 있는 효과

▶ 자기 선택적 독서와 북매치 전략의 의의

어휘! 이것만은 꼭 익히자

- **선정(選定)**: 여럿 가운데서 어떤 것을 뽑아 정함.
- **선호(選好)**: 여럿 가운데서 특별히 가려서 좋아함.
- **결부(結付)**: 일정한 사물이나 현상을 서로 연관시킴.

핵심 개념 이것만은 꼭 익히자

자기 선택적 독서

자기 선택적 독서는 독자가 자기가 읽고 싶은 책을 스스로 선정하고 자율적으로 책을 읽는 것이다. 자기 선택적 독서는 독서에 대한 독자의 동기를 신장하는 효과적인 독서로 인정받고 있다.

북매치 전략

독서에 대한 흥미를 유지하기 위해서 독자가 읽기 자료를 스스로 선정할 수 있어야 한다는 취지에서 고안된 전략이 북매치 전략이다. 북매치 전략에서의 책 선정을 위한 9가지 요소로는 '책의 길이(Book length)', '언어의 친숙성(Ordinary language)', '글의 구조(Organization)', '책에 대한 선행 지식(Knowledge prior to book)', '다룰 만한 텍스트(Manageable text)', '장르에 대한 관심(Appeal to genre)', '주제 적합성(Topic appropriate)', '연관(Connection)', '높은 흥미(High-Interest)'가 있다.

■ **자기 결정감 이론**

자기 결정감 이론은 자기 선택적 독서의 바탕이 되는 이론이다. 자기 결정감은 한 개인이 환경에 대해 어떤 행위를 취할 것인가를 스스로 결정하는 것으로, 이에 대한 이론인 자기 결정감 이론에서는 인간의 행동을 통제되는 행동과 자율적인 행동으로 구분한다. 인간이 선택권을 행사하여 행동하는 자율적 행동이야말로 인간의 동기를 근본적으로 진작할 수 있다고 주장하였다.

선생님의 만점 구조도

포인트 1 **북매치 전략에서의 책 선정 요소** 문항 02 관련

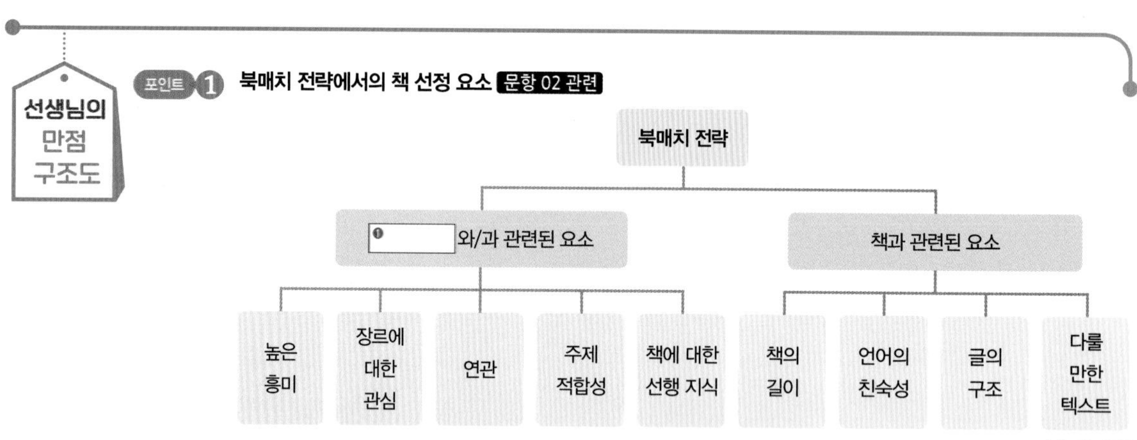

정답 ❶ 독자

포인트 2 **북매치 전략을 활용한 자기 선택적 독서의 과정과 효과** 문항 01 관련

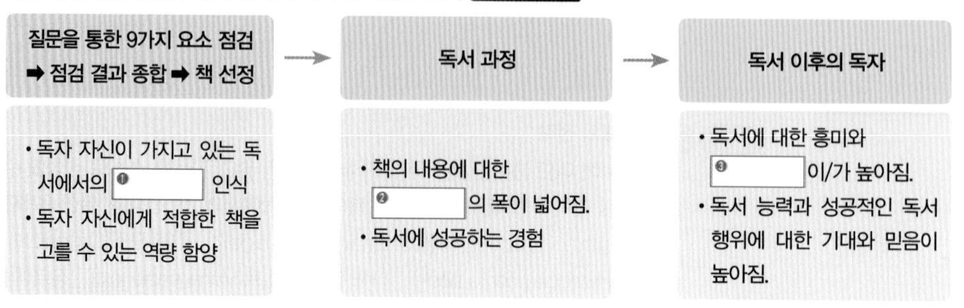

정답 ❶ 어려움 ❷ 이해 ❸ 동기

독서 동기의 두 유형

선생님의 권유나 친구의 추천, 자기 계발 등 우리가 독서를 하게 되는 동기는 다양하다. 독서 동기는 '독서를 이끌어 내고, 지속하는 힘'으로 정의되는데, 이 정의에는 독서의 시작과 지속이라는 두 측면이 포함되어 있다. 이러한 독서 동기는 슈츠가 제시한 '때문에 동기'와 '위하여 동기'라는 두 유형을 적용하여 설명할 수 있다.

독서의 '때문에 동기'는 독서 행위를 하게 만든 이유를 의미한다. 이는 독서 행위를 유발한 계기가 되므로 독서 이전 시점에 이미 발생한 사건이나 경험에 해당한다. 독서의 '위하여 동기'는 독서 행위를 통해 달성하고자 하는 목적을 의미한다. 그 목적은 독서 행위의 결과로 달성되므로 독서 이후 시점의 상태에 대한 기대나 예측이라는 성격을 가지며, 달성하지 못할 가능성을 내포한다. 예를 들어, 친구에게 책을 선물로 받아서 읽게 되었다고 할 때, 선물로 책을 받은 것은 이 독서 행위의 '때문에 동기'이다. 그리고 책을 읽고 친구와 책에 대해 대화를 나누는 것을 목적으로 설정했다면 이는 '위하여 동기'가 된다. 또한 독서 행위를 통해 성취감이나 감동을 느끼는 것, 선물로 받은 책을 읽어서 친구를 실망시키지 않는 것 등도 이 독서 행위의 결과로 기대할 수 있는 것이므로 역시 '위하여 동기'가 된다고 할 수 있다.

이러한 동기 개념은 독서 습관의 형성 과정을 설명하는 데 도움이 된다. 성공적인 독서 경험의 핵심은 독서 행위를 통해 즐거움과 유익함을 경험하는 것인데, 이러한 경험을 하게 되면 다른 책을 더 읽고 싶다는 마음이 들고 그러한 마음은 새로운 독서 행위로 연결된다. 독서의 즐거움과 유익함은 새로운 독서 행위의 이유가 된다는 점에서 '때문에 동기'가 된다. 동시에, 새로운 독서 행위를 통해 다시 경험하고 싶어지는 '위하여 동기'가 되기도 한다. 이러한 선순환을 통해 독서 경험이 반복되고 심화되면서 독서 습관이 자연스럽게 형성된다. 따라서 독서 습관을 형성하려면 '때문에 동기'와 '위하여 동기'를 바탕으로 우선 독서 행위를 시작하는 것과, 성공적인 독서 경험을 통해 독서 행위를 지속하는 것이 중요하다.

독해 포인트 이 글은 슈츠가 제시한 동기의 두 유형인 '때문에 동기'와 '위하여 동기'를 바탕으로 독서 동기에 대해 설명하고 있다. 독서의 '때문에 동기'는 독서 행위를 하게 만든 이유로 독서 이전에 이미 발생한 사건이나 경험과 관련되고, '위하여 동기'는 독서 행위를 통해 달성하고자 하는 목적으로 독서 이후의 상태에 대한 기대나 예측과 관련된다. 독서 습관은 '때문에 동기'와 '위하여 동기'를 바탕으로 독서 행위를 시작하는 것과, 성공적인 독서 경험이 새로운 독서 행위로 이어지는 선순환의 과정을 통해 형성된다.

주제 독서 동기의 두 유형과 독서 습관의 형성 과정

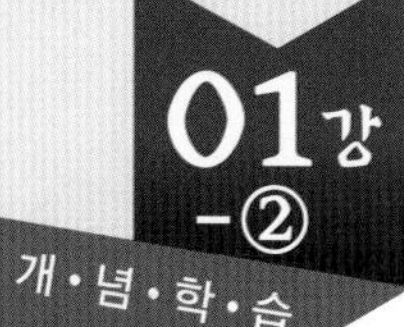

노직의 최소 국가론

개·념·학·습

EBS 수능특강 **독서 011쪽**

독해 포인트 노직은 개인의 권리를 절대적인 것으로 보고 이에 대한 권력의 침해를 경계하였다. 하지만 자연 상태에서는 개인의 권리가 타인에게 침해받을 수 있으므로, 개인의 권리를 보호할 수 있는 최소한의 권력을 가진 국가가 필요하다고 보았다. 그는 자연 상태의 개인들이 서로를 보호하기 위해 자발적으로 결성한 '보호 협회', 대가를 받고 보호 서비스를 제공하는 '상업적 보호 협회', 일정 지역 안에서 보호를 지배적으로 행사하는 '지배적 보호 협회', 권력의 독점을 주장하며 사법 조직을 설립함으로써 한 지역 내에서 독점적인 보호를 행사하는 '극소 국가'를 거쳐 국가에 자발적으로 가담하지 않고 있는 지역 내 독립된 개인들을 흡수하여 일정 지역 내에 거주하는 모든 이에게 보호를 제공하는 '최소 국가'로 나아간다고 보았다. 그의 사상은 개인의 권리에 대한 존중을 바탕으로 이상적인 국가를 형성할 수 있다는 메시지를 던졌다.

주 제 개인의 권리와 국가에 대한 노직의 사상과 최소 국가

20세기 사회 철학자 노직은 개인은 어떠한 권력에 의해서도 침해될 수 없는 존엄*한 존재이고, 생명과 자유에 대한 권리나 재산에 대한 권리 등(개인이 지닌 권리의 종류) 개인의 권리는 국가와 같은 권력 등이 위협해서는 안 되는 절대적인 것이라고 보았다. 하지만 그는 자연 상태에서는 개인이 다른 개인의 권리를 침해*할 수도 있으므로(노직이 국가의 필요성을 주장한 이유) 개인의 권리를 보호할 수 있는 최소한의 권력을 지닌 국가가 필요하다고 보았다. 그는 『무정부, 국가 그리고 유토피아』에서 자연 상태에서 최소 국가에 이르는 일련*의 과정을 분석하여 가장 정당한 국가가 무엇인지에 대해 설명하였다.

▶ 개인의 권리와 국가의 필요성에 대한 노직의 생각

노직은 국가가 강제력의 독점*(국가가 갖추어야 하는 요건 ①)과 모든 사람에 대한 보호 서비스 공급(국가가 갖추어야 하는 요건 ②)이라는 두 가지 요건을 갖추어야 한다고 보았다. 이때 강제력은 부당한 침해에 대해 처벌할 수 있는 권위적 힘, 즉 권력(강제력의 개념)을 뜻한다. 노직이 상정한 자연 상태에는 권리를 가진 개인들이 살고 있다. 자연 상태에서는 개인 간의 분쟁*이 발생할 수 있고, 다른 이에게 권리를 침해받을 수 있다. 권리 침해와 이로 인한 분쟁을 방지하기 위해(보호 협회를 결성하는 이유) 자연 상태에 놓인 개인들은 자발적으로 '보호 협회'를 결성*하고 협동을 통해 서로를 보호한다. 하지만 협회에 속한 모든 사람이 보호받기 위해서는 회원들이 항상 대기 상태에 있어야 하는 불편을 겪게 된다. 이러한 문제를 해결하기 위해 '상업적 보호 협회'가 탄생하게 되는데, 사람들은 협회에 대가를 지불하고 보호 서비스를 받게 된다. 이 협회(상업적 보호 협회를 의미)는 회원과 사적으로 계약된 상태이므로 계약 당사자들만을 보호한다. 상업적 보호 협회들이 여러 개 생겨나면 이들끼리 경쟁을 하게 되고(대가를 지불받는 경제적 이익이 발생하므로), 그 결과 일정 지역 안에서 보호를 지배적으로 행사*하는 '지배적 보호 협회'가 형성될 수 있다. 이 협회(지배적 보호 협회를 의미)는 지배적인 위치에 있기는 하지만 다른 협회가 권력을 행사하려는 것을 막을 수는 없기에 권력을 독점하고 있지는 않다. 따라서 이 협회는 노직이 생각하는 국가의 두 가지 요건(강제력의 독점과 모든 사람에 대한 보호 서비스 공급)을 모두 갖추지 못한 상태이다. 그런데 한 협회가 권력의 독점을 주장하며 사법 조직을 설립함으로써 한 지역 내에서 독점적인 보호를 행사하는 형태로 발전(극소 국가의 개념)할 수 있는데, 노직은 이를 '극소 국가'라 하였다. 극소 국가는 권력의 독점이라는 요건은 충족하지만, 극소 국가에 보호 비용을 부담하는 자는 보호하고 그렇지 않은 자는 보호에서 제외하므로 노직이 생각하는 국가의 수준에는 여전히 이르지 못한다.

▶ 자연 상태에서 극소 국가로 발전하는 과정

노직은 극소 국가가 국가에 자발적으로 가담*하지 않고 있는 지역 내 독립된 개인들을 흡수하여 일정 지역 내에 거주하는 모든 이에게 보호를 제공하는(극소 국가가 최소 국가로 나아가기 위해 갖춰야 하는 요건) '최소 국가'로 나아간다고 보았다. 최소 국가는 국가에 자발적으로 가담하지 않는 독립인들이 타인에게 해를 끼치는 행위를 하지 못하도록 금지하는 대신 보호라는 보상을 제공한다.

노직은 개인의 권리가 확보되기 위해서는 기본적 질서가 유지되는 한 개인과 국가가 최대의 거리를 유지해야 한다고 보았다. 무정부 상태보다는 나은 국가, 그러나 최소의 보호 능력 이상으로 확장되지 않은 국가를 이상적인 국가로 본 것이다. 국가의 기능은 국민의 보호에만 국한*되고, 개인은 보호에 대한 대가로 수수료를 지불하면 된다고 보았다. 이것이 노직이 그리는 자유주의적 국가의 이상이었다.

개인의 권리에 대한 국가의 간섭을 최소화하기 위해

노직이 생각한 이상적인 국가

▶ 최소 국가의 특징

최소 국가보다 확장된 국가는 필연적*으로 개인의 권리를 침해한다고 보고 개인의 권리에 대한 간섭을 최소화하는 국가로 나아가야 한다는 노직의 주장은 국가의 역할을 너무 부정적으로만 인식한다는 비판을 받는다. 또한 그가 설정한 최소 국가는 국가로서의 공적 성격을 갖기보다 사적 협회에 불과하다는 지적을 받기도 한다. 하지만 국가라는 거대한 공동체 안에서 개인의 권리를 경시*하던 사람들에게 개인의 권리에 대한 존중을 바탕으로 이상적인 국가를 형성할 수 있다는 메시지를 던졌다는 점에서 의의가 있다.

노직의 주장에 대한 비판 ①

노직의 주장에 대한 비판 ②

노직의 주장이 지닌 의의

▶ 노직의 최소 국가론의 의의

어휘! 이것만은 꼭 익히자

- **존엄(尊嚴)**: 인물이나 지위 따위가 감히 범할 수 없을 정도로 높고 엄숙함.
- **침해(侵害)**: 침범하여 해를 끼침.
- **일련(一連)**: 하나로 이어지는 것.
- **독점(獨占)**: 혼자서 모두 차지함.
- **분쟁(紛爭)**: 말썽을 일으키어 시끄럽고 복잡하게 다툼.
- **결성(結成)**: 조직이나 단체 따위를 짜서 만듦.
- **행사(行使)**: 부려서 씀.
- **가담(加擔)**: 같은 편이 되어 일을 함께 하거나 도움.
- **국한(局限)**: 범위를 일정한 부분에 한정함.
- **필연적(必然的)**: 사물의 관련이나 일의 결과가 반드시 그렇게 될 수밖에 없는 것.
- **경시(輕視)**: 대수롭지 않게 보거나 업신여김.

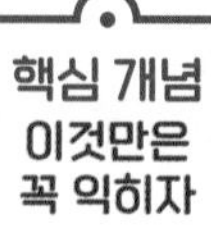

최소 국가

노직이 말하는 최소 국가는 개인의 권리를 침해하지 않는 최소한의 권력을 가진 국가를 의미한다. 그는 무정부주의자들에 대항하여, 무정부 상태보다는 최소의 보호 능력 이상으로 확장되지 않은 국가가 정당화될 수 있다고 주장한다. 그리고 확장된 형태의 국가를 옹호하는 자들에 대항하여, 최소 국가가 가장 확장된 형태의 정당한 국가라고 주장한다. 마지막으로 최소 국가가 유일하게 정당화될 수 있는 국가 형태라고 주장한다. 그는 자연 상태와 최소 국가보다 확장된 국가의 권리 침해 위험성에 대해 지적하고, 자연 상태에서 최소 국가에 이르기까지의 과정을 설명하였다.

■ **자연 상태**

홉스는 자연 상태를 만인이 만인에게 적인 전쟁 상태로 정의하고, 인간이 자신의 힘과 창의에 의해 얻을 수 있는 것 이외에는 다른 어떠한 보장도 없이 살아가야 하는 상태에 수반되는 사태와 동일하다고 보았다. 이러한 상태에서는 근로의 과실이 불확실하기 때문에 근로가 자리 잡을 수 있는 여지도 없다고 보았다. 루소는 만일 전쟁이 있다면, 그것은 사람들 사이가 아니라 국가들 사이에서만 발생한다고 보고, 홉스의 자연 상태에 대한 정의를 비판하였다. 그는 두 사람이 다투고, 치고받고, 심지어 서로 죽이는 일이 있다고 해도 이를 가지고 양자 사이에 전쟁이 일어났고, 둘은 서로 적이라고 단정할 수는 없다고 말했다. 그가 보기에 전쟁다운 전쟁은 적대 관계가 일정 기간 지속되어야 하고, 서로가 피해에 대한 보상을 얻을 목적으로 싸워야 하는데, 이 두 조건 중의 어느 하나도 자연 상태에서는 충족될 수 없는 것이었다. 반면 로크는 자연 상태에서 인간은 단지 정치권력만 부재할 뿐 서로 이성을 사용하여 생각할 수 있는 존재라고 가정하였다. 그리고 인간이 이성을 사용한다면, 굳이 서로에게 손해가 되는 싸움은 되도록 삼갈 것이고 그들은 서로가 평등하고 독립적인 존재라는 것을 인식하게 될 것이라고 보았다. 그는 인간은 자연 상태에서 적어도 자기 보존에 필요한 생명, 자유, 소유물을 어떤 다른 누구한테도 침해받지 않을 권리인 자연권을 자연적으로 요구하게 된다고 보았다.

자연 상태에서 최소 국가에 이르는 과정 문항 01 관련

자연 상태	• 개인 간의 분쟁이 발생할 수 있음. • 다른 이에게 권리를 침해받을 수 있음.
❶ [　　　] **보호 협회**	• 사람들에게 대가를 받고 보호 서비스를 제공함. • 계약 당사자들만을 보호함.
❷ [　　　] **보호 협회**	• 일정 지역 안에서 보호를 지배적으로 행사함. • 노직이 생각하는 국가의 두 가지 요건을 모두 갖추지 못함.
❸ [　　　]	• 노직이 생각하는 국가의 두 가지 요건 중 ❹ [　　　] 만을 충족함.
최소 국가	• 지역 내 독립된 개인들을 흡수하여 일정 지역 내에 거주하는 모든 이에게 보호를 제공함. • 자발적으로 가담하지 않는 독립인들이 타인에게 해를 끼치는 행위를 하지 못하도록 금지하는 대신 ❺ [　　　] (이)라는 보상을 제공함.

정답 ❶ 상업적 ❷ 지배적 ❸ 극소 국가 ❹ 권력의 독점 ❺ 보호

국가의 기능 문항 02 관련

국가의 기능	❶ [　　　] 에만 국한됨.
개인의 의무	국가에 ❷ [　　　] 을/를 지불함.

정답 ❶ 권리의 보호 ❷ 수수료

의사 결정과 애로의 불가능성 정리

EBS 수능특강 **독서 013쪽**

독해 포인트 (가) 이 글은 효율적 의사 결정에 대한 뷰캐넌과 털록의 모형에 대해 설명하고 있다. 뷰캐넌과 털록은 어떤 의사 결정 방법이든 의사 결정 비용과 외부 비용이 발생한다고 보았다. 의사 결정 비용은 합의에 필요한 시간과 노력이고, 외부 비용은 어떤 의안이 통과되었을 때 그로 인해 손해를 본다고 느끼는 사람에게 발생하는 비용으로, 뷰캐넌과 털록은 이 둘의 합이 최소가 되는 지점의 찬성자 비율을 최적 찬성자의 비율이라고 설명하였다.
(나) 이 글은 애로가 제시한 바람직한 의사 결정 방법이 갖추어야 할 조건과 불가능성 정리에 대해 설명하고 있다. 애로는 바람직한 의사 결정 방법이 갖춰야 할 다섯 가지 조건으로 선호 영역의 무제한성, 파레토 원리, 완비성과 이행성, 무관한 대안으로부터의 독립성, 비독재성을 제시하고, 이 다섯 가지 조건을 모두 충족하는 의사 결정 방법은 없다고 설명하였다. 이를 통해 어떤 의사 결정 과정을 통해 도출된 결과도 완전할 수 없음을 인정하고, 선택되지 않은 의견에 대해서도 존중해야 함을 시사하고 있다.

주 제 (가) 효율적 의사 결정에 대한 뷰캐넌과 털록의 모형 / (나) 애로가 제시한 바람직한 의사 결정 방법이 갖추어야 할 조건과 불가능성 정리

가 공공 선택 이론에서는 공공재의 공급 결정과 같은 공공 선택의 과정에서 각 개인의 선호※가 사회 전체적인 선택으로 전환되는 과정인 정치적 의사 결정이 어떠한 경제적 의미를 갖는가를 분석한다. 공공 선택 과정에 있어서 어떤 의사 결정 방법이 가장 효율적인가? 이러한 질문에 대해 뷰캐넌과 털록은 의사 결정 비용과 외부 비용이라는 개념을 활용하여 해답을 제시하고 있다. 의사 결정 비용이란 합의를 이끌어 내는 데 필요한 시간과 노력을 의미한다. 어떤 집단에서 논의 중인 의안※을 통과시키기 위해 요구되는 찬성자의 비율이 높아질수록 의사 결정 비용은 증가한다. 반면 외부 비용이란 다른 사람의 행동 결과로 인해 개인이 감수해야 하는 비용으로, 어떤 의안이 통과되었을 때 이로 인해 자신이 손해를 본다고 느끼는 사람에게 발생한다. 따라서 어떤 의안을 통과시키기 위해 필요한 찬성자의 비율이 높아질수록 이러한 외부 비용은 감소하게 된다. 그러므로 어떤 특정한 표결※ 방식과 관련된 총비용은 이 두 가지 유형의 비용을 합친 것이 된다. ▶ 뷰캐넌과 털록이 제시한 의사 결정 비용과 외부 비용의 개념

(정치적 의사 결정 / 합의를 이끌어 내는 데 필요한 시간과 노력이 증가하기 때문임. / 다른 사람들이 찬성한 어떤 의안이 통과되었을 때 그 의안의 통과로 인해 개인이 입는 손해 / 어떤 의안에 대해 찬성하지 않는 사람의 비율이 낮아질수록 / 손해를 본다고 느끼는 사람이 줄어들기 때문임.)

아래의 〈그림〉에서 세로축은 의사 결정에 수반※되는 비용을 나타내며 가로축은 의안을 통과시키기 위해 필요한 찬성자의 비율을 나타낸다. 곡선 A는 의사 결정 비용을 의미하며 곡선 B는 외부 비용을 의미한다. 〈그림〉에서 보는 바와 같이 의안을 통과시키는 데 필요한 찬성자의 비율이 낮으면 의사 결정 비용은 낮아지는 반면 외부 비용은 높아질 수밖에 없다. 반대로 의안을 통과시키는 데 필요한 찬성자의 비율이 높아지면 외부 비용은 낮아지는 반면 의사 결정 비용은 높아지게 된다. 따라서 가장 효율적인 의사 결정 방법은 A와 B값의 합이 최소가 되는 점에서 정해지게 되는 것이며 이때의 찬성자 비율이 최적 찬성자의 비율이 된다.

(의안을 통과시키기 위해 들이는 시간과 노력이 줄어드는 대신에, 그 의안으로 인해 손해를 본다고 느끼는 사람이 많아질 수 있음.)

▶ 효율적 의사 결정 방법과 최적 찬성자의 비율

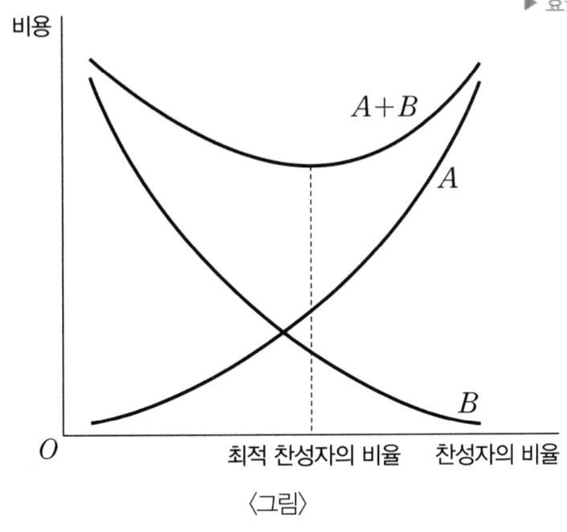

〈그림〉

물론 의사 결정 비용과 외부 비용은 의안의 성격에 따라 그 크기와 양상이 달라지며, 이들 비용의 정확한 측정도 어렵다. 그렇지만 의사 결정 방법을 선택하는 데 있어서 의사 결정 비용과 외부 비용이 모두 고려되어야 함을 설명하고 있다는 점에서 뷰캐넌-털록 모형은 시사하는 바가 크다. ▶ 뷰캐넌과 털록 모형의 시사점

(나) 어떻게 해야 사회 구성원 모두를 만족시키는 이상적인 의사 결정을 내릴 수 있을까? 바람직한 의사 결정 방법은 합리적이고 민주적이어야 한다. 이와 관련하여 미국의 경제학자 애로는 바람직한 의사 결정 방법이 갖추어야 할 조건들을 다음과 같이 제시하였다. ▶ 바람직한 의사 결정 방법의 조건을 제시한 애로

첫째는 선호 영역의 무제한성이다. 이는 개개인이 대안들에 대해 어떤 선호도 가질 수 있다는 것을 의미한다. (개개인은 어떤 선택이든 할 수 있어야 한다는 것) 둘째는 파레토 원리이다. 이는 집단 구성원 모두가 A보다 B를 선호하는 경우, 집단의 최종적인 선택 또한 A보다 B를 선호해야 한다는 조건이다. 셋째는 완비성과 이행성이다. 완비성은 모든 대안에 대해 선호의 순위를 매길 수 있어야 함을 의미하며, 이행성은 A보다 B를 선호하고 또한 C보다 A를 선호한다면 당연히 C보다 B가 선호되어야 한다는 것을 의미한다. (B>A이고 A>C이면, B>C임.) 넷째는 무관한 대안으로부터의 독립성이다. 이는 A와 B 간의 순위는 단지 A와 B의 비교에 의해서만 결정되어야 하지, 제3의 대안 (A, B의 순위와는 무관한 다른 대안) C가 등장했다고 해서 A와 B의 순위가 역전되어서는 안 된다는 조건이다. 다섯째는 비독재성이다. 어느 누구도 집합적인 선택의 과정에 대해서 결정적인 영향력을 행사해서는 안 된다는 조건이다. 즉 다른 모든 사람의 선호가 무시된 채 특정인의 선호가 곧 사회 전체의 선호가 되어서는 안 된다. ▶ 애로가 제시한 다섯 가지 조건

애로가 제시한 조건들은 합리적이고 민주적인 의사 결정을 위해 당연히 존중되어야 하는 것들이다. (다섯 가지 조건 모두 당연히 충족되어야 한다고 생각하는 것들임.) 그러나 애로는 불가능성 정리를 통해 사회 구성원의 숫자가 2명 이상이고, 선택 가능한 대안의 숫자가 3개 이상일 경우, (불가능성 정리의 성립을 위한 전제 조건) 다섯 가지 조건을 모두 충족하는 방법은 존재하지 않는다는 것을 증명하였다. 애로에 따르면 조건 1~4를 충족하는 유일한 방법은 독재이기 때문에 (비독재성을 충족하지 못함.) 다섯 가지 조건 사이에 모순이 발생하여 이를 모두 충족하는 방법은 존재하지 않는다. ▶ 애로의 불가능성 정리

애로의 불가능성 정리(다섯 가지 조건을 모두 충족하는 것이 불가능하기 때문에 붙은 이름)는 모든 집단 의사 결정 방식에 항상 문제가 있다고 설명하는 것은 아니다. 애로의 불가능성 정리는 집단 의사 결정 방법이 합리적이거나 민주적인 의사 결정이 아닐 수도 있음을 지적하며, 어떠한 의사 결정 과정을 통해 도출된 결과도 완전할 수는 없으므로 선택되지 못한 다른 대안들도 존중해야 한다는 점을 시사한다. (불가능성 정리의 의의) ▶ 애로의 불가능성 정리가 주는 시사점

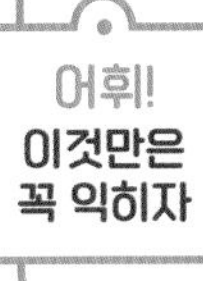

- **선호(選好)**: 여럿 가운데서 특별히 가려서 좋아함.
- **의안(議案)**: 회의에서 심의하고 토의할 안건.
- **표결(表決)**: 회의에서 어떤 안건에 대하여 가부 의사를 표시하여 결정함.
- **수반(隨伴)**: 어떤 일과 더불어 생김.

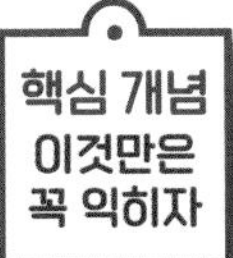

이행성과 투표의 역설

갑, 을, 병 세 사람이 과반수제 방식에 의해 예산안을 결정하기로 했다고 가정하자. A는 가장 높은 수준의 예산, B는 중간 수준, C는 가장 낮은 수준의 예산을 사용하는 안이고, 예산 집행에 소요되는 비용은 셋이 균등하게 나누어 부담한다고 가정하자. 갑이 A>B>C, 을이 C>A>B, 병이 B>C>A 순서로 선호한다고 할 때, 예산안 A와 B를 먼저 비교하면 B가 제거된다. 이후 A와 C를 비교하면 C가 두 사람의 지지를 얻어 예산안으로 선택된다.

비교의 순서를 바꿔 B와 C를 먼저 비교하고, 남은 대안 B를 A와 비교하면 A가 예산안으로 선택된다. 이와 같이 비교의 순서가 달라짐에 따라서 투표의 결과가 달라져 이행성을 충족하지 못하는데, 이를 가리켜 투표의 역설이라고 한다. 투표자 선호의 분포가 바뀌지 않는다면 이러한 순환이 끊이지 않고 되풀이된다. 과반수제에 의해 의사 결정을 할 때 투표의 역설 현상 때문에 일관성이 없는 결과가 나올 가능성이 있으며, 의사 진행 과정을 장악하고 있는 사람이 있다면 그 사람이 큰 영향력을 행사할 수 있는 여지가 있다.

■ **보다 룰**

보다 룰(Borda rule)은 프랑스의 학자인 보다가 고안한 방법이다. 먼저 각각의 사람이 자신의 선호대로 가장 선호하는 대안부터 가장 선호하지 않는 대안까지 숫자를 부여한다. 이때 선호도가 높은 대안일수록 낮은 숫자를 부여한다. 다음으로 각 대안에 대해서 사람들이 부여한 숫자의 합을 계산한다. 숫자의 합이 낮은 쪽이 사회적으로 선호되는 대안이다.

보다 룰은 무관한 대안으로부터의 독립성을 충족하지 못한다. 무관한 대안으로부터의 독립성은 두 대안에 대한 사회적 선호가 두 대안에 대한 구성원들의 선호에만 의존하기를 요구하는 조건이다. 그러나 보다 룰은 두 대안 간의 사회적 선호를, 각각의 대안이 제시된 전체 대안에서 차지하는 상대적 위치에 의해서 결정한다.

포인트 1 **뷰캐넌－털록의 모형** 문항 01, 02 관련

표결 방식과 관련된 총비용

의사 결정 비용	외부 비용
합의를 이끌어 내는 데 필요한 비용 ↓ 의안 통과에 요구되는 찬성자의 비율에 ❶ ______ 함.	의안 통과로 인해 자신이 손해를 본다고 느끼는 사람에게 발생하는 비용 ↓ 의안 통과에 요구되는 찬성자의 비율에 ❷ ______ 함.

정답 ❶ 비례 ❷ 반비례

포인트 2 **애로의 불가능성 정리** 문항 01, 02 관련

선호 영역의 무제한성

＋

❶ ______ 원리

＋

완비성과 이행성

완비성	이행성
모든 대안에 대해 선호의 ❷ ______ 을/를 매길 수 있어야 함.	A보다 B를 선호하고, C보다 A를 선호한다면 ❸ ______ 보다 ❹ ______ 을/를 선호해야 함.

＋

무관한 대안으로부터의 ❺ ______

＋

비독재성

정답 ❶ 파레토 ❷ 순위 ❸ C ❹ B ❺ 독립성

연륜 연대법

독해 포인트 연륜 연대법은 나이테, 즉 연륜을 분석하여 1년 단위로 나무의 연대를 측정할 수 있다. 나무의 생장은 기후의 영향을 많이 받으므로 같은 지역에 서식하는 동일한 종류의 나무는 독특한 연륜 패턴을 공유하는데, 이를 분석함으로써 유물에 사용된 목재의 벌채 연도를 추정할 수 있다. 연륜 연대법을 위해서는 연륜의 폭을 측정하여 만들어진 연륜 연대기가 미리 작성되어 있어야 하는데, 시료의 연륜과 연륜 연대기를 비교함으로써 시료의 연대를 알 수 있다. 연륜을 측정하는 방법 중 코어를 채취하는 코어링법은 주로 목재 건축물에 활용되고, 카메라로 연륜을 촬영하는 카메라 촬영법은 주로 목공예품에 활용된다. 변재가 일부 제거된 나무는 상실된 변재를 추정하여 벌채 연도를 추정한다.

주 제 연륜 연대법의 원리

예술적, 역사적 가치가 있는 목재 건축물이나 목공예품 등의 유물들이 언제 만들어졌는지 규명*하는 일은 매우 중요하다. 유물에 사용된 나무가 벌채*된 시기를 측정하는 방법으로는 탄소 연대법과 연륜 연대법이 있다. 탄소 연대법(유물에 사용된 나무의 벌채 시기 측정 방법 ①)은 채취한 유물의 일부를 시료*로 만들고 시료 내에 들어 있는 탄소-14의 양을 측정하여 유물을 만드는 재료로 사용된 나무의 대략적인 벌채 연도를 추정*하는 방식이다. 탄소 연대법은 측정 오차가 50년 내외이기 때문에 매우 오래된 유물의 대략적인 연대 측정에 적합하지만, 오래되지 않은 목재의 정밀한 연대 측정에는 한계가 있다(50년 내외의 측정 오차가 있기 때문). 반면 나무의 나이테, 즉 연륜을 분석하는 연륜 연대법(유물에 사용된 나무의 벌채 시기 측정 방법 ②)은 1년 단위까지 연대를 측정할 수 있어 목재 건축물이나 목공예품 연구에 가장 적합한 연대 측정 방법으로 알려져 있다. ▶ 탄소 연대법과 연륜 연대법

나무의 생장은 기후의 영향을 많이 받기 때문에 같은 지역에 서식*하는 동일한 종류의 나무는 시기별로 독특하게 나타난 연륜 패턴을 공유한다. 대체로 봄과 여름에는 세포 분열이 활발하여 나무의 부피가 빠르게 커지고, 가을에는 생장* 속도가 감소하여 천천히 커진다. 봄과 여름에 자란 부분을 춘재라고 하고 가을에 자란 부분을 추재라고 하는데, 춘재가 추재에 비해 색이 연하고 폭이 넓다(봄과 여름에 세포 분열이 더 활발하여 나무의 부피가 빠르게 커지므로). 나무는 이처럼 일 년을 주기로 춘재와 추재가 번갈아 만들어지는 동심원 모양의 테를 가진다. 이러한 연륜은 당시 기후에 따라 면적이 달라지는데, 가뭄이 지속될 경우 연륜의 폭이 좁고 강우가 적절한 경우 연륜의 폭이 넓다(강우량에 따라 달라지는 연륜의 폭). 이를 분석함으로써 나무의 생장 지역과 연대를 추정할 수 있다. 예를 들어 연륜 분석을 통해 경복궁의 경회루에는 19세기 중반 설악산의 소나무가 사용된 것으로 추정할 수 있다. ▶ 기후에 따라 달라지는 연륜의 형태

연륜 연대법은 이처럼 연륜 폭을 분석함으로써 유물에 사용된 나무의 벌채 연도를 추정한다. 연륜 연대법을 사용하기 위해서는 연륜의 폭을 측정하여 만들어진 연륜 폭 그래프인 연륜 연대기가 미리 작성되어 있어야 한다(연륜 연대법을 사용하기 위한 조건). 다양한 시대에 걸친 특정 수목의 연륜 패턴을 비교하여 연결함으로써 절대 연대를 나타내는 연륜 연대기를 확보하고, 이(연륜 연대기)를 시료의 연륜 패턴과 비교함으로써 나무의 벌채 연도를 파악할 수 있다. 〈그림〉과 같이 살아 있는 나무의 연륜과 오래된 나무 재료인 고목재의 연륜 중 겹치는 시기를 파악하고 두 그래프를 합침으로써 과거부터 현재까지의 연륜 연대기를 만들 수 있다. 이렇게 만들어진 연륜 연대기를 바탕으로 시료의 연

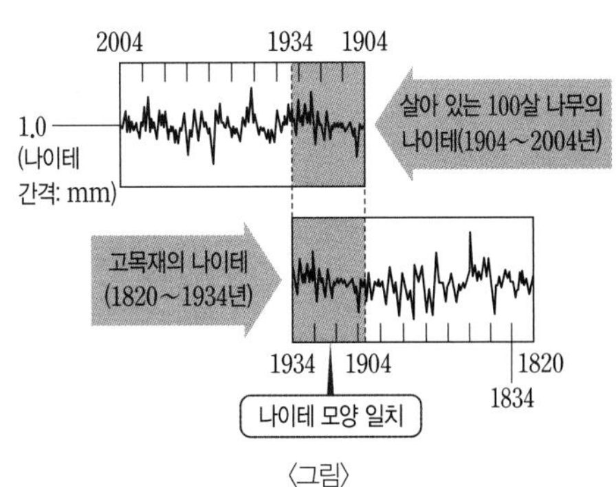

〈그림〉

대를 알아낼 수 있다. ▶ 연륜 연대기를 통해 시료의 연대를 알아내는 원리

연륜을 측정하는 방법에는 대표적으로 코어링법과 카메라 촬영법이 있다. 코어링법(연륜 측정 방법 ①)은 나무의 중심에 있는 직경 7mm 정도의 나무심, 즉 코어를 채취*한 뒤, 연륜을 측정하는 방식이다. 카메라 촬영법(연륜 측정 방법 ②)은 디지털카메라를 활용하여 연륜을 연속적으로 촬영한 후, 측정하는 방식이다. 표면에 연륜이 노출된 경우는 카메라 촬영법을 활용할 수 있지만 그렇지 않은 경우(표면에 연륜이 노출되지 않은 경우) 코어링법을 통해 채취한 코어를 사포로 연마*한 뒤 연륜 경계를 관찰하여 폭을 측정하는 방식을 활용한다. 이러한 방법들로 측정한 연륜의 폭을 연륜 연대기와 비교함으로써 나무의 연대를 추정한다. 연륜이 노출되어 있거나 코어를 채취하기 위해 뚫는 작은 구멍에도 큰 영향을 받는 공예품(카메라 촬영법이 적합한 경우)*에는 주로 카메라 촬영법이 활용되고, 목재 건축물 중 연륜이 노출되지 않은 건축물(코어링법이 적합한 경우)에는 주로 코어링법이 활용된다. 그리고 나무를 통째로 활용하는 경우가 많은 건축물은 대부분 나무껍질이나 변재*가 붙어 있지만, 대부분의 목공예품은 심재*를 주로 활용하므로 제작 과정에서 변재 일부가 제거되어 마지막 나이테를 확인할 수 없다. 마지막 나이테를 통해 벌채 연도를 알 수 있으므로 대부분의 목공예품은 정확한 벌채 연도를 알려면 얼마만큼 변재가 상실되었는지 추정해야 한다. 예를 들어 독일산 참나무는 변재에 연륜이 보통 15~20개 정도가 있는데, 이 나무로 만든 공예품의 변재에 연륜이 10개만 있다면(제작 과정에서 5~10개 정도의 변재가 상실됨.), 제일 바깥 부분의 연륜으로 측정한 연도보다 5~10년 정도 후에 벌채되었다고 추정할 수 있다. ▶ 코어링법과 카메라 촬영법

* **변재**: 통나무의 겉 부분.
* **심재**: 나무줄기의 중심부에 있는 단단한 부분.

어휘! 이것만은 꼭 익히자

- **규명(糾明)**: 어떤 사실을 자세히 따져서 바로 밝힘.
- **벌채(伐採)**: 나무를 베어 내거나 섶을 깎아 냄.
- **시료(試料)**: 시험, 검사, 분석 따위에 쓰는 물질이나 생물.
- **추정(推定)**: 미루어 생각하여 판정함.
- **서식(棲息)**: 생물 따위가 일정한 곳에 자리를 잡고 삶.
- **생장(生長)**: 나서 자람. 또는 그런 과정.
- **채취(採取)**: 연구나 조사에 필요한 것을 찾거나 받아서 얻음.
- **연마(研磨)**: 주로 돌이나 쇠붙이, 보석, 유리 따위의 고체를 갈고 닦아서 표면을 반질반질하게 함.
- **공예품(工藝品)**: 실용적이면서 예술적 가치가 있게 만든 물품.

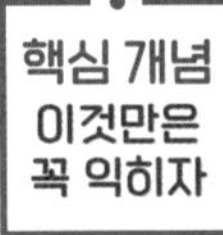

연륜과 연륜 연대기

나무의 생장은 환경, 특히 기후의 영향을 받기 때문에 같은 지역에 자라는 수목들은 시대별로 독특하게 나타난 연륜 패턴을 공유한다. 사람마다 손의 지문이 다른 것처럼 나무들도 시대별, 지역별로 다른 형태의 연륜을 갖는 것이다. 지역별, 수종별 표준 연륜 연대기를 구축하면 목재의 벌채 연도를 정확히 파악할 수 있지만 나무의 수명이 제한되어 있기 때문에 300년 이상의 연륜 연대기를 살아 있는 나무로부터 얻기는 힘들다. 따라서 오래된 목재 건축물이나 출토된 목재로부터 작성되는 연륜 패턴을 살아 있는 나무의 연륜과 비교하여 연결함으로써 오랜 기간의 연륜 연대기를 만들 수 있다.

코어링법과 카메라 촬영법

코어링법은 절구나 떡판, 목재 건축물 등과 같이 통나무를 이용하여 만든 가구에 대해 사용할 수 있는 방법이다. 전기 드릴을 사용하여 직경 7mm의 코어를 채취한 뒤 연륜을 관찰하며, 목재 건축물에 주로 활용된다. 시료를 채취하여 뚫린 부분은 방부제로 처리한 후, 목재 보수용 경화제(굳힘약)로 충전한다. 카메라 촬영법은 디지털카메라를 이용해 연륜을 파노라마 형식으로 촬영한 후 사진을 합성하여 연속적인 연륜이 관찰되도록 하는 방법으로 목공예품에 주로 활용된다. 표면에 칠이 되어 있거나 나이테 경계가 명확하지 않은 경우에는 사용할 수 없고, 나이테가 표면에 선명하게 노출되어 있을 때만 사용할 수 있다.

■ 탄소 연대법

방사성 탄소 연대 측정법, 즉 탄소 연대법은 유기물을 함유한 고대 시료의 과학적인 연대 측정법으로서 고고학은 물론, 해양 지질학, 환경학 등 그 응용 범위가 넓어 세계적으로 활용 연구가 활발히 진행되고 있다. 방사성 탄소인 C-14는 질소인 N-14로 붕괴하는 과정에서 베타 입자를 방출하는데, 연대 측정은 이 베타 입자를 검출하여 시료 중에 남아 있는 C-14의 양을 계산하거나 혹은 직접 C-14의 수를 헤아림으로써 이루어진다. 탄소 연대법은 측정이 용이하고 방출되는 베타선의 최대 에너지가 156keV로 비교적 낮아 방사선 안전 관리상 유리하기 때문에 연대 측정에 자주 사용된다.

■ 연륜을 측정하는 다양한 방법

연륜을 측정하는 방법에는 코어링법, 카메라 촬영법뿐 아니라 테이핑법, 직접법도 있다. 테이핑법은 연륜이 드러난 나무의 표면에 접착테이프를 붙여 비파괴적으로 연륜 경계를 표시한 후 테이프에 표시된 경계선을 기초로 연륜 폭을 측정하는 방법인데, 좁은 연륜에는 이 방법을 적용할 수 없다. 직접법은 서랍과 같이 본체로부터 분리가 가능하거나 크기가 작고 운반이 용이한 부품을 현미경을 통해 직접 관찰하면서 연륜의 폭을 측정하는 방법이다.

포인트 1 연륜 연대법 문항 02 관련

연륜 연대법의 특징	• 나무의 나이테, 즉 연륜을 분석하여 (❶)년 단위로 연대를 측정하므로 정밀한 연대 측정이 가능함. • 연륜 연대법을 사용하기 위해서는 연륜의 폭을 측정하여 만들어진 연륜 폭 그래프인 (❷)이/가 미리 작성되어 있어야 함.
연륜의 특징	• 나무의 생장은 기후의 영향을 받으므로 (❸)에 서식하는 동일 수종(樹種)은 독특한 연륜 패턴을 공유함. • 봄과 여름에 자란 부분인 (❹)이/가 가을에 자란 부분인 (❺)에 비해 색이 연하고 폭이 넓음. • 가뭄이 지속된 경우 연륜의 폭이 (❻), 강우가 적절한 경우 연륜의 폭이 (❼).

정답 ❶ 1 ❷ 연륜 연대기 ❸ 같은 지역 ❹ 춘재 ❺ 추재 ❻ 좁고 ❼ 넓음

포인트 2 연륜을 측정하는 방법 문항 03 관련

코어링법	카메라 촬영법
나무의 중심에 있는 직경 7mm 정도의 나무심, 즉 (❶)을/를 채취하여 연륜을 측정하는 방식	(❷)을/를 활용하여 연륜을 연속적으로 촬영한 후, 측정하는 방식
표면에 연륜이 노출되지 않은 경우에 사용	표면에 연륜이 노출된 경우에 사용
측정한 연륜의 폭을 (❸)와/과 비교함으로써 나무의 연대를 추정함.	

정답 ❶ 코어 ❷ 디지털카메라 ❸ 연륜 연대기

02강 -②

개·념·학·습

헬리콥터의 회전 날개와 양력

EBS 수능특강 **독서 021쪽**

독해 포인트 이 글은 헬리콥터의 회전 날개에 작용하는 양력에 대해 설명하고 있다. 헬리콥터의 회전 날개의 속도는 중심에서 멀어질수록 빨라진다. 헬리콥터의 회전 날개가 회전할 때, 날개 윗면과 아랫면의 기류 속도 차이로 인해 헬리콥터를 위로 띄우는 힘인 양력이 발생한다. 헬리콥터가 전진 비행을 하는 경우 전진익과 후퇴익에서의 기류 속도가 달라지게 되고, 이로 인한 양력 차이로 인해 헬리콥터가 불안정해질 수 있다. 따라서 회전 날개가 위아래로 움직이는 플래핑이 필요하다. 전진익에서는 플랩 업을 통해, 후퇴익에서는 플랩 다운을 통해 양력의 균형을 맞출 수 있다.

주 제 헬리콥터의 회전 날개에 작용하는 양력

헬리콥터는 회전 날개를 이용해 공중에서 정지 상태를 유지하거나 전진하는 비행이 가능한 항공기이다. 헬리콥터의 회전 날개는 중심과 끝단에서 회전 반경*이 다르다. 이에 따라 날개의 단위 시간당 회전 거리, 즉 회전 날개의 속도가 회전 날개의 중심에 가까울수록 느리고 끝단에 가까울수록 빠르게 된다. 그리고 이로 인해 회전 날개의 각 부분에의 공기의 흐름, 즉 기류* 속도도 달라진다. 헬리콥터가 전진 비행을 할 때 회전 날개 각 부분의 속도 차이는 더욱 커진다. 가령 회전 날개가 반시계 방향으로 회전한다면 헬리콥터 진행 방향의 오른쪽 90도 위치에서는 날개 끝단의 기류 속도가 회전 날개의 속도에 헬리콥터의 전진 속도를 더한 속도가 된다. 반대로 진행 방향의 왼쪽 90도 위치에서는 날개 끝단의 기류 속도가 회전 날개의 속도에서 헬리콥터의 전진 속도를 뺀 속도가 된다. 이때 회전하는 날개의 오른쪽 절반 부분을 전진익, 왼쪽 절반 부분을 후퇴익이라고 한다.

중심에 가까울수록 회전 반경이 작고, 끝단에 가까울수록 회전 반경이 큼.

단위 시간당 회전 거리가 더 길기 때문에

회전 날개의 끝단에 가까울수록 기류 속도가 빨라짐.

= 회전 날개의 속도 + 전진 속도

= 회전 날개의 속도 − 전진 속도

▶ 회전 날개의 각 부분에서의 기류 속도

운동 상태의 유체*가 물체에 부딪혀 막히거나 흐름이 좁아지면 유체가 지닌 운동 에너지*가 압력*으로 변하는데, 이 압력을 동압이라고 하며 동압은 속도의 제곱에 비례한다. 동압과 정지 상태의 유체에 작용하는 압력인 정압을 더한 것이 전압이며, 전압은 일정하다. 따라서 유체의 속도가 빨라져 동압이 높아지면 정압이 낮아지게 된다. 헬리콥터에서 회전 날개가 회전할 때 날개에 부딪힌 기류는 날개의 윗면과 아랫면으로 갈라져 날개 뒤로 움직인다. 날개의 윗면과 아랫면의 형태 차이로 인해 날개 윗면의 기류 속도가 아랫면에 비해 상대적으로 빨라지면 헬리콥터를 위로 띄우는 힘이 발생하는데, 이를 양력이라 한다. 이때 기류 속도가 빨라지면 날개 윗면과 아랫면의 기류 속도 차이가 더욱 커져 양력도 증가한다.

= 동압 + 정압

전압이 일정하기 때문에

날개 윗면과 아랫면의 기류 흐름이 달라 날개 윗면의 기류가 아랫면보다 빠르게 흐르면

양력은 날개 윗면과 아랫면의 기류 속도 차이에 의해 발생하므로

▶ 회전 날개의 위아래에 작용하는 압력과 양력

공기가 흐르는 방향과 날개가 이루는 각인 받음각이 변해도 양력의 크기가 달라진다. 연날리기에서 연을 기울여서 바람이 부는 방향에 대해 받음각을 크게 하면 연이 상공*으로 더 높이 뜨는 것처럼, 일반적으로 날개의 받음각이 커지면 날개 윗면과 아랫면 사이의 속도 차가 커져 발생하는 양력도 커진다. 그런데 헬리콥터의 전진익과 후퇴익의 받음각이 같다면 전진익과 후퇴익에서 기류 속도가 다르기 때문에, 전진익 쪽의 양력이 커지고 후퇴익 쪽의 양력이 작아져 헬리콥터가 옆으로 쓰러지는 문제가 생긴다. 그래서 〈그림 1〉과 같이 회전 날개의 플래핑(flapping)이 필요하다. 즉 〈그림 2〉와 같이 날개가 전진

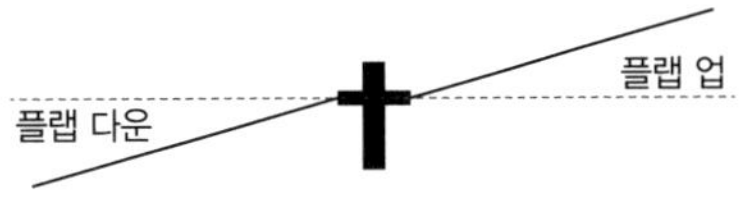

받음각이 달라지면 날개 윗면과 아랫면의 기류 흐름이 달라지기 때문에

날개 윗면과 아랫면의 기류 속도 차이가 더 커지게 됨.

전진익에서의 기류 속도가 후퇴익에서의 기류 속도보다 빠름.

후퇴익 방향으로(전진 방향의 왼쪽으로)

플랩 업

플랩 다운

〈그림 1〉

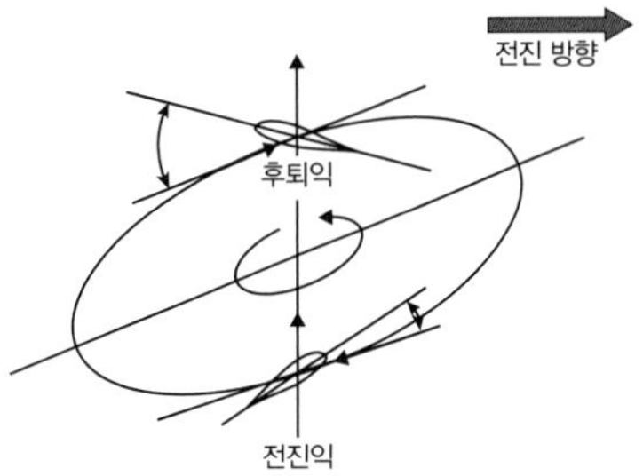

전진 방향

후퇴익

전진익

〈그림 2〉

익에서는 플랩 업(flap up)해서 위로 올라가고, 후퇴익에서는 플랩 다운(flap down)해서 아래로 내려가면, 전진익과 후퇴익에 작용하는 양력의 균형을 맞출 수 있다.

전진익에서의 받음각을 작게 하고, 후퇴익에서의 받음각을 크게 하기 위해

▶ 전진 비행에서의 회전 날개 플래핑

* **유체(流體)**: 기체와 액체를 아울러 이르는 말.

어휘! 이것만은 꼭 익히자

- **반경(半徑)**: 반지름.
- **기류(氣流)**: 온도나 지형의 차이로 말미암아 일어나는 공기의 흐름.
- **운동 에너지(運動 energy)**: 운동하는 물체가 가지고 있는 에너지.
- **압력(壓力)**: 두 물체가 접촉면을 경계로 하여 서로 그 면에 수직으로 누르는 단위 면적에서의 힘의 단위.
- **상공(上空)**: 높은 하늘.

핵심 개념 이것만은 꼭 익히자

양력

유체 속을 운동하는 물체에 운동 방향과 수직 방향으로 작용하는 힘이다. 운동 상태의 유체가 물체에 부딪혀 그 흐름이 막히거나 좁아지면 유체 속도의 제곱에 비례하여 동압이 발생하게 되는데, 이로 인해 정압이 낮아진다. 비행기 날개의 윗면과 아랫면의 형태 차이로 윗면에서의 유체 속도가 아랫면에서의 속도보다 빠르게 되면, 그러한 차이만큼 날개 윗면의 정압이 아랫면보다 낮아지게 되며, 이에 따라 비행기를 아래에서 위로 띄우는 수직 방향의 힘이 발생하는데, 이를 양력이라고 한다. 이때 유체의 속도가 빨라지면 날개 윗면과 아랫면의 유체 속도 차이가 더욱 커져 양력도 증가한다.

받음각의 크기와 양력

양력은 날개 윗면과 아랫면의 형태 차이로 인한 유체 속도의 차이 그리고 이에 따른 날개 윗면과 아랫면 사이의 압력 차이에 의해 발생한다. 이때 날개의 받음각이 달라지면 날개 윗면과 아랫면에서의 유체의 흐름이 더욱 달라지고, 이에 따라 유체 속도의 차이가 더욱 커지게 된다. 따라서 일반적으로 받음각이 커지면 비행기에 작용하는 양력이 커지게 된다.

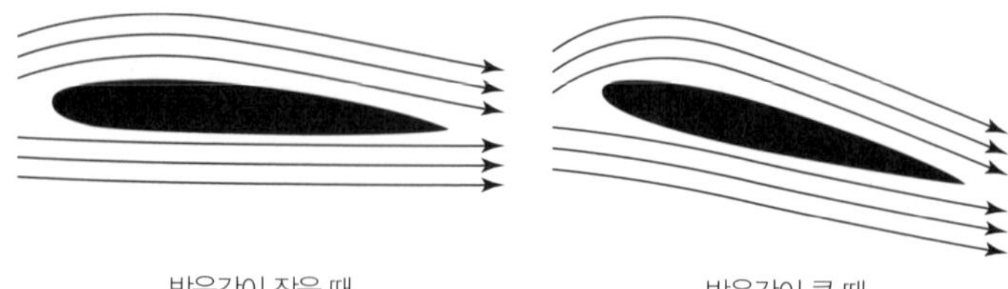

받음각의 크기에 따른 날개 주위의 기류 흐름 변화

■ **베르누이의 정리(Bernoulli's theorem)**

정지 상태의 유체에는 좌우상하의 모든 방향에서 똑같은 압력이 작용한다. 이를테면 공기의 경우, 모든 방향에서 그 장소의 기압만큼 압력이 작용한다. 우리가 그 압력을 느끼지 못하는 이유는 모든 방향에서 같은 압력이 가해지기 때문이다. 이 압력을 정압이라고 한다. 한편 흐름이 물체에 부딪혀서 막히거나 흐름이 좁아지면 유체가 지닌 운동 에너지가 그곳에서 압력으로 변한다. 예를 들어 속도를 내고 있는 탈것 안에서 밖으로 손을 내밀면 후방으로 밀려날 것 같은 압력을 느낀다. 이 압력을 동압이라고 한다. 동압을 q, 유체의 밀도를 p, 흐름의 속도를 V라고 하면 동압의 세기는 다음 식으로 나타낼 수 있다.

$$q=\frac{1}{2}pV^2$$

그리고 동압(q)과 정압(P)을 더한 것이 전압(Pr)이며, 다음 식으로 얻을 수 있다.

$$Pr=P+\frac{1}{2}pV^2$$

에너지 보존 법칙에 따르면 전압은 일정하므로, 정압이 높은 곳에서는 동압이 낮아지고, 정압이 낮은 곳에서는 동압이 높아진다. 이것을 '베르누이의 정리'라고 한다.

헬리콥터 회전 날개에서의 기류 속도와 양력의 크기

헬리콥터 회전 날개에서의 기류 속도

중심에서의 거리에 따른 기류 속도

회전 날개의 중심에서 멀어질수록
↓
회전 날개의 ❶ [   ] 이/가 커짐.
↓
단위 시간당 회전 거리가 커짐.
↓
기류 속도가 ❷ [   ].

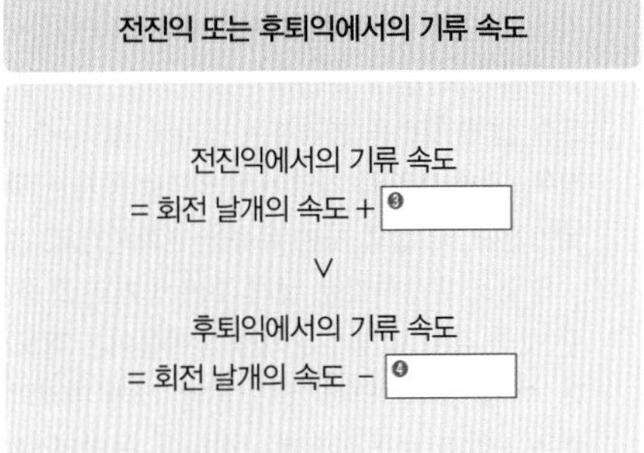

전진익 또는 후퇴익에서의 기류 속도
전진익에서의 기류 속도
= 회전 날개의 속도 + ❸
∨
후퇴익에서의 기류 속도
= 회전 날개의 속도 − ❹

정답 ❶ 반경 ❷ 빨라짐 ❸ 전진 속도 ❹ 전진 속도

포인트 2 **헬리콥터 회전 날개의 플래핑(flapping)** 문항 02 관련

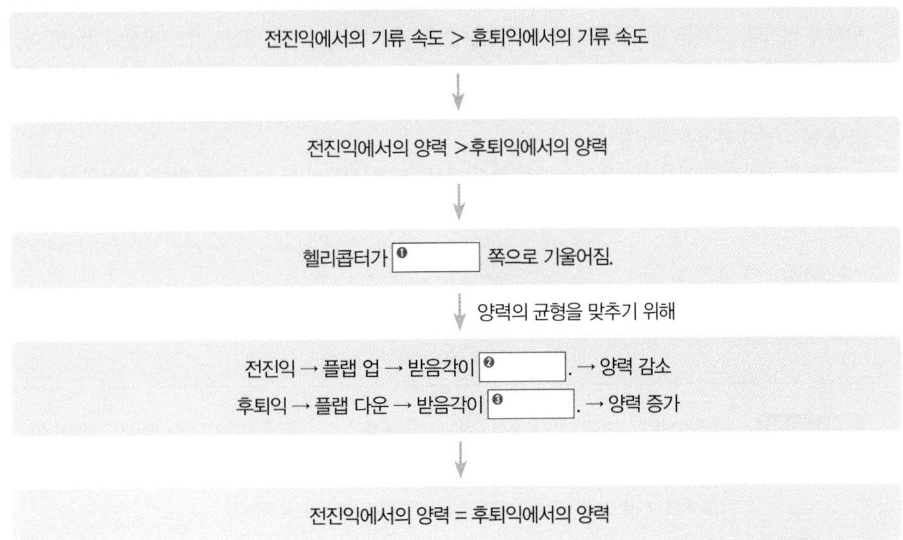

전진익에서의 기류 속도 > 후퇴익에서의 기류 속도
전진익에서의 양력 >후퇴익에서의 양력
헬리콥터가 ❶ 쪽으로 기울어짐.
양력의 균형을 맞추기 위해
전진익 → 플랩 업 → 받음각이 ❷ . → 양력 감소
후퇴익 → 플랩 다운 → 받음각이 ❸ . → 양력 증가
전진익에서의 양력 = 후퇴익에서의 양력

정답 ❶ 후퇴익 ❷ 작아짐 ❸ 커짐

항공 역학과 항공기 날개의 기술적 원리

무거운 항공기가 하늘에 뜰 수 있는 까닭은 무엇일까? 그 이유는 날개의 단면 모양인 익형을 통해 날개 윗면과 아랫면 사이에 기압의 차이를 만들어 위로 밀어 올리는 힘을 얻기 때문이다. 이 힘을 양력이라고 한다.

항공기의 익형을 보면 〈그림 1〉과 같이 날개가 후연*을 향해 휘어져 있음을 알 수 있다. 즉 항공기의 날개는 상하 대칭이 아니다. 비대칭 날개가 대칭 날개보다 양력을 만들어 내는 데 더 효율적이기 때문이다. 항공기 날개가 휘어진 정도는 캠버를 통해 알 수 있다. 캠버는 날개에 내접하는 원의 중심을 연결한 선이 익현*에서 얼마나 떨어져 있느냐를 보여 주는 것으로, 내접원 중심과 익현 사이의 거리를 익현의 길이로 나눈 비율로 정의된다. 따라서 익현을 중심으로 상하 대칭인 날개의 경우에는 내접원의 중심을 연결한 선이 익현과 일치하기 때문에 캠버는 0%가 된다.

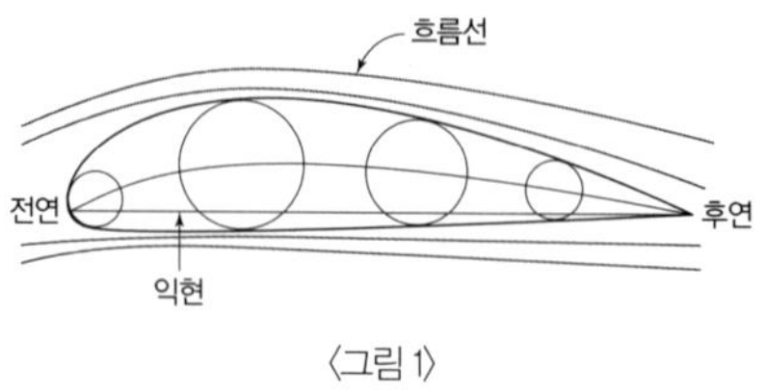

〈그림 1〉

날개 주위의 공기 흐름을 그린 선을 흐름선이라고 하며, 흐름선은 공기의 흐름이 날개에 막혀 정체되는 지점인 정체점을 경계로 날개 위아래로 나뉜다. 정체점의 위쪽을 흐르는 공기는 날개를 따라 상승했다가 하강하는 커브를 그린다. 또한 정체점에서 위아래로 나뉜 공기는 날개 끝에서 다시 만나지 않으며, 윗면을 흐른 공기가 먼저 통과한다. 공기의 흐름에 의해 생기는 압력인 동압과 공기의 흐름이 없을 때의 압력인 정압의 합은 일정하기 때문에, 정체점에서는 동압이 0이 되어 정압은 주변의 기압보다 높아진다. 또한 날개 위쪽에서는 날개에 가까워질수록 정압이 낮아지는 기압 경도, 즉 거리에 따른 기압 차의 변화를 형성한다. 반면 날개 아랫면의 압력은 윗면과 달리 큰 변화가 없다. 따라서 정압은 날개 아랫면보다 윗면이 낮기 때문에, 압력 차에 의해 아래에서 위로 들어 올리는 양력이 발생한다.

왜 날개 윗면에서 기압 경도가 발생할까? 커브를 원운동의 일부라고 보면, 공기가 날개를 따라 커브를 그리려면 공기를 항상 커브 중심으로 향하게 하는 힘, 즉 구심력이 필요하다. 커브를 돌기 전에 기울어서 구심력을 만드는 자전거와 달리, 공기는 기울 수 없다. 그 대신에 커브 바깥쪽과 안쪽에 압력 차를 만들어 구심력으로 활용한다. 날개 윗면에서 멀어질수록 커브가 완만해지므로, 날개 윗면의 기압이 가장 낮고 날개 윗면에서 멀어질수록 기압이 서서히 높아지는 기압 경도가 형성되는 것이다. 또한 날개 윗면을 통과하는 공기의 속도, 즉 유속을 살펴보면 구심력에 의해 기압 경도가 형성되는 영역에 공기가 들어가는 경우, 진행 방향의 기압이 낮으므로 공기는 뒤에서 밀리는 형태로 가속된다. 공기가 가속되면 동압은 높아지고, 정압은 점점 낮아진다. 즉 압력 차는 유속을 변화시키고, 유속의 변화는 압력 차를 유지하는 상호 작용이 나타나는 것이다.

양력을 발생시키는 날개 주변 공기의 흐름은 익형뿐 아니라 〈그림 2〉에 표시된 것과 같이 날개가 공기를 받아들이는 각도인 받음각에 의해서도 영향을 받는다. 이때 양력은 양력 계수, 동압, 날개 면적의 곱으로 정의할 수 있다. 따라서 양력은 동압과 날개 면적에 비례하며, 동압과 날개 면적이 일정하더라도 익형과 받음각에 따라 변화하는데, 익형과 받음각에 따른 해당 날개 특유의 수치가 양력 계수이기 때문이다. 받음각이 증가할수록 양력 계수는 커지는데, 이는 흐름선의 커브가 커지는 것과 마찬가지로 날개 후방에서 하강 각도도 커지기 때문이다. 하지만 받음각이 특정 각도 이상이 되면 더 이상 공기가 날개 윗면을 따라 흐를 수 없게 되고 공기가 날개 윗면에서 떨어져 나가는 박리가 시작되기 때문에, 양력 계수는 이때부터 완만하게 커진다. 그리고 박리된 공기가 기체 뒷부분에 닿아 기체 전체를 진동시키는 버핏이 발생한다. 받음각을 더 늘리면 양력 계수가 최대치에 이른 후에 감소할 뿐만 아니라 앞으로 나아가는 힘에 비례하여 비행 진로와 반대 방향으로 작용하는 힘인 항력도 급증하므로 항공기를 더 이상 지탱하지 못하고 실속*한다. 받음각과 양력 계수의 관계를 나타내는 곡선인 양력 곡선을 통해 이러한 과정을 확인할 수 있다.

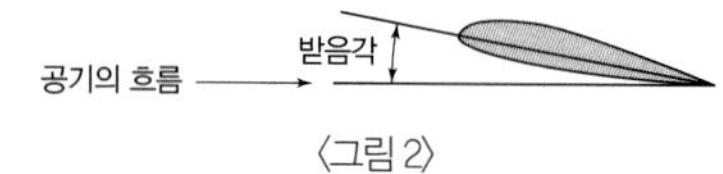

〈그림 2〉

익형은 라이트 형제가 처음으로 날개를 굽힌 데서부터 시작해서 더욱 진화해 왔다. 익형의 변천은 항공기의 발전 그 자체라고 할 정도로 중요하다고 할 수 있다.

* 후연(後緣): 뒤쪽 가장자리.
* 익현(翼弦): 후연과 날개의 앞쪽 가장자리인 전연을 이은 일직선.
* 실속(失速): 항공기가 양력을 잃고 떨어지는 상태.

독해 포인트 이 글은 익형이 생성하는 양력을 통해 항공기가 하늘에 뜰 수 있는 원리를 설명하고 있다. 항공기의 익형은 상하 비대칭으로, 이를 통해 날개 윗면과 아랫면 사이에 압력 차를 형성하여 항공기를 공기 중에 띄운다. 이러한 압력 차가 생기는 이유는 공기의 흐름이 커브를 그림으로써 날개 윗면에 기압 경도가 형성되기 때문이다. 또한 양력은 익형뿐 아니라 받음각에 따라 그 크기가 변화하며, 받음각과 양력 계수의 관계를 양력 곡선을 통해 나타낼 수 있다. 익형의 변천은 항공기의 발전과 깊은 관련을 맺는다.

주제 항공기 날개의 익형과 받음각에 따른 양력의 변화

이자율의 최고 가격제로 인한 영향

EBS 수능특강 **독서 024쪽**

독해 포인트 이 글은 정부가 가격을 규제하고 조정하기 위해 사용하는 방법인 최고 가격제와 최저 가격제에 대해 설명하고 있다. 최고 가격제는 시장 균형 가격보다 낮게 가격의 상한선을 설정하는 제도이고, 최저 가격제는 시장 균형 가격보다 높게 가격의 하한선을 설정하는 제도이다. 최고 가격제와 최저 가격제는 소비자 잉여와 생산자 잉여를 변화시켜 사회적 잉여의 손실을 발생하게 한다. 예를 들어 정부가 최고 가격제를 통해 이자율을 시장 균형 이자율보다 낮은 수준으로 규제할 때에 대출 자금에 대한 초과 수요가 발생하고 자금의 품귀 현상이 일어나게 된다.

주 제 최고 가격제와 최저 가격제로 인한 영향

자본주의 경제에서 재화나 서비스의 가격은 시장의 수요와 공급에 따라 결정된다(수요와 공급이 만나는 지점에서 가격이 형성됨.). 그러나 때때로 정부가 어떤 특수한 목적을 달성*하기 위해 직접적으로 재화나 서비스의 가격 형성에 개입*하기도 한다. 우리나라의 경우, 헌법에서 국가는 적정한 소득 분배를 유지하고 시장의 지배와 경제력 남용*을 방지하는 등의 목적으로 경제에 관한 규제와 조정을 할 수 있다고 규정하고 있다. 최고 가격제와 최저 가격제는 정부가 가격을 규제하고 조정하기 위해 사용하는 대표적 방법이다. 그런데 자유주의 경제학자들은 경제학적 관점에서 최고 가격제와 최저 가격제는 비효율적이라고 주장한다. 그 근거는 무엇일까?

▶ 정부의 가격 규제 및 조정 방법인 최고 가격제와 최저 가격제

가격 상한제라고도 불리는 최고 가격제는 시장 균형 가격보다 낮게 가격의 상한선을 설정하는 제도(최고 가격제의 개념)이고, 가격 하한제라고도 불리는 최저 가격제는 시장 균형 가격보다 높게 가격의 하한선을 설정하는 제도(최저 가격제의 개념)이다. 시장 균형 가격이란 완전 경쟁 시장에서 수요 곡선과 공급 곡선이 교차하는 지점, 즉 수요량과 공급량이 일치하는 지점에서 형성되는 가격(시장 균형 가격의 개념)이다. 정부가 최고 가격제와 최저 가격제를 시행하게 되면, 소비자 잉여와 생산자 잉여에 변화가 생긴다. 소비자가 해당 재화나 서비스를 구매하기 위해 최대로 지불할 용의*가 있는 금액에서 실제로 지불한 가격을 빼면 그 구매에서 소비자가 얻는 이득(소비자 잉여의 개념)이 되는데, 이를 소비자 잉여라고 한다. 생산자 잉여는 생산자가 시장에서 실제로 받은 금액에서 생산자가 최소한 받아야 하겠다고 생각하는 금액을 뺀 것(생산자 잉여의 개념)이다. 〈그림〉은 시장 균형 가격(P_0)이 형성되었을 때 소비자 잉여(A+B+C)와 생산자 잉여(D+E+F)를 나타낸 것으로, 사회적 잉여는 소비자 잉여와 생산자 잉여의 합으로 A+B+C+D+E+F이다. 만일 최저 가격을 P_1로 설정(시장 균형 가격보다 가격을 높게 설정)한다면 생산량이 Q_1로 줄어들게 되어 소비자 잉여는 A, 생산자 잉여는 B+D+F가 되어 소비자 잉여와 생산자 잉여의 합인 사회적 잉여는 A+B+D+F가 된다. 시장 균형 가격일 때보다 사회적 잉여의 손실이 발생하게 되는 것이다. 이때의 손실을 자중 손실이라고 하는데, 자중 손실은 재화나 서비스 시장의 균형이 최적이 아닐 때 발생하는 손실(〈그림〉에서 C+E)을 의미한다.

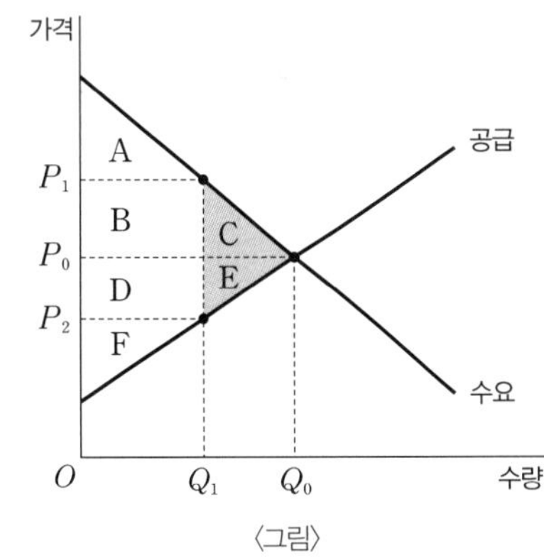

〈그림〉

▶ 최고 가격제와 최저 가격제로 인한 사회적 잉여의 손실

자유주의 경제학자들은 정부의 가격 규제가 목표한 성과(적정한 소득 분배 유지 등)를 달성하지 못할 수도 있고 설사 목표를 달성하더라도 부작용이 초래될 수도 있다고 비판하면서, 대표적으로 금융 시장의 이자율 규제의 문제점을 지적한다. 자유

로운 시장의 힘에 맡긴다면 시장이 균형을 이루는 지점에서 이자율이 형성되고 그에 따라 자금 수급*이 적정하게 이루어진다. 그러나 정부가 최고 가격제를 통해 이자율을 시장 균형 이자율보다 낮은 수준으로 규제한다면 이에 따라 대출 자금에 대한 초과 수요가 발생하고 자금의 품귀* 현상이 일어나게 된다. 이는 제도적 금융 기관이 아닌 사금융 시장을 활성화하는 문제를 일으킬 수 있다. 또한 이자율 규제로 인해 수익성이 하락한 시중 은행은 수익성을 높이기 위해 자금 조달* 비용을 낮추고자 하는데, 은행이 가계나 기업에 자금을 빌려주면서 빌려준 자금 일부를 예금으로 예치*하게 하면 자금 조달 비용을 낮출 수 있다. 이를 통해 은행은 규제 수준 이상으로 이자율을 인상한 것과 같은 효과를 얻게 되지만 대출을 받은 가계나 기업의 부담은 늘어나게 된다.

(시장이 균형을 이루는 지점: 자금에 대한 수요와 공급이 만나는 지점)

(대출 자금에 대한 초과 수요가 발생하고 자금의 품귀 현상이 일어나게 된다: 이자율의 최고 가격제로 인해 나타나는 현상)

(사금융 시장을 활성화하는 문제: 이자율의 최고 가격제로 인한 문제점)

(빌려준 자금 일부를 예금으로 예치하게 하면: 은행이 자금을 조달하기가 수월해짐.)

(대출을 받은 가계나 기업의 부담은 늘어나게 된다: 이자율의 최고 가격제로 인한 문제점)

▶ 금융 시장의 이자율 규제로 인한 영향

어휘! 이것만은 꼭 익히자

- **달성(達成)**: 목적한 것을 이룸.
- **개입(介入)**: 자신과 직접적인 관계가 없는 일에 끼어듦.
- **남용(濫用)**: 일정한 기준이나 한도를 넘어서 함부로 씀. 권리나 권한 따위를 본래의 목적이나 범위를 벗어나 함부로 행사함.
- **용의(用意)**: 어떤 일을 하려고 마음을 먹음. 또는 그 마음.
- **수급(需給)**: 수요와 공급을 아울러 이르는 말.
- **품귀(品貴)**: 물건을 구하기 어려움.
- **조달(調達)**: 자금이나 물자 따위를 대어 줌.
- **예치(預置)**: 맡겨 둠.

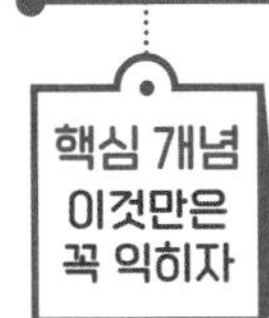

최고 가격제와 최저 가격제

최고 가격제(=가격 상한제)는 시장 균형 가격보다 낮게 가격의 상한선을 설정하는 제도이고, 최저 가격제(=가격 하한제)는 시장 균형 가격보다 높게 가격의 하한선을 설정하는 제도이다. 이때 시장 균형 가격은 완전 경쟁 시장에서 수요 곡선과 공급 곡선이 교차하는 지점, 즉 수요량과 공급량이 일치하는 지점에서 형성되는 가격이다.

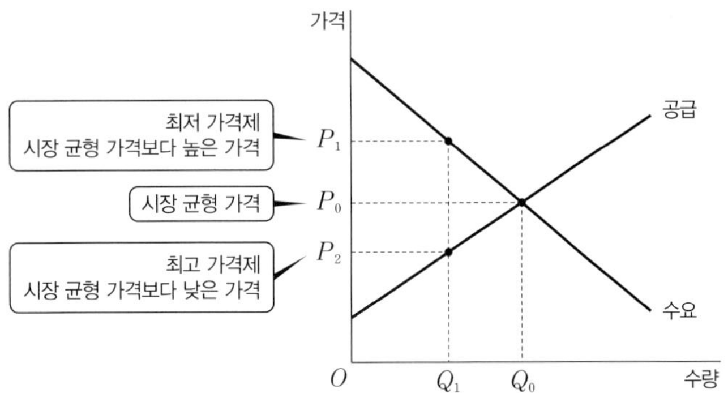

소비자 잉여, 생산자 잉여, 사회적 잉여

소비자 잉여는 소비자가 만족감을 얻기 위해 해당 재화나 서비스에 대해 지불할 용의가 있는 금액에서 실제로 지불한 가격을 뺀 것이다. 생산자 잉여는 생산자가 시장에서 실제로 받은 금액에서 생산자가 최소한 받아야 하겠다고 생각하는 금액을 뺀 것이다. 사회적 잉여는 소비자 잉여와 생산자 잉여의 합이다.

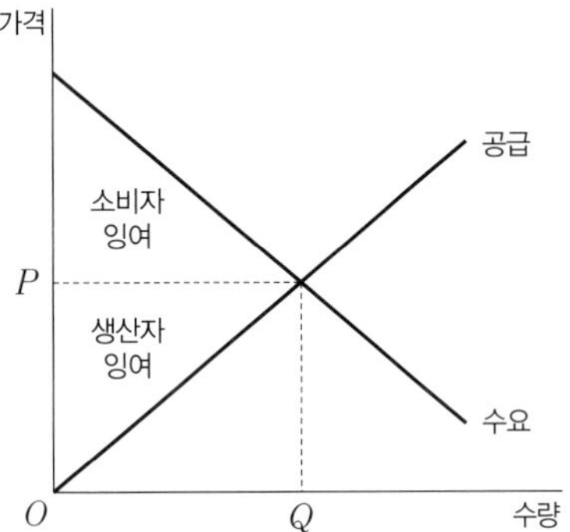

금융 시장의 이자율 규제

금융 시장의 이자율도 최고 가격제나 최저 가격제를 통해 규제되거나 조정될 수 있다. 이자율을 시장 균형의 이자율보다 낮게 하는 최고 가격제를 시행하면 이에 따라 대출 자금에 대한 초과 수요가 발생하고 자금의 품귀 현상이 일어난다.

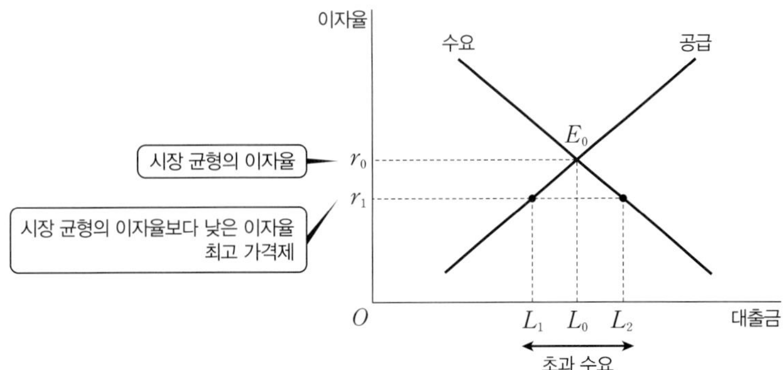

■ 조세에 의한 자중 손실의 발생

자중 손실은 정부의 개입이 이루어지는 모든 시장에서 나타난다. 최고 가격제, 최저 가격제와 같은 가격 제한뿐만 아니라, 조세에 의해서도 자중 손실이 발생한다.

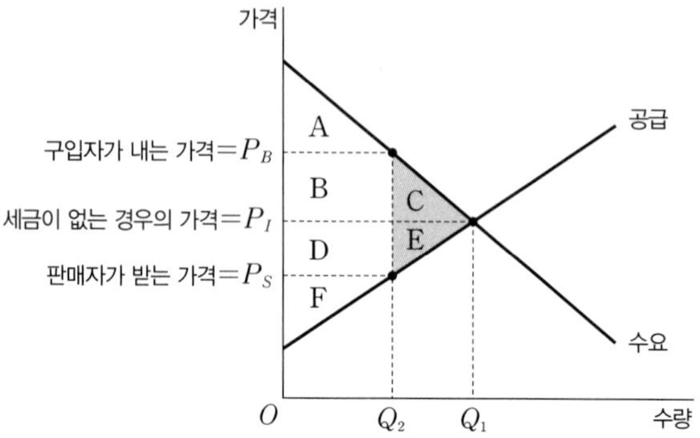

P_S와 P_B의 차이만큼 세금이 부과되면, 소비자 잉여는 A가 되고 생산자 잉여는 F가 된다. B+D는 정부의 조세 수입이 된다. 세금 부과 후의 총잉여는 소비자 잉여, 생산자 잉여, 조세 수입의 합인 A+B+D+F이며, 자중 손실은 C+E이다.

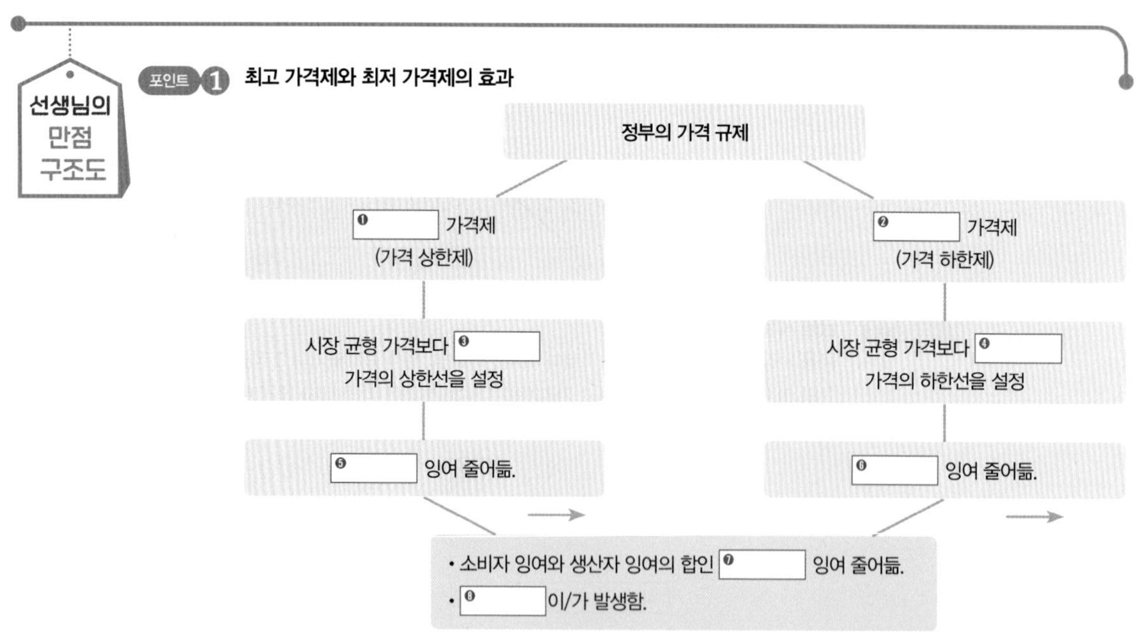

정답 ❶ 최고 ❷ 최저 ❸ 낮게 ❹ 높게 ❺ 생산자 ❻ 소비자 ❼ 사회적 ❽ 자중 손실

포인트 2 **금융 시장의 이자율에 대한 규제** 문항 02 관련

❶ 가격제를 통해 이자율을 시장 균형 이자율보다 낮은 수준으로 정함.	대출 자금에 대한 ❷ 이/가 늘어나 품귀 현상이 일어남.	사금융 시장이 활성화되고 대출을 받은 가계나 기업의 부담이 늘어날 수 있음.

정답 ❶ 최고 ❷ 수요

최고 가격제와 최저 가격제

가격 결정을 자유 시장 기구에 맡기는 자본주의 시장 경제에서도 때로는 특정 상품에 대하여 그 시장 가격을 인위적으로 정하고 유지하기 위해 정부가 노력을 기울이는 수가 있다. 이렇게 정부가 어떤 특수한 목적을 달성하기 위해 직접적으로 가격 형성에 개입하는 것을 가격 통제라고 한다. 조세 부과가 시장 기구의 정상적인 작동을 바탕으로 정부가 수요나 공급에 영향을 미쳐 가격과 거래량을 변동시키는 간접적인 규제라면, 가격 통제는 시장 기구의 정상적인 작동 자체를 막으면서 정부가 가격과 거래량에 영향을 미치는 직접적인 규제이다. 이런 가격 통제의 대표적인 방법으로 최고 가격제와 최저 가격제가 있다.

상품 부족으로 물가가 치솟을 때 정부는 소비자를 보호할 목적으로 가격의 상한선을 설정하는데, 이 제도를 최고 가격제라 하고 이때 정한 가격을 최고 가격이라 한다. 최고 가격은 수요와 공급에 의해 시장에서 형성되는 균형 가격*이 너무 높을 때 설정하는 가격이기 때문에 균형 가격보다 낮다. 하지만 그렇기 때문에 시장에서는 공급 부족이 생겨 소비자들은 상품을 원하는 만큼 구입할 수 없다. 최고 가격과 균형 가격의 차이가 커질수록 공급 부족 현상은 심화된다. 이런 상태에서는 소비자들이 최고 가격보다 높은 가격을 지불하고서라도 상품을 구입하려 하기 때문에 암시장이 형성되는 문제가 야기된다. 한편 최고 가격제와는 반대로 정부가 최저 가격을 설정하고 그 이하로 가격이 내려가지 못하게 통제하는 제도를 최저 가격제라 한다. 최저 가격제를 설정하는 취지는 생산자의 이익을 보호하기 위한 것인데, 농산물 가격 지지 제도 등이 그 예이다. 하지만 최저 가격은 시장에서 형성될 균형 가격보다 높게 설정되기 때문에 초과 공급이 발생하는 문제가 야기된다.

최고 가격제하에서 생기는 문제를 해결하기 위해서 인위적인 배분 방식을 사용할 수 있는데 그 대표적인 방법이 선착순 방식과 배급제이다. 선착순 방식은 먼저 오는 소비자에게 순서대로 상품이 떨어질 때까지 판매하는 방식이고, 배급제는 각 소비자에게 배급표를 나누어 주고 그 배급표만큼 상품을 살 수 있게 하는 제도이다. 실제에 있어서는 선착순 방식과 배급제를 같이 사용하는데, 그 이유는 시간이 흘러감에 따라 공급이 줄어들기 때문이다. 공급이 줄어드는 이유는 가격이 인위적으로 낮게 묶여 있어 시간이 흐름에 따라 일부 생산자들이 그 상품의 생산을 포기하는 경우가 발생하기 때문이다.

최저 가격제하에서 생기는 문제를 해소하기 위해서 두 가지 방안을 쓸 수 있다. 첫 번째는 수요를 증가시키는 방안이고, 두 번째는 공급을 감소시키는 방안이다. 첫 번째 방안의 예로는 정부가 상품에 대한 비축 기금을 이용하여 초과 공급량을 전부 사들이거나, 정부가 빈곤층에게 초과 공급된 상품과 교환할 수 있는 상품권을 무상으로 교부하는 방법 등이 있다. 그리고 두 번째 방안의 예로는 상품 생산자에게 상품 생산량을 줄이도록 권장하면서 가동하지 않은 설비에서 생산될 상품의 가치만큼만 보장하는 방법이 있다.

* **균형 가격**: 시장에서 수요량과 공급량이 일치하는 선에서 성립하는 가격. 이 균형 가격하에서의 수요량과 공급량을 균형 거래량이라 함.

독해 포인트 이 글은 정부의 가격 통제 방법으로서 최고 가격제와 최저 가격제를 설명하고, 가격 통제로 인한 문제점과 이를 해결할 수 있는 방법을 제시하고 있다. 최고 가격제는 시장에서 형성되는 균형 가격보다 낮게 가격의 상한선을 정하는 것이고, 최저 가격제는 시장에서 형성되는 균형 가격보다 높게 가격의 하한선을 정하는 것이다. 최고 가격제와 최저 가격제를 통한 가격 통제는 여러 문제를 야기할 수 있는데, 최고 가격제의 문제를 해결하기 위해 선착순 방식과 배급제를, 최저 가격제의 문제를 해결하기 위해 수요 증가 방안과 공급 감소 방안을 사용할 수 있다.

주제 가격 통제로 인한 문제점과 이를 해결하기 위한 방법

토마스 아퀴나스의 미학

개·념·학·습

EBS 수능특강 **독서 027쪽**

독해 포인트 이 글은 토마스 아퀴나스의 미학에 나타난 미의 본질과 그 의미 내용에 대해 설명하고 있다. 신학자였던 토마스 아퀴나스에 따르면, 세계에 존재하는 미는 미 자체인 신의 반영으로서 세계 속에 객관적으로 실재한다. 따라서 사물의 미에 대한 인식은 순수 형상인 신을 인식하는 것이 된다. 미는 완전성, 비례성, 명료성의 의미 내용을 갖는데, 완전성은 사물의 본성에 따라 갖추어야 할 것을 모두 갖춘 것, 비례성은 사물의 외양이 그 본성에 조화된 것, 명료성은 사물의 본성이 인간의 지성에 뚜렷하게 드러난 것을 의미한다. 토마스 아퀴나스는 미라는 경험 세계 속 실재자를 통해 선과 진이라는 선험적 개념에 접근할 수 있다고 보았다.

주 제 토마스 아퀴나스가 바라본 미의 본질과 의미 내용

중세 스콜라 철학을 집대성한 신학자인 토마스 아퀴나스는 미(美)를 무언가를 바라볼 때 즐거움을 주는 어떤 것이라고 보았다. 그에 따르면, 예술 작품이 아름다운 것은 그것을 만든 인간 자신이 아름답기 때문이므로, 예술 작품의 미와 인간의 미는 위계*가 다르다. 즉 예술 작품의 미는 인간의 미가 반영된 것에 불과하다(인간의 미가 예술 작품의 미보다 상위의 미임.). 하지만 그는 예술 작품의 미가 인간으로부터 비롯되었지만 인간 본성은 본래 신으로부터 유래한 것이기 때문에, 예술 작품의 미를 인간이 만든 것은 아니라고 보았다. 신학자인 토마스 아퀴나스에게 있어, 자연과 인간을 포함하여 존재하는 모든 것을 아름답게 하는 궁극적 원인, 즉 '미 자체'는 세계를 창조한 신이기 때문이다. 따라서 미는 인간의 주관적 정신 작용에 의존하지 않으며(미는 주관적 감상이나 느낌이 아님.) 신이 창조한 세계에 객관적으로 존재한다(다른 모든 피조물과 마찬가지로 미 역시 신의 피조물이기 때문에). 어떤 사물*이 아름답다면 주관*에 의해 미가 인식되기 이전에 미가 이미 그 자체로 실재*한다는 것이다(미는 인간의 주관과 관계없이 존재하는 객관적 실재자임.). ▶ 토마스 아퀴나스 미학에서 미의 실재성

미의 실재성에 대한 토마스 아퀴나스의 입장은 아리스토텔레스의 질료 형상론에 기반한다. 질료 형상론에서 질료란 무언가로 만들어질 수 있는 가능태로, 어떤 사물이 다른 사물과 구별되도록 하는 사물의 본성, 즉 형상을 받아들여 세계 속에 존재하는 현실태가 된다(질료(가능태) + 형상(사물의 본성) = 현실태(사물)). 가령 아폴론 조각상은 대리석이라는 질료에 아폴론이라는 형상이 결합되어 조각상이라는 현실태로 세계 속에 존재한다. 사물은 질료와 형상의 복합체*로 존재하며, 형상에 대한 인식은 개별적인 사물에 대한 지각*을 통해 가능하다. 토마스 아퀴나스에 따르면, 세계의 모든 사물은 신의 피조물*로서 질료와 형상(신으로부터 비롯된 사물의 본성)의 복합체이며, 신은 순수 형상이다. 따라서 신은 개별적 존재자인 사물을 통해 인식된다(형상은 세계 속 사물을 통해 인식될 수밖에 없으므로). 결국 토마스 아퀴나스의 미학에서 사물의 아름다움에 대한 인식은 사물이 세계 속에 드러난 모습을 통해 미 자체이자 순수 형상인 신을 인식하는 것이 된다(사물의 미를 인식하는 것이 곧 신을 인식하는 것임.). ▶ 질료 형상론과 토마스 아퀴나스의 미학

미가 세계 속에 실제로 존재하는 것이라면 미가 즐거움을 주는 내적인 이유, 즉 미의 의미 내용은 무엇인가? 토마스 아퀴나스는 미의 의미 내용을 완전성, 비례성, 명료성으로 제시하였다. 어떤 사물이 아름답다면, 그 사물이 완전하고 비례에 맞으며 명료하다는 것이다. 그에 따르면, 첫째, 아름다운 것은 완전하다(아름다운 것은 '완전성'을 의미 내용으로 갖고 있음.). 어떤 사물이 완전하다는 것은 사물이 자신의 본성에 따라 갖추어야 할 것을 다 갖추고 있다는 것을 의미한다. 그런데 선(善)의 의미 내용은 즐거움을 주는 것, 즉 욕구되는 것(즐거움을 주기 때문에 욕구의 대상이 되는 것)이다. 그리고 선이 욕구될 수 있는 까닭은 그것이 완전하기 때문이다. 결국 완전성의 의미 내용은 선의 의미 내용과 일치한다. 둘째, 아름다운 것은 비례를 갖는다(아름다운 것은 '비례성'을 의미 내용으로 갖고 있음.). 비례성은 사물의 모습이 그것의 본성과 조화되는 것이다. 토마스 아퀴나스는 인간의 미와 동물의 미가 다르며, 육체의 미와 정신의 미가 다르다고 말한다. 사물들의 본성이 제각각 다르므로 미적인 비례 역시 사물에 따라 다르기 때문이다.

셋째, 아름다운 것은 명료하다. 명료성은 인간의 지성에 대해 사물이 자기의 본성을 뚜렷하게 드러내는 것이다.
아름다운 것은 '명료성'을 의미 내용으로 갖고 있음.
즉 어떤 사물이 아름답게 인식되는 이유는 인간의 지성이 사물의 본성인 진(眞)을 뚜렷이 포착*하고 있기 때문이다.

▶ 미의 세 가지 의미 내용

토마스 아퀴나스에게 있어 미란 욕구와 인식 모두와 관계된다. 미는 즐거움의 대상인 동시에 인식의 대상이다. 즉 미적 즐거움은 지성을 거치지 않은 감각적 쾌락이 아니라 사물의 본성에 대한 인식 작용을 통해 얻는 기쁨이다. 이처럼 토마스 아퀴나스는 '미'라는 경험 세계 속 실제적 존재자를 '선'과 '진'이라는 선험적* 개념과 직결*시키는 기초로 삼고 있다.
경험 세계 속에 존재하는 '미'는 선험적 개념인 '선'과 '진'을 인식할 수 있게 함.

▶ 미와 선험적 개념의 관계

어휘! 이것만은 꼭 익히자

- **위계(位階)**: 지위나 계층 따위의 등급.
- **사물(事物)**: 물질세계에 있는 모든 구체적이며 개별적인 존재를 통틀어 이르는 말.
- **주관(主觀)**: 자기만의 견해나 관점.
- **실재(實在)**: 실제로 존재함.
- **복합체(複合體)**: 두 가지 이상의 물체가 모여서 된 물체.
- **지각(知覺)**: 감각 기관을 통하여 대상을 인식함. 또는 그런 작용.
- **피조물(被造物)**: 조물주에 의하여 만들어진 모든 것. 삼라만상을 이름.
- **포착(捕捉)**: 요점이나 요령을 얻음.
- **선험적(先驗的)**: 경험에 앞서서 인식의 주관적 형식이 인간에게 있다고 주장하는. 대상에 관계되지 않고 대상에 대한 인식이 선천적으로 가능함을 밝히려는 인식론적 태도를 말함.
- **직결(直結)**: 사이에 다른 것이 개입되지 않고 직접 연결됨. 또는 사이에 다른 것을 개입하지 않고 직접 연결함.

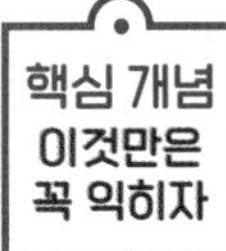

포인트 1 **토마스 아퀴나스가 파악한 미(美)**

토마스 아퀴나스에게 있어, 세계에 존재하는 모든 것은 신의 피조물이므로 미 역시 세계에 객관적으로 존재하는 것이다. 이러한 미에는 위계가 존재하는데, '미 자체'는 세계를 창조한 신이다. 그리고 미 자체가 반영되어 인간의 미가 존재하며, 인간의 본성이 반영되어 인간이 만든 예술 작품에도 미가 존재한다. 따라서 예술 작품의 미가 인간 본성의 반영이듯, 세계에 존재하는 모든 미는 신의 반영이다.

포인트 ❷ 아리스토텔레스의 질료 형상론과 토마스 아퀴나스의 미학

질료란 무언가로 만들어질 수 있는 가능태이며, 이러한 질료가 세계 속에 존재하는 사물로 된 것이 현실태이다. 질료는 사물의 본성인 형상을 받아들여 현실태로 존재하게 되므로, 사물은 질료와 형상의 복합체이며, 형상은 사물 안에 존재한다. 따라서 형상에 대한 인식은 세계 속 구체적 사물에 대한 지각을 통해서 이루어진다. 토마스 아퀴나스는 아리스토텔레스의 질료 형상론을 받아들여, 사물에 대한 지각을 통해 순수 형상인 신을 인식할 수 있다고 보았다. 따라서 그에게 있어 미적 즐거움이란 신을 인식하면서 얻게 되는 기쁨이다.

■ **스콜라 철학(schola 哲學)**

8세기부터 17세기까지 중세 유럽에서 이루어진 신학 중심의 철학을 이른다. 가톨릭교회의 부속 학교에서 교회 교리의 학문적 근거를 체계적으로 확립하기 위하여 이루어진 학문으로, 이때의 철학은 철학 고유의 목적이 아닌, 오직 기독교 신학에 그 이론적 정통성과 근거를 제공하려는 데 있었다. 다시 말해, 이성에 비춰 기독교 신앙을 검토하는 것이 아니라 기독교 신앙의 입장에서 모든 것을 해석하는 입장이었다. 이 때문에 철학을 '신학의 시녀'로 전락시켰다는 평가가 뒤따랐다.

■ **토마스 아퀴나스(Thomas Aquinas)**

스콜라 철학의 대표자 가운데 한 사람으로, 이성과 신앙의 조화를 추구하여 방대한 신학 이론의 체계를 수립하였다. 스물세 살의 젊은 나이에 파리 대학의 신학 교수가 되어 뛰어난 강의로 명성을 떨쳤다. 아리스토텔레스의 형이상학적 원리를 통해 가톨릭의 철학과 사상을 학문적으로 재정립하고 보편적인 문화로 승격시켰다. 이 때문에 근본적인 아리스토텔레스주의라는 오명으로 단죄를 받기도 했으나, 1323년 교황의 정식 조사로 사후 50년 만에 성인의 반열에 오르게 되었다. 그는 스콜라 철학의 완성자로서 서양 중세 철학을 대표하는 철학자·신학자이며, 3대 주요 저서인 『신학 대전』, 『대-이교도 대전』, 『진리론』을 남겼다.

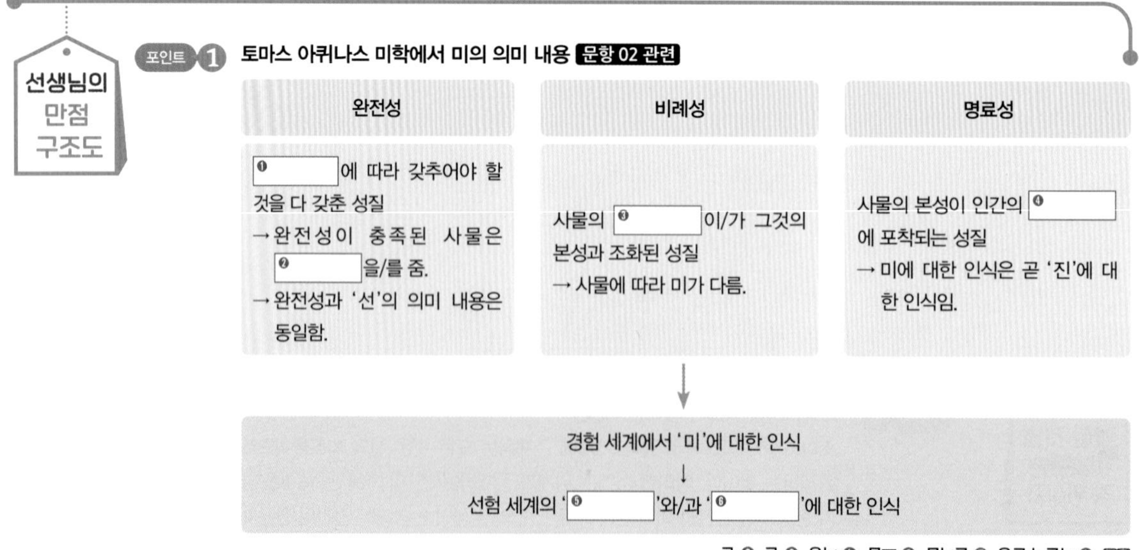

선생님의
만점
구조도
포인트 ❶ 토마스 아퀴나스 미학에서 미의 의미 내용 문항 02 관련
완전성
❶ [ ]에 따라 갖추어야 할 것을 다 갖춘 성질
→ 완전성이 충족된 사물은 ❷ [ ]을/를 줌.
→ 완전성과 '선'의 의미 내용은 동일함.
비례성
사물의 ❸ [ ]이/가 그것의 본성과 조화된 성질
→ 사물에 따라 미가 다름.
명료성
사물의 본성이 인간의 ❹ [ ]에 포착되는 성질
→ 미에 대한 인식은 곧 '진'에 대한 인식임.
경험 세계에서 '미'에 대한 인식
↓
선험 세계의 '❺ [ ]'와/과 '❻ [ ]'에 대한 인식
정답 ❶ 사물의 본성 ❷ 즐거움 ❸ 모습 ❹ 지성 ❺ 선 ❻ 진

토마스 아퀴나스의 악에 관한 논증

기독교가 지배한 사회였던 서양 중세에서는 누구나 당연히 신을 믿어야 했고, 신은 언제나 정의롭고 완전한 존재로 간주되었다. 서양의 중세 신학에서 전지전능한 신이 모든 것을 창조했다고 여기고 신의 특성을 언급하거나 정의할 때 긍정적인 용어를 사용한 신학을 긍정 신학이라고 한다. 하지만 일부 신학자들은 신의 전지전능함은 인정할 수 있으나, 신은 인간의 이해와 지성을 완전히 초월한 존재이기 때문에 인간이 신을 정당하게 규정할 수 있는 유일한 방식은 '하느님은 시간과 공간에 제한되지 않는다.'처럼 '~ 않는다(아니다)'라는 방식이라고 보았다. 이를 부정 신학이라고 한다. 이러한 두 입장 중 어느 것이 타당한지에 대한 논란이 있지만, 긍정 신학자들과 부정 신학자들이 공통적으로 확답을 내놓지 못한 문제가 있었다. 그것은 바로 '전지전능하고 완전하며 선한 신이 이 세계를 창조하였는데, 어째서 이 세계에는 악이 존재할까?'라는 문제이다. 악의 존재를 인정하지 않는다면, 현실에서 경험하는 모든 종류의 악을 부정해야 하는데, 이는 분명 모순이 된다. 반대로 악의 존재를 인정한다면, 완전한 신의 능력에 어떤 결함이 있음을 인정해야 하는데, 이 역시 용납할 수 없는 문제가 된다.

이러한 어려움으로부터 신을 변호해야 할 사명이 기독교 철학자들에게 주어졌고, 스콜라 철학의 대표자인 토마스 아퀴나스는 이 문제를 체계적으로 논증하였다. 그는 신이 창조한 이 세계에 존재와 작용이 실재한다고 생각하였고, 이와 관련해 악을 크게 두 가지로 구분하였다. 예를 들어 '사과'가 존재한다면, 사과를 존재하게 한 과정이 있을 텐데, 여기서 사과가 존재이고, 사과를 존재하게 한 과정이 작용인 것이다. 아퀴나스는 바로 이 존재와 작용의 결핍을 악이라고 설명한다. 말하자면 사과라는 존재가 썩은 상태의 사과라면, 존재의 관점에서 썩은 사과는 온전한 사과에 대한 결핍이므로 악이 되는 것이다. 그리고 사과를 존재하게 하는 과정에서 양분이 부족하여 사과가 존재하지 못하게 되었다면, 양분의 부족은 작용의 관점에서 사과에 대한 악이 되는 것이다. 이를 통해 아퀴나스가 말하는 악은 신이 인간과 세계를 창조한 목적인 선이 제대로 이루어지지 않은 결핍 상태임을 알 수 있다. 즉 신은 전체 세계를 선하게 창조하였지만, 존재와 작용의 측면을 보았을 때에는 결핍이 있고, 이 결핍을 우리는 악이라고 부른다는 것이다.

그렇다면 신은 왜 처음부터 존재와 작용의 측면에서 결핍이 없도록 창조하지 않았을까? 이에 대해 아퀴나스는 '우주의 완성'을 위해서라고 대답한다. 우주의 완성이란 신이 창조한 세계에서 소멸될 것들은 사라지고 불멸적인 것들로 가득 찬 상태를 말한다. 가령 인간의 경우 선을 행하고 실천하는 영혼은 불멸적인 것이지만, 욕망과 감정에 휘둘려 저지른 악행은 소멸되어야 할 것으로 볼 수 있다. 아퀴나스는 세계는 불완전한 상태에서 완전한 상태로 이행하며, 이 완전한 상태가 바로 신이 계획한 '우주의 완성'이라고 생각했다.

이 지점에서 우리는 '악은 우주의 완성을 위해서 필요하다.'라는 역설적인 명제를 떠올릴 수 있다. 악은 오로지 선을 위해서만 또는 우주의 완성을 위해서만 필요할 뿐이라는 것이다. 여기에서 우리는 애초에 제기된 의문을 다시 갖게 된다. 처음부터 완성된 세계를 창조하였다면 어떤 의미의 악이든 이 세계에 존재하지 않았을 텐데, 신은 왜 그렇게 창조하지 않았을까?

이에 대해 아퀴나스는 신이 인간에게 선이 무엇인지 알게 하려고 악을 이 세계에 안배했다고 보았다. 그런데 신이 인간으로 하여금 선을 알 수 있게 악을 안배하였다면, 신이 악을 만들었거나 아니면 최소한 신이 창조한 이 세계는 불완전한 세계라고 인정해야 한다. 그렇지만 어느 쪽이든 전지전능하고 완전하며 선한 신이라는 개념과는 합치할 수 없다. 그래서 아퀴나스는 신은 영원이라는 관점에서 완전무결한 세계를 창조하였기 때문에 이 세계가 그 자체로 영원히 완전한 것이 되지만, 유한한 인간은 스스로 이 세계와 인간 자신의 불완전함을 완전함으로, 악을 선으로 이행하는 과정을 겪으며 세계를 경험하고 인식할 수밖에 없다는 주장을 펼친다. 즉 아퀴나스는 유한한 인간이 인식하는 불완전한 세계는 유토피아를 향해 가는 여정으로, 수많은 불합리와 악행이 존재하지만 그 모든 것은 완성을 향한 진보의 한 과정이라고 생각했다. 이러한 아퀴나스의 견해는 후대에 높이 평가받아 근대의 진보적 역사관을 형성하는 데 많은 영향을 끼쳤다.

독해 포인트 이 글은 스콜라 철학의 대표자인 토마스 아퀴나스가 악이 존재하는 이유를 논증한 것에 대해 설명하고 있다. 서양 중세의 긍정 신학과 부정 신학은 모두 악의 존재에 대해 확답을 내리지 못했다. 아퀴나스는 존재와 작용의 관점에서 악을 정의한 후, 악은 신이 인간으로 하여금 선이 무엇인지 알게 하려고 이 세계에 안배한 것으로 보았다. 그리고 인간이 자신의 불완전함을 완전함으로 이행하고, 악을 선으로 이행하는 과정을 겪으며 세계를 인식하고 경험하는 것이 완성을 향한 진보의 과정이라고 생각했다.

주제 이 세계에 악이 존재하는 이유에 관한 아퀴나스의 논증

서구 자연 철학에서의 공간관

EBS 수능특강 **독서 031쪽**

독해 포인트 이 글은 서구의 자연 철학에서 공간관이 어떻게 변화하여 왔는지에 대해 설명하고 있다. 고대 서구 사회에서는 신화에 기반하여 공간을 이해했지만, 아리스토텔레스는 신화적 관점에서 벗어나 공간을 현실적 관점에서 설명하였고, 아리스토텔레스의 공간관은 근대에 이르기까지 서구 자연 철학에 영향을 미쳤다. 이후 서구의 학자들은 아리스토텔레스의 공간관에서 벗어나려 하였고, 17세기 데카르트는 공간은 물질에 속하는 본질이라고 하였으며, 물질이 곧 공간이고 공간이 곧 물질이라고 보았다. 그리고 물체의 운동은 내재된 본성이 아니라 외부의 힘인 신의 힘에 의해 일어나는 것이고, 자연의 모든 현상은 수학적 사고로 판단할 수 있다고 하였다. 이후 뉴턴은 모든 현상을 수학적으로 사고해야 한다는 데카르트의 생각을 받아들이면서도 물체의 운동을 새롭게 설명하고자 하였다. 이를 위해 물질과 공간을 구분하고 시간의 개념을 활용하여 물질의 운동을 파악하려고 하는 등 새로운 공간관을 제시하였다.

주 제 서구 자연 철학에서의 공간관의 변화

고대 서구 사회에서는 신화에 기반*하여 공간을 이해하였다. 공간은 신의 창조 행위를 위한 배경이자 결과물로서 존재하며 현실과는 떨어져 있는 것이었다(고대 서양의 공간관). 아리스토텔레스는 이러한 신화적 관점에서 벗어나 처음으로 공간을 현실적 관점에서 설명하였다. 그는 모든 물체가 항상 고유의 공간을 점유*하고 있다고 지적하며, 공간은 현실의 물체와 구분되어 존재하는 것이 아니라고 설명하였다(아리스토텔레스의 공간관). 또한 물체를 둘러싼 공간과 물체는 동시에 존재한다고 하였으며, 물체가 없으면 공간이 존재할 수 없기 때문에(아리스토텔레스가 진공의 존재를 부인한 이유) 아무것도 존재하지 않는 공간인 진공*의 존재를 부인하였다. 물체의 운동 또한 각 물체에 내재*된 본성에 따라 고유의 공간으로 돌아가기 위한 것(아리스토텔레스의 공간관에 따른 물체의 운동)이라고 하였다. 아리스토텔레스는 이러한 공간관에 따라 현실의 세계를 처음부터 완전한 형태를 이루고 있으며 한정된 양의 물질만 존재하는 유한한 것이라고 하였다. 아리스토텔레스의 공간관은 중세를 지나 근대에 이르기까지 서구 자연 철학에 영향을 미쳤다.

▶ 고대의 공간관과 아리스토텔레스의 공간관

아리스토텔레스 이후, 서구 사회의 학자들은 아리스토텔레스의 공간관을 일부 받아들이면서도 한편으로는 벗어나려고 하였다(아리스토텔레스 이후 서구의 공간관의 변화). 17세기, 데카르트는 공간을 물질에 속하는 본질이라고 보았다(데카르트의 공간관). 물질은 특정한 공간을 차지하는 속성인 '연장'을 본질로 하고 있으며(연장의 개념) 어떤 물질이든 반드시 일정한 공간을 차지하고 있다는 것이다. 즉 물질이 곧 공간이고 공간이 곧 물질이라고 생각하였기 때문에 데카르트는 물질보다 먼저 존재하는 공간을 전제할 필요가 없었다(데카르트가 생각한 물질과 공간의 관계). 다만 아리스토텔레스와 달리 데카르트는 물체의 운동은 내재된 본성이 아니라 외부의 힘에 의해 일어나며, 여기에서 외부의 힘은 신의 작용이라고 하였다(데카르트의 공간관에 따른 물체의 운동). 또한 데카르트는 공간은 무한히 펼쳐져 있으며 우주 또한 무한하다고 보았다. 이러한 공간관 속에서 데카르트는 자연의 모든 현상을 수학적 사고(데카르트가 자연 현상을 판단하는 기준)에 의해 판단하려고 하였다. 데카르트에 따르면, 물질은 최소한의 물리적 단위인 원자들의 구성으로 이루어졌기 때문에 분할*이 가능하다. 물질은 곧 공간이기 때문에 물질이 분할이 가능하면 공간도 분할이 가능하다는 것이다(데카르트가 생각한 공간의 분할). 이러한 공간관에 따라 데카르트는 좌표*를 활용하여 공간의 분할을 수학적으로 표시할 수 있도록 하였다.

▶ 자연 현상을 수학적으로 판단한 데카르트의 공간관

데카르트 이후, 뉴턴은 물체의 운동을 설명하기 위해 공간에 대한 새로운 견해를 제시하였다. 뉴턴은 데카르트의 생각을 일부 받아들이며 자연 현상을 수학적으로 생각하는 것에는 동의하였지만, 데카르트의 공간관으로는 물체의 운동을 설명할 수 없다고 생각하였다(뉴턴이 새로운 공간관을 제시한 이유). 따라서 뉴턴은 물질과 공간을 구분하였으며, 시간의 개념을 함께 활용하여 물체의 운동을 파악하려고 하였다. 뉴턴은 공간을 물질과 무관한 선험적*이면서 절대적인 존재로 보았고,(뉴턴의 공간관)

따라서 물질이 모두 없어지더라도 공간은 그 자체로 남아 있다고 보았다. 뉴턴은 이러한 생각을 바탕으로 절대 공간과 절대 시간이라는 개념을 제시하였다. 절대 공간은 자신의 본성에 따라 스스로 존재하며 외부의 어떠한 것과도 관계가 없고 항상 규칙성과 동일성을 유지하는 무한의 공간이다. 절대 시간은 어떤 외적 상황에도 영향을 받지 않고 일정한 속도에 따라 연속적으로 과거부터 미래까지 흐르는 시간이다. ▶ 절대 공간과 절대 시간을 바탕으로 한 뉴턴의 공간관

절대 공간의 개념

절대 시간의 개념

뉴턴은 이 틀 안에서 물체의 운동을 설명하였다. 예컨대 고정되어 있는 탁자는 일반적으로 정지된 것으로 인식된다. 하지만 지구는 태양의 주위를 돌고 있기 때문에 우주 공간에서 보면 탁자는 움직이고 있다. 따라서 탁자의 위치를 정지의 기준으로 삼을 수 없기 때문에, 지구의 움직임과 상관없는 절대적인 기준이 필요한 것이고 그것이 절대 공간이라는 것이다. 또한 뉴턴이 활동하던 시대에서 시간은 지구의 공전과 자전을 기준으로 만들어졌는데, 뉴턴은 지구의 움직임이 매번 균일*하지 않은 불완전한 상태이므로 지구의 움직임을 기준으로 하는 시간으로는 물체의 운동을 정확하게 설명할 수 없다고 하였다. 외부의 영향을 받지 않는 절대적이면서 수학적인 시간이 기준이 되어야 물체의 운동을 정확하게 파악할 수 있다는 것이다. 뉴턴은 절대 공간과 절대 시간이 존재하기 때문에 규칙적이면서 정형화된 시공간*을 측정하는 것이 가능하고 이를 바탕으로 세상에 존재하는 현상을 수학적으로 기술하는 것이 가능하다고 보았다. 뉴턴의 공간관은 아리스토텔레스의 자연 철학에서 완전히 벗어나 고전 역학*의 체계를 세우고 과학 및 철학의 발전에 많은 영향을 미쳤다는 점에서 의의를 가진다고 볼 수 있다.

절대적인 기준이 필요한 이유

뉴턴의 공간관의 의의

▶ 뉴턴이 설명한 절대 공간과 절대 시간의 특징

어휘! 이것만은 꼭 익히자

- **기반(基盤)**: 기초가 되는 바탕. 또는 사물의 토대.
- **점유(占有)**: 물건이나 영역, 지위 따위를 차지함.
- **진공(眞空)**: 물질이 전혀 존재하지 아니하는 공간. 인위적으로 만들어 낼 수는 없고, 실제로는 극히 저압의 상태를 이름. 우주 공간은 진공도는 높으나, 미량의 성간 물질이 존재함.
- **내재(內在)**: 어떤 사물이나 범위의 안에 들어 있음. 또는 그런 존재.
- **분할(分割)**: 나누어 쪼갬.
- **좌표(座標)**: 평면이나 공간 안의 임의의 점의 위치를 나타내는 수나 수의 짝. 직선 위의 한 점 O를 고정시켰을 때에, 그 위의 점 P와 O와의 거리가 a라면 P가 O의 오른쪽에 있는지 왼쪽에 있는지에 따른 a 또는 −a를 O를 원점으로 한 P의 좌표라고 함.
- **선험적(先驗的)**: 경험에 앞서서 인식의 주관적 형식이 인간에게 있다고 주장하는 것. 대상에 관계되지 않고 대상에 대한 인식이 선천적으로 가능함을 밝히려는 인식론적 태도를 말함.
- **균일(均一)**: 한결같이 고름.
- **시공간(視空間)**: 시각에 의하여 지각되는 공간 세계. 위치 · 원근 · 길이의 느낌이나 지각, 눈으로 지각되는 것 따위를 종합하여 이르는 말임.
- **고전 역학(古典力學)**: 뉴턴의 세 운동 법칙인 관성의 법칙, 운동 방정식, 작용 반작용의 원리에 따라 만든 역학 체계. 보통의 빠르기나 질량에 있어서는 틀림이 없는 것이라고 보지만, 물체의 빠르기가 빛의 빠르기에 가까운 때는 상대성 원리에, 크기가 원자의 정도인 때에는 양자 역학에 의존하여야 함.

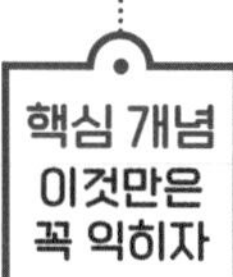

데카르트의 공간관

- 물질은 특정한 공간을 차지하는 속성인 '연장'을 본질로 하고 있으며, 어떤 물질이든 반드시 일정한 공간을 차지하고 있다.
- 물질이 곧 공간이고 공간이 곧 물질이기 때문에 물질보다 먼저 존재하는 공간을 전제할 필요가 없다.
- 공간은 무한히 펼쳐져 있으며 우주 또한 무한하다.
- 물질은 곧 공간이기 때문에 물질이 분할이 가능하면 공간도 분할이 가능하고 이를 수학적으로 표시할 수 있다.

뉴턴의 절대 공간과 절대 시간

- **절대 공간**: 자신의 본성에 따라 스스로 존재하며 외부의 어떠한 것과도 관계가 없고 항상 규칙성과 동일성을 유지하는 무한의 공간이다.
- **절대 시간**: 어떤 외적 상황에도 영향을 받지 않고 일정한 속도에 따라 연속적으로 과거부터 미래까지 흐르는 시간이다.
- 물체의 운동을 정확하게 설명하기 위해서는 외부의 영향을 받지 않는 절대적이면서 수학적인 기준점이 필요하다.

■ 데카르트 좌표계

좌표 평면과 좌표의 개념을 처음으로 생각해 낸 사람은 해석 기하학의 창시자인 데카르트이다. '해석 기하학'이란 기하학적인 도형이나 길이, 넓이 등을 좌표 평면에 나타내어 수학적인 식으로 바꾸어 나타내는 학문이다. 데카르트 좌표계는 점이나 직선, 원, 직사각형, 정사각형, 타원, 곡선 등의 도형을 좌표 평면 위에 나타냄으로써 도형을 식으로 나타낼 수 있게 해 주고, 정확한 모양과 길이 등을 정하고 측정할 수 있게 해 준다. 데카르트가 좌표 평면이라는 개념을 만들게 된 일화는 다음과 같다.

> 데카르트는 어느 날 침대에 누워 있던 중 천장에 날아다니는 파리 한 마리를 보게 되었다. 그는 '이리저리 움직이는 파리의 위치를 어떻게 정확하게 표현할 수 있을까?'를 고민하던 중 천장에 바둑판 모양으로 그림을 그리면 파리의 위치를 정확히 표현할 수 있겠다고 생각하였다.

데카르트는 파리가 움직이는 위치를 따라 그려지는 기하학적인 도형을 좌표 평면에 나타내고, 이것을 식으로 나타내는 발상을 하게 된 것이다. 이와 같이 데카르트가 좌표 평면을 생각해 냄으로써 점과 도형을 수나 식과 같은 차원에서 살펴보는 것이 가능해졌고, 도형을 수나 식으로, 수나 식을 도형으로 바꾸어 나타낼 수 있게 되었다. 그는 또 좌표에 0 이하의 수를 표현하기 위해 -1, -2, -3, -4, ……와 같은 음수를 최초로 도입하면서 음수에 대한 개념을 구체화하기도 하였다. 좌표는 차원에 따라 그 형태가 달라진다. 일반적으로 1차원은 선, 2차원은 면, 3차원은 공간이다.

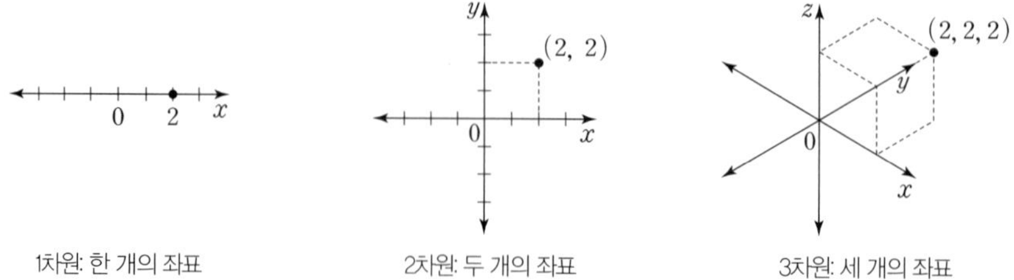

1차원: 한 개의 좌표　　2차원: 두 개의 좌표　　3차원: 세 개의 좌표

선생님의 만점 구조도

포인트 1 **서구의 공간관의 흐름** 문항 01 관련

고대 서구 사회	공간은 ❶ [ ]의 창조 행위를 위한 배경이자 결과물임.
↓	
아리스토텔레스	공간은 현실의 물체와 구분되어 있지 않고 모든 물체는 항상 고유의 공간을 ❷ [ ]하고 있음.
↓	
데카르트	물질은 특정한 공간을 차지하는 속성인 ❸ [ ]을/를 본질로 하고 있음.
↓	
뉴턴	공간은 물질과 무관한 ❹ [ ]이고 ❺ [ ] 존재로, 물질이 모두 없어지더라도 공간은 그 자체로 남아 있음.

정답 ❶ 신 ❷ 점유 ❸ 연장 ❹ 객관적 ❺ 절대적

포인트 2 **물체의 운동**

운동	아리스토텔레스	각 물체에 내재된 본성에 따라 고유의 ❶ [ ](으)로 돌아가기 위한 것임.
	데카르트	내재된 본성이 아니라 신의 작용인 외부의 ❷ [ ]에 의해 일어나는 것임.
	뉴턴	외부의 영향을 받지 않는 ❸ [ ]인 기준이 있어야 정지나 움직임을 설명할 수 있음.

정답 ❶ 공간 ❷ 힘 ❸ 절대적

데카르트의 운동량 보존 법칙

17세기 초 유럽 사회에서는 인간의 이성과 감각의 한계를 자각하면서 인간의 능력으로 알 수 없는 것이 많으며, 인간이 만든 지식들도 그 근거가 희박하다는 생각이 널리 퍼졌다. 데카르트는 이러한 지적 위기에 대응하기 위해 확고한 지식의 근거를 밝히는 한편 고대 아리스토텔레스 이후 널리 받아들여지고 있었던 신비주의를 극복하기 위해 노력하였다. 신비주의는 물질세계에서 변화를 일으키는 비물질적 원인과 영향을 상정하고, 이를 인간의 지적 능력이나 감각으로 해명할 수 없다고 보았다. 비물질적인 원인과 영향을 탐구의 영역 밖이라 생각함으로써 지적 한계를 설정해 놓았던 것이다.

데카르트는 신비주의를 극복하기 위하여 비물질적인 존재인 정신과 공간의 일부분을 차지하는 존재인 물질을 구분하였다. 그는 정신과 물질은 상반되는 속성을 가지므로 공유점을 갖지 않으며, 하나에서 다른 하나가 파생될 수도 없다고 하였다. 또한 정신의 존재는 인정하지만 그것이 물질세계에 영향을 미칠 수 없기 때문에 물질세계의 변화는 오로지 물질의 상호 작용에 의해 유발된다고 보았다. 데카르트는 신비주의가 범하는 근본적인 오류는 비물질적인 것이 물질세계에 변화를 유발한다고 간주하는 데 있다고 보았다.

데카르트는 모든 자연의 변화가 물질세계를 이루는 입자들의 운동에 의해 이루어진다고 보고 독자적인 운동론을 구축했다. 그는 운동을 물체를 움직이게 하거나 정지하게 하는, 능동성을 가진 작용이 아니라 이동 자체로 보았다. 그는 신이 물질세계를 창조하고 입자들에 최초의 이동과 정지를 부여하고 손을 떼었으며 입자들은 같은 운동 상태를 유지하려 한다고 보았다. 최초의 작용 이후 물질세계의 변화는 오로지 입자들의 이동과 충돌에 의해 이루어진다는 것이다. 이러한 견해는 입자들 간의 충돌에도 운동량의 총합은 변화가 없다는 것이 전제되면 신의 완전성이나 물질세계의 영원성과도 모순되지 않는다.

데카르트는 입자들 간의 충돌에도 운동량의 총합은 변함이 없다는 것을 설명하기 위해 '운동하는 물체가 자신보다 강한 물체와 충돌하면 운동을 잃지 않지만, 약한 물체와 충돌하면 약한 물체에 옮겨지는 만큼의 운동을 잃는다.'라는 명제를 제시했다. 여기에서 강한 것은 질량이 크거나 속력이 빨라서 운동량이 큰 것을 말한다. 데카르트에 따르면 운동량이 작은 물체 A가 큰 물체 B와 충돌을 하면 A는 B를 이겨 낼 수 없으므로 운동의 방향을 바꾸게 된다. 반면 B는 운동량이 작은 물체를 이겨 낼 수 있으므로 방향과 운동량을 유지할 수 있다. 두 물체 모두 운동량을 유지하므로 운동량 총합에는 변화가 없다. 그런데 A, B가 같은 방향으로 운동을 하고 B가 속력도 빠를 때는 조금 다르다. B는 운동을 유지하려고 해도 A에 막혀 속력을 유지할 수 없게 된다. B는 속력의 일부를 A에 전달하고 결국 두 물체의 속력은 같아지게 된다. 이때도 A, B 각각의 운동량에는 변화가 있지만 운동량의 총합은 변화가 없다.

데카르트의 '운동량' 개념은 물체의 질량과 속력의 곱으로 표현된다는 점에서 질량과 속도의 곱으로 표현되는 뉴턴의 '운동량' 개념과 유사하다. 그렇지만 뉴턴은 속력 대신 벡터양인 속도를 사용하여 방향성을 고려한 반면 데카르트는 방향은 운동의 본질이 아니라고 보았다. 가령 질량과 속력이 같은 두 물체가 1차원에서 완전 탄성 충돌*을 한다고 할 때, 데카르트는 방향성이 없는 스칼라양으로만 운동량을 정의했기 때문에 각각의 운동량을 a라고 하면 운동량의 총합은 2a가 된다. 두 물체는 충돌 후 각각 반대 방향으로 운동하게 되는데 운동량의 총합은 2a로 변화가 없다. 반면 뉴턴 역학에서는 두 물체의 방향이 반대이므로 운동량을 각각 +a와 −a로 나타낸다. 두 물체는 충돌 후 각각 −a와 +a의 운동량을 가지며 충돌 전후의 운동량의 총합은 모두 0으로 변화가 없다. 이 경우는 수치상의 차이가 있지만 데카르트의 설명이 뉴턴과 크게 다르지 않다. 그런데 질량이 1m으로 같고, 속력이 각각 $2v$와 $4v$인 두 물체가 1차원에서 완전 탄성 충돌을 할 때를 생각해 보자. 데카르트의 설명으로는 두 물체는 충돌 후 각각 $3v$의 속력을 가지며 같은 방향으로 움직이게 된다. 그런데 뉴턴이 밝혀낸 에너지 보존 법칙에 의하면 물체의 운동 에너지는 (질량)×(속력)^2/2로 나타낼 수 있으며 이 에너지는 보존된다. 데카르트의 설명은 충돌 전에 $10mv^2$이었던 두 물체의 운동 에너지가 충돌 후에 $9mv^2$이 된다는 것이므로 에너지 보존 법칙에 어긋나게 된다. 실제로는 질량이 같은 두 물체가 1차원에서 완전 탄성 충돌을 할 때 속도 교환이 일어나기 때문에 속도가 각각 $+2v$, $-4v$였다면 충돌 후에는 각각 $-4v$, $+2v$가 된다.

과학자들이 실제 정량적인 실험을 해 본 결과 데카르트의 견해 중에는 실험 결과와 부합하지 않는 것들이 상당수 있었다. 이후의 과학자들은 데카르트가 정신적인 요소로 보고 배제하려 했던 '인력(引力)'이라는 개념을 사용함으로써 운동을 보다 성공적으로 설명할 수 있었다. 그러나 물체는 같은 상태를 유지하려고 하며 물체의 운동량은 보존된다는 데카르트의 운동론은 과학자들 사이의 논쟁과 정량적인 실험을 촉발시키는 계기가 되었다. 또한 뉴턴이 역학을 정립하는 데 중요한 아이디어를 제공하였다는 점에서 의의가 있다.

* **완전 탄성 충돌:** 충돌하기 전의 두 물체가 가지는 운동 에너지의 합과 충돌한 후의 두 물체가 가지는 운동 에너지의 합이 같은 경우의 충돌.

독해 포인트 이 글은 물질세계의 변화를 설명하기 위해 데카르트가 제시했던 운동량 보존 법칙을 소개하고 있다. 데카르트는 신비주의에 반대하고, 정신과 물질을 구분하였다. 그는 물질세계의 모든 변화가 물질끼리의 역학적 충돌을 통해 이루어진다는 것을 설명하기 위해 신이 최초의 운동을 부여하였고, 물질세계에서 운동량은 보존된다는 명제를 제시하였다. 그는 운동량이 보존된다는 것을 설명하기 위해 운동량이 작은 물체가 큰 물체와 충돌하면 운동량을 잃지 않고 방향만 바꾸며, 운동량이 큰 물체가 작은 물체와 충돌하여 작은 물체의 운동량을 변화시켰을 경우 변화시킨 양만큼의 운동을 잃는다고 설명하였다. 데카르트가 이야기한 운동량은 뉴턴의 운동량과 비슷한 개념이지만 방향을 가지지 않은 스칼라양이라는 점에서 차이가 있다. 그의 의견은 실제 정량적인 실험 결과들과 부합하지 않는 것이 많았지만, 물체는 같은 상태를 유지하려고 하며 운동량은 보존된다는 아이디어는 뉴턴이 역학의 법칙을 수립하는 데 기초가 되었다.

주제 데카르트가 제안한 운동량 보존 법칙의 내용과 의의

예술 제도론

EBS 수능특강 독서 036쪽

독해 포인트 이 글은 '예술 제도론'에 대해서 설명하고 있다. 예술 제도론에 따르면, 예술 작품은 예술가와 감상자의 활동이 어떤 기본적인 규칙과 절차에 따라 통합된 사회적 실천을 통해 생겨난 것이다. 따라서 어떤 것을 예술 작품으로 만들어 주는 사회적 질서를 파악하고 그 질서의 특징들을 정리해 낼 수 있다면, 예술과 비예술을 구분할 수 있다고 보았다. 어떤 것을 예술 작품으로 만드는 사회적 실천의 체계가 '예술계'이다. 예술계가 어떤 것을 예술 작품으로 만드는 규칙과 절차는 다음과 같다. 만일 x가 인공물이고, 어떤 제도(예술계)를 대표하여 행위를 하는 사람이 x에 감상의 후보 지위를 부여한다면, 오직 그때에만 그 x는 가치 중립적인 분류적 의미에서 예술 작품이다. 이때 감상의 후보 지위를 부여하는 이는 대다수의 경우 예술가들이며, 예술가는 어떤 것을 만들고 그것을 감상자가 주의하고 이해하도록 제시한다. 그것이 그만한 가치가 있는지를 결정하는 것은 감상자이다. 예술 제도론은 예술 대상의 내적 속성에 초점을 맞추었던 이전의 예술 이론들과 달리 대상의 예술적 지위를 결정하는 데에 사회적 맥락이 중요하다는 점을 환기했다.

주 제 예술 제도론에 대한 이해

20세기 초 서양에서는 기존의 예술에 대한 인식과 가치를 부정하며 새로운 예술을 추구했던 아방가르드가 유행하고 다른 문화권의 예술이 유입*되면서, 예술이 무엇인가에 대해 전통적으로 공유하고 있던 관념이 더 이상 통용*되기 어렵게 되었다. 이에 대응하여 예술 대상의 내적 속성에 주목하여 하나의 개념으로 예술을 정의하고자 하는 여러 시도가 있었으나 합의에 이르지 못했다. 한편에서는 예술을 하나의 개념으로 정의하는 것은 불가능하다는 주장이 대두*되었다. 이러한 상황에서 1970년대에 등장한 예술 제도론은 모든 예술에 대한 포괄적* 정의를 시도하며 예술적 지위*를 결정하는 데에 사회적 맥락이 중요하다는 점을 환기*했다.

(예술에 대해 전통적으로 공유하고 있던 관념이 통용되기 어렵게 된 이유)
(예술 제도론의 예술에 대한 정의가 이전의 예술에 대한 정의와 구분되는 특징)
▶ 예술 개념을 새롭게 정의한 예술 제도론의 등장

예술 제도론자에 따르면, 예술 작품은 예술가와 감상자의 활동이 어떤 기본적인 규칙과 절차에 따라 통합된 사회적 실천을 통해 생겨난 것이다. 따라서 어떤 것을 예술 작품으로 만들어 주는 사회적 질서를 파악하고 그 질서의 특징들을 정리해 낼 수 있다면, 그 특징들을 기준으로 예술과 비예술을 구분할 수 있다. 예술 제도론자는 어떤 것을 예술 작품으로 만들어 주는 사회적 실천의 체계를 '예술계'라고 부르며, 예술계는 규칙과 절차에 의해 움직인다는 점에서 종교처럼 하나의 사회적 제도라고 주장한다. 규칙과 절차는 예술 작품을 가능하게 해 주는 기본적인 요소에 해당한다.

(예술과 비예술의 구분은 어떤 것을 예술 작품으로 만들어 주는 사회적 질서의 특징을 기준으로 함.)
▶ 예술 제도론에서 본 예술 작품의 발생

예술 작품은 예술계라는 사회적 실천의 맥락 속에 들어 있으며 예술 작품의 속성*은 그 사회적 맥락의 함수에서 도출*된다. 어떤 대상을 예술 작품으로 만드는 규칙과 절차는 다음과 같다. 만일 (1) x가 인공물*이고, (2) 어떤 제도(예술계)를 대표하여 행위를 하는 사람이 x에 감상의 후보 지위를 부여한다면, 오직 그때에만 그 x는 가치 중립적인 분류적 의미에서 예술 작품이다. x가 예술 작품이 되기 위한 특정한 가치 기준을 만족했는지는 고려 대상이 아니다. x가 인공물이라는 것은 아주 적은 노동이 들어갔더라도 어쨌든 노동의 산물이어야 한다는 것을 가리킨다. 예를 들어 레디메이드*는 어떤 사람이 전시 목적으로 그것을 제시했다면 인공물이다. 그렇다면 인공물에 감상의 후보 지위를 부여하는 사람은 누구인가? 대다수의 경우 그들은 예술가이다. 그들은 대상을 만들고 그것을 사람들이 감상하도록 세상에 내놓음으로써 인공물에 감상을 위한 후보의 지위를 부여한다. 인공물에 감상 후보의 지위를 부여하는 예술가의 권위는 예술에 대한 지식과 이해에서 나온다. 예술가가 자기 인공물에 예술 작품의 지위를 부여하는 것은 아니다. 예술가는 어떤 것을 만들고 그것을 감상자가 주의하고 이해하도록 제

(예술 작품의 속성은 예술 작품에 내재한 것이 아니라 사회적 실천 맥락 속에서 도출되는 것임.)
(어떤 대상을 예술 작품으로 만드는 규칙과 절차)
(예술의 내적 속성에 주목하여 하나의 개념으로 예술을 정의하는 방식)
(노동의 산물)
(제도(예술계)를 대표하여 행위를 하는 사람)
(예술가가 인공물에 감상을 위한 후보의 지위를 부여할 수 있는 권위가 있는 이유)

시한다. 그것이 그만한 가치가 있는지를 결정하는 것은 감상자에게 달려 있다. 예술 제도론자는 이 일상적 상호 작용이 규칙과 절차에 따라 움직이고 그 규칙과 절차 안에서 역할에 의해 통제되는 방식에 주의를 기울이도록 '감상의 후보'나 '지위를 부여'와 같이 친숙하지 않은 말로 상호 작용을 묘사한다.

예술가가 어떤 것을 만들어 감상자에게 제시하고 감상자가 그것에 예술 작품의 지위를 부여하는 것

▶ 어떤 대상을 예술 작품으로 만드는 규칙과 절차

예술 제도론 이전의 예술 이론들은 주로 의미 있는 형식, 표현적 · 미학적 속성, 재현*적 속성 등과 같은 예술 대상의 내적 속성에 초점을 맞추면서 예술의 사회적 차원에 거의 주의를 기울이지 않았다. 예술 제도론은 그런 예술 대상의 제시를 뒷받침하는 규칙과 절차, 지정된 역할에 따른 사회적 실천이 있으며, 그 규칙과 절차 안에서 생성되었는지의 여부가 예술적 지위에 중요하다는 점을 강조한다. 이런 점에서 예술 제도론은 '예술이란 무엇인가?'에 관한 논쟁에 지속적인 영향을 주고 있다고 할 수 있다.

예술 제도론이 이전의 예술 이론들과 구별되는 점

▶ 예술 제도론의 의의

* **레디메이드:** '기성품'을 의미하나 현대 미술에서는 오브제의 장르 중 하나. 실용성으로 만들어진 기성품이라는 그 최초의 목적을 떠나 별개의 의미를 갖게 한 것.

어휘! 이것만은 꼭 익히자

- **유입(流入):** 문화, 지식, 사상 따위가 들어옴.
- **통용(通用):** 일반적으로 두루 씀.
- **대두(擡頭):** 머리를 쳐든다는 뜻으로, 어떤 세력이나 현상이 새롭게 나타남을 이르는 말.
- **포괄적(包括的):** 일정한 대상이나 현상 따위를 한데 묶어서 어떤 범위나 한계 안에 모두 들게 하는.
- **지위(地位):** 어떤 사물이 차지하는 자리나 위치.
- **환기(喚起):** 주의나 여론, 생각 따위를 불러일으킴.
- **속성(屬性):** 사물의 특징이나 성질.
- **도출(導出):** 판단이나 결론 따위를 이끌어 냄.
- **인공물(人工物):** 인공적으로 만든 물체.
- **재현(再現):** 다시 나타남. 또는 다시 나타냄.

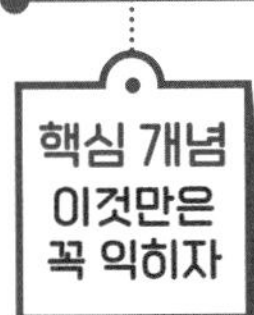

아방가르드

아방가르드는 전위(前衛), 선두, 선구 등의 뜻으로 어원은 군사 용어의 전위 부대 또는 첨병을 뜻한다. 정치적 의미로 오늘날에는 좌익(左翼)과 같은 말로, 특히 예술상으로는 인습적인 권위와 전통에 대한 반항, 혁명적인 예술 정신의 기치를 내걸고 행동하는 예술 운동을 말한다. 따라서 특정의 주의나 형식을 가리키는 용어라기보다는 신시대의 급진적인 예술 정신 전반에 걸쳐서 사용되는 말이다. 미술사적으로는 보통 1910년대 후반 이후의 추상주의와 초현실주의 경향 등을 총칭하는 용어로 쓰는 경우가 많다.

레디메이드

레디메이드는 뒤샹이 1913년부터 예술로서 전시하기 위해 임의로 선택한 양산된 제품에 붙인 말로, 사전적 의미로는 '기성품'을 의미하나 모던 아트에서는 오브제의 장르 중 하나이다. 뒤샹은 소변기나 삽처럼 대량 생산된 물건을 전혀 변형시키지 않고 제목만 첨부한 후 전시함으로써 그 물건을 기성품 조각으로 승화시켰다.

■ **아서 단토와 조지 디키**

예술 제도론은 사회학자나 예술사가가 아니라, 주로 1950년대 이래 영미 분석 철학 전통에 있는 철학자들의 기여로 이루어졌다. 영미 분석 철학 전통의 예술 제도론을 대표하는 두 인물이 아서 단토와 조지 디키이다. 단토와 디키는 물질적 외관의 어떤 특수한 특질에 의해 예술과 비예술이 구별될 수 있는 것이 아니라고 주장한다. 예술 작품과 예술 작품이 아닌 것은 그것에 예술의 지위를 부여하는 제도인 예술계가 내린 결정에 의해서만 구별될 수 있다는 것이다.

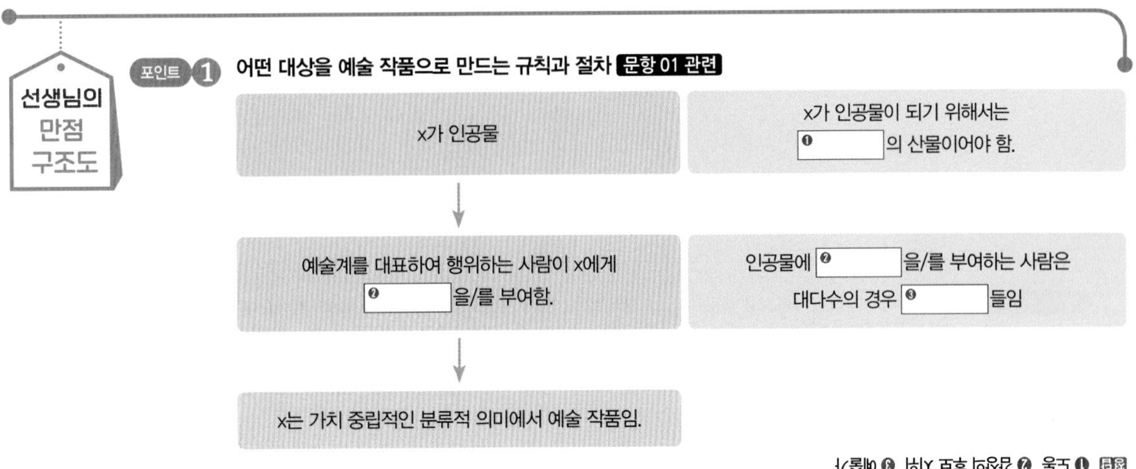

정답 ❶ 노동 ❷ 감상의 후보 지위 ❸ 예술가

엮어 읽기 03

예술 정의에 대한 미학 이론의 전개

미학은 예술과 미적 경험에 관한 개념과 이론에 대해 논의하는 철학의 한 분야로서, 미학의 문제들 가운데 하나가 바로 예술의 정의에 대한 문제이다. 예술이 자연에 대한 모방이라는 아리스토텔레스의 말에서 비롯된 모방론은, 대상과 그 대상의 재현이 닮은꼴이어야 한다는 재현의 투명성 이론을 전제한다. 그러나 예술가의 독창적인 감정 표현을 중시하는 한편 외부 세계에 대한 왜곡된 표현을 허용하는 낭만주의 사조가 18세기 말에 등장하면서, 모방론은 많이 쇠퇴했다. 이제 모방을 필수 조건으로 삼지 않는 낭만주의 예술가의 작품을 예술로 인정해 줄 수 있는 새로운 이론이 필요했다.

20세기 초에 콜링우드는 진지한 관념이나 감정과 같은 예술가의 마음을 예술의 조건으로 규정하는 표현론을 제시하여 이 문제를 해결하였다. 그에 따르면, 진정한 예술 작품은 물리적 소재를 통해 구성될 필요가 없는 정신적 대상이다. 또한 이와 비슷한 시기에 외부 세계나 작가의 내면보다 작품 자체의 고유 형식을 중시하는 형식론도 발전했다. 벨의 형식론은 예술 감각이 있는 비평가들만이 직관적으로 식별할 수 있고 정의는 불가능한 어떤 성질을 일컫는 '의미 있는 형식'을 통해 그 비평가들에게 미적 정서를 유발하는 작품을 예술 작품이라고 보았다.

20세기 중반에, 뒤샹이 변기를 가져다 전시한 「샘」이라는 작품은 예술 작품으로 인정되지만 그것과 형식적인 면에서 차이가 없는 일반적인 변기는 예술 작품으로 인정되지 않는 이유를 설명하지 못하게 되자 두 가지 대응 이론이 나타났다. 하나는 우리가 흔히 예술 작품으로 분류하는 미술, 연극, 문학, 음악 등이 서로 이질적이어서 그것들 전체를 아울러 예술이라 정의할 수 있는 공통된 요소를 갖지 않는다는 웨이츠의 예술 정의 불가론이다. 그의 이론은 예술의 정의에 대한 기존의 이론들이 겉보기에는 명제의 형태를 취하고 있으나 사실은 참과 거짓을 판정할 수 없는 사이비 명제이므로, 예술의 정의에 대한 논의 자체가 불필요하다는 견해를 대변한다.

다른 하나는 예술계라는 어떤 사회 제도에 속하는 한 사람 또는 여러 사람에 의해 감상의 후보 자격을 수여받은 인공물을 예술 작품으로 규정하는 디키의 제도론이다. 하나의 작품이 어떤 특정한 기준에서 훌륭하므로 예술 작품이라고 부를 수 있다는 평가적 이론들과 달리, 디키의 견해는 일정한 절차와 관례를 거치기만 하면 모두 예술 작품으로 볼 수 있다는 분류적 이론이다. 예술의 정의와 관련된 이 논의들은 예술로 분류할 수 있는 작품들의 공통된 본질을 찾는 시도이자 예술의 필요충분조건을 찾는 시도이다.

독해 포인트 이 글은 예술이 자연에 대한 모방이라는 아리스토텔레스의 말에서 비롯된 모방론에서 출발한 예술의 정의에 대한 문제를 다루고 있다. 18세기 말 낭만주의 사조가 등장한 후 모방론은 쇠퇴하고 낭만주의 예술가의 작품을 예술로 인정해 줄 수 있는 새로운 이론으로 콜링우드의 표현론과 벨의 형식론이 제기된다. 그런데 20세기 중반 뒤샹의 「샘」이라는 작품을 기존의 미학 이론으로 설명할 수 없게 되자 웨이츠의 예술 정의 불가론과 디키의 제도론이 등장한다. 예술의 정의와 관련된 이러한 논의들은 예술로 분류할 수 있는 작품들의 공통된 본질을 찾는 시도이자 예술의 필요충분조건을 찾는 시도라 할 수 있다.

주제 모방론 이후 예술을 정의하고자 한 다양한 미학 이론들

고프먼의 사회적 상호 작용

EBS 수능특강 **독서 038쪽**

독해 포인트 고프먼은 여러 형태의 사회적 상호 작용을 연극적 관점에서 분석하였다. 그에 따르면 사람들은 자신의 목표를 달성하기 위해 이미지를 관리하고 상황이나 상대에 따라 다른 특성을 보인다. 그리고 자신이 표현하고자 하는 이미지를 형성하기 위해 지속적인 노력을 한다. 리프킨은 인터넷 커뮤니케이션 환경에서 연극적 자아가 더 확연히 드러난다고 보았다. 리프킨은 자아를 표현하는 연기를, 형식에 집중하는 '표면 연기'와 진정성 있는 '심층 연기'로 구분하였다.

주 제 사회적 상호 작용에 대한 고프먼과 리프킨의 관점

사람은 타인의 됨됨이*를 자신이 기억하는 그 사람의 인상에 기대어 판단하며 그에 따라 그 사람과의 관계의 깊이를 결정한다. (타인을 판단하는 일반적인 태도) 따라서 누구나 자신의 인상이 남에게 호의적으로 보이기를 바란다. 인상은 그 사람을 나타내는 자아의 총체*라기보다 부분적으로 또는 상황에 따라 다르게 보일 수 있지만 사회적 상호 작용 속에서 대인 관계를 형성하고 발전시킬 수 있는 단서가 된다. (사회적 상호 작용 속에서 인상의 중요성) 고프먼은 일상생활에서 우리가 타인과 여러 형태의 사회적 상호 작용을 하고 있는 데 주목하여 그 속에서 다양한 모습의 자아를 표현하고 있다는 관점을 제시하면서 일상생활에서의 면 대 면 커뮤니케이션 과정을 무대 위에서의 연극에 비유하였다. (고프먼의 관점 – 중심 화제) 그는 행위자를 연극의 공연자로 상정*함으로써 행위자가 행하는 모든 것을 공연으로 정의하고, 공연의 대상이 되는 상대방을 관객으로 설정*한다. (공연자, 공연, 관객의 개념) 즉 현실 세계에서도 연극에서와 마찬가지로 무대가 적절히 설치되며, 각 개인은 일상생활의 무대 위에서 자신의 역할을 연기하는 공연자가 된다는 것이다.

▶ 대인 관계에서 인상의 중요성과 사회적 상호 작용에 대한 고프먼의 연극적 관점

고프먼은 특정한 커뮤니케이션 상황에 처했을 때 그 상황에 대한 정의와 함께 '공연'이 이루어진다고 보았으며, 이때 공연은 일상생활에서 행위자가 다른 사람들에게 자신을 표현하고 자신의 인상을 관리하는 방식을 일컫는다. (공연의 개념: 행위자가 의도하여 꾸며 낸 모습) 그는 행위자들은 주어진 상황에서 개인적 목표를 달성*하기 위해 자신의 이미지를 관리하고, 사회적 상호 작용 과정에서 자신의 상황이나 대화 상대에 따라 다른 특성을 보이는 공연자가 된다고 가정하였다. (공연자의 특징: 한 사람에게서 여러 특성의 공연자가 나올 수 있음.) 고프먼에 따르면 사람들의 일상생활은 무대에 서기 전 모습인 후면 영역의 모습과, 무대 위의 모습인 전면 영역의 모습이 같지 않은데, (전면 영역과 후면 영역의 개념) 이는 전면 영역의 관리를 통해 타인에게 보여 주고 싶은 모습만을 보여 주기 때문이다. 따라서 공연자가 관객들에게 일관된 공연을 하고 있음을 신뢰받기 위해서는 지속적*인 노력이 필요하다. 예를 들어 우리는 일상생활에서 얼굴에 어떤 잡티는 없는지 틈틈이 거울을 살핀다. 이는 타인에게 자신이 표현하고자 하는 이미지를 형성하기 위해, 이미지 형성에 혼란을 가져오는 결함들을 틈틈이 찾아내고 개선하려는 지속적인 노력으로 볼 수 있다.

▶ 고프먼의 '공연'과 '공연자'

고프먼의 관점을 이어받은 리프킨은 (고프먼과 리프킨의 관계) 인터넷 커뮤니케이션 환경에서 연극적 자아가 더욱 확연히 드러난다고 보았다. (고프먼과의 차이점) 그는 커뮤니케이션 기술 혁명이 연극적 의식을 심화*하고 있으며, 그 속에서 우리는 서로를 위한 역할 연기를 하고 있다고 강조하였다. 리프킨에 따르면 사회적 상호 작용에서 자아의 표현은 본질적으로 연극적이라 할지라도 진정성 있는 자아를 연기하는 표현 행위가 이루어질 수 있다. (고프먼의 연극론적 관점을 보완: 진정성 있는 자아 표현) 그는 자아의 표현을 '표면 연기'와 '심층 연기'로 나누어 제시하였다. 표면 연기는 내면의 자연스러운 감정보다는 형식에 집중하는 것으로 자신의 진정한

면모를 드러내기보다는 다양한 형식과 기술을 통해 연기하고자 하는 역할을 수행하는 것인 반면, 심층 연기는 연기자가 자신의 내면에서 솔직한 느낌을 불러냄으로써 정서의 진정성을 보여 주는 것이다.

연극론적 관점에서도 정서의 진정성을 보여 줄 수 있음을 설명함.

▶ 인터넷 커뮤니케이션 환경에 대한 리프킨의 관점

실제로 우리는 인터넷상에서 자기표현에 용이한* 기술들을 이용해 자신이 추구하는 이상적인 자아 이미지를 선별적으로 표현한다. 타인을 존중하거나 예의를 지키는 의례적 표현을 통해 자신의 도덕적 이미지를 드러낸다거나, 타인의 좋은 일에 대해 축하하거나 안부를 물으며 관심과 친근한 이미지를 표현한다거나, 호응 또는 동의하는 글을 써서 타인의 생각을 존중하는 이미지를 나타내는 것은 표면 연기에 해당할 수 있다. 또 자신에게 불리한 내용이나 정보를 올리는 것을 피하는 것 역시 표면 연기에 해당할 수 있다. 한편으론 자신이 느끼는 감정을 있는 그대로 기록하거나 자신이 생각하는 바를 솔직하게 드러낸다거나, 자신을 돌아보고 반성하는 등으로 자기표현을 하는 것은 심층 연기에 해당할 수 있다.

표면 연기에 해당할 수 있는 사례

심층 연기에 해당할 수 있는 사례

▶ 인터넷상에서 표면 연기와 심층 연기의 사례

어휘! 이것만은 꼭 익히자

- **됨됨이**: 사람으로서 지니고 있는 품성이나 인격.
- **총체(總體)**: 있는 것들을 모두 하나로 합친 전부 또는 전체.
- **상정(想定)**: 어떤 정황을 가정적으로 생각하여 단정함. 또는 그런 단정.
- **설정(設定)**: 새로 만들어 정해 둠.
- **달성(達成)**: 목적한 것을 이룸.
- **지속적(持續的)**: 어떤 상태가 오래 계속되는.
- **심화(深化)**: 정도나 경지가 점점 깊어짐. 또는 깊어지게 함.
- **용이(容易)한**: 어렵지 아니하고 매우 쉬운.

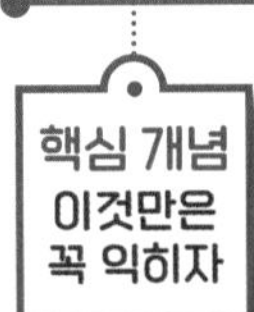

사회적 상호 작용에서의 인상

우리는 타인과 여러 형태의 사회적 상호 작용을 하면서 살아가고 있으며 그 속에서 다양한 모습의 자아를 표현하고 있다. 이때 우리는 다른 사람에게 자신의 인상이 호의적으로 보이기를 바란다. 왜냐하면 누구나 타인의 됨됨이를 자신이 기억하는 그 사람의 인상에 기대어 판단하고 그에 따라 관계의 깊이를 결정하기 때문이다.

고프먼의 관점

고프먼은 일상생활에서의 면 대 면 커뮤니케이션 과정을 무대 위에서의 연극에 비유하였다. 행위자는 무대 위의 공연자가 되며, 주어진 상황에서 개인적 목표를 달성하기 위한 공연이 펼쳐진다고 보았다. 고프먼의 관점은 리프킨으로 이어져 인터넷 커뮤니케이션 환경에도 적용되었다.

리프킨의 표면 연기와 심층 연기

리프킨은 사회적 상호 작용에서 자아의 표현이 본질적으로 연극적이라 할지라도 진정성이 있는 표현 행위가 이루어질 수 있다고 보았다. 그는 자신의 진정한 면모를 드러내기보다는 연기하고자 하는 역할을 수행하는 것을 '표면 연기', 내면에서 솔직한 느낌을 불러냄으로써 정서의 진정성을 보여 주는 것을 '심층 연기'로 구분하였다.

■ **연극론적 관점의 발전**

고프먼의 연극론은 진정성의 측면에서 비판을 받을 수 있다. 연극이나 연기는 허구나 가짜라는 생각을 불러일으키기 쉽기 때문이다. 이러한 비판을 리프킨은 표면 연기와 심층 연기라는 개념으로 해결하려 하였다. 심층 연기는 연기자의 내면 깊숙한 곳에서 뿜어 나오며, 공연자는 자신이 마치 그 사람인 것처럼 배역을 연기해야 하므로 공연자는 상상력을 동원해서 솔직한 느낌을 불러내어 연기를 한다는 것이다. 심층 연기를 하는 뛰어난 공연자는 속임수에 능한 자가 아니라 탁월한 공감 능력의 소유자이다. 이러한 연극론적 관점에서 리프킨은 인터넷으로 인해 등장한 새로운 커뮤니케이션 환경이 우리를 공감과 협력의 시대로 인도할 수 있다고 주장하였다.

고프먼과 리프킨의 관계 문항 02, 03 관련

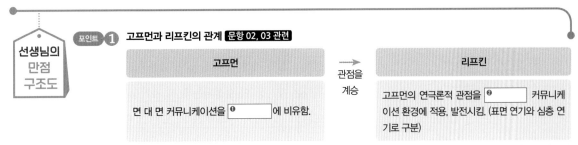

고프먼	→ 관점을 계승	리프킨
면 대 면 커뮤니케이션을 ❶ [ ]에 비유함.		고프먼의 연극론적 관점을 ❷ [ ] 커뮤니케이션 환경에 적용, 발전시킴. (표면 연기와 심층 연기로 구분)

정답 ❶ 연극 ❷ 인터넷

펄서의 발견과 원리

EBS 수능특강 독서 041쪽

독해 포인트 이 글은 규칙적인 전자기 펄스를 방출하는 천체인 펄서의 발견과 그 원리를 소개하고 있다. 전파원이 깜빡이는 행성 간 공간 섬광이라는 현상을 관측하기 위해 케임브리지 대학에 설치한 전파 망원경으로 하늘을 관측하던 휴이시 연구 팀은 우연히 규칙적으로 펄스를 방출하는 천체를 발견했고, 그것은 회전하는 중성자별로 확인되었다. 무거운 초신성이 폭발한 후 수축되면서 중성자로 이루어진 회전하는 별인 중성자별이 형성되고 자기장의 회전에 의해 전자기파가 자기장 축 방향으로 방출되면서 주기적인 펄스가 지구에서 관측되는 것이 펄서이다.

주 제 펄서의 발견 과정과 펄서가 규칙적인 펄스를 방출하는 원리

1967년에 영국의 케임브리지 대학의 휴이시 연구 팀은 행성 간 공간 섬광*을 연구하기 위하여 거대한 전파 망원경을 설치하였다. 행성 간 공간 섬광은 외계 전파원*에서 오는 신호가 태양풍*에 의해 교란되는 현상이다. 태양 표면에서 플라스마* 입자가 쏟아져 나오는 것이 태양풍인데, 태양풍이 태양 대기의 상태에 따라 요동을 치기 때문에 이로 인해 전파를 내는 천체에서 오는 전파 신호가 교란되어 깜빡거리는 것으로 관측된다.

(전파 망원경: 외계 천체에서 나오는 전파를 검출하는 장치)
(태양풍이 태양 대기의 상태에 따라 요동을 치기: 지표면의 열로 공기가 요동치면 아지랑이가 생겨서 먼 별에서 오는 빛이 흔들려 별이 반짝이게 되는 것과 유사한 현상)

▶ 행성 간 공간 섬광 연구를 위한 전파 망원경의 설치

휴이시 연구 팀은 이 전파 망원경으로 일주일에 한 번씩 전체 하늘에 걸쳐 전파원의 깜빡임을 반복해서 관측했다. 당시 대학원생이던 벨은 관측 데이터의 예비 분석을 담당하였는데, 그녀는 행성 간 공간 섬광이 아닌 이상한 신호를 발견했다. 휴이시 연구 팀은 이 이상한 신호에 주목했고 천구*상의 동일한 좌표에서 펄스*가 1.33730113초에 한 번씩 규칙적으로 방출되는 것을 확인했다. 이렇게 정확한 주기로 펄스를 방출하는 천체는 그때까지 한 번도 관측된 적이 없었으므로 그들은 그 실체에 의문을 품었다. 그러나 얼마 안 가 벨은 꼼꼼하게 관측 데이터를 검색하여 빈도는 다르지만 역시 정확한 주기로 펄스를 방출하는 천체 셋을 추가로 찾아냈다. 이로써 이 현상은 천체들에서 유발되는 것으로 확정되었고 이 천체에 '펄서*'라는 이름이 붙여졌다. 1968년에 펄서의 존재가 세상에 알려지자 미국의 천문학자 골드는 펄서가 회전하면서 전자기파를 방출하는 중성자별*이라는 설명을 내놓았다. 중성자별의 존재가 이론적으로 예견되었지만 관측된 적이 없었던 당시에 펄서의 발견은 중성자별의 존재를 뒷받침하는 강력한 증거가 되었다. 그 후에도 펄서는 계속 발견되어 수천 개에 이르게 되었고 골드의 설명도 인정을 받게 되었다.

(1.33730113초: 소수점 아래 8자리에 달하는 정밀성을 갖는 주기)
(그 실체에 의문을 품었다: 실재하는 천체가 아니라 인간이 만든 장치에서 발생하는 노이즈 신호로 의심함.)
(천체 셋을 추가로 찾아냈다: 유사한 신호가 발견되는 천체가 셋이나 되므로 더 이상 관측 오류로 보기는 어려움.)
(펄서의 발견은 중성자별의 존재를 뒷받침하는 강력한 증거: 펄서의 발견은 곧 중성자별의 발견이었던 것)

▶ 펄서의 발견과 원리의 규명

펄서에서 방출되는 펄스의 주기는 매우 정확하여 그 정확도를 원자시계와 견줄 정도이다. 이렇게 펄서가 규칙적인 펄스를 내보내는 이유는 무엇일까? 골드가 제시하고 이후 연구자들에 의해 정교화된 등대 모형에 따르면, 태양보다 훨씬 무거운 별이 폭발하면 초신성*이 되는데 초신성은 수축하면서 중성자별이 된다. 수축 과정에서 중성자별은 회전력을 얻는데 수축될수록 점점 회전 속도가 빨라진다. 중성자별의 표면을 구성하는 철은 자성* 물질을 많이 함유하고 있어서 중성자별 주위에는 자기장*이 형성되는데 그 자기장은 중성자별의 자남* 또는 그 근처에서 나와서 자북* 또는 그 근처로 들어가는 형태

(펄서가 규칙적인 펄스를 내보내는 이유: 중성자별의 회전 주기가 정확하기 때문)
(등대 모형: 등대의 등불은 늘 켜져 있지만 회전하기 때문에 주기적으로 깜빡이는 것으로 보임.)
(수축 과정에서 중성자별은 회전력을 얻는데 수축될수록 점점 회전 속도가 빨라진다: 질량이 안으로 집중될수록 각운동량 보존 법칙에 따라 회전 주기는 더 짧아짐.)
(그 자기장은 중성자별의 자남 또는 그 근처에서 나와서 자북 또는 그 근처로 들어가는 형태: 중성자별 자체가 막대자석처럼 주변에 자기장을 형성함.)

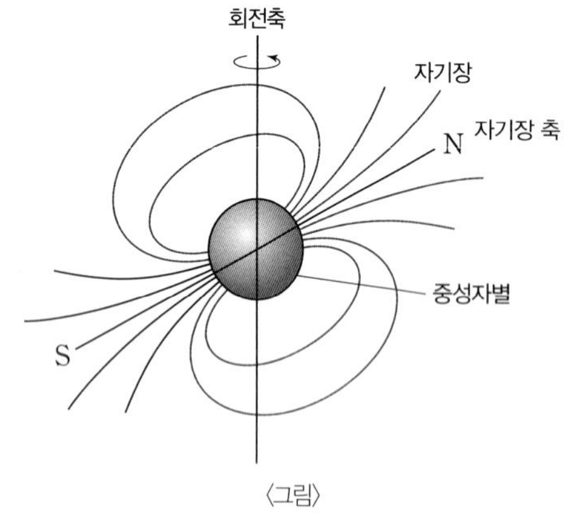

〈그림〉

를 띤다. 실제 관측에 의하면 중성자별에서 자기장은 최대 1억 T(테슬라)에 달한다. 중성자별 표면 근처에는 자기장이 대전 입자*들의 운동에 강하게 영향을 미칠 수 있는 구역이 있는데 이를 자기권*이라고 한다. 중성자별이 회전하면 중성자별 주변의 강한 자기장이 중성자별 표면에 거대한 전기장*을 일으킨다. 이는 움직이는 자석 주위의 도선에 전류가 흐르는 것과 동일한 현상이다. 이 전기장이 전자들을 철 원자의 핵으로 된 중성자별의 단
전자기 유도 현상으로, 발전기의 원리이기도 함.
단한 표면으로부터 떼어 내고, 이 전자들이 자기권으로 흘러들면 회전하는 자기장이 만든 전기장에 의해 가속된다. 가속된 전자는 빠르게 원운동을 하면서 빔 형태의 강한 전자기파를 자남과 자북을 연결하는 자기장 축을 따
싱크로트론 방사라고 부름.
라 방출한다. 일반적으로 중성자별은 자기장 축이 회전축*에 대하여 기울어져 있어서 중성자별이 회전하다가 자기장 축이 주기적으로 지구를 향하기를 반복하면서 지구의 전파 망원경에는 주기적인 펄스가 관측된다. 이때 펄
가까이 있어도 자기장 축이 회전하는 동안 지구를 향하지 않는 중성자별은 펄서로 관측되지 않음.
스가 반복되는 주기는 펄서의 회전 주기와 같고 펄스의 지속 시간은 방출되는 전자기파의 폭 안에 관측하는 전파 망원경이 머물러 있는 시간과 일치하는데, 그 지속 시간은 펄스의 주기보다 훨씬 짧다.

▶ 펄서가 규칙적인 펄스를 내보내는 이유

*플라스마: 물질이 이온이나 전자 등 전기를 띤 상태로 섞여 있는 것으로 고체, 액체, 기체 외의 제4의 물질 상태.

*펄스: 매우 짧은 시간 동안에 큰 진폭을 나타내는 파동.

*대전 입자: 전기를 띤 입자. 전자나 양성자 등이 있음.

어휘! 이것만은 꼭 익히자

- **섬광(閃光)**: 순간적으로 강렬히 번쩍이는 빛.
- **전파원(電波源)**: 은하계의 안이나 밖에서 전파를 내는 천체. 전파 별, 전파 은하 등이 있음.
- **태양풍(太陽風)**: 태양에서 방출되는 미립자의 흐름. 주로 양성자와 전자로 이루어지며, 지구 가까이 이르렀을 때 속도는 매초 350km임. 지구 자기권에 영향을 주어 자기 폭풍, 오로라, 전리층의 요란 등을 일으킴.
- **천구(天球)**: 관측자를 중심으로 하는 무한 반경의 큰 구면. 모든 천체가 실제 거리와는 관계없이 이 구면 위에 투영되어 있는 것으로 봄.
- **펄서(pulsar)**: 강한 자기장을 가지고 고속 회전을 하며, 주기적으로 전파나 엑스선을 방출하는 천체.
- **중성자(中性子)별**: 주로 중성자로 이루어져 있다고 생각되는, 밀도가 아주 높고 작은 천체. 반지름은 5 내지 10km이고 질량은 태양의 0.2 내지 0.7배이며 중심 밀도는 약 10^{15}g/cm^{3}임.
- **초신성(超新星)**: 보통 신성보다 1만 배 이상의 빛을 내는 신성. 질량이 큰 별이 진화하는 마지막 단계로, 급격한 폭발로 인해 엄청나게 밝아진 후 점차 사라짐.
- **자성(磁性)**: 자기(磁氣)를 띤 물체가 나타내는 여러 가지 성질.
- **자기장(磁氣場)**: 자석의 주위, 전류의 주위, 지구의 표면 따위와 같이 자기의 작용이 미치는 공간.
- **자남(磁南)**: 지구처럼 자기장을 갖는 천체의 자기의 축이 지구 표면과 만나는 남반구의 지점.
- **자북(磁北)**: 지구처럼 자기장을 갖는 천체의 자기의 축이 지구 표면과 만나는 북반구의 지점.
- **자기권(磁氣圈)**: 지구의 자기장 에너지가 크게 미치는 지구 또는 천체 주변의 구역.
- **전기장(電氣場)**: 전기를 띤 물체 주위의 공간을 표현하는 전기적 속성. 다른 대전 물체에 전기적 힘을 미침.
- **회전축(回轉軸)**: 회전 운동의 중심이 되는 직선.

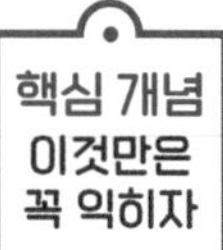

펄서의 발견 과정

조슬린 벨은 케임브리지 대학에서 전파 천문학 대학원생으로 재학 중이던 1967년에 펄서를 발견했다. 그녀의 발견은 20세기 가장 놀라운 천문학적 발견 중 하나였다. 하지만 이 발견에 대한 노벨상 수상의 영광은 그녀의 스승인 앤터니 휴이시에게 돌아갔다. 휴이시 팀은 태양풍에 의해 전파원이 깜빡이는 현상인 행성 간 섬광을 연구하기 위하여 전파 망원경을 설치하였다. 휴이시는 전파 망원경이 지구와 함께 회전하면서 밤낮으로 하늘을 계속 스캔하도록 했다. 연구를 돕던 대학원생 중 한 사람인 벨은 전파 망원경을 운영하여 얻은 데이터를 분석하였다. 어느 날 데이터를 확인하던 중 벨은 기존의 지식으로는 설명할 수 없는 전파 신호를 발견하고, 그것이 무엇인지 이해하기 위해 휴이시와 상의했다. 처음에 휴이시는 그것이 노이즈라고 생각했지만, 벨은 그것이 정확한 주기로 진동하는 펄스임을 알아냈고, 이후에 조사 작업을 전개한 결과 새로운 종류의 천체임이 밝혀졌다. 벨은 유사한 특성을 갖는 몇 개의 천체를 더 찾아냄으로써 이 발견을 확정했다. 펄서의 발견이 발표되자 미국의 천체 물리학자 골드는 펄서가 예측된 중성자별임을 이론적으로 설명하였다.

펄서의 원리

펄서가 어떻게 정확한 주기의 전자기파 펄스를 발생시키는지를 설명하는 이론이 등대 모형이다. 중성자별은 초신성이 폭발하고 남은 잔해가 수축하여 주로 중성자로 이루어진 고밀도의 천체를 형성하면서 회전력을 얻게 된다. 중성자별의 표면을 이루는 철은 자성 물질이어서 정렬이 되면서 자북과 자남을 연결하는 자기장 축을 형성한다. 회전하는 자기장은 전기장을 만들어 내고 전기장은 표면에서 떼어낸 전자를 회전시켜 자기장 축 방향으로 방출되는 빔 형태의 전자기파를 만들어 낸다. 등대의 회전하는 등불에서 나오는 불빛이 멀리서 보면 반짝이는 것으로 보이듯이 회전하는 중성자별에서 나오는 전자기파의 빔이 지구를 향할 때에만 전파 신호가 검출되므로 펄서는 주기적 전파 펄스를 방출하는 것으로 보인다.

■ **전파 천문학의 개척자 잰스키(Karl Jansky)**

펄서의 발견은 전파 천문학 분야에서 두드러진 성과로, 전파 천문학이 천문학에서 그 위상을 드높이는 데 기여했다. 전파 천문학은 1930년대 초에 미국의 벨 연구소의 신임 무선 공학자였던 잰스키가 하늘에서 오는 전파를 우연히 발견한 것을 계기로 하여 시작된 학문이다. 잰스키는 대서양을 건너오는 단파 음성 신호에서 간섭 요인을 제거하는 일을 맡고 있었는데, 대형 정향 안테나를 사용하여 신호를 잡으려다가 출처를 알 수 없는 지속적이고 반복적인 신호를 잡게 되었다. 그는 그것이 태양에서 온다고 생각했는데 그 신호 주기가 24시간이 아니라 23시간 56분인 것을 알아냈다. 그는 동료와의 대화를 통해 그것이 정확하게 1항성일, 즉 별과 같은 고정된 천체가 지구 주위를 도는 주기이며, 신호가 가장 강해지는 때는 그의 안테나가 은하수의 가장 빽빽한 곳인 궁수자리를 가리킬 때임을 알게 되었다. 그는 1933년에 그의 발견을 발표하였고, 이것이 전파 천문학의 출발점이 되었다. 천체들이 가시광선뿐 아니라 다른 복사선을 내놓는다는 사실은 천문학에서 이전에 닫혀 있었던 새로운 창을 여는 것과 같았다. 이렇게 과학에서 우연적인 발견은 과학의 혁명을 이끌어 왔다.

선생님의 만점 구조도

포인트 1 펄서의 발견

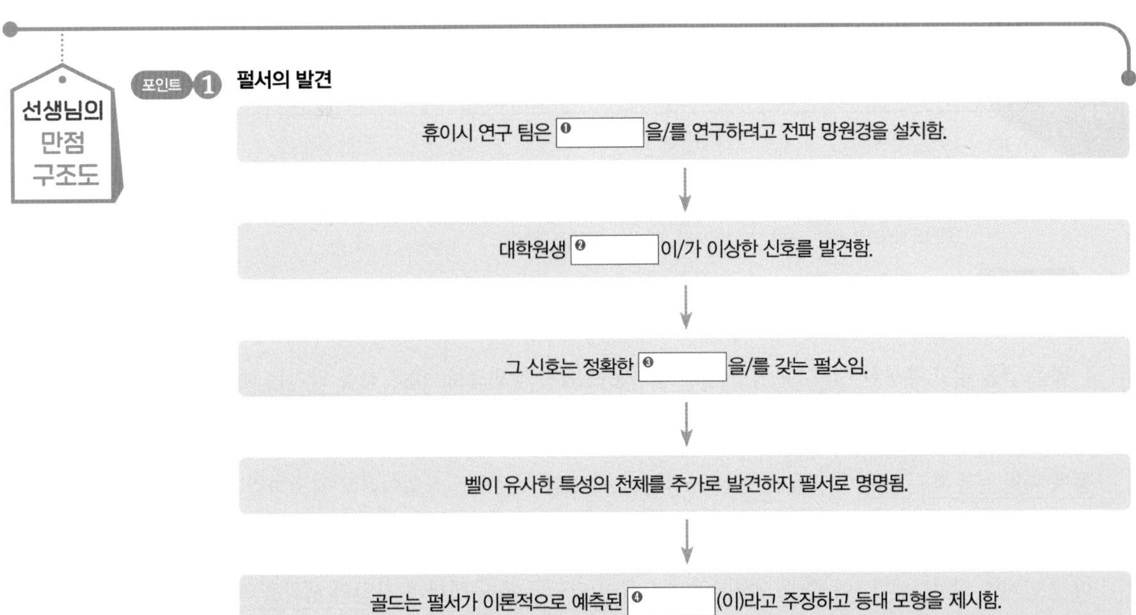

휴이시 연구 팀은 ❶ [ ] 을/를 연구하려고 전파 망원경을 설치함.
대학원생 ❷ [ ] 이/가 이상한 신호를 발견함.
그 신호는 정확한 ❸ [ ] 을/를 갖는 펄스임.
벨이 유사한 특성의 천체를 추가로 발견하자 펄서로 명명됨.
골드는 펄서가 이론적으로 예측된 ❹ [ ] (이)라고 주장하고 등대 모형을 제시함.

정답 ❶ 행성 간 공간 섬광 ❷ 벨 ❸ 주기 ❹ 중성자별

포인트 2 펄서의 원리 문항 02 관련

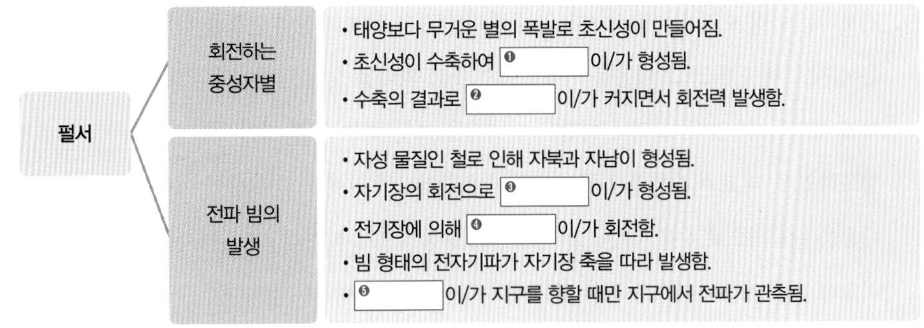

• 태양보다 무거운 별의 폭발로 초신성이 만들어짐.
• 초신성이 수축하여 ❶ [ ] 이/가 형성됨.
• 수축의 결과로 ❷ [ ] 이/가 커지면서 회전력 발생함.
전파 빔의 발생
• 자성 물질인 철로 인해 자북과 자남이 형성됨.
• 자기장의 회전으로 ❸ [ ] 이/가 형성됨.

• ❺ [ ] 이/가 지구를 향할 때만 지구에서 전파가 관측됨.

정답 ❶ 중성자별 ❷ 밀도 ❸ 전기장 ❹ 전자 ❺ 자기장 축

정약용의 초서 독서법

개·념·학·습

EBS 수능특강 독서 045쪽

독해 포인트 다산은 여러 권의 책을 읽기보다 한 권의 책을 깊이 읽을 것이며, 학문을 하는 사람은 책의 내용을 자기 나름대로 정리해야 한다고 강조하였다. 그 구체적인 방법으로 초서 독서법을 제시하였는데, 초서 독서법은 입지, 해독, 판단, 초서, 의식의 단계를 거친다. 이때 초서는 자신의 주관과 의견을 바탕으로 책의 내용을 깊이 생각하고 궁리하여 기록하는 것이다.

주 제 다산 정약용의 초서 독서법

많은 글을 읽고 훌륭한 저서*를 남긴 다산 정약용은 독서 방법으로, 많은 책을 닥치는 대로 읽기(얕고 빠르게 많이 읽기)보다는 한 권의 책을 깊고 세밀하게 읽는 정독(한 권을 깊고 천천히 읽기)을 권하였다. 특히 독서를 할 때 그 요점을 자기 나름대로 정리하고, 그것을 내용에 따라 분류해 두는 것(독서한 내용을 바탕으로 책을 쓰기 위한 밑 작업)이 학문을 하는 사람들이 해야 할 기본적인 작업이라고 강조하였다. 다산은 독서의 구체적인 방법을 단계별로 구분하였다(단계별 독서법). 그는 '입지(立志)', '해독(解讀)', '판단(判斷)', '초서(抄書)', '의식(意識)'의 다섯 단계를 제시하였다. 이 중 초서하기에 게으름이 없도록 해야 한다며 자신의 생각을 적는 초서의 중요성을 특히 강조하였다('초서 독서법'이라고 부르는 이유). 이에 다산이 제시한 다섯 단계의 독서법을 초서 독서법이라 부른다. ▶ 다산이 강조한 단계적 독서 방법

초서 독서법의 첫째 단계인 '입지'는 자신의 주관과 의견을 확인(입지 단계의 핵심)하는 독서 전 준비 단계이다. 무작정 책을 읽기보다는 미리 보기를 하면서 자신의 주관과 의견을 살펴 자신의 근본을 확립하는 단계이다. 둘째 단계인 '해독'은 실제로 책을 읽고 그 내용을 이해하면서 뜻과 의미를 찾는(해독 단계의 핵심) 단계이다. 일반적으로 사람들이 말하는 독서가 해독에 해당할 수 있다. 그러나 다산은 담벼락을 보듯 허투루 할 것이 아니라 이 과정에 심혈을 기울여야 한다고(해독의 과정에 많은 노력을 기울여야 함.) 강조하였다. 읽고 이해하면서 뜻이나 의미를 찾았다면 그에 대한 판단이 이루어진다. 셋째 단계인 '판단'은 읽은 내용을 수동적으로 수용*하는 것이 아니라, 능동적으로 헤아리고 비판(판단 단계의 핵심)하는 단계이다. 자신의 주관이나 의견과 비교해 가며 이를 기준으로 취할 것은 취하고 버릴 것은 버리는 것이다. ▶ 초서 독서법 중 입지, 해독, 판단

'해독'과 '판단'이 끝난 뒤 비로소 '초서'가 시작된다. 넷째 단계인 '초서'는 책에서 중요한 내용을 뽑아 체계적으로 정리하는 것을 말한다. 책을 읽는 도중 마음에 드는 부분이나 핵심적인 내용 등을 베껴 쓸 수도 있다. 하지만 이는 초서라 할 수 없다. 초서는 판단의 단계를 통해 생각하고 비교한 결과에 따라 선택한 문장과 자신의 견해를 기록(초서 단계의 핵심)하는 것이다. 따라서 초서는 깊이 생각하고 궁리하면서 취사선택*하는 과정을 거치고 난 결과물이라 할 수 있다. 마지막 단계인 '의식'은 지금까지 읽고 생각하고 쓴 모든 것을 통합해 자신만의 새로운 견해나 지식을 창조(의식 단계의 핵심)하는 단계이다. 다산은 의식 단계를 거치며 읽은 내용에 대해 더욱 심층적으로 이해할 수 있기 때문에 새로운 책을 쓰는 단계까지 쉽게 이를 수 있고 독서가 심층 학습 과정으로까지 확장될 수 있다고(새로운 책을 저술하는 과정으로 확장) 보았다. ▶ 초서 독서법 중 초서, 의식

어휘! 이것만은 꼭 익히자

- **저서(著書)**: 책을 지음. 또는 그 책.
- **수용(受容)**: 어떠한 것을 받아들임.
- **취사선택(取捨選擇)**: 여럿 가운데서 쓸 것은 쓰고 버릴 것은 버림.

핵심 개념 이것만은 꼭 익히자

독서에 대한 다산의 생각

다산은 여러 권의 책을 가볍게 읽기보다는 한 권의 책을 깊고 세밀하게 읽는 정독을 권하였다. 특히 학문을 하는 사람은 독서를 하면서 그 요점을 정리하고 그것을 내용에 따라 분류해 두어야 한다고 보았다. 이는 책을 읽는 도중 마음에 드는 부분이나 핵심적인 내용 등을 베껴 쓰는 것과는 다르다.

다산이 제시한 단계적 독서법

다산은 독서의 구체적인 방법을 다섯 단계로 제시하였다. '입지–해독–판단–초서–의식'이 각 단계이며 이를 '초서 독서법'이라고 부른다. 독서의 첫째 단계인 입지에서는 자신의 주관과 견해를 확인하며, 둘째 단계인 해독에서는 책의 내용을 이해한다. 셋째 단계인 판단에서는 능동적으로 생각하고 비판하며, 넷째 단계인 초서에서는 판단의 단계를 통해 선택한 문장과 그에 대한 자신의 견해를 기록한다. 다섯째 단계인 의식에서는 생각하고 쓴 모든 것을 통합해 자신만의 새로운 견해나 지식을 창조한다.

■ **조선조 유학자들의 독서**

다산 정약용 이전에도 자기를 닦은 후 남을 다스린다는 '수기치인(修己治人)'의 독서관이 있었다. 그러나 조선조 유학자들이 주장하는 수기치인의 독서관은 대체로 통치자의 주관적인 수양과 이를 바탕으로 백성들의 교화를 목적으로 하는 것이었다. 다산을 비롯한 실학자들은 조선 초기 입신양명을 위한 독서관과 조선 중기 도학주의에 매몰된 독서관을 비판하고, '이중민생(以重民生), 이존국법(以尊國法)'(민생을 소중히 여기고 국법을 귀하게 여김.)의 독서관을 강조하였다.

선생님의 만점 구조도

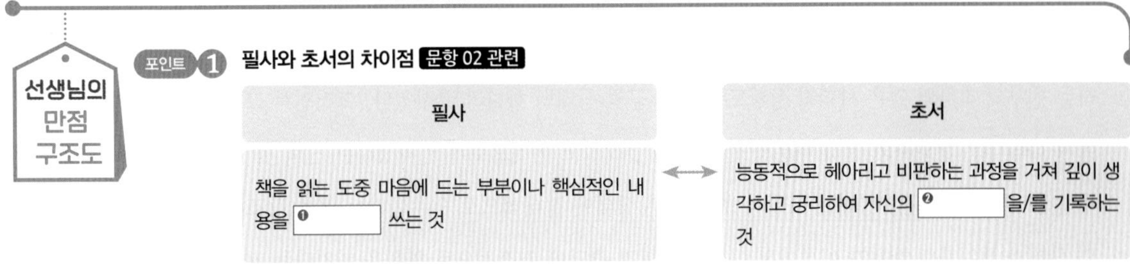

포인트 1 필사와 초서의 차이점 문항 02 관련
필사
책을 읽는 도중 마음에 드는 부분이나 핵심적인 내용을 ❶ 쓰는 것
초서
능동적으로 헤아리고 비판하는 과정을 거쳐 깊이 생각하고 궁리하여 자신의 ❷ 을/를 기록하는 것

답 ❶ 베껴 ❷ 견해

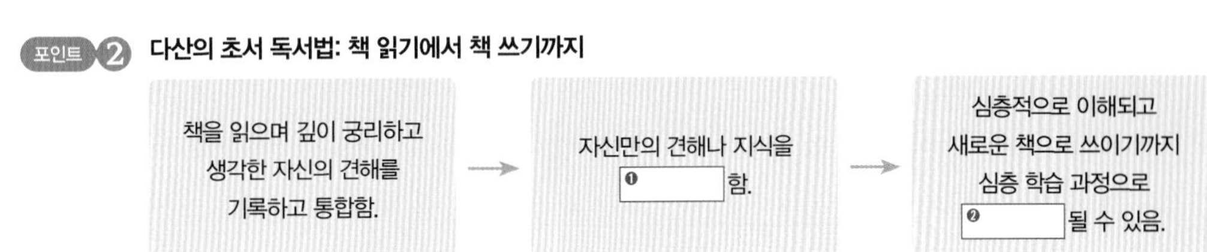

포인트 2 다산의 초서 독서법: 책 읽기에서 책 쓰기까지
책을 읽으며 깊이 궁리하고 생각한 자신의 견해를 기록하고 통합함.
자신만의 견해나 지식을 ❶ 함.
심층적으로 이해되고 새로운 책으로 쓰이기까지 심층 학습 과정으로 ❷ 될 수 있음.

답 ❶ 창조 ❷ 확장

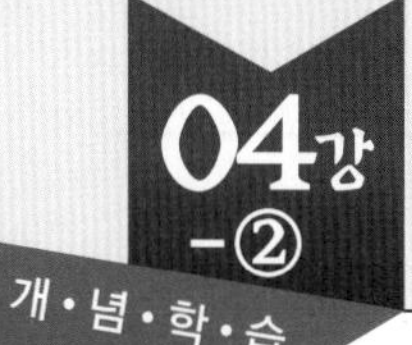

04강 -②

개·념·학·습

콜먼의 합리적 선택 이론

EBS 수능특강 **독서 047쪽**

독해 포인트 이 글은 경제학과의 긴밀한 연관 관계 속에서 사회학을 연구하고자 한 콜먼의 합리적 선택 이론에 대해 설명하고 있다. 콜먼의 합리적 선택 이론에서 행위자는 자신의 효용을 최대화하고자 하는데, 이때 행위에 대한 효용은 행위자가 가지고 있는 자원과 그것에 대한 통제 정도에 의해 좌우된다. 이를 바탕으로 콜먼은 자원의 초기 배분 상태가 행위자의 행위가 이루어진 이후의 균형적 결과에 결정적으로 영향을 미친다는 것을 강조하면서, 신뢰, 공동체의 규범이나 사회 연결망 등의 사회적 자본의 중요성을 강조하였다.

주 제 인간의 행위를 경제학적 관점에서 분석한 콜먼의 합리적 선택 이론

우리는 흔히 사회 과학 내에서 합리적 행위의 영역은 경제학이, 비합리적 행위의 영역은 사회학이 담당하는 것으로 여긴다. 그러나 사회학 이론가인 제임스 콜먼은 이러한 통념*이 사실이 아니라는 것을 입증*하고자 하였다. 또한 그는 사회학에서 인간의 행위를 수학적으로나 경제학적으로 접근하여 설명하지 않는다는 점, 경제학에서 경제적 행위나 현상을 분석할 때에 사회 구조의 영향을 간과*한다는 점 등에 대해 날카로운 비판을 던졌다. 콜먼이 경제학과의 긴밀한 연관 관계 속에서 사회학을 연구하고자 하였음을 가장 잘 보여 주는 것은 그의 합리적 선택 이론이다.

(통념: 경제학과 사회학의 연구 영역이 구분되어 있다는 인식)
(경제학과 사회학이 접목되어야 한다는 인식을 드러냄.)

▶ 경제학적 관점에서 사회학을 연구하고자 한 콜먼

합리적 선택 이론에서는 인간의 행위를 이해하고 모형화*하기 위한 틀을 제시한다. 콜먼에 의하면 인간 행위는 행위자 개인의 효용*을 증대하는 단일한 목적으로 이루어진다. 합리적 선택 이론에서 각 행위자는 목적 지향적이어서 자신이 보유한 초기 자원, 그것에 대한 통제 정도를 이용하여 자신의 효용을 최대화하는 존재로 가정된다. 여기서 자원에는 시간, 돈, 노력, 물리적 장비, 인력뿐만 아니라 정보, 지식, 기술 등이 포함된다. 그런데 행위자가 관심 있는 자원, 즉 이해관계를 가지고 있는 자원을 타인이 통제하고 있을 수도 있고 타인이 관심 있는 자원을 자신이 통제하고 있을 수도 있다. 행위자가 원하는 모든 자원을 활용할 수는 없다는 것이다. 콜먼은 자원에 대한 통제 상황에서 행위에 대한 효용을 함수를 통해 표현하였는데, 이 함수에서 행위에 대한 효용은 행위자가 가지고 있는 자원과 그것에 대한 통제 정도를 지수*로 하여 계산한 값이다.

(행위자 개인의 효용을 증대: 인간 행위의 유일한 목적)
(각 행위자는 목적 지향적: 개인은 행위를 통해 개인의 효용을 늘리고자 함.)
(자신이 보유한 초기 자원, 그것에 대한 통제 정도: 개인의 효용에 영향을 미치는 요소)
(시간, 돈, 노력, 물리적 장비, 인력뿐만 아니라 정보, 지식, 기술: 개인의 효용 증대에 영향을 미치는 자원의 예)
(행위자의 관심이나 요구에 맞게 자원이 주어지지 않을 수 있음.)
(인간의 행위를 수학적으로 접근하여 설명함.)

▶ 콜먼의 합리적 선택 이론에서 행위자 특성과 행위 효용

콜먼은 이러한 경제학적 접근에 그치지 않고 인간의 행위나 현상을 사회 구조와 관련지어 설명하였다. 콜먼은 행위자들 사이에 더 이상의 행위가 일어나지 않는다면 그것은 사회적 균형 상태에 도달한 것인데, 우리가 목도*하는 빈부의 격차와 같은 사회적 상황도 사회적 균형 상태의 하나라고 하였다. 그러면서 그는 사회적 균형 상태에서 나타나는 행위자의 권리 배분과 권리 이양*, 그리고 이것으로부터 파생하는 신뢰 및 권위 관계 등에 대해 주목하고, 사회적 균형 상태는 자원의 초기 배분 상태에 절대적으로 의존한다는 점을 강조하였다. 주어진 자원의 상태가 행위자의 행위가 이루어진 이후의 균형적 결과에 결정적으로 영향을 미친다는 것이다. 이를 시장에서의 배분과 관련지어 말하자면, 완전 경쟁 시장이라는 전제*하에서 시장을 통한 배분은 자원 배분의 초기 불평등 상태를 유지하게 하는 경향이 있다는 말로 설명할 수 있다. 즉 정부의 적극적 개입이나 사회 구조적 혁명 등이 없이 인간의 행위만으로는 불평등 정도를 줄일 수 없다는 것이다.

(사회학 이론가로서 인간의 행위를 사회학적으로 설명함.)
(행위자들 사이에 더 이상의 행위가 일어나지 않고 안정화되어 받아들여지는 사회적 상황)
(행위자들 사이에 더 이상의 행위가 일어나지 않는 상태는 자원의 초기 배분 상태에 의해 절대적인 영향을 받음.)
(예를 들어, 빈부의 격차와 같은 사회적 상황은 행위자의 초기 자원, 그것에 대한 통제 정도에 의해 결정되었을 가능성이 높음.)
(정부의 적극적 개입 등이 없는 상태)
(사회적 균형 상태의 결과가 자원의 초기 배분 상태에 의해 절대적으로 영향을 받기 때문에)

▶ 사회적 균형 상태와 자원의 초기 배분 상태의 관련성

이와 관련하여 콜먼은 신뢰, 공동체의 규범이나 사회 연결망 등을 사회적 자본이라 일컫고 이는 사회 내에서

(사회적 자본에 해당하는 것들)

자연적으로 발생하는 원초적* 사회 구조라고 설명하였다. 그는 근대에 이르러 목표를 달성하기 위해 자원을 조합*하여 행동하는 주체인 조합 행위자가 주도성을 가지게 되면서 이 원초적 사회 구조들의 영향과 중요성이 점차 쇠퇴하고 불평등이 고착화*되었다고 분석했다. 조합 행위자는 많은 자원을 확보한 개인이나 기업으로 대표되는데, 이들의 영향력이 매우 강력해졌다는 것이다. 그러면서 콜먼은 사회적 자본이 불평등 사회의 문제를 해결할 수 있는 방편이라고 강조하고 각각의 행위자가 문제 해결에 나서는 결사체*로서 작동해야 한다고 강조하였다. 콜먼의 이러한 시각에 대해서는 여러 비판이 가해지기도 하지만 콜먼의 이론은 경제학적인 관점을 접목*하여 사회 현상에 접근하는 시각을 제공하고 있다는 점에서 주목할 만하다.

행위자 개인의 효용 증대

조합 행위자의 개념

신뢰, 공동체의 규범, 사회 연결망

신뢰, 공동체의 규범, 사회 연결망

사회적 자본의 영향과 중요성이 쇠퇴하고 불평등 상태가 고착화되는 등의 문제를 해결하기 위한 노력을 강조

▶ 사회 불평등 문제 해결을 위한 사회적 자본의 중요성

어휘! 이것만은 꼭 익히자

- **통념(通念)**: 일반적으로 널리 통하는 개념.
- **입증(立證)**: 어떤 증거 따위를 내세워 증명함.
- **간과(看過)**: 큰 관심 없이 대강 보아 넘김.
- **모형화(模型化)**: 일정한 모형으로 만듦. 또는 그렇게 되게 함.
- **효용(效用)**: 인간의 욕망을 만족시킬 수 있는 재화의 효능.
- **지수(指數)**: 어떤 수나 문자의 오른쪽 위에 덧붙여 쓰여 그 거듭제곱을 한 횟수를 나타내는 문자나 숫자.
- **목도(目睹)**: 눈으로 직접 봄.
- **이양((移讓)**: 남에게 넘겨줌.
- **전제((前提)**: 어떠한 사물이나 현상을 이루기 위하여 먼저 내세우는 것.
- **원초적(原初的)**: 일이나 현상이 비롯하는 맨 처음이 되는 것.
- **조합(組合)**: 여럿을 한데 모아 한 덩어리로 짬.
- **고착화(固着化)**: 어떤 상황이나 현상이 굳어져 변하지 않는 상태가 됨. 또는 그렇게 함.
- **결사체(結社體)**: 여러 사람이 공동의 목적을 이루기 위하여 조직한 단체.
- **접목(接木)**: 둘 이상의 다른 현상 따위를 알맞게 조화하게 함을 비유적으로 이르는 말.

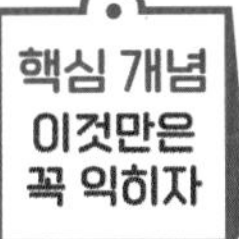

합리적 선택 이론

합리적 선택 이론은 인간의 행위에 대한 콜먼의 이론으로, 인간은 자신이 보유한 초기 자원과 그것에 대한 통제 정도를 이용하여 자신의 효용을 최대화하는 존재로서 효용의 증대라는 단일한 목적으로 행위한다고 보는 이론이다.

사회적 균형 상태, 사회적 자본, 조합 행위자

콜먼은 행위자들 사이에 더 이상의 행위가 일어나지 않는다면 그것은 사회적 균형 상태라고 하였다. 또한 신뢰, 공동체의 규범이나 사회 연결망 등을 사회적 자본이라 일컫고, 목표를 달성하기 위해 자원을 조합하여 행동하는 주체를 조합 행위자라고 하였다.

■ 사회적 자본의 중요성

사회적 자본(social capital)은 신뢰와 규범 등 인간관계(네트워크)로부터 형성되는 무형의 자본이다. 경제학적 관점에서 보면, 사회적 자본은 경제 주체의 협력을 증진하고 거래 비용을 감소시켜 경제 활동을 원활하게 해 준다. 예를 들어, 치킨을 배달 주문한다고 할 때, 치킨 제조 과정, 결제 과정에서의 소비자 정보 보호, 배달 과정에서의 안전성 등 각각의 거래 단계에 대한 신뢰가 필요하다. 이 신뢰가 없다면 치킨 배달 주문이라는 경제 활동은 일어나기 어려울 것이다. 즉 저신뢰 사회에서는 경제 활동은 적극적이지도 원활하지도 않게 되는 것이다. 신기술의 개발로 경제 활동의 투명성과 보안성이 강조되면서, 사회적 자본의 중요성은 더욱 부각되고 있다.

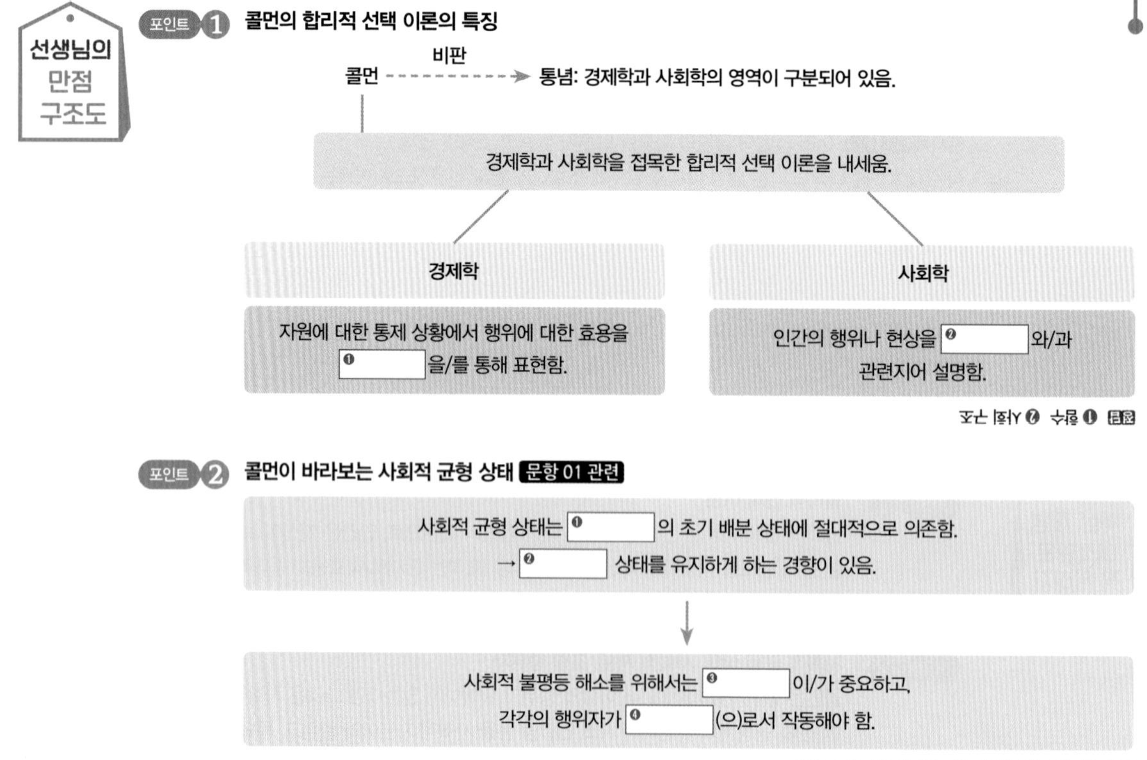

선생님의
만점
구조도
포인트 1 콜먼의 합리적 선택 이론의 특징
비판
콜먼
통념: 경제학과 사회학의 영역이 구분되어 있음.
경제학과 사회학을 접목한 합리적 선택 이론을 내세움.
경제학
자원에 대한 통제 상황에서 행위에 대한 효용을
❶ 을/를 통해 표현함.
사회학
인간의 행위나 현상을 ❷ 와/과
관련지어 설명함.
정답 ❶ 함수 ❷ 사회 구조
포인트 2 콜먼이 바라보는 사회적 균형 상태 문항 01 관련
사회적 균형 상태는 ❶ 의 초기 배분 상태에 절대적으로 의존함.
→ ❷ 상태를 유지하게 하는 경향이 있음.
사회적 불평등 해소를 위해서는 ❸ 이/가 중요하고,
각각의 행위자가 ❹ (으)로서 작동해야 함.
정답 ❶ 자원 ❷ 불평등 ❸ 사회적 자본 ❹ 결사체

사회적 자본

우리 사회는 권위적 위계 사회에서 민주적 개방 사회로 옮겨 가는 전환기에 놓여 있다. 과거 경제의 패러다임은 천연자원과 같은 유형의 자본을 확보하는 데 초점이 맞춰져 있었으나 오늘날은 지속 가능한 성장을 위해 새로운 경제 패러다임을 찾고 있다.

세계은행은 최근 40여 개국을 대상으로 한 조사에서 '조건이 동일한 상태에서 국가 신뢰 지수가 10% 높아지면 경제 성장률이 0.8% 상승한다.'라는 연구 결과를 발표해 관심을 불러일으켰다. 이를 설명하는 경제학 용어가 사회적 자본이다. 경제학자 제임스 콜먼은 사회적 자본을 신뢰 관계 형성에 따른 거래 비용의 감소와 효용의 극대화로 정의한다. 한편 정치학자 로버트 퍼트넘은 참여자들이 협력하도록 함으로써 공유한 목적을 보다 효과적으로 성취하게 만드는 신뢰와 규범, 네트워크와 같은 사회 조직의 특징으로 규정한다. 무형의 자본인 신뢰, 소통, 협력은 사회 경제적 협력을 촉진하는 윤활유이기 때문에 사회적 자본에 대한 학자들의 입장 차이에도 불구하고 그 중요성에 대한 공감대가 형성되어 있다.

경제학자 조이스 버그는 사회적 자본의 가치를 설명하기 위해 '신뢰 게임(Trust Game)'이라는 것을 고안해 냈고 국내에서도 이를 토대로 한 실험을 진행하였다.

연구 팀은 10,000원을 제안자에게만 지급한다. 제안자는 응답자에게 보낼 금액을 결정한다. 연구 팀은 제안자가 보낸 금액의 3배를 응답자에게 지급한다. 응답자는 다시 제안자에게 되돌려줄 금액을 결정한다. 연구 팀은 응답자가 되돌려준 금액을 제안자에게 지급한다. 이때 제안자나 응답자는 자신에게 주어진 금액을 독차지하고 게임을 끝낼 수도 있다. 그런데 실험 결과, 놀랍게도 제안자는 평균 75%의 금액을 응답자에게 주었고, 응답자 역시 받은 금액의 평균 50%를 제안자에게 되돌려줬다.

이 신뢰 게임의 결과를 통해 경제학적 관점을 뛰어넘는 신뢰의 놀라운 속성을 확인할 수 있다. 사회적 자본에 대한 연구 성과는 인간이 냉정한 호모 에코노미쿠스*라는 기존의 생각과 달리 본성적으로 타인을 믿고 나누려는 존재라는 사실을 보여 주고 있다. 이는 우리 사회가 찾고자 하는 새로운 경제적 패러다임에 시사하는 바가 크다고 할 수 있다.

* **호모 에코노미쿠스:** 자신의 이익을 최우선으로 하여 행동하는 인간.

독해 포인트 이 글은 사회적 자본에 대해 연구한 콜먼, 퍼트넘, 버그 등에 대해 언급하며 사회적 자본의 중요성을 강조하고 있다. 콜먼은 신뢰 관계 형성에 따른 거래 비용의 감소와 효용의 극대화를 사회적 자본으로 정의하였고, 퍼트넘은 신뢰와 규범, 네트워크와 같은 사회 조직의 특징으로 사회적 자본을 규정하였다. 버그는 '신뢰 게임'을 고안하여 진행한 실험을 통해 사회적 자본의 가치를 설명하였다. 이는 지속 가능한 성장이라는 경제 패러다임 속에서 신뢰의 중요성을 잘 설명해 준다.

주제 사회적 자본의 중요성

II

인문·예술

01강 김부식의 『삼국사기』 편찬

인문 · 예술

EBS 수능특강 **독서 054쪽**

독해 포인트 『삼국사기』는 김부식의 건의와 인종의 명으로 편찬된 역사서이다. 『삼국사기』의 편찬은 고려의 대내외적 상황과 연관 지어 이해해 볼 수 있다. 대외적 상황으로는 중국 송나라에서 고문체로 서술된 『신당서』가 편찬된 것이 있다. 이 역사서가 선례가 되어, 고문체로 된 『삼국사기』가 편찬될 수 있었다. 대내적으로 고려는 이자겸의 난과 묘청의 난으로 유학 사상을 기반으로 하던 정치 체제가 흔들리는 위기를 겪고 있었다. 김부식은 역사를 교훈으로 삼는 유교적 역사관에 바탕을 두고, 고려의 정치 체제 유지를 위해서 유교적 교훈을 주는 역사서 『삼국사기』를 편찬했다. 『삼국사기』가 당시의 지식인들에게 삼국의 역사를 재인식하게 만들기도 했지만, 『삼국사기』의 사료 수집이 부족하다는 인식을 가진 사람도 있었다. 이로 인해 『삼국사기』가 마련한 바탕 위에서 그것을 보완하거나 극복하려는 역사서들이 편찬되었다.

주 제 『삼국사기』 편찬에 담긴 김부식의 의도

동양의 전통적인 역사 편찬* 관행*은 한 왕조가 멸망하면 다음에 세워진 왕조가 이전 왕조의 역사를 편찬하는 것이었다. 중국에서는 이런 관행이 일찍부터 이루어졌으며, 우리나라에서도 고려 제4대 왕인 광종 대에 이러한 역사 편찬 관행에 따라 고구려, 백제, 신라 삼국의 역사서가 편찬되었다(『구삼국사』의 편찬). 이 역사서를 김부식의 『삼국사기』와 구별하기 위해 『구삼국사』라고 부른다. 『삼국사기』는 고려 제17대 왕이었던 인종이 김부식에게 삼국 시대의 역사를 다시 편찬하게 해서 만들어진 역사서이다(국가적 차원에서 편찬한 역사서인 『삼국사기』). 김부식은 『구삼국사』를 기본 자료로 삼고, 중국 측 자료와 국내의 새로운 자료로 내용을 보완하여 『삼국사기』를 편찬하였다. 김부식이 기존의 역사서(『구삼국사』)가 있는 상황에서 새로운 역사서(『삼국사기』)를 편찬한 것은 고려의 대내외적 상황과 연관 지어 이해해 볼 수 있다.

▶ 『삼국사기』의 편찬 배경

대외적 상황으로는 중국 송나라에서 『신당서(新唐書)』가 편찬된 것이다. 이 역사서는 역사 편찬 관행에 따라 편찬된 역사서인 『구당서(舊唐書)』를 새로 편찬한 것이었는데, 이것이 하나의 선례가 되어 『삼국사기』 편찬이 이루어질 수 있었다. 특히 『신당서』는 고문(古文)체로 서술되어(『신당서』의 문체가 『삼국사기』의 문체에도 영향을 미침.), 사륙변려문체로 서술되었던 기존의 역사서(『구당서』는 사륙변려문체로 서술되었음.)와는 차이가 있었다. 공자와 맹자가 쓴 문체인 고문체는 비슷한 의미를 가지는 글자의 중복 사용을 엄격히 피하기 때문에 논리적으로 내용을 서술하기에 적합하며 문장이 간결했고, 사륙변려문체는 문장이 장중하고* 화려했다. 김부식은 당, 송 대에 일어난 고문체 부활 운동의 풍조*에 따라 고문체의 수용을 주장했고, 역사의 기록도 고문체의 문장으로 서술되어야 한다는 생각(김부식은 고문체로 기록하여 역사를 논리적으로 서술하려 했던 것으로 보임.)을 했던 것으로 보인다. 이는 김부식이 『삼국사기』를 인종에게 바치면서 올린 「진삼국사기표」에서 확인할 수 있다. 여기서 그는 『구삼국사』로 추정되는 『고기』의 기록이 거칠고 졸렬하다* 고 하여 『고기』의 문체가 가지는 문제점을 지적했는데, 『삼국사기』가 고문체로 서술된 것은 문체에 대한 그의 생각(고문체로 역사를 기록해야 함.)과 지적이 반영된 것으로 볼 수 있다.

▶ 『삼국사기』의 편찬에 영향을 미친 대외적 상황

대내적 상황으로는 고려의 정치 체제와 정치적 상황이다. 고려는 유교 사상을 바탕으로 왕을 정점으로 하는 통치 체제를 구축하고 유지했었다. 하지만 인종 재위 기간에 왕위를 찬탈*하려는 이자겸의 난(왕을 정점으로 하는 통치 체제를 어지럽힌 사건)으로 정치 기강은 어지러워졌고, 풍수지리설에 의거하여 서경 천도를 주장했던 묘청 세력과 이에 반대하는 정치 세력 간의 다툼으로 묘청의 난까지 일어나면서 고려의 정치 체제가 흔들렸다. 이 두 개의 정변*(이자겸의 난과 묘청의 난)을 경험한 김부식은 합리적이면서 도덕성을 추구하는 유교적 역사관에 바탕을 두고 『삼국사기』를 편찬하였다. 유교적 역사관의 합리적 성격은 증거 문헌에 의거하여 사실적으로 역사적 사건을 기록하며 신화적 요소들을 배제하는 탈신화성을 추구하는 것이(유교적 역사관의 합리적 성격)

고, 도덕적 성격은 역사적 사실을 통해 인의예지와 같은 유교적 윤리와 교훈을 얻는 것이었다. 결국 『삼국사기』의 편찬은 고려의 정치 체제를 유교 사상에 따라 다시 정비*하여 당대의 정치 체제가 유지되기를 의도한 것이었다.

『삼국사기』 편찬에 담겨 있는 김부식의 의도

▶ 『삼국사기』의 편찬에 영향을 미친 대내적 상황

『삼국사기』 편찬에 대한 그의 의도는 사론(史論)과, 자연에서 일어나는 기이한 현상이나 가뭄과 같은 재이*에 대한 기록에서 엿볼 수 있다. 사론은 특정 사실에 대한 편찬자의 적극적인 가치 평가가 담겨 있는 글로, 『삼국사기』에는 왕에 관한 정치 일반을 다루는 기록인 본기(本紀)와 삼국의 왕을 제외한 인물들에 대한 기록인 열전(列傳) 속에 있다. 『삼국사기』의 사론은 유교 경전에 준거하여 실천적 의미를 지니고 있다는 점에서 권계*의 의미가 담겨 있다고 볼 수 있다. 한편 재이에 대한 기록은 천문지나 오행지에 별도로 정리한 중국의 경우와 달리 『삼국사기』에는 본기(本紀)에 담겨 있다. 본기에 재이가 기록된 것은 김부식이 유교 사상의 여러 입장 중 천인감응설(天人感應說)을 적극적으로 반영한 결과이다. 천인감응설은 기후 등 자연 현상을 포함한 하늘과 인간 사회의 일은 불가분의 관계에 있고, 이러한 점에서 군주의 올바르지 않은 행위에 따라 하늘은 재이를 통해 경고한다고 본다. 따라서 『삼국사기』 편찬의 정치적 의도를 고려하면 김부식에게 재이는 중요할 수밖에 없었다.

왕에게 권계하는 의미가 담겨 있기 때문

천인감응설을 반영하여 군주가 올바른 도를 행해야 함을 보여 주기 위한 것이었기 때문

『삼국사기』 편찬에 담겨 있는 김부식의 의도

정치적 의도가 담겨 있었기 때문

재이에 대한 기록을 통해 왕에게 깨달음을 줄 수 있었기 때문

▶ 『삼국사기』 사론과 재이 기록에 나타난 유교 사상

김부식은 「진삼국사기표」에서 인종 대의 지식인 계층이 중국 역사에는 해박하나* 삼국의 역사에 대해서는 그 전말*을 알지 못한다고 지적하였다. 따라서 『삼국사기』 편찬은 이런 당대 지식인들에게 삼국의 역사를 읽도록 만들었다. 『삼국사기』를 읽은 지식인 중에는 『삼국사기』의 사료 수집이 주로 관청이나 정부의 자료를 중심으로 했기 때문에 사료 수집이 부족하다는 인식을 가진 사람도 있었고, 이규보와 같이 삼국의 역사를 재인식하는 사람도 생겨났다. 이로 인해 『삼국사기』 이후에 편찬된 역사서는 『삼국사기』가 마련한 역사 인식의 바탕 위에서 그것을 보완하거나 극복하려는 내용으로 기술되었다.

당대의 지식인들이 우리나라의 역사에 대해서 잘 알지 못하는 문제가 있었음.

『삼국사기』 사료 수집의 문제점

이규보의 『동명왕편』

『삼국사기』가 후대 역사서에 미친 영향

▶ 『삼국사기』가 이후의 역사서에 미친 영향

* 재이(災異): 재앙이 되는 괴이한 일.

* 권계(勸戒): 잘못함이 없도록 타일러 주의시킴.

어휘! 이것만은 꼭 익히자

- **편찬(編纂)**: 여러 가지 자료를 모아 체계적으로 정리하여 책을 만듦.
- **관행(慣行)**: 오래전부터 해 오는 대로 함. 또는 관례에 따라서 함.
- **장중(莊重)하고**: 장엄하고 무게가 있고.
- **풍조(風潮)**: 시대에 따라 변하는 세태.
- **졸렬(拙劣)하다**: 옹졸하고 천하여 서투르다.
- **찬탈(簒奪)**: 왕위, 국가 주권 따위를 억지로 빼앗음.
- **정변(政變)**: 혁명이나 쿠데타 따위의 비합법적인 수단으로 생긴 정치상의 큰 변동.
- **정비(整備)**: 흐트러진 체계를 정리하여 제대로 갖춤.
- **해박(該博)하나**: 여러 방면으로 학식이 넓으나.
- **전말(顚末)**: 처음부터 끝까지 일이 진행되어 온 경과.

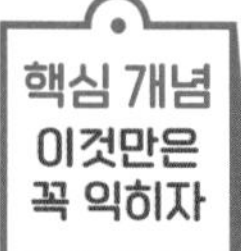

유교적 역사관

유교적 역사관은 도덕과 교훈을 위한 역사관, 합리적 역사관으로 나누어 이해할 수 있다. 도덕과 교훈을 위한 역사관은 역사적 사실을 통해 유교적 도덕과 교훈을 얻는 것이다. 『삼국사기』의 사론에는 이러한 역사관이 반영되어 있다. 합리적 역사관은 있는 그대로 기술하며, 이성적으로 설명하기 어려운 불가사의한 존재나 현상을 기술하지 않는다. 이러한 역사관에 따라 『삼국사기』에는 신화적 요소들이 배제되었다.

천인감응설

천인감응설에 따르면 하늘과 군주의 행위가 밀접하게 결합되어 있고, 군주가 올바른 도를 위배하는 잘못을 저지르면 재이가 나타난다. 여기서 재이는 군주권이 하늘로부터 비롯된 것임을 입증하는 것이자 군주의 실정에 대한 하늘의 경고이다.

■ 김부식의 「진삼국사기표」

「진삼국사기표」는 1145년(인종 23)에 김부식이 『삼국사기』를 진헌하면서 올린 표(表)이다. 김부식은 이 표에서 당대의 지식인들이 중국의 사서에 대해서는 잘 알지만 우리나라의 역사를 잘 알지 못한다는 인종의 말을 인용하여 우리나라 역사에 대한 지식인들의 인식을 비판하면서 『삼국사기』 편찬의 필요성을 드러낸다. 그리고 『고기』의 문체에 대한 비판과 함께 『고기』에는 임금의 선함과 악함, 신하의 충성스러움과 간사함, 나라의 평안함과 위태로움, 백성의 다스려짐과 어지러움을 드러낼 수 있는 사적이 없어서 후세에 권장하거나 경계할 수가 없음을 비판한다. 이는 『삼국사기』 편찬의 정치적 의도를 간접적으로 드러내는 것이라고 할 수 있다.

■ 이규보의 「동명왕편 서(序)」에 나타난 역사 인식

이규보는 「동명왕편 서」에서 "동명왕의 일은 변화의 신이함으로 여러 사람의 눈을 현혹한 것이 아니고 나라를 창시한 신성한 사적이니, 이를 기술하지 않으면 후인들이 장차 어떻게 보겠는가."라고 했으며 동명왕 이야기를 '성(聖)'이며 '신(神)'이라고 했다. 이는 신화에서 나오는 신화적 요소 안에는 거룩함과 신령함이 있기 때문에, 신화를 세상에 전해야 하는 역사로 인식해야 한다는 이규보의 생각을 보여 주는 것이라고 할 수 있다.

포인트 ❶ 「삼국사기」 편찬에 영향을 준 대외적, 대내적 상황

대외적 상황		「삼국사기」 편찬에 미친 영향		
• 송나라의 「신당서」 편찬	→	• 동양의 전통적인 역사 편찬 관행에서 벗어난 역사 편찬이 가능	→	「삼국사기」 편찬
• 고문체로 서술된 「신당서」	→	• 고문체로 「삼국사기」 서술		
• ❶ ☐ 부활 운동의 풍조	→	• 김부식의 고문체 수용 주장		
대내적 상황		**「삼국사기」 편찬에 미친 영향**	→	
• 유교 사상을 바탕으로 두고, 왕을 정점으로 하는 통치 체제	→	• 유교 사상에 따른 정치 체제 정비와 유지가 필요하다는 인식		
• 이자겸의 난, ❷ ☐	→			
• 지식인 계층이 삼국의 역사에 대해서 잘 모름.	→	• 삼국 역사의 전말을 알 수 있게 하는 역사서가 필요		

정답 ❶ 고문체 ❷ 묘청의 난

포인트 ❷ 「삼국사기」의 사론과 재이에 대한 기록 문항 04 관련

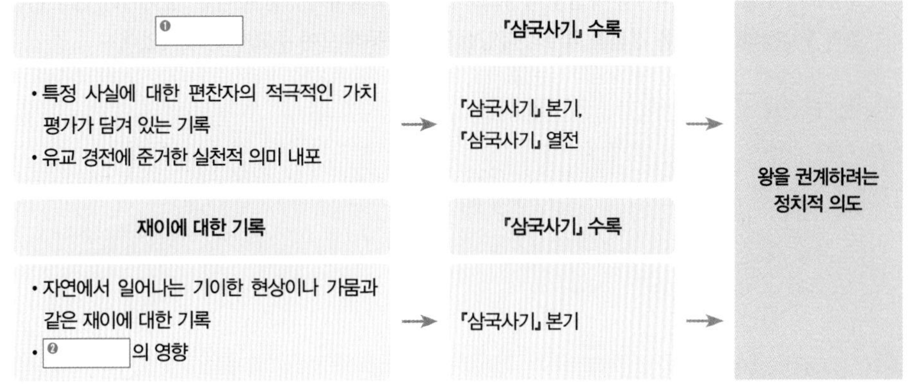

❶ ☐
「삼국사기」 수록
• 특정 사실에 대한 편찬자의 적극적인 가치 평가가 담겨 있는 기록
• 유교 경전에 준거한 실천적 의미 내포
「삼국사기」 본기,
「삼국사기」 열전
재이에 대한 기록
「삼국사기」 수록
• 자연에서 일어나는 기이한 현상이나 가뭄과 같은 재이에 대한 기록
• ❷ ☐의 영향
「삼국사기」 본기
왕을 권계하려는 정치적 의도

정답 ❶ 사론 ❷ 천인감응설

『치평요람』에 담긴 세종과 편찬자들의 사상

조선 초기에 진행된 고려 관련 역사서 편찬은 고려 멸망의 필연성과 조선 건국의 정당성을 드러내는 작업이었다. 편찬자들은 다양한 방식으로 고려와 조선의 차별성을 부각하고, 고려보다 조선이 뛰어남을 설득하고자 하였다.

태조의 명으로 고려 말에 찬술되었던 자료들을 모아 고려에 관한 역사서가 편찬되었지만, 왕실이 아닌 편찬자의 주관이 개입되었다는 비판이 제기되는 등 여러 문제점이 지적되었다. 이에 태종은 고려의 역사서를 다시 만들라는 명을 내렸다. 이후 고려의 용어들을 그대로 싣자는 주장과 유교적 사대주의에 따른 명분에 맞추어 고쳐 쓰자는 주장이 맞서는 등 세종 대까지도 논란이 계속되었지만, 문종 대에 이르러 『고려사』 편찬이 완성되었다. 이 과정에서 역사 연구에 관심을 기울인 세종은 경서(經書)가 학문의 근본이라면 역사서는 학문을 현실에서 구현하는 것으로 파악하고, 집현전 학자들과의 경연을 통해 경서와 역사서에 대한 이해를 쌓아 갔다.

이런 분위기에서 세종은 중국과 우리나라의 흥망성쇠를 담은 『치평요람』의 편찬을 명하였고, 집현전 학자들은 원(元)까지의 중국 역사와 고려까지의 우리 역사를 정리하였다. 정리 과정에서 주자학적 역사관이 담긴 『자치통감강목』에 따라 역대 국가를 정통과 비정통으로 구분했지만, 편찬 형식 측면에서는 강목체를 따르지 않았다. 또한 올바른 정치의 여부에 따라 국가의 운명이 다하고 천명이 옮겨 간다는 내용을 드러내고자 기존 역사서와 달리 국가 간 전쟁과 외교 문제, 국가 말기의 혼란과 새 국가 초기의 혼란 수습 등을 부각하였다.

이러한 편찬 방식은 국가의 흥망성쇠를 거울삼아 국가를 잘 운영하겠다는 목적 이외에 새 국가의 토대를 마련하려는 의도가 전제된 것이었다. 이런 의도가 집중적으로 반영된 곳은 『치평요람』의 「국조(國朝)」 부분이었다. 이 부분의 편찬자들은 유교적 시각에서 고려 정치를 바라보며 불교 사상의 폐단을 비롯한 문제점들을 다각도로 드러냈고, 이를 통해 유교적 사회로의 변화를 주장하였다. 이성계의 능력과 업적을 담기는 했지만 이것이 조선 건국을 정당화하기에는 불충분했기에 세종은 역사적 사실을 배경으로 조선 왕조의 우수성을 부각한 『용비어천가』의 편찬을 지시했다. 이는 왕조의 우수성과 정통성을 경전과 역사의 다양한 근거를 통해 보여 주고자 한 것이었다.

독해 포인트 이 글은 조선의 『치평요람』에 담긴 세종과 편찬자들의 사상을 서술하고 있다. 조선 초 고려 관련 역사서를 편찬하는 과정에서 역사 연구에 관심을 기울인 세종의 명에 따라 집현전 학자들이 편찬한 『치평요람』에는 올바른 정치의 여부에 따라 국가의 운명이 다하고 천명이 옮겨 간다는 내용이 드러나 있다. 또한 과거의 역사를 거울삼아 국가를 잘 운영하겠다는 목적과 함께 조선 왕조의 토대를 마련하려는 의도가 담겨 있다. 이는 불교 사상의 폐단을 드러내며 유교적 사회로의 변화를 주장하고자 한 것이었다. 『치평요람』의 편찬에서 나아가 세종은 조선 건국의 정당성을 마련하기 위해 『용비어천가』의 편찬을 지시하기도 하였다.

주제 『치평요람』에 담긴 세종과 편찬자들의 사상

02강 바흐친의 크로노토프와 연극

인문 · 예술

EBS 수능특강 **독서 058쪽**

독해 포인트 이 글은 바흐친이 제시한 개념인 크로노토프에 대해 소개하고 그것이 연극의 분석에 활용되는 양상에 대해 설명하고 있다. 크로노토프는 본래 소설 분석에 활용되는 개념으로, 시공간이 결합하며 발생시키는 특별한 예술적 효과를 말한다. 소설은 언어에 의존하지만 연극은 실연을 통해 시공간을 시청각적으로 표현하기 때문에 연극의 시공간은 명시적 시공간, 함축적 시공간, 심리적 시공간으로 나누어지고 크로노토프 또한 소설과는 다르게 적용된다. 연극이 제시한 명시적 시공간은 함축적 시공간을 형성하고, 연극의 등장인물은 심리적 시공간을 형성한다. 또한 하나의 작품 속에 등장하는 여러 시공간이 결합하며 크로노토프를 형성하기도 하고, 무대 위의 허구적 시공간과 객석의 실제적 시공간이 각각의 크로노토프를 형성한 후 결합되어 상호 작용하기도 한다.

주 제 크로노토프의 개념 및 특징과 연극에서의 크로노토프

크로노토프(chronotope)는 그리스어에서 시간을 의미하는 '크로노스(chronos)'와 공간을 의미하는 '토포스
크로노토프의 어원
(topos)'가 합쳐진 말로, 말 그대로 시공간을 의미한다. 하지만 크로노토프는 시간과 공간의 단순한 결합*에 그
크로노토프의 개념
치는 것이 아니라 시공간이 불러일으키는 특별한 예술적 효과를 의미한다. 크로노토프라는 개념을 제시한 러시아의 문학가 바흐친*은 시간과 공간은 본질적으로 밀접한 관계를 맺고 있으며 별개의 요소가 아닌 불가분*의 관계라고 하였고, 문학 작품에서는 시간적 지표*와 공간적 지표가 융합*된다고 하였다. 시간은 공간을 통해 가시
문학 작품에서의 시공간에 대한 바흐친의 견해
화*되며 공간은 시간의 흐름을 바탕으로 채워진다는 것이다. 즉 크로노토프에서 시공간은 하나의 완전체*로 통합된 상태이며, 여기에서 시공간은 객관적 · 물리적 차원을 넘어 함축적 의미의 차원에서 논의될 필요가 있다.
▶ 크로노토프의 개념 및 특성

바흐친은 크로노토프가 서사적 사건을 구체화*하고 살이 붙게 하며 혈관에 피가 흐르도록 한다고 하였다. 이
크로노토프가 문학 작품에 미치는 영향
는 곧 시공간이 이야기 속 사건의 성격을 시각적으로 느끼게 하는 것을 의미하며, 이를 위해 바흐친은 크로노토프가 독자에게 사건이나 인물 또는 세상의 특별한 이미지나 형상을 불러일으킬 수 있는 '시간적 · 공간적 표시물'이 되어야 한다고 말하였다. 예를 들어 2~6세기에 쓰인 그리스 로맨스에서 나타나는 크로노토프는 '모험의 시
문학 작품에 사용된 크로노토프의 예시
간'과 '광대한* 낯선 공간'의 융합으로 이루어져 있다. 납치, 탈출, 추격, 수색, 감금 등으로 이루어진 '모험의 시간'은 그리스, 페르시아, 이집트 등 여러 나라를 포함하는 아주 '광대한 낯선 공간'을 필요로 한다. 여기에서 모험의 시간이나 광대한 낯선 공간은 시공간의 특별한 성격을 나타낸다. 사건이 벌어지는 2~6세기와 같은 구체적
시간, 공간의 구체적이고 객관적인 정보
인 시간이나 그리스, 페르시아 등의 구체적인 공간은 객관적이고 표피적*인 것에 불과하며, 이 시간과 공간이 결합하면서 객관적 차원에서 벗어나 모험의 시간과 광대한 낯선 공간 같은 함축적 의미를 담게 되는 것이다. 또한
시간, 공간의 결합으로 나타난 함축적 의미
시간과 공간의 융합은 새로운 차원의 이미지를 창조하면서 이야기에 형체를 부여하는 힘을 가지게 되고, 이야기
크로노토프가 문학 작품과 독자에게 미치는 영향
는 구체적인 모습과 의미를 가진 채로 독자에게 전달된다.
▶ 소설에서의 크로노토프의 사례

한편 크로노토프는 소설뿐만 아니라 연극을 분석하는 데도 용이하게 활용된다. 소설이 전적으로 언어에 의존
연극 분석에 적용되는 크로노토프
한다면 연극은 무대에서 실연*을 통해 시공간을 시청각적으로 표현한다는 특성이 있기 때문에 연극의 크로노토
소설과 구분되는 연극의 특성
프는 소설의 크로노토프와는 구별된다. 연극에서 나타나는 시공간은 연극이 직접 표현하고 제시하는 명시적* 시
연극과 소설의 특성이 다르기 때문에 크로노토프도 구별됨.
공간, 상징적 의미의 차원에서 수용*되는 함축적 시공간, 주관적 느낌의 차원에서 수용되는 심리적 시공간으로
연극에 나타나는 시공간의 종류
나눌 수 있다. 예를 들어 입센의 연극 「유령」에서 1막의 배경은 유리 벽의 온실*이 붙어 있는 아늑한 거실로, 유
명시적 시공간의 예시

리 벽 너머에 바깥의 음울한 풍경이 비치는 것으로 설정된다. 이는 연극이 시각적으로 제시한 명시적 시공간으로 그 자체로는 객관적으로 배경을 드러내고 있을 뿐이다. 여기에서 중산층의 안정된 삶을 보여 주는 거실의 시공간과 음울한 현실을 암시하는 유리 벽 밖의 시공간이 충돌하면서 새로운 이미지를 형성한다. 이렇게 작품에서 명시적으로 제시된 시공간은 상징적 차원의 의미를 담고 있는 함축적 시공간을 형성하게 된다. 또한 이러한 시공간 속에서 작품의 등장인물은 우울하고 불안한 시공간 속에 갇혀 있다고 느끼며 심리적 시공간을 형성한다. 여기서 명시적 시공간은 관객이 시청각을 통해 있는 그대로 받아들이는 것이며 그 자체로는 크로노토프를 형성하지 않지만, 작품의 다른 요소들과 결합하면서 함축적, 심리적 시공간이라는 새로운 이미지를 형성하면서 크로노토프를 환기*하게 되는 것이다.

함축적 시공간의 예시

심리적 시공간의 예시

명시적 시공간이 다른 요소와 결합하면서 새로운 이미지를 형성하고 크로노토프를 환기하게 됨.

▶ 연극에 적용되는 크로노토프의 특성

크로노토프는 시간과 공간의 결합에서 어떠한 이미지나 느낌, 상징을 창조하는 것을 의미하지만 여러 개의 시공간이 결합하면서 크로노토프를 환기하기도 한다. 한 편의 연극은 여러 장면으로 구성되며 각 장면에서 제시되는 여러 개의 시공간은 서로 조화를 이루거나 대립적인 관계를 형성하면서 연결되는데 이 또한 작품의 전체를 아우르는 이미지를 만들어 낸다. 또한 시공간끼리의 결합으로 형성되는 크로노토프는 관객들의 감상 과정에 영향을 미치기도 한다. 연극이 공연되고 있는 중에는 무대 위 허구적 시공간과 객석의 실제적 시공간이 공존하고 있는데, 각각의 시공간이 상호 작용하기도 하는 것이다. 연극의 허구적 시공간이 관객에게 수용되는 과정에서, 실제적 시공간에 존재하고 있는 관객은 허구적 시공간을 보며 자신이 가지고 있는 기억을 활성화하고 그에 상응*하는 사건을 예상하기도 한다. 즉 관객은 작품의 서사를 수용하는 과정에서 현실의 경험이나 다른 작품에 대한 전문적 지식 등 기억에 저장되어 있는 지식을 동원*하게 된다.

시공간끼리의 결합으로 형성된 크로노토프가 관객에게 미치는 영향

▶ 다양한 시공간의 결합으로 형성되는 크로노토프

어휘! 이것만은 꼭 익히자

- **결합(結合)**: 둘 이상의 사물이나 사람이 서로 관계를 맺어 하나가 됨.
- **바흐친**: 소련의 문예학자(1895~1975). 형식주의 이론을 발전시켜, 독자적인 대화 이론을 제창하였음.
- **불가분(不可分)**: 나눌 수가 없음.
- **지표(指標)**: 방향이나 목적, 기준 따위를 나타내는 표지.
- **융합(融合)**: 다른 종류의 것이 녹아서 서로 구별이 없게 하나로 합하여지거나 그렇게 만듦. 또는 그런 일.
- **가시화(可視化)**: 어떤 현상이 실제로 드러남. 또는 실제로 드러나게 함.
- **완전체(完全體)**: 하나로 완전한 상태를 이루는 것.
- **구체화(具體化)**: 구체적인 것으로 됨. 또는 그렇게 만듦.
- **광대(廣大)한**: 크고 넓은.
- **표피적(表皮的)**: 어떤 일이나 현상의 핵심이 되지 못하는 것.
- **실연(實演)**: 배우가 무대에서 실제로 연기함.
- **명시적(明示的)**: 내용이나 뜻을 분명하게 드러내 보이는.
- **수용(受容)**: 감상(鑑賞)의 기초를 이루는 작용으로, 예술 작품 따위를 감성으로 받아들여 즐김.
- **온실(溫室)**: 난방 장치를 한 방.
- **환기(喚起)**: 주의나 여론, 생각 따위를 불러일으킴.
- **상응(相應)**: 서로 응하거나 어울림.
- **동원(動員)**: 어떤 목적을 달성하고자 사람을 모으거나 물건, 수단, 방법 따위를 집중함.

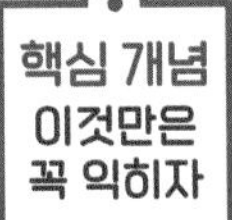

크로노토프

러시아의 철학자이자 문학 이론가인 바흐친이 제시한 개념이다. 크로노토프는 시간을 의미하는 그리스어 '크로노스(chronos)'와 공간을 의미하는 그리스어 '토포스(topos)'가 합쳐진 말로 시공간을 의미한다. 바흐친은 시간과 공간은 분리될 수 없는 것이라고 말하며 크로노토프를 '문학 작품 속에 예술적으로 표현된 시간과 공간 사이의 내적 연관'이라고 정의하였다. 문학 작품의 크로노토프는 시간적 지표와 공간적 지표가 융합되며 서사적 사건을 구체화하고 새로운 차원의 이미지를 창조하는 것을 일컫는다.

연극에 나타나는 시공간과 크로노토프

명시적 시공간	연극이 직접 표현하고 제시하는 시공간
함축적 시공간	상징적 의미의 차원에서 수용되는 시공간
심리적 시공간	주관적 느낌의 차원에서 수용되는 심리적 시공간

명시적 시공간	→ **작품의 다른 요소들과 결합**	함축적 시공간 형성
작품 속 등장인물		심리적 시공간 형성

배경지식
더
알아보기

■ 크로노토프의 몽타주 원리

크로노토프를 이해하기 위해서는 '몽타주(montage)' 개념을 적용할 수 있다. 부분들의 조립이라는 의미를 가진 몽타주는 영화에서 전개된 미학 이론으로, 예술적 부분들이 특별한 미학적 목적 아래 결합하는 것을 의미한다. 예를 들어 영화에서의 장면과 장면, 그리고 음악, 소리 등은 주어진 미학적 목적을 위해 특별한 방식으로 몽타주(결합)된다. 이러한 몽타주의 원리는 크로노토프에 그대로 적용할 수 있다. 크로노토프라는 말 자체가 시간과 공간의 결합, 즉 몽타주를 의미하기 때문이다. 크로노토프에서 시간과 공간은 각각 독립적으로 존재하는 것이 아니라 상호 의존적으로 존재한다. 다시 말해 크로노토프에서 시간은 공간과의 관계에서, 공간은 시간과의 관계에서 그 성격이 결정된다. 시간은 공간을 통해 예술적으로 가시화되고, 공간은 시간의 움직임으로 채워진다는 바흐친의 언급은 이와 같은 몽타주의 원리를 암시하고 있다. 즉 시간과 공간은 특별한 예술적 의도에서 결합하며, 시간과 공간의 관계를 바탕으로 새로운 의미가 형성될 수 있다.

선생님의 만점 구조도

포인트 1 그리스 로맨스에서의 크로노토프 형성 과정 문항 03 관련

2~6세기

그리스, 페르시아 등

- ❶ [ ]이고 표피적인 것에 불과함.
- ❷ [ ]이고 객관적 정보

↓ 시공간의 ❸ [ ]

❹ [ ]의 시간

❺ [ ] 낯선 공간

- 시공간의 특별한 성격을 나타냄.
- ❻ [ ] 의미

☞ 새로운 차원의 이미지를 창조하면서 이야기에 ❼ [ ]을/를 부여하는 힘을 가지게 됨.

정답 ❶ 객관적 ❷ 구체적 ❸ 결합(융합) ❹ 모험 ❺ 광대한 ❻ 함축적 ❼ 형체

포인트 2 연극의 크로노토프와 작품의 수용 문항 02 관련

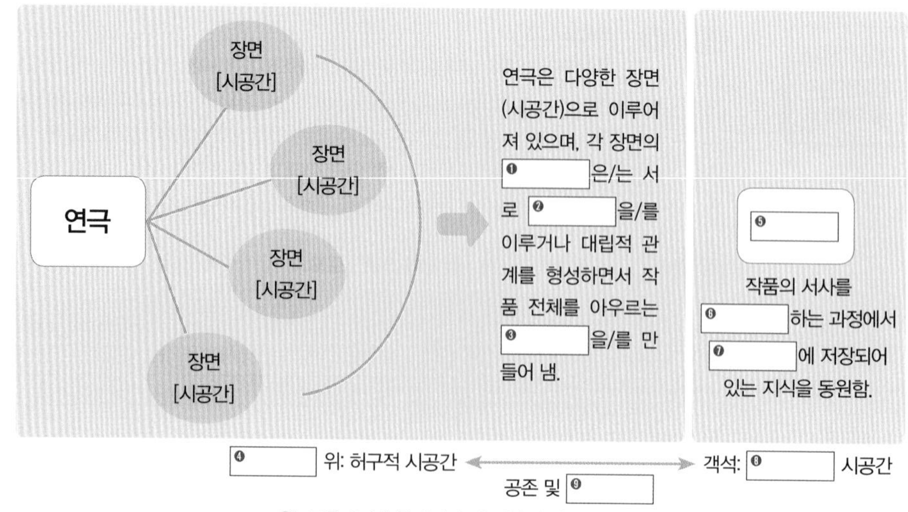
연극
장면
[시공간]
장면
[시공간]
장면
[시공간]
장면
[시공간]
연극은 다양한 장면(시공간)으로 이루어져 있으며, 각 장면의 ❶ [ ]은/는 서로 ❷ [ ]을/를 이루거나 대립적 관계를 형성하면서 작품 전체를 아우르는 ❸ [ ]을/를 만들어 냄.
❺ [ ]
작품의 서사를 ❻ [ ]하는 과정에서 ❼ [ ]에 저장되어 있는 지식을 동원함.
❹ [ ] 위: 허구적 시공간 ↔ 객석: ❽ [ ] 시공간
공존 및 ❾ [ ]

정답 ❶ 시공간 ❷ 조화 ❸ 이미지 ❹ 무대 ❺ 관객 ❻ 수용 ❼ 기억 ❽ 실제적 ❾ 상호 작용

만남의 예술로서 연극이 지닌 특성

연극은 연기자와 관객이 현실의 장소 안에 함께 있는 데서 출발하며, 끊임없이 현재화되는 움직임을 통해 체험을 생성한다. 이와 같은 현장성은 연극이 근본적으로 배우와 관람자가 서로 얽혀 다양한 영향을 주고받으며 형성하는 공동의 체험임을 나타낸다. 배우의 몸짓과 말이 관객의 마음에 영향을 미치기도 하고, 관객의 침묵이나 환호, 박수 같은 반응이 배우의 연기에 영향을 미치기도 하며, 관객 한 사람 한 사람이 다른 관객의 태도에 영향을 받기도 한다. 이는 연극에서 사람과 사람, 사람과 장소, 사람과 이야기 등의 다양한 만남이 있음을 나타낸다. 이러한 만남들은 연극을 존재할 수 있게 한다. 배우, 공간, 대사, 미디어 등은 연극에서의 다채로운 만남을 가능하게 해 주는 요소로 기능한다.

배우는 이중적인 긴장 위에 있다. 배우는 신체적 특질, 음성과 기질을 가진 실제 인간이기도 하지만 분장하고 의상을 입어 가장한 허구적 인물이기도 하다. 배우 안에서 이 두 차원이 맞물리게 되고 충돌이 일어나 배우는 이중적인 긴장 위에 놓이게 된다. 이중적인 긴장 상태에서 배우는 실제 인간으로서의 자신이 표현 주체가 되어 자신을 표현 재료로 삼는다. 이때 배우의 몸은 표현을 매개한다. 배우의 몸이 무대의 에너지를 객석으로 옮길 수 있으며, 몸의 움직임은 말로 된 텍스트가 없이도 의미를 발생시킬 수 있다. 이와 같은 배우의 몸은 공연 예술을 유일하고 고유한 것으로 만드는 본질이다. 공연 예술의 본질적 특성이라 할 수 있는 일회성, 즉 반복 불가능성이 배우의 몸을 통해 강화되는 것이다.

연극의 공간은 현실과 환영이라는 이중적 차원에 걸쳐진다. 배우와 관객은 어떤 특정한 장소에 속해 있다. 배우와 관객이 마주할 수 있는 곳이면 연극의 공간이 마련될 수 있다. 현실의 공간에서 배우는 플롯에 따라 허구적인 시간과 공간을 창출한다. 이에 따라 연극이 진행되는 동안 무대는 허구가 세워지는 환영의 공간이 된다. 가령 배우들은 존재하지도 않는 문을 여는 행위를 보여 주거나, 상상으로 암시된 환경을 배경으로 삼아 극을 전개하기도 한다. 그리고 연극의 공간에서는 배우의 행동이 이미지를 창조하며 공간의 경계를 만들어 낸다. 연극에서 공간의 문제는 시각적인 무대 미술, 무대 장치에 국한되지 않는다. 연극적 공간의 창조에는 객석과 무대, 배우와 배우, 배우와 관객 등의 관계뿐만 아니라 무대 조건과 관련된 전반적인 문제가 얽혀 있다.

연극이 이루어지는 공간에서 관객은 대사를 듣는다. 이는 문자화된 언어를 읽는 것과는 차원이 다른 체험이다. 말은 배우의 몸을 타고 나와 관객의 귓가에 도달한다. 연극에서의 말은 등장인물이 하는 말이다. 말은 등장인물의 행위, 성격, 주변 인물과의 상호 작용 속에서 태어난다. 말은 등장인물의 성격, 동기 및 등장인물이 처한 상황이 함께 만들어 내는 것이다. 연극의 말은 드러내는 것 이상을 항상 감추고 있다. 관객은 그렇게 감추어져 있는 것을 사건이나 상황, 무대 위의 배우의 움직임, 말의 어조, 기타 시각적이고 청각적인 정보 속에서 발견할 수 있다. 그런데 근래에 연극에서는 연극의 기본 전제로서 희곡이 지녀 온 전통적 권위에서 벗어나려는 경향이 나타났다. 이렇듯 텍스트의 권위를 부정하고 그 권위에 저항하는 연극은 말을 논리의 구조물, 진리의 담지체라는 지위에서 내려놓으려 한다. 이 경우 말이 가닿는 곳은 원초적인 영역이다. 몸과 붙어 있고 숨과 함께 터져 나오는 말인 것이다.

현대 연극이 보여 주는 특징 가운데 하나가 미디어의 확장이다. 연극에서 미디어가 차지하는 외연은 넓고 깊다. 전통적인 극 양식에 등장하는 인형이나 가면, 오브제도 미디어다. 이와 같은 전통적인 미디어는 전통적인 연극 보기의 방식을 깨뜨리지 않으면서 배우와 관객 사이를 매개한다. 전통적인 미디어는 배우의 몸의 연장이 된다. 가면은 배우의 얼굴과 연결되고 인형은 그것을 조종하는 배우의 손과 연결된다. 전통적 미디어는 배우의 몸과 더불어, 몸을 제한하지 않으면서 표현의 범위를 넓히기 때문에 미디어가 사용되더라도 배우의 현존은 명시적으로 드러난다. 그런데 비디오 영상, 홀로그램, 정교한 음향 등 현대 기술의 발전과 함께 등장한 미디어는 배우의 조작에 의해 통제되지 않으며 무대 위 배우의 현존에 대해 새로운 관점으로 사고할 것을 요구한다. 가령 빛의 성질을 이용한 영상 미디어는 무대에 환영을 제시한다. 이 환영은 무대 위 배우의 현존을 불확실하게 만들기도 하지만 때로는 대체하기도 한다. 이는 관객의 지각 경험을 새로운 차원으로 넓혀 줄 수 있는 것이다. 연극에서 미디어가 무대 위에서 배우의 몸과 말의 파장을 넘어 자신의 의미를 창출할 수 있는 것임을 고려하면 새로운 미디어는 연극을 감상할 때 점점 더 중요하게 고려되어야 할 요소가 될 것이다.

독해 포인트 이 글은 다채로운 만남이 이루어지는 연극의 특성과 그 만남을 가능하게 하는 배우, 공간, 대사, 미디어의 여러 기능을 설명하고 있다. 배우는 몸을 매개로 표현을 한다. 이러한 배우의 몸은 공연 예술의 본질적 특성을 강화해 주는 요소로 기능한다. 연극의 공간은 허구가 세워지는 환영의 공간이 되며, 대사는 관객들에게 전해져 관객에게 문자화된 언어를 읽는 것과는 다른 체험을 제공한다. 그리고 미디어는 배우와 관객 사이를 매개하기도 하고 무대 위 배우의 현존에 대해 새로운 관점으로 사고하도록 요구하기도 한다.

주제 연극의 다채로운 만남을 가능하게 하는 배우, 공간, 대사, 미디어의 기능

03강 코나투스

인문 · 예술

EBS 수능특강 독서 062쪽

독해 포인트 이 글은 서구 철학에서 대대로 중요한 개념으로 인식되어 온 코나투스에 대해 설명하고 있다. 코나투스는 사물이 자기 존재를 보존하려는 경향을 의미하는 말로, 고대의 스토아학파나 중세의 스콜라 철학, 르네상스 철학자들은 모두 코나투스를 자기 보존의 욕망으로 보았다. 근대의 철학자들은 이러한 관점을 수용하면서도 코나투스를 다른 관점에서 보기도 하였는데, 데카르트와 홉스는 물체의 운동을 설명하기 위해 코나투스를 활용하였다. 코나투스를 가장 적극적으로 받아들인 철학자인 스피노자 역시 자기 보존의 욕망이라는 관점에서 인간의 코나투스가 의지와 욕구, 두 가지로 나타난다고 보았고, 의식과 결합한 욕구를 욕망이라고 정의하였다. 또한 인간은 더 나은 삶을 살고자 하는 욕망이 있기 때문에 타인과의 공존이 필요함을 이야기하였고, 이는 코나투스가 증가하는 방향으로 나타난다고 설명하였다.

주 제 시대의 흐름에 따른 코나투스의 의미 변화와 특성

코나투스는 사물이 자기 존재를 보존*하려는 경향을 말한다. 서구 철학에서 코나투스는 수천 년에 걸쳐 여러 철학자에 의해 정의되었다. 고대 그리스의 스토아학파*는 코나투스를 생명체의 자기 보존의 욕망으로 보았으며, 살아 있는 생명체는 스스로에 대한 애착과 보존 의지를 가지는 동시에 죽음으로부터 멀어지기를 원한다고 하였다. 하지만 스토아학파는 코나투스를 모든 생명체가 가지고 있는 것이 아니라 동물만이 가지는 특성이라고 하였다. 이후 중세의 스콜라 철학*에서는 동물뿐만 아니라 모든 자연적 사물이 코나투스를 가지고 있으며, 이에 따라 모든 유기적* 생명체는 자신의 실존을 지속하려는 욕망을 갖는다고 보았다. 중세 이후 르네상스 철학자들은 코나투스가 자기 보존에 대한 욕망이라는 기존의 견해를 받아들이면서, 코나투스를 유기적 생명체뿐만 아니라 무기물*도 가진 속성이라고 하였다. 또한 르네상스 철학자들은 인본주의*를 추구하였기 때문에 인간의 욕망을 죄악시하던 종교와는 달리 인간의 욕망을 긍정적으로 바라보았다. 이런 관점에서 자기 보존의 욕망인 코나투스 또한 인간이 당연히 가지는 속성이라고 생각하였다.

(코나투스의 기본 개념 / 코나투스에 대한 스토아학파의 입장 / 코나투스에 대한 스콜라 철학의 입장 / 코나투스에 대한 르네상스 철학자들의 입장)

▶ 고대와 중세 학자들의 코나투스에 대한 인식

자기 보존의 욕망이라는 코나투스의 의미는 근대의 철학자들에게도 이어졌지만, 기존의 관점에만 머무르는 것이 아니라 자연을 이해하는 데에도 적극적으로 활용되었다. 무기물도 코나투스를 가지고 있다는 르네상스 시대의 인식을 이어받아 이를 물질의 운동에 적용하고자 한 것이다. 데카르트는 어떤 물체가 현재의 상태를 유지하고자 하는 속성을 코나투스에 의한 것이라고 보았다. 예를 들어 다른 외부적 힘이 간섭하지 않을 때, 날아가는 공이 관성*에 따라 동일한 방향으로 계속 운동을 지속하는 것은 방향과 운동량*을 보존하려는 일종의 자기 보존의 욕망에 해당한다는 것이다. 데카르트는 근대 이전의 학자들과는 달리 코나투스에 담긴 생물학적인 함축적 의미를 제외하고 어떤 물체의 상태를 기술하는 중립적인 표현으로만 코나투스를 사용하였다. 홉스도 자연의 이해를 위한 방법으로 코나투스를 활용하였다. 홉스는 코나투스를 인간이 알기 어려운 단위에서 벌어지는 물체의 운동이라고 말하였고, 우리가 관찰하는 모든 운동은 코나투스의 집합이라고 하였다. 홉스는 걷기나 말하기 같은 인간의 움직임도 코나투스에 의한 것으로 보았는데, 이러한 관점에 따르면 심장을 통한 혈액의 순환* 등 인체의 자기 보존을 위한 생명 운동 역시 코나투스에 의한 것이 된다. 즉 홉스에 따르면 코나투스는 어떠한 방향으로 향하기 위한 노력이며 인간의 자기 보존 욕망도 생존이라는 방향성을 갖는 노력이라고 할 수 있다.

(자연을 이해하기 위해 코나투스를 활용한 근대 철학자들 / 코나투스에 대한 데카르트의 입장 / 코나투스에 대한 데카르트의 견해의 특징 / 코나투스에 대한 홉스의 입장)

▶ 데카르트와 홉스가 정의한 코나투스의 개념과 특성

코나투스에 대해 가장 적극적인 태도를 보인 근대 철학자는 스피노자였다. 스피노자 역시 다른 학자들과 마찬

가지로 자기 보존을 위한 욕망이라는 관점에서 코나투스를 바라보았다. 스피노자에 따르면 실존하는 것은 신 또
스피노자도 코나투스의 기본 개념을 받아들임.
는 양태*이다. 스피노자가 말하는 신은 종교에서 말하는 인격적이거나 정신적인 존재가 아니라 우리가 살고 있
스피노자가 제시한 신의 개념
는 자연 그 자체이며 무한한 속성을 가진 유일한 실체이다. 실체의 여러 속성이 유한한 형태로 나타난 모습이 양
스피노자가 제시한 양태의 개념
태이며 인간이나 기타 모든 사물은 양태로서 존재한다. 스피노자는 코나투스를 모든 양태가 자신을 보존하려는
성향이라고 보았다. 코나투스는 사물의 본질 그 자체이기 때문에 의도적이거나 지향적인 성격을 갖지 않고, 코
코나투스에 대한 스피노자의 견해
나투스가 없다면 양태는 그 본질을 잃어버리는 것과 같으므로 자신의 존재를 보존할 수 없다는 것이다. 스피노
자는 유기체*뿐만 아니라 모든 무기물도 양태에 해당하므로 자신의 본질을 유지하려는 성향을 보인다고 하였지
만, 인간의 코나투스는 다른 사물들의 코나투스와는 다르게 의도적이거나 지향적인 성격을 갖는다고 하였다. 스
인간의 코나투스가 가지는 특성 ①
피노자는 인간의 코나투스를 나누어 설명하였는데, 자신의 존재를 유지하려는 노력이 정신의 측면에서만 표현
스피노자가 제시한 인간의 코나투스의 모습 ①
되는 코나투스를 의지라고 하였고, 정신과 신체에서 동시에 표현되는 코나투스를 욕구라고 하였다. 스피노자는
스피노자가 제시한 인간의 코나투스의 모습 ②
욕구가 인간의 본질이라고 말하였고 이는 욕구가 곧 본능적으로 자신의 존재를 유지하려는 노력이라는 것을 의
인간의 코나투스가 가지는 특성 ②
미한다. 또한 인간이 본능적 차원에만 머물지 않고 자기 보존의 노력을 의식하게 되는 것을 욕망이라고 하였다.
욕구
자기 보존을 위한 노력이라는 점에서 욕구와 욕망을 동일하다고 볼 수도 있지만 욕구는 의식에 앞서는 것으로
욕구와 욕망의 차이
인간의 본능적인 활동이라고 할 수 있다. 예를 들어 신생아가 생존을 위해 본능적으로 엄마의 젖을 찾는 것은 욕
구에 해당한다고 볼 수 있다. 반면 어린아이에게 어떤 음식을 주었을 때 그 음식을 거부하는 것은 의식에 의해
욕구와 욕망의 차이를 보여 주는 사례
나타난 행위이므로 욕망에 해당하는 것이다.

▶ 스피노자가 정의한 코나투스의 개념과 특성

스피노자는 인간이 단순한 생존을 넘어서서 더 나은 삶을 지속하고자 하는 욕망을 가진다고 보았고, 이를 위해 타
인간이 타인과 공존하는 것이 필요한 이유
인과의 공존*이 필요하다고 하였다. 스피노자에 따르면 코나투스는 불변하는 실체가 아니라 실체가 여러 모습으로
나타나는 현실적인 양태이고, 따라서 코나투스는 타인과의 관계 속에서 변화가 가능하다. 인간은 타인과 관계를 맺
으면서 어떠한 자극을 받게 되고 이는 인간의 정신과 육체에 변화를 주게 된다. 스피노자는 이러한 자극과 변화의 과
타인과의 관계에서 변화하는 코나투스
정이 기쁨과 슬픔이라는 두 가지의 원초적*인 감정으로 나타난다고 하였다. 기쁨이 나타나면 코나투스가 증가하고
슬픔이 나타나면 코나투스가 감소하게 되는데 인간은 코나투스의 증가를 지향하는 쪽으로 행동한다는 것이다. 한편
인간의 감정에 따른 코나투스의 변화 양상
인간은 코나투스를 감소시키는 타인과 관계를 맺기도 하는데 이는 왜곡된 욕망으로 인해 발생한다. 하지만 스피노
인간이 코나투스를 감소시키는 타인과 관계를 맺는 원인
자는 타인과의 관계를 부정하지 않는다. 타인과의 관계 속에서 잘못된 인식을 수정할 수 있고 이는 결국 코나투스의
증가로 이어질 수 있다는 것이다. 이러한 관점을 바탕으로 하여 스피노자는 인간은 기쁨을 지향해야 한다고 말하며
타인과 함께 기쁨을 증가시킬 수 있는 공동체의 필요성을 주장하였다.

▶ 스피노자의 코나투스에 따른 공동체의 필요성

어휘! 이것만은 꼭 익히자

- **보존(保存)**: 잘 보호하고 간수하여 남김.
- **스토아학파**: 기원전 3세기 초에 제논(Zenon)이 창시한 그리스 철학의 한 학파. 윤리학을 중요하게 다루었고 유기적 유물론 또는 범신론의 입장에서 금욕과 극기를 통하여 자연에 순종하는 현인(賢人)의 생활을 이상으로 내세웠음. 후에 로마의 철학자 세네카 등이 이를 완성하였음.
- **스콜라 철학**: 8세기부터 17세기까지 중세 유럽에서 이루어진 신학 중심의 철학을 이르는 말. 가톨릭교회의 부속 학교에서 교회 교리의 학문적 근거를 체계적으로 확립하기 위하여 이루어진 기독교 변증(辨證)의 철학으로, 고대 철학의 전통적 권위에 의존하여 주로 아리스토텔레스 및 플라톤의 철학을 원용하여 학문의 체계를 세우려 하였는데 토마스 아퀴나스가 대성하였음. 내용이 형식적이고 까다로운 것이 특징임.
- **유기적(有機的)**: 생물체처럼 전체를 구성하고 있는 각 부분이 서로 밀접하게 관련을 가지고 있어서 떼어 낼 수 없는 것.
- **무기물(無機物)**: 생명을 지니지 않은 물질을 통틀어 이르는 말. 물, 흙, 공기, 돌, 광물 따위가 있음.
- **인본주의(人本主義)**: 서양의 문예 부흥기에 이탈리아에서 발생하여 유럽에 널리 퍼진 정신 운동. 가톨릭교회의 권위와 신 중심의 세계관으로부터 인간을 해방시키고, 그리스 · 로마의 고전 문화에 대한 연구를 통하여 인간의 존엄성 회복과 문화적 교양의 발전에 노력하였음.
- **관성(慣性)**: 물체가 밖의 힘을 받지 않는 한 정지 또는 등속도 운동의 상태를 지속하려는 성질. 보통 질량이 클수록 물체의 관성이 큼.
- **운동량(運動量)**: 물체의 질량과 속도의 곱으로 나타내는 물리량의 하나. 밖에서 힘이 작용되지 않는 한, 물체 또는 물체가 몇 개 모여서 된, 하나의 물체계(物體系)가 가지는 운동량의 합은 일정불변함.
- **순환(循環)**: 주기적으로 자꾸 되풀이하여 돎. 또는 그런 과정.
- **양태(樣態)**: 사물이 존재하는 모양이나 형편.
- **유기체(有機體)**: 생물처럼 물질이 유기적으로 구성되어 생활 기능을 가지게 된 조직체.
- **공존(共存)**: 서로 도와서 함께 존재함.
- **원초적(原初的)**: 일이나 현상이 비롯하는 맨 처음이 되는 것.

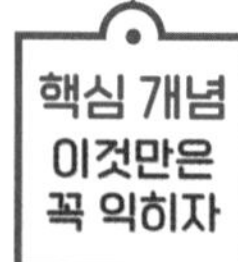

코나투스

사물이 자기 존재를 보존하려는 경향으로, 서구 철학에서 수천 년에 걸쳐 여러 철학자들에 의해 정의되었다. 여러 철학자들은 자기 보존의 욕망이라는 코나투스의 기본적 개념을 받아들이면서도 코나투스를 가지는 생명체의 범위, 자연의 이해, 타인과의 관계 등 다양한 분야에 코나투스를 활용하려고 하였다.

스피노자가 말한 신과 양태의 개념

스피노자는 신을 종교에서 말하는 것처럼 인격적이거나 정신적인 존재가 아니라 우리가 살고 있는 그 자체이며 무한한 속성을 가진 유일한 실체로 보았다. 이러한 실체의 여러 속성이 유한한 형태로 나타난 모습을 양태라고 하였으며 인간이나 기타 모든 사물은 양태로서 존재한다고 하였다. 이러한 관점에서 스피노자는 코나투스를 모든 양태가 자신을 보존하려는 성향이라고 하였다.

■ **스피노자의 실체와 양태**

스피노자는 그의 저서 『에티카』에서 실체를 "자신 안에 있고 자신에 의해 인식되는 것, 곧 그 개념을 위해 다른 실재의 개념이 필요하지 않은 것"이라고 정의하였다. 그리고 "실체의 변용들, 곧 다른 것 안에 있으며 또한 이 다른 것에 의해 인식되는 것"을 양태라고 정의하였다. 이처럼 실체와 양태에 대한 정의는 긴밀하게 연결되어 있으며 서로 상반된 규정을 지니고 있다. 스피노자의 정의에서 실체는 자립적이고 자기 원인적 존재로 규정할 수 있고 양태는 의존적이며 타자 원인적인 존재라고 할 수 있다. 이때 양태는 실체의 변용들로서 실체가 자신을 변화시켜서 생성해 낸 결과들을 의미한다. 양태는 세상에 존재하는 모든 것이며, 실체는 이 모든 양태들의 원인인 것이다.

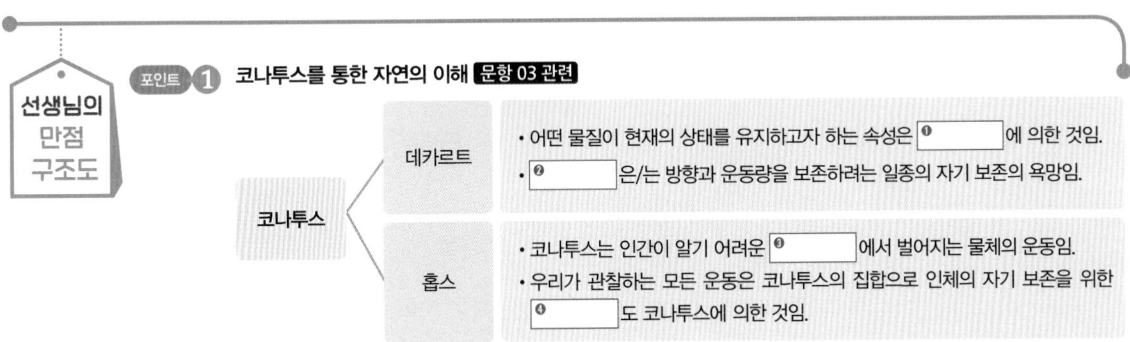

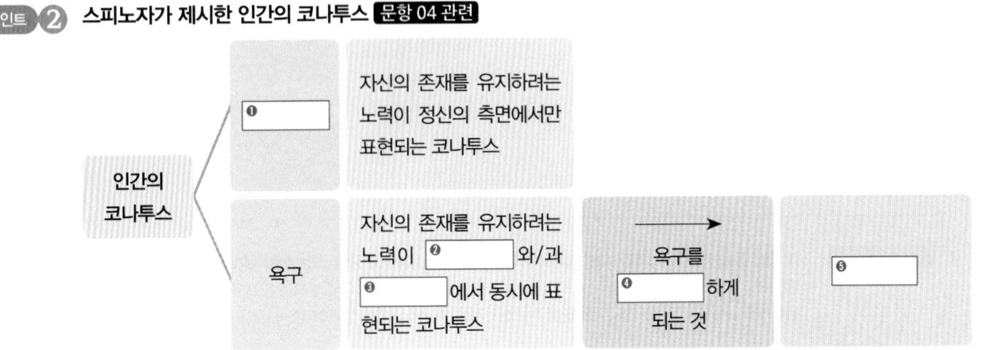

스피노자의 사상

'철학을 도발한 철학자'로 불리는 스피노자는 인간 중심적, 목적론적 사상을 비판하며 신, 인간, 자연 등에 대한 기존의 관념에 의문을 제기했다. 그는 신이 세계 밖에 있는 존재가 아니라 자연 그 자체라고 보았다. 또한 신은 특정한 목적이나 의도를 갖고 있지 않으며, 세계의 모든 일은 자연법칙에 따라 자연스럽게 흘러간다고 보았다.

신, 인간, 자연에 대한 그의 생각은 실체와 양태에 대한 설명에서 잘 드러난다. 그는 실체를 스스로가 존재의 원인인 존재, 즉 존재하기 위해 다른 것에 의존하지 않는 독립적인 존재라고 보았는데, 이에 따르면 신만이 유일한 실체라고 할 수 있다. 한편 스피노자는 신 이외의 모든 존재를 양태라고 보았는데, 양태는 실체의 변형으로서 실체를 떠나서는 존재할 수 없는 것이다. 그에 따르면 실체, 즉 신에게는 여러 가지 속성이 있는데, 인간이 인식할 수 있는 신의 속성은 사유와 연장뿐이다. 사유는 정신을 통해 생각하는 것이고, 연장은 공간의 일정 부분을 점유하는 것이다. 스피노자는 사유와 연장이라는 신의 속성이 변형되어 나타난 것이 양태라고 보았다. 예를 들어 지성, 의지와 같은 것들은 사유가 양태화한 것이고, 눈으로 볼 수 있는 사물들은 연장이 양태화한 것이다.

그는 자연을 생산하는 자연과 생산된 자연으로 나누고 이를 실체 및 양태와 연결 지어 설명하였다. 생산하는 자연은 모든 사물을 만들어 내는 자연으로서 신을 의미하고, 생산된 자연은 일정한 순간에만 존재하는 자연으로서 양태에 해당한다. 스피노자에 따르면 다른 자연물과 마찬가지로 양태에 불과한 인간이 다른 자연물을 필요에 따라 마음대로 이용할 수 있다는 인간 중심적 사고는 끝없는 탐욕으로 이어지고, 이는 인간을 불행한 삶으로 이끈다고 비판하였다. 당시에는 여러 동물 중 인간만이 정신을 바탕으로 사유를 하는 특별한 존재라는 인간 중심적인 사고가 팽배했었는데, 스피노자는 이를 비판하면서 인간뿐만 아니라 다른 동물도 정신을 갖고 있고, 인간 역시 자연의 법칙 안에서 존재할 뿐이라고 주장하였다.

그는 인간이 욕구나 탐욕과 같은 정념에서 벗어나 마음의 평정을 찾고 행복한 삶을 영위하기 위해서는 인간이 다른 존재들과 마찬가지로 하나의 양태에 불과하다는 것을 깨닫고, 모든 사물을 자신과 대등한 관계로 인식해야 한다고 보았다. 그는 이러한 인식을 통해 인간이 정념에 구속되지 않고, 정신의 자유로 나아갈 수 있다고 보았다. 인간이 세상의 중심이 아니라, 창조하는 자연으로부터 만들어진 하나의 표현이라고 본 그의 사상은 세상을 인간 중심으로 바라보려 했던 사람들의 편협한 사고에 경종을 울렸고, 현대 철학에도 여전히 많은 영향을 미치고 있다.

독해 포인트 이 글은 신을 자연 그 자체라고 본 스피노자의 사상에 대해 설명하고 있다. 그는 신이 세계 밖에 있는 존재가 아니고 특정한 목적이나 의도를 갖지 않는다고 보았다. 그는 신이 스스로가 존재의 원인인 실체이고, 신 이외의 모든 존재가 실체의 변형으로서 실체를 떠나서는 존재할 수 없는 양태라고 보았다. 그는 인간도 다른 만물과 마찬가지로 하나의 양태에 불과하다는 관점을 바탕으로 인간 중심적인 사고를 비판하였다.

주제 스피노자의 사상

04강 보들레르의 현대 회화론과 마네

인문 · 예술

EBS 수능특강 **독서 067쪽**

독해 포인트 보들레르는 고전 신화나 역사를 주제로 과거 영웅들의 모습을 그려 내는 당대의 아카데미 미술의 관습을 부정하고, 현대성이라는 개념을 통해 여러 예술가에게 영향을 주었다. 인상주의 화가인 마네 역시 그의 영향을 받아 「풀밭 위의 점심 식사」나 「튈르리 공원의 음악회」 같은 작품을 통해 당대 부르주아의 삶을 보여 주는 작품을 창작했다.

주 제 보들레르 미학의 현대성 개념과 마네의 예술 세계

시인으로 유명한 보들레르는 당대 주류였던 아카데미 미술에 맞서 외로운 싸움을 벌이던 프랑스 낭만주의 화가 들라크루아의 지지자로 미술 평론에 데뷔한다. 보들레르가 보기에 아카데미 미술은 그 생명력이 소진된 지 오래였다. 많은 아카데미 미술가들이 신화와 역사를 주제로 반복해서 그림을 그리다 보니 그림들은 진부한 내용들뿐이었다. 또한 정형*적인 틀에 갇힌 기계적 묘사에서도 아무런 매력을 느끼지 못했다. (보들레르가 아카데미 미술의 생명력이 소진되었다고 생각한 이유) 그런 미술계에서 새로운 기법으로 홀로 외롭게 싸우는 들라크루아는 보들레르가 보기에 모든 악습(아카데미 미술의 부정적 측면)에 맞선 사람이었다. 들라크루아의 그림에서 보들레르가 가장 높이 샀던 것은 바로 상상력(보들레르가 들라크루아를 지지한 이유)이었다. 그는 들라크루아를 화가이자 시인의 전형*이라고 표현했는데, 시처럼 간결한 표현으로 본질적이고 핵심적인 것을 보여 주는 것(보들레르가 들라크루아를 화가이자 시인의 전형이라고 표현한 이유)이 뛰어난 예술이라 생각했기 때문이다.

▶ 들라크루아를 지지한 보들레르

하지만 시간이 흐르면서 보들레르는 들라크루아에게서도 아쉬운 점을 보게 된다. 그가 자신의 기대와 달리 역사화가로 남았기 때문(보들레르가 들라크루아에게 아쉬움을 느낀 부분)이다. 보들레르는 미술가들이 과거가 아닌, 지금 살고 있는 시대를 보다 생생하게 그려 내야 한다고 생각했다(보들레르의 예술관). 보들레르는 예술로 담아내야 할 진정한 영웅이란 아카데미 출신들이 파리 살롱전에서 보여 주는 죽은 영웅(아카데미 미술가들이 그린 신화나 역사 속의 영웅)이 아니라 주변에서 함께 살아가고 있는 이들이라고 본 것이다. 그는 이러한 자신의 미학을 '현대 생활의 영웅주의'라고 명명했다. 서양 미술에서 '현대성'이라는 개념이 탄생한 순간이었다. 이러한 현대성은 단순히 시간상 동시대를 그린다는 의미만은 아니다. 보들레르는 현대성을 우연적이고 일시적인 것으로 정의하면서 화가 역시 시인의 눈으로 일시적인 것에서 영원한 것을 끌어낼 수 있어야 한다고 보았다. 삶의 한순간이나 유행 같은 것들은 금방 지나가 버리는 덧없는 것이다. 하지만 보들레르는 이런 덧없는 것들에서도 그 핵심이나 정수*를 찾아낼 수 있다면 완전한 아름다움에 이를 수 있다고 주장했다.

▶ 보들레르의 현대성

현대성에 대한 보들레르의 주장은 고전 미술에 정면으로 맞서는 것이었다. 르네상스 이래 서양 미술은 아름다움의 기원을 고대 그리스에서 찾았다. 푸생(17세기 프랑스의 화가)에 의해 장엄 양식이 확립되고 이것이 아카데미 미술에 도입되면서 화가들에게 고전 공부는 필수가 되었다. 고전을 알고 이를 바탕으로 철학적 숭고함을 표현(아카데미 미술에서 높게 평가하는 부분)할 수 있는 화가는 비로소 예술가라 불릴 수 있었다. 바로크 시대 이후 북유럽을 중심으로 일상의 다양한 순간을 그린 그림들도 많이 등장했으나, 이런 그림은 고전을 다룬 역사화에 비해 낮은 등급의 그림으로 분류되었다. 이런 분위기에서 등장한 보들레르의 현대성 개념은 생각의 틀을 깨는 혁명적인 것이었다. 이러한 현대성 개념은 주제의 측면에서 인상주의가 이룬 혁신과도 관련된다. 보들레르는 고전 속의 위대한 이야기도 그 일이 벌어지던 당시에는 현재의 한순간에 불과했음을 주목하면서 자신들이 살아가는 순간 역시 오래도록 기억될 위대한 순간일 수 있다고 믿었 (보들레르가 지금 살고 있는 시대를 그려야 한다고 생각한 이유)

다. 이에 따라 그를 따랐던 인상주의 예술가들은 시인의 눈으로 주변에 숨겨진 영원한 아름다움을 포착하고자 하였다.

▶ 보들레르의 현대성과 인상주의

보들레르의 평론은 새로운 미술을 추구하는 화가들에게는 등대와 같은 존재였다. 인상주의 화가인 마네도 그를 진심으로 존경하고 따랐다. 마네는 과격하리만큼 혁신적인 화가로 인식되었지만 전통을 거부하거나 무시한 것은 아니었다. 마네는 1863년 파리 살롱전에 「풀밭 위의 점심 식사」를 출품했다. 이 그림은 시민 계급인 부르주아들이 나들이를 즐기는 일상을 담고 있는데, 원근법도 맞지 않고 붓질도 거칠며 아카데미의 규범을 지키지 못했다는 혹평을 받았다. 더구나 남자들과 함께 있는 여인의 사실적인 누드는 비도덕적이라는 비난을 받았다. 실제로 이 작품에서 강가의 목욕하는 여인은 화면 전경*의 세 명의 인물과 너무 가까워 공간의 원근감이 구현되지 않는다. 그렇지만 「풀밭 위의 점심 식사」가 전통적 소재나 기법을 완전히 무시한 것은 아니었다. 마네의 그림은 16세기 화가인 티치아노 베첼리오의 「전원 음악제」의 누드를 현대화한 것이며, 구도에서는 라파엘로의 「파리스의 심판」과도 유사한 부분이 있다. 마네는 그런 바탕에서 「전원 음악제」와 같이 상상 속의 여신을 그리는 것이 아닌, 현실의 여인을 그림으로써 보들레르의 이론을 실천했다.

보들레르의 평론은 당대의 주류에서 벗어난 화가들이 의지하는 존재였음.

마네가 과격하리만큼 혁신적인 화가로 인식된 이유

전통적 소재나 기법의 차용

신화나 역사 속 여신이 아니라 현실의 여인을 그림으로써 보들레르의 이론을 실천한 마네

▶ 보들레르의 영향을 받은 마네

마네의 작품 경향은 「튈르리 공원의 음악회」에서도 잘 나타난다. 이 그림의 왼쪽 끝에는 마네가 그려져 있는데, 마네는 주변 세계를 관찰하는 '플라뇌르'로 등장한다. 당시에 플라뇌르는 별다른 목적 없이 도시를 걸어 다니면서 도시를 관찰하는 부르주아를 의미했다. 부르주아들의 일상을 그린 이 그림에서 마네는 자신을 부르주아 세계의 일원이자 동시에 부르주아 세계를 객관적으로 관찰하는 플라뇌르로 묘사했다. 이러한 경향은 사실주의의 대표 화가인 쿠르베의 영향이 컸다. 그러나 쿠르베가 사회주의적 정치 성향을 함축하는 현실의 모습을 포착하였다면, 마네는 순수 미학적 차원에서 부르주아의 근대 생활을 주제로 삼았다는 점에서 차이가 있다.

당대의 현실을 그림의 주제로 삼은 것

▶「튈르리 공원의 음악회」에 드러난 마네의 작품 경향

어휘! 이것만은 꼭 익히자

- **정형(定型)**: 일정한 형식이나 틀.
- **전형(典型)**: 같은 부류의 특징을 가장 잘 나타내고 있는 본보기.
- **정수(精髓)**: 사물의 중심이 되는 골자 또는 요점.
- **전경(前景)**: 앞쪽에 보이는 경치.

살롱전과 마네의 「풀밭 위의 점심 식사」

나폴레옹 3세의 문화 정책으로 살롱전이 부흥하였는데, 이때 당선작 선정에 황제가 참여하였으며 살롱은 국가의 공식적인 화풍을 채택하는 역할을 했다. 살롱전은 나폴레옹 3세의 개발 정책으로 경제적 여유를 누릴 수 있었던 파리의 중간 계급들로 북적였고, 화가들은 많은 사람들의 눈에 잘 띄도록 커다란 규모의 그림을 선보였다. 중간 계급의 취향에 어긋나는 그림들은 대체로 좋은 평가를 받지 못하는 보수주의적 분위기로 인해 새로운 기법의 실험은 살롱에서 인정받기 어려웠다. 마네는 이러한 살롱의 권위에 도전한 화가였다. 마네의 그림은 여러 차례 살롱에서 논란이 있었는데, 1863년 「풀밭 위의 점심 식사」가 결정적이었다. 마네의 「풀밭 위의 점심 식사」는 벌거벗은 여인과 옷을 입은 남성이 함께 있다는 점에서 조르조네의 「전원의 합주」를 연상하게 하고, 인물의 배치나 구도 면에서는 라파엘의 「파리스의 심판」과 유사하다. 하지만 사실적인 누드 표현과 거친 마감 등으로 인해 당대의 많은 관객들은 마네의 그림을 불편하게 생각했다.

인상주의

인상주의는 19세기 후반의 프랑스를 중심으로 일어난 예술 운동이다. 미술에서 시작된 인상주의는, 몽마르트르 지역 인근의 젊은 화가들이 '살롱전'이 보수화되면서 자신들의 그림을 알릴 길이 없어지자 자체적으로 전시회를 열면서 시작되었다. 이들의 시도는 처음부터 큰 성공을 거두지는 못했으나, 이후 서양 미술의 흐름을 완전히 바꾸게 되었다. 인상주의를 추구한 화가를 인상파라고 하는데, 많은 인원이 참여했고 추구하는 바도 각기 달라 간단히 정의할 수는 없으나 이들은 빛에 따라 변하는 순간의 인상을 포착하고 그림으로 표현하려 했다는 공통점이 있다.

■ 쿠르베와 사실주의

쿠르베는 19세기 프랑스의 화가로, 부유한 집안 출신이었지만 사회주의적 정치 성향을 가지고 있었고 자유와 평등을 외치며 민중이 일으킨 프랑스 혁명의 지지자이기도 했다. 이러한 성향으로 인해 그의 그림은 평범한 사람들의 생활을 다룬 것들이 많았고, 상류층이 아니라 중류층, 하류층 사람들의 일상에 초점을 맞추었다. 쿠르베는 화가란 직접 눈으로 보고 경험한 것을 그려야 한다며 '사실주의'를 선언했는데, 그의 이러한 선언은 수백 년 동안 신화, 전설, 종교 등을 중심으로 전개된 서양 미술에 대한 도전이었다.

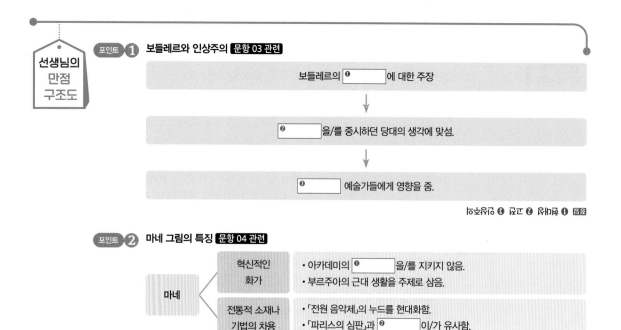

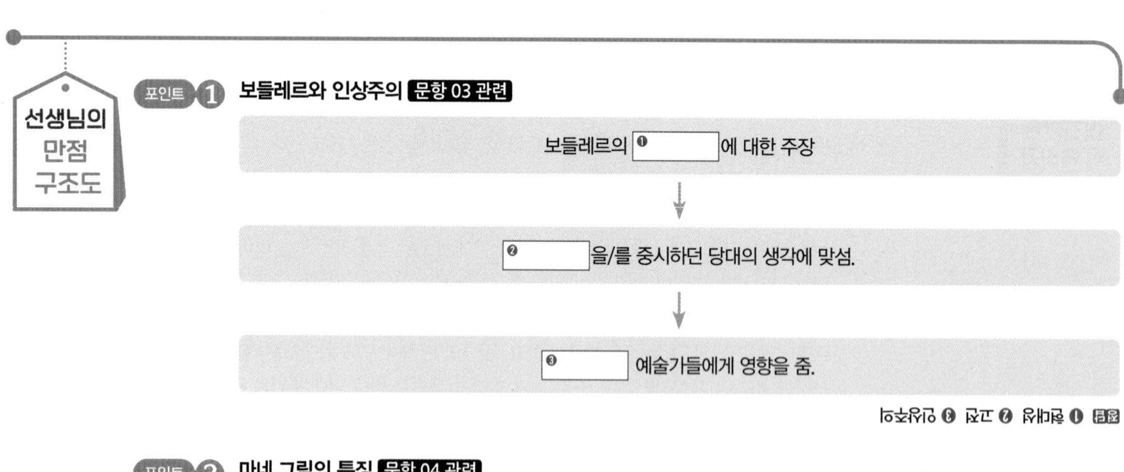

선생님의
만점
구조도
포인트 1 보들레르와 인상주의 문항 03 관련
보들레르의 ❶ 에 대한 주장
❷ 을/를 중시하던 당대의 생각에 맞섬.
❸ 예술가들에게 영향을 줌.
정답 ❶ 현대성 ❷ 고전 ❸ 인상주의
포인트 2 마네 그림의 특징 문항 04 관련
마네
혁신적인 화가
• 아카데미의 ❶ 을/를 지키지 않음.
• 부르주아의 근대 생활을 주제로 삼음.
전통적 소재나 기법의 차용
• 「전원 음악제」의 누드를 현대화함.
• 「파리스의 심판」과 ❷ 이/가 유사함.
정답 ❶ 규범 ❷ 구도

05강 개화기 과학 기술에 대한 지식인들의 생각

인문 · 예술

EBS 수능특강 **독서 071쪽**

독해 포인트 개화기 밀려 들어오는 서구 문명에 대해 조선은 쇄국 정책을 중심으로 대응하였다. 당시 위정척사론자의 대표적 인물인 이항로는 서구의 과학 기술이 기에 해당하는 현상에 천착하여 인욕을 충족시키는 것으로 흐를 위험이 있다고 판단하였다. 반면 박은식은 열강들이 약소국을 식민지화하는 정세를 목도하고 과학 기술의 중요성을 인식하여 이에 힘쓸 것을 주장하였다. 그러면서도 우리의 주체성을 잃어버리지 않기 위해 '양지'를 강조하였다. 양지를 통해 대인이 되면 인류 전체를 아우를 수 있는 대동 사회를 실현할 수 있다고 보았다.

주 제 개화기 과학 기술에 대한 이항로와 박은식의 생각

서구는 르네상스를 거치며 자연과 신적 권위로부터의 인간 해방을 추구하였다. 인간 해방을 목표로 자연에 대한 탐구를 통해 삶에 필요한 자원과 재화*를 생산하게 된 과학 혁명과 산업 혁명을 거치면서 '근대 문명'을 만들어 나갔다. 그리고 값싸고 풍부한 원료 공급과 안정적인 시장을 확보하기 위해 비서구 지역에 대한 침략을 자행*하였다. 근대 문명은 이양선*을 타고 철도나 방적기 등과 함께 조선으로 유입되었고, 조선의 일부 지식인들은 자연을 정복하고 기계를 만들 수 있는 과학 기술이 근대 문명을 가능하게 한다는 것을 알아차렸으나 모두가 서구 과학 기술을 환영한 것은 아니다.

(서구의 근대 문명이 과학과 기술을 바탕으로 이루어진 것임을 암시 / 서양인들의 관점에서 보기엔 근대화되지 못한 문명 / 근대 문명의 대표적 사례)

▶ 과학 기술을 바탕으로 한 근대 문명

19세기 조선은 대내적으로 주자학의 사상 체계를 기반으로 하는 도덕 국가 이념이, 대외적으로는 중국 중심의 문화 의식에 의거*하여 서구의 음침하고 해로운 기운으로부터 조선을 지켜야 한다는 위정척사* 사상에 입각*한 쇄국 정책이 중심을 이루고 있었다. 주자학에 입각한 당시 유림들이 중심이 된 위정척사론자들은 중화를 높이고 이적을 배척한다는 존화양이 운동을 일으켜 서구의 과학 기술 수용을 비판하였다. 척사론자들의 사상적 기반을 제시하였던 이항로(1792~1868)는 과학 기술 수용에 대해 강경하게 비판하였다. 그는 성리학적 세계관을 토대로 한 이기론을 바탕으로 강상 윤리*를 모르는 사학*을 배척할 것을 주장하였다. 그는 리(理)를 중시하는 입장을 견지하여 리가 기(氣)에 대해 명령하는 상명하복의 위계적 질서가 잘 유지되어야 선을 실현할 수 있다고 보았다. 이런 관점에서 본다면 서구의 과학 기술은 리를 중시하는 것이 아니라 기에 해당하는 현상에 천착*하는 것에 불과한 것이었고, 이는 제거해야 할 대상인 인욕*을 충족시키는 것으로 흐를 위험이 다분했다. 이에 따라 이항로는 이들과 더불어 화친(和親)*을 논할 수 없다고 생각하였다.

(위정척사 사상 / 서양에 문호를 개방하지 않고 교류하지 않음. / 중국을 숭상하고 서양을 배척한다 / 서양을 무시하는 태도 / 위정척사론자들의 주장 / 이가 기보다 앞서고 본질적이다. / 위정척사론자들이 서구의 과학 기술을 배척한 이유 / 서구)

▶ 이항로가 서구의 과학 기술 수용을 반대한 이유

한편 조선의 현실 문제와 인류가 지향해야 할 올바른 방향을 모색하였던 박은식(1859~1925)은 러시아와 일본을 비롯한 주위 열강들의 한반도 쟁탈전이 더욱 노골화되던 20세기를, 세력이 우월한 나라가 열등한 나라에 대포와 거함을 선봉으로 삼아 밀어닥치는 시기로 인식하였다. 그리고 이로 인해 세력이 열세인 나라는 자신의 나라를 식민지로 바칠 수밖에 없다고 인식하여 과학 기술의 중요성을 제기하고 청년이라면 마땅히 과학 기술에 힘을 써야 한다고 강조하였다. 박은식은 근대는 과학적 실용을 요구하는 시대로 물질문명이 삶을 추동*하는 핵심이 되었기 때문에 과학 기술이 학문의 중심에 있어야 하며 과학 기술에 대한 연구가 가장 시급한 공부임을 인정하였다. 그는 과학 기술을 풍요와 발전의 원천으로 이해하였으며, 문명 진화의 핵심이 과학 기술의 진화에서 단적으로 드러난다고 보았다. 따라서 객관적 사물에 대한 초경험적이고 추상적인 연구보다는 경험과 실증을 진리

(제국 열강의 침입으로 혼란한 시대 / 무력으로 다른 나라를 침범하는 시기 / 국력이 과학 기술로부터 나오는 것임을 간파함. / 과학 기술을 통해 이룩한 문명 / 추상적이고 관념적인 공부에서 벗어나야 함을 주장함. / 박은식이 주장한 진리 탐구 방법)

탐구의 방법으로 제시하여 감각 작용과 실험 실습의 중요성을 강조하였다. ▶ 서구의 과학 기술에 대한 박은식의 입장

그러면서도 박은식은 과학 기술이 제국주의의 침략과 직결된다는 점을 분명하게 인식해야 하고 맹목적인 서구화는 주체성을 잃어버리는 위험을 초래*한다고 지적하였다. 그리고 이를 위해 인격을 수양할 철학이 필요하며 이는 과학 기술처럼 서구의 것을 가져와 수용할 것이 아니라 우리에게 있는 것을 중심으로 주체적으로 만들어야 한다고 강조하였다. 박은식은 그 답을 우리 스스로에게서 찾고자 하였다. 그가 선택한 것은 주자학이 아닌 양명학이었다. 그는 밀려 들어오는 서구의 문명에 대응하기 위해서는 누구나 쉽게 받아들일 수 있는 민중적인 이론 체계가 필요하며 그것이 양명학이라고 주장하였다. 그는 주자학은 사람들이 쉽게 받아들이고 행동할 수 있는 '간이직절(簡易直截)'함을 결여했다고 비판하며, 누구나 쉽게 실천할 수 있기 위해서는 어렵고 복잡하지 않아야 함을 강조했다. 그가 주목한 것은 누구나 가지고 있는 '양지'였다. 그는 '양지'를, 끊임없이 흐르면서 현실의 문제와 조우*하고 그러한 문제 속에서 항상 막히지 않는 앎이라고 생각했다. 즉 양지는 고정된 앎이 아니라 그때그때마다 무엇이 옳고 그른지를 판단하여 현실과 현상에 따라 옳은 일을 추구하는 능력이다. 따라서 과학 기술에 대한 수용 역시 양지를 중심으로 한 기준에서 벗어나지 않아야 한다고 주장했다.

(당시 제국주의 열강에서 보이는 문제점을 인식 / 무작정 서구의 문명을 받아들이는 태도 / 기존 유림 및 위정척사론자들과 박은식의 차이점 / 주자학은 추상적이고 복잡하여 이해하고 행하기 어려운 단점이 있음. / 누구나 가지고 있는 마음)

▶ 맹목적인 서구화를 예방하기 위한 양명학 수용

박은식은 양지를 실현하여 대인(大人)이 되면 자신의 마음과 모든 사물 및 타자를 하나로 여기는 만물 일체의 단계로 이행할 수 있다고 설명했다. 이것은 궁극적으로 자신의 양지가 타인에게까지 미침으로써, 도덕성이 타자에게까지 발현되는 것이다. 박은식은 이를 바탕으로 국가와 민족은 물론 인류 전체를 아우를 수 있는 대동(大同) 사회를 실현할 수 있다고 보았다. 이는 양명학을 중심으로 당대의 문제를 해결하려 했던 시도로 평가할 수 있다.

(누구나 자신의 마음속에 가지고 있는 양지를 실현하면 대인이 될 수 있음. / 양지의 실현을 통해 이룰 수 있음. / 양지의 실현 → 만물 일체 → 대동 사회 / 박은식의 주장이 갖는 의의)

▶ 양지를 통한 대동 사회 실현

*강상 윤리(綱常倫理): 유교 문화에서 사람이 마땅히 행하거나 지켜야 할 도리.

*사학(邪學): 조선 시대 주자학에 반대되거나 위배되는 학문을 이르던 말.

어휘! 이것만은 꼭 익히자

- **재화(財貨)**: 사람이 바라는 바를 충족시켜 주는 모든 물건.
- **자행(恣行)**: 제멋대로 해 나감. 또는 삼가는 태도가 없이 건방지게 행동함.
- **이양선(異樣船)**: 모양이 다른 배라는 뜻으로, 다른 나라의 배를 이르는 말. 주로 조선 시대에 외국의 철선을 이르는 데에 쓰였음.
- **의거(依據)**: 어떤 사실이나 원리 따위에 근거함.
- **위정척사(衛正斥邪)**: 구한말에, 주자학을 지키고 가톨릭을 물리치기 위하여 내세운 주장. 본디 정학(正學)과 정도(正道)를 지키고 사학(邪學)과 이단(異端)을 물리치자는 것으로, 외국과의 통상 반대 운동으로 이어졌음.
- **입각(立脚)**: 어떤 사실이나 주장 따위에 근거를 두어 그 입장에 섬.
- **천착(穿鑿)**: 어떤 원인이나 내용 따위를 따지고 파고들어 알려고 하거나 연구함.
- **인욕(人慾)**: 사람의 욕심.
- **화친(和親)**: 나라와 나라 사이에 다툼 없이 가까이 지냄.
- **추동(推動)**: 1. 물체에 힘을 가하여 앞으로 나아가게 하거나 흔듦. 2. 어떤 일을 추진하기 위하여 고무하고 격려함.
- **초래(招來)**: 일의 결과로서 어떤 현상을 생겨나게 함.
- **조우(遭遇)**: 우연히 서로 만남.

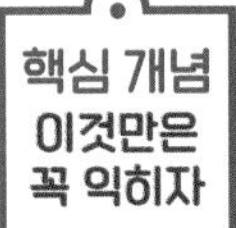

근대 문명의 정체

우리에게 '근대 문명'은 서구화와 함께 진행되었다. 서양의 문물과 문화가 전해지면서 근대화가 이루어진 것이다. 인간을 해방시키고자 자연을 정복하기 위해 개발된 기계 문명은 이양선, 기차, 방적기 등으로 대표되어 우리에게 다가왔다. 서구는 자신들이 이룩한 기계 문명을 '발달된 문명', '근대 문명'으로 개념화하여 비서구권으로 전파하였다. 우리 지식인들은 '근대 문명'을 가능하게 하는 것은 과학 기술이라는 것을 알아차렸으나 모두가 과학 기술을 환영했던 것은 아니다.

위정척사론자들이 서구 과학 기술을 거부했던 이유

중국 중심 문화 의식과 주자학의 사상 체계를 기반으로 한 위정척사론자들은 서구의 음침하고 해로운 기운으로부터 조선을 지켜야 한다고 생각하였다. 이들은 기보다 리를 중시하는 입장에 있었는데, 서구의 과학 기술은 기에 해당하는 현상에 천착하며 인욕을 충족시키는 것으로 흐를 위험이 다분하다고 생각하였다.

양지와 대동 사회

양명학에서는 무엇이 옳고 그른지 판단하여 옳은 일을 추구하는 능력인 양지를 누구나가 가지고 있다고 보았다. 박은식은 양지를 실천하면 대인이 될 수 있으며 만물 일체의 단계로 나아갈 수 있어 대동 사회를 실현할 수 있다고 보았다. 대동 사회는 인류 전체를 아우르는 평화로운 사회이다. 이는 제국주의 열강들이 위력으로 약소국을 침범하던 당시의 국제 정세의 문제에 대해 새로운 해결책을 제시한 것이라 할 수 있다.

■ **성리학의 이기 이원론**

성리학에서는 모든 존재의 생성과 변화를 '이'와 '기'의 결합으로 설명하려고 한다. '이'는 어떤 존재가 그 존재이도록 하는 원리이며 변화 속에서도 자기 동일성을 유지하게 하는 존재의 본질이다. 이에 비해 '기'는 '이'가 존재화하는 데 갖추어야 할 터전으로, 현실 존재의 구체적이고 물질적인 구성 요소이다. '이'와 '기'는 서로 달리 규정되지만 현실 존재에서는 서로 분리되지 않는데, 이 관계를 '하나이면서 둘이며, 둘이면서 하나'라고 표현한다. 이러한 '이'와 '기'의 관계에서 많은 논리적인 문제가 파생되는데, 어느 것이 먼저 생겨나는가 하는 선후의 문제와 어느 것이 더 가치 있는 것인가 하는 경중의 문제가 대표적인 것이라 할 수 있다. 서양에서도 이와 같이 신과 세계, 정신과 육체 등의 문제를 논해 왔는데, 서양에서는 이분법적 사고를 중심으로 논의를 발전시켰다.

선생님의 만점 구조도

포인트 1 **이항로 vs. 박은식** 문항 03 관련

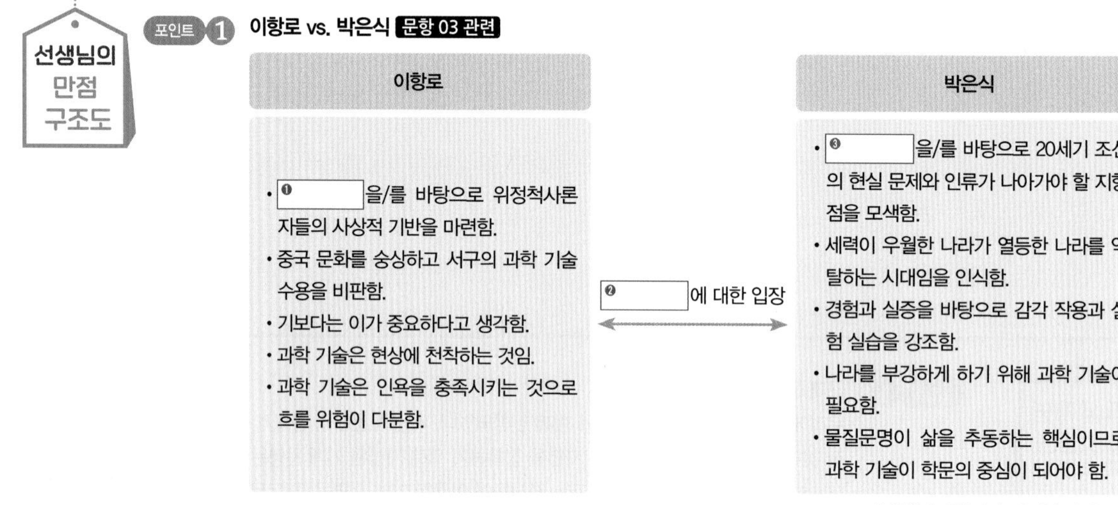

이항로
• ❶ [   ]을/를 바탕으로 위정척사론자들의 사상적 기반을 마련함.
• 중국 문화를 숭상하고 서구의 과학 기술 수용을 비판함.
• 기보다는 이가 중요하다고 생각함.
• 과학 기술은 현상에 천착하는 것임.
• 과학 기술은 인욕을 충족시키는 것으로 흐를 위험이 다분함.
❷ [   ]에 대한 입장
박은식
• ❸ [   ]을/를 바탕으로 20세기 조선의 현실 문제와 인류가 나아가야 할 지향점을 모색함.
• 세력이 우월한 나라가 열등한 나라를 약탈하는 시대임을 인식함.
• 경험과 실증을 바탕으로 감각 작용과 실험 실습을 강조함.
• 나라를 부강하게 하기 위해 과학 기술이 필요함.
• 물질문명이 삶을 추동하는 핵심이므로 과학 기술이 학문의 중심이 되어야 함.

정답 ❶ 주자학 ❷ 과학 기술 ❸ 양명학

포인트 2 **박은식의 문제의식과 해결**

문제	세력이 우월한 나라가 열등한 나라에 대포와 거함을 선봉으로 삼아 밀어닥침.
주장 1	서구의 ❶ [ ]을/를 수용하여 과학 기술에 중심을 두고 힘을 써야 함.
주장 2	주체성을 지키기 위해 양명학의 ❷ [ ]을/를 기준으로 과학 기술을 수용함.
해결	인류 전체를 아우를 수 있는 ❸ [ ]을/를 실현함.

정답 ❶ 과학 기술 ❷ 양지 ❸ 대동 사회

06강 과타리의 생태 철학

인문 · 예술

EBS 수능특강 **독서 076쪽**

독해 포인트 환경 관리주의, 사회 생태주의, 근본 생태주의는 서로 다른 관점에서 환경 오염으로 인한 문제를 해결하는 방법을 제시하고 있다. 과타리는 이 세 관점들로는 환경 오염으로 인한 문제를 해결할 수 없다고 보고 이 세 관점을 접합하여 새로운 철학적 실천 개념인 생태 철학을 주장했다. 그의 생태 철학은 환경 관리주의를 환경 생태학, 사회 생태주의를 사회 생태학, 근본 생태주의를 정신 생태학에 대응시켰다. 그는 환경 생태학의 '자연' 영역, 사회 생태학의 '사회' 영역, 정신 생태학의 '인간' 영역을 새로운 주체성 생산으로 변혁해야 한다고 주장했다. 과타리의 생태 철학에서 주장하는 인간의 삶은 자연-사회-인간의 거대한 생명적 생산 시스템 안에서 주체성을 개방하는 해방적인 삶이다.

주 제 환경 문제 해결을 위해 과타리가 주장한 생태 철학

환경 오염으로 인한 생태계의 파괴, 기후 변화와 같은 환경 문제는 인간의 생활 양식을 파괴하고 생존을 위협하면서 전 인류가 직면*한 문제가 되었다. 이러한 환경 문제의 해결을 위해 등장한 입장으로 환경 관리주의가 있다. 환경 관리주의는 인간이 자연보다 우위에 있다는 관점(인간이 자연을 지배할 수 있다는 관점)을 바탕으로 과학 기술이나 환경 관련 제도를 통해 자연환경을 잘 관리하면 이 문제를 해결할 수 있다는 것이다(환경 문제의 원인이 인간이 자연을 잘못 관리한 것에 있다고 봄.). 이와는 다른 입장인 사회 생태주의와 근본 생태주의는 환경 관리주의에서 제시하는 방법으로는 환경 문제를 해결할 수 없다고 주장한다.

▶ 환경 문제 해결을 위해 등장한 환경 관리주의

사회 생태주의는 환경 문제의 원인이 사회의 구조적 문제에 있다고 본다(사회 생태주의 관점에서 본 환경 문제의 원인). 이 입장에서 사회의 구조적 문제는 인간이 인간을 지배하는 최고 형태인 자본주의에서 비롯한다. 따라서 사회 생태주의에서는 반자본주의 투쟁을 통해 사회 변혁을 이루어 인간이 자연을 지배하는 것을 종식*시키고(인간이 자연을 지배하게 되면서 환경 문제가 발생함.), 자연환경과의 지속적 균형을 보장해 주는 인간 공동체를 창출*해야 환경 문제를 해결할 수 있다고 주장한다. 이와는 달리 심층 생태론으로도 불리는 근본 생태주의에서는 인간이 자연을 아무렇게나 사용해도 되는 수단이나 도구로 보는 태도로 인해, 인간을 자연과 분리해서 인식하는 것(자연을 인간이 사용할 수 있는 수단이나 도구로 인식)이 환경 문제의 원인이라고 본다. 이 입장에 있는 사람들은 인간과 자연을 상호 의존적인 관계에 있다는 인식, 자연도 고유한 생명의 권리를 가지고 있다는 의식(근본 생태주의의 입장)을 바탕으로 기존의 삶을 자연 친화적인 삶으로 변화시켜야 환경 문제를 해결할 수 있다고 주장한다(환경 문제를 해결하기 위한 근본 생태주의의 방법으로, 환경 관리주의와 사회 생태주의에서 제시하는 방법과 다름.). 그리고 이들은 생태계가 서로 연결되어 있어서 삶이나 의식에서의 미세한 변화가 생태계 전체의 변화를 초래할 수 있다고 본다(환경 문제 해결을 위한 개인의 노력을 중요시함.).

▶ 사회 생태주의와 근본 생태주의의 입장

환경 문제에 대한 서로 다른 입장들(환경 관리주의, 사회 생태주의, 근본 생태주의)에 대해서 과타리(Guattari)는 어느 하나의 입장만으로는 환경 문제로 인한 현대 사회의 위기에 대처*할 수 없다고 보고 생태 철학이라는 것을 제시했다(과타리는 환경 문제를 해결하려면 환경 관리주의, 사회 생태주의, 근본 생태주의 이 세 입장을 하나로 아우르는 입장이 필요하다고 보았음.). 그는 생태 철학을 환경 관리주의에 대응하는 환경 생태학, 사회 생태주의에 대응하는 사회 생태학, 근본 생태주의에 대응하는 정신 생태학, 이 세 가지 생태학으로 제시하고 환경 생태학에 사회 생태학과 정신 생태학을 접합*하였다. 그가 주장한 생태 철학의 핵심은 '인간 대 자연'이라는 이분법(근본 생태주의의 입장과 관련됨.)에서 벗어나 환경 생태학의 '자연' 영역, 사회 생태학에서의 '사회' 영역(사회 생태학에서는 자본주의 사회의 변혁과 공동체 창출을 해결 방안으로 주장하기 때문), 정신 생태학에서의 '인간' 영역, 이 세 가지 생태학적 영역의 변혁*을 주도할 수 있는 주체성을 새롭게 생산하는 것이다.

▶ 과타리가 주장한 생태 철학

일반적으로 주체성은 자기 자신만의 고유한 특질이며, 주체성의 토대는 자유로운 자기 의지와 그것을 실천할 수 있는 육체와 정신이다. 주류 사회학의 관점에서는 한 개인이 사회가 주는 역할들을 단계적으로 실행하면서 주체성이 형성되는 것이며(주류 사회학 관점에서의 주체성 생산으로, 이는 과타리의 입장에서 동질적 주체성 생산임.), 사회는 이 역할들에서 벗어나는 행위들을 억압하거나 격리, 처벌해야 한다(주류 사회학의 관점에서는 이질 발생적인 주체성 생산을 인정하지 않음.). 과타리

는 이러한 관점에서의 주체성 형성을 동질적인 주체를 생산하는 것이라고 비판하였다. 가령 엄마라는 역할에 대한 주체성은 사회가 제시한 특정한 모습으로 동일시된다는 것이다. 그에게 주체성은 사회가 만들어 낸 동질적인 요소에 의해서 만들어지는 것뿐만 아니라 각 개인의 다양한 관계나 서로 다른 경험과 같은 이질적인 요소들에 의해 만들어지는 것이다. 예를 들면 어머니의 역할과 관련한 주체성은 어머니가 안아 줄 때 느끼는 포근함에서 만들어질 수 있고, 어머니에게 혼나면서 만들어질 수도 있으며, 또는 이 두 가지가 섞여서 만들어질 수도 있다. 과타리는 주체성 생산에 대해 동질적인 요소로 주체성이 동질하게 생산되는 것을 동질 발생으로, 이질적인 요소에 의해 다양한 주체성이 생산되는 것을 이질 발생으로 구분했다.

동질적 주체성 생산

과타리는 동질적 주체성 생산과 이질 발생적 주체성 생산 모두를 주체성 생산으로 보았음.

과타리의 생태 철학에서 주체성 생산은 정신 생태학과 관련된 것임.

▶ 과타리가 주장한 주체성 생산의 의미

과타리가 살았던 당대의 사회 체제는 자본주의 체제였다. 그는 자본주의 사회가 매체 등을 통해 물질 지향적, 소비 지향적 욕망을 자극하며 개인을 동질화하고 있으며 이질적으로 발생하는 주체성을 억압하거나 격리한다고 보았다. 그의 생태 철학 관점에서, 자본주의 사회가 기계적으로 생산하는 동질적인 주체성으로는 환경 문제를 근본적으로 해결할 수 없다. 아무리 새로운 과학 기술이 아무리 발전하고 그에 따라 환경 문제들을 해결할 수 있다고 할지라도 그 기술을 사용하는 주체들이 변화하지 않는 한, 생태계의 보존이나 복원은 언제나 경제적 수단과 논리에 의해 제한될 수밖에 없기 때문이다. 이에 대해 과타리는 근본 생태주의자들이 주장하는 것처럼 욕망으로부터 벗어나 자연주의적인 삶을 되찾자고 주장하지 않는다. 그의 관점에서 욕망은 존재의 생산적이고 창조적인 생명 활동이다. 그는 이질 발생적인 욕망을 바탕으로 주체성을 생산함으로써, 기계적으로 생산되는 자본주의적 욕망을 전복[*]해야 한다고 주장한다.

자본주의 사회에 대한 비판으로 과타리의 생태 철학에서 사회 생태학과 관련된 것임.

사회의 개인들이 동질적인 주체성인 상태에 있는 상태

자본주의 체제

동질적인 주체성을 가진 개인들은 경제적 수단과 논리에서 벗어날 수 없음.

새로운 주체성 생산

▶ 자본주의 체제에 대한 과타리의 입장

과타리는 새로운 주체성 생산으로 변화한 개인들이 자본주의의 경제적 수단과 논리, 자본주의의 욕망에 따른 동질적 주체에서 벗어나야 환경 문제를 해결할 수 있다고 주장한다. 그는 새로운 주체성 생산으로 끊임없이 자신을 새롭게 구성하고 변화시키는 것을 '다르게 되기'라고 하고, 이를 통해 자신 역시 다른 사람과 차이를 가진 존재로 인식하게 된다고 보았다. 이러한 인식은 타자와의 차이를 공감하며 나아가 그 공감을 토대[*]로 모든 사태를 이전과는 다르게 바라보고 느끼면서 색다른 관계를 만들어 나가는 혁명적인 행위로 이어진다. 이는 하나의 거대한 생명 시스템으로서 자연과 사회와 공감하는 연대적 의식과 윤리적 책임감을 내포한다. 과타리에게 있어서 생태주의적 삶이란 자연-사회-인간의 거대한 생명적 생산 시스템 안에서 인간이 자연으로 회귀하지 않는 삶, 자본주의 사회 체제에 매몰[*]되지 않는 삶이며, 동시에 사회 안에서 주체성을 개방하는 해방적인 삶이다.

정신 생태학적 관점

사회 생태학적 관점

환경 생태학적 관점

이질 발생적 주체성 생산

자신의 주체성이 새롭게 바뀌는 것처럼 다른 사람의 주체성 역시 바뀌어 각자가 다른 주체성을 지닐 수 있음을 인식

이질적 주체들 사이에서는 서로에 대해 새롭게 인식하고 색다른 관계를 만들어 나감.

근본 생태주의에서 추구하는 삶

새로운 주체성 생산

▶ '다르게 되기'와 생태주의적 삶

어휘! 이것만은 꼭 익히자

- **직면(直面)**: 어떠한 일이나 사물을 직접 당하거나 접함.
- **종식(終熄)**: 한때 매우 성하던 현상이나 일이 끝나거나 없어짐.
- **창출(創出)**: 전에 없던 것을 처음으로 생각하여 지어내거나 만들어 냄.
- **대처(對處)**: 어떤 정세나 사건에 대하여 알맞은 조치를 취함.
- **접합(接合)**: 한데 대어 붙임. 또는 한데 닿아 붙음.
- **변혁(變革)**: 급격하게 바꾸어 아주 달라지게 함.
- **전복(顚覆)**: 사회 체제가 무너지거나 정권 따위를 뒤집어엎음.
- **토대(土臺)**: 어떤 사물이나 사업의 밑바탕이 되는 기초와 밑천을 비유적으로 이르는 말.
- **매몰(埋沒)**: 보이지 아니하게 파묻히거나 파묻음.

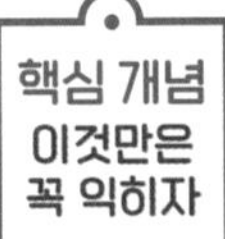

환경 문제에 대한 세 가지 관점

- **환경 관리주의**: 과학 기술이나 환경과 관련한 제도를 통해 자연환경을 잘 관리하여 환경 문제를 해결한다는 입장이다. 이 입장에서는 인간이 자연환경을 잘못 관리하여 환경 문제가 발생했다고 본다.
- **사회 생태주의**: 환경 문제의 원인을 사회의 구조적 문제에 있다고 보고, 반자본주의 투쟁을 통한 사회 변혁으로 인간이 자연을 지배하는 것을 종식시켜야 환경 문제를 해결할 수 있다고 주장한다. 이 입장에서는 환경 문제를 사회 변혁의 문제로 받아들이고 공동체적 관계망 속에서 해결하고자 한다.
- **근본 생태주의**: 인간과 자연을 상호 의존적인 관계로 보고, 기존의 삶을 자연 친화적인 삶으로 변화시켜야 한다고 주장한다. 이 입장에서는 생태계를 서로 유기적으로 연결된 생태계로 본다.

주체성 생산

일반적으로 주체성은 자기 자신만의 고유한 특질이다. 과타리에게 주체성은 어떤 불변하는 본질이 아니다. 주체성은 동질적 요소로도 만들어질 수 있고, 이질적인 요소로도 만들어질 수 있다. 이질 발생에 의한 주체성 생산은 '다르게 되기'로, 이는 자본주의 사회 안에서 주체성을 개방하는 해방적인 삶을 가능하게 한다.

■ 과타리와 들뢰즈의 '되기'

과타리와 들뢰즈에게 '되기'는 개인이 스스로 다른 것으로 되어 가는 과정이다. 인간학적으로 여성적이라고 이름 붙여진 한 개인에게는 다양하면서도 모순적인 욕망에 의해 '여성 되기', '어린이 되기', '아내 되기' 등이 공존한다. 과타리는 이 되기가 혁명적인 방향으로 가기 위해서는 기존의 권력 구성 방식과는 다른 구성 방식으로 되어 가야 한다고 본다.

■ 과타리와 들뢰즈의 '리좀'

리좀은 줄기가 마치 뿌리처럼 땅속으로 파고들어 어지러운 흐름을 이룬 것으로, 뿌리와 줄기의 구별이 사실상 모호해진 상태를 의미한다. 들뢰즈와 과타리는 리좀 개념을 제기했는데, 이는 욕망의 흐름이 지닌 통일되거나 위계화되지 않은 복수성과 이질 발생, 그리고 새로운 접속과 창조의 무한한 가능성을 보여 주기 위한 것이었다.

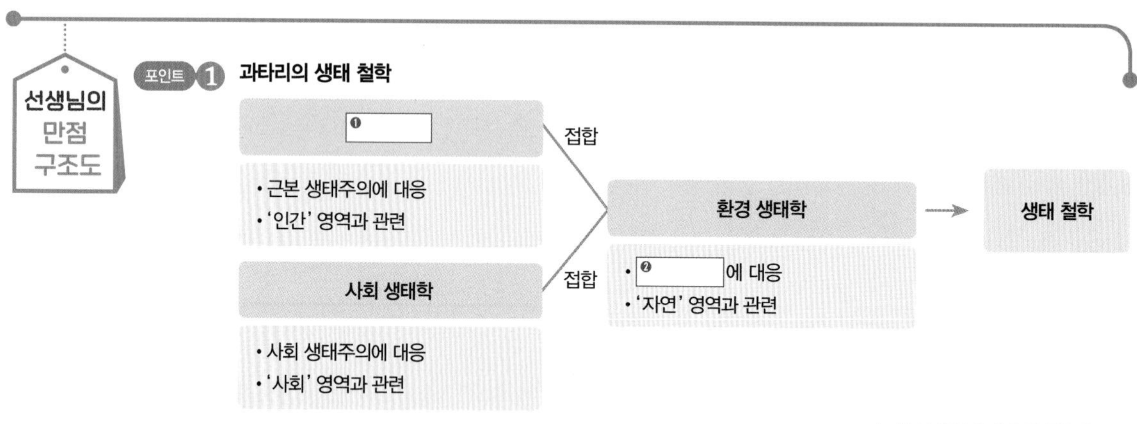

정답 ❶ 정신 생태학 ❷ 환경 관리주의

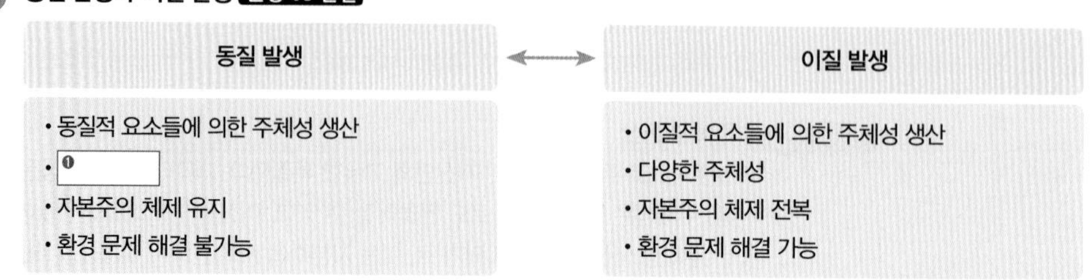

정답 ❶ 동질적 주체성

보고 듣고 만지는 현대 사상

인간은 지식 체계의 형성을 위해 개념을 필요로 하는데, 개념이란 여러 관념 속에서 공통 요소를 뽑아내어 종합해 얻어 낸 보편적인 관념을 말한다. 이러한 개념을 통해 체계와 기준을 머릿속에 먼저 정해 놓고 그것을 현실에 적용하는 개념주의적 태도를 지닌 근대 사상가들이 있었다. 하지만 들뢰즈는 이 세상에 동일한 것은 없다는 전제하에 세상을 개념으로만 파악하려는 태도를 비판하고 개별 대상의 다양성에 주목하는 '차이'의 철학을 제시했다.

일반적으로 차이란 서로 같지 않고 다르다는 의미로 쓰이지만 들뢰즈는 차이를 '개념적 차이'와 '차이 자체'로 구분하여 자신이 말하고자 하는 차이의 의미를 명확히 했다. 이때 개념적 차이란 개념적 종차*를 통해 파악될 수 있는, 어떤 대상과 다른 대상의 상대적 다름을 의미하며, 차이 자체란 개념으로 드러낼 수 없는 대상 자체의 절대적 다름을 의미한다. 예를 들어 소금의 보편적 특성은 짠맛이나 흰색 등으로 볼 수 있는데 이러한 특성은 소금과 설탕의 맛을 비교하거나, 소금과 숯의 색깔을 비교함으로써 파악될 수 있다. 즉 소금과 다른 대상들과의 상대적인 비교를 통해 소금의 개념적 차이가 형성되는 것이다. 그런데 소금이라는 개념으로 동일하게 분류되는 각각의 입자들은 그 입자마다의 염도와 빛깔 등이 다를 수밖에 없다. 어떤 소금 입자들은 다른 소금 입자보다 조금 더 짤 수도 있고, 흰색이 조금 더 밝을 수도 있다. 이때 각 소금 입자가 가지는 염도, 빛깔의 고유한 정도 차이에 해당하는 특성이 바로 개별 소금 입자의 차이 자체인 것이다.

들뢰즈는 개념적 차이로는 대상만의 고유한 가치나 절대적 다름이 파악될 수 없다고 하였다. 왜냐하면 개념적 차이는 다른 대상과의 비교를 통해 파악된 결과로 다른 대상에 의존하는 방식이어서, 그 과정에서 개별 대상의 고유한 특성이 무시되기 때문이다. 또한 들뢰즈는 개념이 개별 대상들을 규정함으로써 개별 대상을 개념에 포섭시키는 상황이나, 개념에 맞추어 세상을 파악함으로써 세상을 오로지 개념의 틀에 가두는 상황을 우려했다. 왜냐하면 이와 같은 상황에서는 미리 정해 둔 개념에 부합하는 개별 대상은 좋은 것으로, 그렇지 못한 개별 대상은 나쁜 것으로 규정되는 개념의 폭력이 발생할 수 있기 때문이다.

한편 들뢰즈는 개별 대상의 차이 자체를 드러낼 수 있는 작용 원리를 '반복'과 '강도'라는 용어로 설명했다. 일반적으로 반복은 같은 일을 되풀이한다는 의미로 쓰이지만 들뢰즈가 말하는 반복이란 되풀이하여 지각된 강도의 차이를 통해 개별 대상의 차이 자체를 발견해 나가는 과정을 의미한다. 이때 강도란 정량화하기 힘든, 개별 대상의 고유한 크기이자, 다른 것과 비교될 수 없는 개별 대상에 대한 감각적 경험을 의미한다. 예를 들어 어떤 사람이 피아노로 같은 악보를 반복해서 연주한다고 할 때, 각각의 연주는 결코 동일할 수 없으므로 연주가 반복될수록 연주자와 관객 모두 연주마다의 서로 다른 강도를 느끼게 된다. 즉 각각의 연주는 차이 자체를 드러내게 되는 것이다. 이처럼 들뢰즈에게 차이 자체란 반복에 의해 경험하게 되는 강도의 차이를 의미한다.

일반적으로 인간은 의사소통을 위해 서로가 동일하게 인정할 수 있는 개념을 필요로 하며, 개념을 통해 형성되는 인간의 지식 체계가 세상을 변화시킨다는 점을 고려하면 개념은 인간에게 필수적인 것이다. 들뢰즈도 이와 같은 개념의 기능을 전면적으로 부정한 것은 아니다. 다만 들뢰즈의 철학은, 개념을 최고의 가치로 숭상하면서 이 세상을 개념으로 온전히 규정하려는 기존 철학자들의 사상을 극복하고자 한 것이며 철학의 시선을 개념에서 현실 세계의 대상 자체로 돌리게 했다는 점에서 의의를 지닌다.

* **종차:** 상위 개념에 속한 동일한 층위의 하위 개념들 중 어떤 하위 개념이 다른 하위 개념과 구별되는 요소.

독해 포인트 이 글은 들뢰즈가 제시한 '차이' 철학을 소개하고 있다. 들뢰즈는 개별 대상의 다양성에 주목하는 '차이' 철학을 제시했는데, 들뢰즈가 말하는 차이는 '개념적 차이'와 '차이 자체'로 구분할 수 있다. 대상의 차이 자체를 드러낼 수 있는 작용 원리는 '반복'과 '강도'이며 차이 자체란 반복으로 경험하게 되는 강도의 차이를 의미한다. 들뢰즈 철학은 개념주의적 태도를 지닌 기존 철학자들의 사상을 극복하고자 하였다.

주제 들뢰즈의 '차이' 철학과 그 의의

지멜의 예술론

인문 · 예술

EBS 수능특강 **독서 081쪽**

독해 포인트 삶과의 관련성 속에서 예술의 가치를 찾으려 한 지멜은 진정한 예술은 보편화된 형식을 따르는 것이 아니라 대상의 개체적 삶을 드러내야 한다고 보았다. 이러한 관점에서 인물의 전체적 삶을 표현하기 위해 노력한 렘브란트의 초상화를 긍정적으로 평가하였다. 그는 자신의 주관적 가치와 이상에 따라 행위할 수 있는 의지와 능력인 개인 법칙을 예술에 구현함으로써 개인적 삶을 드러낼 수 있다고 보고, 외부에서 주어진 양식이 아닌 자신의 양식으로 주관성을 전달하는 이를 진정한 예술가라고 말하였다. 그는 총체성을 중심으로 예술을 감상해야 한다고 보고, 예술에서 중요한 것은 각 요소가 관계를 맺으며 의미를 드러내는 방식이라고 주장하였다. 삶과 예술의 상호 작용에 대해 고찰한 그의 이론은 예술을 통해 삶을 성찰할 수 있는 계기를 마련하였다.

주 제 지멜의 예술론의 특징

예술 작품을 해석하고 평가하려는 시도는 작품을 예술 발전의 과정에 편입*해서 이해할 수 있도록 하는 역사적 조건들을 탐구하거나, 형태, 구성, 채색, 소재 등의 요소를 분석하는 방향으로 귀결되는 경우가 많다. 지멜은 이러한 방식(역사적 조건들을 탐구하거나 형태, 구성, 채색 등의 요소를 분석하는 방식)으로는 예술 작품의 참된 의미를 파악할 수 없다고 보고, 삶과의 관련성 속에서 예술의 가치를 찾고자 하였다. 따라서 그는 기교가 아무리 뛰어나더라도 삶의 진폭*을 예술에 담지 못한 이는 예술가로 볼 수 없다고 보았다.

▶ 삶과의 관련성 속에서 예술의 가치를 찾고자 한 지멜의 예술관

지멜은 특정 예술 사조*의 양식을 그대로 따르는 것을 부정적으로 보았는데, 통용되는 양식을 바탕으로 작품을 만들면 해당 시대에 보편화된 형식에 따라 현상을 인식하게 되고, 이로 인해 총체적 삶의 모습과 다양한 감정을 표현할 수 없게 된다고 여겼기 때문이다. 그는 예술가가 이처럼 양식화*된 것을 그대로 따르는 것이 아니라 예술품에 담긴 대상의 개체*적 삶을 드러내야 한다(지멜이 주장한 예술가의 올바른 자세)고 보았다. 그에 따르면 르네상스 초상화는 현세를 초월한 완전함, 절대성을 추구하려는 이상을 따랐고, 이를 효과적으로 드러내기 위해 명료*한 조화와 균형을 기준으로 삼고 보편적 형식에 따라 그려졌다. 이로 인해 르네상스 초상화의 인물들은 '전형적인 인상'을 갖게 되는 경우가 많았다. 지멜은 르네상스 초상화가 대상의 개체성의 가치를 담아내지 못하는 초개체적인 작품에 불과하다고 비판하면서(보편적 형식에 따라 그려진 르네상스 초상화 속 인물들은 전형적 인상을 갖게 되기 때문) 렘브란트의 초상화가 삶을 예술의 준거*점으로 삼고 인물의 전체적 삶을 표현하였음에 주목하였다. 렘브란트가 보기에 삶은 과거, 현재, 미래라는 논리로 분리되지 않으므로 그림에서 그려야 하는 것은 보편적 미의 이념으로 채색된 어떤 전형이 아니라 개별 인격체였다. 지멜은 렘브란트가 대상을 모사하는 것이 아니라, 인물의 현재 이미지를 바탕으로 과거를 가시화*하고 그의 정신적 과거를 재구성하였다고 보았다. 그리고 인물의 영혼과 흐르는 삶의 시간을 담아내려고 노력한 렘브란트의 그림을 사실적이지는 않지만 최고로 개인적인 것이라고 평하였다.

▶ 르네상스 초상화와 렘브란트의 초상화를 비교한 지멜

지멜은 개체성이 예술가의 개인 법칙에 근거하여 예술로 형상화된다고 보았다. 그는 개인 법칙을 자신의 주관적 가치와 이상에 따라 행위할 수 있는 의지와 능력(지멜이 생각한 개인 법칙의 정의)으로 정의하고, 개인 법칙에 입각*해 객관적 물질인 재료를 예술 형식으로 구성하는 것이 예술이라고 보았다. 그리고 개인 법칙을 예술로 구현함으로써 단순한 일반화에서 해방되어 순전히 개인적인 삶을 드러낼 수 있다고 여겼다. 위대한 예술가가 만든 예술 작품들은 고유의 개체성을 지니는 동시에 그 예술가가 만든 다른 작품에도 적용되는(형식 법칙의 개념) '형식 법칙', 즉 양식에 종속*되며 그 예술가의 작품

들은 유사한 특징들을 갖게 된다. 지멜은 외부에서 주어진 양식이 아닌 자신의 양식으로 작품을 만들어 주관성을 전달하는 이를 진정한 예술가라고 여겼다. 그리고 예술가가 스스로 만든 양식을 바탕으로 만들어진 작품들은 주어진 양식에 따라 그대로 만들어진 작품과 달리 개체성을 충분히 담아낼 수 있다고 보았다. 감상자들은 이와 같은 개인 고유의 양식으로 만들어진 작품을 향유* 함으로써 예술가의 영혼과 교감하게 되는데, 예술가의 주관성이 작품을 거쳐 감상자에게 전달되기 때문이다.

지멜이 생각한 진정한 예술가

지멜이 비판하고 있는 작품 경향으로, 이러한 작품들은 개체성을 담아내기 힘들다고 봄.

▶ 개인 법칙과 양식에 대한 지멜의 생각

지멜은 감상자들이 총체성을 중심으로 예술을 감상해야 예술가가 작품에 담고자 한 삶의 진폭을 이해할 수 있다고 주장하였다. 삶에서 각각의 순간을 합하는 것으로 삶의 의미가 드러나지 않듯이 예술 작품 속에서 상호 작용하는 각각의 요소를 분리하여 개별적으로 분석하는 것으로 예술의 의미는 드러나지 않는다고 본 것이다. 그는 해부용 테이블에서 절단된 부분들을 조합한다고 살아 있는 육체를 복원하는 것이 아니고 살아 있는 육체는 그러한 조합을 통해서 이해할 수 있는 것도 아니라고 말하며, 예술을 개별적 요소로 분해하여 이해하는 것을 거부하였다. 예술 작품 속에서 개별성을 지닌 하나는 또 다른 하나와 둘이면서 하나인 이중 구조로 존재하고, 둘은 서로의 거리가 가까워졌을 때 긴장을 일으키며 제3의 것으로 드러난다. 그는 예술에서 각 요소가 어떠한 관계 속에서 의미를 드러내는지에 주목함으로써 예술 작품의 진정한 의미를 이해할 수 있다고 주장하였다. 이러한 지멜의 생각은 "색채, 형태 등으로 예술을 설명하는 것은 예술 작품이 영혼에 미치는 효과를 배제* 하는 것이다."라는 그의 말에서 잘 드러난다.

총체성을 중심으로 예술을 감상해야 한다고 주장한 지멜

▶ 총체성을 강조한 지멜의 관점

현대 사회에서 기술, 과학 등과 같은 객관 문화가 예술과 같은 주관 문화에 대한 우위를 점하고 있다고 판단한 그는 주관 문화의 회복을 위해 현대인의 삶과 문화에 대한 고찰* 을 강조하였다. 그리고 예술을 이해하는 기준은 외부에서 주어진 형식이 아닌 삶이 되어야 한다고 보았다. 사회 구성원들이 그들에게 주어진 형식을 충실히 따른다면 공동체가 결속될 수 있을 것이다. 따라서 예술과 삶에 대한 지멜의 생각은 공동체의 구성원들에게 방향을 설정하는 역할을 했던 전통적 가치 규준을 해체함으로써 공동체의 결속을 해칠 수 있다는 비판을 받기도 하였다. 하지만 그의 이론은 삶과 예술의 상호 작용에 대해 고찰함으로써 예술을 통해 삶을 성찰할 수 있는 계기를 마련하게 하였다는 의의가 있다.

주관 문화 회복을 위한 방법

지멜의 예술론에 대한 비판

지멜의 예술론이 지닌 의의

▶ 지멜의 예술론에 대한 비판과 의의

어휘! 이것만은 꼭 익히자

- **편입(編入)**: 이미 짜인 한 동아리나 대열 따위에 끼어 들어감.
- **진폭(振幅)**: 진동하고 있는 물체가 정지 또는 평형 위치에서 최대 변위까지 이동하는 거리. 진동하는 폭의 절반임.
- **사조(思潮)**: 한 시대의 일반적인 사상의 흐름.
- **양식화(樣式化)**: 일정한 양식으로 되게 함.
- **개체(個體)**: 전체나 집단에 상대하여 하나하나의 낱개를 이르는 말.
- **명료(明瞭)**: 뚜렷하고 분명함.
- **준거(準據)**: 사물의 정도나 성격 따위를 알기 위한 근거나 기준.
- **가시화(可視化)**: 어떤 현상이 실제로 드러남. 또는 실제로 드러나게 함.
- **입각(立脚)**: 어떤 사실이나 주장 따위에 근거를 두어 그 입장에 섬.
- **종속(從屬)**: 자주성이 없이 주가 되는 것에 딸려 붙음.
- **향유(享有)**: 누리어 가짐.
- **배제(排除)**: 받아들이지 아니하고 물리쳐 제외함.
- **고찰(考察)**: 어떤 것을 깊이 생각하고 연구함.

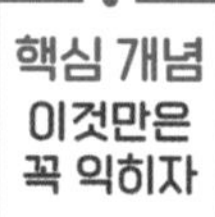

르네상스 초상화와 렘브란트의 초상화

르네상스 초상화는 현세를 초월한 완전함, 절대성을 추구하려는 이상을 따랐고, 이를 효과적으로 드러내기 위해 당대에 유행하던 보편적 형식에 따라 그려졌다. 지멜은 이처럼 통용되는 양식을 바탕으로 작품을 만들면 해당 시대에 보편화된 형식에 따라 현상을 인식하게 되고, 이로 인해 총체적 삶의 모습과 다양한 감정을 표현할 수 없게 된다고 비판하였다. 반면에 지멜은 렘브란트의 초상화를 예술의 준거점으로 삼고 렘브란트의 초상화가 인물의 전체적 삶을 표현하였다고 긍정적으로 평가하였다. 지멜이 보기에 렘브란트의 초상화는 인물의 영혼과 흐르는 삶의 시간을 담아내려 한 그림으로서 최고로 개인적인 것이었다.

개인 법칙

지멜은 개인 법칙을 자신의 주관적 가치와 이상에 따라 행위할 수 있는 의지와 능력으로 정의하고, 예술가가 자신의 개인 법칙에 근거하여 개체성을 예술로 형상화한다고 보았다. 그리고 개인 법칙에 입각해 객관적 물질인 재료를 예술 형식으로 구성하는 것이 예술이라고 보았다. 그가 보기에 개인 법칙은 일체의 단순한 보편화에서 해방되어 자유롭고 한결같이, 하지만 동시에 법칙의 존엄함, 광대함 및 단호함을 견지하면서 순전히 개인적인 삶을 형성할 수 있게 만드는 것이었다. 미켈란젤로 시대 이후 조각에서는 자연주의와 인습주의가 만연했다. 이 사조들은 예술적 형성의 규범을 외부로부터 받아들이는데, 전자는 자연의 인상을, 후자는 도식적인 틀을 그대로 베끼는 것이었다. 이로 인해 조각은 개인주의 시대에 역행하는, 시대에 부적합한 예술 형식이 되고 말았다. 이때 로댕이 등장하는데, 지멜은 그가 조각 분야에서 새로운 양식을 발전시킴으로써 미학적 자연주의와 인습주의를 극복하고 현대에 적합한 정신, 즉 개인 법칙을 구현하였다고 평가하였다.

■ 지멜의 생철학과 예술론

지멜은 예술 작품 전체를 현존재와 체험으로 전제했다. 그리고 이것을 '영혼이 운동하는 전체 진폭, 추상성의 정점, 세계사적 모순의 심층'에 위치시켜 고찰하는 것을 예술 철학의 목표로 삼았다. 이때의 예술은 '삶의 구조 일반을 상징'하는 동시에 삶을 구성하는 요소를 포괄하는 '삶의 전체성을 담아내는 그릇'으로 인식된다. 이를 통해 지멜의 관심이 예술 자체의 조형성이 아니라 삶과의 관련성 속에서 예술의 의미를 밝히는 데 있음을 알 수 있다.

■ 지멜의 칸트 비판

지멜은 칸트 윤리학의 핵심 개념인 '정언 명령'을 비판한다. 비판의 주요 요지는 정언 명령이 개인의 경험적 삶을 초월한다는 점, 나아가 이 정언 명령이 개인의 행위를 정당화시키는 보편타당한 도덕 법칙의 '전형'으로서 규정되고 있다는 점 등이다. 칸트의 도덕적 의무는 개인의 삶을 실현하는 수단이 아니라 보편타당한 이성이 부과하는 '이상'을 실현하는 수단으로 기능한다. 칸트의 윤리학은 개인의 경험을 통해 형성된 삶의 다양한 순간들과 삶에서 드러나는 수많은 측면을 무시하고, 도식화할 수 없는 것을 오직 '논리'로써 도식화하려 한다는 점에서 한계를 지니고 있다고 본 것이다. 지멜의 주장은 칸트의 윤리학이 개인으로 하여금 삶에서 발생하는 도덕적 행위의 허용 여부에 대해 어떠한 실질적인 도움도 줄 수 없다는 철학적 반성에서 비롯된 것이었다.

포인트 1 르네상스 초상화와 렘브란트 초상화 문항 03 관련

❶ [ ] 초상화	❷ [ ] 초상화
현세를 초월한 완전함, 절대성을 추구하려는 이상을 따름.	❸ [ ]을/를 예술의 준거점으로 삼고 인물의 전체적 삶을 표현함.
❹ [ ]인 인상을 가짐.	대상을 ❺ [ ]하지 않음.
명료한 조화와 균형을 기준으로 삼음.	인물의 현재 이미지를 바탕으로 그의 ❻ [ ]을/를 재구성하여 가시화함.
❼ [ ]적 형식에 따라 그려짐.	사실적이지는 않지만 최고로 ❽ [ ]인 것임.

정답 ❶ 르네상스 ❷ 렘브란트 ❸ 삶 ❹ 정형적 ❺ 미화 ❻ 과거 ❼ 보편 ❽ 개인적

포인트 2 지멜의 예술론 문항 01 관련

지멜의 예술론의 특징
❶ [ ]이/가 예술가의 ❷ [ ]에 근거하여 예술로 형상화된다고 봄.
위대한 예술가가 만든 예술 작품들은 고유의 개체성을 지니는 동시에 그 예술가가 만든 다른 작품에도 적용되는 ❸ [ ], 즉 양식에 종속됨.
외부에서 주어진 양식이 아닌 자신의 양식으로 작품을 만들어 ❹ [ ]을/를 전달하는 이를 진정한 예술가라고 여김.
감상자들이 ❺ [ ]을/를 중심으로 예술을 감상해야 예술가가 작품에 담고자 한 삶의 진폭을 이해할 수 있다고 주장함.

비판	의의
❻ [ ]을/를 해체함으로써 공동체의 결속을 해칠 수 있다는 비판을 받기도 함.	❼ [ ]와/과 ❽ [ ]의 상호 작용에 대해 고찰함으로써 예술을 통해 삶을 성찰할 수 있는 계기를 마련함.

정답 ❶ 개체성 ❷ 개인 법칙 ❸ 형식 법칙 ❹ 주관성 ❺ 총체성 ❻ 전통적 가치 규준 ❼ 삶 ❽ 예술

08강 러시아 절대주의와 구축주의

인문 · 예술

EBS 수능특강 독서 085쪽

독해 포인트 이 글은 러시아 아방가르드 미술을 대표하는 카지미르 말레비치와 블라디미르 타틀린에 대해 설명하고 있다. 말레비치는 절대적으로 순수한 기하학적 추상을 추구하는 절대주의를 주장하였고, 동시대의 예술가 타틀린 또한 어떠한 형태를 구상하지 않고 가공하지 않은 재료를 바탕으로 작품을 3차원에 구성하는 구축주의를 주장하였다.

주 제 러시아 아방가르드를 대표하는 말레비치의 절대주의와 타틀린의 구축주의

아방가르드는 20세기 초, 기존의 예술에 대한 인식이나 가치를 부정하고 새로운 예술의 개념을 추구한 움직임을 말한다. 러시아 아방가르드는 카지미르 말레비치의 절대주의와 블라디미르 타틀린의 구축주의라는 두 개의 움직임을 중심으로 전개되었다. 이들은 1915년 열린 '마지막 입체-미래주의 전시: 0.10'에서 예술이 추구해야 할 새로운 방향을 제시했다.

▶ 20세기 러시아 아방가르드 미술

이 전시회에서 말레비치는 사각형, 원 등 가장 단순한 기하학적 형태를 회화의 절대적인 요소로 선택하면서 과감히 대상의 재현을 배제했다. 현실 세계를 그대로 재현하던 미술(구상 미술)과 결별하고 무엇과도 닮지 않은 순수한 창작물 자체를 표현하려 한 것(대상의 재현을 배제한 말레비치의 의도)이다. 이 전시회에서 주목을 받은 「검은 사각형」은 흰 바탕에 검은 사각형으로만 이루어져 있다. 말레비치는 현실 세계를 암시하는 시각적 단서를 모두 없앰으로써 보는 이가 순수한 감상을 할 수 있다고 생각했다(흰 바탕에 검은 사각형으로만 이루어진 작품을 창작한 이유). 같은 해에 말레비치는 절대주의 선언을 발표하며 절대주의에 대한 이론적 기초를 이루었는데, 그 선언의 첫머리에서 '절대주의에 의해, 나는 예술에 있어서 순수한 감상이 절대라는 것을 주장한다.'라고 말하고 있다.

▶ 말레비치의 절대주의

말레비치의 이러한 생각은 1918년에 발표한 「흰색 위의 흰색 사각형」에서 극단적으로 드러난다. 흰색 바탕에 흰색 도형을 그린 이 작품은 절대주의의 논리적 종결점이고, 말레비치의 철학적 종결점이었다. 말레비치는 대상의 재현이 회화의 순수한 미적 가치를 타락시킨다고 믿었기 때문에(말레비치가 구상 미술을 부정한 이유) 실제로 있거나 상상할 수 있는 사물을 사실적으로 표현하는 구상 미술*을 부정했으며, 하나의 기하학적인 형태에 하나의 색만을 사용하는 파격(「흰색 위의 흰색 사각형」에 나타난 말레비치의 파격)을 보여 주었다.

▶ 말레비치의 파격을 잘 보여 주는 「흰색 위의 흰색 사각형」

타틀린은 '마지막 입체-미래주의 전시: 0.10'에서 부조*와 반대가 되는 「역부조」로 「검은 사각형」만큼 주목을 받았다. 이 작품은 오직 철판과 나뭇조각, 노끈이라는 재료와, 이러한 재료들의 연결을 통해 생긴 공간에 집중한 작품이었다. 그는 피카소의 파리 작업실에서 금속판과 철사를 이용한 실험적 작품을 접하면서 다양한 재료를 탐구했다(피카소의 영향을 받은 타틀린). 그는 이콘화를 연구하던 중 이콘화에 금속 장식이 붙자 미약했던 오라가 살아나는 것을 보고(타틀린이 작품의 가치를 만드는 핵심이 재료라고 생각하게 된 계기) 작품의 가치를 만드는 핵심은 재료라고 생각하게 되었다. 그는 이를 바탕으로 회화의 평면 속에 가상으로 존재하던 3차원적 요소를 실제 공간 안에 구현하고자 했는데 이것이 구축주의의 시작이었다. 구축주의의 핵심 개념은 가공하지 않은 원재료만으로 만드는 미술(구축주의의 특징)이었는데, 이는 기존 미술에서는 상상할 수 없는 발상이었다. 가령 기존 미술에서는 부조를 만들 때 재료에 따라 깎아 내거나 주물을 만들어서 형태를 만들고 채색을 하여 형상을 또렷이 드러나게 한다(재료를 가공해서 활용하는 기존 미술). 그런데 타틀린은 일체의 가공 없이 재료를 그냥 붙이면 작품이 될 수 있다는 생각으로 역부조라는 새

로운 형태를 창안한 것이다. ▶ 타틀린의 구축주의와 「역부조」

'마지막 입체-미래주의 전시: 0.10'에 출품된 말레비치와 타틀린의 작품은 세상에 큰 반향*을 불러일으켰다. 현실 속 구체적 대상을 재현하지 않는 회화(말레비치의 회화)와 재료를 가공하지 않는 조각(타틀린의 역부조)은 예술의 개념을 근본적으로 바꾸는 것이었다. 특히 타틀린은 예술가들이 구체적인 목적을 가지고 초상화를 그리거나 흉상을 만드는 것을 부정했다. 예술가의 핵심 기술이라고 생각했던 것들도 거부하였기 때문에 타틀린의 구축주의는 급진성 측면에서 동시대의 어떤 예술 운동도 압도할 만큼 파격적이었다(회화와 조각의 근간이 되는, 재료에 대한 가공을 거부했다는 점에서 파격적임.). 한편 이 작품들이 전시된 전시실의 모서리 높은 곳은 당시 러시아 가정에서 성스러운 종교화인 이콘화를 걸어 두는 자리였다. 전시 장소는 말레비치에게는 성스러운 대상을 대체하는 상징성을(이콘화를 걸어 두는 자리에 작품을 전시한 효과), 타틀린에게는 주변 공간을 끌어들여 공간감을 구현하는 수단이 되었다. 말레비치가 물질성을 배제한 반면 타틀린은 철저하게 재료의 물질성에 집중한 점에서는 차이가 있었지만, 이들의 혁신적인 생각은 각각 현대 추상 미술과 미니멀 아트에 큰 영향을 미쳤다(말레비치와 타틀린이 현대 미술에 끼친 영향). ▶ 절대주의와 구축주의의 의의와 영향

어휘! 이것만은 꼭 익히자

- **구상 미술(具象美術)**: 실제로 있거나 상상할 수 있는 사물을 사실적으로 표현하는 미술. 주로 제2차 세계 대전 후, 추상 미술이 세계를 풍미하였을 때 그에 대응하는 의미로 쓰임.
- **부조(浮彫)**: 조각에서, 평평한 면에 글자나 그림 따위를 도드라지게 새기는 일. = 돋을새김.
- **반향(反響)**: 어떤 사건이나 발표 따위가 세상에 영향을 미치어 일어나는 반응.

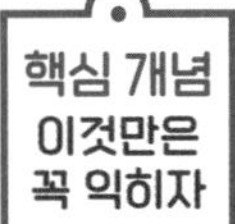

추상 미술

비대상 미술, 비구상 미술, 구체 미술 등으로 부른다. 자연물이나 눈에 보이는 현실의 사물을 묘사의 대상으로 하지 않고 색, 선, 형 등의 추상적 형식으로 작품을 구성하는 미술을 지칭한다.

구축주의

구축주의는 제1차 세계 대전을 전후하여 러시아에서 건축, 조각, 회화 등의 여러 분야에서 일어난 추상 미술 운동이다. 형식적으로는 기하학적 추상의 형식을 보이고, 이념적으로는 예술이 사회에 공헌해야 한다는 사회주의의 이념을 따랐다. 구축주의라는 말은 1917년 이후에 본격적으로 사용되지만, 구축주의의 시작은 타틀린의 「역부조」로 본다. 타틀린은 피카소의 「기타」라는 작품을 보고 영향을 받았으나, 피카소와 달리 채색이나 다른 처리를 통해 재료들을 변형하려 하지 않았고, 배열을 통해 어떤 상징으로 추측할 수 있도록 하지도 않았다.

■ **미니멀 아트**

'미니멀리즘'이라는 용어의 어원은 최소한을 뜻하는 단어 '미니멀'이다. 미니멀리즘은 장식적 기교를 최소화하고, 간결한 형식을 추구하는 예술을 지칭한다. 미니멀 아트는 공통적 선언이나 프로그램을 통해 시작한 운동이 아니기 때문에, 여러 용어가 사용되었으나 1965년에 뒤샹, 라인하르트 등의 작품을 '미니멀 아트'로 지칭한 뒤에 주관적이고 본능적 감성을 드러내는 표현을 극도로 억제하고 최소한의 기본 요소만으로 형태를 감축한 회화와 조각을 미니멀 아트로 부르기 시작했다.

선생님의 만점 구조도

포인트 1 **말레비치와 타틀린**

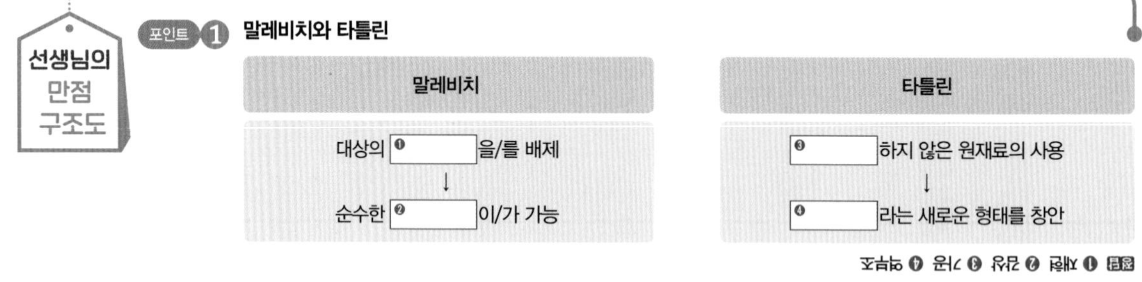

말레비치
대상의 ❶ 을/를 배제
↓
순수한 ❷ 이/가 가능
타틀린
❸ 하지 않은 원재료의 사용
↓
❹ 라는 새로운 형태를 창안

정답 ❶ 재현 ❷ 감상 ❸ 가공 ❹ 역부조

포인트 2 **「검은 사각형」과 「역부조」의 공간 활용** 문항 02 관련

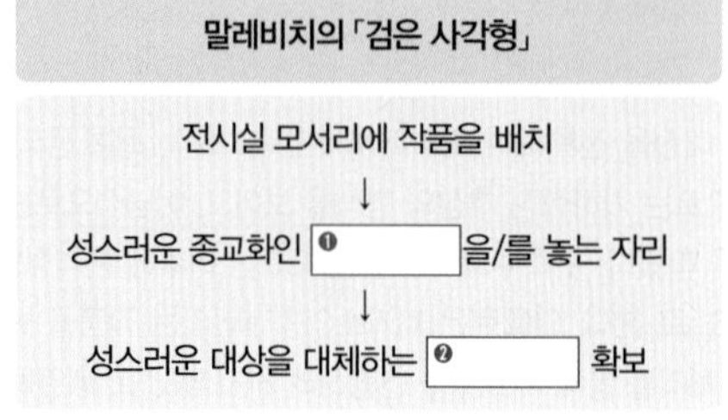

말레비치의 「검은 사각형」
전시실 모서리에 작품을 배치
↓
성스러운 종교화인 ❶ 을/를 놓는 자리
↓
성스러운 대상을 대체하는 ❷ 확보

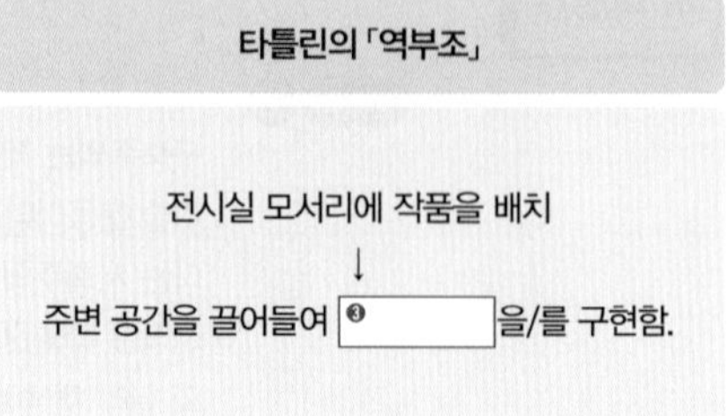

타틀린의 「역부조」
전시실 모서리에 작품을 배치
↓
주변 공간을 끌어들여 ❸ 을/를 구현함.

정답 ❶ 이콘화 ❷ 상징성 ❸ 공간감

09강 조선 시대 종합 예술로서의 <봉래의>

인문 · 예술

EBS 수능특강 **독서 088쪽**

독해 포인트 이 글은 조선 시대 세종 대왕이 제작한 종합 예술 작품인 〈봉래의〉에 대해 설명하고 있다. 〈봉래의〉는 전인자, 여민락, 치화평, 취풍형, 후인자로 구성되어 있다. 전인자는 〈봉래의〉의 시작을 알리고 후인자는 〈봉래의〉의 마침을 알리는 관현악곡이다. 〈봉래의〉의 핵심이 되는 부분은 여민락, 치화평, 취풍형으로 「용비어천가」의 일부 악장만을 가사로 선택하여 대형을 갖추어 무용수들이 춤을 추며 노래를 불렀다. 〈봉래의〉는 세종 대왕의 정치적 염원과 예술적 이상이 담긴 작품으로, 궁중의 의례에서 연행되었으나 지금은 문헌으로만 전해지고 있다.

주 제 〈봉래의〉의 내용과 연행 방식

조선의 궁중에서 거행하던 의식에는 음악과 정재*가 수반되어야 했는데, 조선의 개국 초에는 여기에 맞는 음악과 정재가 제대로 마련되어 있지 않았다. 세종 대왕이 이를 정비*하는 과정에서 제작한 정재 중 하나가 〈봉래의〉이다(〈봉래의〉의 제작자는 세종 대왕임.). 〈봉래의〉는 조선조 최대의 가 · 무 · 악이 어우러진 종합 예술 작품으로, 「용비어천가」(조선 세종 때 여섯 선조의 행적을 훈민정음으로 쓴 서사시)의 일부 장을 노랫말로 삼아 관현악에 맞추어 노래를 부르며 춤을 추는 구성이었다. 『세종실록악보(世宗實錄樂譜)』(현존하는 고악보 중에서 가장 오래된 악보로 정인지 등이 편찬함.)(1454)에는 〈봉래의〉 정재의 구성과 순차를 비롯해 해당 악곡들의 악보에 해당하는 정간보(조선 시대 세종 대왕이 창안한 악보)가 수록되었고, 성종 대의 『악학궤범(樂學軌範)』(성현 등이 성종의 명에 따라 편찬한 궁중 음악서)(1493)에는 정간보가 없는 대신 궁중 연향(잔치를 베풀어 손님을 접대함.)에서 잔치를 벌일 때 춤을 추던 기녀인 무기(舞妓)들의 춤 대형*과 배열 번호, 춤사위(민속무에서, 춤의 기본이 되는 낱낱의 일정한 동작)의 명칭이 나와 있다.

▶ 〈봉래의〉의 제작자와 문헌에 수록된 〈봉래의〉의 내용

〈봉래의〉는 '전인자', '여민락', '치화평', '취풍형', '후인자'로 구성되어 있다(〈봉래의〉의 구성과 연행 순서). 전인자는 〈봉래의〉의 시작을 알리고 후인자는 〈봉래의〉의 마침을 알리는 관현악곡(여러 가지 관악기, 현악기, 타악기를 조화시켜 연주하기에 알맞게 만든 곡)이다. 전인자와 후인자는 모두 정재를 인도*하는 죽간자(춤추는 도구의 일종으로 긴 대나무 장대 끝에 백여 개의 대 조각을 달아서 장식한 의물)를 든 사람이 진구호 또는 퇴구호를 부르기 위해 춤을 추며 나아가는 부분, 진구호 또는 퇴구호를 부르는 부분, 구호를 마치고 죽간자를 든 사람이 춤을 추며 물러나고 무기들이 대형에서 춤을 추며 나아갔다가 춤을 추며 물러나는 부분 등으로 나뉜다. 두 악곡 모두 노래 없이 악기로만 연주된다. 진구호와 퇴구호는 한시로 된 구호로, 전인자에서 불리는 진구호는 정재의 의미를 예고*하고 후인자에서 불리는 퇴구호는 정재를 마무리하겠다는 것을 알린다. 구호를 부를 때는 음악을 잠깐 멈춘다. 〈봉래의〉의 핵심이 되는 부분은 여민락, 치화평, 취풍형인데, 각각 서두, 본론, 돌장의 세 부분으로 나뉜다. 이 세 악곡은 여민락, 치화평, 취풍형의 순서대로 연행되며, 좌우로 배열된 악공 및 의물*을 든 사람, 그리고 연향에 참여한 모든 기녀가 「용비어천가」를 부르고 무용수들도 춤을 추면서 노래를 불렀다. 〈봉래의〉 음악 연주에는 월금, 당비파, 향비파, 향피리, 대금, 장구 등의 악기가 사용되었다(향악기와 당악기가 함께 사용됨.).

▶ 〈봉래의〉의 연행 순서와 운영 방식

〈봉래의〉의 노랫말인 「용비어천가」는 모두 125장으로 이루어진 서사시(역사적 사실이나 신화, 전설, 영웅의 사적 따위를 이야기 형태로 쓴 긴 시)로, 처음부터 궁중 연향에 사용할 것을 염두에 두고 제작되었다. 「용비어천가」의 내용은 조상의 업적 가운데 포괄적이고 핵심적인 사항만을 부각*하여 조선 왕조 창업의 당위성을 제시하는 1~16장, 왕조 창업이 마땅하다는 내용을 구체적으로 예시하며 설명한 17~109장, 후대 왕이 지켜야 할 도리를 담은 110~125장으로 구분할 수 있다(「용비어천가」는 내용상 세 부분으로 나눌 수 있음.). 「용비어천가」 125장 전체를 한자리에서 연주하기 어렵다는 제약 때문에 〈봉래의〉에서는 이 중 일부 악장만 선택하여 여민락, 치화평, 취풍형에 사용하였는데, 치화평과 취풍형에서는 국문 가사로, 여민락에서는 한문 가사로 불렀다. 각 악곡의 서두는 춤 없이 노래만 부르고, 본론은 무용수들이 각각의 대형을 갖추고 춤을 추며 노래 부르고, 돌장은 무기들이 춤을 추던 대

형에서 다음 대형으로 이동하면서 노래를 불렀다. ▶ 〈봉래의〉의 노랫말인 「용비어천가」의 내용과 연행 방식

〈봉래의〉의 춤은 여민락, 치화평, 취풍형에 따라 한 가지 대형으로 춘다. (세 악곡의 본론마다 각각 한 가지 정해진 대형으로 춤을 춤.) 여민락은 〈그림-가〉처럼 대형을 형성하여 2명이 마주 보며 춤을 추고, 치화평은 〈그림-나〉처럼 동서남북에 무용수 2명이 각각 서 있고 무용수 2명이 차례로 돌아가며 북쪽에서 춤을 추고, 취풍형은 〈그림-다〉처럼 대형을 형성하여 2명이 마주 보며 춤을 춘다. 여민락, 치화평, 취풍형 모두 각각의 대형에서 무용수들이 북쪽을 향하여 춤추는 북향무, 서로 마주 보고 춤추는 대무, 서로 등을 향해 서서 춤추는 배무 등의 춤을 공통으로 추고, 각 대형으로의 전환은 무용수 전원이 원을 그리며 돌면서 춤추는 회무로 한다. (세 악곡에서 무가들이 다음 대형으로 이동하는 돌장에 대한 설명) 춤사위에 대한 묘사나 회무의 이동 과정은 문헌에 기록되어 있지 않다.
▶ 〈봉래의〉의 춤 연행 방식

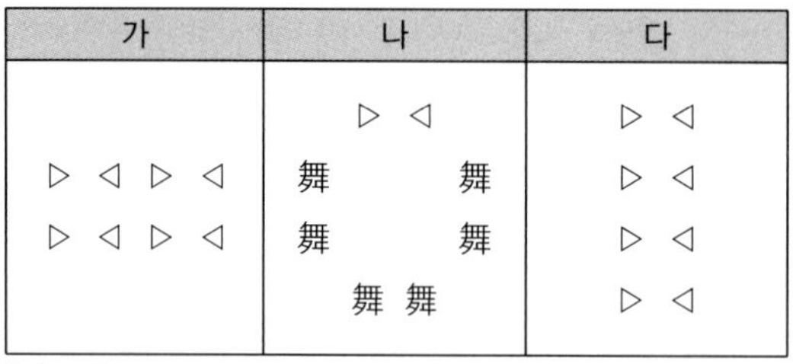

가	나	다
	▷ ◁	▷ ◁
▷ ◁ ▷ ◁	舞 舞	▷ ◁
▷ ◁ ▷ ◁	舞 舞	▷ ◁
	舞 舞	▷ ◁

'舞': 무용수.
'▷ ◁': 무용수 2명이 마주 보고 서 있는 것을 의미함.

〈그림〉

세종 대왕은 〈봉래의〉에 자신의 정치적 염원과 예술적 이상을 담았다. 「용비어천가」는 조선이 천명으로 건국되었으며 영속*되어야 할 당위성*을 지니고 있다는 주제 의식에 따라 만들어졌다. (「용비어천가」를 만든 목적) 세종 대왕은 그 주제를 후대의 임금을 비롯해 백성들에게 널리 알리기 위해 가·무·악이 어우러진 〈봉래의〉를 제작한 것이다. 이렇게 만들어진 〈봉래의〉는 공사(公私) 연향, 조참*, 출궁(임금이 대궐을 나감.), 환궁(임금이 대궐로 돌아옴.)할 때, 왕이 중국 황제의 조서나 칙서(중국 황제가 발급하던 대표적인 외교 문서)를 받으러 가고 올 때 등에 연행되었는데, 이때 여민락, 치화평, 취풍형 중 일부만 연행되기도 하였다. 세종 대왕 이후에도 〈봉래의〉는 궁중의 의례에서 연행되었으나 지금은 문헌으로만 전해지고 있다. ▶ 〈봉래의〉의 제작 목적과 연행하는 때

* **정재**: 고려와 조선의 궁중에서 공연되었던 기악, 노래, 춤이 어우러진 종합 예술.
* **의물**: 의식에서 상하를 구별하고, 위엄을 드러내기 위해 쓰는 여러 가지 물건을 이르던 말.
* **조참**: 한 달에 네 번 중앙에 있는 문무백관이 정전(正殿)에 모여 임금에게 문안을 드리고 정사(政事)를 아뢰던 일.

어휘! 이것만은 꼭 익히자

- **정비(整備)**: 흐트러진 체계를 정리하여 제대로 갖춤.
- **대형(隊形)**: 여러 사람이 줄지어 정렬한 형태.
- **인도(引導)**: 이끌어 지도함.
- **예고(豫告)**: 미리 알림.
- **부각(浮刻)**: 어떤 사물을 특징지어 두드러지게 함.
- **영속(永續)**: 영원히 계속함.
- **당위성(當爲性)**: 마땅히 그렇게 하거나 되어야 할 성질.

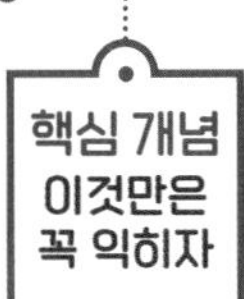

『세종실록악보』

『세종실록악보』는 우리나라에 현존하는 가장 오래된 악보로서 세종 대왕이 창안한 정간보 기보 체계를 따르고 음의 높이와 길이를 나타낼 수 있는 우리나라 최초의 유량악보이다. 『세종실록악보』는 『세종실록』 권 136부터 권 147까지, 총 12권의 방대한 분량으로 이루어져 있다. 여기에는 세종 대왕 대의 조회, 연향, 제사 등 국가의 의식에서 연주되는 음악을 두루 기록하고 있다. 이들 음악은 모두 세종 대왕 대의 국가 의식의 정비와 함께 쓰기 위한 것으로 예악 정치를 표방한 조선 시대 전기 국가적인 규모로 이루어진 예악 정비의 결과물이다. 세종 대왕은 음악에 정통하여 『세종실록악보』에 수록된 곡 중에는 세종 대왕이 직접 만든 악곡들이 많이 포함되어 있다.

■ **예악 사상**

'예(禮)'와 '악(樂)'은 각각 '의례(儀禮)'와 '음악(音樂)'을 뜻하는 말로, 유학에서는 예(禮)와 악(樂)으로 사람들을 도덕적으로 교화하여 인(仁)을 실현하고 조화로운 사회를 이룰 수 있다고 보았다. 예와 악이 왕도 정치 실현의 핵심적인 수단이었던 것이다. 그래서 유학이 국가의 통치 이념이었던 조선 시대에는 국가 차원에서 예악의 규범을 갖추고 정비하는 일을 나라를 다스리는 근본으로 여겨지게 되었다. 세종 대왕이 음악과 정재를 정비한 것도 이와 관련이 있다.

포인트 1 **'전인자'와 '후인자' 비교** 문항 03 관련

전인자	후인자
• 〈봉래의〉의 ❶ [ ] 을/를 알리는 관현악곡	• 〈봉래의〉의 ❷ [ ] 을/를 알리는 관현악곡
• 세부 구성: ❸ [ ] 을/를 든 사람이 진구호를 부르기 위해 춤을 추며 나아가는 부분 → ❹ [ ] (으)로 된 진구호를 부르는 부분 → 구호를 마치고 죽간자를 든 사람이 춤을 추며 물러나고 ❺ [ ] 들이 대형에서 춤을 추며 나아갔다가 춤을 추며 물러나는 부분	• 세부 구성: ❸ [ ] 을/를 든 사람이 퇴구호를 부르기 위해 춤을 추며 나아가는 부분 → ❹ [ ] (으)로 된 퇴구호를 부르는 부분 → 구호를 마치고 죽간자를 든 사람이 춤을 추며 물러나고 ❺ [ ] 들이 대형에서 춤을 추며 나아갔다가 춤을 추며 물러나는 부분

답 ❶ 시작 ❷ 마침 ❸ 죽간자 ❹ 한시 ❺ 무기

〈봉래의〉의 핵심인 '여민락', '치화평', '취풍형' 문항 02, 04 관련

연행 순서		여민락 →	치화평 →	취풍형
세부 구성	서두	❷ [ ] 없이 노래만 부름.		
	본론	무용수들이 대형을 갖추고 춤을 추며 노래를 부름.		
	❶ [ ]	무용수들이 다음 대형으로 이동하면서 노래를 부름.		
춤 대형		▷ ◁ ▷ ◁ ▷ ◁ ▷ ◁	▷ ◁ 舞 舞 舞 舞 舞 舞	▷ ◁ ▷ ◁ ▷ ◁ ▷ ◁
「용비어천가」 가사의 글		❸ [ ]	❹ [ ]	

답 ❶ 결사 ❷ 춤 ❸ 한문 ❹ 국문

10강 에스포지토의 주권과 면역

인문 · 예술

EBS 수능특강 독서 093쪽

독해 포인트 에스포지토는 홉스의 사회 계약론에서 주권과 면역의 연관성을 밝히고 근대 주권의 면역 패러다임의 문제점을 지적한다. 홉스는 사회 계약론에서 근대의 주권은 타자와 이질적 요소를 철저히 배제하고 내부의 안전을 보장하는 것을 목적으로 한다고 보았다. 이는 생의학적 차원의 면역과 유사하기 때문에 에스포지토는 주권을 일종의 면역 장치로 보았다. 에스포지토는 근대의 주권 개념이 면역 패러다임으로 기능하여 동질성을 지닌 생명만 보존하고 이질성을 배제하는 생명을 통제하는 정치가 작동하게 되었다고 비판한다. 이러한 근대 주권의 면역 패러다임을 벗어나기 위해 에스포지토는 라틴어 무누스의 의미 중 하나인 도눔에 주목한다. 도눔은 다른 이에게 대가를 기대하지 않고 선물을 주는 일종의 증여를 의미한다. 이 증여로서의 무누스라는 측면에서 면역은 자신과는 다른 이질적인 것에 자신을 개방하는 감염을 동반하며, 기존의 자기를 보존하는 것이 아닌 이질적인 것과의 생산적 결합으로 생명을 생성하는 것이다. 이러한 측면에서 에스포지토는 면역을 인간 생명 탄생의 원동력으로 본다.

주 제 면역 패러다임으로 기능한 근대의 주권 개념에 대한 에스포지토의 비판과 새로운 가능성 모색

철학자 로베르토 에스포지토는 근대 주권을 일종의 면역 장치로 보았다. 면역이라는 의미인 '임무니타스(immunitas)'는 라틴어 '무누스(munus)'가 어원*이다. 임무니타스는 개인을 타인과 묶는 구체적 의무나 책임을 의미하는 무누스의 일시적 혹은 확정적* 면제를 뜻한다. 즉 고대 로마에서 임무니타스는 타인에 대한 의무나 특정 법의 적용을 면제받는 것을 의미한다. 무누스에 기원을 둔 또 다른 개념으로 '코무니타스(communitas)'가 있다. 코무니타스는 의무나 증여*를 위해 타자와 함께 묶이는 것으로 임무니타스와 대립된다. 임무니타스는 공동체를 의미하는 코무니타스가 공동체의 이름으로 개인의 것을 박탈*하는 바에 대한 방어와 저항으로 나타나며, 외부의 힘을 막아 내는 개인의 경계를 구축*한다. 또한 타인과의 묶임에서 면제된 자율적 개인의 임무니타스는 코무니타스인 공동체의 부정과 결여*라는 의미로 제시되기도 한다. 어원적 의미에서 보듯이 면역은 타자와 경계를 설정하는 법적 · 정치적 차원의 문제이다. 이러한 관점에서 에스포지토는 토머스 홉스의 사회 계약론에서 주권과 면역의 연관성*을 밝히고 근대 주권의 면역 패러다임이 갖는 문제점을 지적한다. ▶ 어원적 의미에서 본 면역의 개념

- 주권: 국가의 의사를 최종적으로 결정하는 권력
- 로베르토 에스포지토: 이탈리아 철학자(1950~)
- 면역: 신체가 우리 몸의 일부분이 아닌 것으로부터 우리 몸을 보호하는 현상
- 라틴어: 인도 · 유럽 어족의 하나인 이탤릭 어파에 속하는 언어
- 코무니타스는 의무나 증여를 위해 타자와 함께 묶이는 것으로 임무니타스와 대립된다: 무누스에서 파생된 두 단어인 임무니타스와 코무니타스의 의미는 대립됨.
- 사회 계약론: 국가가 이성적 개인들의 계약을 통해 형성된 것으로 보는 이론
- 토머스 홉스: 영국 철학자(1588~1679)
- 패러다임: 어떤 한 시대 사람들의 견해나 사고를 지배하고 있는 인식의 체계나 이론적 틀

홉스는 자연 상태는 만인에 대한 만인의 전쟁 상태이며 인간은 자신의 생명을 보호하기 위해 타자를 죽여도 상관없는 본래의 권리인 자연권을 갖고 있다고 말한다. 그리고 죽임을 당할 수 있다는 두려움으로부터 인간이 자신을 보호할 수 있도록 이성을 앞세웠다. 에스포지토에 따르면, 홉스가 말하는 이성은 일종의 면역 체계로, 홉스는 모든 살아 있는 유기체를 일종의 자연적 면역 체계로서 이성을 지닌 존재로 가정하고 이성을 통해 외부 행위자로부터 보호받을 수 있는 것으로 보았다고 설명한다. 그리고 이 자연적 면역 체계에 문제가 생겼을 경우, 기존 체계인 개별적 이성은 이차적인 면역 장치로 대체되는데 이것이 바로 주권이다. ▶ 면역 체계로서의 홉스의 이성과 주권 개념

- 인간은 자신의 생명을 보호하기 위해 타자를 죽여도 상관없는 본래의 권리: 홉스의 '자연권'의 개념
- 면역 체계: 감염이나 질병으로부터 신체를 보호하는 면역 반응에 관여하는 생체 시스템
- 유기체: 생물처럼 물질이 유기적으로 구성되어 생활 기능을 가지게 된 조직체
- 주권: 개별적 이성이 이차적인 면역 장치로 대체되는 것

홉스의 사회 계약론에서 근대 국가의 형성은 개인들이 안전을 위협하는 상황에 대응하고자 절대 권력을 지닌 주권자를 세우는 것에서 시작된다고 설명한다. 홉스가 보기에 개인은 사회성을 타고나지 않았으며 절대적 주권의 조건하에서 원자적 개인으로서 자율성을 실행할 수 있다. 근대의 주권은 내부적으로는 개인들이 공동체의 원자적 일원으로 살게 하고 외부적으로는 타자들과의 경계를 분명히 하고 이질적 요소의 유입을 막으면서, 인공적 평화를 유지하는 것을 목적으로 한다. 이는 면역화 과정에서 유기체가 외부 미생물의 위험에 노출될 때 항체가 형성되는 생의학적 자기방어 시스템과 유사하다. 이렇게 법적 · 정치적 차원에서 개인의 생명을 보존하는 방식과 생의학적 차원에서 유기체가 생명을 보존하는 방식 사이에 유사성이 존재하기 때문에 에스포지토는 주권을 일

- 절대 권력을 지닌 주권자를 세우는 것: 홉스의 관점에서 본 근대 국가 형성의 시작
- 항체: 면역 체계에 의해 생성되는 단백질로, 바이러스와 같은 해로운 요소를 공격함.
- 법적 · 정치적 차원에서 ~ 존재하기 때문에: 에스포지토가 주권을 일종의 면역 장치로 본 이유

종의 면역 장치로 본 것이다. ▶ 면역의 관점에서 본 홉스의 사회 계약론

근대의 주권 개념이 면역 패러다임으로 기능함에 따라 외부의 타자성과 이질성은 점차 위협적인 것이 되며, 개인의 삶과 사회의 삶을 방어하고 수호*하는 것이 근대 국가의 가장 중요한 존립* 근거가 되어 버린다. 에스포지토는 홉스를 비롯한 서양의 근대 정치 사상가들이 타자와 이질적 요소를 철저히 배제*하여 내부의 안전을 보장하는 것으로만 면역을 이해함으로써, 주권이라는 이름으로 동질성을 지닌 생명만 보존하고 이질성을 배제하는 생명을 통제하는 정치를 작동하게 하여 전쟁에서 벌어지는 대량 학살과 같은 죽음을 정당화한다고 비판한다. (근대 주권 개념의 문제점) 그리고 불확실성을 모두 제거하기 위해 외부의 힘을 막아 내는 경계를 고수하려는 조치가 원래의 환경이나 자신의 구성 성분을 이물질로 인식하는 과잉 면역으로 작동하면서 내부적으로는 공동체의 생명력을 잃게 만든다고 보았다. (공동체에 속한 대상을 이질적인 것으로 인식하여 이를 공격함.) ▶ 면역 패러다임으로 기능한 근대 주권 개념의 문제점

에스포지토는 근대 주권의 면역 패러다임을 벗어나기 위해 임무니타스와 연관된 무누스의 다른 의미인 '도눔(donum)'에 주목한다. 도눔은 선물이라는 의미이지만 단순한 선물이 아니라 일종의 증여로, 다른 이에게 대가를 기대하지 않고 선물을 주는 것을 의미한다. 에스포지토는 증여로서의 무누스라는 (대가를 기대하지 않는 선물로서의 무누스) 측면에서 면역 메커니즘의 의미가 무엇인지 드러낸다. 생의학적 차원에서 면역을 위한 항체의 활성화는 신체에 항원 (면역 반응을 일으키는 분자 또는 분자의 조각으로, 이에 대한 특정 항체가 몸에서 생성되게 함.) 세포를 주입하면서 이루어지는데, 이 과정에서 자신과 다른 이질적인 항원 세포에 예방적으로 감염되어 일차적으로 생명의 힘이 약화된다. 이에 따라 신체는 연약한 상태에 이르나 항원 세포와의 생산적 결합으로 생명은 활력을 찾고 생성을 거듭한다. 면역 메커니즘에서의 이러한 보호 전략은 이질적인 것과의 전면적인 대립의 전략이 아니라 우회*와 중화*의 전략이다. 이는 이질적인 것에 자신을 개방하는 감염을 동반*하며, 기존의 자기를 보존하는 것이 아니라 이질적인 것과의 생산적 결합으로 생명을 생성하는 것이다. (증여로서의 무누스라는 측면에서 본 면역 메커니즘의 의미) ▶ 증여로서의 무누스라는 측면에서 본 면역의 의미

근대의 주권 개념이 면역의 기능을 외부의 것을 차단하는 역할에 한정했다면, 에스포지토는 면역을 인간 생명 탄생의 원동력으로 본다. (근대 주권 개념에서 본 면역의 기능과 에스포지토의 관점에서 본 면역의 기능 대조) 자기 보호의 면역계를 지닌 모체 (아이를 밴 어미의 몸)는 임신과 출산을 통해 태아에 자신의 면역계를 개방하고 공존하면서 새로운 생명을 만들어 낸다. 증여라는 무누스의 역량을 지닌 면역이 동질성이 아닌 이질성을 통해 작동하며 차이를 생성함으로써 살게 하는 것이다. 이는 '나'라는 경계를 새롭게 사유하게 하며, 생명의 경계 지움의 근거인 동일성을 문제 삼고 그 경계 지움에 대해서 다시 생각하게 한다. ▶ 인간 생명 탄생의 원동력으로서의 면역

어휘! 이것만은 꼭 익히자

- **어원(語源/語原)**: 어떤 단어의 근원적인 형태. 또는 어떤 말이 생겨난 근원.
- **확정적(確定的)**: 틀림없이 그렇게 될 것으로 정하여진.
- **증여(贈與)**: 물품 따위를 선물로 줌.
- **박탈(剝奪)**: 남의 재물이나 권리, 자격 따위를 빼앗음.
- **구축(構築)**: 체제, 체계 따위의 기초를 닦아 세움.
- **결여(缺如)**: 마땅히 있어야 할 것이 빠져서 없거나 모자람.
- **연관성(聯關性)**: 사물이나 현상이 일정한 관계를 맺는 특성이나 성질.
- **수호(守護)**: 지키고 보호함.
- **존립(存立)**: 국가, 제도, 단체, 학설 따위가 그 위치를 지키며 존재함.
- **배제(排除)**: 받아들이지 아니하고 물리쳐 제외함.
- **우회(迂廻/迂回)**: 곧바로 가지 않고 멀리 돌아서 감.
- **중화(中和)**: 서로 다른 성질을 가진 것이 섞여 각각의 성질을 잃거나 그 중간의 성질을 띠게 함. 또는 그런 상태.
- **동반(同伴)**: 어떤 사물이나 현상이 함께 생김.

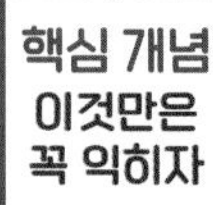

토마스 홉스의 '사회 계약론'

홉스는 국가의 성립을 구약 성경에 나오는 바다 괴물인 리바이어던의 탄생으로 비유한다. 리바이어던은 인간이 만들어 낼 수 있는 한 최대의 것이라고 상상되는 힘을 소지한 주권자로, 이 리바이어던이 존재하지 않는 곳에서 사회는 존재할 수 없고 따라서 사회 계약도 있을 수 없다. 홉스에 따르면 이 주권자는 무제한의 권력을 갖지만, 그것의 탄생에는 다수 인간들의 상호 계약이 선행한다. 다수의 상호 계약이 국가의 탄생에 선행한다는 관점으로 인해 홉스는 근대 정치 철학에서 로크, 루소와 같은 사회 계약론자로 분류된다.

■ 코무니타스와 임무니타스의 관계

공동체로도 번역되는 코무니타스는 타자에게 내 것을 선물로 내주어야 하는 의무를 공동으로 진 사람들의 집단을 의미한다. 이런 의미의 공동체는 타자에게 열려 있는 개방성을 본질로 한다. 코무니타스는 개방되어 있기 때문에 외부의 공격에 취약할 수밖에 없다. 그래서 코무니타스가 유지되려면 외부의 힘을 막아 내는 임무니타스라는 보호 장치가 필요하다. 공동체가 없다면 보호 장치가 존재할 필요가 없고, 보호 장치가 없다면 공동체는 존속할 수 없다. 이렇게 코무니타스와 임무니타스는 서로를 전제로 삼는다. 한편 임무니타스가 지나치게 강해지면 코무니타스의 생존 자체를 위협한다. 공동체 외부로 통하는 통로가 폐쇄되면 공동체가 일종의 감옥이 되어 사람이 살 수 없게 되는 것이다.

선생님의 만점 구조도

포인트 1 에스포지토의 입장에서 본 근대 주권에 대한 이해 문항 03 관련

근대 주권의 발생	이성이라는 자연적 ❶ [ ] 체계에 문제가 생겼을 때 대체되는 이차적인 ❶ [ ] 장치
근대 주권의 기능	내부적으로 개인들이 공동체의 ❷ [ ] 일원으로 살게 하고 외부적으로는 ❸ [ ] 요소의 유입을 막음.
근대 주권의 문제점	• ❹ [ ] 을/를 지닌 생명만 보존하고 이질성을 배제하는 생명을 통제하는 정치를 작동하게 하여 전쟁에서 벌어지는 대량 학살과 같은 죽음을 정당화함. • 내부적으로 원래의 환경이나 자신의 구성 성분을 이물질로 인식하는 ❺ [ ] (으)로 작동하면서 공동체의 생명력을 잃게 만듦.

정답 ❶ 면역 ❷ 원자적 ❸ 이질적 ❹ 동질성 ❺ 과잉 면역

포인트 2 증여로서의 무누스라는 측면에서 본 면역 문항 04 관련

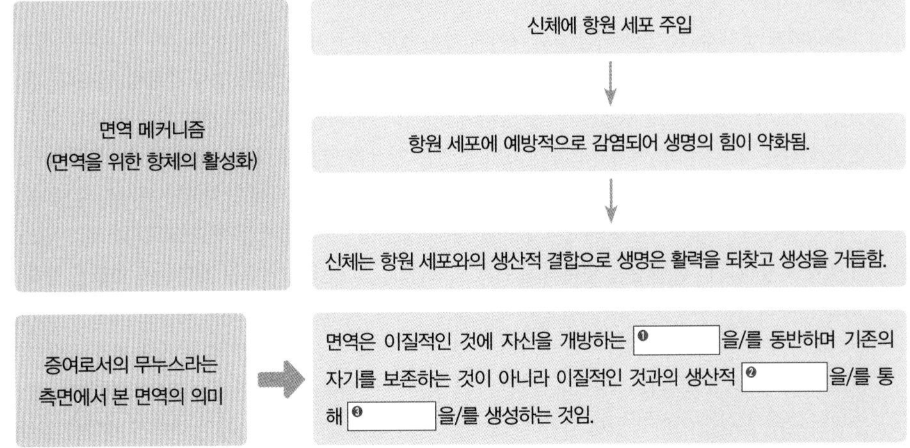

면역 메커니즘
(면역을 위한 항체의 활성화)
신체에 항원 세포 주입
항원 세포에 예방적으로 감염되어 생명의 힘이 약화됨.
신체는 항원 세포와의 생산적 결합으로 생명은 활력을 되찾고 생성을 거듭함.
증여로서의 무누스라는
측면에서 본 면역의 의미
면역은 이질적인 것에 자신을 개방하는 ❶ [ ] 을/를 동반하며 기존의 자기를 보존하는 것이 아니라 이질적인 것과의 생산적 ❷ [ ] 을/를 통해 ❸ [ ] 을/를 생성하는 것임.

정답 ❶ 감염 ❷ 결합 ❸ 생명

홉스의 인공 인간(사회 계약설)

영국의 정치 철학자 홉스는 인간의 자연권*이 인간의 이기적인 본성과 한정된 재화로 인해 보전될 수 없을 만큼의 투쟁 상태를 자연 상태로 보았다. 그래서 개인은 이성적인 사고를 바탕으로 '자연 상태'에서 벗어나 안전과 평화에 이를 수 있는 적절한 방법을 찾게 되고, 그 결과로 각 개인들이 자신의 자연권을 전부 양도하고, 그 권리를 양도받는 존재는 그 힘으로써 강력하고 절대적인 주권을 행사하기로 하는 사회 계약을 맺는다고 보았다. 그리고 사회 계약을 통해 강력한 주권을 행사하는 존재가 '리바이어던', 즉 국가라고 하였다.

홉스는 그의 저서 『리바이어던』에서 국가, 곧 정치체를 '인공 인간'으로 묘사하였다. 홉스에 따르면, 이 인공 인간은 개인을 자연 상태로부터 보호하고 방어할 목적으로 만들어졌기 때문에 자연인보다 몸집이 훨씬 크고 힘이 세다. 국가의 주권은 인공 인간의 전신에 생명과 운동을 부여하는 '영혼'이고, 각 부 장관과 관리는 '관절'에 해당한다. 상벌은 인공 인간의 모든 관절과 사지를 주권자와 연결시켜 그 의무의 수행을 위해 움직이도록 하는 '신경'이다. 또한 구성원 개개인 모두의 부와 재산은 인공 인간의 '체력'에 해당하고, 조언자들은 인공 인간이 알고 있어야 할 내용들을 제안하기 때문에 그의 '기억'에 해당한다.

홉스에게 정치체, 즉 인공 인간을 움직이게 하는 것은 주권이다. 홉스는 주권이 정치체를 작동시키는 인공적 영혼이라고 보았는데 여기서 주권을 두뇌가 아니라 영혼에 해당한다고 설명한 점에 주목할 만하다. 두뇌는 단지 신체의 일부일 뿐 그것의 작용이라 할 수 있는 것은 영혼이고, 사회 계약을 통해 개개인의 일반 의지를 묶은 하나의 단일 의지이자 인공 인간을 작동시키는 핵심으로서 국가의 주권은 인간의 영혼에 대응된다고 본 것이다. 그리고 이 주권이 사라지게 되면 개개인은 다시 각각의 자연 상태로 떨어져 나갈 수밖에 없게 되어 정치체가 해체될 수밖에 없다고 보았다.

이와 같은 홉스의 정치체 논의에서 중요한 것은 '중심성'이다. 홉스는 청교도 혁명으로 혼란스러웠던 당시의 무질서한 상태를 종식시킬 신과 같은 절대적 권위가 필요하고, 그 절대적 권위는 개인들이 양도를 통해 대리인에게 부여할 수 있으며, 대리인은 부여받은 그 권위를 무제한으로 휘두를 수 있다고 보았다. 홉스는 이렇게 사회 구성원 개개인의 통치 권위를 양도받은 대리인이 곧 근대 국가라고 보았다. 이때 중심성은 국가라는 정치체를 움직이게 하는 중심 원동력이 군주의 절대적이고 막강한 주권이며, 개인은 그 권위에 절대복종해야 한다는 것을 의미한다. 홉스는 군주의 이와 같은 주권이 군주가 원래 가지고 있던 힘이라기보다는 자연 상태의 개개인들 간의 사회적 계약을 통해 양도받은 권위로부터 비롯된 것으로 보았다.

『리바이어던』에서 언급된 인공 인간은 홉스 철학의 핵심으로 이전의 정치체 논의에서 정치 공동체를 인간의 신체와 정신에 비유하여 마치 생명체와 같은 조화로운 유기체로서의 특징을 강조하던 방식과는 달랐다. 홉스가 정치체를 인공 인간으로 비유한 것은 사회 계약을 통해 자연권이 기계적으로 보장되는 '자동성'과 '영속성'을 강조하기 위한 것이었다. 자동성은 개인들의 일반 의지가 모여 분할할 수 없는 단일 의지가 된 주권이 인공 인간의 신체에 내재된 시스템에 따라 작동하여 저절로 기능한다는 것을 의미한다. 또한 영속성은 이전의 군주권이 단순히 군주 개인이 통치하는 왕권이기에 군주가 죽으면 함께 사멸해 버리는 것과 달리, 인공 인간은 사회 구성원의 죽음과는 무관하게 그 내재 원리에 따라 지속된다는 것을 의미한다.

홉스의 이론은 절대 권력을 옹호하는 입장으로 받아들여지면서 절대 왕권의 통치 방식을 정당화하는 중세적인 사고의 틀에서 완전히 벗어나지 못했다는 한계를 지닌 것으로 평가받는다. 하지만 자유 의지를 가진 개인들이 상호 간의 안전과 평화를 염두에 두고 근대적 주권을 만들어 내기 위한 장치로서 '사회 계약'의 개념을 고안하고, 그것을 바탕으로 국가를 능동적으로 작동하는 정치체로 인식했다는 데서 그 의미를 평가할 수 있다.

* **자연권**: 인간이 태어나면서부터 가지고 있는 기본 권리로 자기 보존이나 자유, 평등의 권리 등.

독해 포인트 이 글은 홉스의 저서 『리바이어던』에서 인공 인간으로 묘사한 정치체, 곧 국가의 작동 원리를 설명하고 있다. 홉스는 인간의 본성으로 인한 자기 보전의 위협 상태를 자연 상태로 보고 이 상태에서 벗어나기 위해 권리의 양도를 내용으로 하는 사회 계약을 통해 절대 주권을 행사하는 존재인 국가, 곧 리바이어던이 탄생한다고 하였다. 홉스는 정치체를 인공 인간에 비유하며 영속성과 자동성과 같은 기계적 성격을 지닌 것으로 보았다. 또한 이 정치체를 움직이게 하는 것은 자연 상태의 개개인들이 계약을 통해 양도한 절대 권위이며, 이것은 개개인의 일반 의지를 하나로 묶어 내는 단일 의지로서 주권의 핵심, 즉 중심성을 지닌 것이라고 보았다. 홉스의 이론은 절대 왕권의 절대 권력을 옹호하는 입장으로 평가받지만, 개인들이 근대적 주권을 만들어 내기 위한 장치로서 정치체를 능동적으로 구성한 것은 그의 사회 계약설이 가진 가치라고 할 수 있다.

주제 홉스의 『리바이어던』에서 인공 인간으로 묘사한 정치체, 곧 국가의 작동 원리

11강 화이트헤드의 유기체 철학

인문 · 예술

EBS 수능특강 **독서 097쪽**

독해 포인트 이 글은 윌슨의 사회 생물학에 대해 언급하면서 윌슨의 관점을 뒷받침하는 철학적 근거로서 제시되는 화이트헤드의 유기체 철학을 설명하고 있다. 화이트헤드는 세계를 구성하는 궁극적 실재로서 '현실적 존재자'라는 개념을 상정하고 현실적 존재자는 과거, 현재, 미래로 이어지는 일련의 과정 속에 있는 존재임을 강조하였다. 또한 그는 '공재', '합생' 등의 개념을 통해 현실적 존재자는 존재의 목적을 실현하기 위해 이미 정해져 있는 질서에 따라 변화하는 존재라고 보았다. 이러한 화이트헤드의 시각은 현실적 존재자로서 생명체는 개체 유전이라는 생명체의 존재 목적을 달성하기 위한 과정 속에 있다는 주장으로 이어져 사회 생물학의 유전자 결정론을 지지하는 근거로서 평가된다.

주 제 화이트헤드의 유기체 철학의 내용

미국의 생물학자 윌슨은 하등 생물에서 고등 생물에 이르기까지 일관되게 적용될 수 있는 생물학을 목표로 사회 생물학을 주창*하였다. 그는 사회 생물학을 '모든 사회 행동의 생물학적 기초*에 관해서 체계적으로 연구하는 학문'이라고 정의하고, 사회를 유전학과 진화론에 기초하여 규명*하지 않는다면 사회 현상을 올바르게 설명할 수 없다고 강조하였다. 특히 그는 인간의 윤리 문제도 생물학적 검증*을 거쳐야 한다고 주장하였다. 사회와 윤리 등과 관련된 인간의 의식도 뇌의 시상 하부와 대뇌변연계에 있는 정서 중추에 의해 형성되고 제어*되며, 유전자의 특성이 이기적이든 이타적이든 생명체가 지니는 특성은 결국 유전자에 의해 결정된다는 것을 부인할 수 없다는 것이다. 윌슨의 이러한 주장에 대해 인문학적 통찰이 부족하다는 비판도 존재하는데, 이러한 비판을 방어*할 수 있는 철학적 근거로서 화이트헤드의 유기체 철학이 제시되기도 한다.

(인간에게까지 / 윌슨의 사회 생물학의 개념 / 인간은 고등 생물로서, 생물에 속하기 때문에 / 인간의 사회적, 윤리적인 부분도 생물학적으로 이해함. / 윌슨의 사회 생물학의 핵심 내용 / 화이트헤드의 유기체 철학이 생명체로서 인간이 지니는 특성은 유전자에 의해 결정된다는 사회 생물학을 인문학적, 철학적으로 뒷받침함.)

▶ 윌슨의 사회 생물학에 대한 철학적 근거로서 화이트헤드의 유기체 철학

화이트헤드의 유기체 철학을 이해하기 위해서는 그가 자신의 철학에서 이념적 기초로 제시한 개념인 '현실적 존재자'에 대해 이해해야 한다. 화이트헤드에 따르면, 현실적 존재자는 세계를 구성하는 궁극적 실재이다. 현실적 존재자는 다양한데, 신도, 허공 속에 부유*하는 먼지도, 우리 몸을 이루고 있는 세포도 모두 현실적 존재자이다. 이들은 존재적 중요성이나 기능에는 차이가 있지만 현실적 존재자라는 면에서는 같다. 화이트헤드에게 있어 현실적 존재자란 과거를 주어진 조건으로 하여 미래를 새롭게 창출*하는 과정 속의 실재이다. 그런 점에서 신도 먼지도 세포도 순수하게 독립적으로 존재하는 것은 불가능하다. 현실적 존재자는 과거, 현재, 미래로 이어지는 일련의 과정 속에 있기 때문이다.

(현실적 존재자의 개념 / 신과 먼지는 존재적 중요성이나 기능에 차이가 있을 것이지만 모두 현실적 존재자에 해당함. / 현실적 존재자는 과정 속에 있는 존재임. / 과거, 미래와 연결되어 있음.)

▶ 유기체 철학에서의 현실적 존재자의 개념

화이트헤드는 우리의 현실 세계는 현실적 존재자들 사이의 관계망으로 이루어진 하나의 유기체라고 하면서, 현실적 존재자들의 협력적이고 유기적인 관계를 강조하였다. 특히 그는 각각의 현실적 존재자들이 서로를 파악하는 과정인 '공재(togetherness)'와 통일성을 이루는 과정인 '합생(concrescence)'을 거쳐 새로운 현실적 존재자가 생성되며, 이 새로운 현실적 존재자는 다시 그러한 과정을 거쳐 또 다른 새로운 현실적 존재자를 생성하는 데 참여하게 된다고 보았다. 이때의 일련의 과정은 존재의 목적을 실현하기 위해 이미 정해져 있는 질서를 따르는데, 하나의 현실적 존재자는 후속*하는 새로운 현실적 존재자에게는 주어진 조건, 즉 여건*이 되고 또 그 구성 요소가 될 수 있다고도 하였다. 나아가 화이트헤드는 우리가 현재 보고 있는 현실적 존재자는 질서에 따라 변화하는 존재이기 때문에 이전 단계로 되돌릴 수 없는 고유성*을 갖는다는 점을 강조하였다. 화이트헤드가 '현실적 존재자는 조각난 단편이 아니라 펄떡거리는 경험의 방울'이라고 표현한 것은 현실적 존재자의 특성을 역설*한

(현실적 존재자들이 존재하는 현실 세계 역시 유기체에 해당한다고 봄. / 공재의 개념 / 합생의 개념 / 생물학적으로 보면, 유전에 해당함. / 과정은 정해진 질서에 따라 이루어짐. / 현실적 존재자는 과거, 미래와 연결되어 있음. / 이미 정해져 있음. / 변화의 방향은 일방향으로, 회귀하지 않음. / 현실적 존재자는 과정 속에 있는 동적인 존재임.)

것이다. ▶ 질서에 따라 변화하는 존재인 현실적 존재자

그렇다면 화이트헤드의 철학이 생물학과 어떠한 관련이 있는 것일까? 화이트헤드는 현실적 존재자는 주체적으로는 소멸하지만 객체적으로는 불멸*한다는 점을 피력하였다. 다시 말해, 현실적 존재자는 사라진다고 할지라도 후속하는 새로운 현실적 존재에게 여건이 되기 때문에 객체적으로는 절대 사라지지 않는다는 것이다. 이는 현실적 존재자 내부에 미래가 잠재되어 있다는 말로도 표현되는데, 이는 화이트헤드의 철학과 생물학이 접하는 지점이 된다. 생명체는 유전자가 끊임없이 다음 세대로 전해지는 것, 즉 개체 유전을 통해 객체적 불멸성을 실현*한다. 앞선 존재자와 후속하는 존재자로 이어지는 과정은 질서를 통해 이루어지고 공재와 합생을 거치며 생명체의 존재 목적이 달성된다. 화이트헤드는 생명체의 존재 목적은 자신의 세대를 마감한 후에 다음 세대로 자신의 유전자를 물려주는 것이라고 말하며 이러한 목적을 생명 중추라고 칭하였다. 현실적 존재자로서 생명체는 개체 유전을 통해 생명 중추를 달성하고 미래의 존재자에게 결정적 여건을 제공하게 된다는 것이다. 이러한 주장은 화이트헤드의 유기체 철학이 사회 생물학의 유전자 결정론을 지지하는 근거로 평가되는 이유를 잘 설명해 준다.

현실적 존재자는 후속하는 현실적 존재의 여건이 되기 때문에 그 모습이 소멸하더라도 완전히 사라지는 것은 아님.

인간의 특성이 유전자에 의해 결정된다는 내용과 연결됨.

유전의 과정

생명 중추, 생명체의 존재 목적

생명체가 지닌 특성은 결국 유전자에 의해 결정됨.

▶ 유기체 철학과 사회 생물학의 관련성

어휘! 이것만은 꼭 익히자

- **주창(主唱)**: 주의나 사상을 앞장서서 주장함.
- **기초(基礎)**: 사물이나 일 따위의 기본이 되는 것.
- **규명(糾明)**: 어떤 사실을 자세히 따져서 바로 밝힘.
- **검증(檢證)**: 검사하여 증명함.
- **제어(制御/制馭)**: 감정, 충동, 생각 따위를 막거나 누름.
- **방어(防禦)**: 상대편의 공격으로부터 스스로를 지킴.
- **부유(浮遊/浮游)**: 물 위나 물속, 또는 공기 중에 떠다님.
- **창출(創出)**: 전에 없던 것을 처음으로 생각하여 지어내거나 만들어 냄.
- **후속(後續)**: 뒤를 이어 계속함.
- **여건(與件)**: 주어진 조건.
- **고유성(固有性)**: 어떤 사물이 가지고 있는 고유한 성질이나 그 사물 특유의 속성.
- **역설(力說)**: 자기의 뜻을 힘주어 말함. 또는 그런 말.
- **불멸(不滅)**: 없어지거나 사라지지 아니함.
- **실현(實現)**: 꿈, 기대 따위를 실제로 이룸.

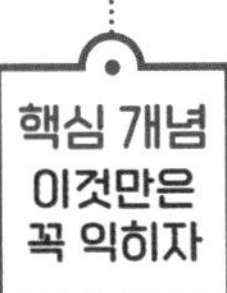

포인트 1 현실적 존재자

화이트헤드에 따르면, 현실적 존재자는 세계를 구성하는 궁극적 실재로서, 과거를 주어진 조건으로 하여 미래를 새롭게 창출하는 과정 속의 실재이다. 현실적 존재자는 과거, 현재, 미래로 이어지는 일련의 과정 속에 있다.

포인트 2 공재와 합생

현실적 존재자가 생성되기 위해서는 공재와 합생의 과정이 필요하다. 공재란 현실적 존재자들이 서로를 파악하는 과정이며, 합생이란 현실적 존재자들이 통일성을 이루는 과정이다. 공재와 합생을 거쳐 새로운 현실적 존재가 생성되는데, 이때의 과정은 이미 정해져 있는 질서에 따라 이루어진다.

포인트 3 생명 중추

화이트헤드는 자신의 세대를 마감한 후에 다음 세대로 자신의 유전자를 물려주는 것을 생명 중추라고 말하고, 이 생명 중추가 생명체의 존재 목적이라고 하였다.

■ **유전자 결정론에 대한 비판적 입장**

스티븐 제이 굴드(Stephen Jay Gould)는 특정 형태에 관여하는 개별 유전자는 존재하지 않는다고 보았다. 굴드는 유전자가 생명체의 부분 부분을 움직이고 유전자가 생명체를 결정한다는 시각은 전체를 기본적인 단위로 분해해 이해할 수 있다는 생각, 미시적 단위의 고유 성질이 거시적 결과를 낳는다는 인식, 그리고 모든 사건이나 사물이 명백하고 예측 가능하고 결정적인 원인을 갖는다는 사고방식이라고 비판하였다. 굴드는 생명체는 복잡다단한 부분의 상호 작용을 통해 작동하며 유지된다고 하면서, 인간의 유전자가 인간의 폭넓은 행동 양식을 택하고 그 다음에 교육, 문화, 계층, 지위, 자유의지 등 무형적인 요소들이 어떻게 행동을 재현할 것인가를 결정한다고 하였다.

선생님의 만점 구조도

포인트 1 현실적 존재자의 생성 문항 03 관련

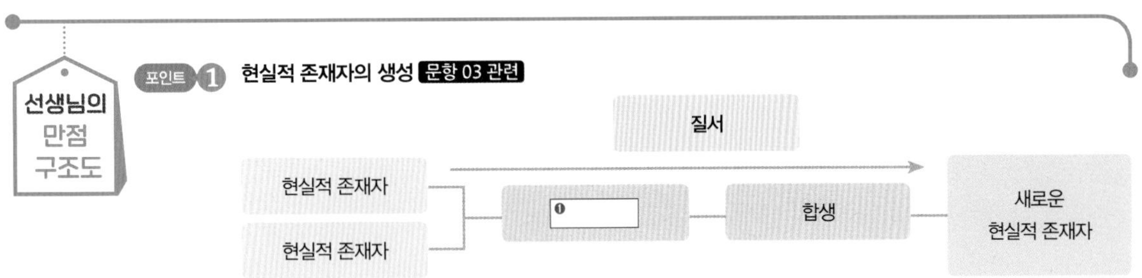

정답 ❶ 공재

포인트 2 윌슨의 사회 생물학과 화이트헤드의 유기체 철학

윌슨의 사회 생물학	화이트헤드의 유기체 철학
인간을 포함한 생명체가 지니는 특성은 ❶ [ ]에 의해 결정됨.	현실적 존재자는 주체적으로는 소멸하지만 객체적으로는 ❷ [ ]함. 즉 현실적 존재자는 새로운 현실적 존재자의 ❸ [ ]이/가 되고, 현실적 존재자 내부에 미래가 잠재되어 있음.

정답 ❶ 유전자 ❷ 불멸 ❸ 여건

통섭과 지적 사기

생물학자인 윌슨은 21세기 과학 기술의 시대에 인류가 당면한 여러 문제들은 복합적인 성격을 띠고 있어서 어느 한 가지 학문만으로는 그것을 해결할 수 없다고 보았다. 이에 그는 다양한 학문 간 '통섭(統攝)'을 대안으로 제시하였다. 그가 말한 통섭이란 물리학, 화학, 생물학 등 자연 과학과 철학, 심리학 등 인간을 연구 대상으로 삼는 인문학을 통합하여 하나의 지식 체계를 형성하는 것을 의미한다.

인문학과 자연 과학이 어떻게 만날 수 있을까? 윌슨의 통섭을 지탱해 주는 것은 바로 환원주의이다. 이는 복잡한 대상을 구성하는 근본적 요소를 밝히려는 노력으로, 윌슨은 모든 존재의 근본적 요소는 관찰과 실험을 통한 자연 과학적 법칙으로 설명이 가능하다고 주장한다. 그에 의하면 인간 역시 자연 과학으로 환원이 가능하기 때문에 인문학은 자연 과학으로 완벽히 포섭될 수 있다. 예를 들어 물체의 운동을 물체와 땅 사이의 마찰력으로 설명하는 것과 같이 인간의 고유한 특성인 사랑이나 사회 조직의 작동을 호르몬이나 유전자와 같은 자연 과학적 법칙에 의한 결과로 설명할 수 있다는 것이다.

이러한 윌슨의 주장은 많은 학자들의 관심을 끌었지만 동시에 인문학자들로부터 비판을 받기도 하였다. 인문학자들은 인문학의 대상과 자연 과학의 대상은 동일하게 취급할 수 없음을 지적하며 통섭이 불가능함을 설명한다. 인간은 자연물과 달리 자연 과학적 법칙의 지배를 받기만 하는 존재가 아니라 동시에 어떤 의도와 목적을 가지고 선택하며 살아가는 존재이기 때문이다. 예를 들어 물체의 낙하는 중력이라는 자연 과학적 법칙으로 충분한 설명이 가능하지만, 번지점프와 같은 인간의 낙하는 중력보다는 신체 단련이나 즐거움 등 개인의 특별한 목적이 더 중요한 원인으로 작용한다는 것이다.

다음으로 인문학자들은 인문학이 탐구하는 대상의 본질은 관찰과 실험을 통해 파악되는 객관적 실체가 아님을 지적한다. 인간의 마음이나 정신은 물리적 현상처럼 객관적으로 관찰하기가 어렵고, 사람마다 다 다르기 때문이다. 따라서 자연 과학의 대상 인식 방법인 관찰과 실험은 인문학에서는 대상의 본질을 연구하는 충분한 방법이 되지 못한다. 인문학자들은 관찰 주체가 지닌 관점에 따라 대상은 다르게 인식될 수 있으며, 관찰자의 관점이 배제된 객관적 대상이란 존재하지 않는다고 본다.

이처럼 자연 과학과 명백한 경계선을 갖는 인문학적 관점이 윌슨의 생각처럼 자연 과학으로 완전히 포섭되기란 어렵다는 것이 인문학자들의 주장이다. 현실의 문제 해결을 위해 인문학적 지식과 자연 과학적 지식이 소통하여야 한다는 윌슨의 지적에는 동의하지만 그 소통의 방법이 통일된 지식 체계를 세우는 것이라면 이는 불가능한 꿈에 지나지 않는다는 것이다. 이들은 학문 간의 균형 잡힌 시각이 필요함을 강조하면서 인문학의 고유한 정체성은 더욱 중시되어야 한다고 주장한다.

독해 포인트 이 글은 '통섭(consilience)'의 주창자인 윌슨의 주장과 이에 대한 인문학자들의 논의를 정리한 글이다. 윌슨의 통섭은 자연 과학의 입장에서 인문학을 포섭할 수 있다는 생각으로, 이를 지탱하는 '환원주의'는 모든 대상을 자연 과학의 입장에서 이해하려는 태도이다. 그러나 인문학자들은 자연 과학과 인문학의 연구 대상, 연구 방법상 차이점을 근거로 그러한 주장이 실현되기 어렵다는 것을 지적하고 있다.

주제 '통섭'의 주창자인 윌슨의 주장과 이에 대한 인문학자들의 논의

12강 기정진의 이기론

인문 · 예술

EBS 수능특강 **독서 101쪽**

독해 포인트 '리(理)'와 '기(氣)'에 대한 이론인 이기론은 성리학의 중심 이론이다. 이이는 리의 무형과 기의 유형에 주목하여 견해를 제시했는데, 이는 리의 역할이 제한적이고, 상대적으로 기의 역할이 강화된다고 이해될 수 있었다. 기정진은 이이의 이기론이 자칫 기의 능동적인 운동 변화를 인정하는 것으로 오해될 수 있다고 보고, 리가 모든 현상 세계에서 드러나는 운동 변화의 원인임을 강조하는 이론을 펼쳤다. 그는 리와 기의 관계를 대등한 관계로 보는 것은 성인들의 말과도 맞지 않는 잘못된 것이고, 이 둘은 명령하는 자와 명령을 받는 자의 관계라고 주장하였다. 나아가 기정진은 보편 원리인 리 안에 현상 세계에서 다양하게 변할 수 있는 원리인 분이 포함되어 있고, 현상 세계에서 드러나는 다양한 분의 원리에는 보편적인 리가 갖추어져 있다고 말하며, 둘 사이의 유기적 연관성의 중요성을 강조하였다. 기정진의 논의에 대해 전우를 비롯한 여러 학자가 비판을 하고, 기정진의 제자들이 다시 이를 반박하는 등 논쟁이 발생하기도 하였지만, 기정진의 사상은 19세기 후반 실천적인 유림들에게 적지 않은 영향을 끼쳤다.

주 제 리를 중심으로 세계를 설명하려 한 기정진의 사상

성리학의 중심 이론 중 하나는 이기론(理氣論)이다. 이기론에서 리(理)는 모든 사물의 존재와 생성과 관련된 법칙 · 원리를 가리키는 것이자 모든 사물이 마땅히 따라야 할 기준 또는 표준을 의미한다(리의 개념). 그리고 기(氣)는 모든 사물을 이루는 질료*, 즉 현상적 요소를 가리킨다(기의 개념). 이러한 리와 기에 대한 개념 이해에 근거하여 성리학에서는 현상 세계에서 드러나는 모든 현상과 존재는 리와 기의 합에 의한 것이라고 본다. 그리고 이때 리는 형체도 없고 움직이지도 않는 불변의 원리이고, 기는 리에 근거하여 운동 변화하며 현상과 존재를 드러내는 것으로 파악한다. 이처럼 리와 기는 원리적으로 구분되는 것이지만 현상 세계에서는 함께 존재하는 관계(리와 기의 관계)이다. 이에 대해 율곡 이이는 현상 세계에서 리와 기가 함께 존재하는 점에 주목하여 구체적으로 움직이지 않는 리의 무형과 현실에서 움직이는 기의 유형에 대한 자신의 견해를 제시하였다.

▶ 성리학의 중심 이론인 이기론에서 리와 기의 의미

이이의 리와 기에 대한 견해는 도덕 실천과 결부*하여 리의 역할이 제한적이라고 비칠 가능성이 큰 것이었다. 이이는 리가 현상 세계에서 운동 변화하는 기의 근거라는 점을 간과*하지 않았다. 그러나 그의 견해는 움직일 수 없는 리의 역할은 제한적이고, 상대적으로 스스로 움직이는 기의 역할은 강화된다고 이해될 수 있었다. 이러한 리와 기에 대한 이이의 논의는 도덕 실천과 관련하여, 선한 본성인 리의 실현이 현실에서 운동 변화하는 가치 중립적이고 악으로 흐를 가능성이 있는 기에 의해 주도되는 것으로 이어질 수 있다는 점에서 성리학에서 추구하는 도덕의 실현을 제한하는 것으로 해석되기도 하였다. 이러한 한계(리와 기에 대한 이이의 논의는 도덕의 실현을 제한하는 것으로 해석될 수 있다는 점)를 극복하고자 이이의 계승자들은 이기론적 이해를 심화하며 선의 실현을 근거 짓는 논의를 거듭하였고, 19세기에 이르러 기정진은 이이의 이기론에 대해 비판적인 논의를 전개하며 도덕 실천의 근거로서 리의 적극적인 역할을 강조하는 견해(이이의 견해를 비판했던 기정진이 내세운 견해)를 제시하였다. 기정진의 이기론은 도덕적 세계를 이상으로 삼고 이를 구현*하기 위한 내용과 관련한 이론으로서, 도덕적 가치를 리에서 찾아야 한다는 것(기정진의 이기론의 핵심 내용)이었다.

▶ 이이의 이기론과 이와 관련한 논의

조선 성리학 육대가(六大家) 중 한 사람으로 평가받는 기정진은 이이의 리와 기에 대한 견해가 자칫 기의 능동적인 운동 변화를 인정하는 것으로 오해되는 것에 관심을 기울였다. 그는 리를 현상 세계를 관통*하는 원리로 파악하고 기의 운동 변화는 모두 리에 근거하여 이루어지는 것임을 전제하면서 리가 모든 현상 세계에서 드러나는 운동 변화의 원인임을 강조하였다. 특히 그는 기의 능동적인 운동 변화에 대한 인정(기정진은 이것이 리에 대한 부정으로 이어진다고 파악함.)이 현상 세계의 원인이자 현

상 세계를 관통하는 도덕 원리인 리를 부정하는 것으로 이어진다고 파악하였다. 이러한 점에서 그는 기의 운동 변화를 철저하게 리의 명령에 따라 이루어진 것으로 규정하고, 기의 자발적인 운동 변화를 부정하였다. 그에게 있어 리와 기의 관계는 명령하는 자와 명령을 받는 자의 관계였고, 기는 철저하게 리의 주관하에 놓이는 것이었다. 그는 "귀인이 나가는데 수레 · 말과 종이 없지 않지만, 그것을 보는 자는 다만 귀인이 나간다고 할 뿐 수레 · 말과 종이 나간다고 말하지 않는다."라고 말하며, 리와 기의 관계에 대한 생각을 드러내었다. 그가 보기에 리와 기는 대등한 관계가 될 수 없는 것이었고, 둘을 대등한 개념으로 보는 것은 리를 천지 만물의 근원이라고 본 성인들의 말과도 맞지 않는 것이었다.

리 / 기

▶ 리를 중심으로 하는 기정진의 사상

나아가 기정진은 근원적인 동일성의 원리인 리와 현상 세계의 다양성의 원리인 분(分)의 관계에 대해서도 리를 중심으로 한 견해를 제시하며, 리 안에 분이 포함되는 일원적* 구조를 확립하고자 하였다. 그는 보편 원리인 리 안에 현상 세계에서 다양하게 변할 수 있는 원리인 분이 포함되어 있고, 현상 세계에서 드러나는 다양한 분의 원리에는 보편적인 리가 갖추어져 있다고 보았다. 그는 리와 분이 나누어지면 보편 원리와 현상 세계가 유기적 연관성을 잃게 되는 문제가 발생한다고 지적하며 리와 분이 분리될 수 없는 것임을 강조하였다. 그는 현상 세계에서 다양한 존재와 현상이 드러나는 원인이 기가 아니라 리에 의한 것임을 강조하여, 현상 세계가 리의 구현임을 원리적으로 확인하고 도덕 실천의 근거가 현상 세계에 갖추어져 있음을 확인하고자 하였다.

기정진이 주장한 리와 분의 관계

리와 분이 분리되면 보편 원리와 현상 세계가 유기적 연관성을 잃게 되기 때문

▶ 기정진이 바라본 리와 분의 관계

현상 세계가 리의 체계에 따른 것이고, 도덕 실천의 근거가 현상 세계에 있을 뿐 아니라 실현될 수 있음을 강조한 기정진의 논의는 그의 사후에 비판을 받기도 하였다. 특히 이이의 학문을 철저하게 계승하고자 한 전우(田愚)는 "신하가 군주의 명령을 행할 때 그 행위는 군주로부터 나온 것이지만, 결국 신하의 행위요 군주의 행위가 아니다."라고 말하며, 리와 기의 관계에 대한 기정진의 주장을 반박하였다. 그는 기정진의 리에 대한 견해가 리에 대한 성리학의 원칙, 즉 리는 구체적으로 움직이는 것이 아니라는 것을 부정했다고 지적하는 등 비판의 강도를 높였고, 기정진의 제자들은 이에 맞서 스승의 학설을 옹호*하였다. 이이의 계승자들 간에 전개된 이 논쟁은 비록 확실한 결론에 도달하지는 못했지만, 현상 세계의 이해에 그치지 않고 이면에 감추어진 근원적 체계를 직시하려 한 기정진의 사상은 위정척사 운동 등을 주도한 19세기 후반 이후의 실천적인 유림*들에게 적지 않은 영향을 끼쳤다.

기정진의 주장을 반박함.

기정진: 기는 철저하게 리의 주관하에 놓인다고 봄.

▶ 기정진의 사상에 대한 비판 및 관련된 논쟁과 그의 사상의 의의

어휘! 이것만은 꼭 익히자

- **질료(質料)**: 형상을 갖춤으로써 비로소 일정한 것으로 되는 재료. 물질의 생성 변화에서 여러 가지의 형상을 받아들이는 본바탕임.
- **결부(結付)**: 일정한 사물이나 현상을 서로 연관시킴.
- **간과(看過)**: 큰 관심 없이 대강 보아 넘김.
- **구현(具現/具顯)**: 어떤 내용이 구체적인 사실로 나타나게 함.
- **관통(貫通)**: 꿰뚫어서 통함.
- **일원적(一元的)**: 근원이 하나인.
- **옹호(擁護)**: 두둔하고 편들어 지킴.
- **유림(儒林)**: 유학을 신봉하는 무리.

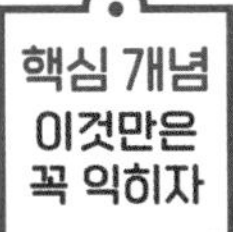

율곡 이이의 이기론

율곡 이이는 리는 운동 능력이 없으므로 일체의 동작이나 작위와 직접적으로는 관계가 없다고 보았다. 따라서 동작 및 작위를 주도하는 것은 기이고(氣發), 리는 단지 움직이고 작용하는 기에 타고 있을 뿐(理乘)이라고 보았다. 이것이 이이의 기발이승론(氣發理乘論)이다. 즉 리는 무위인데 기는 유위이기 때문에 기가 발하고 리는 기에 탄다는 의미이다. 기발이승론은 논리적 필연으로서 이통기국론(理通氣局論)이라는 독특한 형이상학에 도달한다. 리는 보편적인 것이지만(理通), 그것이 현상 세계에서 실현되는 것은 기에 달려 있으므로 실제로는 기에 국한된다는 것이다(氣局). 이이의 학설에 따르면 천지의 조화와 인간의 마음을 비롯한 세계의 모든 현상은 리가 아닌 기의 주도에 의해 성립하는 것이 되고, 따라서 현실에서 벌어지는 모든 일은 리가 아닌 기의 책임이 된다. 이러한 이이의 학설에 대해 학자들 간에 다양한 의견이 제시되면서 오랫동안 성리학계에서 논쟁이 지속되었다.

율곡의 이기론에 대한 기정진의 논변

기정진은 이이의 기발이승론에서 현상 세계의 다양한 변화와 관련된 '분'을 리 자체의 능력에 의한 것이 아니라 기로 인해 있는 것이라고 보는 것에 의문을 품었다. 기발이승론에 따르면, 리는 실질적으로 기의 운동을 제어하거나 통제하지 못하고, 오히려 기의 제약에 따라 극단적으로 다른 양상으로 나타나게 된다. 이를 이이는 '기가 고르지 못하므로 리가 나뉜다.'라고 말하였다. 기정진은 이를 반박하며, '기가 고르지 못한 것 역시 리가 그렇게 되도록 시킨 것이다.'라고 말하였다. 기정진은 분수란 기가 아닌 리에 의해 나타나는 현상이라고 본 것이다. 그는 '시키는 명령자'로서의 리 개념을 사용하여 리는 기에 명령을 내리고 기는 리의 명령을 들어야 하는 관계라고 설명하였다.

■ **녹문 임성주의 사상**

조선 성리학 육대가(六大家) 중 한 사람으로 일컬어지는 녹문 임성주는 이이의 이통기국론이 리와 기를 둘로 분리한다는 의심을 가졌다. 그는 이러한 리와 기의 분리를 피하기 위해 리가 아닌 기를 선택한다. 그는 기가 운동 능력을 갖고 세계의 만물을 형성하고, 이러한 운동은 기 바깥에 별도로 운동의 명령자 또는 운동의 원인을 상정하지 않는다고 보았다. 기의 운동은 그저 '저절로 그러한 것'이라고 본 것이다. 그리고 저절로 그러함, 곧 기의 자율적인 운동 제어 방식을 리 또는 도라고 부르는 것이다. 이런 식의 생각은 결국 리를 기의 존재에 종속시켜 설명하는 것이라고 할 수 있다.

■ **율곡학파와 노사학파의 논쟁**

율곡 이이를 따르는 율곡학파와 노사 기정진을 따르는 노사학파 간의 논쟁에서 핵심 주제는 리와 기의 관계에 대한 해석 문제였다. 노사는 율곡의 기발이승론이 기의 현실적 주도권을 강조하면서 현실에 대한 리의 주도권을 부정하는 것이라고 규정하고 이를 비판하였다. 이에 대해 율곡학파는 현실의 세계를 주도하는 것은 리가 아니라 기라는 주장은 율곡의 주장이기 전에 주자의 주장이라며 노사의 주장을 반박하였다. 노사의 제자들은 노사의 주장이 이이의 학설을 계승한 것이라고 강변하기도 하였지만, 율곡학파의 비판은 여전히 거세었고 오랫동안 논쟁은 지속되었다.

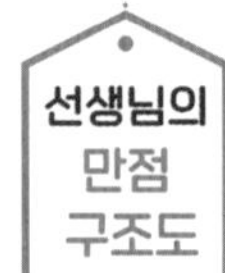

포인트 ❶ **율곡과 기정진의 이기론** 문항 02 관련

율곡의 이기론

무형(無形)인 ❶ [ ] 의 역할이 유형(有形)인 ❷ [ ] 에 비해 제한적으로 해석될 수 있음.

선한 본성인 리의 실현이 ❸ [ ] (으)로 흐를 가능성이 있는 기에 의해 주도되는 것으로 이어질 수 있다는 점에서 성리학에서 추구하는 ❺ [ ] 의 실현을 제한하는 것으로 해석되기도 함.

기정진의 이기론

도덕 실천의 근거로서 ❸ [ ] 의 적극적인 역할을 강조함.

리와 기의 관계에서 리는 명령 ❻ 하는/을 받는 자로, 기는 명령 ❼ 하는/을 받는 자라고 여김.

↓

영향

❽ [ ] 운동 등을 주도한 19세기 후반 이후의 실천적인 유림들에게 영향을 끼침.

정답 ❶ 리 ❷ 기 ❸ 리 ❹ 악 ❺ 도덕 ❻ 하는 ❼ 받는 ❽ 위정척사

포인트 ❷ **리(理), 기(氣), 분(分)** 문항 03 관련

❶ [ ]	• 모든 사물의 존재와 생성과 관련된 법칙 · 원리 • 모든 사물이 마땅히 따라야 할 기준 또는 표준
❷ [ ]	• 모든 사물을 이루는 질료 • 현상적 요소
❸ [ ]	• 현상 세계의 다양성의 원리 • ❹ [ ] 안에 포함되어 일원적 구조를 형성함.

정답 ❶ 리 ❷ 기 ❸ 분 ❹ 리

13강 칸트 철학에서 '숭고'의 문제

인문 · 예술

EBS 수능특강 **독서 106쪽**

독해 포인트 이 글은 칸트의 철학을 바탕으로 미와 숭고라는 자연에 대한 두 가지 판단을 비교하고, 숭고의 철학적 의미를 설명하고 있다. 칸트는 미와 숭고가 즐거움을 유발하며, 특수한 대상에 대한 반성적 판단이라는 점에서 공통적이라고 보았다. 하지만 미와 숭고는 형식, 감정, 합목적성, 탐구의 대상 측면에서 차이를 지닌다. 첫째, 미는 대상의 감각적 형식에서 유발되지만 숭고는 대상에서 표상할 수 있는 감각적 형식의 한계 때문에 유발된다. 둘째, 미는 직접적으로 쾌를 유발하지만 숭고는 불쾌를 매개로 간접적으로 쾌를 유발한다. 셋째, 미는 대상과 판단력 사이의 형식적 합목적성을 드러내지만 숭고는 형식적 반목적성을 드러낸다. 하지만 숭고는 형식적 반목적성을 통해 이성적 합목적성을 드러내는데, 이는 숭고의 체험을 통해 판단 주체가 자신 안의 이성의 힘을 자각하기 때문이다. 마지막으로 미는 우리를 자연에 대한 탐구로 이끌지만 숭고는 우리를 형이상학적 이념에 대한 탐구로 이끈다.

주 제 칸트 철학에서 미와 숭고의 공통점과 차이점 그리고 숭고의 철학적 의미

우리는 산행 중 만난 작은 들꽃을 눈여겨보며 '아름답다'고 느낀다('미'를 경험함.). 드높이 솟은 산봉우리를 바라보며 그 광경이 '장엄*하다'거나 '숭고*하다'고 느끼기도 한다('숭고'를 경험함.). 칸트는 이러한 미(美)와 숭고(崇高)의 판단이 우리에게 즐거움, 즉 쾌를 준다는 점에서 공통적이라고 보았다. 나아가 둘은 개념*을 통해 대상을 인식하는 논리적 판단이나 외부 세계의 정보를 알게 하는 감각적 판단이 아니라고 보았다. 논리적 판단과 감각적 판단이 모두 객관과 관계된 것이라면, 미와 숭고는 오직 주체가 느끼는 감정, 즉 주관과 관계된다는 것이다. 그런데 칸트에 따르면 미와 숭고의 판단은 모두 특수한 대상에 대한 주관적 판단이지만 우리는 다른 모든 사람도 그 대상에 대해 자신과 같이 판단할 것이라고 생각한다. 즉 사람은 자신에게 아름답거나 숭고한 대상은 남에게도 그럴 것이라고 여긴다(특수한 것에 대한 판단에 머물지 않고 보편적인 판단으로 이어짐.). 이러한 점에서 칸트는 미와 숭고의 판단이 모두 반성적 판단, 즉 특수한 것으로부터 보편적인 것을 발견하는 판단이라고 보았다.

▶ 미와 숭고의 공통점

하지만 칸트는 다음과 같은 점에서 미와 숭고가 서로 구분된다고 보았다. 첫째, 미는 형식*을 가진 대상에서 경험되는 반면 숭고는 무형식적 대상에서 경험된다. 예를 들어 멀리서 산을 바라볼 때 그 대상은 산이라는 감각적 형식으로 드러나며 이러한 형식에서 우리는 아름다움을 경험한다(산의 형식과 주체의 판단력이 서로 부합함으로써 미를 경험함.). 그러나 안개에 가려진 봉우리 밑에 서서 거대한 산의 일부만을 바라볼 때에는 대상의 전체 형식이 쉽게 상상되지 않는다. 그리고 그 모습을 전부 드러내지 못할 만큼 거대한 산의 모습에서 우리는 숭고를 경험한다(안개에 가려져 감각되지 않는 산의 전체 형식이 주체의 판단력의 한계를 넘음.). 이처럼 숭고는 우리가 재현*해 내려는 형식에 한계가 없기 때문에 발생한다. 즉 칸트에 따르면 숭고에서 경험되는 무형식성은 감각적 형식의 부재가 아닌 우리가 표상*할 수 있는 형식적 한계의 부재를 의미한다(숭고는 대상의 전체 형식이 감각되지 않기 때문이 아니라 주체가 전체 형식을 표상할 수 없기 때문에 경험됨.).

▶ 미와 숭고의 차이점 ① – 형식성 대 무형식성

둘째, 미와 숭고는 그것이 불러일으키는 감정이 다르다. 칸트는 미가 직접적으로 즐거움을 준다면, 숭고는 '불쾌의 쾌'(불쾌를 매개로 한 간접적인 쾌)라는 감정을 유발한다고 보았다. 우리는 어떤 거대한 대상과 대면했을 때 그것의 전체 모습을 재현해 내기 위해 애쓰는 과정에서 자신의 지각 능력의 한계에 도달하는 불쾌한 경험을 하게 된다(대상의 전체 형식을 표상해 내기 위해 애를 써도 표상할 수 없기 때문에). 그리고 이러한 불쾌의 감정을 거쳐 결국 숭고라는 쾌의 감정을 만나게 된다. 즉 하나로 파악해 낼 수 없는(전체 형식이 감각되지 않는) 거대한 대상에 대한 압도의 경험은 일차적으로 그 대상에 대한 반발(불쾌)을 유발하지만, 이러한 반발을 매개로 오히려 대상에 대한 이끌림(쾌, 숭고)을 경험한다. 이러한 점에서 칸트는 숭고에서는 미에서 발생하는 고요한 관조*라는 마음의 상태와는 다른 마음의 운동, 즉 감동*이 발생한다고 보았다.

▶ 미와 숭고의 차이점 ② – 직접적 쾌 대 간접적 쾌

셋째, 칸트는 합목적성이 미와 숭고 사이의 가장 중요한 차이라고 말한다. 합목적성이란 대상과 판단력 사이의 적합성을, 반목적성이란 대상과 판단력 사이의 부적합성을 의미한다. 미로 인한 쾌의 감정은 그 대상이 형식적 합목적성을 지닐 때 느끼는 즐거움이다. 우리가 어떤 대상을 아름답다고 느낄 때 그 대상의 형식은 우리의 판단력에 적합한 것으로 느껴진다. 그런데 숭고의 대상은 무형식적이어서 우리는 대상을 하나의 표상으로 파악하는 데 어려움을 겪게 되고, 대상을 파악하려는 인식의 노력은 좌절된다. 따라서 숭고의 대상은 우리의 판단력에 부적합한 것으로 여겨지는 형식적 반목적성을 갖는다.

대상의 형식과 주체의 판단력 사이의 적합성

대상의 전체 형식을 표상해 낼 수 없기 때문에

대상의 형식과 주체의 판단력 사이의 부적합성

▶ 미와 숭고의 차이점 ③ – 형식적 합목적성 대 형식적 반목적성

하지만 칸트는 숭고가 형식적 반목적성을 갖기 때문에 오히려 이성적 합목적성을 갖게 된다고 보았다. 우리는 거대한 대상을 하나의 감각적 표상으로 재현하는 것에 실패하면서, 불가능한 재현을 추동*하고 있는 것이 바로 이성의 힘이라는 것을 깨닫게 된다. 숭고한 대상에서 무형식성이 표상되는 까닭은 전체에 대한 재현을 요구하는 이성의 총체성에의 요구 때문이다. 따라서 칸트는 우리가 숭고를 판단할 때 대상 자체가 아니라 대상에 의해 유발된 우리 자신의 숭고함을 판단하는 것이라고 보았다. 숭고의 체험을 통한 감동이나 존경, 장엄함의 감정은 대상을 매개로 우리 안에 있는 이성에 대해 느끼는 감정이라는 것이다. 즉 대상의 아름다움의 근거는 대상 자체에서 찾을 수 있지만 대상에 대한 숭고함의 근거는 대상의 표상 속에서 숭고를 느끼는 우리의 사고방식 속에서 찾아야 한다.

이성과 주체의 판단력 사이의 적합성

전체 형식이 파악되지 않는 대상을 재현하도록 애쓰게 하고 있는 것

이성은 대상의 전체 형식, 즉 대상의 총체성을 재현하도록 요구함.

이성을 지닌 존재로서의 숭고함

대상의 감각적 형식

이성의 총체성에의 요구를 따르면서 그것을 깨닫는 사고방식

▶ 숭고의 형식적 반목적성으로 인한 판단 주체의 이성적 합목적성에 대한 자각

마지막으로, 칸트에 따르면 숭고는 미와 달리 우리에게 자연의 개념을 확장시키지 않는다. 자연의 미는 합목적적으로 자연을 이해할 수 있다는 점에서 자연에 관한 깊은 탐구로 우리를 이끈다. 반면 숭고는 우리라는 이성적 존재와 자연 사이의 연결을 드러내는 데 기여한다. 숭고는 광대한 자연의 표상을 통해 우리의 마음이 감정을 떠나 이성에 몰두하도록 자극한다. 이러한 점에서 칸트는 숭고의 체험이 우리를 형이상학*적 이념의 세계로 이끈다고 생각했다.

자연으로부터의 숭고의 경험을 통해 스스로 이성적 존재임을 깨달음.

▶ 미와 숭고의 차이점 ④ – 자연에 대한 탐구 대 이념에 대한 탐구

어휘! 이것만은 꼭 익히자

- **장엄(莊嚴)**: 씩씩하고 웅장하며 위엄 있고 엄숙함.
- **숭고(崇高)**: 뜻이 높고 고상함.
- **개념(槪念)**: 여러 관념 속에서 공통된 요소를 뽑아내어 종합하여서 얻은 하나의 보편적인 관념. 언어로 표현되며, 일반적으로 판단에 의하여 얻어지는 것이나 판단을 성립시키기도 함.
- **형식(形式)**: 사물이 외부로 나타나 보이는 모양.
- **재현(再現)**: 다시 나타남. 또는 다시 나타냄.
- **표상(表象)**: 추상적이거나 드러나지 아니한 것을 구체적인 형상으로 드러내어 나타냄.
- **관조(觀照)**: 고요한 마음으로 사물이나 현상을 관찰하거나 비추어 봄.
- **감동(感動)**: 크게 느끼어 마음이 움직임.
- **추동(推動)**: 물체에 힘을 가하여 앞으로 나아가게 하거나 흔듦.
- **형이상학(形而上學)**: 사물의 본질, 존재의 근본 원리를 사유나 직관에 의하여 탐구하는 학문.

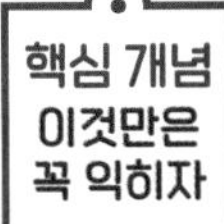

칸트 철학에서 판단의 종류

논리적 판단은 개념을 통해 대상을 인식하는 판단이며, 감각적 판단은 감각 기관의 지각을 통해 사물을 인식하는 판단이다. 논리적 판단과 감각적 판단이 모두 객관과 관계된 판단이라면, 미와 숭고에 대한 판단인 반성적 판단은 주체가 느끼는 감정, 즉 주관과 관계된 판단이다. 그런데 주체는 자신이 느낀 감정을 타자도 느꼈을 것이라고 여기는데, 이러한 점에서 칸트는 반성적 판단을 특수한 것으로부터 보편적인 것을 발견하는 판단이라고 보았다.

숭고에서의 무형식성

칸트에 따르면 숭고는 무형식적 대상에서 경험된다. 이때의 무형식성은 사물의 감각적 형식이 부재하다는 것을 의미하는 것이 아니라, 주체가 표상할 수 있는 사물의 감각적 형식의 한계가 부재하다는 것을 의미한다. 즉 주체는 자신의 상상력으로 재현해 낼 수 없는 거대한 대상에 압도될 때 숭고를 경험하는 것이다.

■ 규정적 판단력과 반성적 판단력

칸트의 『판단력 비판』에서 판단력이란 특수를 보편에 포섭시키는 능력을 의미하는 말로 사용된다. 예를 들어 '저 사과가 떨어진다.'는 개별 현상, 즉 특수한 것을 보고, 그 현상이 중력의 법칙, 즉 보편에 포섭되는 현상이라고 생각하는 경우와 같이 특수와 보편을 결합하는 능력을 판단력이라 한다. 칸트는 판단력을 다시 규정적 판단력과 반성적 판단력으로 구분한다. 규정적 판단력은 보편적인 것이 주어져 있다면, 특수한 것을 그 아래에 포섭하는 것이다. 반성적 판단력은 특수한 것만이 주어져 있고, 판단력이 특수한 것으로부터 보편적인 것을 발견하는 것이다.

선생님의 만점 구조도

포인트 1 미와 숭고의 공통점 문항 02 관련

어떤 대상에 대한 판단으로, 주체에게 ❶ [   ] 을/를 줌.

↓

주체의 ❷ [   ] 와/과 관련된 주관적 판단으로, 논리적 · 감각적 판단이 아님.

↓

❸ [   ] 대상에 대한 것이지만,
주체는 타자도 자신과 같은 판단을 할 것이라고 여긴다는 점에서 ❹ [   ] 임.

↓

미와 숭고는 모두 ❺ [   ] 판단임.

정답 ❶ 즐거움 ❷ 감정 ❸ 특수한 ❹ 보편적 ❺ 반성적

포인트 2 미와 숭고의 차이점 문항 02, 03 관련

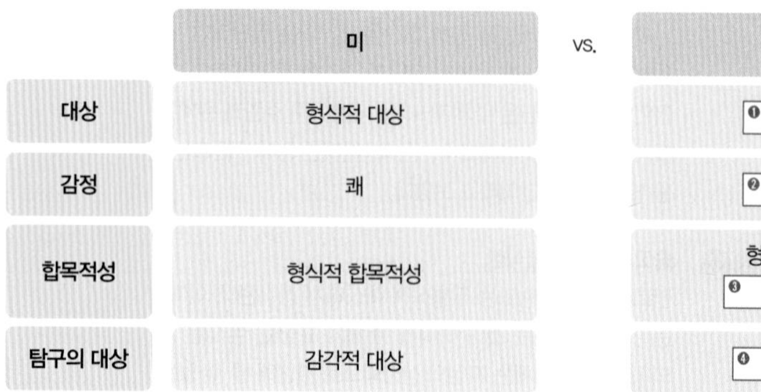

	미	vs.	숭고
대상	형식적 대상		❶ [ ] 대상
감정	쾌		❷ [ ] 의 쾌
합목적성	형식적 합목적성		형식적 반목적성 ❸ [ ] 합목적성
탐구의 대상	감각적 대상		❹ [ ] 적 이념

정답 ❶ 무형식적 ❷ 불쾌 ❸ 이성적 ❹ 형이상학

담보 물권

담보 물권은 물건을 대상으로 하는 권리이지만 물건의 쓰임새가 아니라 물건의 값어치를 대상으로 한다. 담보 물권 이외의 물권은 모두 물건의 사용을 통해 이익을 얻을 수 있는 권리이다. 전형적인 물권인 소유권은 물건을 자유롭게 사용하여 이익을 얻을 수 있을 뿐 아니라 물건을 처분하여 그 값어치를 취득할 수도 있다. 이에 비해 물건을 사용하여 이익을 얻을 수 있을 뿐이고 물건을 처분할 수는 없는 물권도 있다. 이러한 물권을 용익 물권이라고 한다. 예컨대 용익 물권의 일종인 지상권을 취득한 자는 타인의 토지를 자유롭게 사용하여 이익을 얻을 수 있으나 그 토지를 처분할 수는 없다.

■ **공시 방법**

공시 방법의 내용은 대개 권리관계의 당사자, 권리의 내용, 권리 변동의 과정으로 구성된다. 다만 공시의 간소화를 위해 권리 변동의 과정에 대해서는 철저하게 공시되지 않는 경우도 있다. 예컨대 부동산에 대한 물권을 공시하는 등기부를 발급받을 때 별도로 요청하지 않으면 권리 변동의 과정, 즉 현재의 소유자 이전에 누가 소유자였는지에 관한 내용은 생략된다. 어떤 부동산에 대해 현재 소유권이나 그 밖의 권리를 가진 사람을 공시하는 것이 주요 기능이기 때문이다.

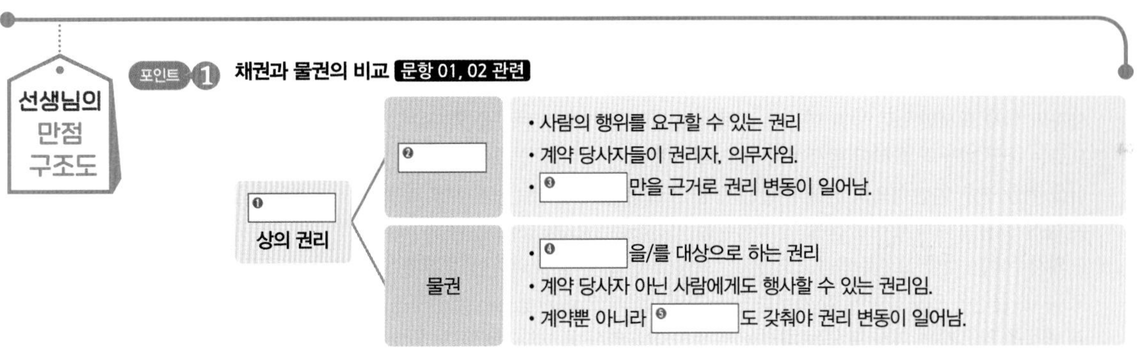

정답 ❶ 법률 ❷ 채권 ❸ 계약 ❹ 물건 ❺ 공시 방법

채무 변제로 인한 담보 물권 소멸과 법률에 의한 물권 변동의 과정 문항 02 관련

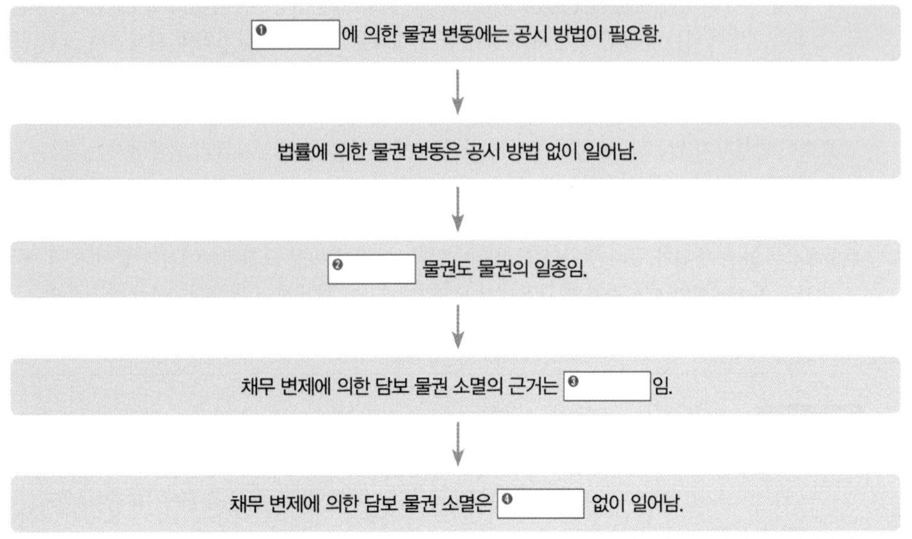

정답 ❶ 계약 ❷ 담보 ❸ 법률 ❹ 공시 방법

물권 행위

경제적 이익을 목적으로 하는 법적 권리인 재산권에는 물권(物權)과 채권(債權) 등이 있다. 물권은 특정한 물건을 직접 지배하여 이익을 얻을 수 있는 배타적 권리라는 점에서 채권과 구분된다. 물권은 특정인에게 어떤 행위를 청구할 수 있는 권리인 채권과 달리 그 권리를 실현하는 데 타인의 행위를 필요로 하지 않는다. 물건의 소유자는 소유권이라는 물권을 근거로 타인의 의사에 구애받지 않고 그 물건을 매도하거나 임대할 수 있다. 하나의 물건에 대해 누군가의 지배가 성립하면 동일 물건에 대해 다른 사람의 지배를 인정할 수 없게 되는데, 이를 물권의 배타성 또는 독점성이라고 한다. 또한 물권은 모든 사람에게 그 소유권을 주장할 수 있는 절대적 권리이다. 상대적 권리인 채권은 특정의 채권자와 채무자 사이의 채권 관계로부터 발생하는 것으로 제삼자에 대해서는 원칙적으로 아무 효력이 없다. 이와 달리 물권은 특정의 상대방이라는 것이 없고, 모든 사람에게 주장할 수 있는 권리이다.

물권의 발생, 변경, 소멸을 통틀어 물권 변동이라고 하며, 이러한 물권 변동을 목적으로 하는 법률 행위를 물권 행위라고 한다. 물권 행위에 의한 법률 효과는 행위자 사이에 채권 · 채무 관계를 발생시키는 채권 행위에 의한 것과 차이가 있다. 채권 행위는 발생한 채권의 이행이라는 문제가 남게 되지만, 물권 행위는 바로 물권 변동이 일어나 그 이행의 문제가 남지 않는다. 갑이 자기 소유의 부동산을 을에게 매도하는 계약을 맺은 경우, 그 채권 행위에 의해서는 갑이 을에게 부동산의 소유권을 이전할 채무를, 그리고 을이 갑에게 대금을 지급할 채무를 부담하는 데 그친다. 따라서 갑과 을은 아직도 각자의 채무를 이행해야 하는 문제가 남는다. 이와 관련하여 갑은 을에게 일정한 절차에 따라 그 부동산의 소유권을 이전해야 하고, 또한 을은 갑에게 또 다른 절차에 따라 부동산의 대금에 해당하는 금전의 소유권을 이전해야 한다. 이렇게 채무가 이행되고 나면 부동산의 소유권과 금전의 소유권이라는 두 물권의 변동이 일어난다. 그리고 이 물권 변동이 일어난 후에는 갑과 을에게 더 이상 이행의 문제가 남지 않는다.

이처럼 물권 행위는 채권 행위와 달리 직접 물권의 변동을 목적으로 하는 행위이다. 그러나 당사자의 의사 표시만으로 물권 변동의 효력이 발생하는지, 아니면 그러한 의사 표시 외에 일정한 공시(公示) 방법을 갖추어야 물권 변동의 효력이 발생하는지에 대해 각국의 민법 규정은 차이를 보인다. 이와 관련하여 크게 두 가지 관점이 존재하는데, 먼저 당사자의 의사 표시만으로 물권 변동의 효력이 발생한다고 보는 관점을 의사주의라고 한다. 그리고 그러한 의사 표시만으로는 물권 변동의 효력이 발생하지 않고 일정한 공시 절차가 필요하다고 보는 관점을 형식주의라고 한다. 후자의 관점을 취할 경우 일반적으로 건물과 같은 부동산 물권에 대해서는 등기부에 기재하는 등기를 통해, 그리고 자동차와 같은 동산 물권에 대해서는 물건에 대한 점유를 이전하는 인도를 통해 물권 변동의 효력이 발생하게 된다.

의사주의는 대항 요건주의라고도 한다. 프랑스 민법 규정에 의하면 물건의 소유권은 채권의 효력을 통해 이전한다고 하고, 물건을 인도하여야 할 채무는 당사자의 합의만으로 완성되어 채권자를 소유자로 만든다고 정하고 있다. 즉 물권 변동을 일으키는 의사 표시는 채권을 발생시키는 의사 표시와 구별되지 않으며, 물권 변동을 일으키는 법률 행위는 당사자의 의사 표시만으로 효력이 발생하여 별도의 공시 절차가 필요하지 않다. 따라서 매매, 교환, 증여와 같이 물건의 권리를 이전하여야 할 채권을 발생시키는 계약을 하면, 물건의 등기나 인도가 없더라도 소유권 이전의 효력이 발생한다. 그러나 이 과정에서 물권 변동의 당사자가 아닌 그 물권 변동 사실을 모르는 제삼자의 피해가 발생할 수 있으므로, 프랑스 민법에서는 부동산에 한해 일정한 공시 절차를 거쳐야 제삼자와의 관계에서 물권 변동의 효력이 발생하도록 하고 있다.

형식주의는 성립 요건주의라고도 하는데, 이 관점에서 물권 변동은 그것을 목적으로 하는 당사자의 의사 표시만으로 효력이 발생하지 않는다. 따라서 공시 절차를 거치지 않는 한 제삼자와의 관계에서는 물론이며, 당사자 사이에서도 물권 변동의 효력이 발생하지 않는다. 독일 민법 규정에 의하면 물권 행위는 그 원인 행위인 채권 행위와 언제나 분리되어 있다. 그리고 당사자의 의사 표시 외에 등기나 인도라는 공시 절차를 거쳐야 물권이 변동된다. 이러한 성립 요건주의에서는 물권 행위가 공시 절차와 연결되어 있다. 따라서 대항 요건주의에서와 같이 물권 변동의 효력이 물권 변동의 당사자 사이에서와 제삼자와의 관계에서 달라지는 일이 발생하지 않는다. 성립 요건주의는 법률관계가 명확하고, 거래의 안전도 충분히 충족할 수 있는 장점이 있어 우리 민법 역시 이를 채택하고 있다.

독해 포인트 이 글은 물권 변동을 일으키는 물권 행위에 대한 두 관점을 설명하고 있다. 물권은 특정한 물건을 직접 지배하여 이익을 얻을 수 있는 배타적 권리이다. 이러한 물권의 발생, 변경, 소멸을 통틀어 물권 변동이라고 하며, 물권 변동을 목적으로 하는 법률 행위를 물권 행위라고 한다. 물권 변동을 일으키는 물권 행위를 무엇으로 보느냐에 따라, 당사자의 의사 표시만으로 물권 변동의 효력이 발생한다고 보는 의사주의와 일정한 공시 절차가 필요하다고 보는 형식주의가 있다. 프랑스는 의사주의를, 독일과 우리나라는 형식주의를 따르고 있다.

주제 물권 변동을 일으키는 물권 행위에 대한 두 관점

04강 재판매 가격 유지 행위의 금지

사회 · 문화

EBS 수능특강 **독서 124쪽**

독해 포인트 상표 제도가 발달하면서 특정한 상표가 붙어 있는 상표품은 다른 상품들과 식별되기 쉽다. 다양한 상품을 취급하는 소매업자는 고객을 유인하기 위해 일부 상표품의 가격을 낮추어 판매할 수 있는데, 소매업자들 간의 가격 경쟁이 심화되면 상표품 이미지의 손상을 줄 수 있다. 따라서 상표품 제조업자는 재판매 가격을 정하여 강제하려고 한다. 그러나 이러한 행위는 공정 거래법에서 금지하는 행위로, 소비자 후생 증대나 정당한 이유가 있을 때만 허용된다. 우리가 마트에서 흔히 볼 수 있는 희망 소매가격이나 권장 소비자 가격은 상표품 제조업자의 단순한 희망이나 의사 전달에 그친다고 판단되기 때문에 허용된다.

주 제 재판매 가격 유지 행위 금지와 예외적 사례

자율적인 판매 활동 및 가격 경쟁을 촉진*하기 위해 독점 규제 및 공정 거래에 관한 법률(공정 거래법)에는 금지되는 행위가 규정되어 있다. 예를 들어 사업자들끼리의 친목을 도모*하고 사업자들에게 경영 정보를 제공하기 위해 만든 사업자 단체라 할지라도 사업자들 간의 경쟁을 부당하게 제한하거나, 현재 또는 장래의 사업자 수를 제한하거나, 사업자의 사업 활동을 제한하는 행위는 원칙적으로 금지된다. 특히 사업자 단체의 가격 제한 행위는 어떠한 사유로도 정당화될 수 없다. 그리고 가격 제한 행위 외에도 공정 거래법에 의해 사업자의 행위가 금지될 수 있는데, 그 대표적인 것이 재판매 가격 유지 행위의 금지이다.

(자율적인 판매 활동 및 가격 경쟁을 촉진: 자유 시장 경제의 작동 원리 / 사업자 단체: 사업자들끼리 만든 단체 / 경쟁을 부당하게 제한: 금지 행위 ① / 사업자 수를 제한: 금지 행위 ② / 사업 활동을 제한: 금지 행위 ③ / 사업자 단체의 가격 제한: 금지 행위 ④ / 재판매 가격 유지 행위의 금지: 중심 화제)

▶ 공정 거래법에서 금지하는 행위

상표 제도의 발달과 함께 상품이 규격화되면서 특정한 상표가 붙어 있는 상표품은 다른 상품들에 비해 질적, 양적으로 식별*이 용이하다. 여러 가지 다양한 상품을 취급하는 소매업자들은 고객을 유인하기 위한 방법으로 일부 상표품에 대해 낮은 가격을 설정하는 유인 염매*를 실시하기도 한다. 그러나 소매업자들 간의 가격 경쟁의 심화는 상표품 제조업자에게 유통망의 피해와 상표품 이미지의 손상을 줄 수 있다. 이를 방지하기 위해 상표품 제조업자는 자기 상표품의 재판매 가격을 정해 주는 재판매 가격 유지 행위(Resale Price Maintenance)를 요구한다. 재판매 가격 유지 행위란 상표품 제조업자가 자신의 상품 또는 용역을 거래할 때 거래 상대방 또는 그다음 거래 단계별 상대방에 대하여 거래 가격을 정하여 그 가격대로 판매 또는 제공할 것을 강제*하거나 그 가격대로 판매 또는 제공하도록 구속 조건을 붙여 거래하는 행위를 말한다. 이때 거래 가격이란 재판매 가격뿐만 아니라 최고 가격, 최저 가격, 기준 가격을 포함한다. 그리고 재판매 가격의 범위를 지정하면서 거래 상대방이나 그다음 거래 단계별 상대방에게 그 범위 내에서 구체적인 판매 가격을 지정할 수 있게 하는 경우도 포함한다.

(상표품: 특정한 상표가 붙어 있는 상품 / 질적, 양적으로 식별이 용이: 특정한 상표로 다른 제품들과 구별이 쉬움. / 낮은 가격을 설정하는 유인 염매: 다른 소매점들보다 싸게 팔아 소비자들을 불러들이려는 경영 방법 / 유통망의 피해: 유인 염매의 폐해 ① / 상표품 이미지의 손상: 유인 염매의 폐해 ② / 상표품 제조업자가 … 거래하는 행위: 재판매 가격 유지 행위의 정의 / 최고 가격, 최저 가격, 기준 가격 …: 거래 가격에 포함되는 개념들)

▶ 재판매 가격 유지 행위의 개념과 등장 배경

재판매 가격 유지 행위는 서비스나 품질의 차이에 의한 경쟁을 촉진하기 때문에 일반 소비자들에게 이익이 될 수 있으며, 소매업자들에게는 가격 경쟁의 부담으로 인한 도산* 가능성을 줄여 주기 때문에 소매업자들을 보호하는 효과가 있다. 또 동일한 상표품의 경쟁은 제한되는 반면 서로 다른 상표품 간의 경쟁은 촉진될 수 있다. 그러나 재판매 가격 유지 행위는 소매업자의 판매 가격을 구속하는 것이므로 해당 상표품에 대하여 가격 경쟁을 제한하는 문제점이 있다. 독립적인 사업자들의 자유로운 가격 결정을 구속하여 가격 경쟁을 감소시키며, 결국에는 시장 전체에 걸친 가격 담합을 조장*하여 가격 상승을 초래하고, 유통 조직의 효율성을 저해*하게 되는 것이다.

(일반 소비자들에게 이익이 될 수 있으며: 재판매 가격 유지 행위의 장점 ① / 소매업자들을 보호하는 효과: 재판매 가격 유지 행위의 장점 ② / 서로 다른 상표품 간의 경쟁은 촉진: 재판매 가격 유지 행위의 장점 ③ / 해당 상표품에 대하여 가격 경쟁을 제한하는 문제점: 재판매 가격 유지 행위의 단점 ① / 가격 경쟁을 감소: 재판매 가격 유지 행위의 단점 ② / 가격 상승을 초래: 재판매 가격 유지 행위의 단점 ③ / 유통 조직의 효율성을 저해: 재판매 가격 유지 행위의 단점 ④)

▶ 재판매 가격 유지 행위의 장점과 단점

따라서 공정 거래법에서는 재판매 가격 유지 행위를 원칙적으로 금지하고 있다. 다만 소비자 후생 증대 효과

가 경쟁 제한으로 인한 폐해보다 큰 경우와 같이 재판매 가격 유지 행위에 정당한 이유가 있거나, 공정 거래 위원회가 고시하는 저작물과 같이 관련 법에 의해 예외적으로 인정되는 경우에는 금지하지 않는다. 이는 재판매 가격 유지 행위 일체를 위법하다고 판단하던 종래의 원칙에서 합리의 원칙에 따라 판단하는 것으로 변경된 것이다. 예를 들어 가격의 상한선을 설정하는 최고 가격제로 소매업자의 이윤을 축소*함으로써 소비자에게 이익이 되는 최고 가격 유지 행위는 허용될 수 있다. 그러나 우리가 일상적으로 볼 수 있는 희망 소매가격은 그 위법성 여부에 대해 따져 볼 필요가 있다. 추천 가격, 권장 소비자 가격이라고도 불리는 희망 소매가격은 제조업자가 상표품에 대하여 거래 상대방에게 희망하는 재판매 가격을 표시하는 것이다. 이러한 희망 소매가격이 제조업자의 단순한 희망이나 의사의 전달로 그치는 경우에는 강제성이 없는 것으로 판단하지만, 거래 상대방이나 그다음 거래 단계별 상대방의 자유로운 의사에 반하여 그 준수를 강요하거나 위반에 대해 불이익을 주었다면 강제성이 있는 것으로 판단한다.

재판매 가격 유지 행위가 허용되는 경우 / 과거의 판단 기준 / 현재의 판단 기준 / 재판매 가격 유지 행위가 허용되는 경우 / 위법성이 있는지에 대해서는 따져 보아야 함. / 희망 소매가격의 정의 / 위법하지 않다고 판단함. / 위법하다고 판단함.

▶ 재판매 가격 유지 행위를 허용하는 사례

* **유인 염매**: 사업자가 자신이 취급하는 상품이나 용역 중 일부 품목을 싸게 파는 행위.

어휘! 이것만은 꼭 익히자

- **촉진(促進)**: 다그쳐 빨리 나아가게 함.
- **도모(圖謀)**: 어떤 일을 이루기 위하여 대책과 방법을 세움.
- **식별(識別)**: 분별하여 알아봄.
- **강제(強制)**: 권력이나 위력(威力)으로 남의 자유의사를 억눌러 원하지 않는 일을 억지로 시킴.
- **도산(倒産)**: 재산을 모두 잃고 망함.
- **조장(助長)**: 바람직하지 않은 일을 더 심해지도록 부추김.
- **저해(沮害)**: 막아서 못 하도록 해침.
- **축소(縮小)**: 모양이나 규모 따위를 줄여서 작게 함.

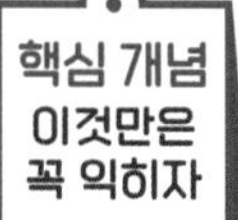

공정 거래법에서 금지하는 행위

독점 규제 및 공정 거래에 관한 법률은 자율적인 판매 활동 및 가격 경쟁을 촉진하기 위해 제정되었다. 이 법에서는 사업자들 간의 경쟁을 부당하게 제한하거나, 현재 또는 장래의 사업자 수를 제한하거나, 사업자의 사업 활동을 제한하는 행위를 원칙적으로 금지한다. 그리고 사업자가 자율적으로 가격을 정하지 못하도록 제한하는 행위도 금지한다. 이를 재판매 가격 유지 행위의 금지라고 한다.

상표품과 재판매 가격 유지 행위

상표품은 특정 상표가 붙어 있는 상품으로 다른 상품들에 비해 식별하기 쉽다. 여러 가지 상품을 취급하는 소매업자들은 고객을 유인하기 위해 고객이 선호하는 상표품을 값싸게 판매할 수 있는데, 싼값으로 판매되면 상표품 이미지에 손상을 줄 수 있다. 따라서 상표품 제조업자는 상표품의 재판매 가격을 정하여 판매할 것을 요구할 수 있다. 이를 재판매 가격 유지 행위라고 하는데, 최고 가격, 최저 가격, 기준 가격을 포함하여, 거래 상대방이나 그다음 거래 단계별 상대방에게 구체적인 판매 가격을 지정하는 경우도 포함된다.

재판매 가격 유지 행위가 예외적으로 인정되는 경우와 합리의 원칙

재판매 가격 유지 행위에 대해 종래에는 재판매 가격 유지 행위 일체는 모두 위법하다고 판단했던 원칙에서 현재에는 합리적인 이유가 있는지 따져 본다는 합리의 원칙으로 변경되었다. 가격 경쟁을 제한할 때의 폐해보다 가격 경쟁을 제한할 때의 소비자 후생 증대 효과가 큰 경우와 같이 정당한 이유가 있거나 공정 거래 위원회가 고시하는 경우 재판매 가격 유지 행위는 인정된다.

■ **대법원의 판례**

P 회사는 2011년 5월 4일부터 2012년 5월 18일까지 거래하는 대리점들에 대하여 인터넷 오픈 마켓에서 P 회사의 소형 가전제품을 권장 소비자 가격의 50% 이상 가격으로 판매하여야 한다는 가격 정책을 수립하고, 이를 위반한 대리점들에 대하여 출고 정지, 공급 가격 인상 등의 제재를 함으로써 위 가격 정책을 강제한 사실이 있다. 이 행위가 특별 할인 행사 등을 위하여 할인된 제품이 원래의 목적에 맞지 않게 판매됨을 방지하기 위한 것이라거나, 그 밖에 상표품 간 경쟁 등을 촉진하여 결과적으로 소비자 후생을 증대하는 정당한 이유가 있는 것이라고 인정하기 어렵다. 따라서 P 회사의 가격 정책은 재판매 가격 유지 행위에 해당하여 위법한 것이다.

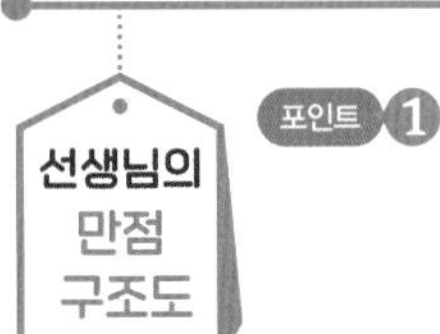

포인트 1 **재판매 가격 유지 행위의 장단점** 문항 02 관련

장점		단점
• 재판매 가격이 낮아지는 것을 방지하여 소매업자들의 ❶ [ ] 을/를 줄일 수 있음. • 서비스나 품질의 차이에 의한 경쟁을 촉진하기 때문에 ❷ [ ] 에게 이익이 될 수 있음. • 소매업자들 간의 심화된 가격 경쟁으로 발생하는 상표품 제조업자의 피해를 방지할 수 있음.	↔	• 독립적인 사업자들의 ❸ [ ] 을/를 감소시켜 가격 담합을 조장, 가격 상승을 초래, 유통 조직의 효율성을 저해할 수 있음. • 소매업자들 간의 가격 경쟁을 제한하여 소비자에게 불이익이 될 수 있음.

정답 ❶ 도산 가능성 ❷ 소비자 ❸ 가격 경쟁

재판매 가격 유지 행위에 대한 판단

일체 위법		합리의 원칙
재판매 가격 유지 행위를 예외 없이 원칙적으로 ❶ [ ] 함.	→	관련 법에 의해 예외를 ❷ [ ] 함. 예 공정 거래 위원회가 고시하는 저작물의 경우, 소비자의 이익이 더 큰 경우

정답 ❶ 금지 ❷ 인정

05강 이론적 관점에서 본 지구 환경 정치

사회 · 문화

EBS 수능특강 **독서 129쪽**

독해 포인트 이 글은 세 가지 이론적 관점에서 지구 환경 정치를 설명하고 있다. 먼저 현실주의에서 본 지구 환경 정치는 국가 간의 갈등 영역으로서 협력을 통한 환경 문제의 해결이 힘들 것이라고 보고, 개별 국가들의 배타적 이익 추구 및 환경 보호와 보존을 위한 집단적인 노력의 부재로 인해 비관적인 상황에 부닥치게 되리라고 본다. 자유주의는 환경 문제에서 협력의 가능성을 긍정하여, 국가를 넘어선 다양한 행위 주체들이 교류와 협력을 선택해 지구 환경 문제를 개선하려고 노력하고 있으며 환경 문제 해결에 국가 단위뿐만 아니라 다양한 행위자들도 점차 중요한 역할을 할 것이라고 본다. 구성주의는 국가들이 환경 문제에 대한 고정된 이해관계나 시각을 가진 것이 아니라 국제 사회 속에서 다른 국가를 비롯한 다양한 행위 주체들과의 상호 작용을 통해 환경 문제에 대한 이해관계나 시각을 발달시킨다고 보고, 환경 문제 해결을 위해 행위 주체 간에 서로를 대화 상대로 인식하고 환경 문제에 대한 공통의 이해관계를 가질 수 있도록 해야 한다고 보았다.

주 제 지구 환경 정치에 대한 이론적 논의

환경 문제를 둘러싸고 다양한 행위자들이 전 지구 차원에서 전개하는 복잡한 상호 작용을 가리켜 '지구 환경 정치'라고 하는데, 이를 이해하기 위해서는 국제 정치에 대한 이론적 논의와 함께 살펴보아야 한다. 국제 정치에 대한 이론적 논의는 크게 현실주의, 자유주의, 구성주의 관점에서 이루어져 왔다. ▶ 지구 환경 정치의 개념과 이론적 논의

(지구 환경 정치의 개념)

현실주의는 주권 국가를 주요 분석 단위이자 행위 주체로 보며 국가와 국가 간의 관계를 분석해 국제 관계를 이해하고자 한다. 이 이론에 따르면 국제 관계는 합리적인 단일 행위자인 국가 간의 힘의 정치로, 중앙 정부가 부재*한 국제 사회에서 이해관계가 충돌하는 경우 각 국가는 자국의 이익을 배타적*으로 추구하므로 국가 간의 갈등 및 경쟁 관계는 불가피하다. 현실주의는 지구 환경 정치 역시 국가 간의 갈등 영역으로 보고 협력을 통한 환경 문제의 해결이 힘들 것이라는 전망*을 제시한다. 현실주의적 관점에서는 환경 문제가 안보나 군사 문제처럼 국가들의 존폐*에 직접적으로 영향을 미치지 않으며, 경제 영역에서 국가 간의 경쟁이 날로 치열*해져 가는 상황에서 국가들이 환경 보호를 정책의 우선순위에 두고 전 지구적 환경 문제 해결에 나서는 데에 소극적일 것이라고 본다. 또한 개별 국가들이 다른 국가들에 대한 신뢰가 낮고 그들의 무임승차를 우려하기 때문에 적극적으로 친환경적인 정책을 채택*하기를 꺼릴 것이라고 본다. 결과적으로 지구 환경 정치는 개별 국가들의 배타적 이익 추구 및 환경 보호와 보존을 위한 집단적인 노력의 부재로 인해 비관적인 상황에 부닥치게 될 수 있다는 것이 현실주의의 시각이다. ▶ 현실주의의 관점에서 본 지구 환경 정치

(국제 사회는 국가 간 갈등을 중재할 수 있는 강력한 권한을 가진 기관이 부재함.)
(지구 환경 정치에 대한 현실주의의 관점)
(현실주의가 환경 문제 해결에 비관적인 이유 ①)
(현실주의가 환경 문제 해결에 비관적인 이유 ②)

자유주의는 국제 정치에서 협력의 가능성을 긍정하며 이의 진작*을 위해 노력해야 한다고 본다. 현실주의가 국제 정치의 주요 행위 주체로 주권 국가들에 초점을 맞춘다면 자유주의의 분석 단위는 국가뿐만 아니라 국제 연합(UN)과 같은 범지구적 국제기구, 유럽 연합(EU)과 같은 지역 수준의 초국가적인 기구 및 협력 단체, 비정부 기구 등 좀 더 다양한 행위자들을 포함한다. 자유주의의 틀에서 국제 정치에 대한 이론화 작업을 한 신자유 제도주의에 따르면, 국제 사회는 중앙 정부가 부재한 상태에 놓여 있지만 국제 관계에서 국가는 합리적이고 이성적인 행위자들이기에 자국의 이익을 추구하기 위해 다른 국가들과 교류 · 협력하는 선택을 한다고 본다. 그리고 국제 정치 · 경제가 다원화되고 복잡해지면서 이렇게 얽힌 상호 작용이 서로에 대한 의존성을 강화하여 국제 체제 전체의 안정을 가져올 수 있다고 보았다. 이러한 관점에서 환경 문제에서도 국가를 넘어선 다양한 행위 주체들이 교류와 협력 관계를 선택해 다양한 규칙과 제도들을 지역적, 국제적 수준에서 만들어 나감으로써 지구 환경

(국제 정치에서 국가 간의 갈등과 경쟁 관계가 불가피하다고 보는 현실주의와 다른 점)
(국제 정치에서 국가를 주요 분석 단위이자 행위 주체로 보는 현실주의와 다른 점)
(현실주의가 국제 사회를 바라보는 관점과 같은 점)
(국가는 합리적이고 이성적인 행위자이며 국제 체제의 복잡한 상호 작용이 서로에 대한 의존성을 강화하기 때문)

문제를 개선하려고 노력해 왔다고 본다. 그리고 그러한 노력이 앞으로 더욱 제도화될 것으로 전망한다. 또한 지구 환경 문제들의 성격이 복잡하고 해결 방안의 도출*을 위해서 전문적이고 과학적 지식을 요구하는 특징 때문에 국가 단위에서뿐만 아니라 비정부 기구, 전문가들의 네트워크 조직, 다국적 기업 등의 다양한 행위자들도 점차 중요한 역할을 할 것이라고 본다.

▶ 자유주의의 관점에서 본 지구 환경 정치

구성주의는 국제 관계에서 행위의 결과나 그 행위가 가지는 의미는 국제 사회를 구성하는 다양한 행위 주체 간의 상호 작용에 의해 사회적으로 구성되며 결정된다고 본다. 국가들이 추구하는 바가 국가 간의 상호 작용의 방식에 따라 경쟁적 관계에 놓이거나 협력적 관계에 놓인다는 것이다. 구성주의적 시각에서 볼 때 국가들은 환경 문제에 대한 고정된 이해관계나 시각을 가진다기보다는 국제 사회 속에서 다른 국가를 비롯해 비정부 기구, 전문가 집단, 기업 등 다른 행위 주체들과의 상호 작용을 통해 새로운 가치, 시각이나 이해관계를 발달시킬 수 있다. 특히 행위 주체들이 지구 환경 문제에 대해 서로를 적이 아닌 대화할 수 있는 상대로 인식하면 할수록, 또한 이들이 환경 문제에 대한 공통의 이해관계를 갖게 될 때 지구 환경 정치에서 중앙 정부가 부재한 상태와 그로 인한 한계를 극복하고 문제 해결의 발판*을 마련할 수 있다. 한편 구성주의는 지구 환경 정치에서 가장 중요한 행위 주체인 국가들의 이해관계와 관념이 현재와 같이 주권 국가의 영토와 국경에 기반해 있는 한 주권의 경계를 넘어선 다양한 지역적이고 전 지구적인 환경 문제의 해결에 장애가 되므로 민족, 국가, 영토에 대한 재개념화와 이기적이며 배타적인 국가 중심적 사고로부터의 탈피*가 필요하다고 주장한다.

(국제 사회의 행위 주체 간 관계가 경쟁 관계가 될 것인지, 협력 관계가 될 것인지는 미리 정해지지 않고 행위 주체 간의 상호 작용에 의해 결정됨.)

(현실주의와 자유주의가 국제 사회를 바라보는 관점과 같은 점)

(주권의 경계를 넘어서는 환경 문제의 특징)

▶ 구성주의의 관점에서 본 지구 환경 정치

현실주의, 자유주의, 구성주의는 지구 환경 정치라는 복잡한 현상을 이해하고 분석할 수 있도록 도와주는 이론적 틀의 기능을 한다. 이들은 지구 환경 정치의 본질을 다양하게 해석하고, 지구 환경 정치에서 여러 행위 주체 간의 관계를 다양한 시각으로 바라보며, 그러한 이해를 바탕으로 지구 환경 정치의 미래를 각기 다르게 예측한다.

(현실주의, 자유주의, 구성주의 이론의 기능)

▶ 지구 환경 정치에 대한 이론적 틀의 기능을 하는 세 가지 이론

어휘! 이것만은 꼭 익히자

- **부재(不在)**: 그곳에 있지 아니함.
- **배타적(排他的)**: 남을 배척하는 것.
- **전망(展望)**: 앞날을 헤아려 내다봄. 또는 내다보이는 장래의 상황.
- **존폐(存廢)**: 존속과 폐지를 아울러 이르는 말.
- **치열(熾烈)**: 기세나 세력 따위가 불길같이 맹렬함.
- **채택(採擇)**: 작품, 의견, 제도 따위를 골라서 다루거나 뽑아 씀.
- **진작(振作)**: 떨쳐 일어남. 또는 떨쳐 일으킴.
- **도출(導出)**: 판단이나 결론 따위를 이끌어 냄.
- **발판(발板)**: 다른 곳으로 진출하기 위하여 이용하는 수단을 비유적으로 이르는 말.
- **탈피(脫皮)**: 일정한 상태나 처지에서 완전히 벗어남.

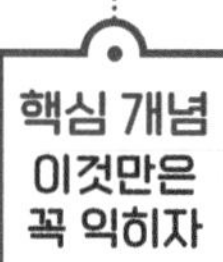

신자유 제도주의

신자유 제도주의는 죄수의 딜레마 게임으로 대표되는 게임 이론에 착안하여 공범인 두 명의 죄수들이 서로 소통이 불가능한 상황에서는 자신의 사적 이익 추구와 서로에 대한 불신으로 둘 모두에게 최적 이하의 선택을 하게 되지만, 그 게임이 반복되면 죄수들은 상호 협력함으로써 둘 모두에게 유리한 결정을 내리게 되는 상황이 국제 관계에서도 적용된다고 보았다. 국제 사회에서 국가들이 서로 반복적으로 교류하다 보면 게임의 규칙이 만들어지고 이러한 규칙이 점차 제도화되어 국가 간의 신뢰를 높여 국가 간의 관계가 안정화되고 지속적인 협력을 촉진한다는 것이다.

구성주의

현실주의나 신자유 제도주의는 국가들의 이해관계, 사고, 행위 추구의 동기가 중앙 정부가 부재한 외부 조건에 의해 형성된 것으로 본다. 그리고 이러한 외부 조건하에서 국가들이 추구하는 바는 비교적 변화하지 않는 고정된 것이라고 주장한다. 구성주의는 국가의 이익과 사고가 고정되어 있다고 보는 현실주의 및 자유주의에 의문을 던진다. 구성주의에 따르면 중앙 정부가 부재한 상태에서 국제 관계의 결과는 국가들에 미리 주어진 어떤 이익 구조나 동기에 의해 설명되고 예측될 수 있는 것이 아니라 국가들 간의 지속된 상호 작용의 산물이라는 것이다.

■ 국제 사회의 특징

국제 사회는 국내 사회와는 다른 특징이 있다. 국내 정치 및 사회는 중앙 정부와 같이 권력을 합법적으로 행사할 수 있는 행위 주체에 의해 관리되고 통제되지만, 국제 정치는 그러한 권력이 부재한다. 국제 정치에서는 개별 주권 국가들에게 질서를 강제할 수 있는 상위의 지배적 존재나 법적 장치, 경찰이나 군대와 같이 물리력을 독점하는 기구가 존재하지 않는 것이다. 물론 국제 정치는 국제기구나 다양한 국제법 및 조례, 몇몇 강대국들 사이의 힘의 균형 등을 통해 질서가 어느 정도 유지되는 면도 있지만, 이들이 국내 정치의 중앙 정부와 같은 역할을 하는 것은 아니기 때문에 국제 정치에 중앙 정부가 부재한다는 조건이 변하는 것은 아니다.

국제 정치에 대한 이론적 논의 이해하기 문항 01, 02 관련

국제 정치에 대한 이론	국제 정치의 행위 주체	국제 정치에 대한 전망	환경 문제 해결 전망
현실주의	❶ ( )	국가 간의 갈등 및 경쟁 관계가 불가피함.	환경 문제 해결에 비관적임.
자유주의	❶ ( ), 범지구적 국제기구, 지역 수준의 초국가적인 기구, 비정부 기구 등 다양한 행위 주체	❷ ( )의 가능성을 긍정하고 이의 진작을 위해 노력해야 함.	행위 주체들이 교류와 협력 관계를 선택해 지구 환경 문제를 개선하려고 노력하고 있음.
구성주의	❶ ( ), 비정부 기구, 전문가 집단, 기업 등 다양한 행위 주체	다양한 행위 주체 간의 ❸ ( )에 의해 구성되며 결정됨.	행위 주체들이 서로를 대화할 수 있는 상대로 인식하고 환경 문제에 대한 공통의 이해관계를 가져야 하며, ❹ ( )(으)로부터의 탈피가 필요함.

정답 ❶ 국가 ❷ 협력 ❸ 상호 작용 ❹ 국가 중심적 사고

06강 특허권 침해로 인한 손해액 추정

사회 · 문화

EBS 수능특강 **독서 134쪽**

독해 포인트 이 글은 특허법에 따라 특허권 침해로 인한 손해액을 추정하는 여러 방법에 대해 설명하고 있다. 특허권은 발명을 한 자 또는 그 승계인에게 주어지는 독점적 · 배타적 권리로 특허 출원을 한 뒤 특허 등록이 완료되었을 때 주어진다. 특허권 침해 행위는 재산권 침해 행위에 해당하여 특허권자는 침해 행위에 대한 손해 배상을 청구할 수 있는데, 이때 특허권자의 손해액은 다양한 방법을 통해 추정된다. 일실 이익을 통해 추정할 수도 있고 침해자의 이익액을 통해 추정할 수도 있으며 통상 실시료를 통해 추정할 수도 있다.

주 제 특허권 침해로 인한 손해액 추정

특허법에서는 발명을 한 자 또는 그 승계인에게 독점적 · 배타적* 권리인 특허권을 주고 특허권의 대가로 해당
발명에 대한 권리를 이어받은 자
기술을 공개하도록 하고 있다. 특허 출원*한 날부터 1년 6개월이 되는 날에 출원 내용은 대중에 공개되어 누구든
특허권을 부여하는 대신 기술을 공개하는 것을 조건으로 함.
지 특허 정보 검색 서비스에 접속하여 특허 출원된 기술 내용을 열람할 수 있다. 그리고 누구든지 열람한 기술
내용을 개량*하여 발명을 할 수 있고 개량된 발명에 대해 특허권을 취득할 수 있다. ▶ 특허권의 개념과 특허권의 대가

그런데 발명을 한 모든 사람에게 특허권이 주어지는 것은 아니다. 특허권은 이전의 발명에 비해 새롭고 기술
적인 면에서 발전이 있는 발명을 대상으로 하며, 특허 신청, 즉 특허 출원을 한 뒤 특허 등록이 완료되었을 때 주
특허권 부여의 대상이 되는 발명의 내용적 조건: 진보성 특허권 획득의 절차: 특허 출원 → 특허 등록
어진다. 특허 출원은 발명자와 발명에 대한 권리를 승계*받은 사람이 할 수 있으며, 특허 출원의 대상에는 물건
의 발명뿐만 아니라 영업 방식과 같은 방법의 발명까지 포함된다. 특허청이 특허 출원에 대한 판정*을 통해 특허
특허 등록의 주체
를 등록하면 특허 출원자는 특허를 받은 발명을 독점적으로 이용할 수 있는 권한을 갖게 된다. 이때의 이용은 산
독점적 권리
업적 또는 상업적으로 이용하는 것으로만 한정되는데 이러한 이용을 '실시'라고 표현한다. 특허권자는 실시에
특허권에서 실시의 개념
대한 권한을 양도*할 수도 있는데, 특허권자가 실시권을 특정인에게만 양도하면 이는 독점적 실시권의 양도이며
실시권
독점적 권한을 배제*하고 여럿에게 실시권을 양도하면 통상적 실시권의 양도이다. 독점적 실시권이든 통상적 실
시권이든 실시권을 양도한 특허권자는 실시권 양도의 대가로 소정*의 사용료를 받을 수 있는데, 이것을 실시료
실시권 양도의 대가로 받는 사용료
라고 한다. ▶ 특허권 취득의 과정과 특허권자에게 주어지는 권리

특허권에 대한 정당한 권한이 없는 자가 타인이 특허권을 가진 발명을 실시하는 것을 특허권 침해라고 한다.
특허권 침해의 개념
특허권 침해 행위는 민법상 재산권 침해 행위에 해당하는 불법 행위이므로 특허권자는 "고의 또는 과실로 인한
특허권은 민법상 재산권
위법 행위로 타인에게 손해를 가한 자는 그 손해를 배상할 책임이 있다."라고 규정한 민법 제750조에 근거하여
침해자에 대하여 손해 배상을 청구할 수 있다. 이때 타인의 고의나 과실 여부, 손해액 등에 대한 입증* 책임은 피
해자에게 있다. 그런데 특허권 침해 행위는 침해 사실, 손해액 등을 특허권자가 입증하기 어려운 경우가 많기 때
특허권자 특허권의 대상이 무형의 지적 창작인 발명이기 때문에 특허권자가 침해 사실 등을 입증하기가 어려움.
문에 민법을 적용할 경우 특허권자는 자신의 권리를 제대로 보호받기 어렵다. 이에 특허법에서는 특허권자의 입
증 책임을 경감*해 주기 위한 규정들이 있는데, 생산 방법의 추정 규정이 대표적이다. 이 규정에 따르면, 물건을
특허권자의 입증 책임을 경감해 주기 위한 규정
생산하는 방법의 발명에 관련하여 그 물건과 동일한 물건은 특허 등록된 방법에 의하여 생산된 것으로 추정한다.
▶ 특허권 침해 행위에 대한 법의 적용

특허법에서는 손해액 산정*과 관련하여 일실 이익 추정에 관한 규정을 두고 있다. 일실 이익이란 특허권 침해
특허권 침해로 인한 손해액을 산정할 때 적용할 수 있는 규정 ①
가 없었다면 얻을 수 있었던 특허권자의 이익액, 즉 특허권자가 실제로 입은 손해액이다. 이때 일실 이익을 특허
일실 이익의 개념

권 침해가 없었을 때 특허권자가 더 판매할 수 있었던 물건의 수량에 단위 수량당 이익액을 곱하여 산출*하는 것으로 오해하기 쉽다. 그러나 이 규정에서는 일실 이익을 특허권자가 실제 생산할 수 있었던 물건의 수량에서 실제 판매한 물건의 수량을 뺀 수량에, 단위 수량당 이익액을 곱한 금액으로 한다. 특허권자 A가 제품 100개를 생산할 수 있는 설비를 갖추고 제품을 판매하고 있었으나 B가 A의 특허권을 침해하여 B가 제품 50개를 판매하고 A가 제품 60개를 판매하였다고 가정해 보자. A가 B를 상대로 특허권 침해로 인한 손해 배상을 요구하며 제품 50개에 대한 일실 이익을 주장한다면 이는 그대로 받아들여질 수 없다. A가 실제 생산할 수 있었던 물건의 수량은 100개이기 때문에 일실 이익은 제품 40개에 대해서만 인정된다. 한편 침해자가 침해 행위를 통해 얻은 이익액을 손해액으로 추정하는 규정도 있는데, 침해자가 침해 행위를 통해 얻은 이익액을 특허권자가 입증하면 그 이익액을 손해액으로 추정할 수 있다. 특허권자가 침해자의 이익액을 입증하면 입증 책임이 전환되어 침해자가 자신의 이익액이 특허권자의 손해액에 영향을 미치지 않았음을 입증하여야 한다. 통상적 실시권의 양도에 따른 실시료인 통상 실시료를 통해 손해액을 추정할 수 있도록 하는 규정도 있다. 이 규정에 따르면, 특허권자가 실제로 입은 손해, 즉 일실 이익과 관계없이 특허권 침해에 대한 최소 배상액은 특허를 사용하기 위해 지불해야 하는 통상 실시료로 정한다. 통상 실시료는 일반적으로 판매액에 합리적 수준의 실시료율을 곱해 산출한다.

(일실 이익을 산정하는 방법)
(A가 실제 생산할 수 있었던 물건의 수량은 100개이고 A는 100개 중 60개를 판매했기 때문에)
(특허권 침해로 인한 손해액을 산정할 때 적용할 수 있는 규정 ②)
(이 경우, 이 사실을 입증하지 못하면 침해자는 침해 행위를 통해 얻은 이익액을 배상)
(특허권 침해로 인한 손해액을 산정할 때 적용할 수 있는 규정 ③)

▶ 특허권 침해로 인한 손해액 산정에 관한 규정

특허법은 특허권자의 권리를 보장하는 데 기여하지만 특허법에서 보호 대상으로 삼는 것이 유형의 발명품이 아니라 무형의 지적 창작인 발명이기 때문에 특허권 침해에 대한 손해 배상에서 손해액을 산정하고 입증하는 것은 매우 어렵다. 더욱이 특허권 침해 행위에 대한 손해 배상에 있어서 배상액이 너무 적다면 기업은 손해 배상을 감수*하고 특허권을 침해하여 이윤을 취하려고 할 수 있고 배상액이 너무 많다면 특허권자가 발명 기술을 이용하지 않고 침해 행위가 일어나기를 기다리는 상황이 벌어질 수 있다. 특허법에서 특허권 침해 행위에 대한 손해액 산정에 관한 규정이 중요한 것은 이와 관련된다.

(특허권 침해에 대한 손해 배상에서 손해액 산정이 어려운 이유)
(특허권 침해 행위에 대한 손해 배상액 산정에 관한 규정이 중요한 이유)

▶ 특허권 침해 행위에 대한 손해액 산정의 중요성

어휘! 이것만은 꼭 익히자

- **배타적(排他的)**: 남을 배척하는.
- **출원(出願)**: 청원이나 원서를 냄.
- **개량(改良)**: 나쁜 점을 보완하여 더 좋게 고침.
- **승계(承繼)**: 다른 사람의 권리나 의무를 이어받는 일.
- **판정(判定)**: 판별하여 결정함.
- **양도(讓渡)**: 권리나 재산, 법률에서의 지위 따위를 남에게 넘겨줌.
- **배제(排除)**: 받아들이지 아니하고 물리쳐 제외함.
- **소정(所定)**: 정해진 바.
- **입증(立證)**: 어떤 증거 따위를 내세워 증명함.
- **경감(輕減)**: 부담이나 고통 따위를 덜어서 가볍게 함.
- **산정(算定)**: 셈하여 정함.
- **산출(算出)**: 계산하여 냄.
- **감수(甘受)**: 책망이나 괴로움 따위를 달갑게 받아들임.

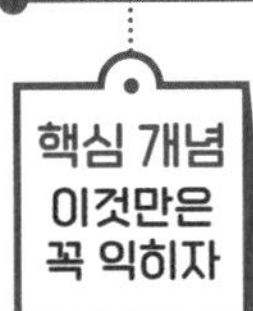

특허권과 실시권

특허권은 발명을 한 자 또는 그 승계인에게 주어진 독점적이고 배타적인 권리이다. 이때의 발명은 이전의 발명에 비해 새롭고 기술적인 면에서 발전이 있는 발명이어야 한다. 실시권은 특허를 받은 발명을 산업적 또는 상업적으로 이용할 수 있는 권한으로, 특허권자는 실시권을 특정인에게 양도할 수도 있고 여럿에게 양도할 수도 있다.

특허권 침해로 인한 손해액을 산정할 때 적용할 수 있는 규정

특허법에서는 특허권 침해로 인한 손해액을 산정할 때 적용할 수 있는 규정을 두고 있다. 일실 이익 추정에 관한 규정에서는 특허 침해가 없었다면 얻을 수 있었던 특허권자의 이익액인 일실 이익을 통해 손해액을 추정한다. 침해자가 침해 행위를 통해 얻은 이익액을 손해액으로 추정할 수도 있고, 통상 실시료를 통해 손해액을 추정할 수도 있다.

■ **특허권의 존속**

특허권은 기술의 공개에 대한 대가로서 인정되는 재산권이다. 특허권은 특허 출원일 후 20년 동안 인정되며, 20년의 존속 기간이 만료된 후에는 누구나 해당 기술을 자유롭게 이용할 수 있다. 특허는 특허로서 보호받고자 하는 모든 나라에 각각 출원하여 등록받아야 한다. 우리나라에서 특허 등록을 받았더라도 미국에 권리로서 등록되지 않은 경우에는 제삼자가 미국에서 동일 제품을 판매하는 등의 실시 행위를 하는 경우에도 권리 행사를 할 수 없다.

선생님의 만점 구조도

포인트 1 **특허권의 획득**

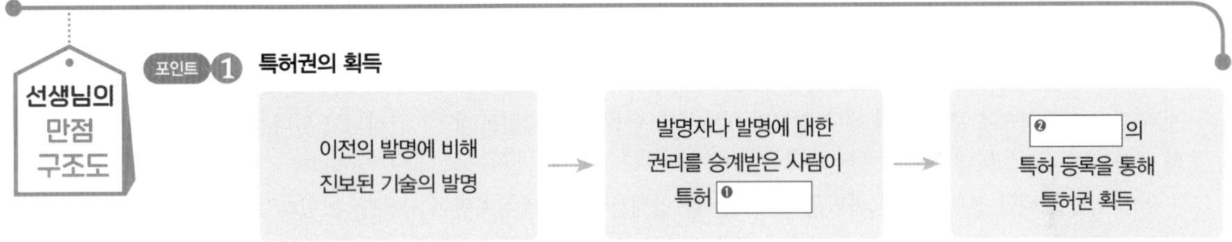

정답 ❶ 출원 ❷ 특허청

특허권 침해 행위에 대한 손해 배상 문항 03, 05 관련

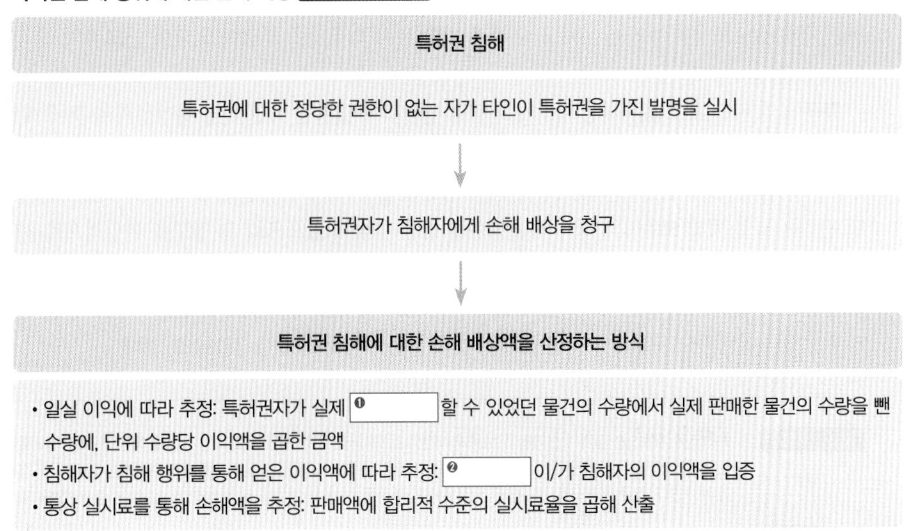

정답 ❶ 판매 ❷ 특허권자

읽어 읽기

06

특허권과 영업 비밀

넓은 의미에서 '특허권'이란 발명에 대해 부여하는 권리로, 해당 정보의 소유자 이외에는 해당 정보를 사용할 수 없도록 하는 독점적 · 배타적 권리를 말한다. 특허권은 해당 정보를 특허로 출원한 후 특허청의 심사를 통하여 획득할 수 있으며, 특허권을 획득하면 특허법에 의해 해당 정보의 소유자만이 해당 정보를 사용할 수 있도록 출원한 날로부터 20년 동안 독점적 · 배타적인 권리를 부여받는다. 그러나 특허 출원 후 18개월이 경과하면 해당 정보가 일반에 공개되는데 이는 정신적 창작물을 공개하여 산업 발전을 촉진하면서도 발명을 보호하고 장려하기 위해서이다.

특허권 소유자는 나중에 동일한 정보를 독자적으로 획득한 제삼자에 대해서도 특허권을 행사할 수 있으며, 해당 특허가 무효가 되지 않는 한 법이 보호하는 기간 동안 발명에 투자한 자금을 회수할 수 있다. 만약 제삼자가 해당 특허를 무효라고 주장하려면 이를 주장하는 제삼자가 무효임을 입증해야 한다는 장점도 있다. 하지만 특허권은 특허법에 따라 선행 기술 조사와 같은 특허청의 실체 심사를 거쳐야 하는 등 획득 절차가 번거로우며 특허권을 획득, 유지하는 데 많은 비용이 소요된다는 단점이 있다. 또 일정 기간이 경과하면 경쟁사에도 해당 정보가 공개된다는 문제점이 있다. 그렇기 때문에 해당 정보를 특허권으로 등록하지 않고 '영업 비밀'로 유지하는 경우도 있다.

영업 비밀이란 영업 비밀 보호법상 공공연히 알려져 있지 않고 독립된 경제적 가치를 가지는 것으로서, 합리적인 노력에 의해 비밀로 유지된 생산 방법, 판매 방법, 그 밖에 영업 활동에 유용한 기술 또는 경영상의 정보를 말한다. 여기에는 기업이 경쟁에서 우위를 확보하기 위해 스스로 개발하고 비밀로 보유한 제조 공정이나 방법뿐만 아니라 마케팅 전략, 고객 리스트, 기업의 기본 계획 등도 포괄된다. 영업 비밀의 보호는 해당 정보를 산업 스파이나 부당 스카우트 등을 통해 부정하게 취득하거나, 부정하게 취득한 영업 비밀을 사용 또는 공개하는 행위들을 법적으로 규제하는 방식으로 이루어진다.

해당 정보가 영업 비밀로 보호받기 위해서는 비공지성, 경제적 유용성, 비밀 관리성을 갖추어야 한다. 비공지성은 불특정 다수인이 해당 정보를 알고 있거나 알 수 있는 상태에 있지 않은 것으로 쉽게 조사가 되지 않는다는 의미이다. 경제적 유용성은 해당 정보가 경제적 가치가 있어야 한다는 의미로, 해당 정보를 통해 경제적 이익을 얻을 수 있거나 해당 정보의 취득이나 개발을 위해 상당한 비용이나 노력이 필요한 경우를 가리킨다. 비밀 관리성은 해당 정보를 비밀이라고 고지하거나, 해당 정보에 접근할 수 있는 사람과 방법을 제한하거나, 접근자에게 비밀 준수의 의무를 부과하는 것과 같이 객관적으로 보았을 때 해당 정보가 상당한 노력을 통해 비밀로 유지 · 관리되고 있다는 사실이 인식 가능할 때 성립된다.

영업 비밀은 해당 정보에 대한 비밀을 유지하는 한 언제까지라도 소유자만이 사용할 수 있다. 하지만 제삼자가 독자적으로 동일한 영업 비밀을 취득하게 된다면 해당 정보의 사용을 제한할 수 없다. 이는 제삼자가 시중에 판매되고 있는 제품을 분석하여 영업 비밀을 취득하게 된 경우에도 마찬가지이다. 또 영업 비밀은 영업 비밀의 성립 요건 중 하나인 비밀 관리성을 유지하는 것이 쉽지 않다. 근로자의 입장에서도 근로자가 개발한 정보를 소속 기업이 영업 비밀로 취급하는 경우에는 보상을 누리지 못하고 오히려 비밀 유지 의무만을 부담하게 되어 근로자의 이익이 저해되는 문제점이 있을 수 있다.

최근 영업 비밀 보호법은 해당 정보가 비밀로 관리되고 있기만 하면 비밀 관리성의 수준에 대해 묻지 않는다는 취지로 완화되어 개정되었다. 이는 실무상 해당 정보의 소유자가 비밀 관리에 기울인 노력의 정도를 구분하는 것이 어려우며, 중소기업의 경우 현실적으로 비밀 관리를 위한 충분한 인력과 시설 등을 갖추기 어렵다는 점을 감안한 것이다. 비밀 관리는 영업 비밀 보유자의 경제력에 영향을 받을 수밖에 없으므로 그 정도를 획일적으로 적용할 경우 중소기업의 영업 비밀은 보호받지 못하게 될 우려가 있어 중소기업의 경쟁력을 약화시키는 결과를 낳을 수 있다. 또한 영업 비밀의 인정 요건을 엄격하게 정할수록 영업 비밀로 보호받지 못하는 정보들을 증가시키거나, 영업 비밀을 부당하게 취득한 경우가 있다 하더라도 처벌하기 어렵게 하는 것과 같은 부작용을 발생시킬 수도 있다.

독해 포인트 특허권은 획득하는 절차가 번거롭고 비용과 시간이 소요되지만 일정 기간 동안 해당 정보를 독점적 · 배타적으로 사용할 수 있는 권리를 부여받는다. 영업 비밀은 독립된 경제적 가치를 가지는 기술이나 정보로, 영업 비밀로 보호받기 위해서는 비공지성, 경제적 유용성, 비밀 관리성을 갖추어야 한다. 최근 영업 비밀 보호법은 비밀 관리의 수준을 완화하는 방향으로 개정되었는데, 이는 중소기업을 보호하려는 취지를 담고 있다.

주제 특허권과 영업 비밀의 차이

07강 경제 성장 모형

사회 · 문화

EBS 수능특강 독서 138쪽

독해 포인트 이 글은 맬서스와 솔로의 경제 성장 모형에 대해 설명하고 있다. 맬서스는 인구 증가의 관점에서 경제 성장 모형을 제시하며 노동 투입량에 따라 실질 국민 소득은 달라질 수 있다고 하였으며, 맬서스 균형점에 도달하면 더 이상의 경제 성장을 기대하기 어려운 정체 상태가 된다고 하였다. 솔로는 현대 경제에서 노동 이외에도 자본, 기술 등의 다른 생산 요소가 중요하게 작용한다는 점을 고려하였으며, 이에 따라 노동과 더불어 자본이라는 생산 요소를 추가하여 더 현실적인 경제 성장 모형을 제시하였다. 솔로 모형에서는 자본량의 변화에 따라 경제 성장이 일어나고 투자와 감가상각이 만나는 지점에서 자본량이 변하지 않는 균제 상태에 이르게 된다고 하였다. 또한 기술 진보를 포함하면 지속적인 경제 성장을 설명할 수 있다고 하였다.

주 제 맬서스와 솔로의 경제 성장 모형

경제 성장은 한 국가의 전체 소득을 총인구 수로 나눈 1인당 실질 국민 소득*이 증가하는 것을 말한다. 맬서스는 인구 증가의 관점에서 경제 성장 모형을 제시하였다. 맬서스 모형에서 경제의 유일한 생산 요소*는 노동이고 인구는 노동에 투입할 수 있는 양을 의미한다. 맬서스 모형은 노동 투입량과 실질 국민 소득 간의 관계를 나타내는데 노동을 통한 생산물*은 식량뿐이라고 가정한다. 따라서 실질 국민 소득은 곧 그 사회의 식량 생산 수준을 나타낸다. 〈그림 1〉은 맬서스 모형을 설명하는 그림으로, 노동 투입량에 따른 실질 국민 소득을 보여 주는 총생산 곡선(AP)과 특정한 숫자의 사람을 먹여 살리기 위한 최소한의 식량의 양을 나타내는 생존 곡선(SB) 간의 관계를 보여 주고 있다.

(경제 성장의 개념 / 맬서스 모형에서의 인구의 의미 / 맬서스 모형에서 나타내고자 하는 것 / 맬서스 모형에서 생산물은 식량뿐이기 때문에)

▶ 맬서스 경제 성장 모형의 기본 원리

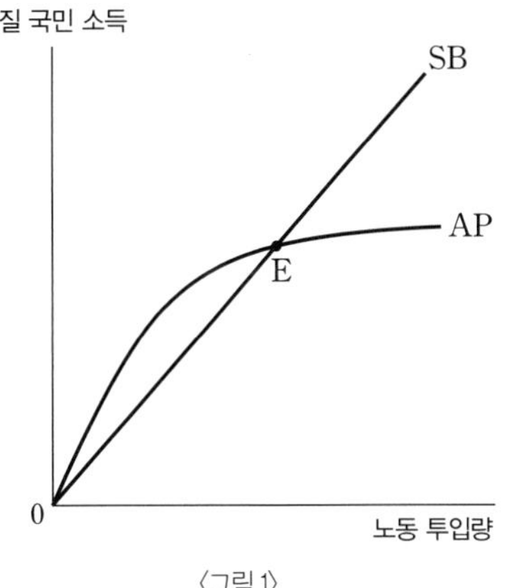

〈그림 1〉

맬서스 모형은 생산 요소의 투입량이 증가함에 따라 한계 생산량*이 줄어드는 현상인 한계 생산물 체감의 법칙을 따르기 때문에 AP 곡선에서 인구 증가에 따른 식량 생산량 증가는 점점 줄어드는 형태를 보인다. SB 곡선보다 AP 곡선이 위에 있는 경우 인구는 점차 증가하게 된다. 하지만 〈그림 1〉에서도 볼 수 있듯이 인구가 어느 수준 이상으로 늘어나면 추가된 인구가 생산한 식량이 늘어난 인구를 먹여 살리기에 충분하지 못하다. 따라서 인구는 감소하게 되고 인구와 실질 국민 소득은 두 곡선이 만나는 지점인 점 E로 수렴*하여 경제는 장기적으로 균형*의 상태를 이루게 된다. 점 E를 맬서스 균형점이라고 하며 이 지점에 도달하면 더 이상 인구나 생산량의 변화는 일어나지 않게 된다. 이를 정체 상태라고 하며 이 상태에서는 더 이상의 경제 성장을 기대하기 어렵다. 정체 상태에서 사람들은 생존에 필요한 최소한의 식량만을 소비할 수 있게 된다. 경제의 생산 수준이 겨우 최소한의 삶을 영위*하게 만드는 정도에 불과하기 때문이다. 맬서스 모형에 따르면 지속적인 경제 성장이 불가능하기 때문에 미래에 대한 희망은 없다.

(한계 생산물 체감의 법칙의 개념 / 노동 투입량이 늘어날수록 한계 생산량이 줄어들기 때문에 / 필요한 식량의 양보다 생산한 식량의 양이 많기 때문에 / 필요한 식량의 양보다 생산한 식량의 양이 적기 때문에 / 식량의 부족으로 인한 결과 / 필요한 식량의 양과 생산한 식량의 양, 노동 투입량이 균형을 이루고 있기 때문에 / 총생산 곡선과 생존 곡선이 만나는 지점이기 때문에 / 맬서스 균형점의 특징)

▶ 맬서스 경제 성장 모형에서의 생산 요소와 실질 국민 소득 간의 관계

하지만 맬서스 모형에서 가정한 것과 달리 현대 경제에서는 노동 이외에도 자본*, 기술 등의 다른 생산 요소가 매우 중요하게 작용하며 실질 국민 소득은 식량 외의 다양한 생산물을 포함한다. 이러한 상황을 고려하여 솔로는 노동과 더불어 자본이라는 생산 요소를 추가하여 맬서스 모형보다 현실적인 경제 성장 모형을 제시하였다.

(맬서스 모형의 한계: 현대 경제의 다양한 요소를 담아내지 못함. / 솔로 모형의 특징과 의의)

솔로 모형에서는 노동 투입량이 일정한 수준에 머물러 있을 때 자본량을 늘리면 더 많은 생산이 가능하다. 솔로 모형의 AP 곡선은 맬서스 모형의 AP 곡선과 동일한 형태이지만 자본량이 늘어나면 동일한 노동 투입량에서의 실질 국민 소득은 더 늘어나게 된다. 즉 자본이 1인당 국민 소득에 영향을 미친다는 것이다.

솔로 모형에서는 자본량과 생산량이 비례함.

▶ 솔로 경제 성장 모형의 기본 원리

솔로 모형에서 자본량은 생산량을 결정하는 주요 요소이며 자본량의 변화는 경제 성장으로 이어질 수 있다. 하지만 솔로 모형에서도 어느 수준까지의 경제 성장은 가능하지만 끝없이 성장하는 것은 불가능하다. 자본도 한계 생산물 체감의 법칙이 작용하기 때문에 자본의 증가량에 따른 1인당 국민 소득의 증가량은 점점 줄어들기 때문이다. 나아가 자본량은 지속적으로 증가하지 않는다. 자본량은 투자와 감가상각*이라는 두 요소에 따라 달라진다. 투자는 생산을 위한 지출을 의미하며 자본량을 증대시키고, 감가상각은 시간의 흐름과 사용에 따라 자본이 소모되는 것을 의미하며 자본량을 감소시킨다. 자본량의 일정 비율은 매년 소모*되기 때문에 감가상각은 자본량에 비례한다. 투자가 감가상각보다 크다면 이듬해 투자할 수 있는 여유가 있다는 것이기 때문에 자본량은 증가하고, 반대의 경우에는 자본량은 감소한다. 〈그림 2〉에서 자본량이 투자와 감가상각이 만나는 지점인 k에 이르게 되면 자본량은 변화하지 않게 된다. 이렇게 자본이 어느 수준에 이르면 1인당 실질 국민 소득이 더 이상 커지지 않는 균제 상태에 머물게 된다. 하지만 균제 상태에서는 생존에 필요한 최소한의 소비만 가능한 정체 상태보다 더 높은 생활 수준을 누릴 수 있다.

맬서스 모형과 솔로 모형의 공통점

자본량에 영향을 주는 요소

투자의 개념과 투자가 자본량에 미치는 영향

감가상각의 개념과 자본량에 미치는 영향

감가상각과 자본량의 관계

투자, 감가상각, 자본량 간의 관계

균제 상태

자본량과 생산량은 비례하므로 자본량이 변화하지 않으면 생산량도 변화하지 않음.

균제 상태와 정체 상태의 차이

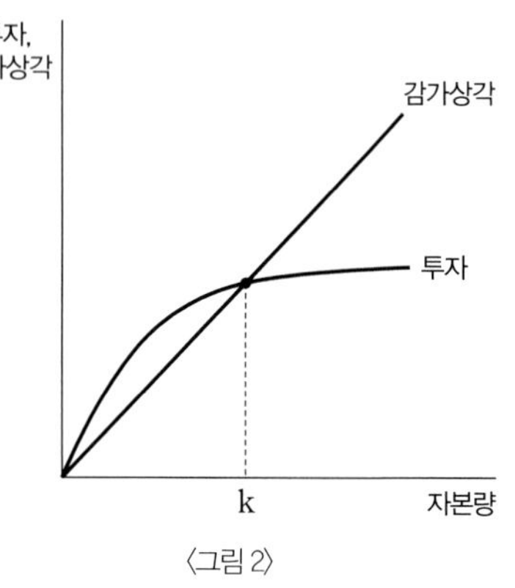

〈그림 2〉

▶ 솔로 모형에서 투자와 감가상각이 자본량의 변화에 미치는 영향

한편, 자본량만으로는 균제 상태 이후 발생하는 경제 성장을 설명할 수 없기 때문에 솔로 모형에서는 균제 상태에서 기술 진보*가 경제 성장에 미치는 영향을 포함하기도 한다. 기술이 진보하면 노동의 효율성*이 증가하고 노동자 1인당 생산량이 늘어나게 된다. 즉 균제 상태에서 1인당 실질 국민 소득이 증가하게 되는 것이다. 기술 진보가 나타난 이후에는 투자 및 감가상각에 변화가 생기지만 결과적으로는 새로운 지점에서 만나 다시 균제 상태에 이르게 된다. 하지만 이후 지속적인 기술 진보가 나타나면 앞의 과정이 반복되고 이는 경제 성장으로 인해 사람들의 생활 수준이 지속적으로 향상되는 상황을 설명할 수 있는 근거가 된다.

솔로 모형에 기술 진보를 포함하는 이유

기술 진보가 생산량에 미치는 영향

균제 상태 이후의 경제 성장을 설명할 수 있는 이유

▶ 솔로 모형에서 자본량 외의 요소가 경제 성장에 미치는 영향

* **실질 국민 소득**: 물가 변동이 없는 상태로 산출한 국민 소득. 명목 국민 소득을 물가 지수나 생계비 지수로 나누어 산출한다.
* **한계 생산량**: 생산 요소가 한 단위 증가할 때 더 늘어나는 생산물의 양.

어휘! 이것만은 꼭 익히자

- **생산 요소(生産要素)**: 생산을 하는 데 없어서는 안 될 요소. 대개 노동, 토지, 자본을 생산의 삼 요소로 봄.
- **생산물(生産物)**: 생산되는 물건.
- **수렴(收斂)**: 함수 f(x)가 있을 때, 어떤 일정한 수의 임의의 근방에 a의 근방에 있는 모든 x의 함숫값이 모여 있는 현상.
- **균형(均衡)**: 어느 한쪽으로 기울거나 치우치지 아니하고 고른 상태.
- **영위(營爲)**: 일을 꾸려 나감.
- **자본(資本)**: 상품을 만드는 데 필요한 생산 수단이나 노동력을 통틀어 이르는 말.
- **감가상각(減價償却)**: 토지를 제외한 고정 자산에 생기는 가치의 소모를 셈하는 회계상의 절차. 고정 자산 가치의 소모를 각 회계 연도에 할당하여 그 자산의 가격을 줄여 감.
- **소모(消耗)**: 써서 없앰.
- **진보(進步)**: 정도나 수준이 나아지거나 높아짐.
- **효율성(效率性)**: 들인 노력과 얻은 결과의 비율이 높은 특성.

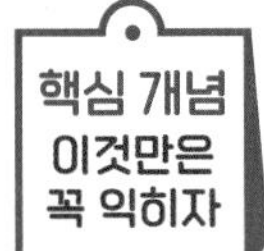

경제 성장

- 실질 국민 소득이 증가하는 것을 말한다.

$$\text{실질 국민 소득} = \frac{\text{한 국가의 전체 소득}}{\text{총인구 수}}$$

- **경제 성장 모형**: 생산 요소에 따라 어떤 사회의 실질 국민 소득이 증가하는 양상을 나타내는 모형이다. 맬서스 모형, 솔로 모형 등이 있다.

정체 상태와 균제 상태

정체 상태	• 맬서스 모형에서 총생산 곡선과 생존 곡선이 만나는 지점의 상태 • 인구와 생산량의 변화가 더 이상 일어나지 않음. • 사람들은 생존에 필요한 최소한의 식량만을 소비할 수 있음. • 이후의 경제 성장은 불가능하며 미래에 대한 희망이 없음.
균제 상태	• 솔로 모형에서 자본량이 투자와 감가상각이 만나는 지점에 이르게 되는 상태 • 자본량과 실질 국민 소득이 더 이상 커지지 않음. • 균제 상태보다 더 높은 생활 수준을 누릴 수 있음. • 기술 진보를 통해 추가적인 경제 성장이 가능함.

■ **우울한 학문**

맬서스가 쓴 『인구론』은 경제학의 역사에서 가장 영향력이 컸던 몇 개의 글 중 하나이다. 그 당시 빈곤이 가장 큰 사회 문제로 대두되었는데, 맬서스는 이 문제가 단지 정책의 잘못에 의해 빚어진 것은 아니라고 보았다. 그는 이 글을 통해 빈곤은 정부의 힘으로도 어쩔 수 없는 좀 더 큰 힘에 의해 발생한다는 것을 입증하려 했다.

맬서스는 다음 두 가지 명제에 기초해 인간 사회에서 빈곤은 결코 해결될 수 없는 숙제일 수밖에 없다는 결론을 도출하고 있다. 첫 번째 명제는 인구가 매 25년마다 두 배로 불어날 만큼 급격한 증가세를 보인다는 것이다. 두 번째 명제는 가장 좋은 조건하에서도 식량 생산의 증가 속도가 매우 느리다는 것이다. 이 두 가지 명제가 엄밀한 통계 자료의 뒷받침을 받고 있었던 것은 아니나, 당시의 사람들은 상당히 현실성이 있는 것으로 생각했다.

이와 같이 인구는 엄청나게 빠른 속도로 증가하는데 식량 생산의 증가 속도는 매우 느리기 때문에 인간은 빈곤한 상태를 결코 벗어날 수 없다는 것이 맬서스의 결론이었다. 그는 이와 같은 구도에 본질적 변화가 없는 한 빈곤은 사라지지 않으며, 구제를 베푸는 것은 문제를 더욱 악화시킬 뿐이라고 주장했다. 오히려 구제를 베푸는 데 쓸 돈을 더 많은 부를 창출하는 데 투자하는 게 바람직하다는 것이 그의 생각이었다.

만약 맬서스의 결론이 맞는 것이라면 인류는 미래에 대해 아무런 희망을 가질 수 없다. 때때로 일어나는 전쟁이나 전염병 때문에 수많은 사람들이 죽어 가고, 그렇지 않으면 굶주림으로 인해 더 많은 사람들이 죽어 가는 일이 끝없이 반복된다. 역사학자 칼라일이 경제학을 가리켜 '우울한 학문'이라고 부른 것은 바로 이와 같은 우울한 전망 때문이었다.

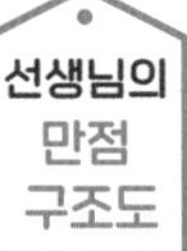

포인트 1 맬서스 모형과 솔로 모형의 차이 문항 02 관련

	맬서스 모형	솔로 모형
생산 요소	❶	노동, ❷
실질 국민 소득	식량뿐임.	식량 외에 다양한 ❸ 을/를 포함함.
균형점	정체 상태	균제 상태
지속적 성장	정체 상태에 이르면 경제는 더 이상 성장하지 않음.	❹ 을/를 통해 균제 상태 이후 발생하는 경제 성장을 설명할 수 있음.

정답 ❶ 노동 ❷ 자본량 ❸ 생산물 ❹ 기술 진보

포인트 2 투자, 감가상각, 자본량 간의 관계 문항 03 관련

자본량
- 투자
  - ❶ 을/를 위한 지출을 의미함.
  - 자본량과 ❷ 관계
- 감가상각
  - 시간의 흐름과 사용에 따라 자본이 ❸ 되는 것을 의미함.
  - 자본량과 ❹ 관계

투자 > 감가상각	• 이듬해 투자할 수 있는 여유가 크므로 자본량이 ❺ 함.
투자 < 감가상각	• 자본량이 소모되는 비율이 투자할 수 있는 여유보다 더 크므로 자본량이 감소함.
투자 = 감가상각	• 자본량이 변화하지 않음. • 실질 국민 소득이 더 이상 커지지 않는 ❻ 에 머물게 됨.

정답 ❶ 생산 ❷ 비례 ❸ 소모 ❹ 반비례 ❺ 증가 ❻ 균제 상태

기술 진보와 노동

㉮ 산업 혁명은 자동화와 같은 기술 진보로 발생하는 대량 실업에 대한 인간의 불안을 야기했다. 물론 산업 혁명 이전에도 자동화를 걱정하는 집단은 존재했다. 예를 들어 인쇄술이 보급되기 시작한 시기에 필경사들은 인쇄된 성경을 악마의 산물이라고 매도하기도 했다. 하지만 산업 혁명은 자동화의 진전 속도와 범위 등의 측면에서 이전보다 훨씬 많은 사람들에게 불안감을 주었고, 그 결과 '기계 파괴 운동'이 일어나기도 했다. 그러나 이후 200년 이상이 흐르는 동안 기술 진보가 장기적으로 실업률을 높였다는 증거는 발견되지 않았다. 기계가 인간의 노동을 보완하는 역할을 하여 기계 사용 증가가 노동자에 대한 수요 증가로 이어지기도 했기 때문이다. 이러한 보완적인 힘이 더 강했기 때문에 아직까지 기술 진보로 인한 대량 실업을 경험하지 못한 것으로 볼 수 있다.

기술 진보가 노동자를 보완하는 첫 번째 방식은 노동자의 업무 생산성을 향상시키는 것이다. 택시 기사가 위성 항법 장치(GPS)를 이용하고, 회계사가 세금 계산 소프트웨어를 써서 이전보다 더 빠르고 정확하게 일을 처리하는 것이 사례가 된다. 생산성이 향상된 결과 재화나 서비스가 소비자에게 더 낮은 가격이나 더 나은 품질로 제공될 수 있으면 소비자는 이를 환영하고 지지하게 된다. 생산성이 향상된 재화와 서비스에 대한 수요 증가는 노동자에 대한 수요 증가로 이어질 것이다. 심지어 생산성 향상으로 노동자들은 더 적은 시간을 일하면서도 더 높은 소득을 얻을 수 있다. 실제로

투입된 노동 시간에 대비해서 얼마만 한 가치의 재화와 서비스를 생산했는지를 이용하여 생산성을 평가한다면, 생산성이 높은 국가일수록 연평균 노동 시간은 감소하는 경향이 있다. 경제 협력 개발 기구(OECD)의 회원국들을 대상으로 봤을 때도 지난 반세기 동안 임금이 상승하고 연평균 노동 시간은 꾸준히 감소해 왔다.

생산성 향상이 노동자를 직접적으로 보완한다면, 기술 진보가 다소 간접적으로 노동자를 보완하는 두 번째 방식도 있다. 기술 진보로 경제 전반이 성장하는 것이다. 경제가 성장하면 국민의 소득이 늘어나고 재화와 서비스 수요도 함께 증가한다. 경제 규모를 종종 파이의 크기에 비유하는데, 파이가 커지면 파이를 만드는 사람도 더 필요하다. 커진 파이를 만드는 데 필요한 어떤 업무는 기계의 몫이 되겠지만 아직 자동화되지 않은 업무를 위해 노동자에 대한 수요도 증가할 것이다. 물론 기술 진보로 경제 전반이 성장하는 현상이 모든 시대, 모든 국가에서 동일하게 나타나는 것은 아니다. 때로는 전염병이나 기근, 전쟁 등의 사건이 기술 진보에도 불구하고 경제 성장을 저해하기도 한다.

기술 진보가 노동자를 보완하는 세 번째 작동 방식은 신기술로 인해 전혀 다른 생산물과 생산 방식이 도입된 결과 새로운 분야에서 업무의 수요가 늘어나는 것이다. 100년 전에는 어느 나라에서나 인구의 가장 큰 비중이 농업에 종사했다면, 그 50년 후에는 많은 나라에서 제조업이 그 자리를 차지했다. 현재는 많은 선진국에서 서비스업 종사 인구 비중이 가장 크다. 2010년대에 한국 표준 직업 분류에 새로 포함된 모바일 애플리케이션 프로그래머, 놀이 및 행동 치료사, 요양 보호사, 대여 제품 방문 점검원 등은 20세기에는 생소했던 직업이다.

(나) 인공 지능의 발달은 인간의 고용에 실질적인 위협이 되고 있다. 인간이 업무에 이용하는 주요 능력인 신체 능력, 인지 능력, 정서 능력은 모두 인공 지능과 결합된 기계의 압박을 받는다. 무인 차량이나 자율 비행 배달 로봇에 의한 화물 운송이 가시화되는 것처럼 인간의 신체 능력은 기계에 의한 대체에 가장 취약하다. 인지 능력을 기반으로 한 업무 영역도 잠식되고 있다. 예를 들어 법률적 문서의 검토와 작성뿐만 아니라 재판의 판결 결과에 대한 예측까지 변호사가 하는 상당 업무가 데이터와 알고리즘에 의해 더 효율적으로 수행되는 기술 단계에 왔다. 정서적인 측면에 있어서도 인간의 정서 상태를 구분하고 진실성을 판단하는 등의 시스템은 이미 상당한 수준에 이르렀다. 수업 중에 학생들이 지루해하는지를 알려 주는 프로그램이 있는가 하면, 어떤 사람이 법정에서 거짓말을 하는지 90% 정도의 정확도로 알아내는 시스템도 있다. 인간의 정서 상태를 파악할 수 있으면 돌봄 서비스를 로봇이 제공할 날이 올 수 있다.

인공 지능의 발달과 같은 기술 진보에 의해 일자리에서 밀려난 사람들이 처하게 되는 실업 상태는 마찰적 기술 실업과 구조적 기술 실업의 두 가지 양상으로 구분될 수 있다. 톱니바퀴 사이에 모래가 끼면 마찰이 생겨 바퀴가 부드럽게 돌아갈 수 없는 것처럼, 이직할 수 있는 일자리가 있는데도 어떤 방해 요인들에 의해 노동자들이 자유롭게 이동하지 못하는 상황을 마찰적 기술 실업이라 한다. 일자리의 절대적 개수가 부족하지 않지만, 인공 지능 발달로 일자리에서 밀려난 사람들이 인공 지능 발달로 창출된 일자리에 이직하기 어려워 실업이 발생하는 것이다. 노동자들의 이직이 어려운 경우에는 없어진 일자리보다 비어 있는 일자리에서 더 숙련된 기술이 필요한 경우, 반대로 비어 있는 일자리에서 필요한 기술 숙련도가 너무 낮아 노동자가 자신의 정체성에 맞지 않는다고 회피하는 경우, 없어진 일자리와 비어 있는 일자리가 지리적으로 멀리 떨어진 경우 등이 있다.

구조적 기술 실업은 기술 진보에 의해 국가 경제 전반에서 인간의 노동이 필요한 일자리가 줄어든 결과 일자리의 절대적 개수가 이를 원하는 노동자보다 적은 상황이다. 인공 지능이 노동자의 능력을 능가하게 되면 생산성 향상과 소득 증가로 재화와 서비스에 대한 수요가 늘거나 새로운 분야의 일자리가 창출되어도 노동자 대신 인공 지능이 그 자리를 차지하게 될 것이다.

독해 포인트 (가)는 역사적으로 기술 진보가 인간의 노동력을 보완하는 방향으로 작용해 왔음을 설명하고 있다. 보완적 작용의 첫째 유형은 기술 진보로 인한 노동자의 업무 생산성 향상, 둘째 유형은 경제 전반의 성장, 셋째 유형은 새로운 생산물과 생산 방식 도입이다.

(나)는 향후 인공 지능의 발달이 인간의 신체 능력, 인지 능력, 정서 능력 모두의 측면에서 고용을 위협할 수 있는 가능성을 제시하고, 기술 실업의 두 양상인 마찰적 기술 실업과 구조적 기술 실업을 설명하고 있다. 마찰적 기술 실업은 일자리는 있지만 숙련도 및 지리적 불일치와 같은 노동자의 이직을 방해하는 요인에 의해 발생하고, 구조적 기술 실업은 일자리의 절대적 수가 부족해서 발생한다.

주제 (가) 기술 진보의 노동에 대한 보완적 작용 / (나) 인공 지능의 노동자에 대한 대체적 작용

채무의 변제

사회 · 문화

EBS 수능특강 **독서 143쪽**

독해 포인트 금전 소비 대차 계약에 따라 채무자가 채권자에게 빌린 돈을 갚는 것을 변제라고 하는데, 합의가 없고 채권자와 채무자 모두 의사를 표시하지 않을 경우, 법률 규정에 따라 변제를 충당할 채무가 결정된다. 이에 따라 이행기의 도래 여부, 채무자의 이익, 이행기의 도래 순서 등을 순차적으로 고려하여 채무의 변제 순서가 정해진다. 제삼자가 대신 채무를 변제하는 경우 채권이 채권자에게서 제삼자로 넘어간다. 채무자가 반대하면 제삼자가 대신 변제할 수 없지만 변제하는 것이 제삼자의 이익을 위해 필요할 경우, 채무자가 동의하지 않아도 변제할 수 있다. 채권자가 아닌 사람을 채권자라고 오인하고 그에게 변제하는 경우가 생길 수도 있는데, 이처럼 채권자는 아니지만 채권을 사실상 행사하는 자로서, 채권자라고 믿게 할 만한 외관을 갖춘 자를 준점유자라고 한다. 이행기가 도래하기 전에 채무자가 미리 원금을 변제하려고 할 때는 남은 계약 기간 동안 내야 할 이자도 함께 갚아야 하는데, 채무자는 본인의 기한 이익을 포기할 수 있지만 채권자의 이익을 침해하여서는 안 되기 때문이다.

주 제 채무의 변제와 관련한 법률 사항

금전*을 빌려주고 상대방이 이를 갚기로 약속함으로써 성립하는 계약을 금전 소비 대차 계약이라고 하는데, (금전 소비 대차 계약의 개념) 이 계약에 따라 채무자*가 채권자*에게 빌린 돈을 갚는 것을 변제라 한다. (변제의 개념) 채무자가 한 채권자에 대해 같은 목적의 여러 채무를 갖거나, 원금* 외에 이자나 변제에 드는 비용을 지급해야 하거나, 갚는 행위로 채무 전부를 소멸하게 하는 데에 부족한 경우 어느 채무를 먼저 갚을지 정해야 한다. 만약 채무자가 채권자에게 여러 채무를 가진 상황에서 돈을 한꺼번에 다 갚을 수 없다면 어떻게 해야 할까? 채권자와 채무자의 합의가 있다면 이에 따라 돈을 특정 채무의 변제에 충당*해야 할 것이다. 합의가 없고 채권자와 채무자 모두 의사를 표시하지 않을 경우, 법률 규정에 따라 변제를 충당할 채무가 결정된다. (채권자와 채무자의 합의가 없고 의사 표시도 하지 않은 경우 따르게 되는 법률 규정)

▶ 금전 소비 대차 계약에서의 변제

법률 규정에 따르면 첫째, 이행기*가 도래*하지 않은 채무와 도래한 채무 중 도래한 채무의 변제에 돈을 충당한다. (이행기 도래 여부가 충당해야 하는 변제 순서에 영향을 줌.) 예를 들어 갚기로 한 날이 도래하지 않은 채무와 갚아야 할 날이 지난 채무가 하나씩 있다면 후자에 돈을 먼저 충당하는 것이다. 둘째, 채무의 이행기 도래 여부에 차이가 없다면, 즉 모든 채무의 이행기가 도래했거나 도래하지 않았다면 채무자에게 이익이 큰 채무의 변제에 돈을 먼저 충당한다. (채무자의 이익이 변제 순서에 영향을 줌.) 만약 채무자가 대출 금리*가 다른 여러 채무를 갖고 있다면 대출 금리가 높은 채무를 먼저 갚는 것이다. (채무자의 부담을 경감시키기 위해) 셋째, 대출 금리 등 변제로 인한 이익이 같은 상황에서, 채무의 이행기가 모두 도래했거나 도래하지 않은 경우 이행기가 먼저 도래했거나 도래할 채무의 변제에 돈을 먼저 충당한다. (채무 이행기의 순서가 변제 순서에 영향을 줌.) 만약 채무 두 개가 모두 갚을 날이 지났다면 갚아야 할 날이 더 오래된 채무를 갚는 것이다. 넷째, 이행기 및 이익과 관련한 사항이 같으면 채무액에 비례하여 각 채무의 변제에 돈을 충당한다. (채무자에게 이행기 및 이익 등의 사항이 같은 여러 채무가 존재할 경우, 각각의 채무액에 비례해 돈을 변제해야 함.) 한편 채무자가 원금뿐 아니라 비용 및 이자도 지급해야 하는 경우에는 총비용, 총이자, 각 채무의 원금 순서로 변제에 돈을 충당해야 한다. (채무자가 변제에 충당해야 하는 순서) 비용은 특별히 다른 의사 표시가 없을 시 채무자가 부담하지만 주소 이전* 등 채권자의 행위로 인하여 변제 비용이 증가했다면 그 증가액은 채권자가 부담해야 한다. 또한 금전에 대한 채무의 변제는 채권자의 현주소에서 해야 하고, 회사에 대한 물건 공급 등 영업에 관한 채무의 변제는 채권자의 현 영업소에서 해야 한다.

▶ 변제를 충당할 채무의 순서에 대한 법률 규정

변제는 채무자가 하는 것이 원칙이다. 그러나 채권자의 입장에서는 제삼자에게 변제받아도 상관없을 수 있다. 예컨대 채권자 갑의 입장에서는 빌려준 돈만 받을 수 있다면 돈을 갚는 사람이 채무자인 을이건 제삼자인 병이건 상관없다고 생각할 것이다. 제삼자가 대신 변제하면 제삼자가 채무자에게 채무의 상환*을 요구할 권리*를 행사할 수 있게 되기 때문에 병이 을의 대출금을 대신 갚으면 을에게 채권자로서의 권리를 행사할 수 있게 된다. 하지만 을에게는 채권자가 병으로 바뀌는 것이 이전보다 좋지 않을 수도 있다. 변제 장소, 과정 등에서 갑보다 병에게 갚는 것이 더 불리하거나 불편할 수 있기 때문이다. 그래서 제삼자는 채무자가 반대하면 대신 변제할 수 없는 것이 원칙이다. 다만 채무자와 제삼자가 법률상의 이해관계가 있어, 채무자 대신 변제하는 것이 제삼자 자신의 법률상 이익을 위해 필요하면 채무자의 동의 없이도 변제할 수 있다. 위의 예에서 을이 채무를 갚지 않을 경우 병이 대신 갚기로 세 명이 계약하였다면, 병의 입장에서는 을의 대출 채무 변제가 늦어져 발생하는 이자를 자신이 부담해야 한다. 이러한 상황에서는 을의 채무를 대신 갚는 것이 병에게 더 이익이므로 을의 의사와 관계없이 병이 대신 변제할 수 있다.

(채무자의 동의 없이 제삼자가 채무자의 채무를 변제할 수 있는 경우)

▶ 제삼자의 변제

채권자가 아닌 사람을 채권자라고 오인*하고 그에게 변제하는 경우가 생길 수도 있다. 채권자는 아니지만 채권을 사실상 행사하는 자로서, 채권자라고 믿게 할 만한 외관을 갖춘 자를 준점유*자라고 하는데, 여기서 외관이란 권리자인 것처럼 보이게 하는 징표들로서 생김새, 신분증 등을 의미한다. 예를 들어 예금 채권자가 아닌 사람이 예금 채권자의 도장과 신분증을 갖고 예금을 인출하는 경우, 이 사람을 예금 채권의 준점유자라고 할 수 있다. 스스로 채권자라고 주장하며 채권을 행사하는 이뿐만 아니라, 채권자의 대리인이라고 하며 채권을 행사하는 이도 준점유자로 볼 수 있다. 채권의 준점유자에 대한 변제는 나쁜 의도가 없고 과실*이 없는 경우에만 변제로 인정되어 채무가 소멸한다. 예를 들어 채무자가 준점유자에게 변제할 때 준점유자를 실제 채권자라고 믿고, 그렇게 믿는 과정에서 잘못이 없었다면 그에게 변제를 하더라도 채무가 소멸하는 것이다.

(준점유자의 개념 / 외관의 의미 / 준점유자의 범위 / 채권의 준점유자에 대한 변제가 인정되는 경우)

▶ 준점유자에 대한 변제

금전 소비 대차 계약은 기간을 정해 두고 그동안 이자를 받는 경우가 많다. 만약 이행기가 도래하기 전에 채무자가 미리 원금을 변제하려고 하면 어떻게 될까? 일반적으로 정해진 기한보다 빨리 갚더라도 남은 계약 기간 동안 내야 할 이자도 함께 갚아야 한다. 돈을 빌려줄 때는 대개 갚는 기한이 정해지는데, 이 기한이 도래하지 않아서 그동안 채권자와 채무자가 받는 이익을 기한의 이익이라고 한다. 채무자는 이행기 전까지 원금 상환에 대한 독촉을 받지 않고 원금을 사용하는 등의 이익을 얻고, 채권자는 이자 수익 보장 등의 이익을 받는다. 채무자는 본인의 기한 이익을 포기할 수 있지만, 채권자의 이익을 침해하여서는 안 된다. 법률에서는 변제 과정에서 채권자와 채무자의 권리와 이익을 보장하기 위해 여러 장치를 마련하고 있다.

(채권자의 기한의 이익을 침해해서는 안 되므로 / 기한의 이익의 개념)

▶ 이행기가 도래하기 전 미리 변제하는 경우

어휘!
이것만은
꼭 익히자

- **금전(金錢)**: 상품 교환 가치의 척도가 되며 그것의 교환을 매개하는 일반화된 수단. 주화, 지폐, 은행권 등이 있음.
- **채무자(債務者)**: 특정인에게 일정한 빚을 갚아야 할 의무를 가진 사람.
- **채권자(債權者)**: 특정인에게 일정한 빚을 받아 낼 권리를 가진 사람.
- **원금(元金)**: '본전'을 전문적으로 이르는 말.
- **충당(充當)**: 모자라는 것을 채워 메움.
- **이행기(履行期)**: 채무자가 채무를 이행하여야 할 기한.
- **도래(到來)**: 어떤 시기나 기회가 닥쳐옴.
- **금리(金利)**: 빌려준 돈이나 예금 따위에 붙는 이자. 또는 그 비율.
- **이전(移轉)**: 장소나 주소 따위를 다른 데로 옮김.
- **상환(償還)**: 갚거나 돌려줌.
- **권리(權利)**: 어떤 일을 행하거나 타인에 대하여 당연히 요구할 수 있는 힘이나 자격. 공권, 사권, 사회권이 있음.
- **오인(誤認)**: 잘못 보거나 잘못 생각함.
- **준점유(準占有)**: 진정한 권리자가 아니지만 권리자의 외관을 갖추어 재산권을 사실상 행사하는 일. 예를 들어 예금 통장과 인장을 가진 사람은 예금 채권의 준점유 상태인 것 등.
- **과실(過失)**: 부주의로 인하여, 어떤 결과의 발생을 미리 내다보지 못한 일.

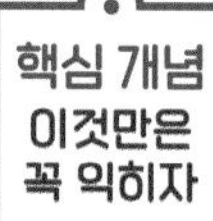

특정 채무에 대한 변제 충당

변제란 채무자가 채무의 내용을 실행하는 행위를 뜻하고, 금전 소비 대차 계약에서의 변제는 채무자가 채권자에게 빌린 돈을 갚는 것을 말한다. 변제는 채무 내용에 좇은 현실 제공으로 이를 행하여야 하는데, 이때 채무 내용에 좇은 현실 제공이란 대여금을 갚기 위하여 채권자에게 대여금을 준비해 제공하는 것을 의미한다. 변제를 제공하면 그때부터 채무자는 채무 불이행의 책임을 면하게 된다.

변제 충당과 관련한 법률 규정

채권자에게 여러 채무를 가진 채무자가 돈을 한꺼번에 다 갚을 수 없는 상황에서, 채권자와 채무자의 합의가 있다면 이에 따라 채무자는 돈을 특정 채무의 변제에 충당해야 한다. 그런데 이러한 합의가 없다면 채무자는 변제 당시에 특정 채무를 지정하여 그 변제에 돈을 충당할 수 있다. 만약, 채무자가 변제 당시 충당할 채무를 지정하지 않으면 채권자가 지정할 수 있다. 그러나 채무자가 채권자의 지정에 대해 즉시 이의를 제기할 경우 두 사람 모두 충당할 채무를 지정할 수 없게 되고, 법률 규정에 따라 변제를 충당할 채무가 결정된다.

■ **채권과 채무, 채권자와 채무자**

채권(債權)은 특정인이 다른 특정인에게 어떤 행위를 청구할 수 있는 권리이고, 채무(債務)는 특정인이 다른 특정인에게 어떤 행위를 하여야 할 의무이다. 따라서 채무자(債務者)는 빚을 갚아야 하는 사람이고, 채권자(債權者)는 빚을 갚으라고 청구할 권리를 가진 사람이다. 법률에서는 채무자와 채권자가 적법한 절차에 따라 계약하고, 이에 대해 이행함으로써 둘의 권리와 이익이 보장되도록 하고 있다.

포인트 1 변제 충당과 관련한 법률 규정 문항 04 관련

	충당 순서
1	이행기가 도래하지 않은 채무와 도래한 채무 중 ❶ [ ] 채무의 변제에 돈을 먼저 충당함.
2	모든 채무의 이행기가 도래했거나 도래하지 않았다면 ❷ [ ]에게 이익이 큰 채무의 변제에 돈을 먼저 충당함.
3	대출 금리 등 변제로 인한 이익이 같은 상황에서, 채무의 이행기가 모두 도래했거나 도래하지 않은 경우 이행기가 ❸먼저/나중에 도래했거나 도래할 채무의 변제에 돈을 먼저 충당함.
4	이행기 및 이익과 관련한 사항이 같으면 ❹ [ ]에 비례하여 각 채무의 변제에 돈을 충당함.

원금, 비용, 이자의 충당 순서	채무자가 원금뿐 아니라 비용 및 이자도 지급해야 하는 경우에는 총❺ [ ], 총❻ [ ], 각 채무의 ❼ [ ] 순서로 변제에 돈을 충당해야 함.
비용의 부담	비용은 특별히 다른 의사 표시가 없을 시 ❽ [ ]이/가 부담하지만 주소 이전 등 ❾ [ ]의 행위로 인하여 변제 비용이 증가했다면 그 증가액은 ❾ [ ]이/가 부담해야 함.
변제 장소	금전에 대한 채무의 변제는 ❿ [ ]의 현주소에서 해야 하고, 회사에 대한 물건 공급 등 영업에 관한 채무의 변제는 ❿ [ ]의 현 영업소에서 해야 함.

정답 ❶ 도래한 ❷ 채무자 ❸ 먼저 ❹ 채무액 ❺ 비용 ❻ 이자 ❼ 원금 ❽ 채무자 ❾ 채권자 ❿ 채권자

엮어 읽기 08

제삼자를 위한 계약

계약은 두 당사자의 청약과 승낙이 합치함으로써 이루어지는 법률 행위이다. 계약 중 제삼자로 하여금 직접 계약 당사자에 대하여 권리를 취득하게 하는 효과가 계약의 내용에 포함되어 있는 경우가 있는데, 이를 제삼자를 위한 계약이라 한다. 채권자와 채무자가 이익을 주고받는 일반적인 계약과 달리 계약 당사자가 아닌 제삼자가 이익을 얻게 된다는 것이 이 계약의 특징이다.

제삼자를 위한 계약에서 제삼자에게 채무를 이행할 의무를 지는 자를 낙약자라 하고, 낙약자에게서 제삼자에게 채무를 이행할 것을 약속받은 자를 요약자라 한다. 계약을 요청한 요약자와 계약을 승낙한 낙약자가 제삼자를 위한 계약의 당사자이다. 그리고 계약으로 인해 낙약자에게 채무 이행을 요구할 권리를 취득한 제삼자를 수익자라 한다. 즉 낙약자와 요약자가 계약을 맺음으로써 수익자가 낙약자에게 채무 이행을 요구할 권리를 취득하게 된다고 할 수 있다. 보험료를 납부하는 이가 보험금을 자신이 아닌 제삼자가 수령하도록 보험 계약을 맺는 것이 제삼자를 위한 계약의 예라고 할 수 있는데, 이때 보험료를 납부하는 이는 요약자, 보험사는 낙약자, 보험금을 수령하는 제삼자는 수익자라고 할 수 있다. 낙약자와 요약자의 관계를 보상관계라고 하는데, 제삼자를 위한 계약이 성립되기 위해서는 유효한 보상관계가 있어야 한다. 요약자와 수익자 사이의 관계는 요약자가 자신이 취득할 권리를 수익자에게 주는 원인이 되는데, 이를 대가 관계라 한다. 대가 관계는 제삼자를 위한 계약 내용에 포함되지 않으므로, 대가 관계에 문제가 있더라도 제삼자를 위한 계약의 성립 여부에는 아무런 영향이 없다. 채무 이행을 요구할 수 있는 수익자와 채무를 이행해야 하는 낙약자의 관계를 급부 관계라고 하는데, 이는 보상관계의 법적 효력에 의존한다. 즉 보상관계가 무효가 되면 급부 관계는 자연스레 소멸한다.

제삼자를 위한 계약이 성립되기 위해서 유효한 보상관계 외에도 계약 내용에 제삼자가 직접 권리를 얻을 수 있도록 하는 내용이 있어야 한다. 즉 계약 내용 안에 급부 관계와 관련된 내용이 포함되어 있어야 하고, 제삼자가 이 계약으로 인해 새로운 권리를 취득할 수 있어야 한다. 제삼자가 취득할 수 있는 권리에는 돈이나 건물 등의 유형적인 재산에 대한 것뿐만 아니라 노동 등의 무형적인 것도 포함된다. 계약이 성립된 후에 수익자가 바로 권리를 취득하는 것이 아니라 수익자가 낙약자에게 직접 수익의 의사를 표시해야 계약으로 인한 권리를 확정적으로 취득할 수 있다. 계약을 체결할 때에는 수익자가 특정될 필요가 없으므로 아직 태어나지 않은 아이나 설립 중인 법인도 수익자가 될 수 있지만, 수익의 의사를 표시할 때는 수익자가 특정되어야 한다. 수익자가 수익의 의사 표시를 한 후에는 요약자와 낙약자가 수익자의 권리를 임의로 변경할 수 없다.

계약 당사자에게 계약과 관련하여 사기나 협박과 같은 사유가 있는 경우, 계약이 체결된 후에도 나머지 계약 당사자가 상대의 동의 없이 취소권을 행사할 수 있다. 또한 계약 당사자가 계약을 이행하지 않을 경우, 나머지 계약 당사자가 상대의 동의 없이 계약을 해제할 수 있다. 예를 들어 수익자가 수익의 의사 표시를 했음에도 불구하고 낙약자가 정해진 기한까지 수익자에게 대금을 지급하지 않는 경우, 요약자가 이를 이유로 계약을 해제할 수 있다. 수익자는 계약 당사자가 아니므로 낙약자가 채무를 불이행하더라도 계약을 해제할 수 없고, 낙약자와 요약자가 계약을 해제하더라도 원래대로 되돌릴 권리도 없다. 대신 낙약자가 채무를 이행하지 않아 발생한 손해에 대한 배상을 청구할 수 있다. 한편, 계약 해제 시 낙약자가 이미 수익자에게 채무를 이행한 것이 있더라도 수익자에게 이에 대한 반환을 청구할 수는 없고, 계약 당사자인 요약자에게 청구해야 한다.

계약과 관련을 맺고 있는 대상이 셋 이상이라고 하더라도 제삼자를 위한 계약이 아닐 수 있으므로 유의해야 한다. 예를 들어 채무자인 A가 채권자인 B에게 주어야 할 금액을 C가 대신 지급하기로 하는 계약을 A와 C가 체결하고 B가 동의했다면, A가 B에게 행해야 할 채무가 C에게 넘어가는 것일 뿐이므로 이러한 계약은 제삼자를 위한 계약이라고 할 수 없다.

제삼자를 위한 계약은 우리 주변에서 빈번하게 사용된다. 노동조합이 근로자들을 위해 회사와 재취업 약정을 맺는 것도 제삼자를 위한 계약이다. 이때 근로자들은 수익자, 노동조합은 요약자, 회사는 낙약자라고 할 수 있다. 어떤 계약이 제삼자를 위한 계약인지 아닌지에 따라 계약 당사자와 제삼자의 권리 및 의무가 달라지므로 계약에서 문제가 발생했을 때 책임을 져야 할 주체 또한 달라진다. 따라서 제삼자를 위한 계약에 대해 이해하는 것은 자신의 권리를 지키기 위해 유용한 정보를 터득하는 과정인 셈이다.

독해 포인트 제삼자로 하여금 직접 계약 당사자에 대하여 권리를 취득하게 하는 효과가 내용에 포함되어 있는 계약을 제삼자를 위한 계약이라 한다. 이 계약은 낙약자와 요약자 사이에서 이루어지며 수익자는 이 계약으로 인해 낙약자에게 채무 이행을 요구할 수 있는 권리를 취득한다. 낙약자와 요약자가 제삼자를 위한 계약의 당사자이며, 둘 사이의 관계를 보상관계라고 한다. 요약자와 수익자 사이의 관계를 대가 관계, 수익자와 낙약자 사이의 관계를 급부 관계라고 한다. 제삼자를 위한 계약이 성립되기 위해서는 유효한 보상관계 외에 계약 내용에 급부 관계와 관련된 내용이 있어야 한다. 제삼자를 위한 계약과 그렇지 않은 계약의 구분이 쉽지 않은 경우가 있는데, 이러한 계약 중 계약으로 인해 제삼자인 수익자가 새로운 권리를 취득하는 경우만 제삼자를 위한 계약이라고 볼 수 있다. 제삼자를 위한 계약인지 아닌지에 따라 계약 당사자와 제삼자의 권리 및 의무가 달라질 수 있다.

주제 제삼자를 위한 계약의 개념과 특징

09강 투자 옵션 모형과 재고 투자 모형

사회 · 문화

EBS 수능특강 **독서 148쪽**

독해 포인트 투자는 미래의 이윤에 대한 것이기 때문에 불확실성은 투자에 영향을 미칠 수밖에 없다. 불확실성의 상황에서 기업의 투자를 설비 투자와 재고 투자로 나누어 설명하려는 연구가 있었다. 설비 투자에 대해 설명하는 이론으로는 딕싯의 투자 옵션 모형이 있다. 투자 옵션 모형에서는 불확실성 때문에 기업이 투자를 줄이는 현상을 설명한다. 재고 투자에 대해 설명하는 이론으로는 프로덕션 스무딩 이론과 재고 소진 기피 모형이 있다. 프로덕션 스무딩 이론에서는 기업이 경기 변동 주기에 상관없이 생산량을 일정하게 하여, 경기가 위축된 시기에 생산되어 재고가 된 제품을 경기가 좋을 때 판매한다고 설명한다. 그러나 이 이론은 실제 기업의 재고 투자와 맞지 않았다. 재고 소진 기피 모형에서는 수요량에 대한 예측과 재고 소진에 따른 손실을 회피하려는 기업의 욕구에 따라 경기가 좋은 시기에는 수요량보다 많이 생산하고, 경기가 위축된 시기에는 수요량보다 적게 생산한다고 설명한다.

주 제 불확실성 상황에서의 기업의 설비 투자와 재고 투자

기업의 입장에서 투자는 공장 건물, 기계(고정 자본) 등과 같이 다른 재화*를 생산하기 위해 사용되는 것들 중 토지와 노동 이외의 재화인 자본재를 늘리는 행위를 의미한다. 기업이 자본재를 새로 구입하는 것은 미래에 얻을 수 있는 이윤에 대한 예측(현재의 투자를 통해 미래에 어느 정도의 이윤을 얻을 수 있는지에 대한 예측)을 토대로 결정된다. 현실은 다양한 제약과 불확실성이 존재하기 때문에 기업의 투자와 불확실성의 관계에 대한 연구가 이루어졌다. 불확실성이 투자에 미치는 영향에 대해 설비 투자와 재고 투자로 나누어 살펴볼 수 있다.

▶ 불확실성이 투자에 미치는 영향에 대한 연구

딕싯의 투자 옵션 모형은 설비 투자에 대해 설명하는 이론이다. 기업이 생산을 위해서 공장, 기계와 같은 고정 자본을 구입하거나 설치하는 것, 또는 기존의 고정 자본에 투자하여 고정 자본을 증가시키는 것(설비 투자의 개념)을 설비 투자라고 한다. 딕싯의 투자 옵션 모형은 가격 변동, 환율, 경제 정책, 정부의 규제 등 다양한 요인에 의해 발생하는 불확실성 때문에, 기업이 투자 시점을 미루는 결정 등을 통해 자본재에 대한 투자를 줄이는 현상을 설명한다. 기업의 진입과 퇴출에 제한이 없는 완전 경쟁 시장을 전제로 가격 변동의 불확실성이 있는(불확실성으로 가격의 변동을 예측하기 어려움.) 자동차 시장이 있다고 하자. 〈그림〉에서 ㉮는 시간의 흐름에 따른 자동차 가격의 변화를 나타낸다. 이 시장에의 진입을 고려하고 있는 회사가 정상 이윤을 올릴 수 있는 자동차 가격을 x라고 하자. 정상 이윤은 기업의 수입에서 기회비용*을 포함한 비용을 차감*한 이윤이 0임을 의미한다. 이는 기업이 얻은 이윤에서 투자 및 생산에 드는 비용을 뺀 값을 의미하는 것이다. 기업은 설비 투자를 해서 가격 x에서 시장에 진입할 수 있다. 하지만 이러한 투자는 한번 이루어지면 되돌리기 어려운 성질, 즉 비가역성이 존재하기 때문에(설비 투자에 든 비용을 회수하기가 어려움.) 기업은 가격의 추이를 좀 더 관찰한 후 투자 결정을 내리려 할 것이다. 만약 t_0 이후에 x를 초과한 가격이 유지될 가능성이 높다고 예측하여(이윤을 얻을 수 있을 것으로 예측) t_1에서 투자를 실행하면 이때의 자동차 가격을 진입 가격이라고 한다. 그러나 ㉯와 같이 시간의 흐름에 상관없이 가격이 x보다 낮은 수준에서 일정하다면 기업은 과거의 가격 추이*를 고려한 결과, 시장에 진입하지 않는다. 가령 t_2 시점에 있는 기업은 t_2 이전의 가격 추이를 보고 시장 진입을 포기하는 것이다. 만약 ㉮의 t_1 시점에서 진입을 하려고 계획할 때, 불확실성 때문에 t_0에서 t_1 사이의 가격 변동 폭이 예전에 비해 더 커

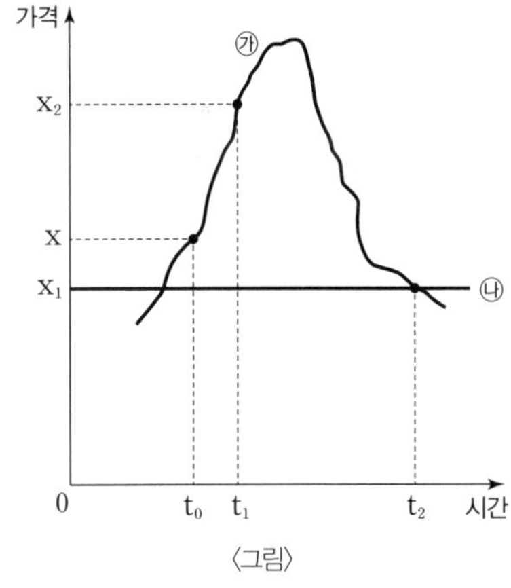

〈그림〉

가격이 빠른 시간에 상승함.

져서 t_1 시점에서의 가격이 x_2보다 커지면 기업은 가격이 떨어질 때의 큰 손실을 생각해 시장 상황을 더 관망*하면서 시장 진입을 계속 미루게 된다.

가격이 빠른 시간에 상승한 만큼 가격 하락 역시 빠르게 나타날 것으로 예상하여 시장 진입을 미룸.

▶ 딕싯의 투자 옵션 모형

한편 기업은 생산 활동을 위해서 재고를 보유해야 한다. 재고란 일정 기간 동안 기업이 생산하였으나 해당 기간 동안 판매되지 않고 남은 재화(상품)를 의미한다. 기업은 시장 상황과 관련한 불확실성 때문에 재고를 증가시키는 투자인 재고 투자를 증가시키기도 한다. 재고 투자의 증가를 설명하는 이론으로 프로덕션 스무딩 이론이 있다. 재고 관리 비용은 없고 수요량이 경기 변동의 주기에 따라 변한다고 가정을 할 때, 단위당 생산 비용은 어느 수준에 도달하면 생산량이 늘어날수록 체증*하기 때문에 불확실성으로 수요가 증가하는 경우가 생길 수 있음이 예상되더라도 기업에게는 한 번에 많은 제품을 생산하는 것보다 일정 생산량을 여러 번에 걸쳐 생산하는 것이 유리할 수 있다. 단위당 생산 비용이 체증한다는 것은 생산이 많아질수록 하나의 물건을 생산하는 비용이 증가하는 것이다. 따라서 기업은 어느 시기에 생산량을 집중시키는 것보다는 전 기간에 걸쳐 생산량을 균등하게 유지하려 할 것이다. 이와 같이 기업이 경기 변동 과정에서 생산량을 일정하게 유지하면 경기 팽창기에는 생산량이 수요량을 따라가지 못하므로 재고를 이용해 수요량을 충족시킬 수 있고, 경기 후퇴기에는 재고를 축적하게 된다. 이를 전체적으로 본다면 재고의 순 증가분이 증가한 것이기 때문에 불확실성이 재고 투자를 증가시킨 것으로 볼 수 있는 것이다.

경기 팽창기에는 수요가 증가하므로 생산량을 집중해서 증가시킬 수 있음.

단위당 생산 비용이 체증하기 때문

경기 팽창기에 재고를 줄임.

▶ 프로덕션 스무딩 이론

그러나 실제 현실에서는 생산량의 변동이 판매량의 변동에 비해 더 크게 나타났으며, 또한 판매량과 생산량 사이에는 양(+)의 상관관계가 있는 것으로 나타났다. 이러한 결과에 대해 재고 소진* 기피 모형에서는 생산량에 대한 기업의 결정이 수요량에 대한 예측과 재고 소진으로 기업이 추가로 얻을 수 있는 이윤의 손실을 회피하려는 기업의 욕구에 기반*한다고 본다. 왜냐하면 수요량 변동의 불확실성으로 기업이 수요량을 정확하게 예측하기 어렵기 때문이다. 이 모형에 따르면 기업은 수요량이 적을 것으로 예측하면 적게 생산하고, 수요량이 많을 것으로 예측하면 많이 생산한다. 만약 기업이 수요량을 잘못 예측해 수요량보다 적게 생산하여 재고가 모두 소진되면 기업은 가능했던 수익을 실현하지 못할 뿐만 아니라 장기적으로 시장 점유율*이 하락하여 장래의 판매 경쟁에서 불리해질 것이다. 따라서 수요가 증가할 때 재고 소진을 우려하는 기업은 예상되는 수요의 증가에 따라 생산을 늘려 재고 투자를 확대하게 되는 것이다.

실제 현실에서는 프로덕션 스무딩 이론의 설명과는 다른 현상이 나타남.

수요량이 많을 것으로 예측될 때 생산량을 늘리는 이유

▶ 재고 소진 기피 모형

기업의 투자에 있어서 불확실성은 투자에 영향을 주고, 투자는 경기 변동에 영향을 미치는 요소이다. 따라서 불확실성이 투자에 미치는 영향을 실증적으로 분석하고 이해하는 것은 경제 정책 수립과 경기 변동에 대해 이해하는 데에 도움을 줄 수 있다.

불확실성과 투자의 관계를 이해해야 하는 이유

▶ 불확실성이 투자에 미치는 영향에 대한 분석과 이해의 의의

어휘! 이것만은 꼭 익히자

- **재화(財貨)**: 사람이 바라는 바를 충족시켜 주는 모든 물건. 이것을 획득하는 데에 대가가 필요한 것을 경제재라고 하며, 필요하지 않은 것을 자유재라고 함.
- **기회비용(機會費用)**: 한 품목의 생산이 다른 품목의 생산 기회를 놓치게 한다는 관점에서, 어떤 품목의 생산 비용을 그것 때문에 생산을 포기한 품목의 가격으로 계산한 것.
- **차감(差減)**: 비교하여 덜어 냄. 또는 비교하여 줄어든 차이.
- **추이(推移)**: 일이나 형편이 시간의 경과에 따라 변하여 나감. 또는 그런 경향.
- **관망(觀望)**: 한발 물러나서 어떤 일이 되어 가는 형편을 바라봄.
- **체증(遞增)**: 수량이 차례로 점차 늚.
- **소진(消盡)**: 점점 줄어들어 다 없어짐. 또는 다 써서 없앰.
- **기반(基盤)**: 기초가 되는 바탕. 또는 사물의 토대.
- **점유율(占有率)**: 물건이나 영역, 지위 따위를 차지하고 있는 비율.

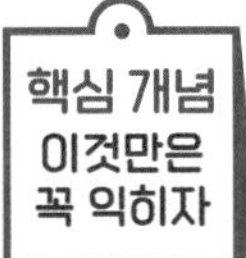

딕싯의 투자 옵션 모형

딕싯의 투자 옵션 모형은 불확실성과 설비 투자에 대한 설명이다. 이 모형에 따르면 불확실성이 증가하면 설비 투자가 감소한다. 설비 투자를 통해서 시장에 진입한 기업이 있다고 할 때, 불확실성으로 기업에 손실이 발생하면 기업은 설비 투자를 소비되는 재화로 바꿀 수 없기 때문에 시장에서 나가기 어려운 상황이 된다. 즉 손해를 보는 상황이 지속되는 것이다. 또한 불확실성으로 시장의 가격이 높아졌다고 하더라도 가격이 급격히 하락하면 이윤을 얻을 수 있는 기간이 짧기 때문에 기업의 손해가 이윤보다 더 클 수 있다. 그러므로 기업은 불확실성이 증가하면 투자를 미루게 된다.

프로덕션 스무딩 이론과 재고 소진 기피 모형

〈그림 1〉은 프로덕션 스무딩 이론에 따른 기업의 생산량을, 〈그림 2〉는 재고 소진 기피 모형에 따른 기업의 생산량을 나타낸 것이다. 〈그림 1〉에서 기업의 생산량은 수요량의 변동과 관계없이 일정하다. 이는 단위당 생산 비용의 체증을 고려했기 때문이다. 반면에 〈그림 2〉에서는 수요량이 증가할 때는 생산량을 늘리고 수요량이 적을 때는 생산량을 줄이는데 이는 재고 소진으로 인해 추가로 얻을 수 있는 이윤의 손실을 회피하려는 기업의 욕구에 기반한 것이다.

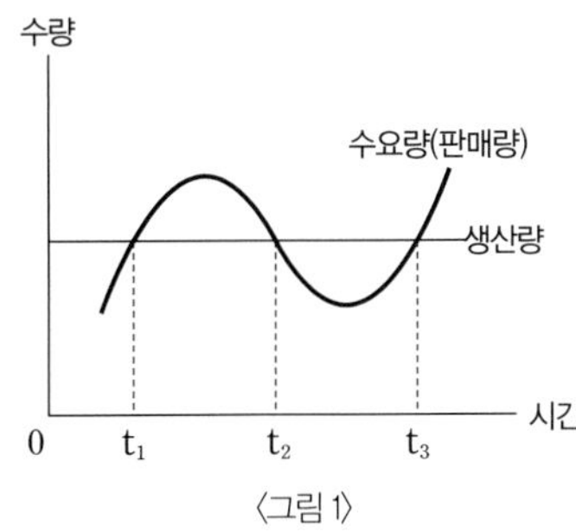

〈그림 1〉

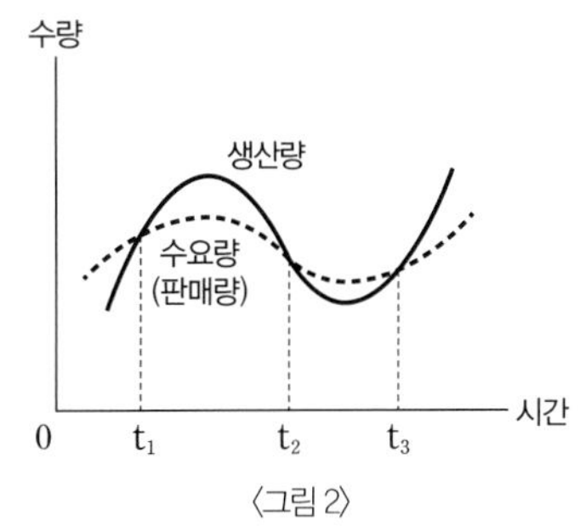

〈그림 2〉

■ **완전 경쟁 시장**

'완전 경쟁 시장'은 많은 수의 수요자와 공급자 사이에 동질적인 상품이 거래되는 시장으로, 다른 기업의 시장 진입을 막는 진입 장벽이 없어 누구나 들어와 경쟁할 수 있는 시장 구조를 말한다. 완전 경쟁 시장에서는 경쟁자가 다수이기 때문에 개별 공급자와 수요자가 가격에 영향을 미치기 어렵다. 이때 기업은 '가격 수용자'로서 시장에서 결정된 가격을 그대로 받아들일 수밖에 없고, 시장 가격으로 원하는 물량을 얼마든지 판매할 수 있다. 또한 제품을 한 단위 더 판매함으로써 추가로 얻게 되는 한계 수입은 일정하며, 가격과 거래량도 수요와 공급이 일치하는 지점에서 결정된다.

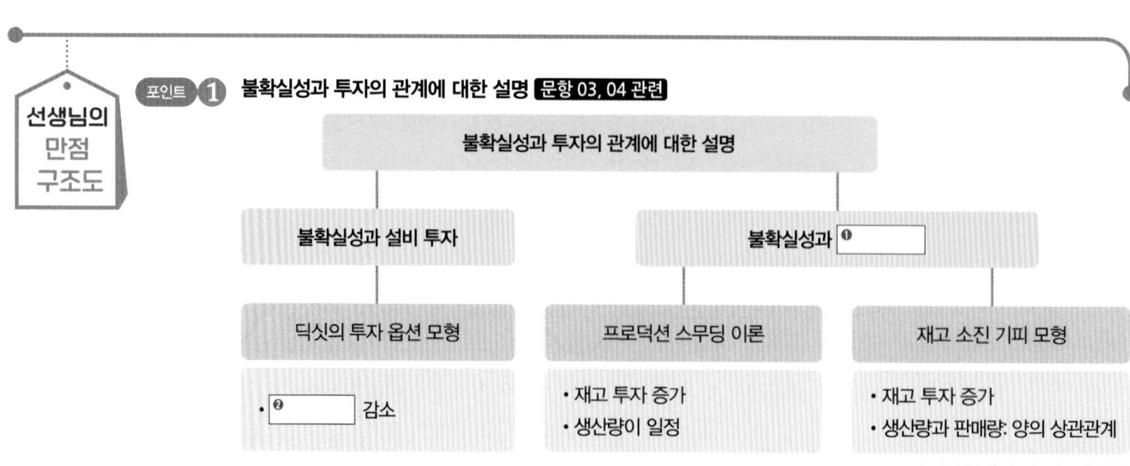

거시 경제론

경제 성장은 장기적인 관점에서 국내 총생산(GDP)이 지속적으로 증가하는 것이다. 그러나 경제가 꾸준히 성장하는 국가라 하더라도, 경기는 좋을 때도 있고 나쁠 때도 있다. 경기 변동은 실질 GDP*의 추세를 장기적으로 보여 주는 선에서 단기적으로 그 선을 이탈하여 상승과 하락을 보여 주는 현상을 말한다. 경기 변동을 촉발하는 주원인에 대해서는 여러 견해가 있다.

1970년대까지는 경기 변동이 일어나는 주원인이 민간 기업의 투자 지출 변화에 의한 총수요* 측면의 충격에 있다는 견해가 우세했다. 민간 기업이 미래에 대해 갖는 기대에 따라 투자 지출이 변함으로써 경기 변동이 촉발된다는 것이다. 따라서 정부가 총수요 충격에 대응하여 적절한 총수요 관리 정책을 실시하면 경기 변동을 억제할 수 있다고 보았다. 그러나 1970년대 이후 총수요가 변해도 총생산은 변하지 않을 수 있다는 비판이 제기되자, 이에 따라 금융 당국의 자의적인 통화량 조절이 경기 변동의 원인으로 작용한다는 주장이 제기되었다.

이후 루카스는 경제 주체들이 항상 '합리적 기대'를 한다고 보고, 이들이 불완전한 정보로 인해 잘못된 판단을 하여 경기 변동이 발생한다는 '화폐적 경기 변동 이론'을 주장하였다. 합리적 기대란 어떤 정보가 새로 들어왔을 때 경제 주체들이 이를 적절히 이용하여 미래에 대한 기대를 형성한다는 것이다. 그러나 경제 주체들에게 주어지는 정보가 불완전하기 때문에 그들은 잘못 판단할 수 있으며, 이로 인해 경기 변동이 발생하게 된다. 루카스는 가상의 사례를 들어 이를 설명하고 있다.

일정 기간 오직 자신의 상품 가격만을 아는 한 기업이 있다고 하자. 이 기업의 상품 가격이 상승했다면, 그것은 통화량의 증가로 전반적인 물가 수준이 상승한 결과일 수도 있고, 이 상품에 대한 소비자들의 선호도 변화 때문일 수도 있다. 전반적인 물가 상승에 의한 것이라면 기업은 생산량을 늘릴 이유가 없다. 하지만 일정 기간 자신의 상품 가격만을 아는 기업에서는 아무리 합리적 기대를 한다 해도 가격 상승의 원인을 정확히 판단할 수 없다. 따라서 전반적인 물가 수준이 상승한 경우에도 그것이 선호도 변화에서 온 것으로 판단하여 상품 생산량을 늘릴 수 있다. 이렇게 되면 근로자의 임금은 상승하고 경기 역시 상승하게 된다. 그러나 일정 시간이 지나 가격 상승이 전반적인 물가 수준의 상승에 의한 것임을 알게 되면, 기업은 자신이 잘못 판단했음을 깨닫고 생산량을 줄이게 된다.

그러나 이러한 루카스의 견해로는 대규모의 경기 변동을 모두 설명하기 어렵다는 비판이 제기되었다. 이에 따라 일부 학자들은 경기 변동의 주원인을 기술 혁신, 유가 상승과 같은 실물적 요인에서 찾게 되었는데, 이를 '실물적 경기 변동 이론'이라고 한다. 이들에 의하면 기업에서 생산성을 향상시킬 수 있는 기술 혁신이 발생하면 기업들은 더 많은 근로자를 고용하려 할 것이다. 그 결과 고용량과 생산량이 증가하여 경기가 상승하게 된다. 반면 유가가 상승하면 기업은 생산 과정에서 에너지를 덜 쓰게 되므로 고용량과 생산량은 줄어들게 된다.

최근 일부 학자들은 한 나라의 경기 변동을 설명하는 중요한 요소로 해외 부문을 거론하고 있다. 이들은 세계 각국의 경제적 협력이 밀접해지면서 각국의 경기 변동이 서로 높은 상관관계를 가진다고 보고, 그에 따라 경기 변동이 국제적으로 전파될 수 있다고 생각한다.

* **실질 GDP**: 물가 변동에 의한 생산액의 증감분을 제거한 GDP.
* **총수요**: 국민 경제의 모든 경제 주체들이 소비, 투자 등의 목적으로 사려고 하는 재화와 용역의 합.

독해 포인트 경기 변동 이론의 주원인에 대한 여러 견해를 설명하는 글이다. 1970년대 이전에는 민간 기업의 투자 지출 변화에 의한 총수요 측면의 충격을 경기 변동의 주원인으로 보았으나, 1970년대 이후 정부의 자의적인 통화량 조절이 경기 변동의 원인으로 작용한다는 주장이 제기된다. 이후 루카스는 '합리적 기대'를 하는 경제 주체들이 불완전한 정보로 인해 잘못된 판단을 함으로써 경기 변동이 일어난다는 '화폐적 경기 변동 이론'을 주장한다. 그리고 루카스에 대한 비판으로 '실물적 경기 변동 이론'이 나타나고, 최근 일부 학자들은 해외 부문을 경기 변동의 원인으로 거론하고 있다.

주제 경기 변동 이론의 주원인에 대한 여러 견해

10강 무제한적 노동 공급과 노동조합

사회 · 문화

EBS 수능특강 독서 152쪽

독해 포인트 이 글은 무제한적 노동 공급의 단계에서 노동조합이 어떠한 기능을 하는지에 대해 설명하고 있다. 흔히 자유방임주의자라고 평가받는 애덤 스미스는 노사 간 교섭력의 균등함을 바탕으로 자유방임 정책이 성공할 수 있는 조건을 만들 것을 강조했다. 애덤 스미스는 노동 시장에서 노동자와 사용자 간의 교섭상 비대등성을 해결하기 위해서는 산업화의 진전에 따른 제한적 노동 공급 단계로의 이행이 필요하다고 생각하였다.

주 제 애덤 스미스의 관점에서 본 무제한적 노동 공급과 노동조합

노동 공급의 임금 탄력성*은 노동 공급량의 변화율을 임금의 변화율로 나눈 것이다(노동 공급의 임금 탄력성의 개념). 보통 이 값이 0에서 1 사이일 때는 비탄력적이라고 하고, 1보다 크면 탄력적이라고 한다. 탄력성이 무한대인 상태는 완전 탄력적이라고 한다. 노동 공급의 임금 탄력성을 기준으로 볼 때, 산업화 초기에는 임금 변화의 영향을 거의 받지 않고 노동 공급이 무한대로 늘어날 수 있는 무제한적 노동 공급의 단계에 놓여 있었다. 이러한 상황에서 비인간적 근로 조건하에 노동자를 방치해 둠으로써 발생하는 노동력의 손실을 막고 그 재생산(노동력의 재생산)을 목표로 제시한 것이 애덤 스미스의 노동 시장론이다.

▶ 애덤 스미스의 노동 시장론의 등장 배경

흔히 애덤 스미스를 국가 권력의 간섭을 최소한으로 제한하고, 사유 재산과 기업의 자유를 옹호(애덤 스미스에 대한 일반적인 인식)하는 자유방임*론자라고 하나 그는 결코 당대의 현실을 있는 그대로 받아들이고 무조건 이를 찬미*하는 소극적 자유방임론자가 아니었다. 공정한 질서가 없는 상태에서는 아무도 자유로울 수 없기 때문이다(애덤 스미스가 소극적 자유방임론자가 아닌 이유 – 공정한 질서가 선행되어야 한다고 생각함.). 그는 공정한 사회 질서의 내용으로 독점의 철폐와 경쟁의 확립(애덤 스미스가 생각한 공정한 사회 질서의 조건)을 들었다. 그는 현실을 그대로 두면 독점과 노사 간 교섭*력의 차이 등이 발생할 수 있음을 항상 경계하였고, 독점을 줄이고 노사 간 교섭력을 균등하게 하여(균등한 교섭력을 바탕으로 노사 간에 경쟁을 할 수 있음.) 경쟁적 시장 조건, 즉 자유방임 정책이 성공할 수 있는 조건을 만들 것을 강조하였다. 애덤 스미스는 이러한 조건의 성립을 전제로 능동적이고 적극적인 자유방임을 주장하였다. 그의 이러한 태도는 당시의 노동 시장에 대한 그의 견해에도 잘 나타난다.

▶ 노동 시장에 대한 애덤 스미스의 평가

애덤 스미스의 노동 시장론은 노동 시장이 경쟁적 시장이 되기 어렵다는 사실에 대한 인식에서 출발한다. 그는 『국부론』에서 본래 노동 시장은 수요자도 하나 공급자도 하나인 쌍방 독점적 시장이 되기 쉬운 경향이 있음을 언급하고, 노동 시장에서 노사 간 교섭상 지위에는 구조적으로 비대등성이 있음을(노동 시장이 경쟁 시장이 되지 못하는 이유로 결국 노동 조건이 열악해지게 함.) 지적한다. 노동 시장이 경쟁 시장이 되기 위해서는 노사 간의 교섭상 지위가 대등해야 한다. 그런데 실제로는 사용자의 단결이 노동자의 단결보다 쉽기 때문에 교섭상 지위의 비대등성이 커져 노동 시장이 경쟁적 시장이 되지 못한다(사용자들이 단결함으로써 노동자들보다 교섭에서 우위를 점할 수 있게 됨.). 그리고 경쟁 시장이 정상적으로 기능하지 않기 때문에 노동 조건이 열악해지는 것이다. 교섭상 지위의 비대등성이 존재하는 경우 이것을 극복하기 위한 노동자의 단결은 노동 시장의 경쟁성을 높이는 역할을 한다(노사 간 교섭상 지위의 비대등성 극복을 위한 노동자의 단결을 통해 노동 시장의 경쟁성을 높일 수 있음.). 결국 애덤 스미스의 관점에서 볼 때 산업화 초기 단계에서는 노동자의 단결을 위한 노동조합의 역할이 경쟁 촉진*적인 면이 있었다.

▶ 무제한적 노동 공급의 단계에서 노사 간 교섭상 지위의 비대등성 극복을 위한 노동조합의 역할

산업화 초기 무제한적 노동 공급의 단계에서는 과잉 노동력이 존재하기 때문에 임금의 수준은 최저 생계비 수준을 벗어나기 힘들었다(일자리에 비해 노동자가 많기 때문에 임금이 오르지 않음.). 이 시기에는 노동자의 생존권을 보장하고 양질의 노동력을 확보하기 위해서 노동법이 필요했다. 애덤 스미스는 노동 시장에서 나타나는 교섭상 지위의 구조적 비대등성은 노동자들이 단결하여도 완전히 해결하기 어렵다는 점을 지적하면서, 경제 성장을 통한 노동 수요의 지속적 확대에서 그 답을 찾고 있다(일자리가 늘어나 구인 경쟁이 생기면 노사 간 교섭상 지위의 비대등성을 해결할 수 있음.).

산업화의 진전에 따라 국민 경제가 대량 생산, 대량 유통, 대량 소비의 단계로 들어가면 노동력의 확보를 목적으로 한 노동법의 시대는 끝나게 되고, 노동 시장에도 변화가 나타나게 된다. 산업 생산에 비해 노동 공급이 제한적이기 때문에 노동 시장의 여건이 사용자에게만 유리하게 작용하지는 않게 된 것이다. 노동자들 사이의 구직 경쟁 못지않게 사용자들 간의 구인 경쟁이 나타남으로써, 즉 무제한적 노동 공급의 단계에서 벗어나 제한적 노동 공급의 단계로 넘어감으로써, 노사 간의 교섭력이 대등해지기 시작했다. 특히 경기 상승 시에는 오히려 노동자들의 교섭력이 우위가 되기도 했다.

경기가 좋아 노동력이 많이 필요한 시기

▶ 산업화의 진전에 따른 제한적 노동 공급 단계로의 이행

노사 간의 교섭력에도 대등성이 성립하고, 노동 시장에서 경쟁이 기능하기 시작하면서 비로소 임금의 수준은 노동의 생산 기여분인 노동 생산성에 접근하게 되었다. 이에 따라 산업화의 성과에 대한 노동자들의 분배의 몫이 증가하고 임금 등의 근로 조건은 국민 경제의 생산성 상승률에 맞춰 증가하게 되었다.

노동자들도 자신들이 생산에 기여하는 만큼의 임금을 받을 정도로 임금이 상승함.

▶ 제한적 노동 공급 단계에서 노동 시장의 특징

어휘! 이것만은 꼭 익히자

- **탄력성(彈力性)**: 원인 변수의 값이 1% 변할 때, 그 영향을 받는 변수가 몇 퍼센트나 변하는지를 나타내는 척도. 수요의 가격 탄력성, 수요의 소득 탄력성, 공급의 가격 탄력성 등이 있음.
- **자유방임(自由放任)**: 경제적 자유방임주의자들이 사유 재산과 기업의 자유 활동을 옹호하는 주장.
- **찬미(讚美)**: 아름답고 훌륭한 것이나 위대한 것 따위를 기리어 칭송함.
- **교섭(交涉)**: 어떤 일을 이루기 위하여 서로 의논하고 절충함.
- **촉진(促進)**: 다그쳐 빨리 나아가게 함.

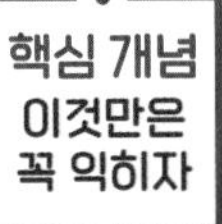

애덤 스미스와 노동 생산성

애덤 스미스는 『국부론』에서 국민의 풍요로움은 소비 인구로 나눈 필수품과 편의품의 총량에 의해 나타낼 수 있다고 하면서, 국민의 풍요로움은 생산적 노동과 비생산적 노동의 비율 그리고 노동 생산성이라는 두 가지 측면에 의존함을 주장한다. 생산적 노동이란 필수품과 편의품의 생산에 직접 종사하는 노동이며, 비생산적 노동이란 그것들의 생산에 직접 종사하지 않는 것이다. 애덤 스미스에 따르면 국민의 풍요로움을 증진시키기 위해서는 노동 생산성을 상승시켜 생산적 노동의 비율을 높여야만 한다. 그리고 애덤 스미스는 노동 생산성이 분업에 의해 높아지는 것임을 제시한다. 따라서 애덤 스미스에게 풍요로움을 증진시키는 원동력은 분업이라고 할 수 있다. 애덤 스미스는 분업이 진행된 문명사회는 최하층의 노동자조차 분업이 진행되지 않은 사회의 사람들보다 많은 필수품과 편의품을 소비할 수 있다고 본다. 즉 애덤 스미스가 생각하는 국가의 번영은, 국민이 소비할 수 있는 필수품 및 편의품의 평균량이 증가하는 것뿐 아니라 사회 최하층의 노동자가 소비할 수 있는 필수품 및 편의품의 양, 즉 최저 수준의 부가 증대되는 것이라고 할 수 있다.

■ **애덤 스미스와 공정한 사회 질서**

애덤 스미스는 경제적 자유주의가 성립하기 위해 두 가지가 필요하다고 생각했다. 하나는 자유로운 시장 기구이고, 다른 하나는 무분별한 탐욕의 횡포를 견제하는 사회적 장치이다. 애덤 스미스는 무분별한 탐욕의 횡포를 견제하는 사회적 장치가 있어야만 시장 기구도 제 기능을 할 수 있을 것으로 보았다. 또한 애덤 스미스는 시장 기구가 개인의 사익 추구를 사회 전체의 이익 증대로 전환시키는 기능을 수행한다고 보았다. 그러나 이 기능은 공정한 사회 질서의 존재를 전제로 한다. 애덤 스미스가 생각한 자발적 자유의 체계는 시장에서 각자 자유롭게 자신의 이익을 위해 경쟁하는 체계이다. 이러한 사익 추구의 경쟁은 공정한 규칙을 지키는 한에서만 사회의 이익 증가로 이어진다. 즉 사익 추구가 공익 증진으로 이어질 수 있는지의 여부는 공정한 사회 질서의 존재에 달려 있다.

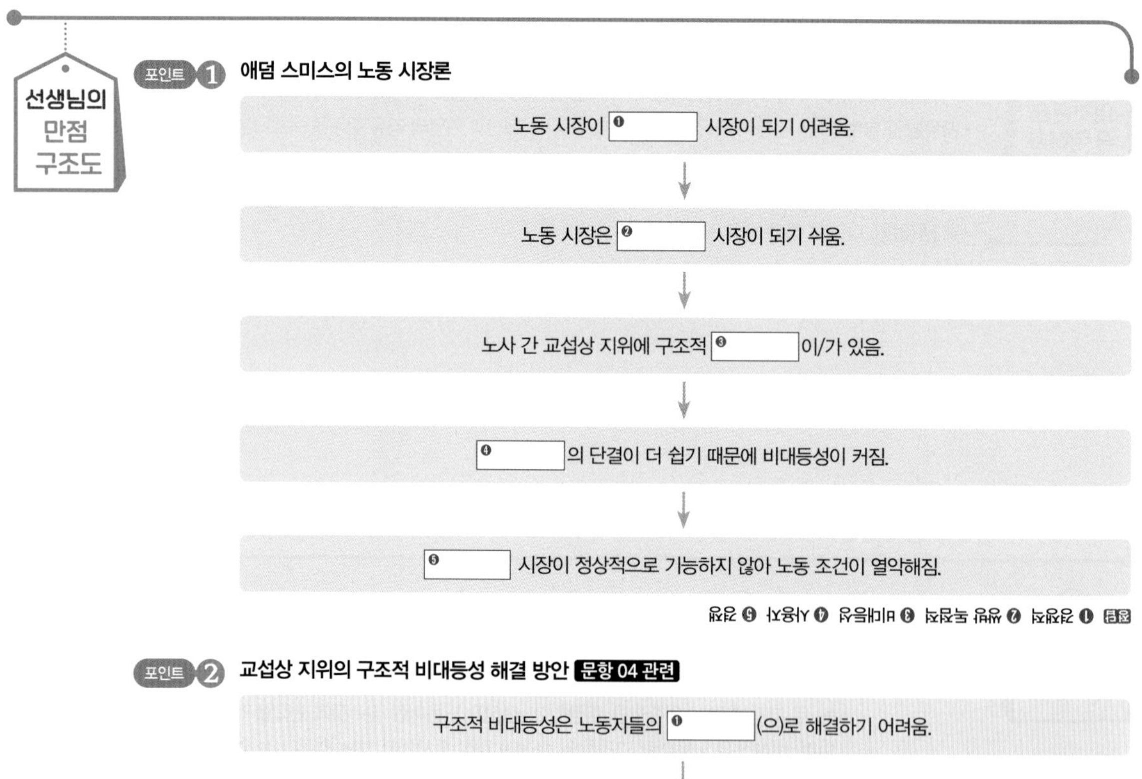

선생님의 만점 구조도

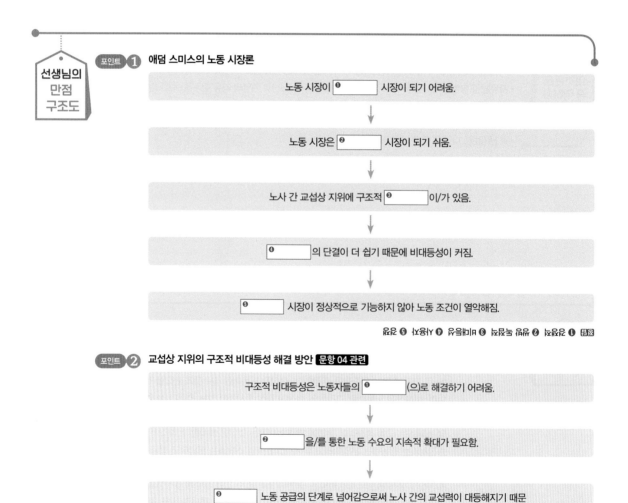

포인트 1 애덤 스미스의 노동 시장론

노동 시장이 ❶ ______ 시장이 되기 어려움.

↓

노동 시장은 ❷ ______ 시장이 되기 쉬움.

↓

노사 간 교섭상 지위에 구조적 ❸ ______ 이/가 있음.

↓

❹ ______ 의 단결이 더 쉽기 때문에 비대칭성이 커짐.

↓

❺ ______ 시장이 정상적으로 기능하지 않아 노동 조건이 열악해짐.

정답 ❶ 경쟁적 ❷ 수요 독점적 ❸ 비대칭성 ❹ 사용자 ❺ 경쟁

포인트 2 교섭상 지위의 구조적 비대칭성 해결 방안 문항 04 관련

구조적 비대칭성은 노동자들의 ❶ ______ (으)로 해결하기 어려움.

↓

❷ ______ 을/를 통한 노동 수요의 지속적 확대가 필요함.

↓

❸ ______ 노동 공급의 단계로 넘어감으로써 노사 간의 교섭력이 대등해지기 때문

정답 ❶ 단결 ❷ 경제 성장 ❸ 제한적

11강 예금 계좌 대여와 형법상의 방조범

사회 · 문화

EBS 수능특강 독서 156쪽

독해 포인트 타인의 부탁을 받고 예금 통장을 빌려주거나, 예금 인출 심부름을 하면 금융 실명제법 위반 범죄나 보이스 피싱에 의한 사기 범죄에 연루될 수 있으므로 주의가 필요하다. 죄형 법정주의에 의해 범죄 행위는 법률로 정해져 있어야 하는데, 금융 실명제법에는 타인 명의 예금 계좌 개설과 타인에게 예금 계좌를 대여하는 행위가 구성 요건으로 규정되어 있다. 자신의 예금 계좌에서 예금을 인출하여 전달하는 행위는 보이스 피싱범의 사기죄에 대한 방조범이 될 수 있다. 방조범은 공범의 일종으로서 정범이 실행하는 범죄의 내용, 자신이 정범의 범죄 실행을 돕고 있다는 사실에 대한 인식이 있으면 성립할 수 있다. 방조의 고의는 미필적 고의만으로도 인정될 수 있기 때문이다.

주 제 예금 계좌 대여와 관련된 범죄에 대한 이해

타인으로부터 예금 통장 대여나 예금 인출* 심부름 제안을 받게 된 경우, 각별한 주의가 필요하다. 보이스 피싱 범죄에 연루*될 수 있기 때문이다. 보이스 피싱 범죄자는 대개 타인 명의*의 예금 계좌를 사용하여 피해자로부터 송금을 받아 돈을 가로채는데 이때 타인 명의 예금 계좌를 사용하는 방식에는 여러 가지가 있다. 보이스 피싱 범죄자를 A, 피해자를 B라고 하고, B가 돈을 입금하는 계좌의 명의인을 C라고 가정할 때, 첫 번째 방법은 A가 C 몰래 C 명의 예금 계좌를 개설*하여 사용하는 것이고, 두 번째 방법은 C가 개설한 예금 계좌를 A가 빌려서 사용하는 예금 계좌 대여이다. C가 자신의 예금 통장과 도장을 A에게 넘겨주고 비밀번호를 알려 주면 예금 계좌 대여로 인정된다. 세 번째 방법은 C가 A의 부탁을 받고 C 자신의 예금 통장에서 예금을 인출해서 A에게 전달해 주는 것이다. 이들 중 첫 번째 경우에는 C가 처벌될 가능성이 없지만 두 번째 경우와 세 번째 경우에는 C도 처벌될 가능성이 있다.

> 이하에서 세 가지 방식이 제시됨. 각 방식에 대한 예시를 03번 문항의 〈보기〉와 비교해 볼 것
> 두 번째, 세 번째 경우는 구성 요건에 해당할 수 있음.
> ▶ 타인 명의 계좌를 사용하는 방식

어떤 행위가 처벌 대상이 되려면 반드시 그 행위가 '구성 요건'에 해당해야 하는데, 구성 요건이란 범죄에 해당하는 행위의 구체적인 내용을 법률로 미리 정해 둔 것을 뜻한다. 처벌 대상 행위는 미리 법률로 정해져야 하며 이것을 '죄형 법정주의'라고 한다. 보이스 피싱 범죄에서 피해자를 속여서 돈을 가로채는 행위는 형법에 규정된 사기죄*의 구성 요건에 해당한다. 그러나 예금 계좌의 대여나 개설과 관련한 구성 요건은 금융 실명제법에 규정되어 있다. 금융 실명제법에 의하면 타인 명의로 예금 계좌를 개설하여 사용하는 행위 자체가 범죄 구성 요건으로 규정되어 있다. 금융 실명제법의 목적을 달성하려면 예금 계좌의 명의인과 실제로 그 예금 계좌를 사용하여 금융 거래를 하는 사람이 일치하게 할 필요가 있기 때문이다. 같은 맥락에서 예금 계좌의 대여, 즉 C가 자신의 명의로 개설한 예금 계좌를 A에게 빌려주어 A가 사용하게 하는 것도 독립된 구성 요건으로 규정되어 있다.

> 처벌 대상인 범죄 행위로 규정되어 있음.
> ▶ 죄형 법정주의의 원칙과 구성 요건의 의미

이와 달리 예금 계좌의 명의인이 타인의 부탁을 받고 스스로 금융 거래를 하는 것은 금융 실명제법에 규정된 범죄 구성 요건에 해당하지는 않는다. 그렇지만 이런 행위가 타인의 범죄 행위에 가담한 것이면 범죄 행위가 될 수도 있다. 형법에는 타인에게 범죄 행위를 하라고 부추긴* 교사범이나 타인의 범죄 행위를 도와준 방조범을 처벌 대상으로 규정한 조문이 있기 때문이다. 이때 교사범과 방조범을 통틀어 공범이라고 하고, 교사범이 부추긴 범죄나 방조범이 도와준 범죄를 저지른 자를 정범*이라고 한다. 범죄 구성 요건 중에는 여러 사람이 가담하여 행위해야만 성립하는 것도 있다. 이러한 범죄 유형을 필요적 공범이라고 부르지만, 이들은 모두 그 범죄의 정범이다. 예컨대 예금 계좌 대여 범죄는 빌려주는 사람과 빌리는 사람 두 사람이 있어야만 성립할 수 있으므로 필요적

> 정범이 한 행위가 처벌 대상인 범죄 행위이어야 정범을 부추기거나 격려한 사람도 공범으로 처벌될 수 있음.

공범에 해당하고 이들은 모두 정범으로 처벌된다. ▶ 정범과 공범, 공범의 하위 유형인 교사범과 방조범의 의미

공범 중에서 교사범은 범죄가 발생하도록 원인을 제공했으므로 이미 범죄 행위를 하기로 결심한 정범을 도와 준 것에 불과한 방조범보다 더 나쁘다. 따라서 교사범은 정범과 같은 형벌을 받는 데 비해 방조범은 정범보다 가벼운 형벌을 받는다. 방조범이 성립하려면, 정범의 범죄 실행이라는 요건 이외에도, 방조 행위와 방조의 고의라는 요건이 모두 충족되어야 한다. 첫 번째 요건인 '방조 행위'는 정범이 범죄 행위를 하기 쉽게 해 주는 모든 행위를 가리킨다. 범행 도구를 제공하는 등의 물질적 방조뿐 아니라 이미 범행을 결심한 범인을 격려하는 정신적 방조도 여기에 해당한다. 두 번째 요건인 '방조의 고의'는 두 가지 고의로 구성된다. 우선 정범이 저지르려고 하는 범죄 행위 자체에 대한 고의인 정범에 대한 고의가 인정되어야 하고, 방조범 자신이 하고 있는 행위가 정범의 범죄 실행을 돕는 행위라는 것에 대한 고의도 인정되어야 한다. ▶ 방조범의 구성 요건

교사범과 방조범은 모두 공범에 속하지만 죄질과 형량은 서로 다름.

정범의 범죄 실행, 방조 행위, 방조의 고의, 이 세 가지가 방조범의 범죄 행위의 '구성 요건'임.

방조 행위

형법에서 고의란 행위자가 자신이 범죄 행위를 하고 있음을 알고 있었고 또 그러한 범죄 행위의 결과 발생을 의도했음을 뜻한다. 고의를 구성하는 '의도'에는 적극적으로 어떤 결과를 실현하고자 하는 '확정적 고의'뿐 아니라 그런 결과의 발생 가능성을 알고 이에 대해 용인[※]한 '미필적 고의'도 포함된다. 방조범의 구성 요건 중 방조의 고의는 대개 미필적 고의에 그치는 경우가 많다. 또한 정범에 대한 고의도 미필적 고의만 있으면 인정되며 정범의 인적 사항을 알지 못해도 인정될 수 있다. ▶ 고의의 의미와 유형

미필적 고의도 형법상의 고의이므로, 미필적 고의로 범죄를 저지른 자도 처벌됨.

어휘! 이것만은 꼭 익히자

- **인출(引出)**: 예금 따위를 찾음.
- **연루(連累)**: 남이 저지른 범죄에 연관됨.
- **명의(名義)**: 문서상의 권한과 책임이 있는 이름.
- **개설(開設)**: 은행에서, 새로운 계좌를 마련하는 일.
- **사기죄(詐欺罪)**: 남을 속여 불법으로 이익을 얻거나 제삼자로 하여금 불법으로 이익을 얻게 함으로써 성립하는 범죄.
- **부추긴**: 남을 이리저리 들쑤셔서 어떤 일을 하게 만든.
- **정범(正犯)**: 형법에서, 자기의 의사에 따라 범죄를 실제로 저지른 사람.
- **용인(容認)**: 용납하여 인정함.

죄형 법정주의와 구성 요건의 의미

형벌은 국민의 자유에 대한 중대한 침해이기 때문에 처벌 대상인 범죄 행위는 국민의 대표로 구성된 국회에서 제정한 법률로 규정되어야 한다. 이것을 죄형 법정주의라고 하며 헌법의 기본 원리들 중 하나이다. 범죄 행위에 해당하는 행위의 내용을 구체적으로 규정한 것을 구성 요건이라고 한다. 예컨대 사기죄로 처벌되는 범죄 행위인 '사기'의 구성 요건은, 고의로 타인을 속여서 타인의 재물이나 재산적 이익을 빼앗는 것이다. 대표적인 범죄들의 구성 요건은 형법으로 규정되어 있으나 형법 이외의 법률로도 구성 요건을 규정할 수 있다. 즉 죄형 법정주의란 범죄 행위를 '형법'이 아니라 '법률'로 정해야 함을 의미한다.

고의의 의미와 유형

고의의 법적 의미는 자신의 행위가 어떤 결과를 발생시킬 것임을 알고도 그 행위를 하고자 하는 의사이다. 고의는 범죄 구성 요건의 일종이다. 예컨대 타인의 재물을 파손한 경우 고의가 없으면 처벌되지 않는다. 고의는 미필적 고의와 확정적 고의로 나누어진다. 미필적 고의란 예상되는 결과를 적극적으로 인식한 것은 아니지만, 그런 결과가 발생하는 것을 감수하겠다는 의사이다. 형법에서 미필적 고의는 확정적 고의와 마찬가지로 '고의'로 인정된다.

■ **간접 정범**

간접 정범이란 타인을 이용하여 범죄 행위를 저지른 자를 뜻한다. 예컨대 A가 ⓧ물건이 B의 소유임을 알면서도 이 물건을 훔칠 의사로 C에게 '내 물건인 ⓧ물건을 좀 가져다 달라'고 거짓말하여, 이에 따라 C가 ⓧ물건을 A에게 가져다주었다고 하자. 타인의 물건을 고의로 가져가면 '절도죄'가 성립한다. 위 사례에서 A가 ⓧ물건을 가져간 것은 아니지만 C를 시켜서 가져오게 했으므로 절도를 하려는 고의는 A에게만 인정되고 C에게는 인정되지 않는다. 따라서 A만이 절도죄의 정범이 되고 C는 절도죄의 공범으로도 처벌되지 않는다. 이 사안의 A처럼 처벌되지 않는 타인의 행위를 이용하여 범죄 구성 요건에 해당하는 행위를 한 자를 '간접 정범'이라고 한다.

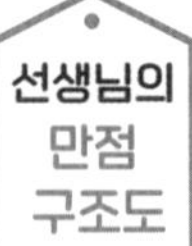

 보이스 피싱범이 돈을 찾는 것을 도와주는 행위의 유형과 범죄 성립 여부 **문항 03 관련**

❶ [ ] 을/를 도용당한 경우	• 의미: 보이스 피싱범이 명의인 몰래 예금 계좌를 개설하여 사용 • 결과: 명의인이 계좌를 도용당한 것은 범죄 구성 요건에 해당하지 않으므로 처벌되지 않음.
예금 계좌를 대여한 경우	• 의미: 명의인이 자신의 예금 계좌를 보이스 피싱범이 쓸 수 있도록 도와준 경우 • 결과: 명의인은 ❷ [ ] 에 규정된 구성 요건에 해당하는 범죄 행위를 했으므로 처벌됨.
예금을 인출하여 전달한 경우	• 의미: 명의인이 자신의 예금 계좌에 입금된 돈을 인출하여 보이스 피싱범에게 전달한 경우 • 결과: 범죄 피해자가 입금한 돈이라는 것에 대한 ❸ [ ] 이/가 인정되면 보이스 피싱범이 저지른 사기죄의 방조범으로 처벌됨.

정답 ❶ 명의 ❷ 금융 실명제법 ❸ 고의

 공범의 유형 **문항 01 관련**

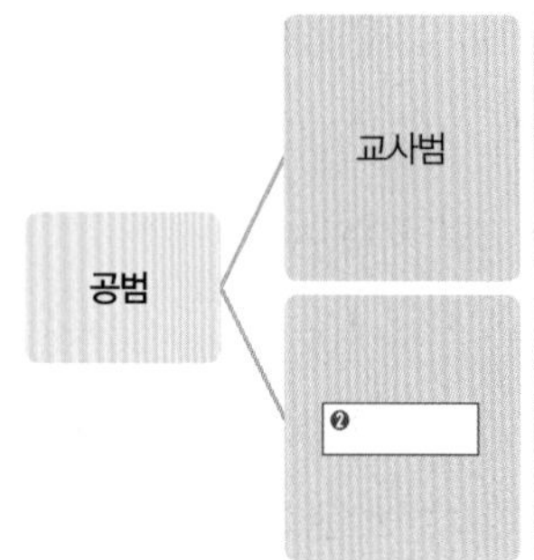

공범 — 교사범
• 정범에게 범죄 행위를 하라고 부추긴 자
• 구성 요건: 정범의 범죄 행위에 대한 고의, 교사 행위에 대한 고의, 교사에 해당하는 행위
• 정범과 ❶ [ ] 형벌로 처벌됨.

공범 — ❷ [ ]
• 정범이 이미 범죄 행위를 결심한 후에 도와준 자
• 구성 요건: 정범의 범죄 행위에 대한 고의, 방조 행위에 대한 고의, 방조에 해당하는 행위
• 정범보다 가벼운 형벌로 처벌됨.

정답 ❶ 동일 ❷ 방조범

형법상의 명예에 관한 죄

형법 제33장에 있는 '명예에 관한 죄'는 '공연(公然)히 사람의 명예를 훼손함'으로써 성립하는 범죄이다. 이 법을 통해 보호하려는 것은 '명예'인데, 이는 명예 주체가 가지고 있는 인격적 가치와 관련되는 것이다. 명예에 대해서는 타인의 평가와 무관하게 인격에 내재하는 가치라는 관점도 있지만, 명예가 사회생활을 통해 생기는 것이기 때문에 일반적으로는 명예 주체에 대한 사회적 평가라고 본다. 명예에 관한 죄는 모욕죄와 명예 훼손죄가 있으며, 명예 훼손죄는 단순 명예 훼손죄를 바탕으로 감경 유형과 가중 유형에 따라 처벌 수위가 달라진다.

모욕죄는 '공연히 사람을 모욕'하는 행위를 함으로써 성립하는 범죄이다. 범죄 성립의 요건이 되는 '모욕'이라는 것은 '사실의 적시가 없이 사람에 대하여 경멸의 의사 내지 감정을 표현'하는 일체의 행위를 말한다. 상대방을 향해 욕설을 한다거나 재수가 없다고 소금을 뿌리는 행위, 비꼬고 조롱하는 말과 행동을 하는 것이 모욕이 될 수 있다. 다만 그 행위에는 '경멸의 의사'가 포함되어 있어야 하며 사회 일반의 기준에서 경멸의 의미로 받아들일 수 있는 것이어야 한다. 따라서 단순한 불친절, 불손, 무례에서 오는 불쾌감으로는 모욕죄가 성립하기 어렵다. 한편 '공연히'는 사회적으로 인식될 수 있도록 하는 것으로, 불특정 또는 다수의 사람이 인식할 수 있도록 하는 것을 의미한다. 그리고 명예 주체를 가리키는 '사람'은 자연인과 법인 모두 해당된다.

단순 명예 훼손죄는 '공연히 사실을 적시하여 사람의 명예를 훼손'하는 행위를 함으로써 성립하는 범죄이다. 범죄 성립의

요건인 '사실을 적시'한다는 것은 구체적인 내용이 있으며, 진실하지만 명예 주체의 사회적 평가를 저하시킬 수 있는 행위를 말한다. 그렇지만 명예 주체가 누구인지 특정할 수 있는 내용이 포함되지 않았을 때는 해당되지 않는다. 공연성에 대한 판단은 대체로 모욕죄와 같은 기준이 적용되지만, 소수의 특정인에게 사실을 전파한 경우라도 특정인이 전파 가능성이 높은 사람이었다면 공연성이 인정될 수 있다. 단순 명예 훼손죄의 명예 주체는 모욕죄와 마찬가지로 자연인과 법인 모두 해당되며, 명예 주체가 고소를 해야만 공소(公訴)*를 제기할 수 있는 모욕죄와 달리 단순 명예 훼손죄는 명예 주체의 고소가 없어도 공소 제기가 가능하다. 그렇지만 명예 주체가 행위자에 대한 처벌을 원하지 않는 경우에는 처벌받지 않는다. 이는 다른 유형의 명예 훼손죄에도 적용된다. 단순 명예 훼손죄는 2년 이하의 징역이나 금고 또는 500만 원 이하의 벌금에 처한다고 하여 1년 이하의 징역이나 금고 또는 200만 원 이하의 벌금을 규정한 모욕죄보다 형량이 무겁다.

명예 훼손죄에서 내용상 처벌이 가중되는 유형으로는 '허위 사실에 의한 명예 훼손죄'가 있고, 감경되는 유형으로는 '사자(死者)의 명예 훼손죄'가 있다. 허위 사실에 의한 명예 훼손죄는 행위자가 사실이 허위임을 인식하면서도 적시한 경우로 5년 이하의 징역, 10년 이하의 자격 정지 또는 1천만 원 이하의 벌금에 처한다고 규정한다. 그런데 행위자의 착오로 인해 진실로 알고 적시했지만 허위로 밝혀진 경우나 허위인 줄 알면서 적시했지만 진실로 밝혀진 경우도 있다. 두 경우 모두 단순 명예 훼손죄에 해당하지만 이미 일어난 피해와 고의에 대한 책임을 져야 한다. 사자의 명예 훼손죄는 적시한 사실이 허위일 때만 적용되며, 진실이라고 볼 수 있는 충분한 근거가 있는 경우 이는 사자에 대한 역사적 평가에 해당하므로 죄가 성립되지 않는다. 사자의 명예 훼손은 2년 이하의 징역이나 금고 또는 500만 원 이하의 벌금에 처한다고 규정한다.

적시 방법에 따른 가중 유형으로는 '출판물 등에 의한 명예 훼손죄'가 있다. 형법 제309조에는 사람을 비방할 목적으로 신문, 잡지 또는 라디오, 기타 출판물을 통해 단순 명예 훼손죄를 범한 자는 3년 이하의 징역이나 금고 또는 700만 원 이하의 벌금에, 허위 사실에 의한 명예 훼손죄를 범한 자는 7년 이하의 징역, 10년 이하의 자격 정지 또는 1천500만 원 이하의 벌금에 처한다고 규정하고 있다. 이는 출판물의 전파력이 크며, 그에 따라 명예 훼손의 피해도 크다는 점을 반영한 것이다. 그런데 인터넷이나 누리 소통망[SNS]과 같은 매체들은 전파력이 크지만 형법 제309조에는 이러한 매체들에 대한 규정이 없다. 인터넷이나 누리 소통망도 '출판물'에서 유추하여 적용할 수도 있지만, 형법은 유추 해석 금지의 원칙이 적용되기 때문에 이 조항은 적용하기가 어렵다. 그래서 인터넷이나 누리 소통망을 통해 명예를 훼손한 경우에는 형법 대신 이들 매체들을 이용한 명예 훼손에 대한 벌칙 규정이 있는 '정보 통신망 이용 촉진 및 정보 보호 등에 관한 법률(이하 정보 통신망법)' 제70조를 적용한다. 정보 통신망법 제70조의 벌칙은 형법 제309조와 비슷하지만 벌금이 단순 명예 훼손죄에 해당할 때 3천만 원 이하, 허위 사실에 의한 명예 훼손죄에 해당할 때 5천만 원 이하로 형법 제309조보다 무겁다. 정보 통신망을 이용한 모욕에 대해서는 따로 법률이 마련되어 있지 않기 때문에 형법을 적용한다.

명예 훼손죄는 개인의 명예는 보호할 수 있으나 진실이 은폐될 수 있으며, 무엇보다 언론의 자유, 표현의 자유, 국민의 알 권리와 같은 헌법적 가치와도 상충된다는 문제가 제기될 수 있다. 이러한 문제를 해결하기 위해 형법 제310조에는 단순 명예 훼손 행위의 경우 '진실한 사실로서 오로지 공공의 이익에 관한 때'에는 처벌하지 않는다는 규정을 두고 있다. 여기에서 말하는 '진실한 사실'이라는 것은 세부적인 오류나 과장이 있더라도 중심적인 내용은 진실이라는 것을 말하며, 부분적 진실을 침소봉대하여 전체 내용을 왜곡하는 것은 해당되지 않는다. '오로지 공공의 이익에 관한 때'라는 것은 목적과 영향력이 공공의 이익에 부합될 때만 인정된다는 것을 의미한다. 특히 잘못된 언론 보도의 경우 개인의 명예에 대한 침해가 크기 때문에 사실 검증을 위한 절차를 철저하게 준수해야 한다. 또한 일반 독자들이 사실을 오해하거나 선입견을 가지는 일이 생기지 않도록 내용이나 표현 방법에 주의를 기울여야 한다.

*공소: 검사가 법원에 특정 형사 사건의 재판을 청구함.

독해 포인트 이 글은 형법에 있는 명예에 관한 죄에 대해 설명하고 있다. 명예에 관한 죄는 사실의 적시가 없이 경멸의 의사를 표시하는 모욕죄와 사실의 적시가 있는 명예 훼손죄가 있다. 명예에 관한 죄가 성립하려면 불특정 또는 다수 앞에서 행위가 이루어져야 한다는 공연성이 있어야 하며 명예 주체의 명예를 저하시키는 행위여야 한다. 명예 훼손죄에서 내용상 가중 유형으로는 허위 사실에 의한 명예 훼손죄가 있고 감경 유형으로는 사자의 명예 훼손죄가 있다. 적시 방법상 가중 유형으로는 출판물 등에 의한 명예 훼손죄가 있다. 인터넷과 같은 새로운 매체에 대해서는 형법에 규정되어 있지 않기 때문에 형법을 적용하는 대신 정보 통신망법을 적용한다. 명예 훼손죄는 개인의 명예를 보호할 수 있지만 표현의 자유, 언론의 자유와 같은 헌법상의 가치와 상충될 수가 있다. 그래서 형법에서는 그 내용이 진실하고 오로지 공공의 이익에 관한 때에는 처벌하지 않는다는 규정을 두고 있다.

주제 명예에 관한 죄의 범죄 성립 요건과 유형 및 위법성의 배제

12강 독점적 경쟁 시장 모형

사회 · 문화

EBS 수능특강 독서 159쪽

독해 포인트 이 글은 독점적 경쟁 시장 모형에서의 기업의 행동과 그에 따른 결과로서 상품 차별화를 통한 비가격 경쟁 현상을 설명하고 있다. 독점적 경쟁 시장은 수많은 기업이, 유사하지만 품질이 다른 상품을 공급하는 시장이다. 완전 경쟁 시장에서는 시장 수요 곡선이 음(−)의 기울기를 갖지만 개별 기업의 수요 곡선은 수평선이므로, 개별 기업은 가격 수용자이다. 독점 시장에서는 음(−)의 기울기를 갖는 시장 수요 곡선이 개별 기업의 수요 곡선이 되므로, 개별 기업은 가격 설정자가 된다. 독점적 경쟁 시장에서도 음(−)의 기울기를 갖는 시장 수요 곡선이 개별 기업의 수요 곡선이 된다. 따라서 독점적 경쟁 기업은 가격 설정자로서 한계 수입과 한계 비용이 일치하는 공급량을 시장에 공급한다. 독점적 경쟁 기업은 단기적으로 초과 이윤을 얻을 수 있으나, 장기에는 신규 기업의 시장 진입으로 인해 초과 이윤을 얻을 수 없다. 독점적 경쟁 시장의 장기 균형에서 기업은 평균 비용이 최소가 되는 생산량보다 적게 생산하는데, 이는 상품 차별화를 위해 생산의 효율성 감소를 감수한 결과로 이해할 수 있으며, 이러한 비가격 경쟁으로 소비자의 만족이 증가할 수 있다.

주 제 독점적 경쟁 시장에서의 기업의 행동 전략

'독점적 경쟁 시장' 모형은 수많은 기업이 동질적 상품을 공급하는 '완전 경쟁 시장' 모형과 하나의 기업이 상품의 유일한 공급자인 '독점 시장' 모형의 특징을 동시에 지니고 있는 시장 모형이다. 독점적 경쟁 시장은 차별화*된 상품을 공급하는 수많은 기업들이 시장에 참여하는 형태로서, 이때 차별화된 상품이란 서로 유사하지만 품질이 다른 상품을 의미한다. 설렁탕을 판매하는 음식점은 많지만 각 음식점마다 설렁탕의 맛은 다른 경우와 같이 각 상품의 품질은 다르지만 서로 유사하기 때문에 다른 상품으로 대체* 가능하다. ▶ 독점적 경쟁 시장 모형의 개념

(동시에 지니고 있는 시장 모형이다: '완전 경쟁 시장' 모형과 같이 공급자가 무수히 많으면서, '독점 시장' 모형과 같이 자신의 상품에 대해 독점력을 지닌 기업을 가정하기 때문에)
(다른 상품으로 대체 가능하다: 완전히 동일한 상품은 아니지만 비슷한 다른 상품으로 소비하는 것이 가능함.)

완전 경쟁 시장의 경우 기업들이 모두 동질적 상품을 공급하기 때문에 어떤 기업이 시장 가격*보다 높은 가격을 매기면 그 기업의 상품은 팔리지 않는다. 즉 개별 기업은 가격 수용자로서 시장 가격을 주어진 것으로 받아들이고 공급량을 결정한다. 이에 따라 완전 경쟁 시장의 수요 곡선*은 가격이 상승하면 수요량은 감소한다는 수요 법칙에 따라 음(−)의 기울기를 갖지만, 개별 기업의 수요 곡선은 주어진 시장 가격에서 수평선이 된다. 반면 독점 시장의 경우 하나의 기업만이 시장의 유일한 공급자이므로 음(−)의 기울기를 갖는 시장 수요 곡선이 곧 개별 기업의 수요 곡선이 되며, 개별 기업은 공급량을 조절하여 스스로 가격을 결정하는 가격 설정자가 된다. 독점적 경쟁 시장의 경우에는 각 기업의 상품이 동질적이지 않으므로 음(−)의 기울기를 갖는 시장 수요 곡선이 곧 개별 기업의 수요 곡선이다. 따라서 개별 기업은 자신의 상품에 대한 독점자로서 가격 설정자가 된다. ▶ 시장 모형에 따른 시장 수요와 개별 기업의 수요

(그 기업의 상품은 팔리지 않는다: 다른 기업의 동일한 상품은 가격이 더 저렴하기 때문에)
(가격 수용자: 시장 가격을 자신의 상품 가격으로 받아들이는 공급자)
(음(−)의 기울기를 갖지만: 가격-수요량 평면에서 우하향하는 형태를 지님.)
(시장 가격에서 수평선이 된다: 수요 곡선은 시장 가격 수준에서 일정함.)
(개별 기업은 공급량을 조절하여: 수요 곡선이 음(−)의 기울기를 갖기 때문에)
(가격 설정자: 상품의 시장 가격을 스스로 결정하는 공급자)
(음(−)의 기울기를 갖는 시장 수요 곡선이 곧 개별: 독점적 경쟁 시장의 기업은 자신의 상품 가격을 스스로 결정할 수 있음.)

독점적 경쟁 시장의 개별 기업은 '한계 수입'과 '한계 비용'이 일치하는 공급량을 시장에 공급한다. 한계 수입은 상품 공급량을 한 단위 변화시킬 때 상품 판매로 얻게 되는 수입의 변화량을, 한계 비용은 상품 공급량을 한 단위 변화시킬 때 상품 생산에 소요되는 비용의 변화량을 의미한다. 예를 들어 지우개 100개를 생산하여 시장에 공급하는 기업이 있다고 하자. 이 기업이 지우개 공급량을 101개로 늘리면 100원의 추가 수입을 얻지만 50원의 추가 비용이 소요되는 경우 한계 수입은 100원, 한계 비용은 50원이다. 따라서 이 기업은 지우개 1개를 추가로 공급하여 50원의 추가 이윤을 얻을 수 있다. 한편 이윤은 판매 수입에서 상품 생산에 소요된 총비용을 뺀 순이익을 의미하므로, 초과 이윤의 발생 조건은 '판매 수입 > 총비용'이 된다. 이 식의 양변을 상품 공급량으로 나누면, '판매 수입/공급량 > 총비용/공급량'이 되는데, 좌변은 상품 한 단위당 수입인 '평균 수입'을, 우변은 상품 한 단위당 비용인 '평균 비용'을 의미한다. 즉 평균 수입이 평균 비용보다 크면 기업은 초과 이윤을 얻는다. 이때

(지우개 공급량을 101개로 늘리면: 상품 공급량을 한 단위 늘리면)
(이 기업은 지우개 1개를 추가로 공급하여 50원의 추가 이윤을 얻을 수 있다: 비용은 50원이 늘어나지만 수입이 100원 늘기 때문에)
(초과 이윤의 발생 조건은 '판매 수입 > 총비용': 초과 이윤이 발생하기 위해서는 판매 수입이 총비용보다 커야 함.)
(평균 수입이 평균 비용보다 크면: 상품 한 단위당 수입이 상품 한 단위당 비용보다 크면)

평균 수입은 상품의 시장 가격과 동일하다. ▶ 독점적 경쟁 시장에서 기업의 상품 공급량과 초과 이윤

상품 한 단위당 수입은 곧 시장에서 상품 한 단위를 판매할 때의 수입, 즉 시장 가격이므로

독점적 경쟁 시장에서 기업이 초과 이윤을 얻고 있는 경우, 새로운 기업이 초과 이윤을 얻기 위해 시장에 진입*할 것이다. 각 기업이 생산하는 상품은 품질만 다를 뿐 서로 유사하여 상품 간 대체성이 높으므로, 새로운 기업의 시장 진입에 따라 기존 기업의 상품에 대한 수요가 감소하게 되며, 이러한 수요 감소는 초과 이윤이 존재하는 한 계속된다. 수요가 감소함에 따라 시장 가격이 하락하며, 시장 가격의 하락은 곧 평균 수입의 하락을 의미한다. 평균 수입이 하락하여 평균 비용과 같아지게 되면 초과 이윤이 0이 되므로 새로운 기업의 시장 진입은 더 이상 일어나지 않는데, 이러한 상태를 독점적 경쟁 시장의 장기 균형이라 한다. 결국 독점적 경쟁 시장에서 기업은 단기에는 초과 이윤을 얻을 수 있지만, 장기에는 초과 이윤을 얻을 수 없다. ▶ 독점적 경쟁 시장의 장기 균형

품질은 다르지만 유사한 상품의 공급량이 늘어나므로

초과 이윤이 존재하는 한 신규 기업의 진입이 계속해서 이루어지므로

독점적 경쟁 시장의 장기 균형에서 기업은 평균 비용을 최소화하는 생산량보다 적게 생산한다. 기업들이 동일한 상품을 더 많이 생산하여 평균 비용을 낮추기보다 공급량은 적지만 차별화된 품질의 상품을 시장에 공급하려 하기 때문이다. 예를 들어 전국의 설렁탕 집들이 설렁탕의 맛을 평준화*한다면 평균 비용을 낮춰 더 낮은 가격으로 설렁탕을 공급할 수 있겠지만 특색 있는 맛을 내는 설렁탕 집의 수는 감소할 것이다. 즉 독점적 경쟁 시장에서는 생산의 비효율이 나타나는 대신 다양한 품질의 상품이 시장에 공급되어 소비자의 만족이 증가할 수 있다. 독점적 경쟁 시장에서 기업들은 가격을 인하하는 전략 대신 상품의 품질, 서비스, 디자인, 결제 방식 등을 차별화하는 전략으로 독점적인 지위를 갖기 위해 경쟁한다. 그리고 이러한 비가격 경쟁으로 인해 소비자들은 자신의 취향에 맞는 다양한 상품을 선택할 수 있다. 이처럼 기업들의 상품 차별화 전략을 이해할 수 있다는 점에서 독점적 경쟁 시장 모형의 의의를 찾을 수 있다. ▶ 독점적 경쟁 시장 모형의 의의

생산량을 늘리면 평균 비용을 낮출 수 있음.

기업이 평균 비용을 최소화하는 생산량보다 적게 생산하는 이유

평균 비용이 최소가 아님.

상품 생산량을 늘려 평균 비용을 낮춤으로써 가격을 인하하는 전략

소비자의 만족이 증가함.

* 수요 곡선: 가격과 수요량의 관계를 나타내는 선으로, 세로축인 가격과 가로축인 수요량 평면에 표시한다.

어휘! 이것만은 꼭 익히자

- **차별화(差別化)**: 둘 이상의 대상을 각각 등급이나 수준 따위의 차이를 두어 구별된 상태가 되게 함.
- **대체(代替)**: 다른 것으로 대신함.
- **시장 가격(市場價格)**: 상품이 시장에서 그때그때 실제적으로 거래되는 가격.
- **진입(進入)**: 향하여 내처 들어감.
- **평준화(平準化)**: 수준이 서로 차이 나지 않게 됨. 또는 그렇게 함.

핵심 개념 이것만은 꼭 익히자

완전 경쟁, 독점, 독점적 경쟁 시장에서 기업의 행동

완전 경쟁 시장에서는 수많은 기업이 동질적 상품을 공급한다. 따라서 개별 기업의 수요 곡선은 수평선이며, 완전 경쟁 시장에서 개별 기업은 가격 수용자로 행동한다. 반면 독점 시장에서는 단 하나의 기업이 상품을 공급하므로, 음(−)의 기울기의 시장 수요 곡선이 곧 개별 기업의 수요 곡선이 되며, 개별 기업은 가격 설정자로 행동한다. 독점적 경쟁 시장에는 완전 경쟁 시장과 마찬가지로 수많은 기업이 존재하지만, 각 기업의 상품은 품질이 다른 상품이므로 개별 기업의 수요 곡선은 음(−)의 기울기를 가진 시장 수요 곡선이며, 개별 기업은 가격 설정자로 행동한다. 즉 독점적 경쟁 시장은 수많은 기업이 존재한다는 점에서 완전 경쟁 시장과 유사하며, 개별 기업이 가격 설정자로 행동한다는 점에서 독점 시장과 유사하다.

한계 수입, 한계 비용, 평균 수입, 평균 비용

한계 수입은 상품 공급량을 한 단위 변화시킬 때 상품 판매로 얻게 되는 수입의 변화량을, 한계 비용은 상품 공급량을 한 단위 변화시킬 때 상품 생산에 소요되는 비용의 변화량을 의미한다. 독점적 경쟁 시장에서 기업은 한계 수입과 한계 비용이 일치하는 공급량을 시장에 공급한다. 한계 수입이 한계 비용보다 클 때는 공급량을 늘려서, 한계 수입이 한계 비용보다 작을 때는 공급량을 줄여서 기업은 자신의 이윤을 높일 수 있다. 한편 평균 수입은 상품 한 단위당 수입을, 평균 비용은 상품 한 단위당 비용을 의미한다. 평균 수입은 시장 가격과 동일하다.

■ **가격 설정자(price-setter)**

시장 지배력을 통해 상품 가격을 스스로 결정할 수 있는 기업을 의미한다. 하나의 기업만이 상품의 유일한 공급자인 독점 시장의 경우, 기업은 수요 곡선을 바탕으로 자신의 이윤을 극대화하는 생산량을 결정하고 이에 따라 가격을 설정한다. 공급자가 소수의 기업인 과점 시장에서도 과점 기업의 생산량이 시장 전체 생산량에 큰 영향을 미치므로 과점 기업들은 가격 설정자로 기능한다. 하지만 현대 사회에서 한 기업이 오랫동안 상품의 가격 결정자로서 역할을 하기는 어렵다. 대부분의 상품에는 대체재가 존재하고, 경제 개방으로 새로운 기업의 시장 진입이 활발해지면서 경쟁이 더욱 치열해지기 때문이다.

선생님의 만점 구조도

포인트 1 독점적 경쟁 시장의 단기 균형과 장기 균형 문항 04 관련

독점적 경쟁 시장에서 기업은 ❶ ______ (으)로서,
이윤 극대화 생산량을 결정하여 시장에 공급함.

↓

기업의 한계 수입과 ❷ ______ 이/가 일치하는 생산량이 시장에 공급되고,
기업의 이윤이 극대화됨. … 단기 균형

↓

평균 수입이 평균 비용보다 ❸ ______ 경우,
기업은 초과 이윤을 획득함.

↓

새로운 기업의 시장 진입이 발생함.

↓

기존 기업의 상품에 대한 ❹ ______ 이/가 감소하여
❺ ______ 이/가 하락함.

↓

평균 수입과 평균 비용이 같아져 ❻ ______ 이/가 0이 되면,
새로운 기업의 시장 진입이 더 이상 나타나지 않음. … 장기 균형

정답 ❶ 가격 설정자 ❷ 한계 비용 ❸ 큰 ❹ 수요 ❺ 평균 수입(또는 시장 가격) ❻ 초과 이윤

포인트 2 독점적 경쟁 시장의 장기 균형에서의 경제적 시사점 문항 05 관련

효율성	vs.	소비자의 만족 증가
기업은 평균 비용을 최소화하는 생산량보다 ❶ ______ 생산함. ↓ 효율성 감소		기업들의 비가격 경쟁 과정에서, ❷ ______ 상품이 시장에 공급됨. ↓ 소비자의 만족 증가

정답 ❶ 적게 ❷ 다양한 품질의(또는 차별화된)

(가) 독점적 경쟁 시장에서 광고의 기능 / (나) 다양한 차원에서 광고의 영향

㉮ 광고는 시장의 형태 중 독점적 경쟁 시장에서 그 효과가 크다. 독점적 경쟁 시장은, 유사하지만 차별적인 상품을 다수의 판매자가 경쟁하며 판매하는 시장이다. 각 판매자는 자신이 공급하는 상품을 구매자가 차별적으로 인지하고 선호할 수 있도록 하기 위해 광고를 이용한다. 판매자에게 그러한 차별적 인지와 선호가 중요한 이유는, 이를 통해 판매자가 자신의 상품을 원하는 구매자에 대해 누리는 독점적 지위를 강화할 수 있기 때문이다.

일반적으로 독점적 지위를 누린다는 것은 상품의 가격을 결정할 수 있는 힘이 있다는 의미이다. 그럼에도 불구하고 판매자는 구매자의 수요를 고려해야 한다. 대체로 구매자는 상품의 물량이 많을 때보다 적을 때 높은 가격을 지불하고자 하기 때문에, 판매자는 공급량을 감소시킴으로써 더 높은 가격을 책정할 수 있다. 독점적 경쟁 시장의 판매자도 이러한 지위 덕분에 상품에 차별성이 없는 경우를 가정할 때보다 다소 비싼 가격에 상품을 판매하는 경향이 있다. 그러나 그 결과 독점적 경쟁 시장의 판매자가 단기적으로 이윤을 보더라도, 그 이윤이 지속되리라 기대할 수는 없다. 이윤을 보는 판매자가 있으면 그러한 이윤에 이끌려 약간 다른 상품을 공급하는 신규 판매자의 수가 장기적으로 증가하고, 그 결과 기존 판매자가 공급하던 상품에 대한 수요는 감소하여 이윤이 줄어들 것이기 때문이다.

판매자가 광고를 통해 상품의 차별성을 알리는 대표적인 방법은 상품에 대한 정보를 전달하는 것이다. 하지만 많은 비용을 들인 것으로 보이는 광고만으로도 상품의 차별성을 부각할 수 있다. 판매자가 경쟁력에 자신 없는 상품에 많은 광고 비용을 지출하지 않을 것이라는 구매자의 추측을 유도하는 것이 이 광고 방법의 목적이다. 가격이 변화할 때 구매자의 상품 수요량이 변하는 정도를 수요의 가격 탄력성이라 하는데, 구매자가 자신이 선호하는 상품이 차별화되었다고 느낄수록 수요의 가격 탄력성은 감소한다. 이처럼 구매자가 특정 상품에 갖는 충성도가 높아지면, 판매자의 독점적 지위는 강화된다. 판매자는 이렇게 광고가 경쟁을 제한하는 효과를 노린다. 독점적 경쟁 시장에 진입하는 신규 판매자도 상품의 차별성을 강조함으로써 독점적 지위를 확보하고자 광고를 빈번하게 이용한다.

㉯ 광고는 광고주인 판매자의 이윤 추구 수단으로 기획되지만, 그러한 광고가 광고주의 의도와 상관없이 시장에 영향을 끼치기도 한다. 우선 광고가 독점적 경쟁 시장의 판매자 간 경쟁을 촉진할 수 있다. 이러한 효과는 광고를 통해 상품 정보에 노출된 구매자가 상품의 품질이나 가격에 예민해질 때 발생한다. 특히 구매자가 가격에 민감하게 수요량을 바꾼다면, 판매자는 경쟁 상품의 가격을 더욱 고려하게 되어 가격 경쟁에 돌입하게 된다. 또한 경쟁은 신규 판매자가 광고를 통해 신상품을 쉽게 홍보하고 시장에 진입할 수 있게 됨으로써 촉진된다. 더 많은 판매자가 시장에서 경쟁하게 되면 각 판매자의 독점적 지위는 약화되고, 구매자는 더 다양한 상품을 높지 않은 가격에 구매할 수 있게 된다.

광고가 특정한 상품에 대한 독점적 경쟁 시장을 넘어서 경제와 사회 전반에 영향을 주기도 한다. 개별 광고가 구매자의 내면에 잠재된 필요나 욕구를 환기하여 대상 상품에 대한 소비를 촉진하는 효과가 합쳐지면 경제 전반에 선순환을 기대할 수 있다. 경제에 광고가 없는 상황을 가정할 때와 비교하면 광고는 쓰던 상품을 새 상품으로 대체하고 싶은 소비자의 욕구를 강화하고, 신상품이 인기를 누리는 유행 주기를 단축하여 소비를 증가시킬 수 있다. 촉진된 소비는 생산 활동을 자극한다. 상품의 생산에는 근로자의 노동, 기계나 설비 같은 생산 요소가 들어가므로, 생산 활동이 증가하면 결과적으로 고용이나 투자가 증가한다. 고용 및 투자의 증가는 근로자이거나 투자자인 구매자의 소득을 증가시킬 수 있다. 경제 전반의 소득이 증가할 때 소비가 증가하는 정도를 한계 소비 성향이라고 하는데, 한계 소비 성향은 양(+)의 값이어서, 경제 전반의 소득 수준이 향상되면 소비가 증가하게 된다.

하지만 광고의 소비 촉진 효과는 환경 오염을 우려하는 사람들에게 비판의 대상이 되기도 한다. 소비뿐만 아니라 소비로 촉진된 생산 활동에서도 환경 오염이 발생하기 때문이다. 환경 오염을 적절한 수준으로 줄이기에 충분한 비용을 판매자나 구매자가 지불할 가능성은 낮으므로, 대부분의 경우에 환경 오염은 심할 수밖에 없다.

독해 포인트 (가)는 독점적 경쟁 시장에서 차별화를 통해 독점적 지위를 확보하려는 판매자가 이용하는 광고의 기능들을 설명하고 있다. 독점적 경쟁 시장은 다수의 판매자가 유사하지만 차별적인 상품을 판매하기 위해 경쟁하는 시장으로, 판매자는 자신이 판매하는 상품을 구매자가 차별적으로 인지하고 선호하게 하기 위해서 광고를 이용한다. 이윤을 보는 판매자가 있으면 그러한 이윤에 이끌려 약간 다른 상품을 공급하는 신규 판매자의 수가 장기적으로 증가하기 때문에 독점적 지위를 누리는 기업의 이윤은 장기적으로 지속되기 어렵다. 한편 광고로 인해 구매자가 자신이 선호하는 상품이 차별화되었다고 느낄 경우, 특정 상품에 대한 구매자의 충성도가 높아지면서 판매자의 독점적 지위가 강화되기 때문에 판매자는 경쟁을 제한하는 효과를 얻을 수 있다.

(나)는 광고가 경제에 미치는 긍정적 영향과 환경에 미치는 부정적 영향에 대해 설명하고 있다. 독점적 경쟁 시장에서 광고는 상품 정보의 노출을 통해 구매자가 상품의 품질이나 가격에 더 민감해지게 하거나 신규 판매자가 시장에 쉽게 진입할 수 있게 함으로써 판매자 간 경쟁을 촉진하는 효과가 있다. 나아가 광고로 인한 소비 촉진은 생산 활동을 자극하고 고용과 투자를 증가시키며, 이로 인해 다시 소비가 증가하게 되므로, 광고는 경제 전반의 선순환 효과를 유도하는 기능을 하기도 한다. 그러나 광고로 인한 소비와 생산의 촉진은 환경 오염을 발생시킨다는 점에서, 광고가 비판의 대상이 되기도 한다.

주제 (가) 독점적 경쟁 시장에서 광고의 기능과 광고의 경쟁 제한 효과 / (나) 광고가 경제 전반에 미치는 긍정적 영향과 환경에 미치는 부정적 영향

13강 기본권과 제도 보장

사회 · 문화

EBS 수능특강 **독서 164쪽**

독해 포인트 이 글은 기본권과 제도 보장의 비슷한 점과 다른 점에 대해 설명하고 있다. 기본권은 사람이라면 당연히 누려야 하는 인권과 헌법 규정으로 보장된 실정법적 기본권으로 나누어진다. 이에 비해 제도 보장은 객관적으로 존재하는 제도를 헌법에 규정하여 보장하는 것을 뜻한다. 입법부는 제도 보장을 구체화하기 위한 입법 의무를 지고 제도의 본질적 내용을 침해하지 않는 한 구체적 내용 형성에 대해서는 입법 재량이 인정된다. 기본권과 제도 보장의 관계에 대해서는 견해가 대립하고 있다. 이들을 엄격하게 구별하는 준별론, 제도 보장은 기본권의 객관적 측면에 불과한 것으로서 이들을 구별할 수 없다는 융합론, 제도 보장은 구시대의 유물이라고 보는 무용론 등이 그 예이다. 다만 최근의 다수 견해는 기본권과 제도 보장이 구별된다는 것 자체는 인정하지만, 이들이 연관될 수 있다는 것 또한 인정한다. 제도 보장 중에서는 기본권의 객관적 측면에 해당하는 것도 있고 기본권과 무관하게 보장되는 것도 있다.

주 제 기본권과 제도 보장의 관계

법 규범은 상위 규범과 하위 규범이라는 위계*를 형성하고 있어서, 하위 규범이 상위 규범에 저촉*되면 하위 규범은 무효가 된다. 헌법은 여러 유형의 법 규범들 중에서 최상위 규범에 해당한다. 따라서 입법부에서 제정하는 법 규범인 법률로 헌법에 규정된 내용을 변경하거나 폐지할 수는 없다. (헌법에 규정된 내용을 변경하거나 폐지하는 법률은 상위 규범인 헌법에 저촉되므로 무효임.) 헌법은 국가의 이념, 조직에 관한 조문들과 국민의 권리, 의무에 관한 조문들로 구성된다. 헌법으로 보장된 국민의 권리를 기본권이라고 하는데, 기본권에 속하는 권리들 중 인간이라는 이유만으로 누릴 수 있는 권리를 인권이라고 한다. 인권 중에서는 자유권, 행복 추구권처럼 헌법 조문으로 규정된 것도 있지만 헌법에 규정되어 있지 않은 인권도 권리로서 보장된다. (인권에는 헌법에 규정된 인권과 헌법에 규정되어 있지 않은 인권이 모두 포함됨.) 인권과는 달리 헌법에 개별 조문으로 규정되어 있어야 권리로서 보장되는 기본권은 '실정법적 기본권'이라고 하는데 그 예로서 근로자의 단체 행동권을 들 수 있다.

▶ 최상위 규범인 헌법의 기본권 보장

헌법에는 개인이 행사할 수 있는 권리인 기본권을 보장하는 조문들뿐 아니라, 정당* 제도*처럼 객관적으로 존재하는 제도를 보장하기 위한 조문들도 있다. 이처럼 객관적 제도를 헌법으로 규정하여 보장하는 것을 '제도 보장'이라고 하는데 그 목적은 특정한 제도의 본질을 유지하는 것이다. 제도 보장은 헌법에 근거가 있어도 입법부의 입법에 의해 비로소 실현된다. (인권은 헌법이나 법률에 근거 규정이 없어도 보장되는 데 비해 제도 보장은 입법부가 입법한 결과인 법률이 있어야 실현됨.) 헌법상 보장된 제도의 내용 형성에 대해서는 그 제도의 본질을 침해하지 않는 한 입법부의 재량*이 인정된다. 이와 달리 기본권은 헌법 조문에 규정되어 있지 않아도 보장되며 국가가 이러한 권리를 확인해야 할 헌법상의 의무를 진다고 볼 수 있다.

▶ 헌법상의 제도 보장

기본권 보장과 제도 보장의 관계에 대해서는 여러 견해가 대립한다. (각 견해들을 소개하는 내용이 이어짐.) 우선 준별*론(견해 ①)은 기본권과 제도의 성질상의 차이점을 강조한다. 기본권은 국가의 존재 여부와 무관하게 존재할 수 있는 반면 제도는 국가를 전제로 역사적으로 형성된 것이므로 성질이 서로 다르다(준별론의 논거)는 것이다. 따라서 준별론은 헌법상 보장된 제도의 내용을 제한하는 법률에 대해서는 기본권을 제한하는 법률에 대해 적용되는 엄격한 요건이 적용될 필요가 없다고 본다. 다만 준별론도 제도 자체가 헌법 조문에 의해 창설되는 것은 아니라고 보며 기본권과 제도의 관련성을 부정하지는 않는다. (준별론과 융합론의 공통점) 다음으로 융합론(견해 ②)은 기본권의 양면성*을 전제한다. 기본권은 개인의 권리이지만 국가는 기본권을 보장할 의무를 지기 때문에 개인에게 기본권이 보장된다는 것 자체가 국가의 기본 질서인 제도로서의 성질을 가진다. 예컨대 개인에게 평등한 참정권*이라는 인권이 보장된 상태가 객관적으로는 평등 선거 제도로 파악된다는 것이다. 융합론은 준별론과는 달리 헌법으로 보장된 제도의 내용을 제한하려면 기본권 제한에 대해 적용되는 헌법상의 (준별론과 융합론의 차이점)

엄격한 요건이 갖춰져야 한다고 본다. 제도 보장이라는 개념 자체는 인정하는 준별론, 융합론과는 달리, 무용론은 제도 보장이라는 개념은 구시대의 유물*이라고 주장한다. 예컨대 개인만이 기본권의 주체가 될 수 있다고 보던 시절에는 정당의 정치적 자유권을 침해하는 법률 제정을 방지하려면 정당 제도가 헌법에 의해 보장된다고 파악할 필요가 있었다. 그러나 이제는 정당 자체가 정치적 기본권의 주체로 여겨지고 이렇게 본다면 정당 제도의 보장을 정치적 기본권 보장과 별개라고 받아들일 이유가 없다는 것이 무용론의 입장이다.

견해 ③

무용론은 제도 보장이라는 개념 자체를 부정함.

▶ 기본권과 제도 보장의 관계에 대한 전통적인 견해 대립

최근에 등장한 견해인 구별론은, 제도 보장의 대상인 제도는 권리가 아니라 객관적 실체이므로 기본권과 다르고, 설령 기본권의 양면성을 인정하더라도 기본권 보장과 제도 보장은 별개로 파악해야 한다고 주장한다. 이 견해에 따르면 인권에 해당하는 기본권은 헌법에 열거되어 있지 않아도 보호되는 것에 비해, 제도는 헌법에 규정된 경우에만 입법부의 재량으로부터 보호된다. 또한 기본권에 대해서는 최대한 보장의 원칙이 적용되는 반면 제도에 대해서는 최소한 보장의 원칙이 적용된다. 최대한 보장의 원칙이란 국가 안전 보장, 질서 유지 또는 공공복리*를 위하여 필요한 경우에 한하여 법률에 의해서만 기본권을 제한할 수 있고 이때도 권리의 본질을 침해할 수 없음을 뜻한다. 반면 최소한 보장의 원칙이란 그 본질을 침해하지 않는 한 제도의 구체적 내용과 형태를 결정할 수 있는 재량이 입법부에게 폭넓게 인정됨을 뜻한다. 다만 기본권 중에도 실제로 권리를 행사하려면 법률로 구체적인 내용이 정해져야 한다고 헌법에 명시된 것도 있다.

견해 ④

제도 보장의 내용을 결정할 수 있는 재량이 입법부에 주어짐.

▶ 기본권과 제도 보장의 관계에 대한 최근의 견해

기본권과 제도 보장의 관계를 파악할 때, 제도 보장 중에서는 기본권 보장과 직접 관련되지 않은 독립적인 것도 있고 기본권 보장과 직접적으로 관련된 것도 있다는 점을 놓치면 안 된다. 예컨대 헌법상 보장된 지방 자치 제도는 기본권이 객관적 질서로서 구현된 것이라고 보기 어렵다. 이에 비해 헌법상 보장된 가족 제도는 인간의 존엄과 양성평등이라는 기본권 실현을 위한 수단으로 기능한다.

기본권 보장과 관련성이 없는 제도도 헌법상 제도 보장의 대상이 될 수 있음.

▶ 구체적인 사례를 통한 최근의 견해 적용

어휘! 이것만은 꼭 익히자

- **위계(位階)**: 지위나 계층 따위의 등급.
- **저촉(抵觸)**: 법률이나 규칙 따위에 위반되거나 어긋남.
- **정당(政黨)**: 정치적인 주의나 주장이 같은 사람들이 정권을 잡고 정치적 이상을 실현하기 위하여 조직한 단체.
- **제도(制度)**: 관습이나 도덕, 법률 따위의 규범이나 사회 구조의 체계.
- **재량(裁量)**: 자기의 생각과 판단에 따라 일을 처리함.
- **준별(峻別)**: 매우 엄격히 구별함. 또는 그런 구별.
- **양면성(兩面性)**: 한 가지 사물에 속하여 있는 서로 맞서는 두 가지의 성질.
- **참정권(參政權)**: 국민이 국정에 직접 또는 간접으로 참여하는 권리. 선거권, 피선거권, 공무원이 될 수 있는 권리 등이 있음.
- **유물(遺物)**: 예전에 통용되던 제도나 이념 따위가 이미 그 효력을 잃어 쓸모가 없어졌음을 비유적으로 이르는 말.
- **공공복리(公共福利)**: 사회 구성원 전체에 두루 관계되는 복지.

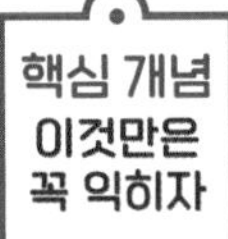

기본권

기본권은 개인이 국가에 대해 행사할 수 있는 권리이다. 기본권 중에서는 인간이라는 이유만으로 인정되는 기본권인 인권도 있지만 헌법 조문을 근거로 인정되는 실정법적 기본권도 있다. 모든 기본권은 헌법으로 보장된 권리이고 헌법은 법률보다 상위 규범이기 때문에 기본권에 속하는 권리를 국회에서 제정한 법률로 박탈할 수는 없다. 그러나 법률로 기본권을 제한할 수는 있다. 헌법 조문이 엄격한 요건하에 법률로 기본권을 제한할 수 있다고 규정하고 있기 때문이다.

제도 보장

제도는 사회 구조나 체제로서 개인과 독립하여 존재하므로 개인이 행사할 수 있는 권리가 아니다. 다만 헌법에 어떤 제도의 근거 규정이 있다면 국회가 제정한 법률로 이러한 제도를 폐지하거나 금지할 수 없다. 헌법은 법률에 대한 상위 규범이기 때문이다. 이처럼 헌법으로 어떤 제도의 운영이 보장된 경우를 제도 보장이라고 한다. 개인의 기본권 실현과 관련되어 있는 제도가 헌법상 보장된 경우 이러한 제도 보장이 기본권 보장과 독립된 것인지에 대해서는 견해가 대립한다.

■ 기본권 제한 법률에 대해 적용되는 엄격한 요건

대한민국 헌법 제37조 제2항은 "국민의 모든 자유와 권리는 국가 안전 보장·질서 유지 또는 공공복리를 위하여 필요한 경우에 한하여 법률로써 제한할 수 있으며, 제한하는 경우에도 자유와 권리의 본질적인 내용을 침해할 수 없다."라고 규정하고 있다. 이 조항은 모든 기본권에 대해 적용되므로 실정법적 기본권뿐 아니라 인권도 국회에서 제정한 법률로 제한될 수 있다. 다만 이를 위해서는 국가 안전 보장, 질서 유지, 공공복리 실현이라는 목적이 있어야 하고, 무엇보다도 필요한 경우에 한하여 최소한으로 기본권을 제한해야 한다는 제약을 받는다. 또한 어떠한 경우에도 기본권을 사실상 무력화시킬 정도로 그 본질적 내용을 제한할 수 없다. 인권은 폐지가 불가능하고 실정법적 기본권이더라도 그 폐지는 헌법 개정으로 해야 하는 것이기 때문이다.

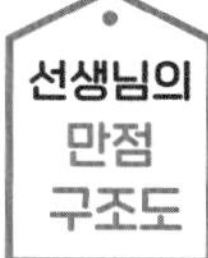

포인트 1 기본권과 제도 보장의 관계에 대한 대립하는 견해들 문항 04 관련

❶ [ ]	• 헌법상 보장된 제도이더라도 제도 보장은 ❷ [ ]와/과는 성질이 다르므로 준별되어야 함. • 헌법상 보장된 제도의 내용을 형성하는 법률에 대해서는 기본권 제한 법률에 대해 적용되는 엄격한 요건은 제도에 대해 적용되지 않음.
융합론	• 기본권이 보장되어야 한다는 규범도 ❸ [ ]라고 파악할 수 있음. 제도 보장은 기본권 보장을 다른 관점에서 본 것에 불과함. • 헌법상 보장된 제도를 제한하는 법률에 대해서도 기본권 제한 법률과 같은 요건이 적용되어야 함.
무용론	• 헌법상의 제도 보장은 그 제도를 통해 실현되는 기본권 보장을 위한 것으로서, 기본권의 주체가 ❹ [ ]이/가 아닌 정당이나 단체 등인 경우에 대처하기 위해 고안된 것임. • 현재는 ❺ [ ], 언론사 등도 기본권을 누릴 수 있는 주체로 인정되기 때문에, 제도 보장이라는 개념을 인정할 필요가 없음.
구별론	• 헌법상의 제도 보장 대상인 제도는 ❻ [ ]와/과 다르므로 ❻ [ ] 보장과 제도 보장은 별개로 파악해야 함. • 기본권과 관련된 제도의 내용을 제한하는 ❼ [ ]에 대해서만 기본권 제한 ❼ [ ]에 대해 요구되는 엄격한 요건이 적용됨.

정답 ❶ 준별론 ❷ 기본권 ❸ 제도 ❹ 개인 ❺ 정당 ❻ 기본권 ❼ 법률

포인트 2 기본권의 두 가지 유형 문항 02, 03 관련

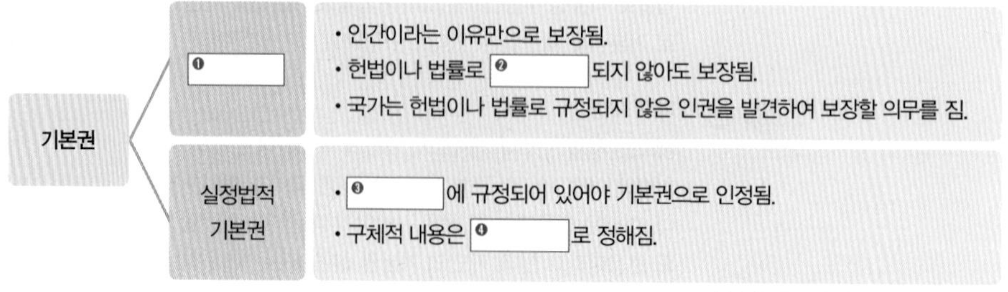

기본권
❶ [ ]
• 인간이라는 이유만으로 보장됨.
• 헌법이나 법률로 ❷ [ ]되지 않아도 보장됨.
• 국가는 헌법이나 법률로 규정되지 않은 인권을 발견하여 보장할 의무를 짐.
실정법적 기본권
• ❸ [ ]에 규정되어 있어야 기본권으로 인정됨.
• 구체적 내용은 ❹ [ ]로 정해짐.

정답 ❶ 인권 ❷ 규정 ❸ 헌법 ❹ 법률

양심의 자유

헌법 제19조는 '모든 국민은 양심의 자유를 가진다.'라고 하여 기본권으로서 양심의 자유를 보장하고 있다. 양심의 자유의 헌법적 보장은 다수 가치로서의 법질서와 소수의 양심이 충돌할 경우, 개인의 윤리적 양심을 보호함으로써 인격의 정체성을 지켜 주겠다는 의지의 표명으로 볼 수 있다. 민주 국가의 법질서와 사회 질서는 국가 구성원 다수의 정치적 의사와 도덕적 기준에 따라 형성되기 때문에 여기에서 벗어나려는 소수의 양심에 대한 배려가 요구된다. 이러한 양심의 자유는 인간 내심(內心)의 자유로서 모든 자유의 근원적 성격을 지니는데 여기에서 양심은 일정한 세계관이나 가치관에 기초하여 형성된 선과 악에 관한 진지한 윤리적 결정을 말하며, 개인의 인격 형성과 관계없는 단순한 사유나 의견은 양심에 속한다고 볼 수 없다. 양심은 내면 영역과 외부 영역으로 구분되는데, 이에 따라 양심의 자유는 내면 영역에서의 '양심 형성의 자유'와 외부 영역에서의 '양심 표명의 자유', '양심 실현의 자유'로 구분된다.

먼저 '양심 형성의 자유'란 외부로부터 부당한 간섭이나 강제를 받지 않고 양심을 형성하고 양심상의 결정을 내리는 자유를 말한다. 올바른 양심 형성이 이루어지기 위해서는 양심의 주체가 자율적인 양심 형성을 위협하는 각종 영향력의 행사로부터 벗어나 있어야 한다. 국가가 특정한 양심이나 사상을 집중 홍보함으로써 사실상 이를 강요하거나 양심상 결정에 위해가 되는 상황을 초래하는 것은 양심 형성의 자유에 대한 침해가 된다. 양심상의 결정이 어떠한 종교관이나 세계관 또는 그 외의 가치 체계에 기초하고 있는가와 관계없이 모든 내용의 양심상의 결정은 양심 형성의 자유에 의하여 보장된다. 양심 형성은 내심 영역의 자유로서 지극히 주관적 현상이고 이를 객관적으로 확인하기 어렵기 때문에 양심 형성의 자유에 대한 침해는 실질적 의미가 적다.

'양심 표명의 자유'는 형성된 양심을 방해받지 않고 표명할 수 있는 자유를 말한다. 양심 표명의 자유가 실효성을 지니기 위해서는 자유로운 토론이 보장되어야 하며, 다수의 생각만이 언제나 타당하다는 전제에서 벗어나야 한다. 양심 표명의 자유에는 침묵의 자유도 포함되는데, 이는 형성된 양심을 타의에 의하여 외부에 표명하도록 강제당하지 않을 자유를 말한다.

'양심 실현의 자유'는 작위에 의한 것과 부작위에 의한 것으로 나누어진다. 작위에 의한 양심 실현의 자유는 양심에 따른 행동을 할 자유를 말하고, 부작위에 의한 양심 실현의 자유는 양심에 반하는 행동을 강요당하지 않을 자유를 말한다. 그런데 서로 다른 양심을 가진 자들이 각자의 양심을 실현하고자 하면 타인의 기본권을 침해하거나 헌법적 질서에 혼란을 초래할 수도 있기 때문에, 양심 실현의 자유는 국가 안전 보장, 질서 유지, 공공복리를 위해 법률에 의하여 제한될 수 있다.

양심의 자유를 제한하고자 하는 경우에 이를 조정하는 것은 양심의 자유의 본질에 부합하지 않는다. 양심상의 결정이 조정 과정에서 내용이 왜곡되거나 굴절되는 순간 이 결정은 더 이상 양심에 근거한다고 볼 수 없기 때문이다. 예를 들어 양심상의 이유로 환경 침해자들의 출판물을 인쇄하기를 거부하는 근로자가 인쇄 업무를 반으로 줄여 준다고 해서 거부 의사를 철회한다면 이는 더 이상 양심상의 결정이라고 볼 수 없게 된다는 것이다. 이처럼 조정이 어렵기 때문에 양심의 자유는 인정되거나 인정되지 않거나 둘 중 하나로 결정된다는 특수성을 지닌다.

독해 포인트 이 글은 헌법 제19조에 보장된 양심의 자유에 대해 설명하고 있다. 양심은 일정한 가치관에 기초하여 형성된 선과 악에 관한 진지한 윤리적 결정이며, 양심의 자유는 양심 형성의 자유와 양심 표명의 자유, 양심 실현의 자유로 구분된다. 양심 형성의 자유는 외부의 영향력으로부터 벗어나 자율적인 양심을 형성할 수 있는 자유를 말하며, 양심 표명의 자유는 이를 표명하거나 표명하지 않을 자유를 말한다. 양심 실현의 자유는 양심에 따른 행동을 할 자유와 양심에 반하는 행동을 하지 않을 자유를 말한다. 양심의 자유는 조정이 어렵기 때문에 인정되거나 인정되지 않거나 둘 중 하나로 결정된다는 특수성을 지닌다.

주제 헌법에 보장된 양심의 자유

Ⅱ

과학·기술

01강 인공 지능과 기계 학습

과학 · 기술

EBS 수능특강 **독서 170쪽**

독해 포인트 이 글은 인공 지능을 학습시키는 기계 학습과 모델링, 그리고 기계 학습의 방식인 지도 학습, 비지도 학습, 강화 학습에 대해 설명하고 있다. 기계 학습은 컴퓨터에도 데이터들을 줘서 학습하게 함으로써 새로운 지식을 얻어 내게 하는 것으로 훈련에 쓰인 데이터 집합을 표현하는 모델을 만드는 작업이다. 이렇게 만들어진 모델은 너무 단순하면 훈련 데이터 집합의 특성을 제대로 표현할 수 없고, 너무 복잡하면 일반화 능력이 떨어진다. 기계 학습의 알고리즘은 크게 지도 학습, 비지도 학습, 강화 학습으로 분류되는데, 지도 학습은 입력-출력의 관계를 학습하는 데 사용되고, 비지도 학습은 바람직한 출력 정보가 주어지지 않은 상황에서 사용되며, 강화 학습은 보상의 기댓값이 최대가 되는 행동을 학습하는 데 사용된다.

주 제 기계 학습의 개념과 기계 학습 알고리즘의 분류

기계 학습은 인공 지능의 하위 범주*로, 인간이 학습하듯이 컴퓨터에도 데이터들을 줘서 학습하게 함으로써 스스로 규칙을 찾는 방법들을 의미한다. (기계 학습의 개념) 예를 들어 컴퓨터가 데이터를 학습하여 'A라는 병에 걸린 사람은 대부분 열이 많이 나고 오한이 있고 구토 증상이 있었다.'라는 규칙을 찾아 병을 진단하는 등의 방법이다.

▶ 기계 학습의 개념

기계 학습은 훈련 데이터 집합을 잘 표현하는 모델을 만드는 작업이다. 기계 학습에서 모델은 현실 세계의 사물이나 사건의 본질적인 구조를 나타내는 것으로, (기계 학습에서 모델의 개념) 현실 세계의 복잡한 현상을 추상화하고 단순화하여 모델로 표현한다. 사람들은 이렇게 만들어진 모델이 뛰어난 일반화* 능력을 갖고 있기를, (새로운 입력 데이터에 대한 합리적인 출력값을 생성하는 능력) 즉 새로운 입력 데이터에 대한 합리적인 출력값을 생성하기를 기대한다. 이를 위해 모델을 만드는 모델링 작업을 하면서 모델의 틀을 설정하고 훈련 데이터 집합을 잘 표현하는 파라미터(매개 변수) 값을 구한다. 문제는 모델링에 사용한 학습 데이터와 실제 현장에서 모델이 입력받는 데이터는 서로 다르다는 것이다. (모델의 일반화 능력을 떨어뜨릴 수 있는 요인) 일반화 능력이 떨어지는 모델은 학습에 사용한 입력에는 옳은 값을 도출하지만 처음 보는 입력에는 엉뚱한 결과를 낼 수 있다. (일반화 능력이 떨어지는 모델의 단점) 모델의 일반화 능력은 훈련 데이터의 양에 의해 결정되는데, 모델의 파라미터 수에 대비하여 데이터의 양이 많을수록 (일반화 능력이 뛰어난 모델이 만들어지기 위한 조건) 일반화를 잘하는 모델이 만들어진다. 학습 데이터를 충분히 설명하지 못하도록 부족하게 학습이 되면 모델이 과소적합되었다고 한다. 과소적합된 모델로는 복잡한 문제를 해결하기 어렵다. 반대로 학습 데이터를 과하게 학습하게 하면 학습 데이터에 대한 오차는 감소하지만, 전체적인 경향성에서 벗어난 데이터까지를 고려하게 되어 실제 데이터에 대해서는 일반화 성능이 떨어질 수 있다. (학습 데이터와 실제 데이터에 차이가 있기 때문) 이를 과적합되었다고 한다. 과적합 문제의 해결을 위해서는 모델을 단순화시키는 '정칙화', 학습 과정에서 학습 데이터의 일부를 떼어 내어 학습에는 사용하지 않고 모델의 성능 검증용으로 사용하는 '검증'과 같은 기법을 활용한다.

▶ 기계 학습과 모델링

기계 학습에서의 학습 방법은 일반적으로 지도 학습, 비지도 학습, 강화 학습 등으로 나눌 수 있다. 이는 알고리즘*과 데이터를 입력하는 형태에 따른 것이다. 지도 학습은 입력과 출력 간의 관계를 학습하는 데 사용한다. 입력과 그에 해당하는 출력이 쌍으로 주어진 훈련 데이터 집합에서 입력과 출력 간의 함수 관계를 배운다. (출력은 입력에 대한 답의 기능을 함.) 이렇게 얻어진 함수가 모델인데, 모델은 새로운 입력에 해당하는 출력을 예측하는 데 사용한다. 지도 학습으로 수행하는 대표적인 문제 풀이는 패턴 분류*가 있다. 패턴 분류 문제에서 입력은 패턴의 표현이고 출력은 라벨, 즉 패턴 범주의 명칭이다. 사진을 보고 개와 고양이를 구분하는 알고리즘을 (주어진 입력(사진)에 대한 정답(개 또는 고양이)이 존재함.) 만드는 것을 목적으로 하는 기계 학습을 가정해 보자. 분류는 기준에 따라 어떤 그룹에 속해 있는지를 구분하는 것이다. 지도 학습을 완료한 시스템은

처음 보는 사진이더라도 개와 고양이를 구분할 수 있게 된다. 즉 지도 학습으
훈련에 사용된 사진과 유사한 사진
로 개와 고양이를 식별하는 알고리즘이 만들어진 것이다. 하지만 훈련에 사용된 사진과 많이 다른 사진에 대해서는 정확하게 식별*하지 못하는 경우도 있다. 지도 학습 알고리즘 중 하나인 K-NN 분류 알고리즘은 새로운 데이터가 입력되었을 때, 가장 가까운 데이터 k개를 이용해 해당 데이터를 유추하는 알
k값의 설정에 따라서 성능이 달라질 수 있으므로 k값의 설정이 중요함.
고리즘이다. 가령 〈그림〉의 A 위치에 있는 데이터가 어떤 범주에 해당하는지 판단하기 위해서 가까운 데이터 3개를 이용한다면, 삼각형 2개와 사각형 1개를 찾을 수 있다. 이런 경우 A는 삼각형의 범주에 속할 가능성이 높다고 판단한다. K-NN 분류 알고리즘의 장점은 간단하고 빠르며 거리 기반의 직관적인 설명이 가능하다는 점이다. 하지만 새로운 데이터가 들어올 때마다 모든 기존 데이터와의 거리를 계산
K-NN 분류 알고리즘의 단점
한 후 분류해야 한다는 단점이 있다.

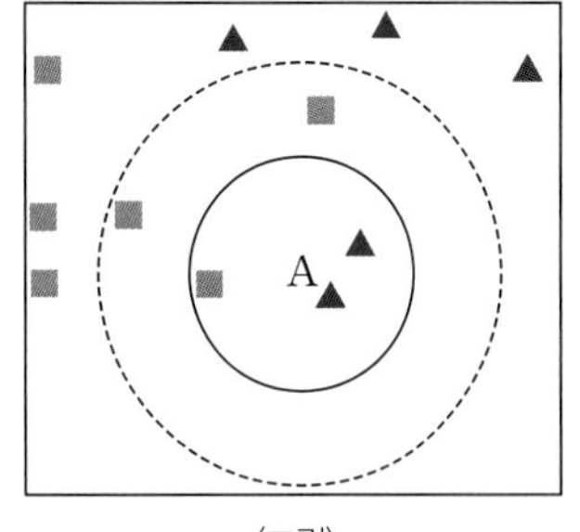

〈그림〉

▶ 기계 학습 알고리즘 분류 ① – 지도 학습

비지도 학습은 입력에 해당하는 바람직한 출력 정보가 명시적으로 주어지지 않은 상황, 즉 정답이 없는 상황
정답 / 지도 학습과의 차이점
에서 데이터의 특성을 학습하는 방법이다. 비지도 학습에서는 데이터 집합에 숨겨진 규칙성을 찾게 되는데, 비지도 학습으로 수행하는 대표적인 문제 풀이에는 군집화가 있다. 군집화는 훈련용 데이터 집합에서 서로 유사한 것들을 스스로 묶어서 군집을 형성하는 작업이다. 군집화를 위해서는 유사성의 판단 기준을 미리 정해야 하는
거리를 기준으로 유사한 데이터들을 스스로 묶어서 군집을 형성할 수 있음.
데, 데이터 간의 '거리'를 그 기준으로 판단할 수 있다. 거리를 어떻게 정의하는지에 따라 여러 알고리즘이 존재하지만 군집화 알고리즘들의 기본 아이디어는 같은 군집에 속한 데이터와의 거리는 최소로 줄이고, 다른 군집에
정답이 없는 상황에서 데이터의 특성을 학습하는 것
있는 데이터와의 거리는 최대로 늘리기 위해 군집의 소속을 바꿔 가면서 최적 구성을 찾는 것이다. 군집화 알고리즘 중 하나인 K-평균 군집화 알고리즘은 주어진 데이터를 k개의 군집으로 묶는 알고리즘이다. 임의로 k개의 데이터를 선택하여 그것을 각 군집의 중심으로 설정한다. 그리고 모든 데이터를 가장 가까운 중심이 있는 군집으로 할당한다. 즉 각 군집에는 군집의 중심이 있고 각 군집의 점은 다른 군집의 중심보다 지정된 군집의 중심에 더 가깝다. 군집에 할당된 모든 데이터의 평균점을 그 군집의 중심으로 다시 정하고 할당을 반복하다가 군집의 소속이 변화가 없으면 종료한다. K-평균 군집화 알고리즘은 비교적 간단하지만, 군집의 개수에 따라 결과가 달라질 수 있다는 단점이 있다.

▶ 기계 학습 알고리즘 분류 ② – 비지도 학습

군집의 소속을 바꿔 가면서 최적 구성을 찾기 때문에, 군집의 개수가 늘면 이 과정에서 결과가 달라질 수 있음.

강화 학습은 바람직한 행동 패턴을 학습하는 알고리즘이다. 강화 학습의 환경은 에이전트가 처할 수 있는 상
강화 학습의 대상이 되는 컴퓨터 프로그램
태, 각 상태에서 선택할 수 있는 행동, 행동에 따른 상태의 변화, 그리고 보상으로 정의된다. 이런 환경에서 에이전트는 누적 보상을 최대화하는 행동 패턴을 학습해야 한다. 하지만 문제는 어떤 행동을 선택했을 때 보상이 즉
강화 학습의 어려운 점
시 일어나지 않는다는 것이다. 지능적 에이전트는 시작부터 종료까지 누적 보상을 최대화하는 행동의 순서, 즉 궤적을 배워야 한다. 강화 학습이란 매 상태에서 누적 보상의 기댓값을 배우는 것이다. 한 상태의 누적 보상 기댓값 계산은 이 상태에서 출발한 모든 궤적을 감안해야 한다. 이때, 분기점마다 모든 경우를 따져 봐야 하기 때문에 경우의 수가 기하급수적으로 증가하므로 감안해야 할 궤적의 수가 매우 많다.
누적 보상 기댓값 계산의 어려운 점

▶ 기계 학습 알고리즘 분류 ③ – 강화 학습

어휘! 이것만은 꼭 익히자

- **범주(範疇)**: 동일한 성질을 가진 부류나 범위.
- **일반화(一般化)**: 개별적인 것이나 특수한 것이 일반적인 것으로 됨. 또는 그렇게 만듦.
- **알고리즘(algorism)**: 어떤 문제의 해결을 위하여, 입력된 자료를 토대로 하여 원하는 출력을 유도하여 내는 규칙의 집합. 여러 단계의 유한 집합으로 구성되는데, 각 단계는 하나 또는 그 이상의 연산을 필요로 함.
- **분류(分類)**: 종류에 따라서 가름.
- **식별(識別)**: 분별하여 알아봄.

핵심 개념 이것만은 꼭 익히자

지도 학습의 분류와 회귀

기계 학습에서의 지도 학습은 주로 분류와 회귀의 두 가지로 나뉜다. 분류란 주어진 많은 데이터 중에서 유사한 특성을 가진 것들끼리 묶어서 나누는 것을 말한다. 2개의 그룹으로 분류하는 이항 분류로는 합격과 불합격, 메일이 스팸 메일인지 정상 메일인지 등에 대한 분류가 있다. 이와는 달리 0에서 9까지의 아라비아 숫자를 인식하는 경우는 총 10가지의 다항 분류가 있다. 분류는 지도 학습의 영역에 속하는데, 남자와 여자를 분류하려고 할 때 많은 수의 사진과 그에 대한 남자와 여자 라벨을 쌍으로 붙여 놓고 학습하게 된다. 회귀란 하나의 종속 변수와 다른 독립 변수들 사이의 관계를 결정하는 방법이다. 그중 직선 형태의 선형 회귀에서는 종속 변수 Y의 결과를 설명하거나 예측하기 위해 하나의 독립 변수를 사용하므로 비교적 간단하다. 〈그림〉과 같이 분류는 일정한 기준에 따라 명백하게 구분하는 것이고, 회귀는 연속적인 숫자를 예측하는 것이다. 출력값에 연속성이 있다면 회귀 문제라고 볼 수 있다.

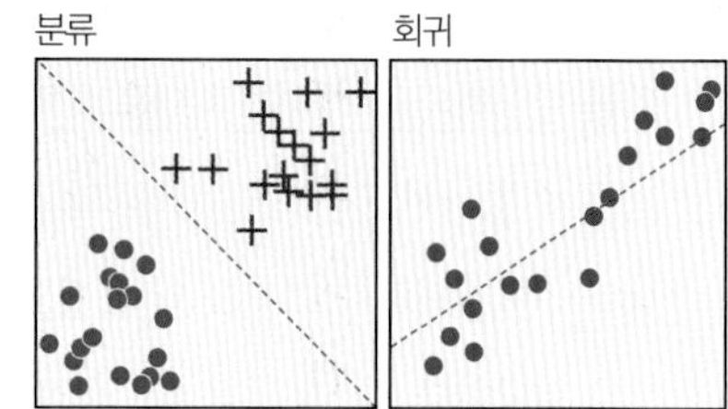

〈그림〉 분류와 회귀의 비교

■ **인공 신경망**

인공 신경망이란 인간 두뇌의 생물학적 뉴런의 작용을 모방하여 여러 뉴런으로부터 들어오는 입력을 일정한 함수를 거쳐 출력 노드를 통해 결과를 얻는 네트워크로서, 신경망이라고 부르기도 한다. 인공 신경망은 각 뉴런이 독립적으로 작동하는 처리기의 역할을 하므로 병렬성이 뛰어나다. 이러한 특징으로 인해 인공 신경망은 문자 인식, 음성 인식, 영상 인식, 자연어 처리 등 여러 분야에 이용되고 있다.

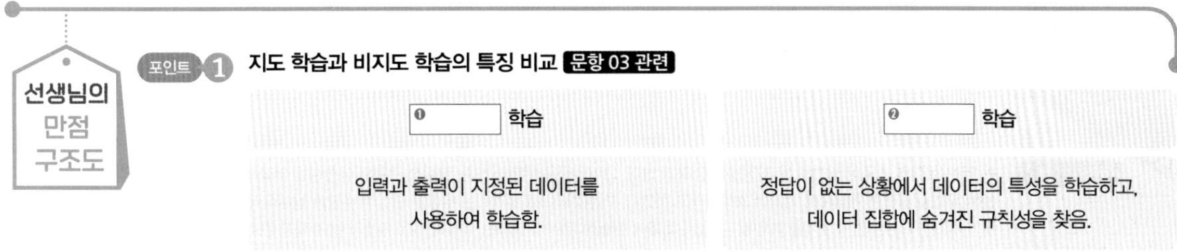

포인트 1 **지도 학습과 비지도 학습의 특징 비교** 문항 03 관련

❶ ______ 학습	❷ ______ 학습
입력과 출력이 지정된 데이터를 사용하여 학습함.	정답이 없는 상황에서 데이터의 특성을 학습하고, 데이터 집합에 숨겨진 규칙성을 찾음.

정답 ❶ 지도 ❷ 비지도

포인트 2 **강화 학습**

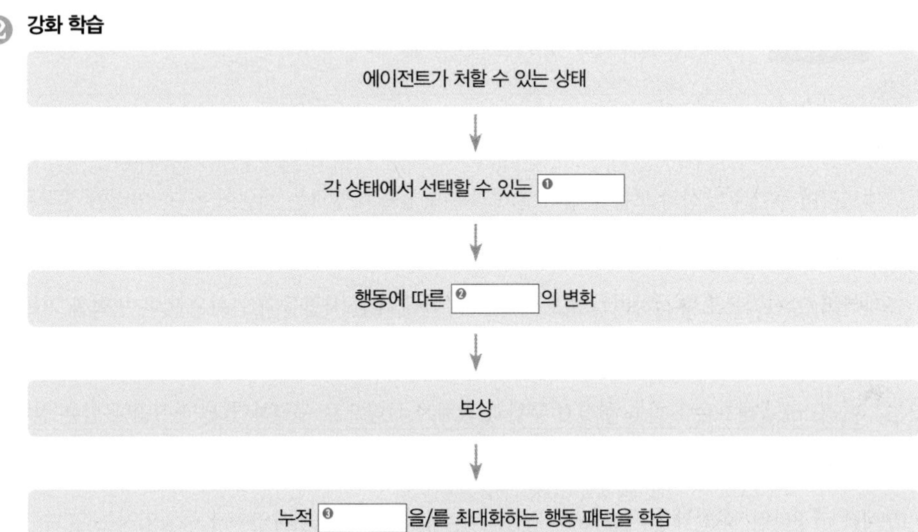

에이전트가 처할 수 있는 상태
각 상태에서 선택할 수 있는 ❶
행동에 따른 ❷ 의 변화
보상
누적 ❸ 을/를 최대화하는 행동 패턴을 학습

정답 ❶ 행동 ❷ 상태 ❸ 보상

02강 무한 개념의 발전 과정

과학 · 기술

EBS 수능특강 **독서 174쪽**

독해 포인트 이 글은 무한의 개념이 발전해 온 과정을 설명하고 있다. 고대인들은 무한이 모든 현실적 존재의 유한성을 부정하는 개념이라고 생각하였기 때문에 무한을 불편한 개념으로 여기며 회피하려고 하였다. 이후 아리스토텔레스는 무한을 현실적 무한과 잠재적 무한으로 구별하며 잠재적 무한은 인정하였지만 무한의 실체를 확인할 수 없기 때문에 현실적 무한의 존재는 부정하였다. 19세기 말 수학자 칸토어는 무한을 수학적으로 분석하려고 시도하였다. 칸토어는 집합을 활용하여 무한을 세는 방법으로 '기수'를 제시하였고, 무한의 크기를 비교하는 것이 가능하다고 이야기하였다. 칸토어의 견해는 당대 학자들에게 환영과 비판 모두를 이끌어 냈지만 무한을 이해하려고 노력하며 현대 수학 및 과학의 영역으로 끌어들였다는 점에서 의의를 찾을 수 있다.

주 제 무한에 대한 사람들의 인식 변화와 칸토어의 무한 개념

인간은 오래전부터 무한에 대해 생각하였다. 무한은 원래 유한한 것의 반대 개념으로 만들어졌고 이러한 관점 (무한에 대한 고대의 인식) 대로라면 무한은 세상의 모든 현실적 존재의 유한성을 부정하는 개념이 된다. (고대인들이 무한을 받아들이지 않고 회피하려고 한 이유) 이러한 생각은 모든 인간의 직관*을 뛰어넘는 압도적인 것이었기 때문에 고대인들은 무한을 받아들이지 않고 회피*하려고 하였다. 하지만 무한을 과학적, 수학적으로 분석하려는 시도로 인해 무한에 대한 사람들의 인식은 많은 변화를 거듭하여 현재에 이르고 있다.

▶ 무한에 대한 고대인들의 생각

아리스토텔레스는 무한을 현실적 무한과 잠재적 무한으로 구별하였다. (무한에 대한 아리스토텔레스의 구별) 현실적 무한은 실체*가 존재한다는 무한이고 잠재적 무한은 가능성으로만 생각할 수 있는 무한을 의미한다. (현실적 무한과 잠재적 무한의 개념) 예를 들어 자연수*가 1부터 시작하여 1씩 계속 커진다면 이를 계속 세는 것은 가능하다. 하지만 가장 큰 자연수가 무엇인지는 알 수 없다. (아리스토텔레스가 말하는 자연수의 집합이 잠재적 무한인 이유) 따라서 자연수의 집합은 하나의 완결된 형태로 존재하지 않으며 가능성만으로 존재하는 잠재적 무한에 해당한다고 볼 수 있다. 또한 아리스토텔레스는 시간에는 시작과 끝이 없고 시간을 쪼개어 가장 작은 단위로 나눌 수도 없기 때문에 시간의 흐름은 무한하다고 보았다. (시간에 대한 아리스토텔레스의 관점) 무한은 무한한 시간의 흐름 속에서 끝없이 전개되므로 무한히 큰 대상은 있을 수 없다고 하였으며, 무한히 증대*될 수 있는 것의 전체 모습을 확인하는 것은 불가능하기 때문에 (아리스토텔레스가 현실적 무한을 부정하고 잠재적 무한만을 인정한 이유) 아리스토텔레스는 현실적 무한의 존재를 부정하고 잠재적 무한만을 인정하였다. (무한에 대한 아리스토텔레스의 견해) 무한에 대한 아리스토텔레스의 견해는 중세까지 이어지며 대부분의 학자들은 잠재적 무한을 지지하였다.

▶ 무한에 대한 아리스토텔레스의 생각

현실적 무한에 대한 연구는 19세기 말의 수학자 칸토어에 의해 이루어졌다. 칸토어는 집합을 바탕으로 무한에 대해 생각하였고 무한의 크기를 비교하는 방법으로 집합의 원소 수인 '기수*'를 제시하였다. (칸토어가 제시한 현실적 무한의 크기 비교 방법) 칸토어는 두 집합 A, B가 일대일 대응*이 되면 집합 A, B는 같은 기수를 가지며 두 집합의 크기는 같다고 하였다. (기수를 통해 집합의 크기를 비교하는 방법) 가령, 자연수의 집합과 짝수의 집합이 있을 때 짝수의 집합은 자연수의 부분 집합이며 자연수의 집합은 짝수의 집합보다 두 배 많은 수를 가지고 있을 것이라고 헤아릴 수 있다. 하지만 각각의 자연수를 그 자연수에 2를 곱한 숫자와 짝을 지으면 두 집합의 모든 원소는 일대일로 대응한다. 1은 2와, 2는 4와, 3은 6과 짝이 지어지는 식이다. 이러한 대응이 무한히 이어지고 결과적으로 두 집합은 일대일로 대응한다. (두 집합의 모든 원소가 일대일로 대응되므로 두 집합의 크기가 같음.) 따라서 두 집합의 기수는 같다고 할 수 있는 것이다.

▶ 현실적 무한에 대한 칸토어의 연구

칸토어는 자연수의 집합과 유리수*의 집합도 기수가 같다는 것을 증명하였다. (자연수의 집합과 유리수의 집합은 크기가 같은 집합임.) 임의의 두 유리수 사이에는 수

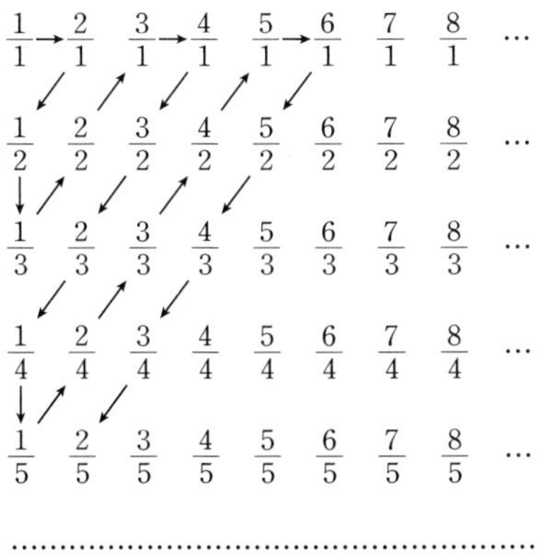

$\frac{1}{1}$	$\frac{2}{1}$	$\frac{3}{1}$	$\frac{4}{1}$	$\frac{5}{1}$	$\frac{6}{1}$	$\frac{7}{1}$	$\frac{8}{1}$	…
$\frac{1}{2}$	$\frac{2}{2}$	$\frac{3}{2}$	$\frac{4}{2}$	$\frac{5}{2}$	$\frac{6}{2}$	$\frac{7}{2}$	$\frac{8}{2}$	…
$\frac{1}{3}$	$\frac{2}{3}$	$\frac{3}{3}$	$\frac{4}{3}$	$\frac{5}{3}$	$\frac{6}{3}$	$\frac{7}{3}$	$\frac{8}{3}$	…
$\frac{1}{4}$	$\frac{2}{4}$	$\frac{3}{4}$	$\frac{4}{4}$	$\frac{5}{4}$	$\frac{6}{4}$	$\frac{7}{4}$	$\frac{8}{4}$	…
$\frac{1}{5}$	$\frac{2}{5}$	$\frac{3}{5}$	$\frac{4}{5}$	$\frac{5}{5}$	$\frac{6}{5}$	$\frac{7}{5}$	$\frac{8}{5}$	…

……………………………………………………

〈그림 1〉

많은 유리수가 존재한다. 예를 들어 유리수 a와 b의 사이에는 또 다른 유리수 $\frac{a+b}{2}$가 있고, $\frac{a+b}{2}$와 b 사이에는 $\frac{\frac{a+b}{2}+b}{2}$가 존재한다. 이러한 방식으로 a와 b 사이의 유리수를 얼마든지 계속 찾을 수 있는 것이다.

조밀성의 개념과 예시

이와 같은 성질을 조밀성이라고 한다. 자연수는 조밀성이 없고, 유리수의 집합은 자연수의 집합을 부분 집합*으로 포함하고 있다. 따라서 유리수의 집합은 자연수의 집합보다 기수가 크다고 생각할 수 있지만 칸토어는 '대각화 증명'을 통해 두 집합이 일대일로 대응된다는 것을 증명하였다.

자연수의 집합과 유리수의 집합이 크기가 같다는 것을 증명함.

『〈그림 1〉에서 첫 번째 행은 1을 분모로 하는 분수로 자연수를 의미한다. 이러한 규칙에 따라 n번째 행은 n을 분모로 하는 분수가 나열된다. 이후 화살표의 방향에 따라 하나씩 세면서 1/1, 2/2, 3/3 등 동일한 수를 제거하면 모든 양의 유리수를 셀 수 있게 되고, 유리수의 배열에 자연수를 1부터 하나씩 대응시키면 자연수와 양의 유리수는 일대일 대응이 가능하다.』따라서 유리수의 집합은 자연수의 집합과 기수가 같은 것이다.

『 』: 대각화 증명의 구체적 방법

▶ 유리수의 집합과 자연수의 집합 사이의 크기 증명

$r_1=0.a_{11}a_{12}a_{13}a_{14}a_{15}\cdots$

$r_2=0.a_{21}a_{22}a_{23}a_{24}a_{25}\cdots$

$r_3=0.a_{31}a_{32}a_{33}a_{34}a_{35}\cdots$

$r_4=0.a_{41}a_{42}a_{43}a_{44}a_{45}\cdots$

$r_5=0.a_{51}a_{52}a_{53}a_{54}a_{55}\cdots$

……………………

〈그림 2〉

칸토어는 '대각선 논법'을 통해 실수의 집합은 자연수의 집합과 일대일로 대응되지 않는다는 것을 증명하였다.

자연수의 집합과 실수의 집합이 크기가 다르다는 것을 증명함.

0과 1 사이의 모든 실수를 무한 소수*로 나타내고 이를 〈그림 2〉와 같이 일일이 나열한다고 하자. 『〈그림 2〉의 첫 번째 무한 소수 r_1의 소수 첫째 자리 a_{11}을 다른 숫자로 바꾸어 새로운 소수의 첫째 자리에 두고, 두 번째 무한 소수 r_2의 소수 둘째 자리 a_{22}를 다른 숫자로 바꾸어 새로운 소수의 둘째 자리에 두는 식으로 새로운 무한 소수를 만들면 원래의 목록에는 존재하지 않는 무한 소수를 찾을 수 있다. 이와 같은 방법을 반복하면 계속해서 다른 무한 소수를 만들어 낼 수 있고, 0과 1 사이의 모든 무한 소수를 나열했다는 가정은 잘못되었다는 것을 알 수 있다.』즉 실수는 조밀성을 보이지만 자연수와 일대일 대응은 되지 않으며, 실수의 집합은 자연수의 집합보다 기수가 크기 때문에 실수의 집합은 자연수의 집합이나 유리수의 집합보다 더 큰 무한인 것이다.

『 』: 대각선 논법의 구체적 방법

실수의 집합은 자연수의 집합보다 크기가 큼.

▶ 실수의 집합과 자연수의 집합 사이의 크기 증명

한편, 칸토어는 모든 무한 중에서도 가장 큰 무한을 절대적 무한이라고 정의하였다. 칸토어는 절대적 무한은 신만이 알 수 있는 것이라고 보았고, 인간은 절대적 무한을 알 수 없다고 결론지었다. 무한에 대한 칸토어의 연구 결과는 당시의 수학자나 철학자들에게 환영받기도 하고 비판받기도 하였지만, 무한을 회피하던 이전의 태도에 멈추지 않고 이해하려고 노력하며 무한을 현대 수학 및 과학의 영역으로 끌어들였다는 점에서 의의가 있다고 볼 수 있다.

절대적 무한의 개념

절대적 무한의 특징

칸토어의 연구에 대한 당시 학자들의 상반된 반응

칸토어의 무한 연구의 의의

▶ 칸토어의 무한 연구의 의의

어휘! 이것만은 꼭 익히자

- **직관(直觀)**: 감각, 경험, 연상, 판단, 추리 따위의 사유 작용을 거치지 아니하고 대상을 직접적으로 파악하는 작용.
- **회피(回避)**: 몸을 숨기고 만나지 아니함.
- **실체(實體)**: 실제의 물체. 또는 외형에 대한 실상.
- **자연수(自然數)**: 1부터 시작하여 하나씩 더하여 얻는 수를 통틀어 이르는 말. 1, 2, 3 따위로, 사물의 크고 작은 정도를 나타내는 목적에 사용된 경우에는 기수, 순서를 나타내는 목적에 사용된 경우에는 서수라고 함.
- **증대(增大)**: 양이 많아지거나 규모가 커짐. 또는 양을 늘리거나 규모를 크게 함.
- **기수(基數)**: 집합의 원소의 수. 집합 A와 집합 B가 일대일의 대응을 할 때, A와 B는 기수가 같다고 함.
- **일대일 대응(一對一對應)**: 두 집합의 원소 사이에서 어느 원소도 빠지거나 남음이 없이 짝을 짓는 대응.
- **유리수(有理數)**: 정수의 비로 나타낼 수 있는 수. 정수와 분수가 있으며, 소수로 나타내면 유한 소수나 순환 소수가 됨.
- **부분 집합(部分集合)**: 두 집합 A와 B가 있고 집합 B의 원소가 모두 집합 A의 원소가 될 때, 집합 B를 집합 A에 상대하여 이르는 말. 'A⊃B', 'B⊂A'로 나타냄.
- **무한 소수(無限小數)**: 소수점 이하의 유효 숫자가 한없이 계속되는 소수. 원주율, 순환 소수 따위가 있음.

핵심 개념 이것만은 꼭 익히자

아리스토텔레스의 무한 개념

무한	현실적 무한	• 실체가 존재하는 무한
	잠재적 무한	• 가능성만으로 생각할 수 있는 무한

- 자연수를 1부터 계속 세는 것은 가능하지만 가장 큰 자연수가 무엇인지는 알 수 없으므로, 자연수의 집합은 하나의 완결된 형태로 존재할 수 없고 가능성으로만 존재하는 잠재적 무한에 해당한다.
- 잠재적 무한은 무한한 시간의 흐름 속에서 끝없이 전개되며 무한히 증대되는 것의 전체 모습을 확인하는 것은 불가능하기 때문에 현실적 무한은 존재할 수 없다.

조밀성

- 공간의 어떤 근방에서도 주어진 부분 집합의 원소를 포함하는 성질을 가리킨다. 예를 들어, 임의의 두 유리수 a와 b 사이에는 수많은 유리수가 있으므로 유리수는 조밀성이 있다.
- **유리수의 조밀성**

  a와 b가 모두 유리수일 때,

  유리수 a, b 사이에는 또 다른 유리수 $\frac{a+b}{2}$가 있음.

  (예) 유리수 $\frac{1}{3}$과 $\frac{1}{2}$ 사이에는 $\frac{\frac{1}{3}+\frac{1}{2}}{2}=\frac{5}{12}$가 있음.)

  $\frac{a+b}{2}$와 b 사이에는 $\frac{\frac{a+b}{2}+b}{2}$가 존재하고, 이와 같은 방식으로 a와 b 사이의 유리수를 계속해서 찾을 수 있음.
- 0과 1 사이의 모든 실수를 무한 소수로 나타낸 후, 각 자리의 숫자를 하나씩 가져와 다른 숫자로 바꾸는 방법으로 0과 1 사이의 새로운 무한 소수를 만들어 낼 수 있으므로 실수는 조밀성이 있다.

■ **제논의 역설**

트로이 전쟁의 영웅 아킬레우스가 거북이와 달리기 경주를 벌인다고 가정해 보자. 거북이는 아킬레우스보다 1킬로미터 앞에서 출발하고 아킬레우스의 속도가 거북이보다 2배 더 빠르다. 그렇다면 아킬레우스가 2킬로미터 지점에서 거북이를 따라잡을 수 있다고 생각할 것이다. 하지만 아킬레우스가 1킬로미터 지점에 도착할 때 거북이는 $1+\frac{1}{2}$ 킬로미터 지점에 도달한다. 아킬레우스가 $1+\frac{1}{2}$ 킬로미터 지점에 도달할 때 거북이는 $1+\frac{1}{2}+\frac{1}{4}$ 킬로미터 지점에 도달한다. 이처럼 거북이는 항상 아킬레우스보다 앞선 위치에 있다. 따라서 아킬레우스는 결코 거북이를 따라잡지 못하는 것이다. 문제는 아킬레우스가 거북이를 따라잡기 위해서 무한의 과정을 거쳐야 한다는 데에 있다. 이 문제에 대한 대답을 내놓은 것이 19세기 말에 나온 칸토어의 무한 집합론이다. 칸토어는 선분, 혹은 직선 위의 점의 숫자는 '하나씩 셀 수 있는 무한대'보다 많다는 것을 증명했다. 자연수는 하나씩 무한대로 세어 나가면 전체를 셀 수 있지만, 선분 위의 점의 숫자는 그렇게 '셀 수 있는 무한대'보다 많다는 것을 보인 것이다.

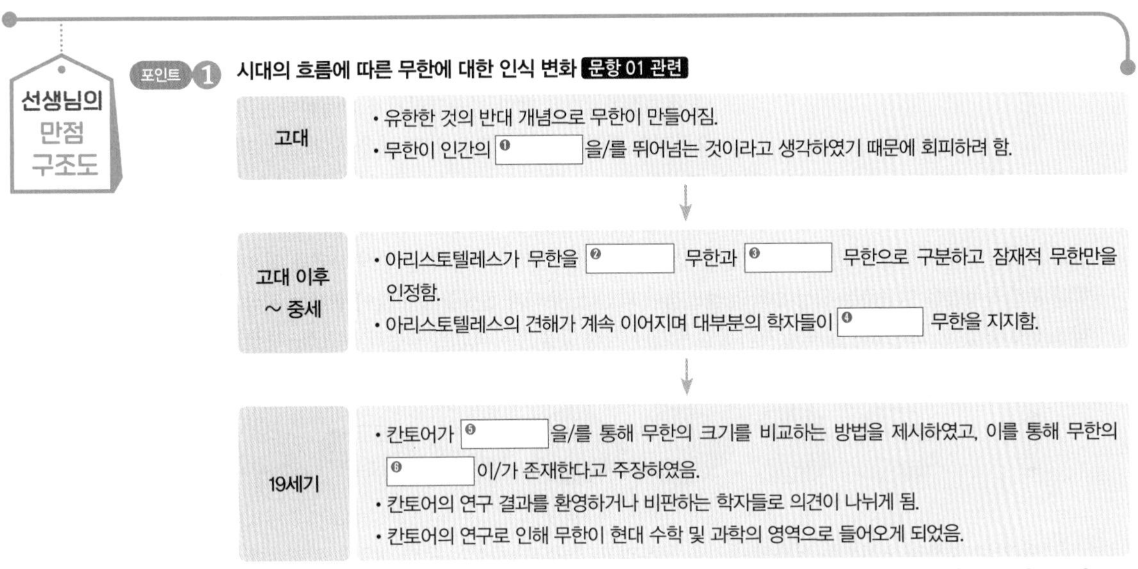

선생님의
만점
구조도
포인트 1
시대의 흐름에 따른 무한에 대한 인식 변화 문항 01 관련
고대
• 유한한 것의 반대 개념으로 무한이 만들어짐.
• 무한이 인간의 ❶ [ ] 을/를 뛰어넘는 것이라고 생각하였기 때문에 회피하려 함.
고대 이후 ~ 중세
• 아리스토텔레스가 무한을 ❷ [ ] 무한과 ❸ [ ] 무한으로 구분하고 잠재적 무한만을 인정함.
• 아리스토텔레스의 견해가 계속 이어지며 대부분의 학자들이 ❹ [ ] 무한을 지지함.
19세기
• 칸토어가 ❺ [ ] 을/를 통해 무한의 크기를 비교하는 방법을 제시하였고, 이를 통해 무한의 ❻ [ ] 이/가 존재한다고 주장하였음.
• 칸토어의 연구 결과를 환영하거나 비판하는 학자들로 의견이 나뉘게 됨.
• 칸토어의 연구로 인해 무한이 현대 수학 및 과학의 영역으로 들어오게 되었음.

정답 ❶ 직관 ❷ 현실적 ❸ 잠재적 ❹ 잠재적 ❺ 기수 ❻ 실재

칸토어의 현실적 무한 연구 문항 04 관련

칸토어	대각화 증명	• 일정한 규칙에 따라 모든 양의 ❶ [ ] 을/를 세는 방법. • 유리수의 배열에 자연수를 1부터 하나씩 대응시키면 자연수와 양의 유리수는 ❷ [ ] 이/가 가능함. • 자연수의 집합과 유리수의 집합의 ❸ [ ] 이/가 서로 같으므로 두 집합은 크기가 같은 무한임.
	대각선 논법	• 원래의 목록에 존재하지 않는 새로운 ❹ [ ] 을/를 찾는 방법. • 0과 1 사이의 모든 실수를 무한 소수로 나타내고 이를 나열한 후 첫 번째 무한 소수의 소수점 첫째 자리의 숫자부터 ❺ [ ] 방향으로 내려가며 숫자를 하나씩 가져오면 새로운 무한 소수를 만들 수 있음. • 같은 방식으로 계속해서 새로운 무한 소수를 만들 수 있으므로 실수는 ❻ [ ] 와/과 일대일 대응이 되지 않고 기수가 더 큼. 따라서 실수의 집합이 자연수의 집합보다 크기가 더 큰 무한임.

정답 ❶ 유리수 ❷ 일대일 대응 ❸ 기수 ❹ 무한 소수 ❺ 대각선 ❻ 자연수

오일러의 정리와 위상 수학

옛날 프로이센의 수도였던 쾨니히스베르크에는 시가지 한복판으로 프레겔강이 흐르고 있었는데, 〈그림 1〉처럼 이 강에는 2개의 섬이 있고, 7개의 다리가 놓여 있었다. 어느 날 한 시민이 "이 모든 다리를 걸어서 빠짐없이 단 한 번씩만 건널 수는 없을까?"라는 문제를 내걸었는데, 시간이 지나도 아무도 해결하지 못했다.

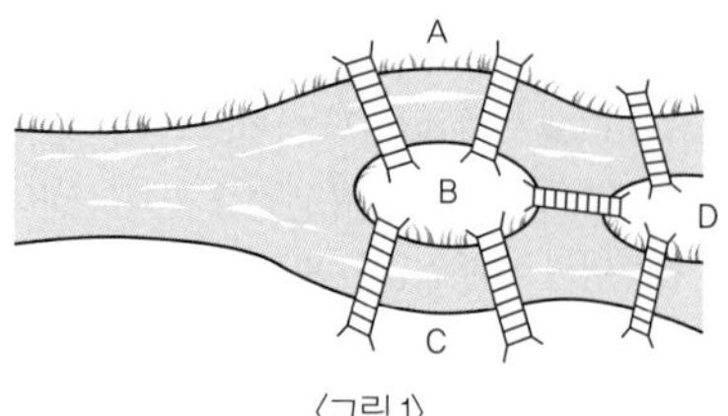

〈그림 1〉

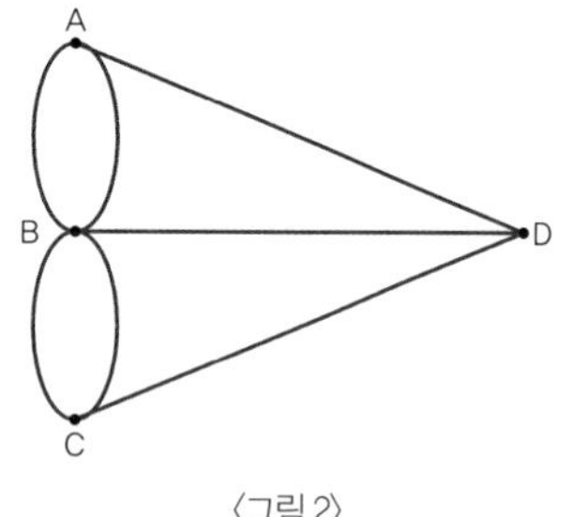

〈그림 2〉

그래서 사람들은 이 문제를 수학자인 오일러에게 문의했다. 오일러는 프레겔강으로 분할되는 쾨니히스베르크의 네 지역을 〈그림 2〉처럼 A, B, C, D라는 네 점으로 생각하고, 이 네 지역을 연결하는 다리들을 점 A, B, C, D를 연결하는 선으로 생각했다. 그러면 이것은 어떤 도형이 있을 때 이 도형의 한 점으로부터 출발하여 선을 따라서 진행하되, 도중에 건너뛰거나 지나간 선을 다시 지나는 일 없이 모든 선을 꼭 한 번씩만 지나서 도형을 완성하는 한붓그리기 문제로 바뀌게 된다.

선형 도형*에서 어떤 점에 모인 선의 수가 짝수일 때 그 점을 짝수점, 홀수일 때는 홀수점이라 한다. 오일러는 연구를 통해 홀수점의 개수가 0개일 때는 곡선상의 어느 짝수점에서 출발해도 같은 점(출발점)에서 한붓그리기가 끝나며, 홀수점의 개수가 2개일 때는 한 홀수점에서 출발하여 다른 홀수점에서 한붓그리기가 끝나게 된다는 것을 증명했다. 즉 홀수점이 아예 없거나 홀수점이 2개일 때만 한붓그리기가 가능하다는 것을 밝혀냈는데, 이를 오일러의 정리라 한다. 〈그림 2〉의 경우 A, B, C, D가 모두 홀수점이므로, 결국 쾨니히스베르크의 모든 다리를 걸어서 빠짐없이 단 한 번씩만 건널 수는 없다는 답이 나온다.

오일러의 정리는 수학사에서 중요한 업적으로 간주되고 있는데, 〈그림 2〉처럼 형상이나 위치 관계에 초점을 맞추어 점과 선으로 변환한 발상 때문이다. 이러한 발상은 도형 상호 간의 위치나 연결 방식 따위를 연속적으로 변형하여 그 도형의 공간의 성질을 연구하는 위상 수학의 출발점이 되었다. 우리가 실생활에서 많이 접하는 위상 수학의 사례로는 지하철 노선도가 있다. 노선도는 실제의 지리적인 위치나 거리 등을 무시하고 수평선과 수직선, 사선 등을 이용하여 노선을 표시하고 있지만, 그래도 사람들은 이를 통해 목적지가 몇 번째 역인지 어디서 환승하면 좋은지 등을 충분히 알 수 있다.

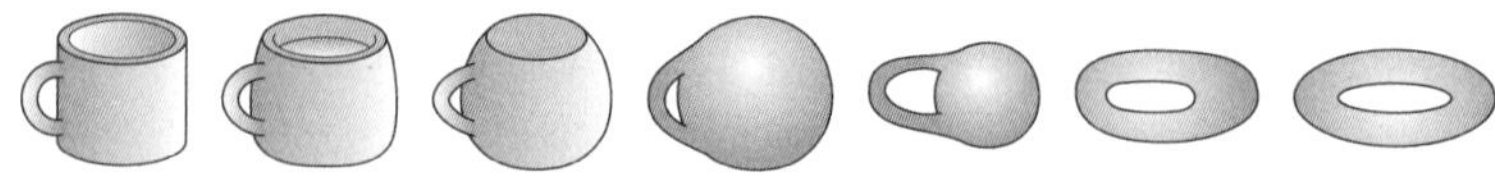

〈그림 3〉

〈그림 2〉나 지하철 노선도는 실제의 공간을 구부리고, 늘리고, 줄이는 등의 변형을 거쳤는데, 이것이 바로 위상 수학의 핵심인 '위상 변환'이다. 그런데 위상 변환에는 일정한 규칙이 있다. 구부리거나 늘리거나 줄이는 것은 얼마든지 허용되지만, 자르거나 이어 붙이거나 구멍을 뚫는 변형은 허용되지 않는다. 〈그림 3〉과 같이 고무찰흙으로 되어 있는 머그잔은 자르거나 이어 붙이거나 구멍을 뚫지 않고 연속적으로 길이와 모양만 바꾸면 도넛 형태로 만들 수 있다. 즉 이것은 머그잔을 구성하는 모든 점과 도넛을 구성하는 모든 점을 일대일로 대응시키면서 머그잔이라는 도형을 구부리고 늘리는 위상 변환을 통해 구멍은 1개라는 불변성은 지키면서 머그잔 위의 점들과 도넛 위의 점들이 연속적 위치 관계를 바꾸지 않고 겹치게 한 것이다. 이렇게 공통되는 불변성을 유지하면서 위상 변환을 통해 같은 형태로 만들 수 있는 것을 '위상적 동형'이라 한다. 반면에 공으로 도넛을 만들려면 가운데 부분에 구멍을 뚫어야 하므로 공과 도넛은 위상적 동형이 될 수 없다.

* **선형 도형**: 몇 개의 선과 그 끝점으로 이루어져 있고 전체가 연결되어 있는 도형.

독해 포인트 이 글은 수학사에서 오일러의 정리가 위상 수학에 미친 영향을 설명하고 있다. 오일러는 쾨니히스베르크의 다리들을 걸어서 빠짐없이 단 한 번씩만 건너는 문제를 해결하기 위해 한붓그리기를 적용했다. 실제의 위치나 거리를 따지지 않고 형상이나 위치 관계에 초점을 맞추어 점과 선으로 변환하는 오일러의 발상은 위상 수학의 출발점이 되었고, 오늘날 실생활에서 유용하게 활용되고 있다.

주제 오일러의 정리가 위상 수학에 미친 영향

미세 조류와 바이오 연료

과학 · 기술

EBS 수능특강 독서 179쪽

독해 포인트 바이오 연료는 산소를 생산하고 대기 중 이산화 탄소를 흡수하면서 생산되는 바이오매스로 만든 연료라서 친환경적이다. 조류 중에서도 미세 조류는 오일의 생산성이 탁월하여 바이오 연료 생산에 많이 활용된다. 미세 조류에서 바이오 연료의 일종인 바이오디젤을 생산할 때에는 생산성이 좋은 균주를 선택하고, 에너지 공급 효율성을 고려하여 배양 방법을 선정하며, 배양액에 분산된 미세 조류를 효과적으로 모으기 위한 다양한 방법을 활용한다. 그리고 유기 용매를 사용하여 지질을 추출하고, 추출한 지질을 전이 에스테르화 반응을 통해 바이오디젤로 전환한다.

주 제 미세 조류에 의한 바이오디젤 생산

바이오 연료는 바이오매스로부터 생산되는 연료로 길고 느린 자연적 과정을 거쳐 생성되는 화석 연료*와 달리 짧고 빠른 인위적 과정을 거쳐 생산된다. 바이오매스란 살아 있거나 죽은 지 얼마 안 되는 유기체*와 그 부산물*을 지칭하는 것으로 식물인 조류*에서 동물의 배설물까지 이에 포함된다. 바이오 연료는 기존 화석 연료에 비해 일산화 탄소, 미세 먼지, 탄화수소, 독성 물질 등 대기 오염 물질 배출이 상당히 적다. 또한 바이오 연료를 연소할 때 발생하는 이산화 탄소의 양은 화석 연료보다 별로 적지 않지만 방출된 이산화 탄소가 바이오 연료의 원천이 되는 식물의 광합성 과정에서 식물에 흡수되므로 대기 중으로의 이산화 탄소 순 배출량*을 크게 줄인다.

(수만 년 이상에 달하는 화석화의 과정 / 바이오 연료가 화석 연료에 비해 깨끗한 연료인 이유 / (연소 과정에서 방출된 양) – (원료 식물의 생장기에 흡수된 양))

▶ 바이오 연료의 친환경성

최근에는 미세* 조류를 바이오디젤의 원천으로 삼는 연구가 전 세계적으로 한창 진행 중이다. 조류는 민물*과 바닷물뿐 아니라 폐수*와 열수*에서도 서식하는 수생 식물*로 그 종류 또한 지구상에 확인된 것만 3만 종이고 10만 종 이상이 존재하는 것으로 추정될 정도로 다양하다. 일반적으로 조류는 광합성* 중에 이산화 탄소를 흡수하여 유기물을 생산하면서 산소를 배출한다. 현재 지구 대기 중 산소의 절반 가까이를 공급할 정도로 지구 환경에서 중요한 역할을 하는 조류는 막대한 이산화 탄소를 유기물에 흡수시켜 온실 효과*를 완화하는 역할까지 하고 있다. 조류 중에서 단세포 미생물을 미세 조류라고 하는데, 지구 환경에서 미세 조류는 막대한 태양 복사* 에너지를 바이오매스로 전환하면서 많은 양의 이산화 탄소를 소비하여 환경에 도움을 준다. 미세 조류는 대량으로 배양*할 수 있으며, 기존 식용 작물*에 비해 단위 면적당 오일 생산량이 50~100배 이상 많고, 매일 수확할 수 있다는 장점을 갖는다.

(서식 환경이 다양한 수생 식물인 조류 / 종 다양성이 큰 조류 / 주된 산소 생산자인 조류 / 미세 조류의 연료 작물로서의 장점 – 대량 배양 가능, 오일 생산량 50배 이상, 빠른 성장률)

▶ 조류 및 미세 조류의 특성

미세 조류에서 바이오디젤을 생산하기 위해 거쳐야 하는 5단계는 균주* 선택, 배양, 수확, 지질* 추출*, 바이오디젤 전환이다. 균주 선택 단계에서는 배양할 적절한 미세 조류 종을 선택한다. 이때 고려할 요인들은 여럿이지만 성장 속도, 수확 효율 및 오일 수득률*이 중요하다. 세포벽*이 있는 미세 조류의 수확 효율과 오일 수득률은 세포벽이 없는 미세 조류에 비해 낮다. 미세 조류의 세포벽은 일반 박테리아에 비해 두꺼워 파쇄*에 많은 노력이 필요하기 때문이다. 그래서 빠르게 성장하면서 세포벽이 얇거나 없는 균주의 개발은 에너지나 비용 절감 면에서 큰 도움이 된다.

(세포벽이 없는 미세 조류가 파쇄에 유리하여 에너지가 절감됨.)

▶ 바이오디젤 생산 1단계 – 균주 선택

배양 단계에서는 미세 조류에 에너지를 공급하여 바이오매스를 생산한다. 배양은 에너지원에 따라 자가 영양 배양, 타가 영양 배양, 혼합 영양 배양으로 나뉜다. 미세 조류로부터 바이오매스를 생산하기 위한 가장 흔한 방법인 자가 영양 배양은 광합성을 하면서 에너지원으로 빛을 사용하여 무기 탄소인 이산화 탄소를 유기 탄소인

(태양 에너지를 받아 바이오매스를 스스로 생산하면 자가 영양, 다른 물질에서 바이오매스를 생산하면 타가 영양임.)

유기물로 변환한다. 타가 영양 배양은 유기물에 함유된 유기 탄소를 에너지원으로 활용하여 자가 영양 배양에 비해 세포의 성장 속도가 빠르고 호기성* 세균으로 오염될 가능성도 낮다. 또한 폐수에 있는 유기물의 유기 탄소를 에너지원으로 사용하는 경우 조류 생산 비용을 절감할 수 있을 뿐 아니라 폐수 중의 유기물을 제거하여 환경 문제 해결에도 기여한다. 혼합 영양 배양은 상이한 에너지원을 활용하는 조류를 함께 배양하여, 광합성을 통해 에너지를 얻기도 하고, 유기물에 함유된 유기 탄소를 분리시키면서 에너지를 얻기도 한다. 이렇게 하면 이산화 탄소의 흡수에 효율적이면서 바이오매스 생산성을 높이고, 오염의 위험도 적으며, 바이오매스의 조성을 다양하게 할 수 있고, 배양 중 생성된 유기물과의 상호 작용을 통해 미세 조류 자체의 침전*을 유발하여 수확의 편리성도 도모할 수 있다.

호기성 세균은 자가 영양 미세 조류와 같은 에너지원을 사용하기에 자가 영양 배양에서 함께 번성할 수 있음.
광합성을 위한 조건 구비도 비용 요구 있음.
침전은 결과적으로 수확 방법 중 하나인 침강을 일으킴.
▶ 바이오디젤 생산 2단계 – 배양

수확 단계에서는 리터당 1~2g의 옅은 농도로 존재하는 미세 조류를 100배 정도로 농축한다. 미세 조류는 세포 크기가 마이크로미터(μm)* 단위로 매우 작고, 세포 사이에 정전기적 척력*이 작용하여 안정한 분산 상태를 유지한다. 미세 조류를 수확하기 위해 응집*, 침강*, 여과, 원심 분리 등 다양한 방법이 시도되고 있지만 모두 에너지가 많이 들어 상업화하기 쉽지 않다. 이런 문제를 해결하기 위해 최근에는 자성 나노 입자를 이용한 미세 조류 수확 기술이 연구되고 있다. 이 기술은 자성 나노* 입자와 미세 조류를 응집시키고, 자력을 이용하여 응집된 미세 조류와 나노 입자를 빠르게 회수할 수 있다. 회수 후에는 미세 조류와 나노 입자를 다시 분리하여 응집에 재사용할 수 있다.

지질 추출에 용이하게 리터당 100~200그램의 농도로 농축
옅은 농도로 배양되는 이유
응집물은 여전히 자석에 끌리기 때문에 이 성질을 이용해 회수가 가능
▶ 바이오디젤 생산 3단계 – 수확

지질 추출* 단계는 미세 조류가 바이오디젤의 원료가 되는 지질뿐만 아니라 탄수화물, 단백질, 엽록소 등으로 구성되어 있기 때문에 필요하다. 지질은 두꺼운 세포벽 안에 일반적으로 기름방울 형태로 존재한다. 따라서 미세 조류로부터 지질을 추출할 때에는 효율적으로 세포벽을 파쇄할 방안과 다른 생체 구성 성분 대비 지질 추출 효율을 높일 방안이 필요하다. 그래서 콩, 해바라기씨 등으로부터 오일을 회수하는 데 가장 보편적으로 사용되어 온 유기 용매 추출법을 미세 조류에 적용하기 위한 연구가 활발히 진행되고 있다.

지질 추출 단계가 필요한 이유 – 바이오디젤의 원료가 아닌 성분을 미세 조류가 가지고 있기 때문
세포벽이 없거나 얇은 미세 조류가 유리
유기 용매에 오일이 녹는 성질을 이용하여 원료에서 오일만 녹여 분리해 냄.
▶ 바이오디젤 생산 4단계 – 지질 추출

바이오디젤 전환 단계는 지질을 전이 에스테르화 반응을 통해 바이오디젤로 전환한다. 즉 지질을 메탄올과 반응시켜 지방산 메틸 에스테르와 글리세롤을 얻는데, 이때 생성되는 지방산 메틸에스테르가 디젤의 대체 연료이다. 원활한 전이 에스테르화 반응을 위해 촉매가 사용된다. 일반적으로 황산, 염산과 같은 산 촉매에 비하여 수산화 포타슘이나 수산화 소듐과 같은 염기 촉매가 반응 속도가 빠르므로 많이 사용되고 있다. 염기 촉매를 사용할 경우에는 반응물인 지질과 촉매의 혼합 및 접촉을 용이하게 하기 위해 염기 촉매를 메탄올에 녹인 균일계 촉매를 많이 사용한다. 그러나 분리된 지방산 메틸 에스테르가 누적되면 염기 촉매와 비누화 반응을 일으켜서 생산된 바이오디젤과 부산물의 분리를 어렵게 하는 문제점이 발생할 수 있다. 이를 극복하기 위해 고체상 염기성 촉매를 이용하고자 하는 노력이 진행되고 있다.

에스테르를 만드는 반응으로 알코올화 반응이라고도 함.
촉매는 자신은 변하지 않으면서 다른 물질의 화학 반응을 촉진하는데, 이 경우는 산 촉매보다 염기 촉매가 효율이 더 크다는 의미임.
염기 촉매가 메탄올에 균일하게 녹아 있으면 지질과 잘 섞이고 접촉도 더 용이함.
바이오디젤이 생산되면 촉매와 분리되어 있어야 하는데 그렇지 못함.
고체 상태의 촉매는 생산된 지방산 메틸 에스테르와 비누화 반응을 잘 안 일으킴.
▶ 바이오디젤 생산 5단계 – 바이오디젤 전환

* **수득률**: 생산된 것 중 거두어진 것의 비율.

* **마이크로미터**: 100만분의 1미터.

어휘!
이것만은
꼭 익히자

- **화석 연료(化石燃料)**: 지질 시대에 생물이 땅속에 묻히어 화석같이 굳어져 오늘날 연료로 이용하는 물질. 석탄 따위가 이에 속함.
- **유기체(有機體)**: 생물처럼 물질이 유기적으로 구성되어 생활 기능을 가지게 된 조직체.
- **부산물(副産物)**: 주산물의 생산 과정에서 더불어 생기는 물건.
- **조류(藻類)**: 하등 은화식물의 한 무리. 물속에 살면서 엽록소로 동화 작용을 함. 뿌리, 줄기, 잎이 구별되지 않고 포자에 의하여 번식하며 꽃이 피지 않음.
- **배출량(排出量)**: 안에서 밖으로 밀어 내보내는 양.
- **미세(微細)**: 분간하기 어려울 정도로 아주 작음.
- **민물**: 강이나 호수 따위와 같이 염분이 없는 물.
- **폐수(廢水)**: 공장이나 광산 등지에서 쓰고 난 뒤에 버리는 물.
- **열수(熱水)**: 마그마가 식어서 여러 가지 광물 성분을 석출(析出)한 뒤에 남는 수용액. 물의 임계(臨界) 온도인 374℃ 이하의 뜨거운 용액으로 많은 유용 광물 성분이 용해되어 있음.
- **수생 식물(水生植物)**: 물속에서 생육하는 식물을 통틀어 이르는 말. 마름, 개구리밥, 나사말 따위가 있는데 침수 식물, 부유 식물 따위로 나눔.
- **광합성(光合成)**: 녹색식물이 빛 에너지를 이용하여 이산화 탄소와 수분으로 유기물을 합성하는 과정. 명반응과 암반응으로 구분됨.
- **온실 효과(溫室效果)**: 대기 중의 수증기, 이산화 탄소, 오존 따위가 지표에서 우주 공간으로 향하는 적외선 복사를 대부분 흡수하여 지표의 온도를 비교적 높게 유지하는 작용. 빛은 받아들이고 열은 내보내지 않는 온실과 같은 작용을 한다는 데서 유래한 말.
- **복사(輻射)**: 물체로부터 열이나 전자기파가 사방으로 방출됨. 또는 그 열이나 전자기파.
- **배양(培養)**: 인공적인 환경을 만들어 동식물 세포와 조직의 일부나 미생물 따위를 가꾸어 기름.
- **식용 작물(食用作物)**: 곡류와 같이 식용으로 재배하는 농작물.
- **균주(菌株)**: 순수하게 분리하여 배양한 세균이나 균류.
- **지질(脂質)**: 생물체 안에 존재하며 물에 녹지 아니하고 유기 용매에 녹는 유기 화합물을 통틀어 이르는 말. 크게 단순 지질, 복합 지질, 유도 지질의 셋으로 나뉨.
- **추출(抽出)**: 고체 또는 액체의 혼합물에 용매(溶媒)를 가하여 혼합물 속의 어떤 물질을 용매에 녹여 뽑아내는 일.
- **세포벽(細胞壁)**: 식물 세포의 가장 바깥쪽에 있는 튼튼한 피막. 셀룰로스, 펙틴을 주성분으로 하는 후형질로서 세포를 보호하고 그 형상을 유지함.
- **파쇄(破碎)**: 깨뜨려 부숨.
- **호기성(好氣性)**: 세균 따위가 산소가 있을 때에 생육하는 성질.
- **침전(沈澱)**: 용액 속에서 화학 변화가 일어날 때에, 물에 잘 용해되지 아니하는 생성 물질이 생기는 일. 또는 농축이나 냉각 따위로 용질의 일부가 고체로 용액 속에 나타나는 일. 또는 그 고체.
- **척력(斥力)**: 같은 종류의 전기나 자기를 가진 두 물체가 서로 밀어내는 힘.
- **응집(凝集)**: 안정성을 잃은 콜로이드 따위의 입자가 모여서 덩어리가 되어 가라앉는 현상. 또는 분자나 원자가 모이는 현상.
- **침강(沈降)**: 밑으로 가라앉음.
- **나노(nano)**: 국제단위계에서 10억분의 1을 나타내는 분수. 기호는 n.

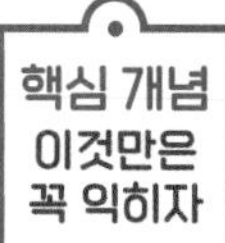

바이오 연료 생산에서 미세 조류의 장점

바이오 연료는 연소하면서 이산화 탄소를 발생시키지만 원료인 바이오매스를 생산하는 과정에서 대기 중의 온실가스를 줄일 수 있어 화석 연료와 비교할 때 친환경적인 연료이다. 또한 화석 연료가 연소할 때 배출되는 여러 가지 오염 물질을 발생시키지 않아 깨끗한 연료로 여겨진다. 특히 바이오매스를 미세 조류를 이용해 생산하는 방법이 각광을 받는 이유는 미세 조류가 바이오 연료를 생산하는 데에서 다른 식용 작물에 비해 생산 효율이 높기 때문이다. 단위 면적 및 투입 에너지당 생산량이 많아 미래 바이오 연료 생산의 유력한 후보로 주목받으면서 많은 연구가 이루어지고 있다.

미세 조류 배양의 종류

배양은 어떤 방식으로 에너지를 얻고 바이오매스를 생산하느냐에 따라 3가지 방식으로 나누어진다.

- **자가 영양 배양**: 배양 과정에서 광합성을 통하여 빛 에너지를 화학 에너지로 변환하며 무기 탄소인 이산화 탄소를 유기 탄소인 유기물로 변환하여 바이오매스를 생산한다. 광합성을 하는 대부분의 미세 조류에서 활용된다. 대기 중 이산화 탄소를 줄이므로 친환경적이다.
- **타가 영양 배양**: 배양 과정에서 유기물을 변환시켜 에너지를 얻고 유기 탄소 형태의 바이오매스를 생산한다. 폐수의 유기물을 분해하면서 성장하는 미세 조류가 이에 해당한다. 폐수를 처리할 수 있어 친환경적이다.
- **혼합 영양 배양**: 자가 영양 미세 조류와 타가 영양 미세 조류를 섞어서 배양하므로 빛과 유기물에서 에너지를 모두 얻고 더 많은 유기 탄소를 바이오매스로 생산할 수 있으며 다양한 배양 환경에 더 쉽게 적응할 수 있다. 자가 영양 배양과 타가 영양 배양의 장점을 모두 취할 수 있다.

■ 바이오 연료 사용의 선두 주자 브라질

디젤이 디젤 기관을 개발했을 때 처음 사용된 연료는 바이오 연료인 땅콩기름이었지만 가격이 싸고 쉽게 구할 수 있다는 이유로 화석 연료가 널리 사용되었다. 그러나 가끔씩 발생하는 공급 부족으로 인해 화석 연료를 대체할 수단으로 식물성 기름을 사용하려는 시도가 이어졌고, 그 결과 식물성 기름을 전이 에스테르화(또는 알코올화)하여 메틸 에스테르나 에틸 에스테르, 즉 바이오디젤로 변환시키는 기술이 개발되었다. 특히 1970년대의 오일 위기와 1990년대에 제기된 오일 고갈에 대한 전망은 대체 연료에 대한 열망을 일깨웠다. 브라질 정부는 1980년대에 오일 위기에 대응하기 위한 수단으로 식물성 에탄올을 가솔린에 5% 섞어 쓰도록 규제하는 정책을 시작했는데, 이 비율은 이후 30년간 20~25%까지 상승했다. 브라질이 바이오 연료를 화석 연료의 대체 연료로 사용하려는 시도를 일찍부터 시작할 수 있었던 것은 목화씨 기름이나 콩기름처럼 바이오디젤의 원료를 공급해 주는 연료 작물을 키우기에 브라질의 기후 및 토양적 여건이 적합했기 때문이다. 브라질 정부가 바이오디젤의 사용을 법제화한 것은 오일 위기에 대응하기 위한 것만은 아니었다. 바이오 연료는 화석 연료에 비해 발암 물질인 다이옥신이 적게 나오고, 황을 포함하지 않아 이산화 황을 발생시키지 않으며, 미세 먼지의 발생도 적고, 그 원료인 바이오매스를 생산하는 과정에서 대기 중 이산화 탄소를 줄이는 등 다양한 장점이 있어서 환경 보존에 기여할 수 있다는 특성도 유인으로 작용했다.

선생님의 만점 구조도

포인트 1 미세 조류를 활용하는 바이오디젤 생산의 5단계 문항 02 관련

1단계(균주 선택): 목적에 맞는 미세 조류 종을 선택함. 예를 들어 ❶ ____, 수확 효율, 오일 수득률 등을 고려함.

↓

2단계(배양): 미세 조류를 성장시키는 과정. 배양 방식으로는 자가 영양 배양, ❷ ____ 영양 배양, 혼합 영양 배양이 있음.

↓

3단계(수확): 옅은 ❸ ____(으)로 존재하는 미세 조류를 100배 정도 농축함.
응집, 침강, 원심 분리 외에 자성 나노 입자를 활용하는 방법이 주목받고 있음.

↓

4단계(오일 추출): 미세 조류 안의 지질을 분리해 내기 위해 유기 용매가 많이 활용됨.

↓

5단계(바이오디젤 전환): 추출한 오일을 ❹ ____을/를 통해 바이오디젤로 전환하는 과정. 염기 촉매가 많이 활용됨.

정답 ❶ 성장 속도 ❷ 타가 ❸ 녹조 ❹ 전이 에스테르화

포인트 2 화석 연료와 바이오 연료의 비교

공통점	• 태양 에너지가 화학 에너지의 형태로 변환된 것임. • 연소하면서 유기 탄소가 ❶ ____인 이산화 탄소로 변환됨. • 에너지를 활용하기 위해 ❷ ____을/를 배출함.
차이점	• 생성 기간: 바이오 연료는 화석 연료에 비하여 현저하게 짧은 시간이 소요됨. • 재생 가능성: ❸ ____ 시 배출된 이산화 탄소가, 바이오 연료에서는 다시 연료 생산에 활용되나, 화석 연료에서는 다시 연료 생산에 활용될 수 없음. • 이산화 탄소의 ❹ ____: 바이오 연료는 화석 연료에 비해 현저하게 적음. • 오염 물질 배출: 바이오 연료가 화석 연료보다 적음.

정답 ❶ 무기 탄소 ❷ 이산화 탄소 ❸ 연소 ❹ 순 배출량

과학 · 기술

04강 군집의 다양도 지수와 천이

EBS 수능특강 **독서 183쪽**

독해 포인트 이 글은 군집에 대해 이해하기 위한 개념을 다양하게 설명하고 있다. 종 풍부도는 군집 내에서 일정한 면적 안에 있는 종의 수이며, 상대 풍부도는 전체 개체 수에서 각 종이 차지하는 비율이다. 심슨 지수란 한 표본에서 임의로 추출된 두 개체가 같은 종일 확률을 모든 종에 대해 계산한 뒤 더한 값으로, 심슨 지수의 역수를 심슨 역지수라고 한다. 우점도는 다양도와 반대되는 말이며, 군집에서 우세한 종이 우점종이고 군집에 가장 큰 영향을 주는 종이 핵심종이다. 일정한 공간에서 시간에 따라 군집 구조가 바뀌는 것을 천이라고 하는데, 천이의 과정은 종의 정착과 대치를 통해 진행되고, 시간에 따른 종의 정착과 대치는 종 풍부도에 영향을 끼친다.

주 제 군집의 특성을 설명해 주는 다양한 개념

생태학에서는 식물 군집이나 조류 군집처럼 일정한 공간 내에 존재하는 모든 종의 무리를 군집이라고 정의한다. 군집에 대해 이해하고 분석하는 데 있어 가장 단순한 척도*는 군집 내에서 일정한 면적 안에 있는 종의 수, 즉 종 풍부도이다. 그러나 군집을 구성하고 있는 각 종의 개체 수가 모두 동일한 것은 아니기 때문에 종 풍부도만으로 군집의 특성을 설명하기는 어렵다. 이를 보완*하기 위해 특정한 표본구에 있는 모든 개체 수를 헤아리고 각 종이 차지하는 개체 수를 따져 각 종이 차지하는 비율을 구하는데, 이 척도를 상대 풍부도라고 한다. 풍부도 서열 그래프는 각 종의 상대 풍부도를 서열화*하여 나타낸 것이다. 가장 풍부한 종부터 x축의 원점에서 가장 가까운 위치에 표시되고 y축에는 각 종의 상대 풍부도가 표현된다. 이 과정을 가장 희귀한 종까지 반복하여 얻어진 그래프가 풍부도 서열 그래프이며, 이 그래프에 나타난 곡선이 풍부도 서열 곡선이다. 풍부도 서열 곡선에서 곡선의 길이가 길수록 군집에 나타나는 종의 수가 많다는 뜻이며, 곡선의 기울기가 완만할수록 종간 개체 수 배분이 균등하다는 뜻이다.

(생태학에서의 군집의 정의) (종 풍부도의 개념) (상대 풍부도의 개념) (가장 앞쪽에 표시되는 종이 상대 풍부도가 가장 큼.) (풍부도 서열 곡선을 그려 군집에 나타나는 종의 수, 종간 개체 수 배분 등을 알 수 있음.)

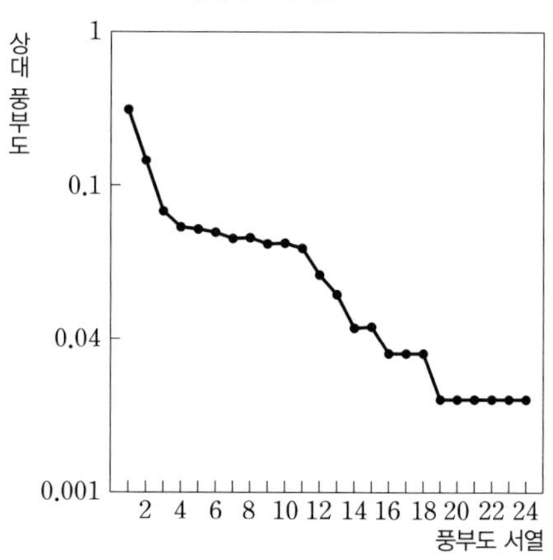

〈풍부도 서열 그래프〉

▶ 군집, 종 풍부도, 상대 풍부도, 풍부도 서열 그래프의 개념

풍부도 서열 그래프는 군집의 생물학적 구조를 파악하는 데 사용될 수 있지만 군집에서 관찰된 차이를 정량화*하는 수단이 되지는 못한다. 이에 생태학자들은 다양도 지수라는 것을 개발하여 사용하는데, 그중 하나가 심슨 지수이다. 심슨 지수란 한 표본에서 임의로 추출*된 두 개체가 같은 종일 확률을 모든 종에 대해 계산한 뒤 더한 값이다. 심슨 지수는 0부터 1까지의 값을 가지며 다양도가 낮을수록 값이 커, 한 표본에 한 종만 있는 경우는 다양도가 0이고 심슨 지수가 1이다. 심슨 지수의 역수를 취하여 다양도를 나타내기도 하는데, 심슨 지수의 역수를 심슨 역지수라고 부른다. 이 지수는 다양도 지수 가운데 가장 많이 사용된다.

(생태학자들이 다양도 지수를 개발하여 사용하는 이유) (다양도 지수 ①: 심슨 지수) (심슨 지수의 개념) (심슨 지수를 통해 다양도를 파악하는 방법: 심슨 지수가 1에 가까울수록 다양도가 낮음.) (다양도 지수 ②: 심슨 역지수)

▶ 군집의 다양도를 말해 주는 심슨 지수와 심슨 역지수

심슨 지수는 우점도의 척도로도 사용된다. 대부분의 군집은 상대 풍부도가 높은 몇몇 흔한 종들로 구성되어 있는데, 군집에서 한 종 또는 소수의 종이 우세*할 때 이들 종이 우점했다고 한다. 우점도는 다양도와 반대되는 말이기 때문에 우점도의 척도로 심슨 지수가 사용되는 것이다. 일반적으로 우점하는 종은 군집 내 다른 종을 희생시켜 그 지위에 오르기 때문에 이들은 주어진 환경 조건하에서 우세한 경쟁자라고 할 수 있다. 그렇다고 우점

(우점종) (다양도가 낮을수록 심슨 지수의 값이 크므로 심슨 지수를 통해 우점도를 나타냄.)

종이 군집에 가장 큰 영향을 주는 종이라고 말할 수는 없다. 풍부도에 비하여 군집에 큰 영향을 주는 핵심종이 있을 수 있기 때문이다. 예를 들어 아프리카 남부 사바나에 서식하는 코끼리는 우점종은 아니지만 많은 양의 관목*과 교목* 등의 식물을 섭취하고 뿌리를 뽑아 버리기 때문에 사바나의 식물 생장에 크게 영향을 미치는 핵심종이다. 군집에서 중요한 위치를 차지하는 핵심종을 제거하면 군집의 종 풍부도, 다양도 등이 크게 변화하기 때문에 핵심종의 군집에 대한 효과는 상대 풍부도에 비례하지 않는다.

핵심종

상대 풍부도가 높다고 해서 군집에 대한 효과가 크다고 말할 수 없음.

▶ 군집의 우점도와 핵심종

군집은 역동적*이어서 공간과 시간에 따라 군집 구조가 달라진다. 일정한 공간에서 시간에 따라 군집 구조가 바뀌는 것을 천이라고 한다. 어떤 공간에 최초로 정착*한 종은 시간이 지남에 따라 그들의 수가 감소하고 결국은 다른 종으로 교체된다. 대부분의 경우 시간 경과에 따라 우점종이 전환*되기 때문에 천이는 우점도의 변화를 가리키는 것이라고 할 수 있다. 천이는 1차 천이와 2차 천이로 구분되는데, 1차 천이는 생물이 존재하지 않았던 장소를 생물이 점유*하게 되는 것에서부터 시작되며, 2차 천이는 이미 생물에 의해 점유되었던 공간이 교란된 후에 일어난다. 교란이란 이미 존재하는 군집을 부분적 또는 전체적으로 제거하는 모든 과정을 일컫는 말이다. 1차 천이와 2차 천이의 과정에서 우점종이 달라진다는 것은 다양도 역시 달라진다는 의미이다. 천이의 과정은 종의 정착과 대치*를 통해 진행되는데, 시간에 따른 종의 정착과 대치는 종 풍부도에 영향을 끼친다. 특히 비생물적인 환경 변화는 천 년 이상의 규모에 걸친 천이 양상을 만들어 내기 때문에 생태계 전반에 거대한 영향을 미칠 수 있다. 지구의 온도가 점진적*으로 증가하는 수천 년 동안의 지구 변화인 지구 온난화 문제에 생태학계가 관심을 가지는 이유는 이 때문이다.

천이의 개념

천이가 의미하는 바

1차 천이와 2차 천이의 차이

교란의 개념

대표적으로 지구 온난화가 이에 해당함.

▶ 천이의 개념과 천이의 과정

어휘!
이것만은
꼭 익히자

- **척도(尺度)**: 평가하거나 측정할 때 의거할 기준.
- **보완(補完)**: 모자라거나 부족한 것을 보충하여 완전하게 함.
- **서열화(序列化)**: 일정한 기준에 따라 순서대로 늘어서게 됨. 또는 그렇게 만듦.
- **정량화(定量化)**: 양을 정하는 일. 곧 어떤 양을 헤아려 수치를 매기는 일.
- **추출(抽出)**: 모집단(母集團)에서 표본을 뽑아내는 일.
- **우세(優勢)**: 상대편보다 힘이나 세력이 강함.
- **관목(灌木)**: 키가 작고 원줄기와 가지의 구별이 분명하지 않으며 밑동에서 가지를 많이 치는 나무. 무궁화, 진달래, 앵두나무 따위가 있음.
- **교목(喬木)**: 줄기가 곧고 굵으며 높이가 8미터를 넘는 나무. 수간(樹幹)과 가지의 구별이 뚜렷하고, 수간은 1개이며, 가지 밑부분까지의 수간 길이가 김. 소나무, 향나무, 감나무 따위가 있음.
- **역동적(力動的)**: 힘차고 활발하게 움직이는 것.
- **정착(定着)**: 일정한 곳에 자리를 잡아 붙박이로 있거나 머물러 삶.
- **전환(轉換)**: 다른 방향이나 상태로 바뀌거나 바꿈.
- **점유(占有)**: 물건이나 영역, 지위 따위를 차지함.
- **대치(代置)**: 다른 것으로 바꾸어 놓음.
- **점진적((漸進的)**: 조금씩 앞으로 나아가는 것.

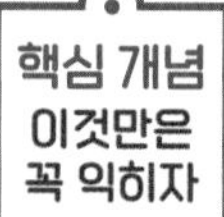

종 풍부도와 상대 풍부도

종 풍부도란 군집 내에서 일정한 면적 안에 있는 종의 수이다. 상대 풍부도는 특정한 표본구에 있는 모든 개체 수를 분모로 하고 각 종이 차지하는 개체 수를 분자로 하는 값으로, 표본구에서 각 종이 차지하는 비율이다.

다양도 지수

군집 내의 다양도를 나타내는 다양도 지수에는 대표적으로 심슨 지수와 심슨 역지수가 있다. 심슨 지수는 한 표본에서 임의로 추출된 두 개체가 같은 종일 확률을 모든 종에 대해 계산한 뒤 더한 값이다. 심슨 지수는 0부터 1까지의 값을 가지며 다양도가 낮을수록 값이 크다. 심슨 역지수는 심슨 지수의 역수이다.

천이와 교란

일정한 공간에서 시간에 따라 군집 구조가 바뀌는 것을 천이라고 한다. 1차 천이는 생물이 존재하지 않았던 장소를 생물이 점유하게 되는 것에서부터 시작되며, 2차 천이는 이미 생물에 의해 점유되었던 공간이 교란된 후에 일어난다. 교란이란 이미 존재하는 군집을 부분적 또는 전체적으로 제거하는 모든 과정을 가리킨다.

■ **종의 다양성에 영향을 주는 요인**

종의 성장, 생존, 번식에 영향을 주는 환경적 요인은 다양하지만, 안정된 환경에서는 경쟁에서 앞선 종이 우점종이 되어 높은 생태적 지위를 차지하게 된다. 환경이 복잡할수록 다양한 생태적 지위를 가진 생물들이 공존할 수 있고 군집의 종 다양성도 높아진다. 일반적으로 자연환경은 안정된 평형 상태가 아닌, 다양한 교란 상태에 있다. 환경의 복잡도뿐만 아니라 교란의 규모가 종 다양성에 영향을 주는데 생태학자인 코넬에 따르면, 매우 강한 교란이 발생하면 생물 다양성이 위협을 받게 되지만 중간 정도 수준인 교란이 일어나면 종 다양성이 높아진다.

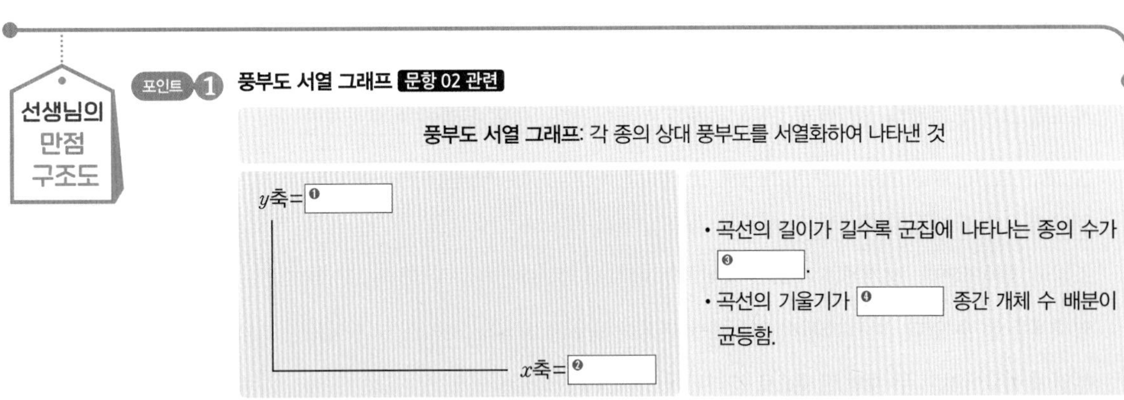

선생님의
만점
구조도
포인트 1 풍부도 서열 그래프 문항 02 관련
풍부도 서열 그래프: 각 종의 상대 풍부도를 서열화하여 나타낸 것
y축= ❶
x축= ❷
• 곡선의 길이가 길수록 군집에 나타나는 종의 수가 ❸ .
• 곡선의 기울기가 ❹ 종간 개체 수 배분이 균등함.

정답 ❶ 상대 풍부도 ❷ 풍부도 서열 ❸ 많음 ❹ 균등할수록

포인트 2 다양도와 우점도, 우점종과 핵심종 문항 03 관련

우점도, 다양도		우점종, 핵심종
• 우점도와 다양도는 반대되는 말이다.	VS.	• 우점종이 핵심종이 아닐 수 있다.
• 다양도 지수 중 하나인 ❶ 의 값이 클수록 다양도는 낮지만 우점도는 크다.		• 우점종은 군집에서 우세한 종이고 ❷ 은/는 군집에 가장 큰 영향을 주는 종으로, 우점종이 핵심종일 수도 있고 아닐 수도 있다.

정답 ❶ 우점 지수 ❷ 핵심종

05강 암세포의 증식

과학 · 기술

EBS 수능특강 **독서 188쪽**

독해 포인트 암세포는 하나의 돌연변이 세포에서 시작하여 여러 돌연변이 세포들이 축적된 것이다. 암세포가 돌연변이 세포이기는 하지만 암세포 역시 세포의 하나이기 때문에 정상 세포의 성장과 분열 과정인 세포 주기를 통해서 암세포의 증식을 이해할 수 있다. 세포 주기는 세포가 성장하고 분열하는 과정을 의미한다. 세포 주기는 G_1기 → S기 → G_2기 → M기의 과정을 거치며, 이 과정에는 세포 주기의 진행 여부를 판단하는 확인 지점으로 G_1기 확인 지점, G_2기 확인 지점, M기 확인 지점이 있다. 이 확인 지점들에서 세포가 제대로 점검되면 세포가 함부로 증식할 수 없다. 하지만 암세포는 이 확인 지점에서 제대로 점검되지 못하게 함으로써 끊임없이 증식을 할 수 있게 된다. 한편 성장 인자와 결합하는 수용체에 돌연변이가 생겨 끊임없이 성장 또는 증식을 하게 되는 암세포도 있다. 암세포는 끊임없이 성장, 증식할 뿐만 아니라 세포 자살 같은 기능에 변이를 일으켜 세포 자살이 발생하지 않는다. 이렇게 암세포는 여러 종류의 돌연변이가 축적되어 있기 때문에 암을 치료할 때에는 여러 가지 방법을 사용해야 한다.

주 제 세포의 증식 과정을 통한 암세포 증식 이해

인간의 몸은 생물체를 이루는 기본 단위인 세포로 이루어져 있다. 세포는 성장과 증식*의 과정을 거치는데, 이 과정에서 돌연변이 세포가 발생할 수 있다. 어떤 돌연변이 세포는 빠른 성장과 침윤성* 성장을 보이고, 성장이 억제되지 않아 과대하게 증식하면서 체내 각 부위에 확산되고 전이*되어 생명의 위험을 초래하는 악성 종양이 되는 경우가 있는데, 이 악성 종양이 암이다. 암은 한 개의 정상 세포에서 발생한 돌연변이 세포가 성장하고 증식하는 과정에서 전이 능력이 강하고 빠른 돌연변이 세포들이 발생하여 축적*된 것이다. 정상 세포에는 성장과 증식 과정을 조절하는 기제가 있다. 암세포 역시 세포의 한 종류이지만 이러한 기제에 이상이 생겨 암세포의 축적이 일어나게 된다. 따라서 암세포의 증식은 정상 세포의 성장 및 증식 과정과 견주어 이해해야 한다.

암세포의 특징

한 개의 정상 세포 → 돌연변이 세포 발생 → 다양한 돌연변이 세포 발생 및 축적

세포 주기의 확인 지점 등 / 암세포 역시 정상 세포의 세포 주기를 따름. / 성장과 증식을 조절하는 기제

▶ 암의 개념과 암세포의 특징

세포는 성장하고 분열하는 과정을 반복하는데, 이를 세포 주기라고 한다. 세포 주기는 'G_1기 → S기 → G_2기 → M기'의 과정을 거친다. G_1기는 새로운 세포가 만들어진 다음 DNA를 복제하기 전까지의 기간으로, 이 시기에는 물질대사*를 통해 세포를 구성하는 물질을 합성하며 세포의 크기가 커진다. S기에서 DNA 복제가 이루어진다. 세포 분열이 이루어지면 두 개의 딸세포는 동일한 염색체 세트를 가져야 하기 때문이다. G_2기에서는 세포 분열에 필요한 단백질이 합성되고, 세포는 계속 성장하면서 세포 골격을 이루는 미세 소관이 재배열된다. M기에는 세포 분열이 이루어진다. 이 시기에는 두 가닥으로 된 염색체를 볼 수 있다. 미세 소관이 염색체를 붙잡아 세포의 양 끝으로 잡아끌어 세포 분열이 이루어지고 두 개의 딸세포로 분리된다.

세포 주기의 과정

세포를 구성하는 많은 단백질의 합성, 세포의 생장에 필요한 효소 합성

DNA 양이 두 배로 증가

DNA 복제가 이루어지는 이유

세포 분열에 들어갈 준비

복제된 DNA가 나누어짐.

모세포
복제
염색 분체 분리
딸세포

▶ 정상 세포의 세포 주기

세포 주기의 전 과정은 무조건 발생하는 것이 아니다. 세포 주기에는 확인 지점이 있어서 세포 주기의 진행 여부를 판단한다. 주요 확인 지점으로는 G_1기 확인 지점과 G_2기 확인 지점, 그리고 세포 분열 단계에서 나타나는 M기 확인 지점이 있다. 각 확인 지점에서는 사이클린이라는 단백질과 사이클린 의존성 인산화 효소인 CDK가 결합한 사이클린-CDK 복합체가 만들어지고, CDK가 활성화됨으로써 사이클린-CDK 복합체가 활성화된다. 사이클린은 세포 주기의 각 시기마다 합성과 분해가 일어나는데, 사이클린이 합성되어 일정 농도 이상이 되었을 때 CDK와 결합하고 사이클린이 분해되어 농도가 떨어지면 CDK와 분리된다. CDK는 사이클린과 달리 세포 주

확인 지점에서의 확인을 통해 세포 주기가 진행되거나 정지됨.

사이클린과 결합해야 활성화되기 때문에 사이클린 의존성이라고 함.

농도가 주기적으로 오르내려서 '사이클린'이라고 함.

합성되면 농도가 증가하고 분해되면 농도가 감소함.

사이클린-CDK 복합체가 만들어짐.

기 동안 계속 비슷한 농도로 유지되기 때문에, 사이클린은 CDK의 활성에 중요한 역할을 한다. G_1기 확인 지점
사이클린의 농도 변화는 CDK의 활성화와 관련이 있음.
에서는 사이클린 D와 CDK가 결합한 G_1 CDK가 활성화되어, DNA의 손상 유무, 세포 주기를 시작하라는 신호
G_1기 확인 지점에서 확인하는 것들
등이 확인됨으로써 세포 주기를 계속 진행할지 여부가 결정된다. 가령 DNA의 손상이 있다면 특정 단백질에 의해 CDK의 활성이 억제되는 작용이 나타나거나 사이클린을 분해하는 작용이 나타나서 세포 주기가 정지된다. 세
사이클린의 농도가 감소하여 G_1 CDK가 활성화되지 않게 됨.
포 주기의 정지 후에 DNA 복제 및 수선 과정에 관여하는 효소들의 작용으로 DNA의 복구가 이루어지면 세포 주기는 계속 진행된다. G_2기 확인 지점에서는 M CDK의 활성화로 DNA 복제와 DNA 이상 여부 및 세포 분열에 필
G_2기 확인 지점에서 확인하는 것들
요한 단백질이 충분히 준비되었는지가 확인된다. M CDK는 사이클린 B와 CDK가 결합한 복합체인데, M기 확
M기 확인 지점에서 확인하는 것
인 지점에서도 활성화되어 염색체가 잘 분리될 수 있는지가 점검된다. 이 확인 지점들에서 제대로 점검되면 세
DNA 손상이나 세포 분열에 필요한 단백질의 준비 여부 등이 확인되지 않음.
포가 함부로 증식할 수 없다. 이를 통해서, 암은 G_1기, G_2기, M기에서 점검이 제대로 되지 않으며 세포 주기가
CDK의 활성을 억제하는 작용이나 사이클린을 분해하는 작용
계속 진행되도록 하고, 세포 주기 진행을 멈추게 하는 작용에 이상이 생겼을 때 나타날 수 있음을 알 수 있다. 이
CDK의 활성을 억제하는 작용이나 사이클린을 분해하는 작용이 나타나면 사이클린-CDK 복합체가 활성화되지 않아 세포 주기가 정지됨.
는 마치 자동차의 가속 페달이 계속 밟혀 있는 상태에서 브레이크도 제대로 작동하지 않는 것과 같다. 실제 암
사이클린의 농도가 계속 높아진 상태이면 사이클린-CDK 복합체가 계속 활성화되어 있기 때문에 세포 주기가 계속 진행됨.
조직을 분석해 보면, 사이클린의 농도 수준이 CDK와 결합하는 수준 이상으로 증가되고 CDK의 활성화를 억제
가속 페달이 계속 밟혀 있는 상태
하는 작용이 나타나지 않아서 세포 주기가 계속 진행되는 돌연변이 세포의 증가를 볼 수 있다.
브레이크가 제대로 작동하지 않는 상태
▶ 세포 주기의 확인 지점과 확인 지점에서의 돌연변이

한편 성장 인자*는 분자 신호로 세포의 성장과 분열에 영향을 준다. 그중에는 스테로이드 호르몬 같은 지질*
세포 주기를 시작하라는 신호이기 때문
계통의 것도 있지만, 대부분은 단백질이다. 세포막에는 성장 인자와 결합할 수 있는 특정한 수용체가 있다. 이 수용체는 단백질 계통의 성장 인자와 결합하여 활성화되고, 활성화된 수용체는 세포의 핵에 성장이나 증식 신호
세포 주기를 시작하라는 신호
를 전달할 수 있게 된다. 하나의 세포에서 핵과 세포막 사이는 마이크로미터 단위의 거리로 떨어져 있기 때문에 세포막의 수용체에서 인식한 정보는 일련의 신호 전달 반응을 거쳐 최종적으로는 전사(轉寫)* 인자에 의해 성장이나 증식 신호가 핵까지 전달된다. 정상적인 수용체는 성장 인자와 결합할 때만 활성화된다. 하지만 수용체에 변이*가 생기면 그 구조가 변화해서 성장 인자가 없어도 활성화된 상태가 지속되는 것도 있다. 암세포의 수용체
성장 인자와 결합 없이 수용체가 세포 주기를 시작하라는 신호를 핵에 계속 전달함.
에 이러한 변이가 생기면 암세포는 끊임없이 성장 또는 증식되는 것이다.
▶ 성장 인자와 결합하는 수용체에서의 돌연변이

암은 이와 같이 세포의 증식 과정에서의 이상에 의해서만 발생하는 것은 아니다. 세포에 비정상적인 작용이
CDK 활성화를 억제하는 작용이 사라진 돌연변이, 성장 인자와 결합 없이도 수용체가 활성화된 돌연변이 등
일어나거나 세포가 노화*되었을 때 세포 스스로 죽게 만드는 세포 자살 같은 기능이 일어나지 않게 하는 변이를 일으키는 경우도 있기 때문이다. 이와 같이 암은 여러 종류의 돌연변이가 축적된 것이기 때문에, 한 가지 치료
확인 지점에서 제대로 점검이 되지 않는 것, 세포 주기 진행을 멈추게 하는 작용의 이상 등
방법만으로 암을 치료할 수 없다.
각각의 돌연변이에 적합한 치료 방법을 사용해야 함.
▶ 세포의 증식 기능과 세포 자살 기능에서 변이를 일으킨 암세포

*침윤성(浸潤性): 『의학』 염증이나 악성 종양 따위가 번지어 인접한 조직이나 세포에 침입하는 성질.

어휘! 이것만은 꼭 익히자

- **증식(增殖)**: 생물이나 조직 세포 따위가 세포 분열을 하여 그 수를 늘려 감. 또는 그런 현상.
- **전이(轉移)**: 병원체나 종양 세포가 혈류나 림프류를 타고 흘러서 다른 장소로 이행(移行) · 정착하여 몸의 한 부분에서 생긴 병변이 다른 부분에도 번지는 경우와 같은 변화를 일으킴. 또는 그런 일. 전이성 안염(眼炎), 암 전이 따위에서 볼 수 있음.
- **축적(蓄積)**: 지식, 경험, 자금 따위를 모아서 쌓음. 또는 모아서 쌓은 것.
- **물질대사(物質代謝)**: 생물체가 몸 밖으로부터 섭취한 영양물질을 몸 안에서 분해하고, 합성하여 생체 성분이나 생명 활동에 쓰는 물질이나 에너지를 생성하고 필요하지 않은 물질을 몸 밖으로 내보내는 작용.
- **인자(因子)**: 생명 현상에서 어떤 작용의 원인이 되는 요소. 환경 인자, 영양 인자, 유전 인자 따위로 나눔.
- **지질(脂質)**: 생물체 안에 존재하며 물에 녹지 아니하고 유기 용매에 녹는 유기 화합물을 통틀어 이르는 말. 크게 단순 지질, 복합 지질, 유도 지질의 셋으로 나눔.
- **전사(轉寫)**: DNA의 유전 정보가 일단 전령 RNA에 옮겨지는 과정. 유전 정보의 복사물인 전령 RNA가 단백질을 합성함.
- **변이(變異)**: 같은 종에서 성별, 나이와 관계없이 모양과 성질이 다른 개체가 존재하는 현상. 외부 요인의 작용에 의한 환경 변이, 유전자의 변화에 의한 돌연변이가 있음.
- **노화(老化)**: 질병이나 사고에 의한 것이 아니라 시간의 흐름에 따라 생체 구조와 기능이 쇠퇴하는 현상.

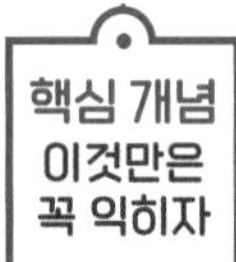

암세포의 증식

암세포도 세포의 한 종류이기 때문에 G_1기 → S기 → G_2기 → M기의 과정을 반복하여 새로운 돌연변이 세포를 만든다. 암세포는 세포 주기의 확인 지점에서 제대로 점검되지 않고 세포 주기가 정지되지 않는다. 이는 암세포가 확인 지점에서의 사이클린-CDK 복합체가 활성화된 상태로 유지되게 하는 돌연변이 세포이기 때문이다. 또한 암세포는 수용체에 돌연변이가 나타나서 성장 인자와의 결합 없이도 세포 주기를 시작하라는 신호를 계속 전달하여 세포 주기가 일어날 수 있게 만든다.

사이클린-CDK 복합체

- **사이클린**: 농도가 주기적으로 오르내리는 단백질로, 일정 농도 이상이 되면 사이클린 의존성 인산화 효소와 결합하여 사이클린 의존성 인산화 효소를 활성화한다.
- **사이클린 의존성 인산화 효소**: CDK라고 한다. 사이클린과 결합해야만 활성화되기 때문에 '사이클린 의존성'이 앞에 붙는 것이다.
- **사이클린-CDK 복합체**: 일정 농도 이상이 된 사이클린이 CDK와 결합하여 만들어진 복합체로, 사이클린이 결합하여 CDK가 활성화되는 것은 바로 사이클린-CDK의 복합체가 활성화된 것이다. 사이클린-CDK 복합체는 CDK 활성화를 억제하는 특정 단백질에 의해 사이클린-CDK 복합체의 활성이 억제될 수 있으며, CDK에 결합된 사이클린이 분해되면서 사이클린의 농도가 떨어짐으로써 사이클린이 CDK와 분리되어 사이클린-CDK 복합체가 활성화되지 않게 되기도 한다.

■ **세포 자살**

세포 자살을 '아포토시스(apoptosis)'라고 한다. 아포토시스는 세포가 스스로 죽기로 결정하고 생체 에너지인 ATP를 적극적으로 소모하면서 죽음에 이르는 과정을 말한다. 아포토시스가 일어나는 세포는 쪼그라들고, 세포 내의 DNA는 규칙적으로 절단된다. 그다음 쪼그라들어 단편화된 세포 조각들을 주변의 식세포가 시체 처리하듯 잡아먹는 것으로 과정이 종료된다. 인체 내에서 아포토시스가 일어나는 경우 중 하나는 세포가 심각하게 훼손되어 암세포로 변할 가능성이 있을 때이다. 이때 세포는 전체 개체를 보호하기 위해 죽음을 선택한다. 즉 방사선, 화학 약품, 바이러스 감염 등으로 유전자 변형이 일어나면 세포는 이를 감지하고 자신이 암세포로 변해 전체 개체에 피해를 입히기 전에 스스로 죽음을 결정한다.

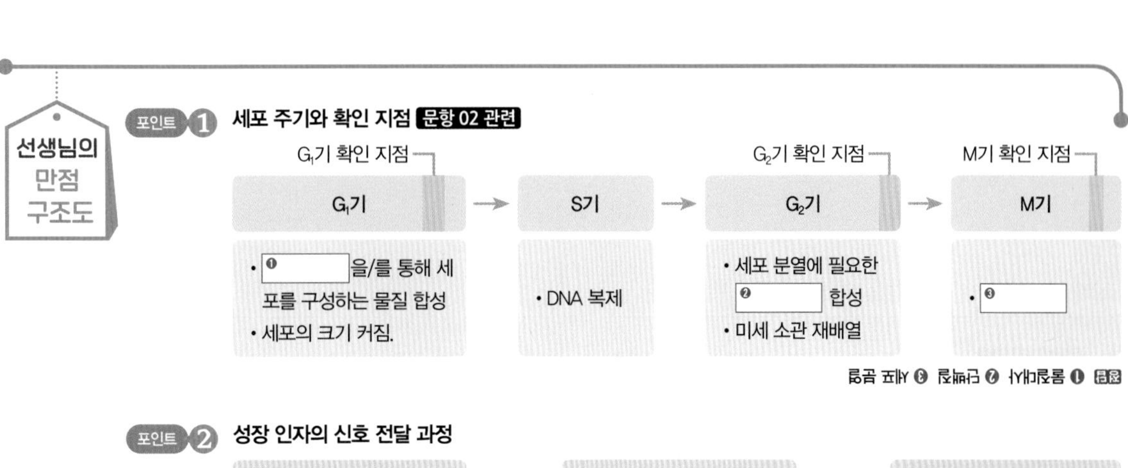

암 치료에 사용되는 항암제

암 치료에 사용되는 항암제는 세포 독성 항암제와 표적 항암제로 나뉜다. 파클리탁셀과 같은 세포 독성 항암제는 세포 분열을 방해하여 세포가 증식하지 못하고 사멸에 이르게 한다. 그러므로 세포 독성 항암제는 암세포뿐 아니라 정상 세포 중 빈번하게 세포 분열하는 종류의 세포도 손상시킨다. 이러한 세포 독성 항암제의 부작용은 이 약제의 사용을 꺼리게 하는 주된 이유이다. 반면에 표적 항암제는 암세포에 선택적으로 작용하도록 고안된 것이다.

암세포에서는 변형된 유전자가 만들어 낸 비정상적인 단백질이 세포 분열을 위한 신호 전달 과정을 왜곡하여 과다한 세포 증식을 일으킨다. 암세포가 종양으로 자라려면 종양 속으로 연결되는 새로운 혈관의 생성이 필수적이다. 표적 항암제는 암세포가 증식하고 종양이 자라는 과정에서 어느 단계에 개입하느냐에 따라 신호 전달 억제제와 신생 혈관 억제제로 나뉜다.

신호 전달 억제제는 암세포의 증식을 유도하는 신호 전달 과정 중 특정 단계의 진행을 방해한다. 신호 전달 경로는 암의 종류에 따라 다르므로 신호 전달 억제제는 특정한 암에만 치료 효과를 나타낸다. 만성 골수성 백혈병(CML)의 치료제인 이마티닙이 그 예이다. 만성 골수성 백혈병은 골수의 조혈 모세포가 혈구로 분화하는 과정에서 발생하는 혈액암이다. 만성 골수성 백혈병 환자의 95% 정도는 조혈 모세포의 염색체에서 돌연변이 유전자가 형성되어 변형된 형태의 효소인 Bcr-Abl 단백질을 만들어 낸다. 이 효소는 암세포 증식을 유도하는 신호 전달 경로를 활성화하여 암세포를 증식시킨다. 이러한 원리에 착안하여 Bcr-Abl 단백질에 달라붙어 그것의 작용을 방해하는 이마티닙이 개발되었다.

신생 혈관 억제제는 암세포가 새로운 혈관을 생성하는 것을 방해한다. 암세포가 증식하여 종양이 되고 그 종양이 자라려면 산소와 영양분이 계속 공급되어야 한다. 종양이 계속 자라려면 종양에 인접한 정상 조직과 종양이 혈관으로 연결되고, 종양 속으로 혈관이 뻗어 들어와야 한다. 대부분의 암세포들은 혈관 내피 성장 인자(VEGF)를 분비하여 암세포 주변의 조직에서 혈관 내피 세포를 증식시킴으로써 새로운 혈관을 형성한다. 이러한 원리에 착안하여 종양의 혈관 생성을 저지할 수 있는 약제인 베바시주맙이 개발되었다. 이 약제는 인공적인 항체로서 혈관 내피 성장 인자를 항원으로 인식하여 결합함으로써 혈관 생성을 방해한다. 베바시주맙은 대장암의 치료제로 개발되었지만 다른 여러 종류의 암에도 효과가 있다.

독해 포인트 이 글은 암 치료에 사용되는 항암제의 종류와 특징에 대해 설명하고 있다. 항암제 중 세포 독성 항암제는 세포 분열을 방해하여 세포를 사멸하게 하는 역할을 하지만 암세포뿐만 아니라 정상 세포의 분열까지 방해하는 부작용이 있다. 반면 표적 항암제는 암세포에 선택적으로 작용하는 장점이 있다. 표적 항암제는 신호 전달 억제제와 신생 혈관 억제제로 나눌 수 있다. 일반적으로 암세포는 암세포 증식 단계와 종양으로 자라나는 과정을 거치는데, 신호 전달 억제제는 암세포 증식 단계에, 신생 혈관 억제제는 암세포가 증식하여 종양으로 자라나는 과정에 작용한다. 암세포에서 변형된 유전자가 만들어 낸 비정상적인 단백질이 과다한 세포 증식을 일으킬 수 있고, 이러한 암세포 증식을 유도하는 신호 전달 경로가 존재하는데, 신호 전달 억제제는 그 전달 경로의 작용을 방해하는 역할을 한다. 다만 암의 종류에 따라 신호 전달 경로가 각기 다르기 때문에 신호 전달 억제제는 특정한 암에만 치료 효과를 나타낸다. 암세포가 종양이 되고, 그 종양이 자라기 위해서는 산소와 영양분이 공급되어야 하는데 신생 혈관 억제제는 그 공급의 통로인 혈관의 생성을 저지하는 역할을 한다. 신생 혈관 억제제는 여러 종류의 암 치료에 효과가 있을 수 있다.

주제 암 치료에 사용되는 항암제의 종류와 특징

06강 골딩햄의 음속 측정

과학 · 기술

EBS 수능특강 독서 192쪽

독해 포인트 골딩햄 이전에는 온도, 습도, 기압, 풍향 등의 대기 조건이 음속에 미치는 영향에 대한 고려 없이 음속 측정을 하거나 그런 요인의 영향에 대한 잘못된 추측이 있었다. 뉴턴의 이론적 음속 추정을 확정하기 위하여 다양한 기상학적 요인을 고려하는 음속 측정의 필요성에 따라 1820년대에 이루어진 골딩햄의 음속 측정은 음속에 영향을 미치는 기상학적 요인들을 면밀하게 고려하여 이루어졌다. 골딩햄은 두 가지 경로에서 오랜 기간에 걸쳐 다양한 대기 조건에서 800회 이상의 측정을 시행하여 음속에 영향을 미치는 다양한 요인의 효과를 확인할 수 있었다.

주 제 다양한 대기 조건이 음속에 미치는 영향을 고려한 골딩햄의 음속 측정

1635년에 가상디는 빛의 속력이 무한대라는 가정하에 멀리에서 쏜 대포의 불빛과 소리가 도달하는 시간의 차
빛은 어떤 거리든 순간적으로 전달되어 이동 시간이 0이라는 가정
이를 잼으로써 음속을 측정하고자 했다. 그는 대포에서 관측자까지의 거리를 대포의 불빛을 본 후에 대포 소리
등속 운동의 경우에 (속력)=(이동 거리)÷(경과 시간)
가 들리기까지 경과한 시간으로 나눔으로써 음속을 계산했던 것이다. 그가 측정 결과로부터 얻은 값, 즉 음속의 측정값은 478.4m/s로 오늘날 알려진 실젯값보다 상당히 컸다. 이후 메르센은 448.2m/s, 보렐리와 비비아니는
15℃에서 340m/s
349.8m/s 등 실젯값에 더 가까운 측정값을 내놓았지만 여전히 오차는 컸다. 1738년에 파리 과학 아카데미는 0℃로 환산*했을 때 332m/s로 실젯값에 매우 근사한* 값을 얻었다. 이때까지 음속 측정은 온도, 습도, 기압, 바
0℃에서 331.5m/s
람의 방향이 음속에 미치는 효과를 엄밀하게 고려하지 않았다. ▶ 골딩햄 이전의 음속 측정
온도, 습도, 기압, 순방향 바람은 모두 음속을 높임.

18세기 초부터 연구자들은 음속에 영향을 미치는 여러 요인을 고려하기 시작했는데 때로는 관련이 없는 요인
비와 안개
들이 관련이 있는 것으로 판단되기도 했다. 1708년에 영국인 더햄은 순풍*이 음속을 빠르게 하고 역풍*이 음속을 늦춘다고 제대로 판단했지만 비와 안개가 음속을 늦춘다는 잘못된 판단을 했다. 또한 그는 측정도 해 보지 않고 더운 여름이나 추운 겨울에 음속이 같다는 잘못된 판단을 내렸고, 이런 생각은 1740년에 볼로냐의 의학 교수인 비안코니에 의해 기온이 상승하면 음속이 빨라진다는 제대로 된 생각으로 대체되었다.
▶ 음속에 영향을 미치는 요인들의 추정

18세기 초에 뉴턴은 음속을 이론적으로 추정*하였으나 그 값은 당시 받아들여지던 측정값과 상당한 차이가 있
뉴턴의 이론적 추정값은 298m/s
었고, 이후 연구자들은 그 차이를 해명하기 위해서 다양한 대기 조건에서 음속의 측정값을 구할 필요가 있었다. 인도에 파견된 영국의 천문학자인 골딩햄은 1820년부터 이듬해까지 음속을 측정하였고 측정할 때마다 날씨와 대기 상태를 꼼꼼히 기록하였다. 그렇게 오랜 기간 동안 다양한 조건에서 음속을 측정한 사례는 이전에 없었다.
기온, 습도, 기압, 풍향
골딩햄의 음속 측정은 다양한 대기 조건이 음속에 미치는 영향을 측정하기 위하여 당시 기준으로는 거액의 연구비와 많은 인력이 투입되어 장기간 수행*된 거대과학* 프로젝트였다. 그는 다양한 대기 조건에서 음속을 측정하
거의 1년간 800회 이상의 대포 발사를 하여 소리의 이동 시간을 측정하는 데 많은 비용, 인력, 시간이 소요됨.
고자 하였지만 마음대로 대기 조건을 조절할 수는 없었는데, 이러한 문제를 해결하기 위하여 대기 상태가 자연
인도 마드라스에서는 계절에 따른 기온, 습도, 풍향의 변화가 두드러짐.
적으로 바뀌는 것을 이용했다. 즉 다양한 대기 샘플*을 얻기 위하여 골딩햄은 사계절에 걸쳐서 날마다 달라지는 대기 조건에서 측정을 수행하였다. 또한 그는 음속에 미치는 풍향의 효과를 검증하기 위하여 두 가지 다른 소리 전달 경로를 확보하였다. 하나는 세인트토머스 산에서 마드라스 천문대까지의 경로였고, 다른 하나는 세인트조지 요새에서 마드라스 천문대까지의 경로였다. 두 음원*은 관측점*을 사이에 두고 거의 반대 방향으로 떨어져 있었으나 일직선상에 있지 않았고 전자의 음원은 후자의 음원에 비하여 거의 두 배의 거리에 있었다. 이러한 신
전자는 9.0km, 후자는 4.2km 떨어져 있었음.

중한 경로 선정은 경로에 따라 음속에 대한 풍향의 효과를 차별화*할 수 있게 해 주었다.
한쪽 경로에서 순풍이면 다른 쪽 경로에서 역풍일 수 있음.
▶ 골딩햄의 음속 측정을 위한 설계

음속을 정확하게 측정하기 위한 선행* 작업은 빛과 소리의 전달 시간에 차이를 가져올 정도로 충분히 멀리 떨어진 음원과 관측점 사이의 거리를 정확하게 측정하는 것이었다. 당시 영국은 광범위한 삼각 측량*을 수행하였
[속력=거리÷시간]에서 거리를 구하는 단계
는데 그 일환*으로 인도에서도 램브턴 대령에 의해 인도 삼각 측량 대사업이 수행되었다. 골딩햄은 램브턴의 측정값을 그대로 받아들이지 않고 자신이 직접 음원과 관측점 사이의 거리를 측정하여 램브턴의 측정값과 비교하
세인트조지 요새에서 마드라스 천문대까지
였다. 먼 거리는 12회, 가까운 거리는 6회 측정하여 각각 29,547피트(9,006.0미터)와 13,932피트(4,246.5미터)
세인트토머스 산에서 마드라스 천문대까지
로 확정*하였다. 거리 측정을 기반으로 1년 반의 기간 동안 골딩햄은 두 거리에 걸쳐서 800차례 이상 대포 소리의 이동 시간을 측정하였다. 매일 정해진 시각에 대포를 쏘고 골딩햄의 두 조수가 당시로서는 가장 정밀한 시계
이 연구가 비용이 많이 들어가는 거대과학 프로젝트인 이유
인 아놀드 크로노미터로 시간을 쟀다. 두 조수는 발사되는 대포의 불빛을 본 순간부터 대포 소리가 들릴 때까지의 시간을 쟀다. 조수들은 서로 의논하지 않고 측정 결과를 그대로 골딩햄에게 보고했고 골딩햄은 측정 기록과
데이터 조작이 일어나지 않게 하려는 조치
함께 기압, 기온, 습도, 풍향, 날씨를 함께 적었다. 골딩햄은 음속이 소리의 세기에 의해 달라지는지를 알아보기 위하여 대포를 쏘는 화약의 양을 다르게 하여 측정을 수행한 결과, 소리의 세기는 음속에 영향을 미치지 않는다
대포를 쏘는 화약이 많으면 소리의 세기가 커짐.
는 것을 확인했다.
▶ 골딩햄의 음속 측정의 과정

골딩햄은 둘 중 더 먼 거리의 음원에서 관측점까지 소리가 도달하는 데 걸리는 시간이 대기 조건에 따라 최소
세인트토머스 산에서 마드라스 천문대까지 9km
음속=거리÷시간=9000÷24.8=363m/s
24.8초에서 최대 27.6초까지 3초 가까이 차이가 난다고 보고했다. 기록을 분석하여 골딩햄은 기온이 화씨 1도
음속=거리÷시간=9000÷27.6=326m/s
(섭씨 0.56도)만큼 올라갈 때마다 공기 중 음속이 0.36m/s씩 빨라진다고 제시하였고, 습도와 대기압이 높아질수록 음속이 올라가는 비율 또한 정밀하게 제시하였다. 골딩햄은 풍향이 소리 방향과 일치할 때가 반대 방향일 때보다 음속은 6m/s만큼이나 빨라진다는 것을 제시하였다. 이로써 골딩햄은 음속에 영향을 미칠 수 있는 여러 가지 기상학적 요인*을 확정하여 이후 관련된 실험들이 관련 인자들을 고려할 수 있도록 하였다.
▶ 골딩햄의 음속 측정의 결과

어휘!
이것만은
꼭 익히자

- **환산(換算)**: 어떤 단위나 척도로 된 것을 다른 단위나 척도로 고쳐서 헤아림.
- **근사(近似)하다**: 거의 같다.
- **순풍(順風)**: 사물의 진행 방향과 같은 방향으로 부는 바람.
- **역풍(逆風)**: 사물의 진행 방향의 반대 방향으로 부는 바람.
- **추정(推定)**: 미루어 생각하여 판정함.
- **수행(遂行)**: 생각하거나 계획한 대로 일을 해냄.
- **거대과학(巨大科學)**: 많은 인원과 조직, 예산이 들어가는 대규모의 연구. 원자력, 우주 개발 따위가 여기에 속함.
- **샘플(sample)**: 전체 물건의 품질이나 상태 따위를 알아볼 수 있도록 그 일부를 뽑아 놓거나, 미리 선보이는 물건.
- **음원(音源)**: 소리가 나오는 근원. 또는 그 근원이 될 수 있는 것.
- **관측점(觀測點)**: 관측이 이루어지는 지점.
- **차별화(差別化)**: 둘 이상의 대상을 각각 등급이나 수준 따위의 차이를 두어 구별된 상태가 되게 함.
- **선행(先行)**: 다른 일에 앞서 행함. 또는 그런 행위.
- **삼각 측량(三角測量)**: 삼각형의 한 변의 길이와 두 개의 끼인각을 알면 그 삼각형의 나머지 두 변의 길이를 알 수 있다는 원리를 이용하여 지형을 측량하는 방법. 정밀하게 길이를 잰 기선(基線)과 그 밖에 몇 개의 기준점을 설정하고 그것들을 이어 많은 삼각형의 그물을 만든 후, 삼각법에 의하여 계산함.
- **일환(一環)**: 서로 밀접한 관계로 연결되어 있는 여러 것 가운데 한 부분.
- **확정(確定)**: 일을 확실하게 정함.
- **요인(要因)**: 사물이나 사건이 성립되는 까닭. 또는 조건이 되는 요소.

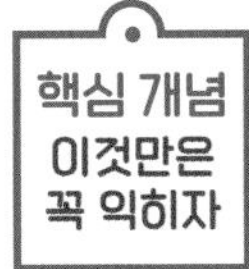

음속에 영향을 미칠 수 있는 요인들

초기 음속 측정은 음속에 영향을 미칠 수 있는 요인들에 대한 심각한 고려 없이 이루어졌다. 18세기 초에 더햄은 음속에 영향을 미칠 수 있는 요인으로서 비와 안개와 같은 날씨 인자가 음속을 늦추며, 바람은 방향에 따라 음속에 영향을 미치지만 기온은 영향을 미치지 않는다는 판단을 내렸다. 음속에 대한 뉴턴의 이론적 추정값이 당시 받아들여지던 측정값과 상당한 차이가 있다는 문제를 해결하기 위하여 음속에 영향을 미치는 요인에 대한 철저한 연구가 요청되었고 이에 따라 골딩햄은 1년 반의 기간 동안 다른 대기 조건을 기록하면서 800여 차례의 음속 측정을 수행하였다. 이에 따라 풍향이 음속에 미치는 영향(순풍은 가속, 역풍은 감속)이 측정되었고 기온과 기압이 높아짐에 따라 음속이 빨라지는 비율이 확정되었고 비와 안개는 음속에 영향을 미치지 않는다는 것이 확인되었다.

음속 측정에서 두 가지 소리 경로를 선정한 효과

골딩햄은 매일 바뀌는 풍향이 음속에 미치는 영향을 조사하기 위하여 일직선상에 있지 않은 2가지 소리 경로를 선정하였다. 이를 통해 골딩햄은 풍향이 음속에 미치는 영향을 확인할 수 있었다. 두 음원인 세인트토머스 산과 세이트조지 요새에서 정해진 시간에 대포로 불빛과 소리를 발생시키고 관측점인 마드라스 천문대에서 불빛과 소리의 도달 시점 사이의 시간 간격을 재었다. 앞의 경로는 뒤의 경로의 2배 이상이고, 소리의 이동 방향은 거의 반대 방향인데 일직선상에 있지는 않았다. 계절풍이 부는 상태에서 두 경로상의 날씨, 습도, 기온, 기압, 풍향은 동일하다고 볼 수 있으나 소리의 방향이 다르기 때문에 소리의 진행에 대한 바람의 상대적 방향은 달라져 한쪽이 순풍이면 다른 쪽은 역풍이 된다. 이에 따라 풍향이 소리 진행 속도에 미치는 영향을 비교할 수 있었다.

■ 인간의 반응 시간의 개입을 줄임으로써 정밀성을 향상시킨 르뇨의 음속 측정법

르뇨는 19세기 후반에 도선에서 전류가 흐르는 속력이 음속에 비해 엄청나게 빠르다는 사실을 이용해서 인간의 개입을 관측에서 배제할 방법을 고안했다. 그동안의 음속 측정은 시간 간격의 측정 과정에 인간의 지각과 반응 시간까지 포함시켜 측정의 정밀성을 떨어뜨리고 있었다. 골딩햄의 음속 측정에서도 조수들은 대포의 불빛을 보면 즉시 시계를 보았고 대포의 소리가 들릴 때 시계를 보았다. 그리고 두 번의 측정된 시간의 차이를 보고하였다. 여기에서는 빛이나 소리를 지각하고 반응하여 시계로 시간을 읽는 데 걸리는 시간은 개인차가 있고 매번 다를 수 있다는 것이 고려되지 않은 것이다. 르뇨는 이런 요인을 제거할 장치를 고안하였다. 〈그림〉과 같이 직류가 흐르는 회로에는 전자석 M이 있어 그것이 잡아당긴 철필 S가 일정한 속도로 회전하는 원통 D 위에 일정한 선을 남긴다. 음원인 권총이 W에서 발사되면서 회로를 끊어 놓으면 즉시 전자석 M은 철필 S를 놓아 그 흔적을 회전하는 원통에 남긴다. 곧이어 총소리가 박판 R에 도착하게 되면 박판이 진동하면서 순간적으로 회로가 연결되고 전자석 M이 철필 S를 잡아당겨 그 흔적을 다시 원통 위에 남기게 된다. 그러면 원통 위에 남은 표시들의 간격을 통해서 W에서 R까지 소리가 전달되는 데 걸린 시간을 잴 수 있고 W와 R 사이의 거리를 재면 음속을 계산할 수 있다.

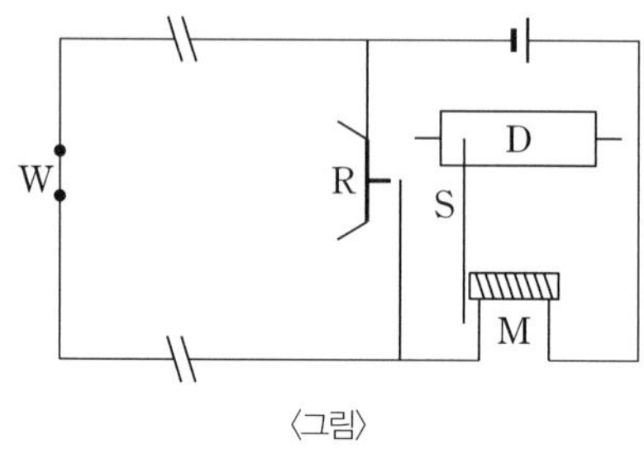

〈그림〉

선생님의 만점 구조도

포인트 1 음속 측정의 진보 문항 02 관련

대기 조건을 고려하지 않은 측정	• 가상디: 빛의 속력을 ❶ [ ] 로 가정 후 측정함. • 메르센, 비비아니와 보렐리, 파리 과학 아카데미: 측정값이 실젯값에 가까워짐.
대기 조건과 음속에 대한 고찰	• 더햄: 안개, 비는 감속, 계절 무관, 순풍은 가속, 역풍은 감속 • 비안코니: ❷ [ ] 이/가 올라가면 가속
❸ [ ] 의 이론적 음속 추정	이론과 실측의 차이를 해소하기 위한 측정 요청 → 대기 조건을 고려해야 할 필요성이 대두함.
❹ [ ] 을/를 고려한 음속 측정	• 골딩햄의 측정 계획: 먼 거리, 강한 음원, 다양한 대기 조건 등을 확보함. • 골딩햄의 측정 실행: 2가지 경로에서 계절을 바꿔 가며 800차례 이상 측정을 실행함.

정답 ❶ 무한대 ❷ 기온 ❸ 뉴턴 ❹ 대기 조건

포인트 2 두 경로 설계를 통한 풍향의 차별화 문항 04 관련

경로		
	제1 경로	• 출발점: 세인트토머스 산 • 거리: 9.0킬로미터 • 도착점: ❶ [ ]
	제2 경로	• 출발점: ❷ [ ] • 거리: ❸ [ ] 킬로미터 • 도착점: 마드라스 천문대

정답 ❶ 마드라스 천문대 ❷ 세인트조지 요새 ❸ 4.2

지자기 연구와 퍼텐셜 이론

과학 · 기술

EBS 수능특강 **독서 196쪽**

독해 포인트 19세기 독일에서 지자기 연구는 실용적인 목적에서 시작되었다. 초기에는 천문대에서 시작된 지자기 관측이 훔볼트에 의해 자기 관측소가 설립되고 네트워크로 연결되면서 자기 연맹이 만들어졌다. 훔볼트의 영향을 받아 지자기 관측을 시작한 가우스는 관측의 정밀도를 높이기 위하여 새로운 자기계를 만들었다. 가우스는 자기 요소를 적분하는 방식으로 퍼텐셜 이론을 수립함으로써 관측과 이론을 연결할 수 있었고, 그의 수학적 방법은 이후 물리학에서 유용하게 활용되었다.

주 제 19세기 독일의 지자기 연구의 전개 과정

13세기 이후 서양의 항해술에서 나침반은 배의 위치와 방향을 파악하는 데 중요한 역할을 했다. 그러나 때로는 지구 자기장의 지역적 분포와 시간에 따른 변화에 대한 정확한 정보가 부족하여 해상에서 나침반으로 배의 위치를 제대로 파악하지 못하였고, 그 결과 배가 연안* 해역에서 좌초*하는 일이 종종 발생하였다. 이에 19세기 초 독일에서 지자기*, 즉 지구 자기장의 연구는 실용적인 이유로 국가의 지원을 받았는데, 이러한 실용적 연구가 물리학 전체에 도움을 줄 수 있는 수학적 발전을 유발할 것은 예측하지 못한 일이었다. 오랫동안 천문학은 그 실용적 가치를 인정받아 국가의 지원을 받아 왔기 때문에 천문학과 밀접한 관련성을 갖는다고 여겨진 지자기 연구도 쉽게 국가의 지원을 받아 낼 수 있었다. 당시 독일은 여러 군소* 국가로 나뉘어 있었는데 지도 제작과 같은 실용적인 목적으로 각 국가는 천문대를 세웠고, 그 천문대들은 천문 시계, 망원경, 그리고 고도와 방위각을 정확하게 측정하는 장치인 경위의* 등 관측 장비들을 갖추고 있었다. 이 연구는 여기에 자기계*만 추가하면 가능했기에 지자기 연구는 천문대에 소속된 천문학자들에게 맡겨졌다. 당시 지자기 연구에서 가장 중요한 요소는 정밀한 관측이었는데 천문학자들은 이미 정밀 관측에 익숙했다.

(주석: 10세기 중국에서 발명된 나침반은 13세기가 되어서야 유럽에 전해짐. / 국제 무역을 선박에 의지하던 시대에 해사 사고는 큰 문제였음. / 해사 사고 방지를 위한 지자기 연구 / 가우스의 퍼텐셜 이론의 의의 / 달력 제작과 지도 제작 등 / 항해용 지도는 지자기 정보까지 포함할 필요가 있었음. / 천체의 위치를 정확하게 재는 것은 위도와 경도를 아는 데 필수적인 도구 / 자기력의 3요소인 세기, 복각, 편각을 재기 위해 필요했음. / 초기에 자기계는 다른 천문 관측 장비에 비해 정밀성이 크게 떨어짐.)

▶ 19세기 초 독일의 지자기 연구

19세기 독일에서 지자기 관측은 독일의 지리학자인 훔볼트에 의해 크게 진작되었다. 1828년에 선구적으로 지자기 관측소를 설립한 후 훔볼트는 뒤이어 설립된 여러 지자기 관측소에서 정해진 시간에 동시에 지자기를 관측하여 정보를 공유하는 네트워크를 세계 최초로 조직하였고, 그것은 자기 연맹*이라고 불렸다. 훔볼트의 요청으로 영국과 전 세계에 분포해 있는 영국의 식민지에 자기 관측소를 설치함으로써 자기 연맹은 확장되었다.

(주석: 전 세계의 기후 분포, 암석 분포, 식생 분포 등을 직접 답사 연구함. / 천문대에서 독립하여 단독 목적의 지자기 관측소를 설립했다는 의미임. / 실시간으로 변하는 지자기의 지역적 분포를 동시적으로 파악할 필요가 있었음. / 인도, 호주, 캐나다 등 전 세계에 영국의 지자기 관측소 네트워크가 추가됨.)

▶ 훔볼트의 지자기 연구와 자기 연맹의 설립

독일의 수학자이자 과학자인 가우스는 훔볼트에게 자극을 받아 1831년에 지자기 연구를 시작했다. 그는 실측* 천문학자로서 천문학에서 확보한 정밀도를 지자기 관측에서도 실현하고자 했다. 가우스는 그동안 이루어진 지자기 관측이 모호하고 무의미한 이론에 토대를 두고 있는 현실과, 당시 지자기 연구에 사용되는 자기계가 천문학이나 측지학*에서 사용하는 측정 기구의 정밀도에는 크게 미치지 못하는 현실을 지적하였다. 가우스는 자기계를 사용하여 정밀한 관측값을 내기 위해서 새로운 방법을 강구했다. 즉 실험실에서 사람이 일으키는 기류에 의해 자기계에 매달린 막대자석이 계속 흔들리면서 측정의 정밀도를 떨어뜨리는 것을 방지하기 위해 막대자석의 중간을 하나의 줄이 아니라 두 개의 줄에 매달아 기류에 의한 교란*을 줄이는 방식을 고안하였다. 이후 가우스는 그가 근무하고 있는 괴팅겐 대학에 젊은 교수인 베버가 물리학 교수로 부임하면서 지자기 실험을 시작하자 베버와 협력하여 지자기 연구를 수행하였다.

(주석: 과학자이기에 자기계를 개선할 수 있었고, 수학자이기에 퍼텐셜 개념을 창안할 수 있었음. 자속 밀도의 단위 가우스(G)는 그의 이름을 딴 것임. / 한 가닥 자기계를 개선하여 두 가닥 자기계를 고안함. / 한 가닥 자기계는 두 가닥 자기계보다 더 오래 흔들린 후에 멈춤. / 가우스도 괴팅겐 대학에서 근무함. / 자기선속의 단위 Wb(웨버)는 베버(Weber)의 이름을 딴 것임.)

▶ 가우스의 지자기 관측

가우스는 지구 자기장이 계속해서 바뀌는 원인을, 지구 내부에 존재하는 거대한 한 쌍의 자석이 움직이면서 생기는 것이 아니라 지구 안에서 극성*이 있는 철 입자들이 유체*를 이루어 움직이기 때문이라고 보았고, 그것을 자기 유체라고 불렀다. 하지만 그는 지자기의 본성을 거대한 자석에서 비롯되는 것으로 보든 지구 내부를 흐르는 자기 유체에서 비롯되는 것으로 보든 지자기 관측과 실험에 의해 확인된 것만을 받아들이고자 했다. 가우스는 1832년에 지자기 관측과 실험을 통해 두 가지 가정을 수립했다. 하나는 지자기력이 지구의 자화된 부분 전체의 작용이라는 것이고, 다른 하나는 자기력의 실체인 자기 유체는 역제곱 힘의 법칙에 따라 자기력을 일으킨다는 것이다. 이 두 가정에 근거하여 가우스는 자기 퍼텐셜*의 성분을 어떤 지점에서 자기 요소*까지 떨어진 거리에 반비례하고 자기 요소를 채우는 자기 유체의 자기량에 비례하는 양으로 정의하고 지구 전체의 자기량을 작게 나눈 자기 요소 하나하나에 해당하는 자기 퍼텐셜의 성분을 더하면 지구 전체의 자기 퍼텐셜을 구할 수 있다고 보았다. 1839년에 그는 이렇게 구한 자기 퍼텐셜에서 지구 표면의 수평 방향의 자기력과 수직 방향의 자기력을 수식으로 표현하였고, 그 수식을 적용하여 지자기 관측소가 있는 지구상 수십 곳의 지자깃값을 계산하여 그것이 관측값과 일치함을 보였다. 가장 극적인 사건은 1841년에 미국에서 파견되어 지구 관측을 수행하던 윌크스가 가우스가 예측한 위치에서 남자극*을 발견한 것이었다.

N극과 S극을 모두 가졌기에 자기 쌍극자라고 부름.

자기 유체 역학 가설은 지금도 유효

자성 물질 하나가 일으키는 자기 퍼텐셜 성분을 모두 더해 지구 전체의 자기 퍼텐셜을 구하는 근거

역제곱의 힘은 거리의 제곱에 반비례하는 힘.

자기 퍼텐셜 성분 $dV=dm/r$

자기 퍼텐셜은 자기 퍼텐셜 성분의 지구 전체에 대한 적분으로 구함.

남자극은 수직 자기력이 가장 큰 곳 중 하나

▶ 가우스의 지자기 이론

가우스가 지자기에서 발전시킨 수학적 방법은 물리학 전체에서 활용할 수 있었다. 가우스가 지구를 자기 요소로 나누고 각 자기 요소의 힘을 상정하여 지구 전체의 자기력을 구한 것처럼 물리학자들은 다른 힘을 설명하기 위하여 물체를 부피 요소로 나누고 각각의 부피 요소가 발휘하는 힘을 상정한 후 그 힘을 물체 전체에 대하여 더하는 방식을 적용하였다. 그의 퍼텐셜 이론은 중력, 전기력, 자기력이 보여 주는 독특함에도 불구하고 이 힘들이 모두 거리의 제곱에 반비례한다는 역제곱의 법칙에 따른다는 이유에서 유사하게 퍼텐셜을 사용하여 설명할 수 있었다. 가우스의 퍼텐셜 이론은 일반성을 특징으로 하는 수학적 방법을 제시한 점에서 인상적이었다. 한 영역에서 추론된 함수를 연구함으로써 물리학자들은 몇몇 유사한 영역의 현상들 이면*의 수학적 구조를 손쉽게 알아낼 수 있었다. 가우스의 퍼텐셜 이론이 나온 직후에 헬름홀츠가 에너지 보존 법칙을 수립하자 퍼텐셜은 다양한 물리 현상을 설명하기 위하여 물리 법칙을 전개하는 데 훨씬 더 긴요한* 도구가 되었다.

퍼텐셜 이론

거리의 제곱에 반비례하는 힘인 중력, 전기력도 퍼텐셜을 구할 수 있음.

자연계에 존재하는 수학적 질서로서 퍼텐셜 개념을 발견함.

퍼텐셜과 연관된 퍼텐셜 에너지라는 개념은 역학적 에너지의 보존을 설명하는 핵심 개념이 됨.

▶ 가우스의 퍼텐셜 이론의 영향력

어휘!
이것만은
꼭 익히자

- **연안(沿岸)**: 강이나 호수, 바다를 따라 잇닿아 있는 육지.
- **좌초(坐礁)**: 배가 암초에 얹힘.
- **지자기(地磁氣)**: 지구가 고유하게 가지고 있는 자기장 및 그로부터 발생하는 유도 자기장 전체를 일컫는 말.
- **군소(群小)**: 규모가 그다지 크지 않거나 잘 드러나지 않는 여러 개를 이르는 말.
- **경위의(經緯儀)**: 천체나 물체의 방위각과 고도를 재는 기계.
- **자기계(磁氣計)**: 자기장의 세기와 방향을 재는 계기. 복각계 모양과 작은 자침을 용융 석영사에 달고 여기에 작은 거울을 붙여서 자침의 회전각을 측정하도록 한 자기 저울형 따위가 있음.
- **연맹(聯盟)**: 공동의 목적을 가진 단체나 국가가 서로 돕고 행동을 함께할 것을 약속함. 또는 그런 조직체.
- **실측(實測)**: 실지로 측량함.
- **측지학(測地學)**: 지구의 모양이나 크기, 지구 위의 임의의 지점의 위치를 구하는 방법을 연구하는 학문. 지구 물리학의 한 분야로 지진학, 지질학과 관계가 깊음.
- **교란(攪亂)**: 마음이나 상황 따위를 뒤흔들어서 어지럽고 혼란하게 함.
- **극성(極性)**: 전극의 양극과 음극, 자석의 남극과 북극이 가지고 있는 서로 다른 성질.
- **유체(流體)**: 기체와 액체를 아울러 이르는 말.
- **퍼텐셜(potential)**: 벡터장에서 벡터의 공간 분포를 이끌어 내기 위한 함수. 물질 입자의 위치만으로 결정되고 기준점은 임의로 정해질 수 있음.
- **요소(要素)**: 그 이상 더 간단하게 나눌 수 없는 성분.
- **남자극(南磁極)**: 지구 자기의 축이 지구 표면과 만나는 남반구의 지점. 자침이 가리키는 남쪽 끝을 이르며 남반구에서 지구 자기의 복각(伏角)이 90도로 되는 점.
- **이면(裏面)**: 겉으로 나타나지 않거나 눈에 보이지 않는 부분.
- **긴요(緊要)하다**: 꼭 필요하고 중요하다.

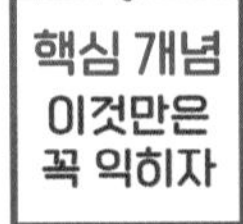

지자기 연구의 동기와 전개 양상

13세기 이후 나침반은 항해술의 핵심 기술이 되었지만 지구 자기장의 공간적 및 시간적 변이에 대한 정보 부족으로 연안 해역 좌초 사고가 빈번하게 발생하자 지자기 연구의 필요성이 대두되었다. 19세기 초에 독일 군소 국가들의 천문학자들이 천문대에 자기계를 들여놓고 지자기 관측을 시작했는데, 지리학자 홈볼트는 지자기 관측소를 설치하여 지자기 연구를 크게 진작시켰다. 훔볼트는 지자기 관측 네트워크인 자기 연맹 결성에도 크게 기여했다. 가우스는 1830년대 자기 연구를 시작하면서 측정의 표준이 미비함을 비판하고 모호한 이론에서 벗어나 측정의 정밀성을 높일 것을 강조했다. 그는 한 가닥 자기계를 개선하여 두 가닥 자기계를 개발했다. 가우스는 지자기 관측뿐 아니라 자기 퍼텐셜 개념을 창안하여 지자기학의 이론적 발전에도 크게 기여했다.

퍼텐셜 개념의 도출과 혁신

가우스는 지구 내부에서 흐르는 자기 유체를 상정하고 그것의 공간적 분포에 따라 지구 표면 특정 지점에서 자기장을 계산하고자 했다. 그리하여 출현한 개념이 자기 퍼텐셜이다. 가우스는 거리의 제곱에 반비례하는 힘인 자기력을 표현하기 위하여 지구 내부의 자기 유체의 요소가 외부의 한 점에 미치는 자기 퍼텐셜을 거리에 반비례하는 양으로 상정했다. 이와 같이 구한 개별 자기 요소의 자기 퍼텐셜을 지구 내 모든 자기 요소에 대하여 더하면 지구 전체에 의한 특정 위치에서의 자기 퍼텐셜을 구할 수 있었다. 이렇게 구한 퍼텐셜 개념은 자기력뿐 아니라 전기력, 중력 등 거리의 제곱에 반비례하는 힘을 다루는 데 폭넓게 쓰일 수 있는 수학적 도구임이 확인되었다.

■ 지자기 연구의 개척자 훔볼트

지자기학은 19세기에 유명한 두 명의 과학자인 훔볼트와 가우스에 의해 과학 분야로 성립되었다. 1791년에 훔볼트는 프라이부르크 광산 학교에서 처음으로 지자기에 대해서 접하게 되었다. 그러다가 본격적으로 학문적 관심을 갖게 된 것은 파리에서 정밀한 자기계로 복각을 관찰하게 되면서부터였다. 복각이란 나침반이 자기력에 의해 기울어지는 각도를 말한다. 훔볼트는 복각계를 개발한 프랑스의 과학자 보르다(Borda)와 함께 복각 측정을 수행하였고 나중에는 중남미에까지 가서 복각을 측정하기에 이른다. 훔볼트는 특수한 실에 매단 자석 바늘에 진동수를 잼으로써 자기장의 상대적 세기를 재는 방법을 배웠다. 그는 여러 지역을 다니며 자기장의 세기를 측정하면서 적도에서 극지방으로 갈수록 자기장의 세기가 강해지는 경향이 있다는 것을 발견했다. 훔볼트는 체계적인 답사를 수행하며 가설을 설정하고 관측을 통해 그것을 입증하면서 과학적 방법을 수립하는 데 기여했다. 또한 그는 높은 산에서 자기장의 세기가 감소하며 적도에서 멀어질수록 복각이 증가하는 것도 발견했다. 한편 프랑스의 과학자 비오(Biot)가 이론적으로 설정한 자기 적도가 훔볼트가 측정한 결과와 잘 맞아떨어지자 지자기의 시간적 변이에 관심이 생긴 훔볼트는 1806년에 6,000회 이상 편각 측정을 수행하였다. 편각은 나침반의 바늘이 진북 방향에서 벌어진 각도를 의미한다. 1820년대에 이르러 훔볼트는 철을 빼고 나무와 돌로 만든 지자기 관측소를 만들었는데 이것은 이후 같은 목적으로 설치된 건물의 원형이 되었다. 1829년에 훔볼트는 동아시아와 시베리아 원정을 계기로 세계 여러 지역에서 지자기 변이를 체계적으로 관측하려는 생각을 갖게 되었고 이는 자기 연맹의 결성으로 이어진다. 그는 오로라가 나타나는 동안 자기장이 약화되는 것을 발견했고, 이 현상을 자기 폭풍이라고 명명했다.

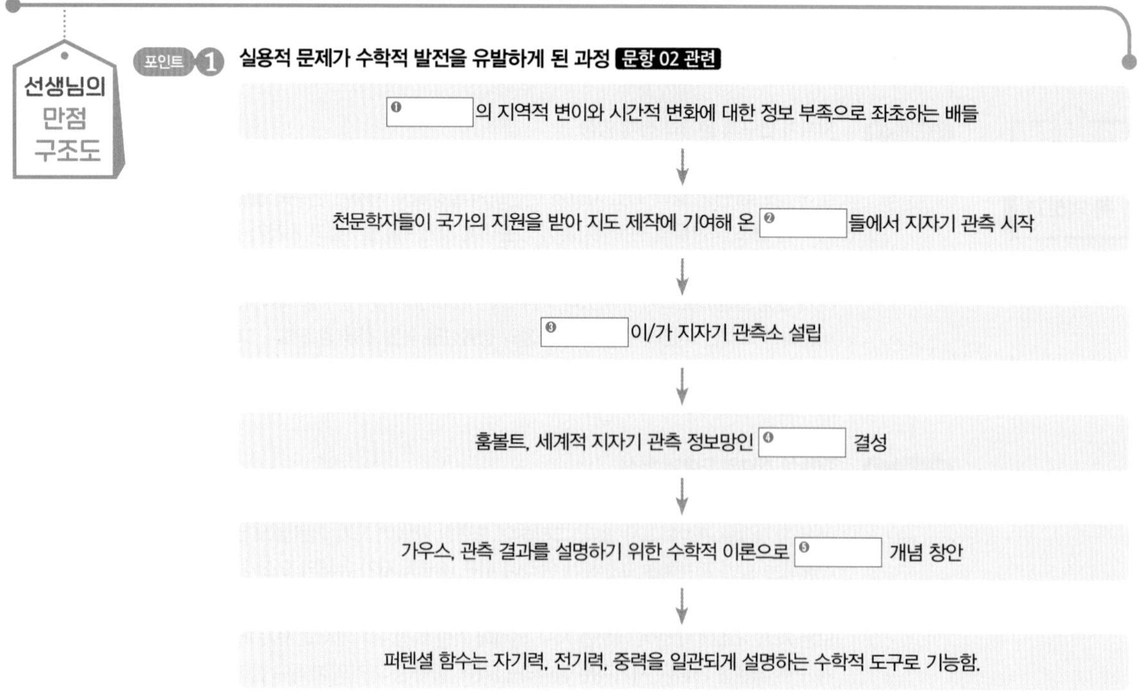

선생님의
만점
구조도
포인트 1 실용적 문제가 수학적 발전을 유발하게 된 과정 문항 02 관련
❶ [ ]의 지역적 변이와 시간적 변화에 대한 정보 부족으로 좌초하는 배들
천문학자들이 국가의 지원을 받아 지도 제작에 기여해 온 ❷ [ ]들에서 지자기 관측 시작
❸ [ ]이/가 지자기 관측소 설립
훔볼트, 세계적 지자기 관측 정보망인 ❹ [ ] 결성
가우스, 관측 결과를 설명하기 위한 수학적 이론으로 ❺ [ ] 개념 창안
퍼텐셜 함수는 자기력, 전기력, 중력을 일관되게 설명하는 수학적 도구로 기능함.

정답 ❶ 지자기 ❷ 천문대 ❸ 훔볼트 ❹ 자기 연맹 ❺ 퍼텐셜

가우스의 자기 퍼텐셜 개념 창안

1832년, 지자기에 관한 두 가지 가정

가정 1. 지자기력은 지구의 ❶ [　　　] 전체의 작용이다.

가정 2. 자기 유체는 ❷ [　　　] 힘의 법칙에 따라 자기력을 일으킨다.

↓

자기 퍼텐셜 성분의 정의: 거리에 반비례하고 자기 유체의 ❸ [　　　]에 정비례하는 양

↓

지구 전체의 자기 퍼텐셜=지구 전체에 대하여 ❹ [　　　] 하나하나의 자기 퍼텐셜 성분의 합

↓

1839년, 이 식에 의해 수평 자기력과 수직 자기력을 구하고 특정 위치 수십 곳의 자기력을 계산함.

↓

1841년, 윌크스가 가우스가 예측한 곳에서 ❺ [　　　]을/를 발견함.

↓

자기 퍼텐셜 개념을 정립함.

정답 ❶ 자성 물질 ❷ 역제곱 ❸ 자기량 ❹ 자기 요소 ❺ 남자극

고지자기학

나침반의 자침을 돌게 하면 결국 멈춰서 남북 방향을 가리킨다. 이때 나침반의 N극은 실제 북극을 가리키지 않는다. 자침의 N극이 가리키는 방향은 진북(지리적인 북극)이 아니라 자북(지구 자기장의 북극)이다. 어느 지점에서 진북 방향과 자북 방향이 이루는 각을 편각이라 하는데 자침이 진북 방향을 기준으로 그 서쪽을 가리키면 W로, 동쪽을 가리키면 E로 표시한다. 따라서 편각은 장소에 따라 다르게 나타난다.

또한 나침반 자침의 가운데를 받쳤을 때, 자침의 한쪽이 아래쪽으로 기울어진다. 이때 수평면과 아래로 기울어진 자침이 이루는 각을 복각이라 한다. 북반구에서는 자침의 N극이 아래로 기울어지는데 그 각도의 크기는 자기 북극으로 갈수록 커지며 자기 북극 바로 위에서는 최대 각인 90°가 된다. 그래서 북반구에서 사용하는 나침반의 자침은 S극을 무겁게 하고 있다. 같은 원리로 남반구에서는 자침의 S극이 자기 남극으로 갈수록 아래로 더 기울어진다. 〈그림〉을 통해 위에서 설명한 편각과 복각의 개념을 확인할 수 있다.

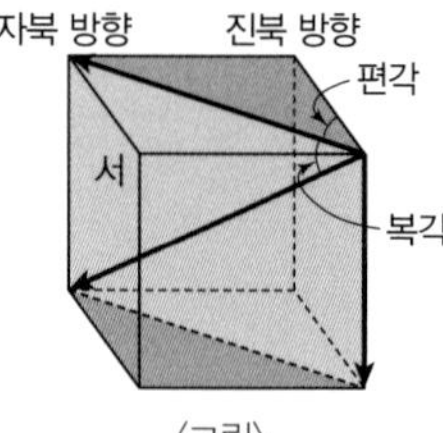

〈그림〉

지구 자기장의 방향과 세기는 끊임없이 변하고 있는데, 이런 현상을 지자기 영년 변화(geomagnetic secular variation)라고 한다. 어떤 때는 자기 북극과 자기 남극이 순식간에 바뀌는 지자기 역전 현상이 일어나기도 한다. 자기 북극과 자기 남극의 위치가 지구 자기장의 방향을 결정하는데 지구 자기장의 방향이 오늘날과 같은 시기를 정자기, 반대인 시기를 역자기라고 한다. 이와 같은 지자기의 끊임없는 변화 과정을 밝혀내는 학문을 고지자기학이라 한다. 고지자기학에서는 지자기의 변화 과정을 밝혀내기 위해 암석이나 토양의 광물 속에 남아 있는 지구 자기장의 흔적을 이용한다.

암석이나 토양 속의 자성을 띠고 있는 광물, 이를테면 자철광이나 적철광 같은 광물은 가열되어 그 광물 고유의 퀴리 온도*를 넘으면 자성을 잃어버린다. 그런 상태에서 다시 냉각되어 퀴리 온도에 도달하면, 그 당시의 지구 자기장 방향과 같은 방향으로 자화*(磁化)되는데 이 흔적을 '열 잔류 자기(TRM)'라고 한다. 예를 들면, 마그마가 냉각되어 암석으로 굳어질 때 암석 속에 포함된 자성 광물들은 그 당시의 지구 자기장 방향으로 자화되어 남아 있다. 이때 형성된 열 잔류 자기는 상당히 안정적이며 다시 퀴리 온도 부근까지 가열되지 않는 한, 획득한 자화 방향을 유지한다. 그래서 유물 속 광물의 자화 흔적을 통해 유물이 자화될 당시의 지구 자기장을 파악해 낼 수도 있고 거꾸로 오랜 시간의 지구 자기장 변동을 나타내는 '지자기 영년 변화 곡선'을 이용하여 그 유물의 연대를 추정해 볼 수도 있다.

또한 고지자기학은 해저 지각의 확장을 증명하는 데에 이용되기도 했다. 1950년대 말 과학자들은 상공에서 자력계를 이용하여 대서양 중앙 해령*을 포함한 해저 지각에 기록된 고지자기를 측정하였다. 그 결과 지자기의 방향이 해령과 나란하게, 해령을 기준으로 대칭적으로 분포하고 있음을 알았다. 중앙 해령에서 마그마가 분출되어 해양 지각이 생성될 때, 암석은 당시의 자기장 방향으로 자화된 다음 그대로 보존된다. 자극이 역전된 상태에서 다시 해령에서 새로운 해양 지각이 생성되면 처음 만들어진 해양 지각의 자기장 방향과 반대로 자화된다. 새로 만들어진 해양 지각은 기존의 지각을 밀어내면서 자신도 해령으로부터 멀어지는 방향으로 이동하면서 점점 식는다. 오랜 지질 시대 동안 이러한 상황이 반복되면 해령을 축으로 하여 양쪽으로 지자기의 대칭적인 줄무늬가 나타나게 되는 것이다. 이것은 해저 지각이 해령을 중심으로 확장되고 있다는 확실한 증거가 된다.

* **퀴리 온도**: 물질이 자성을 잃어버리는 온도로 자철광의 퀴리 온도는 578℃, 적철광은 675℃이다.
* **자화**: 자성 물질이 자기장 내에 놓이면 자성을 띠게 되는 것.
* **해령**: 깊은 바다 밑에 산맥 모양으로 솟은 지형.

독해 포인트 이 글은 지구 자기장의 변화 과정을 밝혀내고 그것을 통해 유물이 생성된 연대를 밝혀내거나 해저 지각의 확장을 증명해 낸 고지자기학에 대해 설명하고 있다. 지구 자기장의 방향과 세기는 끊임없이 변화하고 있는데, 자성 광물에 남아 있는 열 잔류 자기를 통해 이러한 자기장의 변화 양상을 밝혀내는 학문을 고지자기학이라 한다. 고지자기학을 통해 우리는 오랜 시간 지구 자기장의 변동을 나타내는 영년 변화 곡선을 파악할 수 있고 이를 기준으로 유물의 연대를 추정해 볼 수도 있다. 또한 고지자기학은 지자기 역전 현상을 고려하여 해저 지각의 확장을 증명하기도 했다.

주제 지구 자기장의 변화를 밝혀내는 고지자기학의 개념과 쓰임

08강 콤프턴 효과

과학 · 기술

EBS 수능특강 **독서 200쪽**

독해 포인트 이 글은 빛이 갖는 성질인 입자성과 파동성에 대한 논쟁을 다루고 있다. 빛이 파동이라 여겨지던 시기에 콤프턴은 빛인 X선을 탄소 표적에 산란시키는 실험을 수행하였는데, 그의 실험 결과는 X선을 파동만으로 간주하는 이론으로는 설명이 되지 않았다. 그의 실험에서, 탄소 표적에서 산란한 빛은 콤프턴 이동이라 불리는 값만큼 이동한 파장을 가졌다. 그는 이러한 현상을 운동량과 에너지 전달로 해석하였는데 이것은 빛을 입자로 보는 광양자설과 부합하였다. 그의 실험은 빛이 파동과 입자의 성질을 모두 갖는다는 것을 모두가 인정하는 데 중요한 공헌을 했다.

주 제 콤프턴의 X선 실험을 통한 콤프턴 효과

현대 과학에서는 빛이 입자와 파동의 두 가지 성질, 즉 입자성과 파동성을 모두 가지고 있다는 것이 받아들여지고 있지만 19세기에는 이에 대한 논쟁이 매우 치열하였다. 빛이 입자란 것은 뉴턴에 의해 처음으로 주창*되었다. 그는 빛이 입자와 마찬가지로 직진한다는 점(뉴턴이 빛이 입자라고 주장한 근거)을 근거로 빛을 입자라고 보았다. 뉴턴의 주창 이후 빛이 입자란 것은 과학계의 폭넓은 지지를 얻고 있었지만, 토머스 영은 두 빛이 서로 퍼져 나가며 서로 간섭을 하여 나타나는 간섭무늬를 확인하고 빛을 입자가 아닌 파동이라고 주장하였다. 두 물결이 서로 만나면 간섭을 하듯이, 간섭무늬가 생기는 것(토머스 영이 빛이 파동이라고 주장한 근거)은 빛이 파동의 성질을 갖는다는 것을 입증하는 실험 결과였다. 그의 실험은 빛과 관련된 논쟁에 종지부를 찍은 것처럼 보였지만, 여전히 빛을 파동이라고만 여겼을 때는 설명되지 않는 현상들이 남아 있었다.

▶ 19세기의 빛의 입자성과 파동성에 대한 논쟁

20세기 초 물리학자 아서 콤프턴은 탄소로 이루어진 표적*에 X선*을 쪼였다. X선은 파동의 성질을 갖는 빛인 전자기파*의 일종으로, 진동수*가 높고 파장*이 짧다. X선이 탄소로 이루어진 표적의 전자에 의해서 여러 방향으로 흩어지면서(전자에 의해 산란되면서) 〈그림〉과 같이 산란* 현상이 일어나는데 콤프턴은 표적으로부터 여러 산란각(θ)으로 흩어지는 X선의 파장들과 세기를 측정하였다. 표적으로 입사*하는 X선을 그래프의 가로축에 파장(λ)으로, 세로축에 특정 파장에서 빛의 양인 세기로 나타내면 입사하는 X선은 하나의 뾰족한 봉우리 모양을 보이고, 봉우리의 정상에 해당하는 파장(λ)은 71.1×10^{-12}m이었다. 그러나 산란한 X선은 두 개의 뚜렷한 봉우리를 갖고 있었다(X선을 파동으로 볼 수 없는 콤프턴의 실험 결과). 한 봉우리에 해당하는 파장은 입사하는 X선의 봉우리에 해당하는 파장과 비슷했고, 다른 봉우리에 해당하는 파장은 X선의 봉우리에 해당하는 파장에 비하여 콤프턴 이동이라고 부르는 파장만큼 긴 것이었다. 콤프턴 이동은 산란각이 클수록 더 크게 나타났는데, 이는 콤프턴 산란 현상이라고 불리게 된다.

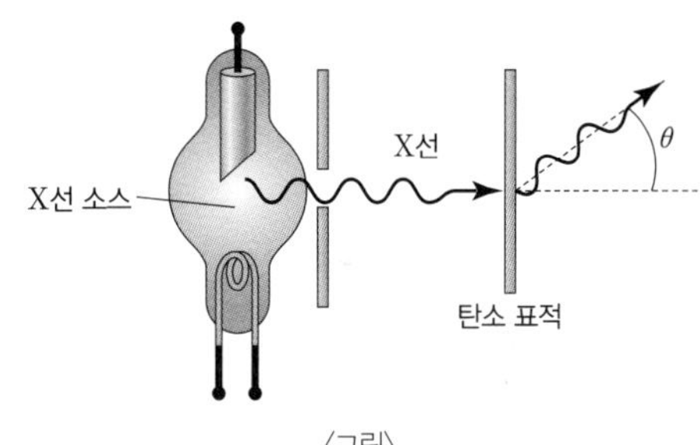

〈그림〉

▶ 콤프턴의 X선을 이용한 탄소 표적 산란 실험

이 현상은 X선을 파동만으로 보는 당시의 고전적 이론으로는 설명이 되지 않는다. 당시의 고전적 이론에 의하면, X선은 〈그림〉에서와 같이 마루와 골을 갖는 사인 함수의 모양으로 진동하는 전자기파여야 했다. 또한 표적에 있는 전자는 전기장에 의해 진동하는 전기력에 따라 사인 함수의 형태로 진동하므로 들어오는 전자기파와 똑같은 주기로 진동하면서, 똑같은 진동수의 파동을 내보내야 한다(X선이 파동이라면, 들어오는 전자기파와 동일한 파장을 내보내야 함.). 따라서 전자에 의해 산란하는 X선은 표적에 입사하는 X선과 같은 진동수를 가지며, 진동수와 파장은 서로 역수에 비례하므로(진동수가 크면 파장이 작아지고 진동수가 작아지면 파장이 커짐.) 파장 또한 변하지 않아야 한다. 물 위에 떠 있는 배를 생각해 보자. 배의 한쪽에서 물결이 오면 배는 파동에 의해서 아래위로 흔들린다. 이때 수면은 올라갔다 내려왔다 하고 물결은 진행*해 오던 방향으로 계속 진행하고 물결의 진동수는 변하지 않는다. 하지만 파동이라 여겨졌던 X선은 특정한 각도로 산란되며 진동수가 변하는 콤프턴 산란 현상이 일어난 것이다.
X선을 파동으로 볼 수 없는 근거
콤프턴은 X선을 파동이 아니라 에너지와 운동량*을 갖는 입자와 같은 광자*로 생각하고, X선이 표적 안에 약하게 속박된 전자들에 에너지 및 운동량을 전달함으로써 콤프턴 산란 현상이 일어나는 것으로 해석하였다.
▶ 고전적인 이론으로 설명할 수 없는 콤프턴의 실험 결과

빛을 입자로 보는 아인슈타인의 광양자설에 의하면 광자가 가지고 있는 에너지는 플랑크 상수와 진동수의 곱으로 표시할 수 있다. 이러한 에너지를 갖는 광자가 전자와 부딪히면 광자는 산란되고 약하게 속박되어 있던 표적의 전자는 튕겨 나가게 되는데, 이때 전자는 운동 에너지*를 얻게 된다. 충돌 전후에 에너지의 교환이 일어날
산란된 X선이 입사하는 X선보다 긴 파장을 가지게 되는 이유
때 입사된 X선이 가지고 있던 에너지의 일부는 튕겨 나가는 전자의 운동 에너지로 변환*되었으므로 산란된 X선은 입사하는 X선보다 더 작은 진동수를 갖고 더 긴 파장을 가지게 된다. 파장이 길고 진동수가 작을수록 빛
에너지는 보존되기 때문에
의 에너지가 작기 때문이다. 이와 같은 해석은 콤프턴 이동의 결과와 정확히 일치한다. 또한 입사된 X선의 파장
콤프턴의 연구로 빛의 입자성을 증명함.
과 거의 비슷한 값의 산란광의 파장은 X선과 탄소 원자 전체와의 상호 작용으로 파장이 미세하게 바뀐 것인데, 이 값은 무시할 정도로 작은 값이다. 콤프턴의 연구는 빛의 입자성을 증명하였으며, 빛이 입자성과 파동성을 모두 가지는 이중적인 성질이 있다는 것을 모두가 인정하는 데 결정적*인 공헌을 했다.
▶ 콤프턴 실험과 아인슈타인의 광양자설의 일치

* **광자**: 빛을 입자(粒子)로 보았을 때의 일컫는 이름.

어휘! 이것만은 꼭 익히자

- **주창(主唱)**: 어떤 이론이나 사상을 나서서 주장함.
- **표적(標的)**: 목표로 삼는 물건.
- **엑스선(X線)**: 파장이 0.01~100옹스트롬(Å)으로 감마선과 자외선의 중간 파장에 해당하는 전자기파. 눈에 직접 보이지는 않으나 굴절, 반사, 편광, 간섭, 회절 따위의 현상을 나타내며 강한 형광 작용, 전리 작용, 사진 작용, 투과 작용 따위를 함. 학문적으로 중요할 뿐만 아니라 실제 사용 면에서도 질병의 진단 및 치료, 금속 재료의 내부 검사, 미술품의 감정(鑑定) 등 그 용도가 매우 넓음. 1895년에 독일의 뢴트겐이 발견할 당시에는 알 수 없는 선이라는 뜻에서 엑스선이라고 불렸음.
- **전자기파(電磁氣波)**: 공간에서 전기장과 자기장이 주기적으로 변화하면서 전달되는 파동. 1864년에 맥스웰이 이론적으로 발견함. 파장이 긴 것부터 마이크로파, 가시광선, 엑스선, 감마선이라고 이름.
- **진동수(振動數)**: 연속적인 주기 현상에서, 단위 시간에 같은 상태가 몇 번이나 반복되는가를 나타내는 양. 파장이나 전기 진동의 경우는 주파수라고도 함. 단위는 헤르츠(Hz).
- **파장(波長)**: 파동에서, 같은 위상을 가진 서로 이웃한 두 점 사이의 거리. 결너비라고도 함.
- **산란(散亂)**: 파동이나 입자 다발이 물체와 충돌하여 여러 방향으로 흩어지는 현상. 충돌 전후에 운동 에너지의 변화가 없는 탄성 산란과 변화가 있는 비탄성 산란이 있음.
- **입사(入射)**: 하나의 매질(媒質) 속을 지나가는 소리나 빛의 파동이 다른 매질의 경계면에 이르는 일.
- **진행(進行)**: 앞으로 향하여 나아감.
- **운동량(運動量)**: 물체의 질량과 속도의 곱으로 나타내는 물리량의 하나. 밖에서 힘이 작용되지 않는 한, 물체 또는 물체가 몇 개 모여서 된, 하나의 물체계(物體系)가 가지는 운동량의 합은 일정불변함.
- **운동 에너지(運動 energy)**: 운동하는 물체가 가지고 있는 에너지. 물체의 질량을 m, 속도를 v라 하면 물체의 운동 에너지는 $\frac{1}{2}mv^2$이 됨.
- **변환(變換)**: 달라져서 바뀜. 또는 다르게 하여 바꿈.
- **결정적(決定的)**: 일의 결과를 판가름할 만큼 중요한 것.

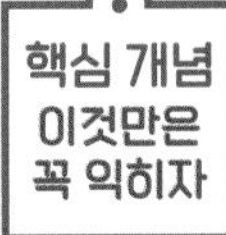

포인트 1 **콤프턴 효과**

콤프턴 효과는 주로 엑스선이나 감마선에 해당하는 빛으로 전자를 산란시켰을 때, 산란 후 빛의 파장이 길어지는 현상이다. 광양자설에 따르면 빛은 입자성을 가지고 전자와 충돌하여 운동량과 에너지를 전달한다고 할 수 있다. 에너지는 파장에 반비례하므로, 전자에 에너지를 전달했던 광자의 충돌 후 파장은 길어진다.

■ **아인슈타인의 광양자설**

아인슈타인의 광양자설은 광전 효과를 설명하기 위해 플랑크의 흑체 복사 법칙을 참조하여 빛이 양자화되었다고 주장한 이론이다. 이 이론은 1905년에 발표된 「광양자설에 관한 특수 상대성 이론」이라는 논문에서 소개되었다. 이 이론에서는 두 가지 중요한 개념을 다룬다.

- **빛의 입자적 성질:** 아인슈타인은 빛이 파동뿐만 아니라 입자로도 행동할 수 있다고 주장했다. 이로써 빛이 양자 현상을 나타내는 입자적 특성을 갖추게 되며, 입자와 파동의 성질이 상호 보완되는 것을 설명했다.
- **경로의 일관성:** 광양자설은 빛이 특정한 경로를 통해 이동할 때 입자적 성질을 유지하는 것에 관한 개념을 포함한다. 빛의 속도가 모든 관측자에 대해 일정하게 유지되려면 빛의 이동 경로에 대한 상대적인 일관성이 중요하다는 것을 강조했다. 이 개념은 상대성 이론과도 연관되며, 물체의 속도가 빛의 속도에 가까워질수록 질량이 증가하는 개념과 일관성을 가지고 있다.

■ **X선**

빠른 전자를 물체에 충돌시킬 때 투과력이 강한 복사선(전자기파)이 방출되는데, 이 복사선을 X선(X-ray)이라고 한다. 뢴트겐이 발견했다고 하여 뢴트겐선이라고도 부른다. 파장은 10~0.01nm이며, 주파수는 3×10^{16}헤르츠에서 3×10^{19}헤르츠 사이인 전자기파다. 이는 자외선보다 짧은 파장의 영역이고, 감마선보다 긴 파장의 영역에 속한다.

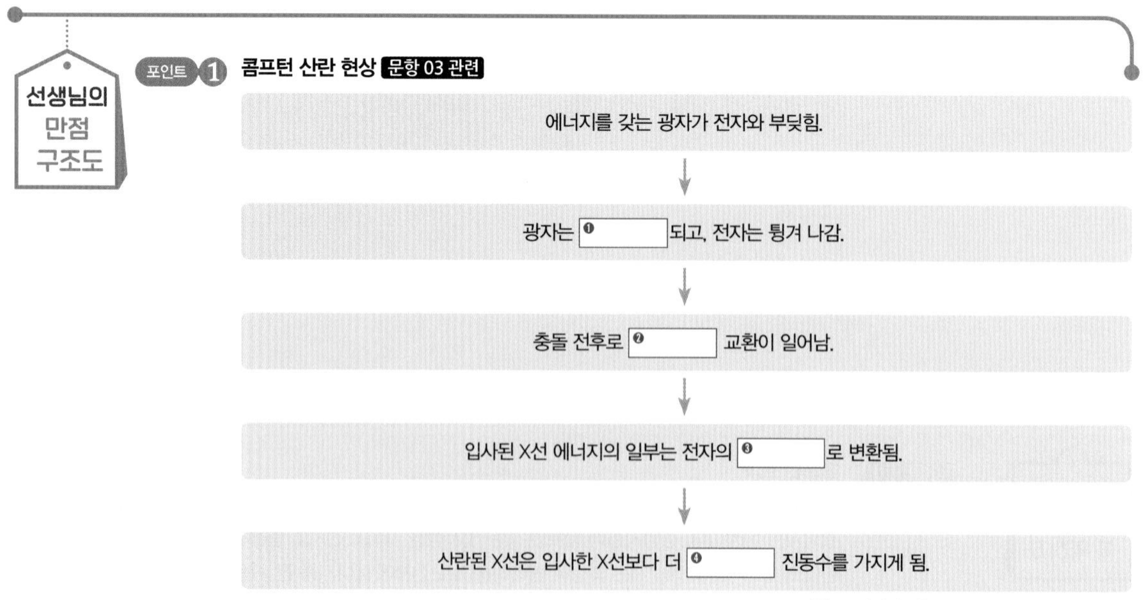

선생님의
만점
구조도
포인트 1 콤프턴 산란 현상 문항 03 관련
에너지를 갖는 광자가 전자와 부딪힘.
광자는 ❶ 되고, 전자는 튕겨 나감.
충돌 전후로 ❷ 교환이 일어남.
입사된 X선 에너지의 일부는 전자의 ❸ 로 변환됨.
산란된 X선은 입사한 X선보다 더 ❹ 진동수를 가지게 됨.

정답 ❶ 산란 ❷ 에너지 ❸ 운동 에너지 ❹ 작은

불확정성의 원리

1924년 드브로이는 빛이 파동과 입자의 두 성질을 모두 가지고 있는 것에 착안하여, 입자라고 이해되던 전자와 같은 소립자나 야구공과 같은 물체도 파동의 성질을 갖는다고 생각하였다. 그는 소립자를 포함한 모든 물체의 파동을 물질파라고 하였다. 기존의 고전 역학적인 사고에서 입자와 파동은 무관하며 상반되는 개념이었다. 파동이 지니는 성질로서는 파장과 진동수, 진폭 등을 들 수 있고, 입자의 성질로서는 운동량과 위치, 속도, 가속도, 에너지 등을 꼽을 수 있다. 그는 서로 무관하게 생각되었던 파동의 성질과 입자의 성질 사이에서, 빛에서 성립하는 관계가 그대로 적용되는 것으로 생각하여 파동으로서의 파장(λ)과 입자로서의 운동량이 반비례하는 것으로 가정하였다. 이때 운동량은 입자의 질량(m)과 속도(v)의 곱이므로 파장은 질량과 속도의 곱에 반비례하는데 질량과 속도를 곱한 값의 역수에 플랑크 상수(h)를 곱한 값이 물질파의 파장이 된다는 가설을 제안하였다.

드브로이의 가설에 따르면 질량과 속도를 갖는 모든 입자는 이에 상응하는 물질파가 생긴다. 하지만 야구공과 같은 보통 크기의 물체는 플랑크 상수에 비해 운동량이 너무 크므로 물질파의 파장이 너무도 작아 전혀 관측할 수 없게 된다. 한편 질량이 매우 작은 전자는 운동량이 매우 작아서 전자의 파장이 우리가 관측할 수 있는 범위에 들어오게 된다. 드브로이가 그의 이론을 발표하고 수년 후에 전자의 파동성은 실험을 통해 증명되었다.

이와 같은 드브로이 가설의 입증은 1927년 발표된 하이젠베르크의 불확정성 원리의 토대가 되었다. 하이젠베르크는 물체가 갖는 파동성과 입자성의 이중성 때문에 물체의 위치와 운동량을 얼마나 정확하게 알 수 있는지에 대한 근본적인 한계가 있다고 보았다. 물체의 위치, 운동량과 같은 어떤 물리량(A)이 특정한 값을 가지지 않고 범위로 정해질 때 불확정적이라 하는데, 이러한 범위를 ΔA로 표현하고 이를 A의 불확정성이라 부른다. 하이젠베르크는 '위치의 불확정성(Δx)과 운동량의 불확정성[$\Delta(mv)$]의 곱은 플랑크 상수(h)를 4π로 나눈 값보다 항상 크거나 같다'고 제시하였으며 이를 불확정성의 원리라 하였다.

수소 원자의 전자는 5×10^{6}m/s의 평균 속도로 수소 원자 내에서 움직이는데 광자를 이용한 속도의 측정에 1%의 불확정성이 있다고 가정하고 불확정성의 원리에 이를 적용하여 전자의 위치에 대한 불확정성(Δx)을 계산하면 1×10^{-9}m가 된다. 수소 원자의 지름은 1×10^{-10}m 정도이므로 원자에서 전자의 위치에 대한 불확정성은 원자의 크기보다 10배 정도 큰 값을 갖는다. 따라서 원자에서 전자가 어디에 위치하고 있는지 본질적으로 정확히 알 수가 없다. 반면에 야구공과 같이 보통의 질량을 갖는 물체에 대해 같은 방법으로 하이젠베르크의 불확정성 원리에 적용해 보면 불확정성은 매우 작게 나와서 중요하지 않음을 알 수 있다. 즉 이 경우 질량 m은 크고, 야구공의 크기에 비해 불확정성 Δx는 너무 작아 측정할 수 없으므로 실질적으로 의미가 없게 되는 것이다.

독해 포인트 이 글은 물질이 갖는 입자성과 파동성의 이중성 때문에 생기는 불확정성을 설명하고 있다. 불확정성의 원리에 따르면 물리량은 특정한 값을 가지지 않고 범위로 정해지는데, 이러한 범위를 불확정성이라고 한다. 위치의 불확정성과 운동량의 불확정성의 곱은 특정 값보다 항상 크거나 같다.

주제 물질의 입자성과 파동성의 이중성에서 발생하는 불확정성 원리의 개념

09강 점도에 따른 유체의 분류

과학 · 기술

EBS 수능특강 **독서 203쪽**

독해 포인트 이 글은 끈적거림의 정도를 나타내는 물리량인 점도를 설명하고 있다. 점도는 유체의 흐름에 대한 저항을 나타내는데, 흐르는 유체가 무수히 많은 층으로 이루어졌다고 보고 이를 해석하면 편리하다. 유체의 층이 받는 단위 면적당의 힘을 전단 응력이라 한다. 전단 응력이 가해지면 유체의 흐름은 층에 따라 서로 다른 속도의 분포를 보이는데 속도가 얼마나 가파르게 변하는가의 정도와 전단 응력이 클수록 빠르다. 따라서 전단 응력은 점도와 유체의 속도가 가파르게 변화하는 정도의 곱으로 나타낼 수 있다. 점도가 상수인 유체를 뉴턴 유체라 하고 그렇지 않은 유체를 비뉴턴 유체라 한다. 비뉴턴 유체에는 속도의 가파른 정도가 커짐에 따라 점도가 커지는 팽창성 유체와 그와 반대인 유사 가소성 유체가 있다. 빙엄 유체는 점도가 상수라는 점에서 뉴턴 유체와 같으나 전단 응력이 특정한 값 이상이 되어야 유체의 흐름이 일어나는 비뉴턴 유체로 분류된다.

주 제 점도의 의미와 점도에 따른 유체의 분류

혈관을 통한 혈액의 흐름, 관을 통한 공기의 흐름, 치약을 짤 때 치약의 흐름 등 생활 주변에서 유체*의 흐름은 매우 친숙한 현상이다. 또한 산업 현장에서도 관을 이용한 반응기(화학 반응을 진행시키기 위해 사용하는 기구)에서 유체 반응물 및 생성물의 유동*과 같은 유체의 흐름을 많이 볼 수 있다. 점도는 이러한 유체의 흐름을 이해할 때 필요한 기본적 물리량*이다.

▶ 유체의 흐름과 점도

점도는 유체의 끈적거림의 정도를 나타내는 물리량으로 유체의 흐름에 대한 저항(유체가 흐르지 않으려고 하는 정도)을 나타낸다. 〈그림〉과 같이 상판과 하판 사이에 물이나 공기와 같은 유체가 있으며, 그 유체는 x 방향으로 흐르는 수많은 층으로 이루어져 있다고 생각해 보자. 하판은 고정되어 있으며 상판이 V의 속도로 오른쪽으로 이동할 때, 유체는 〈그림〉에서와 같은 속도 분포를 보인다. 즉 상판 지점의 층에 있는 유체는 V의 속도로, 하판 지점의 층에 있는 유체는 0의 속도로, 그 사이의 유체는 0보다 크고 V보다 작은 속도로 움직인다. 유체는 흐름의 방향인 x축 방향으로 힘을 받아 흐름이 생기는데, 이때 유체의 층의 면이 받는 힘을 층의 단면적으로 나눈 값을 전단 응력*이라고 한다(전단 응력의 개념 ①). 각 면의 속도는 y축의 값에 따라 변하게 되는데, 이때 속도가 가파르게 변하는 정도, 즉 y축에 따른 유체 속도의 기울기는 전단 응력이 클수록 크다. 따라서 유체 속도의 기울기에 어떤 계수*를 곱하면 전단 응력이 되며(전단 응력의 개념 ②) 이 계수를 점도라 한다. 점도가 클수록 전단 응력에 의한 변형에 저항하는 정도가 커진다.

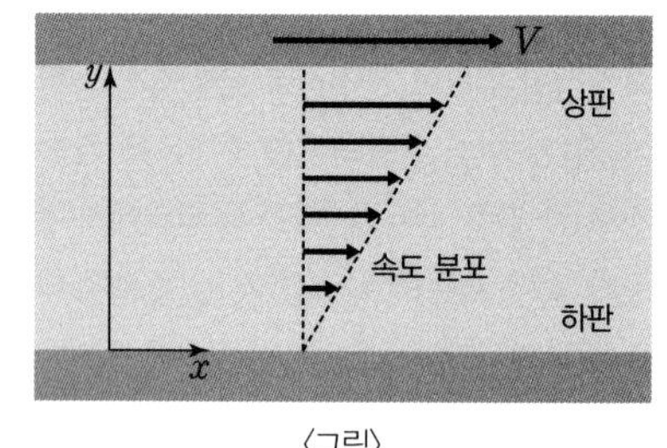

〈그림〉

▶ 점도의 이론적인 의미

관을 채우고 흐르는 유체는 수많은 원통이 양파처럼 층을 이루고 있는 것으로 생각하면 위의 경우와 원리는 같다(층의 기하학적 모양만 다를 뿐 모두 무수히 많은 층으로 이루어져 있다고 간주하여 해석하면 됨.). 즉 두께는 같은데 무시할 수 있을 만큼 아주 작은 원통이 지름을 달리하며 관의 중심에서부터 층층이 유체를 이루고 있다고 하면, 관에 맞닿아 있는 원통 층에서의 유속이 0이고 관의 중심에 가까울수록 원통 층의 유속은 커지게 되며 관의 중심에 있는 원통 층에서 가장 빠른 속도를 보인다.

▶ 관을 채우고 흐르는 유체의 해석

유체는 전단 응력과 유체 속도의 기울기가 정비례하느냐의 여부(뉴턴 유체와 비뉴턴 유체로 나누는 근거)에 따라 뉴턴 유체와 비뉴턴 유체로 나뉜다. 많은 종류의 유체는 뉴턴 유체로서 속도의 기울기와 무관한* 점도를 가진다. 그러나 혈액, 타르, 플라스틱과 같은 유체들은 유체 속도의 기울기에 영향을 받아 점도가 변한다(비뉴턴 유체의 개념). 이러한 유체를 비뉴턴 유체라고 한다. 또한 비뉴턴 유체는 전단 응력이 바뀜에 따라 점도가 커질 수도, 작아질 수도 있다(비뉴턴 유체의 특징). 한편 모든 유체는 온도와 압력에 따라서 흐름의 특성이 바뀐다. 뉴턴 유체의 경우 점도는 물질에 따라 속도의 기울기에 상관없이 일정한 값을 갖기 때문에 물질의 고유 성질인 물성으로 취급하지만, 온도와 압력에 따라 그 값이 변하므로 뉴턴 유체의 점도를 말할 때는 온도와 압력이 함께 명시* 되어야 한다.

점도는 압력과 온도의 함수임.

▶ 뉴턴 유체와 비뉴턴 유체의 차이

비뉴턴 유체 중에는 속도의 기울기에 따라 점도도 커지거나 작아지는 것들이 있는데, 속도의 기울기가 커지면 점도도 커지는 유체를 팽창성 유체라 하며, 속도의 기울기가 커지면 점도가 작아지는 유체를 유사 가소성 유체라 한다. 또한 비뉴턴 유체 중 전단 응력이 특정한 값 이상이 되어야 유체의 흐름이 일어나는 빙엄 유체도 있는데, 빙엄 유체는 뉴턴 유체와 마찬가지로 점도가 상수이다. 대표적인 빙엄 유체는 치약으로, 치약을 튜브에서 짜내는 경우를 생각해 보면 물과 달리 일정 크기 이상의 힘을 주어야만 치약이 흐르게 됨을 확인할 수 있다.

비뉴턴 유체의 종류 ① / 비뉴턴 유체의 종류 ② / 비뉴턴 유체의 종류 ③ / 점도가 변하지 않음. / 뉴턴 유체와의 차이점

▶ 비뉴턴 유체의 종류

어휘! 이것만은 꼭 익히자

- **유체(流體)**: 기체와 액체를 아울러 이르는 말.
- **유동(流動)**: 액체 상태의 물질이나 전류 따위가 흘러 움직임.
- **물리량(物理量)**: 물질계의 성질이나 상태를 나타내는 양.
- **응력(應力)**: 물체가 외부 힘의 작용에 저항하여 원형을 지키려는 단위 면적당의 힘.
- **계수(係數)**: 하나의 수량을 여러 양의 다른 함수로 나타내는 관계식에서, 물질의 종류에 따라 달라지는 수.
- **무관(無關)하다**: 관계나 상관이 없다.
- **명시(明示)**: 분명하게 드러내 보임.

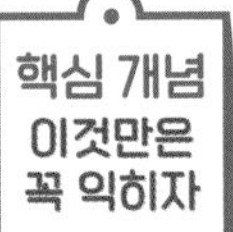

점도

점도란 기체, 액체와 같은 유체가 흐를 때 흐름에 저항하는 성질을 의미한다. 액체나 기체의 상태 및 흐름을 이해하기 위해 필요하다. 점도는 상대 점도와 절대 점도로 구분할 수 있다. 상대 점도는 기준 물질의 절대 점도 대비 특정 물질의 절대 점도의 상대적 값으로 단위가 없는 값이며 일반적으로 기준 물질로는 물이 흔히 쓰인다.

전단 응력

전단 응력이란 물체 내의 어떤 면에서 어긋남의 변형이 일어날 때 그 면에 평행인 방향으로 작용하여 원형을 지키려는 힘을 말한다. 응력의 '력'이 힘이지만 실제로 단위는 단위 면적당 힘인 압력이다.

■ **유체**

유체란 가해진 전단 응력 또는 외부의 힘에 의해 계속 변형되는 물질을 일컫는다. 유체는 액체, 기체와 플라스마 등을 포함하는 물질의 상태이다. 유체는 응력을 가했을 때 탄성 변형이 아닌 소성 변형이 일어나고, 이때 마찰력 등에 의해서 상대적으로 변형에 저항한다. 탄성 변형이란 변형을 일으키는 힘이 제거되었을 때 다시 본래의 형체로 돌아오는 변형을 의미하고, 이에 비해 변형을 일으키는 힘이 제거되어도 원래의 형태로 돌아오지 않는 변형을 소성 변형이라 한다. 유체는 또한 흐름성이 있어 용기에 유체를 채우게 되면 그 유체는 용기의 형상을 따르게 된다. 유체는 정적 평형 상태에서 유체의 형태를 변형하려고 하는 전단 응력에 대해 저항하지 못하는 특징을 가지고 있다.

선생님의 만점 구조도

포인트 1 **뉴턴 유체와 비뉴턴 유체** 문항 02 관련

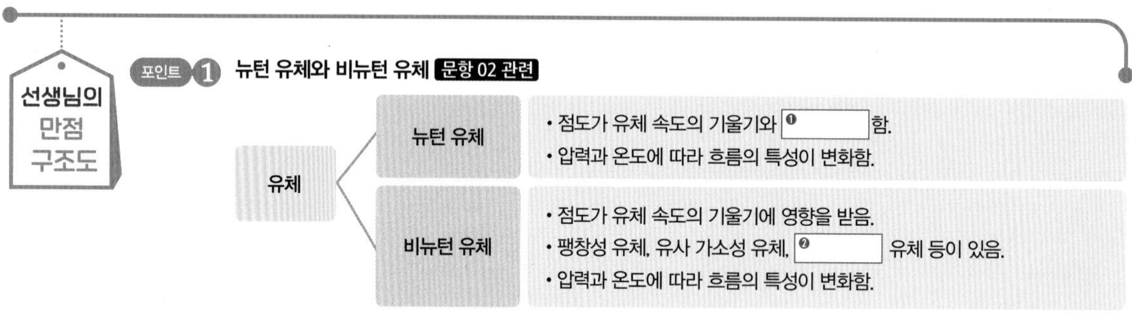

정답 ❶ 무관 ❷ 빙엄

포인트 2 **유체의 종류에 따른 속도의 기울기와 전단 응력의 관계**

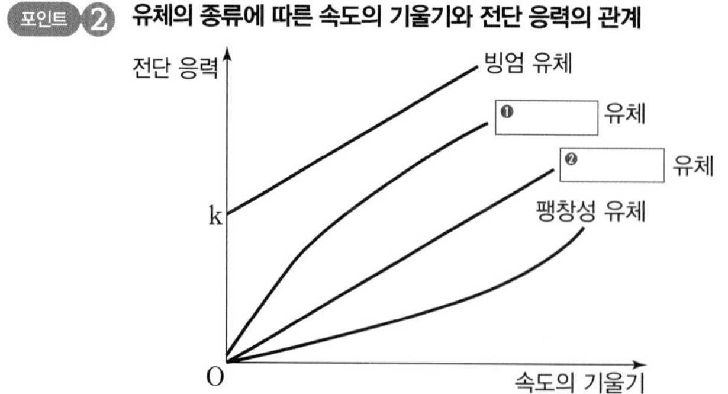

정답 ❶ 유사 가소성 ❷ 뉴턴

반도체의 전기 전도도

과학 · 기술

EBS 수능특강 **독서 206쪽**

독해 포인트 이 글은 도체와 구분되는 반도체의 전기 전도도의 특성을 설명하고 있다. 반도체는 띠틈을 갖는 물질로, 에너지를 받아 띠틈을 전자가 넘어야 전류가 흐른다. 반도체는 고유 반도체와 불순물 반도체로 나뉘고 불순물 반도체는 n형과 p형 반도체로 나뉜다. 고유 반도체는 온도 증가에 따라 전기 전도도가 증가한다. 반면 n형 반도체와 p형 반도체는 주개 준위와 받개 준위가 존재하여 온도를 증가시켜도 전기 전도도가 거의 일정하게 유지되는 온도 영역인 고갈 범위와 포화 범위가 존재한다.

주 제 고유 반도체와 불순물 반도체의 전기 전도도

반도체와 도체를 구분할 수 있는 중요한 기준 중 하나는 온도에 따른 전기 전도도*의 변화이다. 도체의 경우 온도가 증가함에 따라 원자의 진동이 커지기 때문에 전자의 흐름이 방해를 받아 전기 전도도는 감소한다. 반면 전자가 특정 에너지 구간을 뛰어넘어야 전류가 흐르는 반도체 물질은 원자의 진동보다도 전자의 에너지가 중요하여 온도의 증가에 따라 전기 전도도가 증가한다. 〈그림〉은 반도체의 전자가 가질 수 있는 에너지를 보여 준다. 반도체의 원자가띠에 있는 전자는 에너지를 받아야 전도띠로 이동할 수 있으며 전도띠로 이동한 전자의 흐름이 전류이다. (반도체는 전자가 원자가띠에서 전도띠로 이동하여 전류가 흐름.) 전도띠와 원자가띠가 〈그림〉처럼 어떤 폭을 갖는 것은 파울리의 배타 원리로 설명할 수 있다. 어떤 물체를 이루고 있는 원자의 전자들은 같은 에너지 수준을 가질 수 없는데 이를 파울리의 배타 원리라 한다. 따라서 수많은 전자의 에너지가 서로 다른 수준을 갖지만 그 수준의 차이는 매우 작기에 모든 전자의 에너지를 표현하면 띠와 같은 모양을 갖게 된다. (파울리의 배타 원리에 의해 에너지 수준이 띠와 같은 모양으로 나타남.)

▶ 도체와 구분되는 반도체의 특성

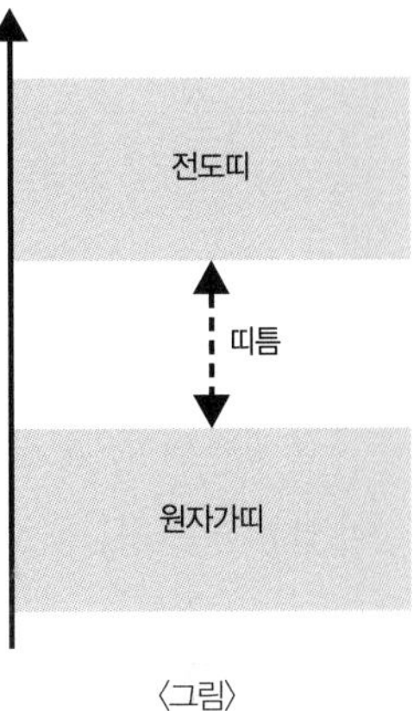

〈그림〉

도체와 달리 반도체의 원자가띠와 전도띠 사이에는 전자가 가질 수 없는 에너지의 수준이 존재하는데 이를 띠틈이라 한다. 띠틈의 크기에 따라 반도체와 부도체를 구분할 수 있는데 순수한 실리콘(Si)이나 저마늄(Ge) 같은 반도체의 경우 띠틈이 비교적 작아 에너지를 받은 전자는 이를 뛰어넘을 수 있기에 전류가 흐를 수 있지만, 부도체는 띠틈이 매우 크기 때문에 에너지를 받아도 전자가 띠틈을 뛰어넘는 것이 거의 불가능해 전류가 흐르지 못한다. 반면 도체는 띠틈이 존재하지 않아 전류가 잘 흐르는 물질이다. 순수한 물질로 이루어진 반도체를 고유 반도체라 하는데, (순수한 실리콘이나 저마늄) 실리콘과 저마늄의 띠틈은 각각 1.12eV와 0.66eV이다. 이러한 고유 반도체에 다른 물질을 소량 첨가하여 고유 반도체보다 전류가 더 잘 흐르는 불순물 반도체를 만든다. (불순물 반도체는 고유 반도체보다 적은 에너지를 가해도 전류가 발생함.)

▶ 띠틈의 의미와 고유 반도체의 띠틈

불순물 반도체는 n형과 p형 반도체로 나뉜다. 고유 반도체에 인(P)과 같이 최외각 전자가 5개인 원소를 소량 첨가하여 n형 반도체를 만들 수 있다. 인의 전자 중 4개는 실리콘과의 결합에 쓰이고, 나머지는 잉여 (쓰고 난 후 남은 것) 전자로 존재한다. 이 잉여 전자는 핵에 느슨하게 결합하고 있으며 잉여 전자의 에너지 준위*는 실리콘의 띠틈에 있는데 전도띠에 비교적 가까운 곳에 있다. 이때 잉여 전자는 작은 에너지만 받아도 전도띠로 도약*할 수 있어서 쉽게 전류가 흐른다. 예를 들어 실리콘 띠틈의 에너지인 1.12eV의 4% 정도인 0.04eV의 에너지만 가해도 잉여 전자가 전도띠로 도약할 수 있다. (잉여 전자가 이동하여 전류가 발생함.) 이때 잉여 전자가 차지하고 있던 에너지 수준이 주개 준위다.

▶ n형 반도체의 전기 전도

반면 고유 반도체에 붕소(B)와 같이 최외각 전자가 3개인 원소가 소량 첨가되면 p형 반도체를 만들 수 있다.

실리콘은 결합에 쓰일 수 있는 전자가 4개이고 붕소는 3개이므로 실리콘과 붕소의 결합에서 전자 하나는 결합에 쓰이지 않고 그 자리에는 결합이 없는 빈 곳이 생기는데, 이를 양공이라 하며 양공은 전자와 반대인 (+)전하로 간주한다. 실리콘에 있는 전자는 양공 자리로 이동할 수 있기에 이동한 전자의 자리에는 양공이 생기게 되는데, 이러한 일이 계속하여 생기며 전류가 흐른다. 이때 양공이 이동하는 것으로 볼 수 있으며 이러한 양공의 이동에 의해 전류가 흐른다. 실리콘 원자에서 전자가 이동하며 양공을 형성시키는 데 필요한 에너지는 0.045eV일 만큼 작다. 원자가띠에 전자가 빠져나간 자리에 양공이 생성*되며 전류가 흐르기 때문에 띠틈의 특정 준위에서 양공이 내려온 것으로 간주할 수 있으며 원자가띠의 가장 높은 에너지 준위보다 0.045eV 위의 띠틈의 에너지 준위에 받개 준위가 형성된다. p형 반도체에서도 전자에 의한 전류의 흐름도 있지만 이것은 무시할 만하다.

실리콘에 있는 전자가 계속 양공 자리로 이동하며 전류가 흐름.

▶ p형 반도체의 전기 전도

고유 반도체와 불순물 반도체 모두 전기 전도도는 온도의 영향을 받으나 불순물 반도체가 보다 큰 영향을 받는다. 낮은 온도에서는 불순물 반도체 단위 부피당 도핑*된 원자의 수에 의해 전기 전도도가 결정된다. 도핑이란 고유 반도체에 불순물을 첨가하여 불순물 반도체로 만드는 것을 의미한다. 인이 실리콘에 도핑된 n형 반도체의 낮은 온도에서부터 온도가 올라갈 때의 전기 전도도를 생각해 보자. 주개 준위에 있는 전자는 비교적 적은 양의 에너지인 0.04eV만 받아도 전도띠로 이동할 수 있다. 따라서 온도가 올라감에 따라 n형 반도체의 전기 전도도는 증가하게 된다. 그러나 특정 온도 범위에서는 온도를 올려도 전기 전도도가 크게 변하지 않고 일정 수준을 유지한다. 전자의 온도 범위를 비고유 영역, 후자의 온도 범위를 고갈* 범위라 하는데, 이렇게 나뉘는 이유는 특정 온도에 다다르면 주개 준위에 있는 전자들이 소진*되어 매우 미량만이 전도띠로 도약할 수 있기 때문이다. 온도를 고갈 범위 이상으로 올림에 따라 전기 전도도는 고유 범위로 들어가게 된다. 고유 범위란 순수한 실리콘의 성질이 발현*되는 구간을 뜻한다. 즉 높은 온도는 실리콘의 원자가띠에 있던 전자에 전도띠로 도약할 수 있는 충분한 에너지를 제공하게 된다. 이때 온도에 따른 전기 전도도가 증가하는 기울기는 비고유 영역에서의 전기 전도도의 그것보다 가파른데 이것은 도핑된 불순물의 전자에 비해서 실리콘에 있는 전자의 수가 막대한 양이기 때문이다. 순수한 실리콘에는 $1cm^3$당 약 5×10^{22}개의 원자가 존재하는 반면, 실리콘에 첨가된 인은 $1cm^3$당 보통 10^{18}개를 넘지 않는 소량이다. 실리콘 반도체의 경우 비고유 영역의 전기 전도는 200℃ 정도까지 일어나며 그 이상의 온도에서는 고유 범위의 전기 전도가 일어난다.

불순물 반도체가 고유 반도체보다 온도의 영향을 크게 받는 이유

온도를 올려도 전기 전도도가 크게 변하지 않고 일정 수준을 유지하는 범위

온도에 따른 전기 전도도가 증가하는 기울기

▶ 온도에 따른 n형 반도체의 전기 전도도

p형 반도체의 온도에 따른 전기 전도도의 변화는 n형 반도체와 같은 패턴을 보인다. p형 반도체의 비고유 영역에서는 전자를 받개 준위로 들뜨게 만들어 원자가띠에 양공을 생성시키기 때문에 온도 증가에 따라 전기 전도도가 증가하게 된다. 또한 n형 반도체의 고갈 범위처럼 온도가 증가함에 따라 p형 반도체의 전기 전도도가 거의 일정하게 유지되는 온도 영역이 p형 반도체에서도 나타나는데 이러한 영역을 포화 범위라고 한다.

p형 반도체가 고유 반도체보다 온도의 영향을 크게 받아 전기 전도도가 증가함.

▶ 온도에 따른 p형 반도체의 전기 전도도

* **에너지 준위**: 원자 내 전자가 가질 수 있는 에너지 값.

어휘! 이것만은 꼭 익히자

- **전기 전도도(電氣傳導度)**: 물체에 전기가 얼마나 잘 흐르는지를 나타내는 물리량. 전기 저항률의 역수이며 그 값은 온도가 상승하면 금속에서는 감소하고 반도체에서는 증가함.
- **도약(跳躍)**: 어떤 것이 위로 솟구치는 일.
- **생성(生成)**: 사물이 생겨남. 또는 사물이 생겨 이루어지게 함.
- **도핑(doping)**: 극도로 순수한 고유 반도체에 전기적 성질을 조절하기 위하여 불순물을 의도적으로 넣는 일.
- **고갈(枯渴)**: 어떤 일의 바탕이 되는 돈이나 물자, 소재, 인력 따위가 다하여 없어짐.
- **소진(消盡)**: 점점 줄어들어 다 없어짐. 또는 다 써서 없앰.
- **발현(發現)**: 속에 있거나 숨은 것이 밖으로 나타나거나 그렇게 나타나게 함. 또는 그런 결과.

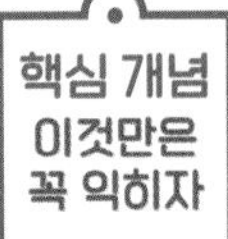

n형 반도체

순수한 실리콘은 원자의 결합에 관여하는 전자인 최외각 전자가 4개이며 최외각 전자들은 원자에 속박되어 있어 전류가 흐르기 힘들다. 그러나 〈그림 (가)〉와 같이 최외각 전자가 5개인 비소(As)를 실리콘에 소량 첨가하면 결합에 참여하지 않는 1개의 잉여 전자가 전류를 더 잘 흐르게 해 준다. 이를 n형 반도체라고 한다.

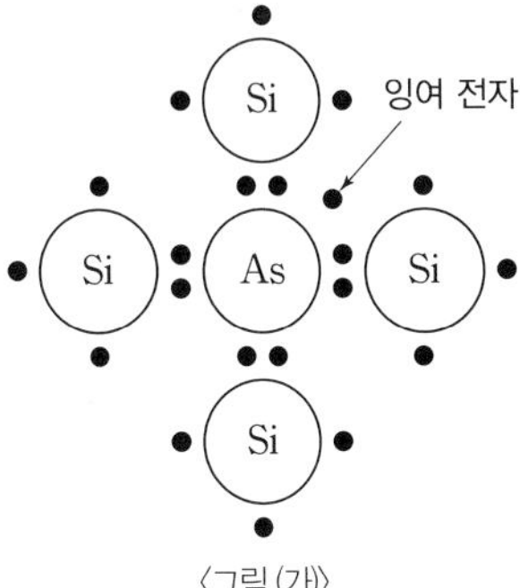

〈그림 (가)〉

p형 반도체

〈그림 (나)〉와 같이 실리콘에 최외각 전자가 3개인 붕소(B)를 소량 첨가하면 빈자리인 양공(+)이 생기게 된다. 이 양공은 자유롭게 움직일 수 있어 전류를 더 잘 흐르게 해 준다. 이를 p형 반도체라고 한다.

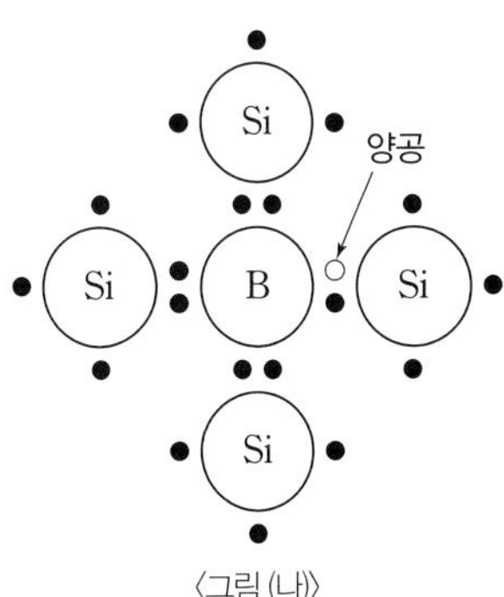

〈그림 (나)〉

■ **파울리의 배타 원리**

오스트리아의 물리학자 파울리가 제안한 원리이다. 원자에서 방출되는 빛의 유형을 설명하기 위하여 제안한 것으로, 동일한 원자 내에 있는 2개의 전자가 동일한 순간에 완전히 동일한 상태에 있는 것은 불가능하다고 한 주장이다.

선생님의 만점 구조도

포인트 1 **반도체의 종류**

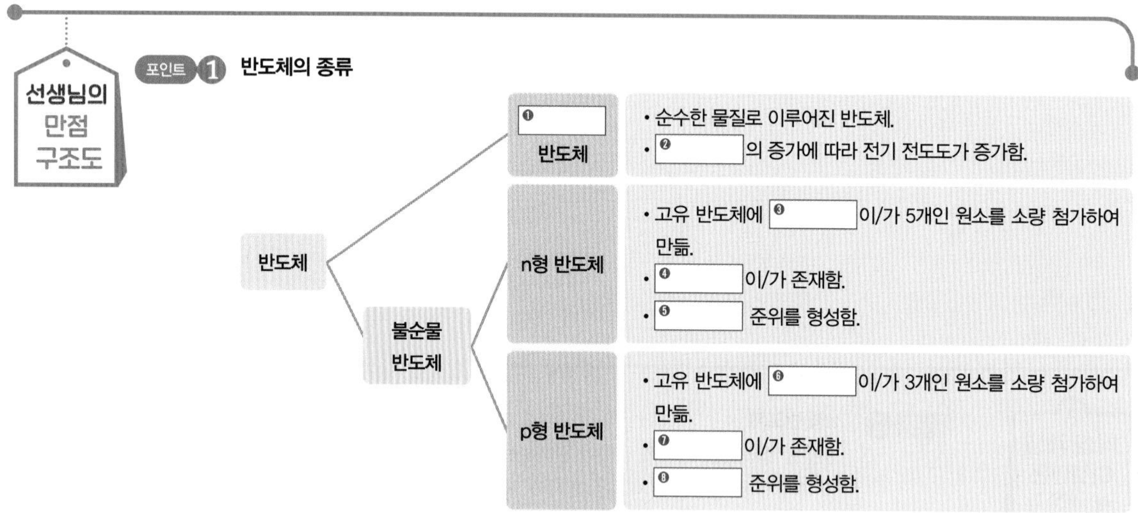

반도체
❶ 반도체
• 순수한 물질로 이루어진 반도체.
• ❷ 의 증가에 따라 전기 전도도가 증가함.
불순물 반도체
n형 반도체
• 고유 반도체에 ❸ 이/가 5개인 원소를 소량 첨가하여 만듦.
• ❹ 이/가 존재함.
• ❺ 준위를 형성함.
p형 반도체
• 고유 반도체에 ❻ 이/가 3개인 원소를 소량 첨가하여 만듦.
• ❼ 이/가 존재함.
• ❽ 준위를 형성함.

정답 ❶ 고유 ❷ 온도 ❸ 최외각 전자 ❹ 잉여 전자 ❺ 주개 ❻ 최외각 전자 ❼ 양공 ❽ 받개

포인트 2 **온도에 따른 n형 반도체의 전기 전도도** 문항 05 관련

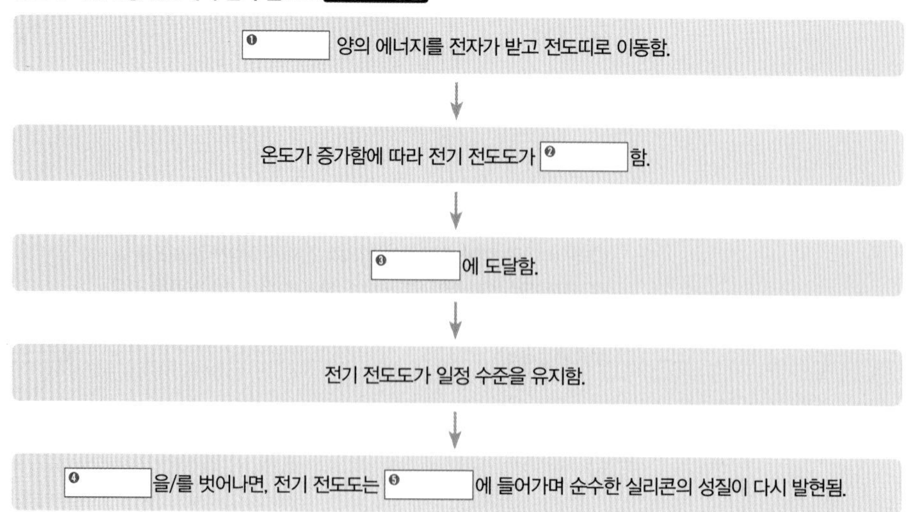

❶ 양의 에너지를 전자가 받고 전도띠로 이동함.
온도가 증가함에 따라 전기 전도도가 ❷ 함.
❸ 에 도달함.
전기 전도도가 일정 수준을 유지함.
❹ 을/를 벗어나면, 전기 전도도는 ❺ 에 들어가며 순수한 실리콘의 성질이 다시 발현됨.

정답 ❶ 적은 ❷ 증가 ❸ 고갈 범위 ❹ 고갈 범위 ❺ 고유 범위

11강 결정화 기술과 결정 성장 이론

과학 · 기술

EBS 수능특강 **독서 210쪽**

독해 포인트 이 글은 결정화 기술인 냉각 결정화, 반용매 결정화, 증발 결정화를 설명하고 있다. 결정화가 일어나기 위해서는 용액의 농도를 평형 농도 이상으로 변화시키는 과포화를 유도해야 한다. 과포화에 따른 결정이 석출되는 과정에서 결정이 성장하게 되는데 이와 관련된 결정 성장 이론의 이해가 필요하다. 결정 성장에 관련된 에너지는 부피와 표면에 대한 에너지가 있으며 결정이 성장함에 따라 부피에 관한 에너지는 감소하고 표면에 관한 에너지는 커진다. 이러한 두 에너지의 합이 결정 성장에 따른 전체 에너지 변화인데, 결정의 임계 크기까지 결정이 성장할 때는 전체 에너지가 증가하다가 임계 크기 이상에서는 감소하는 값을 갖는다. 이러한 이론은 액체상으로 있던 금속이 고체의 결정으로 결정화될 때에도 동일하게 적용된다.

주 제 과포화를 통한 결정화 기술의 분류와 결정 성장 이론

일반적으로 결정*은 원자, 이온, 분자 따위가 일정한 법칙에 따라 규칙적으로 배열된 고체를 말한다. 결정화 기술은 금속의 용융 상태에서 결정을 얻거나 혼합물 용액에서 원하는 용질*을 결정으로 얻어 내는 분리 기술을 말하며, 산업적으로 널리 쓰이고 있다. 혼합물의 용액에서 결정화 현상은 용해도 변화로 인해 일어난다. 즉 용액의 농도를 평형 농도 이상으로 변화시킴으로써 용액에서 고체가 결정으로 석출*되는 결정화가 일어나는 것이다. (혼합물 용액에서 결정화 현상이 나타나는 원리) 결정화 기술은 용해도 변화를 유도하는 방법에 따라 냉각 결정화, 반용매 결정화, 증발 결정화 등으로 나눌 수 있다.

▶ 결정화 기술의 분류

용해도란 용질이 용매*에 용해*되는 양의 한도를 말하며, 용해도는 특정 온도에서 한도까지 용질이 용매에 녹아 있을 때, 즉 포화 상태에서의 용질의 농도로 표시한다. (용해도의 정의) 주로 용매 100g에 대한 용질의 양(g)으로 표현되나, 포화 용액 100g 중 용질의 양(g)으로 표현하는 경우도 있다. (용해도를 표현하는 방법은 한 가지가 아님.) 용해도는 온도에 따라 커지는데, 어떤 농도에 있는 용액의 온도를 내리면 그 온도에서 용해도가 감소하여 용질은 용해도 이상으로 녹아 있는 과포화* 상태가 된다. 포화 상태에 비해 과포화 상태는 매우 불안정한 상태이기 때문에 용해도 이상으로 녹아 있는 용질은 결정화되어 석출된다. 이러한 원리를 이용하여 온도를 낮추어 용액에 녹아 있던 용질을 결정으로 석출하는 방법을 냉각 결정화라 한다. (용액의 냉각에 따른 용해도 감소가 과포화를 유발하여 결정화된 용질이 석출됨.) 반용매 결정화 기술은 용질과 용매가 혼합된 용액에, 용질을 용해하지 않고 용매에는 용해되는 물질을 첨가*하는데 이렇게 첨가하는 물질을 반용매라 한다. 반용매를 첨가하면 용질의 용해도가 작아지기 때문에 석출하고자 하는 용질의 과포화를 유발하여 용질을 석출할 수 있다. 소염제인 이부프로펜의 결정화에 반용매 방법이 쓰일 수 있는데 이부프로펜이 용해되어 있는 아세톤 용액에 반용매인 과산화 수소를 첨가하면 이부프로펜을 고체의 결정 형태로 석출할 수 있다. (반용매 결정화 기술을 이용한 용질 석출 예시) 증발 결정화는 용매를 증발시키면 과포화가 유도되어 용질이 석출되는 방법으로 염전에서 물을 증발시켜 고체 결정의 소금 결정을 얻는 과정이 이에 해당한다. (증발 결정화의 예시)

▶ 냉각 결정화, 반용매 결정화, 증발 결정화의 개념

과포화를 유도하여 용질을 결정으로 석출하는 방법은 여러 가지가 있으나 용질이 석출되는 원리는 동일하다. (용해도 이상으로 녹아 있는 용질이 결정화되며 석출) 용질의 석출에 따른 결정의 성장과 관련된 에너지로는 부피와 표면에 관한 에너지가 있다. 석출되는 고체가 커짐에 따라 고체의 부피당 에너지 변화를 ΔG_v라 하고 결정을 구형으로 간주하면 (석출되는 고체) 고체가 생성됨에 따른 부피에 관한 에너지 변화 값은 구의 부피에 ΔG_v를 곱하면 구할 수 있다. 이 값은 음의 값을 가지는데, 결정의 반지름이 커짐에 따라 그 값의 절댓값은 더 커진다. 한편 석출에 따라 고체가 생기므로 그 표면에는 고체와 액체 간의 경

계가 새롭게 형성*되는데, 이를 계면이라고 부른다. 새로운 계면이 생김에 따라 변하는 표면에 관련된 에너지 변화는 결정의 반지름이 커질수록 그 값이 커진다. 단위 표면적당 표면 에너지 변화를 ΔG_s라 하면, 구로 간주한 결정의 반지름에 따른 표면 에너지는 구의 표면적과 ΔG_s를 곱하여 구한다. 이 값은 양의 값을 가지며 표면적을 작게 하는 것이 더 안정한 상태이기 때문에 구의 반지름이 커질수록 더욱 커진다.

석출되는 고체의 부피에 대한 에너지 변화 값과는 반대로, 표면 에너지 변화 값은 구의 반지름이 작을수록 더 안정함.

▶ 결정 성장에 따른 부피와 표면에 관한 에너지의 이론

결정이 석출될 때의 전체 에너지 변화(ΔG_t)는 이러한 부피 에너지 변화와 표면 에너지 변화의 합이 된다. 물질은 에너지가 높을수록 불안정하고 에너지가 낮을수록 안정한 상태이므로, ΔG_t값은 입자의 반지름이 커짐에 따라 양의 값에서 점점 증가하다가 최댓값을 지난 후 감소하기 시작하여 음의 값이 되며 계속하여 감소한다. 이는 구의 부피와 표면적이 각각 반지름의 세제곱과 제곱에 비례함을 생각하면 알 수 있다. 입자가 결정으로 석출되기 위해서는 먼저 핵이 형성되어야 한다. 핵이란 결정의 성장 초기에 용액으로부터 석출되는 원자들이 모여 만들어지는 작은 입자를 말한다. 이러한 원자들이 모여 계속하여 안정적으로 성장하기 위해서는 핵이 임계* 크기 이상이 되어야 한다. 임계 크기란 ΔG_t값이 최대일 때의 결정의 반지름을 말하는데, 이 크기에서는 결정 입자가 다시 용해되는 과정도 에너지가 감소하는 방향이며 결정 입자가 커지는 일이 일어나도 에너지가 감소하는 방향이므로 에너지 감소가 두 가지 경우로 진행된다. 자연계에서 어떤 계는 보다 높은 에너지 상태에서 더 낮은 에너지 상태로 자발적*으로 변화할 수 있기 때문이다. 임계 크기는 용질에 따라 다르지만 대체로 1~2나노미터 정도로, 대개 원자 200~300개의 집합체이다. 임계 크기보다 작은 입자는 엠브리오*라 한다.

입자의 반지름이 커지며, 부피 에너지 변화 값이 표면 에너지 변화 값보다 절댓값이 커지기 때문

임계 크기의 개념

임계 크기에서 결정 입자가 용해되거나, 커지는 과정 모두에서 에너지가 감소됨.

▶ 결정 성장에 따라 임계 크기가 나타나는 이유

이러한 결정 성장 이론은 용액에서 용질이 결정으로 석출되는 과정뿐만 아니라 고온에서 액체상으로 있던 금속이 녹는점 아래에서 응고*되어 고체의 결정이 형성될 때에도 동일하게 적용된다. 이때 많은 결정이 모여서 고체를 이루는데 결정은 다시 녹기도 하지만 임계 크기 이상이 되면 계속하여 성장해 간다. 이처럼 용융 상태의 금속이 과냉각*되어 결정이 생성될 때는 과포화도가 아닌 과냉각 정도가 결정 형성과 성장의 구동력*이라는 것이 용액에서 결정이 석출될 때와 다른 점이다.

용질의 석출 과정 중 임계 크기에서 일어나는 현상과 동일함.

응고와 석출에서의 구동력 차이

▶ 액체상의 금속 결정화에도 적용되는 결정 성장 이론

어휘! 이것만은 꼭 익히자

- **결정(結晶)**: 원자, 이온, 분자 따위가 규칙적으로 일정한 법칙에 따라 배열되고, 외형도 대칭 관계에 있는 몇 개의 평면으로 둘러싸여 규칙 바른 형체를 이룸. 또는 그런 물질.
- **용질(溶質)**: 용액에 녹아 있는 물질. 액체에 다른 액체가 녹아 있을 때에는 양이 적은 쪽을 가리킴.
- **석출(析出)**: 액체 속에서 고체가 생김. 또는 그런 현상. 높은 온도의 용액을 냉각하여 용질 성분이 결정이 되어 나오는 경우, 전기 분해로 금속이 전극에 부착되는 경우 따위를 이름.
- **용매(溶媒)**: 어떤 액체에 물질을 녹여서 용액을 만들 때 그 액체를 가리키는 말. 액체에 액체를 녹일 때는 많은 쪽의 액체를 이름.
- **용해(鎔解)**: 고체의 물질이 열에 녹아서 액체 상태로 되는 일. 또는 그렇게 되게 하는 일.
- **과포화(過飽和)**: 어떤 용액이 용해도 이상의 용질을 함유하고 있는 상태. 또는 증기 압력이 포화 증기압보다 큰 압력을 갖는 상태. 용액이나 증기의 과냉각으로 일어남.
- **첨가(添加)**: 이미 있는 것에 덧붙이거나 보탬.
- **형성(形成)**: 어떤 형상을 이룸.
- **임계(臨界)**: 사물이 어떠한 기준에 의하여 분간되는 한계나 경계.
- **자발적(自發的)**: 남이 시키거나 요청하지 아니하여도 자기 스스로 나아가 행하는 것.
- **엠브리오(embryo)**: 태아, 초기의 것, 싹이란 의미의 영어.
- **응고(凝固)**: 액체나 기체가 고체로 되는 일.
- **과냉각(過冷却)**: 액체를 응고점 이하로 냉각하여도 액체 상태로 있음. 또는 그런 현상.
- **구동력(驅動力)**: 어떤 현상이 일어나게 하는 원천이 되는 힘. 주로 물질의 농도 차이, 온도 차이, 과냉각 등이 이러한 힘이 되는 경우가 많음.

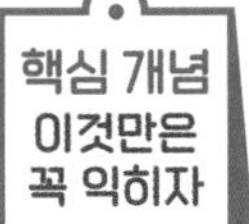

과포화 상태

액체의 경우, 용매에 녹을 수 있는 양보다 더 많은 양의 용질이 녹아 있는 용액의 상태를 가리킨다. 열역학적으로 불안정한 상태이며, 평형 상태에 이르기 위한 동력학적 반응이 느리고 효과적이지 않을 때 일어난다. 일반적으로 용해도 한계를 넘는 용액 내 용질은 용해도가 포화 용해도 이하가 되도록 고체로 침전되어 석출된다.

용해도

용해도는 용질이 용매에 녹아 용액을 형성할 때 용질의 특성을 나타낸다. 특정 물질의 용매에 대한 용해도는 물질이 주어진 온도에서 용매에 용해되어 평형을 이루는 최대량으로 정의된다. 특정 용질의 용해도는 용질의 물리적·화학적 특성과 온도, 압력 등에 의존한다. 모든 물질이 용질과 용매로 사용 가능하여, 만들어질 수 있는 용액의 종류는 매우 다양하다. 용액을 구성하는 물질의 원래의 상에 따라 용액을 6가지로 구분할 수 있다. 꼭 액체만을 용액이라 부르지 않고 기체나 고체도 용액이라고 지칭한다.

용질	용매	용액의 상태
기체	기체	기체
기체	액체	액체
기체	고체	고체
액체	액체	액체
고체	액체	액체
고체	고체	고체

■ **불포화 상태와 포화 상태**

불포화 상태란 어떤 온도에서 용질을 일정한 양의 용매에 녹일 때 평형 상태에 도달하기 전이어서 용매에 그 용질이 더 녹을 수 있는 상태이다.

포화 상태란, 어떤 온도에서 일정한 양의 용매에 용질이 최대치로 녹아 있어 더 이상 용해되지 않는 상태를 말한다. 일정한 양의 용매가 녹일 수 있는 용질의 양에는 한계가 있다. 따라서 용매가 녹일 수 있는 양보다 많은 양의 용질을 넣으면 용질은 녹지 않는다. 이러한 상태의 용액을 포화 용액이라 한다.

■ **기브스 자유 에너지(G)**

기브스 자유 에너지(G)는 일정한 온도와 압력에서 어떠한 공정이 자발적으로 진행될지 예측하기 위해 정의된 열역학적 개념이다. 이는 1876년 기브스(Gibbs)에 의해 제시되었다. 만약 어떤 공정에서 기브스 에너지의 변화(ΔG)가 음수이면 이 공정의 변화는 자발적으로 일어난다. 이와 반대로 기브스 에너지의 변화(ΔG)가 양수이면 그 공정은 자발적으로 일어나지 않는다.

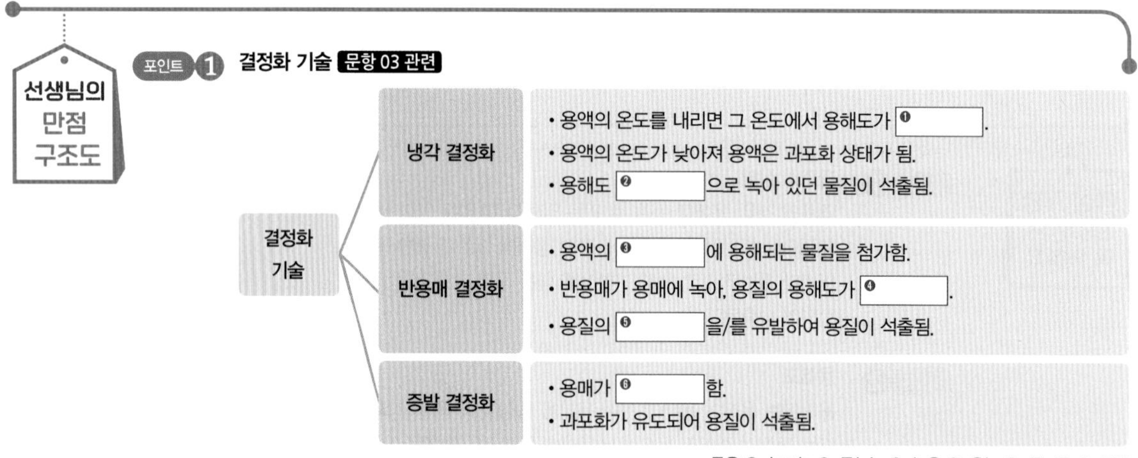

선생님의 만점 구조도
포인트 1 결정화 기술 문항 03 관련
결정화 기술
냉각 결정화
• 용액의 온도를 내리면 그 온도에서 용해도가 ❶ .
• 용액의 온도가 낮아져 용액은 과포화 상태가 됨.
• 용해도 ❷ 으로 녹아 있던 물질이 석출됨.
반용매 결정화
• 용액의 ❸ 에 용해되는 물질을 첨가함.
• 반용매가 용매에 녹아, 용질의 용해도가 ❹ .
• 용질의 ❺ 을/를 유발하여 용질이 석출됨.
증발 결정화
• 용매가 ❻ 함.
• 과포화가 유도되어 용질이 석출됨.

정답 ❶ 감소함 ❷ 이상 ❸ 용매 ❹ 작아짐 ❺ 과포화 ❻ 증발

포인트 2 부피 에너지 변화 vs. 표면 에너지 변화

		부피에 관한 에너지 변화	표면에 관한 에너지 변화
공통점		• 결정의 ❶ 이/가 변함에 따라 값이 달라짐. • 결정의 ❷ 와/과 관련된 에너지	
차이점	주요 원인	석출되는 고체가 커짐에 따라 에너지가 변함.	❸ 이/가 생김에 따라 에너지가 변함.
	안정화	부피가 ❹ 질수록 안정한 상태 도달	표면적이 ❺ 질수록 안정한 상태 도달

정답 ❶ 반지름 ❷ 성장 ❸ 계면 ❹ 커 ❺ 작아

초임계 유체를 이용한 입자 제조

용해도는 일정한 온도에서 일정한 양의 용질에 최대로 녹을 수 있는 용질의 양으로, 보통 용매 100g에 녹을 수 있는 용질의 질량이다. 혼합물의 과포화 상태는 용질이 용해도 이상으로 녹아 있는 상태인데, 과포화 상태의 혼합물은 포화 상태로 돌아가려는 경향이 있다. 결정화는 포화 상태의 혼합물이 과포화 상태가 되어 용질이 고체 입자로 석출되는 것으로 결정화 공정을 거치면 입도*가 작은 고체 입자를 얻을 수 있다. 이러한 결정화 공정은 약물의 생체 흡수율을 높여야 하는 제약 분야 등에서 사용된다.

결정화 공정에서는 초임계 유체를 쓰는 경우가 많다. 물질은 임계 온도와 임계 압력 이상에서 초임계 상태로 존재한다. 임계 온도는 어떤 물질이 액체로 존재할 수 있는 최고 온도이고, 임계 압력은 어떤 물질이 기체로 존재할 수 있는 최대 압력이다. 온도와 압력이 임계 온도와 임계 압력 이상일 때 물질은 액체도 아니고 기체도 아닌 초임계 상태로 존재한다. 초임계 상태에서 물질의 분자 간 거리는 그 물질이 기체일 때보다는 가깝지만 액체일 때만큼 가깝지는 않다. 물질이 액체일 때보다는 초임계 상태거나 기체일 때 용질이나 용매가 더 자유롭게 이동할 수 있다. 또한 초임계 유체에 가해지는 압력을 높이면 밀도가 높아져 더 많은 양의 용질을 녹일 수 있어 초임계 유체를 이용한 결정화 공정에서는 고체 입자의 입도를 조절할 수 있다.

GAS 공정에서는 초임계 이산화 탄소를 반용매로 사용하여 혼합물에 녹아 있는 용질을 작은 입도의 고체로 석출하는 경우가 많다. 반용매는 용질을 녹이지 않고 용매와는 잘 섞이는 물질로, 반용매를 혼합물에 첨가하면 반용매는 용매와 섞이고 용질은 고체 입자로 석출된다. GAS 공정에서는 결정화하려는 물질을 액체 용매에 녹여서 혼합물을 만들고 용기에 적당량 채운 뒤 용기를 밀폐한다. 이후 용기의 온도와 압력을 이산화 탄소와 액체 용매의 임계 온도와 임계 압력 사이에 맞추고 초임계 이산화 탄소를 용기에 주입한다. 그러면 혼합물이 과포화 상태가 되고 녹아 있던 용질은 고체 입자로 석출된다. 반용매가 용매와 섞이면서 포화될 수 있는 용질의 양이 줄어드는 것이다. 석출되는 용질의 양은 처음에 채운 혼합물의 양이 같다면 그 농도에 의해 정해진다.

결정화 공정에서 고체 입자를 석출할 때는 우선 일정한 수의 용질 분자가 모여서 집합체를 이루어 결정핵이 생성되어야 한다. 혼합물의 농도가 높을수록 결정핵을 만들 수 있는 용질 분자의 수가 많아 결정핵이 많이 생긴다. 결정핵이 많이 생성되면 하나의 결정핵에 모일 수 있는 용질 분자의 수가 적어져서 고체 입자의 크기는 작아지게 된다.

한편 초임계 이산화 탄소를 용매로 사용하는 결정화 공정도 있다. RESS 공정에서는 결정화하려는 물질과 초임계 이산화 탄소가 섞인 혼합물을 고압의 용기에서 대기압을 유지하는 용기로 분사한다. 분사 직후 초임계 이산화 탄소는 빠르게 압력이 내려가고 기체로 변화하는 과정에서 용질이 고체 입자로 석출된다. 이때 혼합물에서 결정핵이 생성되는데, 석출되는 고체 입자의 입도가 정해지는 원리는 GAS 공정과 동일하다.

GAS 공정과 RESS 공정 등의 결정화 공정에서는 이산화 탄소가 주로 쓰인다. 이산화 탄소는 임계 온도가 상온과 큰 차이가 없어 온도를 조금만 올리고 압력을 올리면 쉽게 초임계 상태로 만들 수 있기 때문이다. 초임계 이산화 탄소를 이용하면 압력을 조절하여 석출되는 고체 입자의 입도를 작게 만들 수 있을 뿐 아니라 그 자체로 독성이 없어서 안전성 문제에서도 자유롭다.

* **입도** : 입자 하나하나의 평균 지름.

독해 포인트 혼합물이 과포화 상태가 되어 용질이 고체 입자로 석출되는 것을 결정화라 한다. 제약 등의 분야에서는 석출되는 고체 입자의 크기를 조절하기 위해 초임계 유체를 이용한다. 온도와 압력이 임계 온도와 임계 압력 이상일 때 물질은 액체도 아니고 기체도 아닌 초임계 상태로 존재한다. 결정화 공정에서는 초임계 유체의 밀도를 변화시켜 고체 입자의 입도를 조절한다. GAS 공정에서는 초임계 이산화 탄소를 반용매로 사용하는 경우가 많다. 반용매는 용질을 녹이지 않고 용매와는 잘 섞이는 물질이다. GAS 공정에서는 초임계 이산화 탄소를 혼합물에 넣어 혼합물을 과포화 상태로 만들어 용질을 고체 입자로 석출한다. RESS 공정에서는 초임계 이산화 탄소를 용매로 사용한다. GAS 공정과 RESS 공정 등의 결정화 공정에서는 주로 초임계 이산화 탄소를 사용한다. 이산화 탄소는 임계 온도가 상온과 큰 차이가 없어 압력 조절을 통해 쉽게 초임계 상태로 만들 수 있고, 그 자체로 독성이 없어 안전성 측면에서도 적합한 물질이기 때문이다.

주제 결정화 공정과 초임계 유체

12강 주산과 컴퓨터의 보수

과학 · 기술

EBS 수능특강 독서 214쪽

독해 포인트 주판을 활용하는 주산에서는 보수를 활용하여 덧셈이나 뺄셈과 같은 계산을 한다. 보수는 보충을 해 주는 수를 의미한다. 컴퓨터에서도 보수를 활용하여 계산을 한다. 그러나 컴퓨터에서는 기본 연산으로 덧셈을 활용한다. 따라서 음수를 표현할 방법이 필요하다. 컴퓨터에서 음수를 표현하는 방법에는 숫자의 가장 앞에 1을 붙이는 방법, 1의 보수를 활용한 후 가장 앞에 1을 붙이는 방법, 2의 보수를 활용한 후 가장 앞에 1을 붙이는 방법이 있다.

주 제 주판과 컴퓨터에서 보수를 이용하는 연산

인류 역사에서 계산을 지원하는 대표적인 도구 중 하나는 '주판(珠板)'이다. 주판은 5를 나타내는 알 1개와 1을
쉽고 빠르게 계산하기 위한 도구 / 주판의 윗줄
나타내는 알 4개를 사용해 십진수의 각 자리를 표시하는데, 주판을 활용하는 계산을 주산(珠算)이라고 한다. 동
주판의 아랫줄
서양에서는 상업이 발달함에 따라 주판을 현대의 컴퓨터와 유사한 기능을 수행*하는 계산 도구로 이용해 왔다.
현대의 계산기나 컴퓨터와 같은 기계의 기능을 하는 도구가 오래전부터 사용되어 왔음.
주산에서는 보수를 활용하여 계산을 한다. 보수란 보충을 해 주는 수를 의미하는 것으로, 어떤 수 a에 대한 n의
계산을 쉽게 하는 방법
보수는 a와의 합이 n이 되는 수이다. 예를 들어 7에 대한 10의 보수는 3이고, 2에 대한 10의 보수는 8이다. 보수
7+3=10 / 2+8=10
를 이용하여 9+7을 계산해 보자. 먼저 주판의 알들을 움직여 9를 표시한다. 그다음 7을 더해야 하는데 일의 자
리 주판알을 더 이상 움직일 수 없으므로 십의 자리 주판알을 움직여 10을 표시하고, 7에 대한 10의 보수 3을 9
각 자리의 주판알은 5짜리 1개와 1짜리 4개로 구성됨.
에서 빼 준다. 9+7=9+(10−3)=10+(9−3)과 같은 논리*를 활용하는 셈이다. ▶ 보수의 개념과 주판에서 덧셈을 하는 방법
9−3의 뺄셈을 수행함. 큰 수에서 작은 수를 빼는 간단한 뺄셈이 가능함.

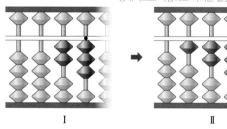

그런데 주판으로는 작은 수에서 큰 수를 빼는 경우와 같이 그 결과가 음수 값이 나오면 이를 직접 표현할 방법
상대적으로 복잡하고 어려운 뺄셈
이 없다. 예를 들어 23−61=−38과 같은 경우, 직접적으로 표현할 수가 없으므로
주판에서 음수를 표현할 수 있는 방법이 없음.
이 경우도 보수의 방법을 활용하게 된다.

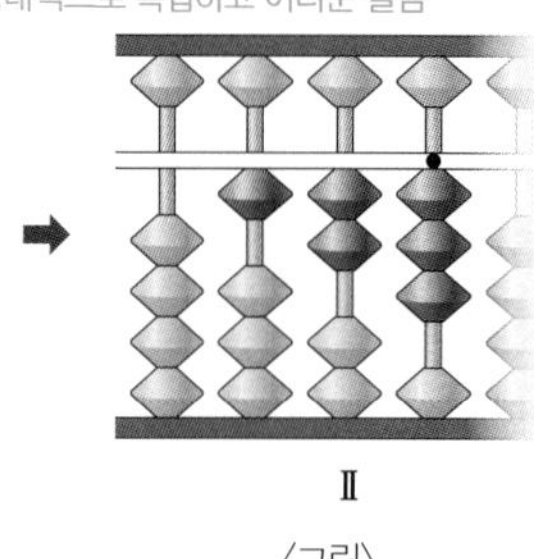

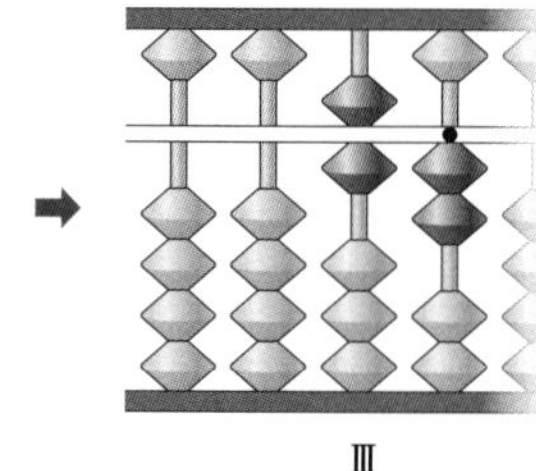

Ⅰ Ⅱ Ⅲ

〈그림〉

먼저 〈그림〉의 Ⅰ과 같이 주판에 십의 자리 주판알 두 개와 일의 자리 주판알 세 개로 23을 표시하자. 그리고
십의 자리 주판알 2개와 일의 자리 주판알 3개를 놓음.
100을 빌려 온다고 가정*해 보자. 백의 자리 주판알 하나를 움직여 123에서 61을 빼 보자. 일의 자리 3에서는 1
뺄셈을 위해 100을 빌려 왔다는 사실을 기억해야 함.
을 뺄 수 있지만, 십의 자리 2에서는 6을 뺄 수 없으므로 백의 자리를 지우고 십의 자리에 6에 대한 10의 보수를
20−60=20−100+40
더한다. 그러면 〈그림〉의 Ⅲ처럼 주판에 표시된 값은 62가 된다. 그런데 처음에 100을 빌려 왔으므로 62에 대한
62+38=100
100의 보수로 그 값을 구하면 −38이 된다. ▶ 주판을 이용해 작은 수에서 큰 수를 빼는 방법
100을 빌려 왔으므로 음수를 적용함.

보수를 이용한 연산 방법은 현재의 컴퓨터에서도 활용되고 있다. 0과 1의 이진법을 사용하는 '컴퓨터'에서의
기본 연산은 덧셈 연산이다. 곱셈의 경우 5×3은 5를 세 번 더한 것과 같은 의미이므로 5를 이진수 101로 바꾸어
곱셈이나 뺄셈도 덧셈으로 수행. 컴퓨터는 단순 작업의 처리 속도가 매우 빨라서 큰 수들의 곱셈도 덧셈 연산을 이용해 빠르게 처리할 수 있음.
곱하는 수만큼 세 번 더하는 방식으로 수행한다. 4−5와 같은 뺄셈 역시 4+(−5)와 같이 덧셈의 방법으로 수행하
뺄셈을 음수의 덧셈으로 처리함.
며, 나눗셈의 경우도 뺄셈을 하는 것과 같지만 결국 덧셈의 방법으로 수행한다. 따라서 음수를 표현할 수 있는

방법이 요구된다.

▶ 덧셈을 이용하는 컴퓨터의 연산 방법

컴퓨터에서 정확한 계산을 하기 위한 조건

음수를 표현하는 가장 간단한 방법은 표시하려는 숫자 앞에 0이나 1을 붙여 양수와 음수를 구별해 주는 것이다. 예를 들어 4비트*의 컴퓨터가 있다면, 5는 이진수로 101이므로 0101은 +5, 1101은 −5로 약속하는 것이다. 그러나 이 방법은 계산이 정확하지 않고, 계산값이 0인 경우 0000 또는 1000으로 표현되는 문제가 있다.

부호화 절댓값 / 부호화 절댓값의 두 가지 문제

▶ 컴퓨터에서 음수를 표현하는 가장 간단한 방법

음수를 표현하는 다른 방법은 1의 보수를 활용하는 것으로, 이진수의 각 자리에 대한 1의 보수를 구한 뒤 그 앞에 1을 붙여 음수를 표시하는 방식이다. 컴퓨터에서는 0과 1만을 사용한다고 하였으므로 0에 대한 1의 보수는 1이고, 1에 대한 1의 보수는 0이다. 예를 들어 −5는 101에 대한 1의 보수 010 앞에 1을 덧붙여 1010으로 표현한다. 그러면 4+(−5)=0100+1010=1110이 되어 1110의 가장 앞 자리 1은 음수를 나타내고, 나머지 숫자는 1의 보수를 활용해 연산하였으므로 다시 1의 보수로 환원*해 001=1, 즉 −1을 구할 수 있다. 그러나 이 방법 역시 계산값이 0인 경우 0000 또는 1111로 표현되는 문제가 있다.

1의 보수법 / 1의 보수법의 문제

▶ 1의 보수를 활용하여 음수를 표현하는 방법

음수를 표현하는 또 다른 방법은 2의 보수를 활용하는 것이다. 실제로 컴퓨터에서는 2의 보수법을 활용한다. 2의 보수를 활용하는 방법은 1의 보수로 나타낸 숫자에 1을 더하는 것이다. 예를 들어 −5는 이진수 101의 1의 보수 010에 1을 더해 011을 만들고 제일 앞에 1을 덧붙여 1011로 표현한다. 그리고 4+(−5)의 값은 2의 보수를 활용해 연산하였으므로 다시 2의 보수로 환원하면 −1을 구할 수 있다. 2의 보수를 활용하는 경우에서는 계산값이 1111이 표현되더라도 0을 나타내지 않아 0의 표현이 통일된다.

2의 보수법 / 음수 표현의 문제를 해결

▶ 2의 보수를 활용하여 음수를 표현하는 방법

＊비트(bit): 컴퓨터가 0과 1을 이용하는 이진법으로 연산을 수행하기 위해 사용하는 최소의 정보 저장 단위.

어휘! 이것만은 꼭 익히자

- **수행(遂行)**: 생각하거나 계획한 대로 일을 해냄.
- **논리(論理)**: 사고나 추리 따위를 이끌어 가는 과정이나 원리.
- **가정(假定)**: 사실이 아니거나 또는 사실인지 아닌지 분명하지 않은 것을 임시로 인정함.
- **환원(還元)**: 본디의 상태로 다시 돌아감. 또는 그렇게 되게 함.

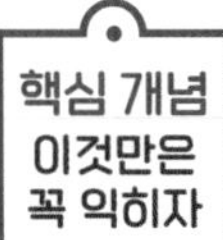

보수

보수는 보충해 주는 수를 의미하는 것이다. 예를 들어 1에 대한 10의 보수는 9이고, 7에 대한 10의 보수는 3이다. 따라서 9+7을 계산한다면, 9+7=9+(10−3)=10+(9−3)=10+6과 같이 생각할 수 있다. 보수는 뺄셈에서도 유용하게 쓰일 수 있다. 23−61을 계산한다면, 23−61=23−61+100−100=23+100−61−100=62−100=−38과 같이 생각할 수 있다. 62의 100에 대한 보수에 음수 부호를 붙이는 것이다.

이진수와 이진법

우리는 0~9까지 열 개의 숫자로 표시하고 계산하는 십진수나 십진법에 익숙하다. 같은 논리로 0과 1, 두 개의 숫자로 표시하고 계산하는 이진수나 이진법이 있다.

십진수	이진수
0	0
1	1
2	10
3	11
4	100
5	101
6	110
7	111
8	1000
9	1001

십진수와 이진수의 관계

$1\times10^0=1\times2^0$

$2\times10^0=1\times2^1+0\times2^0$

$3\times10^0=1\times2^1+1\times2^0$

$4\times10^0=1\times2^1+0\times2^1+0\times2^0$

⋮

$1\times10^1+0\times10^0=1\times2^3+0\times2^2+1\times2^1+0\times2^0$

1의 보수법과 2의 보수법

0과 1만을 사용하는 4비트 컴퓨터에서 음수를 표시하는 1의 보수법은 0은 1로, 1은 0으로 바꾼 후 제일 앞에 1을 덧붙이는 방식이다. 2의 보수법은 1의 보수법을 취한 후 다시 1을 더하는 방식이다.

십진수	1의 보수법	2의 보수법
0	0000, 1111	0000
−1	1110	1111
−2	1101	1110
−3	1100	1101
−4	1011	1100
−5	1010	1011
−6	1001	1010
−7	1000	1001

■ 0이 두 가지 방식으로 표현되면 어떤 문제가 있을까?

고성능의 컴퓨터라면 두 가지 방식으로 나타나는 0의 문제를 해결하는 것이 크게 어렵지 않을 것이라고 생각할 수 있다. 또한 계산값의 정확도 면에서는 차이가 없다고 할 수도 있다. 그러나 엄청나게 많은 양의 데이터를 처리하거나 저장한다고 가정해 보자. 한 가지 정보를 한 가지로 처리할 때의 속도나 저장 공간은, 한 가지 정보를 두 가지로 처리할 때의 속도나 저장 공간보다 훨씬 빠르고 작을 것이다.

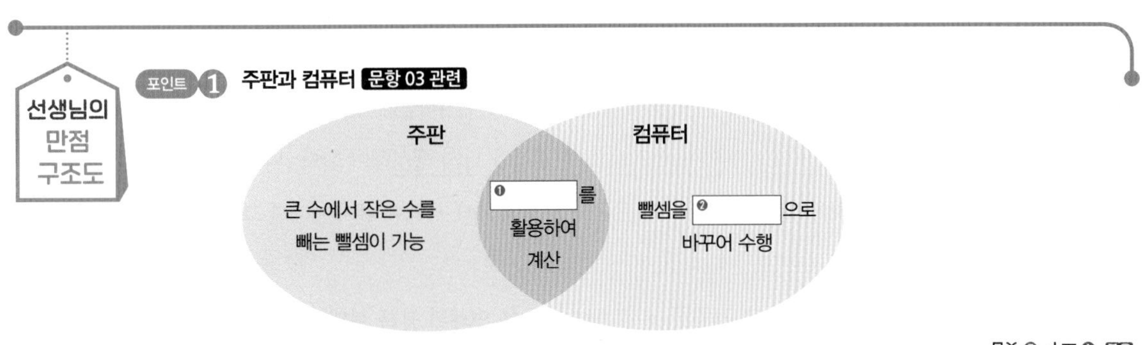

포인트 1 주판과 컴퓨터 문항 03 관련

뺄셈을 ❷ [ ]으로 바꾸어 수행

정답 ❶ 보수 ❷ 덧셈

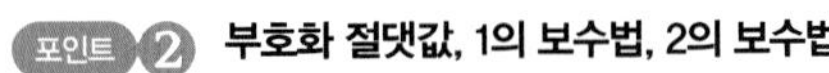

포인트 2 부호화 절댓값, 1의 보수법, 2의 보수법

부호화 절댓값: • 계산값이 ❶ [ ]하지 않음.
• 0이 두 가지(0000, ❷ [ ])로 표현됨. → 문제점이 있음.

↓ 문제점을 해결하려는 시도

1의 보수법의 문제점: 0이 두 가지(0000, ❸ [ ])로 표현됨. → 문제점이 있음.

↓ 문제점을 해결하려는 시도

2의 보수법: 0이 두 가지로 표현되지 않음. → 문제점을 해결함.

정답 ❶ 정확 ❷ 1000 ❸ 1111

13강 블록체인과 암호 화폐

과학 · 기술

EBS 수능특강 **독서 218쪽**

독해 포인트 블록체인은 연결된 블록을 P2P 네트워크를 통해 분산하여 저장하는 기술이다. 거래 내역을 포함하는 본문과 직전 블록의 연결 정보를 가진 블록이 사슬처럼 연결된 블록체인이 원장이 되고 이 원장을 모든 참여자들이 공유하므로 원장의 위변조가 어렵다. 블록체인 기술을 활용하는 전자 화폐로 비트코인과 같은 암호 화폐는 중앙은행과 같은 제삼자의 가치 담보 없이도 안정되게 화폐 가치를 인정받을 수 있다. 비트코인은 작업 증명에 의해 거래를 승인하고 가장 먼저 승인을 얻어 내는 참가자에게 비트코인을 발행해 주는 '채굴'을 통해 작동된다. 블록체인은 여러 장점에도 불구하고 큰 저장 용량과 거래 및 합의 시간의 요구 등 해결해야 될 문제를 가지고 있다.

주 제 블록체인의 작동 원리와 블록체인을 활용하는 암호 화폐인 비트코인의 작동 방식

블록체인은 데이터*를 블록*이라는 소규모의 단위로 묶어서 체인* 형태로 연결한 것을 여러 대의 컴퓨터에 중복으로 저장하는 데이터 분산* 저장 기술이다. 블록체인은 일련의 블록을 P2P 방식을 기반으로 하는 분산 환경에 저장하여 아무나 임의*로 수정할 수 없고 참가자는 누구나 변경의 결과를 열람*할 수 있도록 한 것이다. P2P는 피어-투-피어(Peer-to-Peer)의 약자로서 '피어'는 대등한 자라는 의미를 가진다. 즉 P2P는 대등한 관계의 컴퓨터 또는 컴퓨터 그룹이 통신을 수행하는, 중심이 없는 네트워크이다. P2P 네트워크에서는 노드*라고 불리는 각 컴퓨터가 서로에 대하여 동등한 역할을 담당하므로 참가하는 각 노드의 자원과 네트워크 회선을 이용해 작업 부하*를 분산시킬 수 있어 블록체인은 노드의 개수가 증가해도 서비스를 유지할 수 있는 고도의 확장성*을 가진다.

(갈라지지 않은 단일한 선의 형태 / 참가자들의 단말기, 즉 노드 / 컴퓨터와 컴퓨터가 대등하게 연결된 네트워크에 저장 / 서버-클라이언트 구조에서는 서버가 중심 / 개별 컴퓨터의 저장 용량과 연산 능력 등을 의미 / 자기에게 필요한 것은 각 노드가 가지고 참여함. / P2P에서는 연산을 나누어 처리할 수 있음.)

▶ P2P를 통한 분산 저장 기술인 블록체인

블록체인의 블록은 생성된 시간 순서대로 연결되어 체인을 이루는데 단위 블록은 본문, 헤더*, 블록 해시*의 세 부분으로 구성되어 있다. 본문은 여러 개의 거래 내역으로 이루어져 있고, 헤더는 본문의 거래 내용을 반영하는 고유 식별* 번호인 머클루트*와 직전 블록의 블록 해시를 포함하며, 블록 해시는 헤더의 모든 정보를 하나의 값으로 표현한 일종의 고유 식별 번호이다. 이렇게 블록들은 블록 해시라는 연결 고리*로 서로 연결되어 있어서 한 블록의 거래 내역을 변경하면 그 이후에 이어지는 모든 블록을 다시 생성해야 한다. 따라서 과거에 생성된 블록의 내용을 조작*하는 것이 어렵다. 반대로 과거의 어느 시점에 거래 내역이 존재한다면 그것은 그 시점에 거래가 이루어졌다는 것을 객관적으로 알 수 있다.

(블록의 구성: 본문, 헤더, 블록 해시 / 헤더=머클루트(자체 본문 정보)+직전 블록의 블록 해시(연결 정보)+기타 / 블록 해시=헤더의 정보를 번호로 표현 / 블록 내용의 변경은 마지막 것에서만 일어남.)

▶ 블록체인에서 블록의 구성과 특성

블록체인은 네트워크에 참여한 모든 사람이 모든 거래 내용을 연쇄된 블록 형태의 원장*에 기록된 형태로 소유하기에 분산형 원장 기술이라고도 불린다. 분산형 원장에서는 한 개인이 원장의 위조*나 변조*를 하기는 어려워서 정보의 무결성*이 보장될 뿐 아니라 정보의 훼손 및 파괴로부터 정보를 보호하므로 정보의 가용성*이 확보된다. 새로운 거래 내역이 블록체인 마지막 블록에 추가되면 P2P 네트워크에 참가하고 있는 모든 사용자로부터 그 타당성*을 검증*받아야 하므로 부정 거래를 방지할 수 있다.

(단위 블록의 연쇄인 블록체인 전체가 원장 / 결함이 있는 정보는 블록에 담기지 않음. / 개별 노드에 있는 블록의 정보는 훼손되지 않아 언제든 사용 가능)

▶ 블록체인이 보장하는 정보의 무결성과 가용성

블록체인 기술을 적용하면 일반 통화 또는 일반적인 전자 화폐와 달리 중앙은행과 같은 제삼자가 가치를 담보*하지 않아도 되는 전자 화폐를 만들 수 있다. 이전의 전자 화폐는 발행하는 기관이 있고 그 기관이 그 가치를 보증*할 수 있어야 했지만 블록체인에 의한 암호 화폐는 그런 기관이 없어도 화폐로 기능할 수 있다. 블록체인에서는 임의로 자신이 가진 화폐량을 부풀릴 수 없고 화폐의 교환 가치 또한 모든 참가자에게 알려져 속일 수 없기

(발행 기관이 가치를 보증함. / 원장이 참가자들 모두에게 공유되기 때문)

때문이다. ▶ 블록체인을 활용하는 전자 화폐의 장점

블록체인 기술을 기반으로 한 암호 화폐에는 비트코인이 있다. 비트코인의 P2P 네트워크에서는 참가자들이 서로 거래 내역을 송수신해 데이터를 확산시키므로 네트워크에 참가한 모든 참가자는 동일한 거래 기록을 보유하게 된다. 거래 내역을 수신한 참가자들은 수신받은 거래 내역을 검증하고 승인*하는 작업을 수행하는데, 승인 과정에는 거래 내역과 관련된 해결하기 어려운 계산 문제를 푸는 것이 포함되어 있다. 이러한 승인 과정을 작업 증명(POW)이라고 부른다. 승인 과정을 가장 빨리 완수한 참가자가 승인한 블록이 네트워크에 전파되어 모든 노드가 공유하게 되는 새 블록이 된다. 그리고 당사자는 보상*으로 비트코인을 획득하게 되는데 이런 방식으로 비트코인을 발행하는 방식을 채굴*이라고 부른다. 이처럼 비트코인은 모든 거래 내역을 중앙 집권적*인 거래 내역 데이터베이스 없이 분산형 구조만으로 구현한다.

비트코인은 승인 과정에 어려운 문제를 푸는 방식인 작업 증명을 채택

POW=Proof of Work

승인으로 채택한 작업 증명의 대가로 비트코인을 발행하는 방식 채택

▶ 블록체인을 이용하는 비트코인의 승인과 채굴

블록체인은 그 편리성에도 불구하고 해결해야 할 문제들도 가지고 있다. 각 노드에서 블록체인의 거래 정보는 계속 누적될 것이므로 이로 인한 저장 공간 마련을 위한 비용 증가와 실행 시간의 증가가 발생할 수 있다. 또한 둘 이상의 참가자가 동시에 승인을 얻어 블록체인이 두 갈래로 갈라져 이어지는 분기*가 나타날 경우 긴 체인을 올바른 것으로 판단하기로 정하였으므로, 긴 체인이 채택되면 짧은 체인을 사용하고 있던 노드에서는 짧은 체인이 긴 체인으로 전환되면서 문제가 발생할 수 있다. 예를 들어 계좌 잔액이 변경되거나 거래 자체가 없었던 일로 취소되기도 한다. 비트코인은 이런 현상을 방지하기 위해 거래가 확정되더라도 여섯 블록가량이 생성되어 지나가지 않으면 연속으로 다음 거래를 할 수 없게 하는 등의 제한을 설정하였다. 또한 P2P 네트워크는 단일 정보를 다수의 노드가 중복으로 공유하는 구조이기 때문에 정보가 네트워크 내 모든 노드에 확산되는 데 시간이 걸리는 것을 감수*해야 한다. 게다가 여러 참가자 간 합의를 통해 정보의 신뢰성을 담보하고 있기 때문에 합의를 위한 시간도 필요하다. 따라서 거래 내역을 원장에 반영하는 시간의 지연이 발생할 수 있기에 시스템의 작동을 한없이 신속하게 만드는 데 한계가 있다.

체인의 길이가 계속 길어짐.

거래 내역에 대해 승인을 얻으면 해당 블록이 전파됨.

여섯 블록을 먼저 생성한 쪽이 최종 공인됨.

거래 내역의 승인을 통한 블록의 생성이 합의의 형태임, 비트코인=1블록당 10분, 거래 확정에 60분 요구

▶ 블록체인의 해결해야 할 문제

* **노드:** 대형 네트워크를 구성하는 개별 장치.
* **원장:** 회계상 거래 발생의 내용을 정리해 놓은 장부.

어휘! 이것만은 꼭 익히자

- **데이터(data)**: 컴퓨터가 처리할 수 있는 문자, 숫자, 소리, 그림 따위의 형태로 된 정보.
- **블록(block)**: 다수의 거래를 모아서 하나로 관리하기 위한 묶음.
- **체인(chain)**: 쇠로 만든 고리를 여러 개 죽 이어서 만든 줄.
- **분산(分散)**: 갈라져 흩어짐. 또는 그렇게 되게 함.
- **임의(任意)**: 일정한 기준이나 원칙 없이 하고 싶은 대로 함.
- **열람(閱覽)**: 책이나 문서 따위를 죽 훑어보거나 조사하면서 봄.
- **노드(node)**: 데이터 통신망에서, 데이터를 전송하는 통로에 접속되는 하나 이상의 기능 단위. 주로 통신망의 분기점이나 단말기의 접속점을 이름.
- **부하(負荷)**: 짐을 짐. 또는 그 짐.
- **확장성(擴張性)**: 확장하거나 팽창시키는 성질.
- **헤더(header)**: 서류의 어떤 페이지의 가장 위에 배치된 정보.
- **해시(hash)**: 다양한 길이를 가진 데이터를 고정된 길이를 가진 데이터로 매핑(mapping)한 값.
- **식별(識別)**: 분별하여 알아봄.
- **머클루트(Merkle root)**: 블록에 포함된 거래 내역을 나무 형태로 요약한 것인 머클트리(Merkle tree)의 뿌리 부분을 가리킴.
- **연결 고리(連結고리)**: 하나의 목적 프로그램이 끝난 후에 다음 목적 프로그램을 호출할 수 있도록 연결되어 있는 기능.
- **조작(造作)**: 어떤 일을 사실인 듯이 꾸며 만듦.
- **원장(元帳)**: 자산이나 부채, 자본의 상태를 표시하는 모든 계정 계좌를 설정하고서 차변과 대변으로 나누어 거래를 전부 기록하는 장부.
- **위조(僞造)**: 어떤 물건을 속일 목적으로 꾸며 진짜처럼 만듦.
- **변조(變造)**: 이미 이루어진 물체 따위를 다른 모양이나 다른 물건으로 바꾸어 만듦.
- **무결성(無缺性)**: 데이터의 정보가 변경되거나 오염되지 않도록 하는 원칙. 네트워크에서 데이터 전송 시 비인가 접속자가 데이터를 변경하거나 위조하지 않았다는 것을 나타냄.
- **가용성(可用性)**: 인증된 개체의 요구로 인하여 데이터 또는 자원에 접근 또는 이용이 가능해지는 특징.
- **타당성(妥當性)**: 사물의 이치에 맞는 옳은 성질.
- **검증(檢證)**: 검사하여 증명함.
- **담보(擔保)**: 맡아서 보증함.
- **보증(保證)**: 어떤 사물이나 사람에 대하여 책임지고 틀림이 없음을 증명함.
- **승인(承認)**: 어떤 사실을 마땅하다고 받아들임.
- **보상(報償)**: 어떤 것에 대한 대가로 갚음.
- **채굴(採掘)**: 땅을 파고 땅속에 묻혀 있는 광물 따위를 캐냄.
- **집권적(集權的)**: 권력을 한곳으로 집중시키는 성향이 있는 것.
- **분기(分岐)**: 나뉘어서 갈라짐. 또는 그런 갈래.
- **감수(甘受)**: 책망이나 괴로움 따위를 달갑게 받아들임.

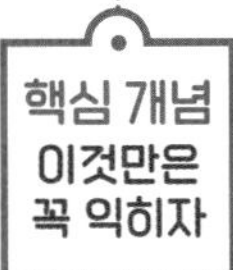

분산형 원장 기술

블록체인은 서버 없이 P2P 네트워크를 활용해 참가자 컴퓨터의 노드마다 블록의 형태로 거래 장부를 복사하여 보관하는 방식으로 원장의 객관성, 무결성, 가용성을 보장하는 기술이다. 모든 참가자가 암호화되어 저장되는 거래 기록을 담은 장부인 블록을 체인의 형태로 이어 나가기 때문에 이런 이름이 붙여졌다. 분산형 원장 기술은 원장 내용의 변조를 막기 위하여 거래 정보를 저장하는 서버의 보안에만 치중하지 않고도 거래 정보의 복사본을 모든 참가자에게 맡기고 때때로 비교함으로써 무결성을 확보하는 방식으로 비교적 저렴하게 보안의 목적을 달성할 수 있기에 선호된다.

포인트 2 **비트코인의 작업 증명과 채굴**

블록체인을 채용하는 암호 화폐인 비트코인에서는 거래 정보를 블록에 기록하고 참가자들에게 승인을 얻는 과정에 다수의 참가자가 동시에 참여하게 되는데 여기에서 가장 빨리 승인을 얻는 참가자는 블록을 새롭게 생성할 권한을 얻고 보상으로 새로운 코인을 발급받는다. 이렇게 블록을 얻기 위해 어려운 암호를 푸는 문제로 우선순위를 다투어 승인을 얻어 내는 합의 과정을 작업 증명(Proof of Work, POW)이라고 부른다. 비트코인에서는 POW에 의해 새로운 코인을 발행하는 방식을 택하고 있기 때문에 이것을 코인 채굴(mining)이라고 부른다. 채굴에 성공하기 위해서는 다른 참가자보다 빠르게 문제를 풀어야 하므로 연산 성능이 좋은 GPU 등을 많이 확보하는 것이 좋다. 작업 증명 과정에는 시간이 필요하다는 점에서 승인이 이루어지는 데에 매번 10분 정도가 소요된다. 이 시간에는 동시에 두 명의 참가자가 승인을 얻어 내 새로운 블록을 형성할 경우에 체인이 분기하게 되는데 이것을 정리하여 하나의 체인만 남기기 위해 소요되는 시간까지 포함된다.

■ **블록 해시는 무슨 기능을 하는 걸까?**

블록체인의 블록을 만들 때 블록 해시는 헤더의 내용을 하나의 값으로 표현한 것이고, 헤더에는 머클루트가 들어가 있는데, 이는 블록 본문의 개별 거래 내역을 요약하는 해시들을 연결하여 하나의 해시값으로 표현한 것이다. 머클루트 외에도 헤더에는 이전 블록의 해시가 포함되어 있어서 이 모든 정보가 요약되어 블록 해시로 표현된다. 왜 이와 같이 계속 해시를 만드는 과정을 거치는지 이해하기 위해서는 해시 함수에 대해서 알아야 한다. 해시 함수는 입력값을 넣으면 출력값을 내놓는데, 출력값만 보아서는 입력값을 전혀 예측할 수 없는 그런 복잡한 함수이다. 그러므로 해시 함수의 속성상 출력값인 블록 해시를 아는 것만으로는 입력값인 헤더의 내용을 알 수 없다. 또한 헤더에 들어간 머클루트를 아는 것만으로는 해당 블록 본문 내용을 알 수 없다. 이렇게 블록체인은 해시 함수를 이용해서 블록에 기록된 정보가 불특정 다수에게 알려지지 않도록 조치한다. 거래 정보는 철저하게 관련자에게만 알려져야 하고 타인에게는 비밀로 해야 하기 때문이다. 본문의 거래 내역은 해시 함수로 암호화되기를 반복하고 이전 블록의 해시까지 포함한 내용을 요약한 것을 암호화한 것이 블록 해시이다.

선생님의 만점 구조도

포인트 1 **블록체인의 블록 구조** 문항 02 관련

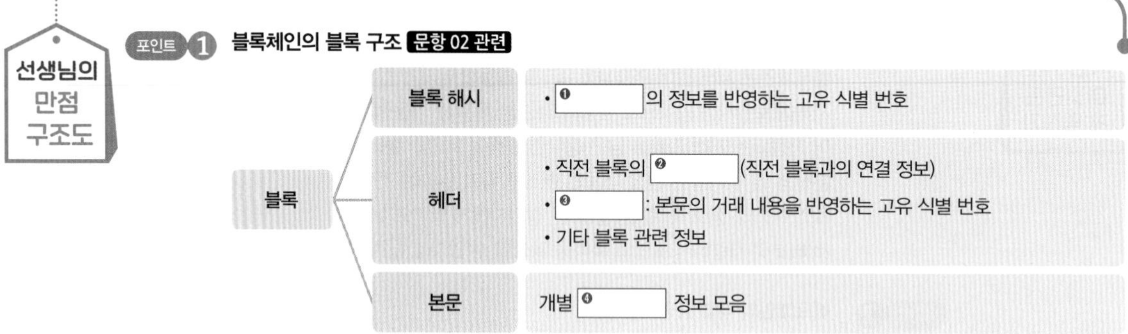

블록
블록 해시
• ❶ [ ] 의 정보를 반영하는 고유 식별 번호
헤더
• 직전 블록의 ❷ [ ] (직전 블록과의 연결 정보)
• ❸ [ ] : 본문의 거래 내용을 반영하는 고유 식별 번호
• 기타 블록 관련 정보
본문
개별 ❹ [ ] 정보 모음

정답 ❶ 헤더 ❷ 블록 해시 ❸ 머클루트 ❹ 거래

포인트 2 **비트코인에서의 채굴 과정**

노드들이 P2P를 통해 ❶ [ ] 을/를 수신함.

↓

각 노드는 거래 내역이 유효한지 ❷ [ ] 함.

↓

각 노드는 거래 내역 승인을 위해 어려운 문제를 푸는 ❸ [ ] 을/를 함.

↓

가장 먼저 답을 낸 참가자의 블록이 ❹ [ ] 이/가 되어 전파됨.

↓

가장 먼저 답을 낸 참가자는 보상으로 ❺ [ ] 을/를 받음.

정답 ❶ 거래 내역 ❷ 검증 ❸ 작업 증명 ❹ 대표 블록 ❺ 비트코인

비트코인

화폐 및 금융 거래는 거래에 필요한 신뢰 및 보안상의 문제 등으로 인해 디지털의 손길이 가장 미치지 않는 분야 중 하나이다. 이러한 상황에서 거래 당사자 사이에서만 오가는 전자 화폐인 비트코인의 출현은 주목할 만하다. 비트코인은 2009년 태어난 디지털 가상 화폐로, 중앙 통제적인 금융 기관의 개입 없이 그 발행과 관리가 이루어진다. 그러나 비트코인은 물리적인 실체가 있는 지폐와는 달리, 쉽게 복제가 가능하며 원본과 사본의 차이가 없는 데이터로만 존재한다는 점에서 그 안전성에 대한 의심이 끊임없이 제기되어 왔다. 그럼에도 불구하고 비트코인 거래 시스템이 유지될 수 있는 이유는 무엇일까?

비트코인 사용자인 온라인 쇼핑몰 운영자 '갑'과 고객 '을'의 거래를 통해 비트코인 거래 과정을 살펴보자. 둘의 컴퓨터에는 모두 비트코인 지갑이 설치되어 있다. 지갑이란 일종의 프로그램 파일로, 이 프로그램을 통해 여러 개의 비트코인 계정 주소에 접속하고 이들을 관리할 수 있다. 각 계정마다 잔고가 표시되는 비트코인 계정은 은행 계좌와 유사한 역할을 하지만, 비트코인 사용자들은 자신이 원하는 만큼 계정을 생성할 수 있으며, 사생활 보호를 위해 거래마다 매번 새로 계정을 만드는 것이 권장된다. 을이 자신의 비트코인 지갑을 이용하여 갑의 계정으로 상품 대금을 보내거나 갑이 자신의 비트코인 계정으로 을이 송금한 상품 대금을 받기 위해서는, 공개키와 비밀키로 구성된 새로운 비트코인 계정을 생성해야 한다. 계정의 주소가 곧 고유한 공개키이며, 이 공개키와 연결되어 있는 비밀키는 거래 당사자 각각의 지갑에 저장되어 당사자 간의 거래를 승인하는 것이다. 을이 비밀키를 이용해 송금의 실행을 지시하면, 비트코인 사용자들의 컴퓨터는 실행 요청이 을의 계정에서 정상적으로 이루어진 것인지를 공개키를 이용하여 자동으로 확인하게 된다. 임의의 조작을 방지하기 위하여, 비트코인 사용자들의 컴퓨터 중 과반수에 의해 인정되고 확인된 경우에만 송금의 실행이 이루어지고, 이 거래 내역은 비트코인 네트워크상의 장부에 기록된다.

거래 기록은 10분 단위로 한 번씩 묶여 갱신되며, 모든 비트코인 사용자들은 10분 단위로 갱신되는 거래 기록의 묶음을 공유한다. 이 묶음이 바로 '블록(block)'으로, '블록체인'은 이 블록들이 모인 거래 장부 전체를 가리킨다. 각각의 블록은 새로 발행된 비트코인을 포함하고 있는데, 이는 비트코인을 얻고자 하는 사람들, 즉 채굴자(마이너, miner)들을 블록 형성에 끌어들이는 요인으로 작용한다. 채굴자들의 컴퓨터는 '암호화 해시 함수'를 계산하도록 설정되어 있다. 암호화 해시 함수는 특정 데이터를 영문과 숫자로 이루어진 고정된 길이의 배열로 변형시키는 작업을 하며, 변형된 값을 해시값이라고 한다. 이 값은 원본 데이터에 아주 미세한 변화만 있어도 크게 달라지기 때문에, 어떤 데이터가 어떤 형태의 해시값으로 변형될지 예측하는 것은 불가능하다. 10분 단위로 블록이 생성될 때마다 이 블록에는 논스(해시값 산출 과정에 앞서 데이터에 첨부되는 임의의 숫자. 논스를 바꾸면 해시값이 크게 달라진다.)가 추가되어 새로운 해시값이 생성된다.

이 해시값에 10분 후 또 다른 블록이 추가되고 다시 논스가 추가되면서 이전과 다른 해시값이 생성되며, 이 과정은 끊임없이 반복된다. 채굴자들은 어떤 논스가 추가될지 알 수 없으며, 따라서 새로운 해시값도 알 수 없지만, 그들이 가진 컴퓨터를 이용해 무작위로 논스를 대입하여 새로운 해시값을 생성해 낸다. 이들 중 한 명이 산출해 낸 해시값이 블록체인에서 산출한 해시값과 동일한 경우, 그는 최근의 블록에 포함된 비트코인을 보상으로 받게 된다.

2012년 5월 8일 1,322개의 거래 기록으로 이루어진 18만 1,919번째 블록이 생성되었다. 모든 블록의 거래 기록은 새로운 비트코인을 발굴하고자 하는 수많은 채굴자들의 해시값 생성 시도와, 기존의 비트코인으로 거래하고자 하는 이용자들의 거래 기록으로 이루어져 있다. 누군가 특정 기록을 위조함으로써 이익을 취하기 위해서는 비트코인 사용자들의 과반수가 사용하는 컴퓨팅 파워에 맞먹는 능력의 컴퓨터를 사용하여 수정하고자 하는 기록 이후의 모든 작업들을 되돌려야 하는데, 이러한 작업은 불가능에 가깝다.

블록체인을 이용한 비트코인 거래 시스템은 '보안'이라고 하면 흔히 떠오르는 폐쇄적이고 복잡한 체계와 관련된 문제를 뒤흔들면서, 동시에 보안상의 이유로 지금까지 중앙 금융 시스템에 집중되어 왔던 권력이 사용자 손으로 돌아갈 수 있는 가능성을 제시하였다. 금융 시스템을 금융 사용자가 직접 꾸리고 관리하면, 금융 회사가 가져갔던 이득이 사용자 손에 고스란히 떨어질 것이다. 비트코인이 인터넷 이후 가장 혁명적인 기술로 불리는 이유는 바로 이 때문이다.

독해 포인트 이 글은 2009년 생겨난 디지털 가상 화폐인 비트코인과 그 거래 시스템의 작동 과정에 대해 설명하고 있다. 전자 화폐의 일종인 비트코인이 안전성에 대한 의구심에도 불구하고 거래 시스템이 유지될 수 있는 이유를, 공개키와 비밀키로 구성된 계정을 통한 거래 과정과, 이러한 거래 기록들이 모여 구성되고 10분 단위로 갱신되는 '블록'의 형성 과정, 그리고 '블록'의 형성 과정에 기여하는 채굴자들의 비트코인 채굴 과정에 대한 설명을 통해 드러내고 있다. 결과적으로 비트코인 거래 시스템은 폐쇄적이고 복잡한 '보안'의 개념을 뒤흔들고 금융 사용자가 직접 꾸리고 관리하는 금융 시스템의 가능성을 제시했다는 데서 그 의의를 찾을 수 있다.

주제 비트코인 거래 시스템의 작용과 의의

II

주제 통합

01강 미국의 정치 체제와 민주주의

주제 통합

EBS 수능특강 **독서 223쪽**

독해 포인트 (가) 이 글은 자유주의와 공화주의를 추구했던 연방주의자들의 미국 정치 체제 구상에 대해 설명하고 있다. 연방주의자들은 파당에 의해 시민의 권리와 공동체의 이익이 침해받는 것을 막기 위해, 권력 분립 제도와 광역 공화국을 새로운 정치 체제의 기초로 삼아야 한다고 생각했다. 그들은 자유주의 사상의 인간 본성에 대한 불신을 바탕으로, 개인의 권리를 보호하기 위해서는 권력이 분립되어야 한다고 보았다. 그러나 권력 분립 제도만으로는 다수에 의한 파당을 견제하기 힘들다는 점에서, 연방주의자들은 연방 정부에 의해 운영되는 광역 공화국을 주장했다. 이는 광대한 영토에서는 다수가 파당을 형성하기 어려우며, 시민의 대표자들은 일반 시민보다 공공선을 실현할 가능성이 높다는 생각이 반영된 것이다.
(나) 이 글은 토크빌이 분석한 19세기 미국 사회의 민주주의에 대해 설명하고 있다. 토크빌에게 있어 자유는 그 자체로 절대적 가치를 가지는 것으로, 개인이 사적인 행복을 향유할 뿐 아니라 사회에 적극적으로 참여할 때 완성된다. 하지만 당시 프랑스 민주주의에서는 사적 이익만을 추구하는 개인주의와 물질주의로 인해 자유가 훼손되는 현상이 나타나고 있었다. 토크빌은 미국 사회에 대한 관찰을 통해 미국 사회가 물질주의와 개인주의라는 민주주의의 위험성을 드러낼 조건을 충족하고 있다고 분석했다. 하지만 당시 미국 사회에서는 다수에 의한 폭정이나 자유가 훼손되는 현상이 나타나지 않았는데, 이러한 원인으로 토크빌은 권력 분산과 배심원제 등의 제도적 원인을 제시한다. 그리고 토크빌은 이러한 제도보다 미국 시민들이 민주주의에 대한 '마음의 습속'을 지니고 있었던 것이 미국 사회에서 민주주의의 위기가 나타나지 않은 가장 중요한 원인이었다고 분석했다.

주 제 (가) 자유주의와 공화주의를 실현하기 위한 연방주의자들의 미국 정치 체제 구상
(나) 토크빌이 분석한 19세기 미국 민주주의

가 18세기 조지 워싱턴, 매디슨, 프랭클린 등 미국 연방 정부의 수립을 주장했던 연방주의자들이 구상한 제헌 헌법은 개인의 권리 보호라는 자유주의의 목표와 공공선의 획득이라는 공화주의의 이상(연방주의자들이 추구했던 목표)을 동시에 추구한 정치적 기획이었다. 연방주의자들은 정부를 운영하는 데 가장 큰 걸림돌은 파당이며, 이를 막기 위해서는 지방 정부가 다스리는 소규모 공화국들(반연방주의자들의 주장)보다 연방 정부에 의해 운영되는 광역 공화국(연방주의자들의 주장)이 효과적이라고 주장했다. 파당이란 사람들이 이해관계 혹은 종교적·정치적 신념을 중심으로 집단을 이루는 것을 말하는데, 연방주의자들은 파당이 다른 시민의 권리나 공동체의 이익을 침해한다고 보았다.

▶ 연방주의자들의 미국 제헌 헌법 구상과 파당에 대한 경계

근대 자유주의는 교회, 왕정 등 구질서를 타파*함으로써 개인의 권리를 보장하려 하였다. 로크는 인간은 자유롭고 평등한 존재라는 자연권* 사상을 바탕으로, 국가의 가장 중요한 임무는 개인의 생명, 자유, 재산을 보호하는 것이라고 보았다. 따라서 그는 개인의 권리(개인의 생명, 자유, 재산에 대한 권리)가 침해되지 않도록 국가 권력이 철저히 제한되어야 할 뿐 아니라 입법권과 다른 국가 권력이 분리된 채 존립해야 한다(권력 분립의 원리)고 주장했다. 인간에게는 권력을 장악하려는 이기심이 있기 때문에 입법자들이 자신이 만든 법률에 대해 그것을 집행하는 권력(행정권, 사법권)까지 차지하려 하기 때문이라는 것이다. 이처럼 자유주의 사상은 인간 본성에 대한 불신(인간은 이기적임.)을 전제한다. 연방주의자들 역시 권력을 제한하는 가장 효과적인 방법은 서로의 이해관계(자기 이익을 높이려는 이기심)를 이용하는 것이라고 보았다. 대등한 권력 간의 상시적인 상호 견제*(권력 분립에 의한 입법권, 행정권, 사법권 간의 상호 감시와 견제)를 통해 개인의 권리를 보호할 수 있다고 본 것이다.

▶ 권력 분립 제도의 사상적 근거로서 근대 자유주의

하지만 연방주의자들은 권력 분립 제도가 소수에 의한 파당(소수가 집단을 이루는 것)은 견제할 수 있지만 다수가 파당을 형성하는 것(다수가 집단을 이루는 것)을 막는 데에는 한계가 있다고 생각했다. 특히 소규모 공화국에서 시민이 직접 정치에 참여하는 직접 민주주의의 경우, 다수에 의한 파당이 발생하는 것을 막을 수 없다고 보았다. 소규모 공화국에서는 의사소통이 용이하므로(시민의 숫자가 적고 시민들이 서로 지역적으로 가깝기 때문에) 다수에 의한 파당이 여론을 장악하여 소수 집단이나 개인의 권리가 희생된다는 것이다. 반면 광범위한 지역의 다수는 다른 시민의 권리를 침해하려는 공통의 동기를 갖거나 파당을 형성하는 것이 어렵다고(시민의 숫자가 많아 공통의 이해관계를 갖기 힘들기 때문에) 주장했다.

▶ 연방주의자들이 광역 공화국을 기획한 이유

이에 대해 반연방주의자들은 영토가 넓은 나라는 공공선*이라는 공화주의적 가치가 추구되기 어려우며 필연

적으로 독재*가 발생할 것이라고 비판했다. 공화주의적 질서를 유지하기 위해서는 국민들이 공적인 문제에 항상 관심을 가져야 하는데 큰 나라에서는 이것이 불가능하며, 시민들이 지역적으로 멀리 떨어져 있는 상황에서 권력에 가까이 있는 대표자들이 공화국을 소수 엘리트*를 위한 체제로 변질시킬 것이기 때문이다. 그러나 연방주의자들은 대의제*가 직접 민주주의에 비해 공공선을 실현할 가능성이 높다고 반박했다. 광역 공화국에서 선출된 시민의 대표들은 일반 시민보다 국가에 대한 사랑과 지혜를 더 많이 갖고 있어 국익을 편협한 관점에서 희생시키지 않기 때문이라는 것이다. 연방주의자들은 이러한 생각에 바탕을 두고 연방 정부에 의해 통치되는 광역 공화국을 기획하였고, 미국이라는 새로운 정치 체제의 실험을 통해 개인의 자유와 공동체의 공공선을 모두 달성하고자 하였다.

반연방주의자들이 지방 정부가 다스리는 소규모 공화국을 주장한 이유

연방주의자들은 선출된 시민의 대표인 엘리트를 일반 시민보다 우월한 존재로 가정함.

▶ 광역 공화국에 대한 반연방주의자들의 비판과 연방주의자들의 반박

(나) 19세기 프랑스의 사상가 토크빌이 프랑스 혁명 이후 목도*한 현상은 자유를 기치*로 건립된 민주주의 체제에서 오히려 자유가 훼손되는 것이었다. 토크빌에게 있어 자유는 어떤 가치를 위한 선결* 조건이 아닌, 시대와 역사를 초월하여 그 자체로 절대적 가치를 가진다. 이때 자유란 도덕적 생활에 기초해 적극적으로 선택할 수 있는 능력을 의미하며, 따라서 개인이 사적인 행복을 향유*할 뿐 아니라 사회에 적극적으로 참여할 때 비로소 완성되는 것이다. 토크빌은 프랑스 민주주의의 위기를 통해 민주주의 내부에서 일어날 수 있는 모순, 즉 평등해진 인간이 돈벌이에만 치중*하여 자신을 고립시킬 위험을 지적하였다. 개인이 사적 이익만을 추구하게 되면 정치 영역이 사익에 잠식*되는 현상이 발생한다는 것이다. 또한 개인주의가 팽배*하여 정치에 대한 무관심이 만연하면 다수의 묵인하에 일상생활의 세세한 측면까지 규율되는 합법적 폭력이 야기*될 수 있다고 보았다. 이처럼 토크빌은 자유에 대한 왜곡된 인식으로 인해 발생한 지나친 사적 이익 추구와 여기에서 비롯된 공공 정신의 소멸, 정치에 대한 참여의 결핍이 자유를 훼손하는 것을 민주주의의 문제점으로 지적했다.

지나친 사적 이익 추구, 공공 정신의 소멸, 정치에 대한 참여의 결핍

토크빌에게 있어 자유는 개인이 자신이 속한 사회에 적극적으로 참여하여 공동체의 결정을 스스로 내리는 것을 의미함.

민주주의라는 이름 아래 개인의 자유를 억압하는 폭력

▶ 19세기 프랑스 민주주의에서 나타난 개인주의의 만연과 자유의 훼손

토크빌은 프랑스 민주주의의 위기 속에서 당대 신생 국가인 미국 사회를 분석했다. 그는 자신의 저서 『미국의 민주주의』에서 새로운 정치 체제의 실험장이었던 미국 사회를 분석함으로써 민주주의가 나아갈 길을 제시하고자 하였다. 토크빌은 19세기 미국의 모습을 관찰하고 미국 사회를 물질적 욕구를 위해 스스로 모든 것을 종속시킨 사회라고 규정했다. 그에게 있어 미국은 사적 이익을 위해 사회 전체를 집중시키고 있는 것처럼 보였다. 또한 미국을 구성한 이민자들은 처음부터 모두가 비슷한 처지의 사람들이었기 때문에 타인의 특권을 인정하지 않고 개인의 권리와 자유에 매우 민감하게 행동했다. 요컨대 미국 사회는 물질주의와 개인주의라는, 토크빌이 우려한 민주주의의 위험성을 드러낼 조건을 충족하고 있었다.

대의제 민주주의에 기반한 연방 정부 체제

물질주의로 인한 개인의 사적 이익 추구가 극에 달함.

개인주의가 팽배함.

▶ 물질주의와 개인주의가 팽배한 19세기 미국 사회

하지만 토크빌이 보기에 당시 미국에서는 다수에 의한 폭정이나 자유가 훼손되는 현상이 나타나지 않았다. 토크빌은 그 원인으로 먼저 중앙 집권화된 행정권의 부재를 꼽았다. 연방 정부의 지배권은 외교나 안보 같은 분야에 국한*돼 있었으며, 행정권은 각 지역의 소규모 공동체에 배분돼 있었다. 예를 들어 마을 공동체인 '타운(town)'은 가능한 한 많은 수의 사람들의 참여를 보장하고 있었고, 주민들은 타운에 애착을 갖고 작은 영역에서도 공적인 역할을 수행하고 있었다. 또한 토크빌은 미국의 배심원 제도가 판결에 대한 존중과 권리에 대한 개념

민주주의가 위기에 놓일 조건이 충분했음에도 실제로 위기가 발생하지 않음.

미국 사회에 민주주의의 위기가 나타나지 않은 제도적 이유

소규모 공동체에 대한 시민들의 공적인 참여

배심원제로 인한 시민들의 공공 정신 형성

을 시민 사회에 형성시키고 있다고 보았다. ▶ 미국 사회에서 자유의 훼손 현상이 나타나지 않았던 원인 ① – 권력의 분산과 배심원제

그러나 토크빌은 이러한 제도보다 민주주의라는 '마음의 습속*'이 미국 사회를 건전하게 유지하는 가장 중요한 요인이라고 생각했다. (미국 사회에 민주주의의 위기가 나타나지 않은 사회 문화적 이유) 마음의 습속이란 시민 사회의 구성원이 지향하는 가치 체계가 삶의 생활 양식으로 내재화된 상태로, 구성원들의 자발성에 기초하여 형성된다. 토크빌은 당대 미국 시민들이 공적인 일에 대한 적극적인 책임과 참여를 사적인 이익 못지않게 소중하게 여기는 마음의 습속을 지니고 있다고 생각했다. 민주주의 사회에서 물질주의와 개인주의가 나타날 수 있지만, 시민들이 이기심을 절제하고 공동의 이익을 고려할 수 있다면 민주주의의 모순은 발생하지 않는다는 것을 발견한 것이다. (사적 이익 추구와 개인주의가 팽배하더라도 공공의 이익에 대한 관심이 유지된다면 민주주의의 위기는 발생하지 않음을 발견함.) 이처럼 토크빌은 민주 사회의 개인은 공동체의 구성원으로서의 책임과 참여 의식을 지닐 때에만 온전한 개인(진정한 자유를 누리는 평등한 개인)이 될 수 있다는 것을 간파*했다.

▶ 미국 사회에서 자유의 훼손 현상이 나타나지 않았던 원인 ② – 민주주의에 대한 '마음의 습속'

어휘! 이것만은 꼭 익히자

- **타파(打破)**: 부정적인 규정, 관습, 제도 따위를 깨뜨려 버림.
- **자연권(自然權)**: 자연법에 의하여 인간이 태어나면서부터 가지고 있는 권리. 자기 보존이나 자기 방위의 권리, 자유나 평등의 권리 따위가 있음.≒천부 인권.
- **견제(牽制)**: 일정한 작용을 가함으로써 상대편이 지나치게 세력을 펴거나 자유롭게 행동하지 못하게 억누름.
- **공공선(公共善)**: 개인을 위한 것이 아닌 국가나 사회, 또는 온 인류를 위한 선.≒공동선, 공중선.
- **독재(獨裁)**: 특정한 개인, 단체, 계급, 당파 따위가 어떤 분야에서 모든 권력을 차지하여 모든 일을 독단으로 처리함.
- **엘리트(elite)**: 사회에서 뛰어난 능력이 있다고 인정한 사람. 또는 지도적 위치에 있는 사람.
- **대의제(代議制)**: 국민이 스스로 선출한 대표자를 통하여 국가 권력을 행사하는 정치 제도.≒대의 제도.
- **목도(目睹)**: 눈으로 직접 봄. = 목격.
- **기치(旗幟)**: 일정한 목적을 위하여 내세우는 태도나 주장.
- **선결(先決)**: 다른 문제보다 먼저 해결하거나 결정함.
- **향유(享有)**: 누리어 가짐.
- **치중(置重)**: 어떠한 것에 특히 중점을 둠.
- **잠식(蠶食)**: 누에가 뽕잎을 먹듯이 점차 조금씩 침략하여 먹어 들어감.
- **팽배(澎湃/彭湃)**: 어떤 기세나 사조 따위가 매우 거세게 일어남.
- **야기(惹起)**: 일이나 사건 따위를 끌어 일으킴.
- **국한(局限)**: 범위를 일정한 부분에 한정함.
- **습속(習俗)**: 습관이 된 풍속.
- **간파(看破)**: 속내를 꿰뚫어 알아차림.

연방주의와 반연방주의

미국의 제헌 헌법 제정 당시, 미국의 정치 체제를 어떻게 구성할 것인가와 관련해 연방주의는 연방 정부에 의해 지배되는 광역 공화국을 주장한 반면, 반연방주의는 미국이 지방 정부가 다스리는 소규모 공화국들로 이루어져야 한다고 주장했다. 연방주의는 개인의 권리 보호라는 자유주의의 목표와 공공선의 획득이라는 공화주의의 이상을 위해, 대의제에 의해 선출된 시민의 대표들에 의해 지배되는 연방 정부의 건립을 주장하였다. 연방주의는 특히 파당의 형성을 막기 위해 미국이 광역 공화국의 형태로 건립되어야 한다는 점을 강조하였으며, 이러한 그들의 주장이 미국의 제헌 헌법에 반영되었다.

토크빌의 자유 개념과 그가 지적한 민주주의의 위기 원인

토크빌에게 있어서, 자유란 도덕적 생활에 기초해 적극적으로 선택할 수 있는 능력으로, 개인이 사적인 행복을 향유할 뿐 아니라 사회에 적극적으로 참여하는 상태를 의미한다. 토크빌이 보기에 당시 프랑스 민주주의에서는 자유가 침해되는 현상이 발생하였는데, 토크빌은 그 원인으로 개인의 사적 이익 추구와 개인주의의 만연에 따른 정치 영역의 잠식을 지적하였다. 즉 민주주의에서 자유를 개인주의와 동일시하는 왜곡된 인식으로 인해 도리어 자유를 훼손하는 문제가 나타난다는 점을 주장한 것이다.

■ **자유주의(liberalism)**

개인의 인격의 존엄성을 인정하고, 개성을 자발적으로 발전시키고자 하는 사상으로, 개인의 사유(思惟)와 활동에 대한 간섭을 줄이고, 가능한 한 자유를 증대시키려고 하는 이데올로기이다. 17~18세기에 주로 유럽의 신흥 시민 계급에 의하여 주장된 시민적·경제적 자유와 민주적인 여러 제도의 도입을 요구하는 사상이나 운동으로 시작되었으며, 로크, 루소, 벤담, 밀 등이 주창하였다. 미국 독립과 프랑스 혁명의 원동력이 되었다.

■ **공화주의(republicanism)**

사적 이익보다 공공의 이익을 우선하여 공동체에 헌신하는 시민이 정치의 주체가 되어야 하며, 또한 공동체는 그러한 시민적 덕성이 없으면 존재할 수 없다는 사상이다. 인간을 정치적 동물로 보았던 고대 그리스의 정치관을 근대에 계승한 것으로, 미국 건국의 사상적 원류 중 하나이다.

■ **민주주의(democracy)**

국민이 권력을 가지고 그 권력을 스스로 행사하는 정치를 지향하는 사상으로, 기본적 인권, 자유권, 평등권, 다수결의 원리, 법치주의를 그 기본 원리로 한다. 민주주의(democracy)라는 말은 고대 그리스어 'demokratia'에서 유래했는데, 시민 또는 국민을 뜻하는 'demos'와 지배를 뜻하는 'kratia'가 합쳐진 말이다. 즉 민주주의는 '시민 또는 국민의 지배'를 뜻하는 말로, 미국 대통령이었던 링컨이 주창한 '국민의, 국민에 의한, 국민을 위한 정치'로 구체화되었다.

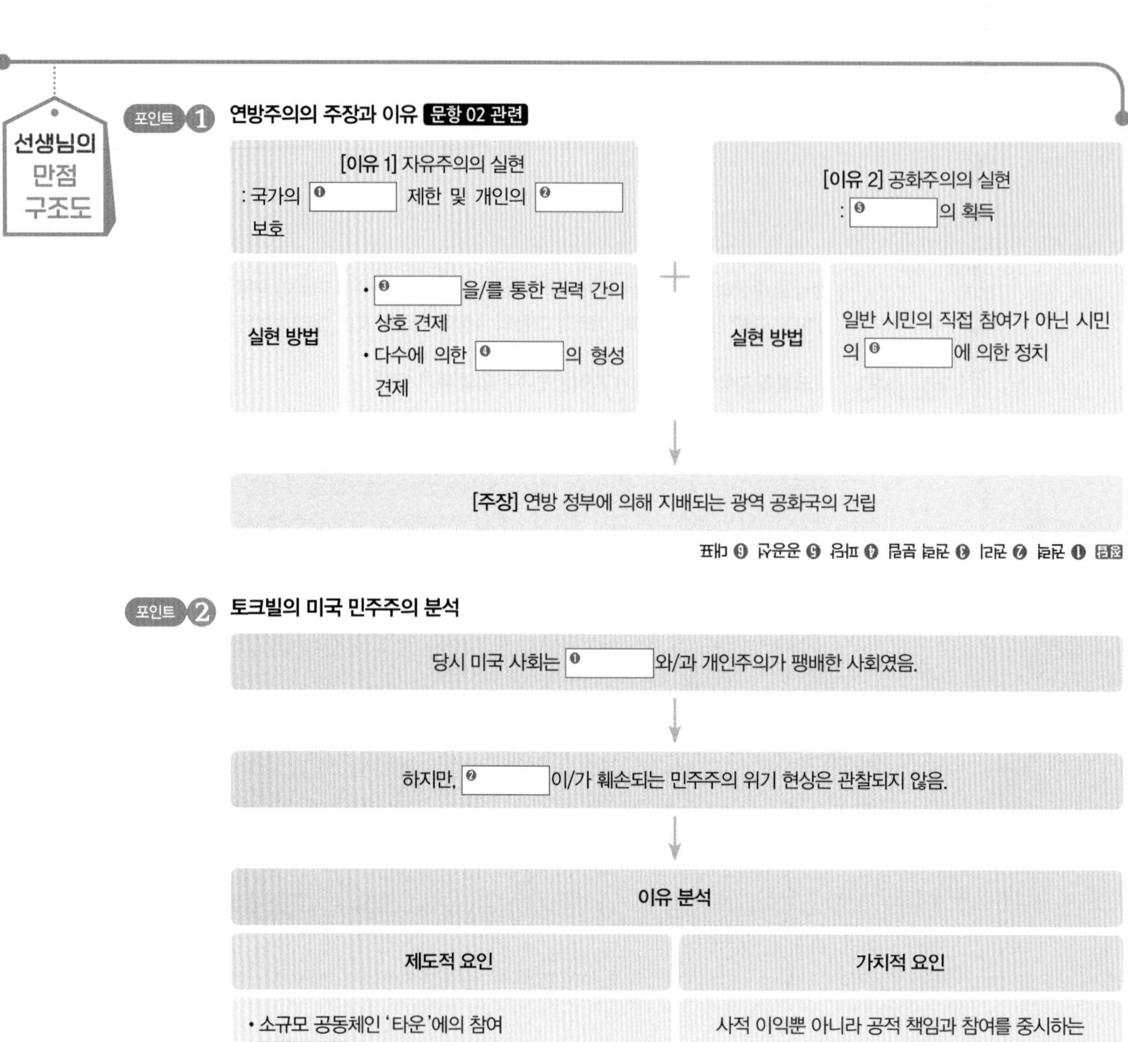

선생님의 만점 구조도
포인트 1 연방주의의 주장과 이유 문항 02 관련
[이유 1] 자유주의의 실현
: 국가의 ❶ 제한 및 개인의 ❷ 보호
실현 방법
• ❸ 을/를 통한 권력 간의 상호 견제
• 다수에 의한 ❹ 의 형성 견제
[이유 2] 공화주의의 실현
: ❺ 의 획득
실현 방법
일반 시민의 직접 참여가 아닌 시민의 ❻ 에 의한 정치
[주장] 연방 정부에 의해 지배되는 광역 공화국의 건립
정답 ❶ 권력 ❷ 권리 ❸ 권력 분립 ❹ 파당 ❺ 공공선 ❻ 대표
포인트 2 토크빌의 미국 민주주의 분석
당시 미국 사회는 ❶ 와/과 개인주의가 팽배한 사회였음.
하지만, ❷ 이/가 훼손되는 민주주의 위기 현상은 관찰되지 않음.
이유 분석
제도적 요인
• 소규모 공동체인 '타운'에의 참여
• ❸ 을/를 통한 판결에의 참여
가치적 요인
사적 이익뿐 아니라 공적 책임과 참여를 중시하는 ❹ 존재
정답 ❶ 평등주의 ❷ 자유 ❸ 배심원 제도 ❹ 마음의 습속

공적 영역과 사적 영역

서양에서는 공적 영역과 사적 영역의 구분에 대한 논의가 오랫동안 이어져 왔고 근대까지도 공적 영역의 우위를 주장하는 목소리는 이어졌지만, 자본주의가 발달하면서 사적 영역이 공적 영역에 승리했다고 볼 만한 것들이 나타났다. 자본주의를 이끌어 가는 부르주아들은 개인적 삶과 감정, 그리고 주관적인 것에 몰입하면서 사적인 것을 우위에 두었다. 이를 사상적으로 뒷받침한 것이 사적 이익 추구를 통한 재산 소유 행위를 정당화하는 소유적 개인주의를 핵심 내용으로 하는 자유주의이다.

자유주의 입장에서 공적 영역과 사적 영역의 구분에 관한 논의를 본격적으로 시작한 인물로 자유주의의 이론적 기초를 세운 존 로크를 들 수 있다. 로크는 모든 인간이 자유롭고 평등한 자연 상태를 원초적 상태로 설정하고, 이에 기초하여 사적인 것이 공적인 것에 대해 도덕적으로나 정치적으로나 우위에 있으며 공적 영역이라는 것도 단지 사적 개인들이 원할 때만 구성될 수 있다고 보았다. 로크는 사적 영역이 자연권을 소유한 개인들이 자기 소유권과 자기 결정권을 행사하면서 자신의 행복과 안전을 추구하는 장이라면, 공적 영역은 그것을 더 안전하게 보장받기 위해 개인들이 동의를 통해 인위적으로 구성한 장일 뿐이라고 주장한다. 따라서 사적 영역은 공적 영역의 토대가 되며, 공적 영역의 기능은 개인들의 행복과 안전을 위한 것으로 제한된다.

자유주의는 정치나 사회로부터 분리되고 보호받아야 하는 삶의 어떤 영역이 존재한다는 관념을 만들어 내고, 그 영역을 정치나 사회와 같은 공적 세계의 반대편에 놓으려고 한다. 존 스튜어트 밀 역시 이러한 관점에서 사적인 행위는 오직 그 당사자에게만 영향을 주는 행위인 반면에 공적인 행위는 다른 사람들에게도 영향을 주는 행위라고 규정한다. 사적인 행위의 주체인 개인은 자신의 몸이나 정신에 대해서 완전한 주권자로서 자유를 누려야 하는 존재이고, 사회는 개인의 자유를 억압하는 제도를 총괄하는 개념으로, 사회는 오직 다른 사람에게 영향을 주는 행위에 한해서만 개인의 자유를 간섭할 수 있다. 하지만 예외도 있다. 밀은 개인이 더 높은 능력들을 개발하기 위해서 국가의 개입이 필요하다고 보았다. 밀의 자유주의는 합리적 개인을 전제하고 있는데, 합리적 개인이 되기 위한 교육은 필수적이며 이러한 역할에 한정하여 국가의 개입을 정당화하였다.

존 듀이는 자유주의적 입장에서의 공적 영역과 사적 영역의 구분을 비판한 대표적인 인물로, 자유주의의 개인주의적 성향을 비판하고 사회의 공공성 회복을 주장하였다. 듀이는 공적인 것의 발생은 인간 사이의 광범위한 교류 활동의 결과를 인지하고 이를 관리 감독할 필요성을 느끼게 되면서였다고 설명한다. 공적인 것의 발생에 대한 그의 설명은 사회 구성원들의 행위의 결과가 어떻게 공통의 관심과 이해의 대상으로 인식되는지가 중요하다는 점을 시사하고 있다. 이에 근거하여 듀이는 개인들 간의 행위의 결과가 당사자들의 범위를 넘어 제삼자들에게까지 간접적으로 영향을 미치는 것을 공적인 것이라고 규정하면서, 제삼자들에게 미치는 영향을 인식하고 그 행위를 규제하는 것이 필요하다고 보았다. 이러한 듀이의 관점은 자유주의가 자유를 단지 간섭의 부재로만 규정하면서 사적인 계약의 자유는 철칙으로서 사회나 국가가 그것에 간섭할 권한이 없다는 주장을 반박하기 위한 것이었다.

듀이도 사회가 개인으로 구성되어 있다는 것은 부정하지 않는다. 그러나 인간이 타인들과 공동체를 이루어 사는 삶과는 별개로 독립적인 삶을 살아가는 존재라고 생각하는 것은 잘못이라고 보았다. 듀이에 따르면 인간은 공동체를 구성하지만 동시에 공동체에 의해 형성되어 왔다는 것이다. 그리고 그는 인간이 단순히 자신이 원하는 것만을 얻기 위해 공동체에 들어왔다고 생각하는 것도 마찬가지로 잘못된 것이라고 비판한다. 듀이는 자유를 단순히 자기주장을 펴는 것, 자기 마음대로 하는 것이 아니라 인간들 사이에서 좀 더 수준 높은 통일성을 형성하여 그것을 통해 인격을 실현하는 것이라고 규정했다. 자유에 대한 그의 개념 규정은 자유를 단지 타인의 직접적인 방해와 간섭에 노출되지 않은 채 무엇인가를 할 수 있는 것이라는 자유주의의 소극적 자유론을 배격하고자 하는 의도였다. 자유는 개인들이 가지고 있는 잠재 능력의 실현으로서, 타인들과 다층적으로 결사를 맺을 때 비로소 가능한 것이다. 이는 자유가 공동체의 결실을 맺는 것에 공헌하고 그것을 즐기면서 개인을 개별적 자아로 만들어 나가는 힘이라는 것임을 의미한다. 자유주의에 대한 듀이의 비판은 오늘날 일어나는 다양한 사회적 문제에 대한 해결을 위해 개인이 공적 영역에 적극적으로 참여하고 연대할 것을 강조한다는 점에서 그 의의가 있다.

독해 포인트 이 글은 서양의 공적 영역과 사적 영역에 대한 사상적 논의를 설명하고 있다. 자본주의가 발달하면서 공적 영역보다 사적 영역이 중시되었는데, 이를 이데올로기적으로 뒷받침하는 것이 자유주의이다. 대표적 인물인 존 로크는 사적 영역이 공적 영역의 토대가 되며 공적 영역은 개인들의 행복과 안전을 위한 것으로 제한된다고 보았다. 존 스튜어트 밀은 사적 행위의 주체인 개인은 자유를 누려야 하는 존재이고 사회는 이를 억압하는 제도로, 사회는 오직 다른 사람에게 영향을 주는 행위에 한해서만 개인의 자유를 간섭할 수 있다고 보았다. 다만 합리적 개인이 되기 위한 교육에 한정하여 국가의 개입을 정당화하였다. 존 듀이는 자유주의적 입장의 공적 영역과 사적 영역 구분을 비판하였다. 듀이는 공적인 것은 개인들 간의 행위의 결과가 당사자들의 범위를 넘어 제삼자들에게까지 간접적으로 영향을 미치는 것이라고 규정하면서, 제삼자들에게 미치는 영향을 인식하고 규제하는 것이 필요하다고 보았다. 또한, 듀이는 인간이 공동체를 구성하지만 동시에 공동체에 의해 형성되었다고 보았으며, 자유주의의 소극적 자유론을 배격하고 자유란 공동체가 결실을 맺는 것에 공헌하고 그것을 즐기면서 자신을 개별적 자아로 만들어 나가는 힘이라고 보았다.

주제 공적 영역과 사적 영역에 대한 서양 사상가들의 논의

중국의 사의화와 조선 후기의 회화론

주제 통합

EBS 수능특강 **독서 228쪽**

독해 포인트 (가) 북송의 학자였던 소식은 개인의 정신세계 표출이라는 회화 이념을 수립하고 수묵화를 통해 작가의 내면을 표현하려 하였다. 그는 그림에서 대상의 외양을 닮게 그리는 것, 즉 '형사(形似)'가 아닌 작가의 정신세계를 담아내는 것, 즉 '신사(神似)'를 중시하고, '신사'를 중시하는 그림인 '사의화'라는 용어를 사용하였다. 또한 그는 그림에서 사물의 형상인 '상형(常形)'보다 사물의 본질인 '상리(常理)'를 잃는 것이 더 큰 문제라고 생각하고 '상리'를 잃지 않도록 노력해야 한다고 주장하였다. 작가의 '의(意)'를 드러내는 그림을 중시한 소식의 예술관은 후대의 많은 사람에게 영향을 미쳤고, 올바른 미술이 무엇인지에 대해 고민하게 하였다.

(나) 조선 후기 회화에서는 '신사'를 중시하는 '전신론'에 따라 그림을 바라보려는 경향이 있었고, 박지원도 이에 따라 그림에서 작가의 내면을 잘 드러내는 것을 중시하였다. 하지만 그림에서 대상의 형체가 소홀하게 다루어져 그림이 실제 형태와 어긋나는 세태를 비판하는 학자들도 있었다. 이익은 정확한 고증을 중시하는 학풍을 바탕으로 사실성과 구체성을 강조하는 회화론을 전개하였다. 윤두서도 세계와 사물, 인간을 객관적으로 바라보려 노력하였고, 이를 시각적 사실성을 강조하는 회화를 제작하는 데 적용하였다. 그러나 이익과 윤두서가 그림을 통해 작가의 내면세계를 드러내는 '신사'를 부정한 것은 아니었다. 그들은 사실성이 확보된 그림을 통해 신사가 드러날 수 있다고 보았다. 그들의 회화관은 관념에 치중한 당시 그림에 대한 반성의 계기를 마련하였다.

주 제 (가) 신사를 중시한 소식의 사의화
(나) 박지원, 이익, 윤두서의 화론

가 북송의 학자였던 소식을 비롯한 11세기의 문인들은 회화를 문학적 틀에 맞추려 노력하였으며 문학에서 강건함*과 질박함*을 추구하던 그들의 경향은 회화에서도 이어졌다. 전문 화가가 아니었던 그들은(소식을 비롯한 11세기 중국 문인들) 숙련된 기법을 요구하는 채색화나 대형화보다 그리기 쉽고 추상성과 상징성을 내포하기 좋은 소형의 수묵화를 선호하였다. 이러한 과정에서 소식은 개인의 정신세계를 표출하고자 하는 회화 이념을 수립하였다. ▶ 소식과 11세기 중국 문인들의 화론

소식은 시(詩)나 서(書)보다 회화를 낮은 것으로 보는 당대의 경향을 비판하며 회화는 시와 동등한 예술(소식의 주장)이라고 주장하였다. 그는 시가 특정 주제에 제한되면 진정한 의미를 표현할 수 없는 것처럼 그림을 대상과 닮은 것으로 논하려고 하면 제대로 된 의미를 표현할 수 없다고 보았다. 이러한 생각을 바탕으로 그는 '사의화(寫意畵)(형사가 아닌 신사를 중시하는 그림)'라는 용어를 사용하였는데, 이는 대상의 외양을 닮게 그리는 것(형사의 개념), 즉 '형사(形似)'가 아닌 작가의 정신세계를 담아내는 것(신사의 개념), 즉 '신사(神似)'를 중시하는 그림을 의미한다. 소식은 그림이 형사에 얽매이면 그림의 진정한 뜻을 드러낼 수 없다고 본 것이다. ▶ 형사보다 신사를 중시한 사의화

그는 사물의 본질(상리의 개념)인 '상리(常理)'와 사물의 형상(상형의 개념)인 '상형(常形)' 중, 상형이 잘못되었을 때는 누구나 알아볼 수 있지만 상리가 잘못되었을 때는 그림을 잘 아는 사람이라도 알아보기 어렵고, 상형을 잃는 것은 부분을 잃는 것에 그치지만 상리가 잘못되면 작품 전체를 버리게 된다고 하였다. 이에 따라 그는 대나무를 그릴 때도 대나무가 하나로 연결되어 생장*하는 것이 본질이므로 마디를 끊어 그리는 것은 상리를 잃는 것이라고 여겨, 아래에서부터 위로 한 붓에 그린 뒤 점을 찍어 마디를 그렸다(대나무의 상리를 잃지 않기 위함.). ▶ 상형보다 상리를 중시한 소식의 화론

이처럼 소식은 예술가란 자연의 법칙이 내재*한 철학을 그려야 한다고 주장하며 형사에 구속되는 폐단을 지적하였다. 소식의 영향을 받은 진욱은 군자와 소인의 모습은 같지만 마음은 다르듯이 그림에서도 형상이 유사해 보여도 담고 있는 마음이 다르다고 주장하며, 개인의 정신과 사상적 기질*을 담은 그림을 그려야 한다(진욱의 주장)고 역설*하였다. 이러한 이론이 널리 퍼지면서 사물의 외양을 잘 묘사하지 못하는 이들이 자신의 그림을 사의화라고 주장하는 문제가 발생하기도 했다. 하지만 작가의 철학적 기반과 정신적 수양을 바탕으로 작가의 '의(意)'를 드러내는

그림을 중시한 소식의 예술관은 올바른 미술이 무엇인지에 대해 고민하게 하였다는 의의가 있다.
소식의 예술관이 지닌 의의
▶ 소식의 화론이 미친 영향과 소식의 예술관이 지닌 의의

㉯ 조선 후기 회화에서는 사물의 형태보다 내용이나 정신에 치중*하여 그리고자 하는 화풍이 유행하면서 '신사(神似)'를 중시하는 '전신론'에 따라 그림을 바라보려는 경향이 있었다. 연암 박지원은 "사물을 판단하는 것은 눈과 귀가 아니라, 오히려 마음이다. 눈과 귀만으로 외계의 현상을 볼 경우, 감각에 기울어져서 사물에 대한 판단을 그르치게 된다."라고 말하며, 그림에서 대상의 외형적인 형태와 유사하게 그리는 것보다 작가의 내면을 잘 드러내는 것을 중시하였다. 그에게는 강물의 파도나 나무의 가지를 생략하더라도 뜻을 잘 드러내도록 그리는 것이 중요했다.
조선 후기 회화의 주된 경향
대상의 외형보다 작가의 내면을 잘 드러내는 것이 중요하다고 본 박지원
▶ 전신론에 따라 신사를 중시한 박지원의 화론

하지만 그림에서 대상의 형체가 소홀하게 다루어져 그림이 실제 형태와 어긋나는 세태를 비판하는 학자도 있었다. 성호 이익은 "그림을 그리되 겉모양은 같지 않게 해도 되고, 시를 짓되 앞에 보이는 경치를 읊지 않아도 된다고 한다면, 이치에 맞는 말이라 할 수 있겠는가?"라고 하며, 대상을 닮게 그리는 '형사(形似)'의 중요성을 강조하였다. 그의 이러한 회화관은 그의 학풍과 경험에서 비롯되었다. 그는 정확한 고증*을 중시하는 학풍을 갖고 있었는데, 이러한 학풍이 사실성과 구체성을 강조하는 회화론으로 이어진 것이다. 또한 그는 다양한 서양화를 감상하였는데, 사실적 기법을 활용한 서양화의 정교함에 감탄하며 시각적 효과의 중요성을 깨달았다. 따라서 산수를 그릴 때도 실제 경치와 유사하게 가식 없이 묘사하고자 하였다.
성호 이익의 주장
정확한 고증을 중시함.
▶ 형사를 중시한 이익의 화론

공재 윤두서도 대상의 외면을 철저하게 관찰하고 분석함으로써 시각적인 사실성을 구현하기 위해 노력하였다. 대상의 사실성이 바탕이 되어야 그림에 담고자 하는 내용이나 정신도 추구할 수 있다고 본 그는 수학, 천문학 등 서학의 연구를 통해서 세계와 사물, 인간을 새롭게 인식하여 객관적으로 바라보려 노력하였고, 그러한 개념과 방법론을 시각적 사실성을 강조하는 회화를 제작하는 데 적용하였다. 자화상을 그릴 때도 실물과 유사하게 그리도록 노력하였고, 그 결과 그가 그린 자화상 속의 인물은 실제 사람과 모습이 흡사하고 살아 있는 듯한 생동감을 준다. 그는 인간뿐만 아니라 다른 사물을 그릴 때도 사물의 질감, 음영, 입체감 등을 드러냄으로써 사물을 사실적으로 표현하려 노력하였다. 이러한 방식은 당대 조선에서는 거의 사용되지 않던 것으로, 서양 회화에서 영향을 받은 것이었다.
성호 이익과 유사한 회화관을 지님.
▶ 형사를 중시한 윤두서의 화론

그러나 이익과 윤두서가 그림을 통해 작가의 내면세계를 드러내는 '신사'를 부정한 것은 아니다. 다만, 그들은 형이 결여*되면 신도 온전할 수는 없다는 생각을 바탕으로 사실성이 확보된 그림을 통해 신사가 드러날 수 있다고 본 것이다. 사실성을 강조한 그들의 회화관은 관념에 치중한 당시 그림에 대한 반성의 계기를 마련하였다.
이익과 윤두서의 회화관이 지닌 의의
▶ 이익과 윤두서의 화론의 의의

어휘! 이것만은 꼭 익히자

- **강건(剛健)하다**: 의지나 기상이 굳세고 건전하다.
- **질박(質樸)하다**: 꾸민 데가 없이 수수하다.
- **생장(生長)**: 나서 자람. 또는 그런 과정.
- **내재(內在)**: 어떤 사물이나 범위의 안에 들어 있음. 또는 그런 존재.
- **기질(氣質)**: 자극에 대한 민감성이나 특정한 유형의 정서적 반응을 보여 주는 개인의 성격적 소질.
- **역설(力說)**: 자기의 뜻을 힘주어 말함. 또는 그런 말.
- **치중(置重)**: 어떠한 것에 특히 중점을 둠.
- **고증(考證)**: 예전에 있던 사물들의 시대, 가치, 내용 따위를 옛 문헌이나 물건에 기초하여 증거를 세워 이론적으로 밝힘.
- **결여(缺如)**: 마땅히 있어야 할 것이 빠져서 없거나 모자람.

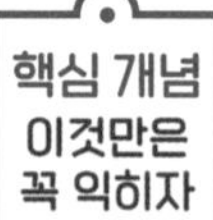

소식의 사의화

소식은 회화의 창작과 감상을 사대부의 문화로 정립하고 문인 화가들을 발굴하여 그 특징을 제시한 회화 사적 업적을 남겼다. 그는 '그림을 대상과 닮은 것으로만 논한다면 그림 보는 안목이 어린아이와 다름이 없다.'라고 주장하였다. 그는 이처럼 '형사'보다 '신사'를 중시하고, 사물의 본질인 '상리(常理)'를 꿰뚫어 보는 안목의 중요성을 강조했다. 이후 북송에서는 작가의 인격이 작품의 가치를 결정하는 본질적 요소가 되었다.

이익과 윤두서의 화론

성호 이익은 회화에서 실제 사람의 모습이나 풍경에 대한 가식 없는 묘사와 시각적 효과를 중시하였다. 이러한 그의 조형 의식은 사의를 극단적으로 중시하는 것으로 인한 폐단을 극복하고자 하는 것이었다. 그는 사의 자체를 부정하지는 않았으나 대상의 실제 모습과 어긋나는 것은 비판적으로 바라보았다. 공재 윤두서는 서학을 토대로 이루어진 과학적 응시라는 새로운 인식과, 관찰 및 사생이라는 새로운 회화 방법론으로 유학의 형이상학적 논의를 극복하려 하였다. 그는 사실적인 그림을 통해 사의를 표현할 수 있다고 보았다.

■ **중국의 사의론**

소식으로 인해 사의론이 송나라 때에 널리 퍼진 이후에도 형사가 아닌 신사를 중시하는 경향이 이어졌다. 진욱은 '형상을 그리는 데는 반드시 그 정신을 전해야 하고, 정신을 전하는 데는 반드시 마음을 그려야 한다. 그렇지 않으면 군자와 소인의 모습은 같지만 마음이 다른데, 귀하고 천하며 충성스럽고 사악한 것이 어찌 스스로 구별되겠으며 형상이 비록 닮았더라도 무슨 이로움이 있겠는가? 그러므로 마음을 그리기가 오직 어렵다.'라고 하며 개인의 정신과 사상적 기질을 그리는 것이 그림에서 중요함을 시사하였다. 탕후는 '그림의 묘함은 필법과 정신에 있으며 형사는 말단이다. 그림을 보는 법은 먼저 기운을 보고 다음으로 위치, 채색 등을 보며, 그 뒤에 형사를 보아야 한다. 형(形)을 우선으로 하는 것은 회화를 망치는 일이다.'라고 하며 소식의 이론을 계승하여 형사를 멀리하였다.

■ **조선의 화론**

조선 전기에는 정통 성리학의 입장에서 사물의 존재를 인식하는 이기론과 성정론을 회화에 대입하는 예술 철학적 인식이 있었다. 이는 사실보다는 관념을 중시하는 전신론에 가깝다고 할 수 있는데, 이로 인해 당시의 화풍 또한 그런 관념성을 짙게 풍기는 경우가 많았다. 조선 후기에 사실론이 대두되면서 사실주의적인 회화를 중시하는 이들이 늘어났다. 하지만 전신론과 사실론은 무엇에 더 비중을 두느냐로 인해 갈리는 것이었지, 상대되는 개념의 가치를 무시하는 것은 아니었다. 따라서 조선 후기 화론의 핵심적 논의가 전신론과 사실론으로 양분되면서도 전신론적 사실론 또는 사실론적 전신론이라는 상호 보완적 개념으로 발전할 수 있었다.

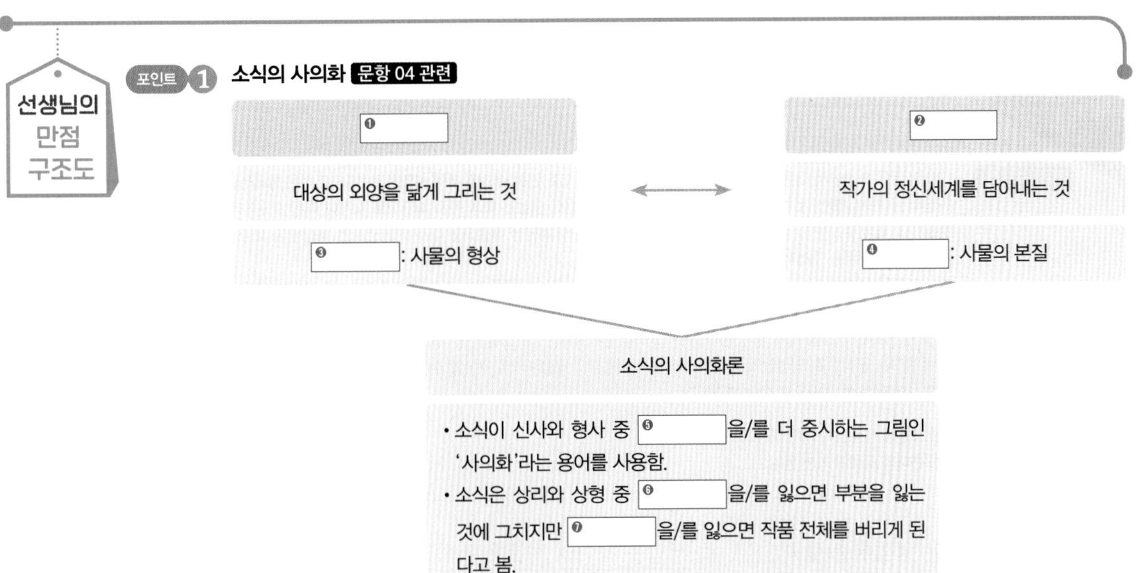
선생님의 만점 구조도
포인트 1 소식의 사의화 문항 04 관련
❶
❷
대상의 외양을 닮게 그리는 것
작가의 정신세계를 담아내는 것
❸ : 사물의 형상
❹ : 사물의 본질
소식의 사의화론
• 소식이 신사와 형사 중 ❺ 을/를 더 중시하는 그림인 '사의화'라는 용어를 사용함.
• 소식은 상리와 상형 중 ❻ 을/를 잃으면 부분을 잃는 것에 그치지만 ❼ 을/를 잃으면 작품 전체를 버리게 된다고 봄.

정답 ❶ 형사 ❷ 신사 ❸ 상형 ❹ 상리 ❺ 신사 ❻ 상형 ❼ 상리

포인트 ② **조선 후기의 회화론** 문항 03 관련

박지원	• 그림에서 대상의 외형을 유사하게 그리는 것과 내면을 드러내는 것 중 ❶ ______ 을/를 더 중시함. • '❷ ______ 론'에 따라 그림을 바라보려는 조선 후기의 경향과 유사한 입장에 섬.
이익	• 정확한 고증을 중시하는 학풍을 갖고 있었음. • 이러한 학풍에 따라 ❸ ______ 성과 ❹ ______ 성을 강조하는 회화론을 전개함. • 사실적 기법을 활용한 ❺ ______ 을/를 긍정적으로 평가함.
윤두서	• 대상의 ❻ ______ 이/가 바탕이 되어야 그림에 담고자 하는 내용이나 정신도 추구할 수 있다고 봄. • 수학, 천문학 등 ❼ ______ 의 연구를 통해서 세계와 사물, 인간을 새롭게 인식하여 객관적으로 바라보려 노력함. • ❽ ______ 에서 영향을 받아 사물을 그릴 때, 사물의 질감, 음영, 입체감 등을 사실적으로 표현함.

• 이익과 윤두서가 그림을 통해 작가의 내면세계를 드러내는 ❾ ______ 을/를 부정하지는 않음. ❿ ______ 이/가 결여되면 ⓫ ______ 도 온전할 수 없다는 생각을 바탕으로 사실성이 확보된 그림을 그리려고 함.

정답 ❶ 내면을 드러내는 것 ❷ 전신 ❸ 사실 ❹ 구체 ❺ 서양화 ❻ 사실성 ❼ 서학 ❽ 서양 회화 ❾ 신사 ❿ 형 ⓫ 신

03강 조선 시대의 대동법과 현대의 조세 원칙

주제 통합

EBS 수능특강 **독서 232쪽**

독해 포인트 (가) 이 글은 조선에서 대동법이 시행된 배경과 대동법 시행으로 인한 결과에 대해 설명하고 있다. 조선은 양입위출의 원칙에 입각하여 전세, 역, 공납의 세 가지 세목으로 백성에게 세금을 거두었다. 그 가운데 공납은 여러 가지 폐단으로 시정에 대한 요구가 있었고, 이에 따라 공물을 쌀로 통일하여 바치게 하는 대동법이 시행되었다. 대동법은 공납의 폐단을 해결하는 데 기여하였지만 백성들의 세금 부담이 늘고 세금 전가가 이루어지는 등의 문제를 초래하기도 하였다.

(나) 이 글은 현대의 조세 원칙 가운데 가장 기본적인 원칙인 조세 법률주의와 조세 공평주의에 대해 설명하고 있다. 조세 법률주의는 국가는 법률의 근거 없이 조세를 부과하거나 징수할 수 없고 모든 국민은 법률이 정하는 바에 따라 납세 의무를 진다는 원칙으로, 과세 요건 법정주의, 과세 요건 명확주의, 소급 과세 금지 원칙 등을 그 하부 원칙으로 한다. 조세 공평주의는 조세 부담을 소득이나 소비, 자산에 따라 공평하게 배분하여야 한다는 원칙으로, 입법상의 공평주의와 해석 적용상의 공평주의로 구분할 수 있다. 담세 능력을 나타내는 지표에는 소득, 소비, 자산이 있으며, 세금은 이를 기준으로 하여 부과된다.

주 제 (가) 조선의 대동법의 시행 과정과 그 결과
(나) 현대의 조세의 기본 원칙

가 조선의 재정은 양입위출(量入爲出), 즉 세입을 헤아려 세출을 정하는 것[거두어들인 세금에 맞추어 얼마를 지출할 것인지를 정함.]을 원칙으로 하였다. 이는 국가가 백성으로부터 거둘 수 있는 세금을 예측한 뒤 그것에 맞게 지출을 계획하고 실행해야 한다는 원칙으로, 세출을 헤아려 세입을 정하는[재정 지출에 맞게 거두어들일 세금의 양을 정함.] 양출위입과 반대된다. 이에 따라 조선은 거둔 세금이 부족하다고 해서 백성에게 세금을 더 거두는 것을 원칙적으로 금하였다. 조선은 전세(田稅), 역(役), 공납(貢納)의 세 가지 세목으로 백성에게 세금을 거두었다. 전세는 토지 면적을 기준으로 세금을 부과하는 것[토지 면적을 기준으로 하므로 토지를 가진 사람에게 부과됨.]이고, 역은 백성의 노동력을 징발*하는 것으로 요역과 군역으로 나뉘었다. 공납은 각 지방의 특산물을 현물 그대로 중앙에서 직접 수취하는 것으로, 이렇게 수취되는 현물을 공물(貢物)이라 불렀다.

▶ 조선의 재정 원칙과 세 가지 세목

공납은 보통 군현(郡縣) 단위로 세액을 부과하였는데[군현을 단위로 부과되기 때문에 공물 배정이 공평하지 않을 수 있음.], 한 고을에 수십여 종의 공물이 배정되었다. 공물은 해당 지역의 특산물로 구성되는 경우도 있었지만 극히 생산량이 적은 물품, 해당 지역에서 생산되지 않는 물품[공물을 구하기 어려운 문제가 있음.]이 배정되는 경우도 흔했다. 또한 공물의 종류와 가격이 지역별로 달라 납세자*가 부담해야 할 세액이 정확히 얼마인지 불명확하였다[납세자의 세액 산정이 제대로 이루어지지 않음.]. 각각의 백성에게 얼마만큼의 공물을 배정해야 하는지 일정한 법규가 없어서 지방의 여건에 따라 공물을 가호(家戶)별로 배정하기도 하고 소유 토지의 면적에 따라 배정하기도 하였다[일정한 법규가 없기 때문에 부정부패가 일어날 가능성이 높음.]. 이 때문에 공물을 마련하여 납부하는 과정에서 백성들에게 많은 피해가 발생하였고, 관리들의 부정과 농간*이 개입하는 일이 잦았다. 특히 공물을 대납*하여 주는 행위[공물을 대신하여 납부하여 주는 것]인 방납의 과정에서 관가와 결탁*한 상인들[방납인]이 백성이 바칠 공물을 대신 바치고 뒤에 그 대가를 백성들에게 훨씬 더 받아 내는 폐단*[방납인들에게 지급하는 공물 대납가가 지나치게 높아 백성들이 피해를 입음.]이 지속되었다.

▶ 공물을 납부하는 공납의 폐단

공납으로 인한 폐단이 극심해지자 이를 시정하자는 주장이 16세기에 이미 조광조, 이이 등에 의해서 제기되었다. 17세기 초에는 이원익, 한백겸의 적극적인 주장으로 경기도에서 여러 공물을 쌀로 통일하여 바치게 했는데 대동미[대동법에 따라 공물 대신 거두어들이던 쌀]라는 이름으로 토지 1결당 16두씩을 징수하였다. 이러한 세제를 대동법(大同法)이라고 불렀다. 조선의 재정 부족이 심화됨에 따라 세입을 확충해야 한다는 논의가 활발해지면서[대동법의 실시 목적 – 공납으로 인한 폐단 시정, 세입 확충] 대동법의 실시 지역은 강원도로 확대되었고, 17세기 중엽에는 충청도, 전라도에서도 실시되었다. 18세기 초에는 평안도를 제외한 전 지역에서 실시되었다[대동법의 확대 실시].

▶ 공납의 폐단으로 인한 대동법의 시행

대동법의 실시로 과세 대상과 납부 세액이 명확해짐으로써 공납의 폐단을 어느 정도 줄이고 백성들의 세금 부
토지 1결당 대동미를 징수
담도 경감*할 수 있었다. 처음에는 1결당 16두씩 징수하던 것을 12두로 줄였고, 이는 조선 왕조의 최고 법전인
법에 의거하여 세금을 징수하게 됨.
『대전』에도 반영되었다. 하지만 각 지방에서 잡다한 일을 처리하기 위한 잡역을 별도로 걷고 관청 운영비를 마련
지방 관아에서 일반 농민에게 부과하던 요역
하기 위해 둔 민고를 운영하는 과정에서 큰 폐단이 나타났다. 강화된 지방관의 권한을 바탕으로 삼정*의 폐단이
지방 관아에서 곡식, 돈 등을 보관하던 창고
지방 관리들이 횡포를 일삼음.
극심해져 백성들의 세금 부담은 오히려 늘어났다. 더욱이 조선 후기에 소작인들은 소작지를 얻기 위해 토지 소유주에게 부과되는 전세를 포함한 각종 세금을 떠안는 경우가 많았다. 대동법의 시행으로 재정의 공공성은 강화
세금의 전가가 일어남.
공납으로 인한 폐단 시정, 세입 확충 등
되었으나, 다른 영역으로까지 확대되지 않는 상황에서 또 다른 폐단이 나타난 것이다.

▶ 대동법 시행의 결과

(나) 조세란 국가가 국가 경비의 재원*을 조달*할 목적으로 국민에게 거두어들이는 세금이다. 우리나라는 조세를
조세의 정의
부과하거나 징수*할 때에 조세 목적을 효율적이고 합목적적으로 달성하기 위하여 일정한 원칙을 따르도록 하고
조세의 원칙을 마련한 이유
있는데, 이를 조세의 원칙이라고 한다. 조세의 원칙 가운데 가장 기본적인 두 원칙은 조세 법률주의와 조세 공평주의이다.

▶ 조세의 개념과 조세의 기본 두 원칙

조세 법률주의는 국가는 법률의 근거 없이 조세를 부과하거나 징수할 수 없고 모든 국민은 법률이 정하는 바
조세 법률주의의 뜻
에 따라 납세 의무를 진다는 원칙이다. 이 원칙은 국민의 재산권 보장과 법률생활의 안정을 기하려는 데 근본 목
조세 법률주의의 목적
적이 있으며, 과세 요건 법정주의, 과세 요건 명확주의, 소급* 과세 금지 원칙 등을 그 하부 원칙으로 한다. 과세
조세 법률주의에 해당하는 대표적인 하부 원칙
요건 법정주의는 조세의 종목과 세율은 물론이고 납세 의무자, 세액 산정의 기준, 과세 기간 등의 과세 요건, 조
세목
조세를 부과할 때 어떤 대상에 대하여 무엇을 기준으로 어느 정도 세금을 부과할 것인가 하는 요건
세의 부과와 징수 절차는 헌법에 위배*되지 않는 법률로써 정하여야 한다는 원칙이다. 과세 요건 명확주의는 과세 요건과 부과 및 징수 절차를 규정한 법률이나 명령, 규칙은 그 내용이 명확하여야 하며 확정되지 않은 개념이
다양하게 해석하여 적용할 가능성을 배제함.
나 개괄적인 조항을 사용하여서는 안 된다는 원칙이다. 소급 과세 금지 원칙은 법규 불소급의 원칙을 세법에 적용한 것으로서, 법규 불소급의 원칙이란 행정 법규는 그 법규의 효력이 발생하기 전에 완결된 사실에 관하여는
법규는 그 시행 이후에 성립하는 사실에 대해서만 효력을 발하고, 과거의 사실에 대해서는 소급 적용될 수 없다는 것
당해 법규를 적용하지 않는다는 것이다.

▶ 조세 법률주의의 개념과 하부 원칙

조세 공평주의는 조세 부담을 소득이나 소비, 자산에 따라 공평하게 배분하여야 한다는 원칙이다. 조세 공평
모두에게 동일한 세금을 배분해야 한다는 것이 아니라 소득이나 소비, 자산에 걸맞게 배분해야 한다는 것
주의는 입법상의 공평주의와 해석 적용상의 공평주의로 구분할 수 있는데, 입법상의 공평주의는 세금의 부담이 국민에게 공평하게 배분되도록 세법을 제정*하여야 한다는 것을 의미하며, 해석 적용상의 공평주의는 국민은 세
입법
법의 해석 및 적용에 있어서 평등하게 취급되어야 한다는 것으로, 실질 과세의 원칙으로 대표된다. 과세에 있어
입법된 세법을 실제로 적용하는 과정
형식과 실질이 일치하지 않는 경우에는 실질을 중시하여 과세하고, 납세 의무자의 담세 능력에 상응하여 세금이
재산에 대한 명의자와 실제 소유자가 다를 경우, 실제 소유자를 납세 의무자로 하는 경우 등
부과되어야 한다는 실질 과세의 원칙은 해석 적용상의 공평주의에 입각*한 것이다.

▶ 조세 공평주의의 개념과 하부 원칙

조세를 부담할 수 있는 능력, 즉 담세 능력을 나타내는 지표에는 소득, 소비, 자산이 있으며, 세금은 이를 기준
세액 산정의 기준
으로 하여 부과된다. 소득에 부과되는 세금인 소득세는 가계가 획득한 소득에 부과되는 세금이다. 우리나라의 소득 과세에 있어서 중요한 특징의 하나는 원천 징수제로, 소득을 지급하는 자에게 일정한 규칙에 의하여 소득

지급 시에 먼저 세금을 징수하여 납부하는 의무를 부여함으로써 징수를 편리하게 하고 있다. 소비세는 가계의 지출 또는 기업의 판매에 부과하는 세금이다. 소비세는 사람이 재화 또는 용역을 구입·소비하는 사실에 착안*하여 부과하는 조세로서, 그중에는 소비 행위 그 자체를 직접 대상으로 하는 직접 소비세와 제조업자나 판매상에 의하여 납부된 조세가 제품의 가격에 포함되어 소비자에게 전가*될 것이 예정되어 있는 간접 소비세로 나뉜다. 자산세는 부의 구체적 보유 수단인 자산에 대해 부과되는 세금으로, 자산 보유에 대한 세금인 재산세가 대표적이다.

소득에서 세금을 제한 금액을 지급함.

구입이나 소비를 할 만큼의 소득이나 자산이 있는 것으로 여기고 담세 능력을 추정함.

▶ 담세 능력을 나타내는 지표와 대표적 조세

어휘! 이것만은 꼭 익히자

- **징발(徵發)**: 국가에서 특별한 일에 필요한 사람이나 물자를 강제로 모으거나 거둠.
- **납세자(納稅者)**: 세법에 따라 국가나 지방 자치 단체에 세금을 낼 의무가 있는 개인 또는 법인.
- **농간(弄奸)**: 남을 속이거나 남의 일을 그르치게 하려는 간사한 꾀.
- **대납(代納)**: 남을 대신하여 조세 따위를 바침.
- **결탁(結託)**: 주로 나쁜 일을 꾸미려고 서로 한통속이 됨.
- **폐단(弊端)**: 어떤 일이나 행동에서 나타나는 옳지 못한 경향이나 해로운 현상.
- **경감(輕減)**: 부담이나 고통 따위를 덜어서 가볍게 함.
- **삼정(三政)**: 나라의 정사 가운데 가장 중요한 전정(田政), 군정(軍政), 환곡(還穀)의 세 가지. 토지세와 군역의 부과 및 양곡 대여와 환수를 이름.
- **재원(財源)**: 재화나 자금이 나올 원천.
- **조달(調達)**: 자금이나 물자 따위를 대어 줌.
- **징수(徵收)**: 행정 기관이 법에 따라서 조세, 수수료, 벌금 따위를 국민에게서 거두어들임.
- **소급(遡及)**: 과거에까지 거슬러 올라가서 미치게 함.
- **위배(違背)**: 법률, 명령, 약속 따위를 지키지 않고 어김.
- **제정(制定)**: 제도나 법률 따위를 만들어서 정함.
- **입각(立脚)**: 어떤 사실이나 주장 따위에 근거를 두어 그 입장에 섬.
- **착안(着眼)**: 어떤 일을 주의하여 봄. 또는 어떤 문제를 해결하기 위한 실마리를 잡음.
- **전가(轉嫁)**: 잘못이나 책임을 다른 사람에게 넘겨씌움.

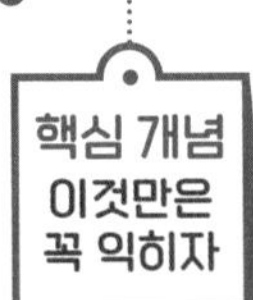

양입위출과 양출위입

세입을 헤아려 세출을 정하는 것을 양입위출, 세출을 헤아려 세입을 정하는 것이 양출위입이다. 조선은 양입위출을 원칙으로 하여 세금이 부족하다고 해서 백성에게 세금을 더 거두는 것을 원칙적으로 금하였다.

포인트 2 **공납, 방납, 대동법**

조선의 세 가지 세목 중 하나인 공납은 각 지방의 특산물을 현물 그대로 중앙에서 직접 수취하는 것을 말한다. 이렇게 수취되는 현물을 공물이라고 하는데 공물을 대납하여 주는 행위를 방납이라고 한다. 방납이 성행하고 공납으로 인한 폐단이 극심해진 이후, 공물을 쌀로 통일하여 바치도록 하는 대동법이 실시되었다.

포인트 3 **조세 법률주의와 조세 공평주의**

조세의 원칙은 조세 목적을 효율적으로 합목적적으로 달성하기 위해 마련된 원칙으로, 조세 법률주의와 조세 공평주의로 대표된다. 조세 법률주의는 국가는 법률의 근거 없이 조세를 부과하거나 징수할 수 없고 모든 국민은 법률이 정하는 바에 따라 납세 의무를 진다는 원칙이다. 조세 공평주의는 조세 부담을 소득이나 소비, 자산에 따라 공평하게 배분하여야 한다는 원칙이다.

■ **재정의 개념과 기능**

- **재정의 개념**: 정부는 조세 수입 등을 주요 재원으로 하여 공공 서비스, 경제 개발, 사회 복지 등을 제공하기 위해 지출 활동을 하는데, 이러한 정부의 재원 조달 및 지출 활동을 재정이라고 한다.
- **재정의 기능**: 자원의 효율적 배분, 소득 재분배, 경제 안정화의 기능을 한다. 시장 경제 기능만으로 효율적인 자원 배분을 기대하기 어려운 경우, 정부가 공공재 공급, 보조금 지급 등을 통해 자원 배분에 개입하여 시장 기능을 보완할 수 있다. 또한 정부는 누진세율 적용, 사회 보장 제도, 저소득층 주택 공급 등 재정을 통해 소득 재분배 기능을 수행할 수 있다. 정부는 통화 금융 정책과 함께 거시 경제 정책의 중요한 수단 중의 하나인 재정 정책을 이용하여 경제 안정화를 도모할 수 있다.

■ **조세의 구분**

- **과세 주체에 따른 구분**
  - **국세**: 국가가 부과하는 조세
  - **지방세**: 지방 자치 단체가 부과하는 조세
- **세수의 용도에 따른 구분**
  - **보통세**: 세수의 용도를 특정하지 않고 일반 경비에 충당된다.
  - **목적세**: 세수의 용도를 특정하여 그 특정 경비에만 충당된다.

선생님의 만점 구조도

포인트 1 **대동법의 실시 배경**

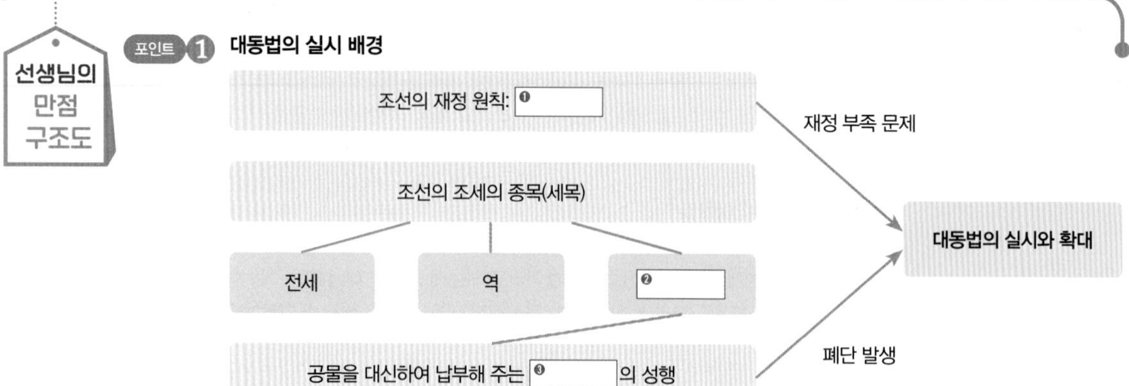

정답 ❶ 양입위출 ❷ 공납 ❸ 방납

포인트 2 **조세의 원칙** 문항 04 관련

조세 법률주의	❶	과세 요건, 조세의 부과와 징수 절차는 헌법에 위배되지 않는 법률로써 정하여야 한다.
	과세 요건 명확주의	과세 요건, 조세의 부과와 징수 절차는 그 내용이 명확하여야 하며 확정되지 않은 개념이나 개괄적인 조항을 사용하여서는 안 된다.
	❷	법규의 효력이 발생하기 전에 완결된 사실에 관하여는 당해 법규를 적용하여 과세하지 않는다.
조세 공평주의	❸ 의 공평주의	세금의 부담이 국민에게 공평하게 배분되도록 세법을 제정해야 한다.
	❹ 의 공평주의	국민은 세법의 해석 및 적용에 있어서 평등하게 취급되어야 한다.

정답 ❶ 과세 요건 법정주의 ❷ 소급 과세 금지 원칙 ❸ 입법상 ❹ 해석 적용상

포인트 3 **담세 능력을 나타내는 지표와 그에 따른 조세의 예**

	지표	조세의 예
조세를 부담할 수 있는 능력 – ❶	❷	소득세
	소비	❹
		❺
	❸	재산세

정답 ❶ 담세 능력 ❷ 소득 ❸ 재산 ❹ 직접 소비세 ❺ 간접 소비세

04강 과점 시장에서 기업 간의 경쟁과 균형

주제 통합

EBS 수능특강 **독서 236쪽**

독해 포인트 (가) 이 글은 기업 A와 B가 과점 시장에서 경쟁하는 상황을 가정하고 이를 동시 게임의 상황에 적용하여 설명하고 있다. 동시 게임의 상황에서 경기자 A, B는 각각 '가격 유지'와 '가격 인하'의 전략 중 하나를 동시에 선택해야 하는 상황에서, 다른 경기자의 행동을 추측해서 자신의 보수를 극대화하는 전략을 선택한다. 보수 행렬의 구조상 A는 '가격 인하' 전략을 우월 전략으로 갖는데, B도 '가격 인하'가 A의 우월 전략이라는 것을 알고 있으므로, B는 A의 '가격 인하' 전략을 주어진 것으로 보고 '가격 유지'를 최적 전략으로 선택한다. 따라서 A가 '가격 인하'를, B가 '가격 유지'를 선택하는 게임의 균형이 이루어지는데, 이를 내시 균형이라고 한다.
(나) 이 글은 각 기업이 산출량 경쟁을 하는 과점 시장에 대해 분석하는 쿠르노 모형에 대해 설명하고 있다. 과점 시장의 기업은 상대 기업의 행동에 대한 자신의 추측된 변화에 따라 전략을 선택하는데, 쿠르노 모형에 따르면 상대 기업의 산출량에 대한 각 기업의 추측된 변화는 0이다. 따라서 각 기업은 시장 수요에서 상대 기업의 예상된 산출량을 제외한 수요인 잔여 수요에 대해 자신이 독점적 지위를 행사할 수 있다고 생각하고, 잔여 수요로부터 이윤 극대화 산출량을 결정한다. 이러한 각 기업의 행동을 반응 함수로 나타내면, 반응 함수가 일치하는 지점에서 쿠르노 모형의 균형이 성립한다.

주 제 (가) 동시 게임으로서 과점 시장에서의 내시 균형
(나) 과점 기업의 행동에 대한 쿠르노 모형의 설명과 균형

가 소수의 기업이 시장을 지배하는 과점* 시장에서 경쟁을 벌이고 있는 기업 A와 B가 있다고 하자. 두 기업은 시장을 장악*하기 위해 가격을 인하할 것인지 아니면 현재 수준으로 유지할 것인지를 고민하고 있다. A와 B가 모두 가격을 유지할 때의 이윤은 각각 100과 40이며, 두 기업이 동시에 가격을 인하하면 이윤은 각각 70과 20으로 감소한다. 만일 B만 가격을 인하한다면 A의 이윤은 50으로 감소하고 B의 이윤은 60으로 증가하며, 반대로 A만 가격을 인하한다면 A의 이윤은 120으로 증가하고 B의 이윤은 30으로 감소한다. 이때 이윤이란 상품의 판매 수익에서 생산 및 판매 비용을 제외하고 남은 기업의 순수익이다.

(과점 시장의 개념) (이윤의 개념)

▶ 과점 시장에서 경쟁하는 두 기업

		기업 B	
		가격 유지	가격 인하
기업 A	가격 유지	(100, 40)	(50, 60)
	가격 인하	(120, 30)	(70, 20)

〈표〉

이 상황은 다른 경기자의 전략* 선택을 알지 못하는 상태에서 각 경기자가 동시에 전략을 선택하는 동시 게임의 상황이다. 게임 상황에 놓인 경기자는 다른 경기자의 행동을 추측해서 자신의 보수를 극대화하는 전략을 선택한다. 각 경기자는 '가격 인하'와 '가격 유지' 전략 중 하나를 동시에 선택하며, 이 게임에서는 4가지 결과가 가능한데 이를 〈표〉와 같은 보수 행렬로 표시할 수 있다. 보수 행렬에서 괄호 안의 첫 번째 숫자는 A가 얻게 되는 보수이고 두 번째 숫자는 B가 얻게 되는 보수이며, 각각의 보수는 제품 판매로 얻게 되는 이윤이다.

(자신이 행동을 변화시킬 때 다른 경기자는 얼마만큼 행동을 변화시킬지를 추측) (2명의 경기자가 각각 2개의 전략을 갖고 있으므로)

▶ 과점 경쟁의 동시 게임 상황과 보수 행렬

먼저 A의 입장에서 본다면 B가 현재의 가격을 유지하든 인하하든, 가격을 인하할 때의 보수가 가격을 유지할 때보다 크다. B가 가격을 유지하는 경우 A는 가격을 인하함으로써 보수를 100에서 120으로 증가시킬 수 있으며, B가 가격을 인하하는 경우에도 A는 가격을 인하하여 보수를 50에서 70으로 증가시킬 수 있기 때문이다. 즉 '가격 인하' 전략은 B의 어떤 전략에 대해서도 A에게 가장 높은 보수를 얻게 하는 우월 전략이다. 따라서 A는 B가 어떤 전략을 선택할 것인지 고려하지 않고 '가격 인하' 전략을 선택한다. 그리고 B는 A에게 '가격 인하'라는 우월 전략이 존재하는 상태에서 '가격 인하'를 선택했을 때의 보수인 20보다 '가격 유지'를 선택했을 때의 보수인 30이 더 크므로, '가격 유지'를 자신의 최적 전략으로 선택한다. 그 결과 두 기업은 각각 120과 30의 보수를 얻는다. 이때 각 기업은 상대방에 대하여 최선의 반응을 하고 있기 때문에 어느 기업도 자신의 전략을 바꿀 이유

(어떤 전략을 선택하든) (A가 가격을 유지할 때의 보수는 100이지만 가격을 인하할 때의 보수는 120이므로) (A가 가격을 유지할 때의 보수는 50이지만 가격을 인하할 때의 보수는 70이므로) (B도 A에게 우월 전략이 존재한다는 것을 알고 있음.) (A의 우월 전략으로 인해 B에게는 전략 선택의 여지가 사실상 존재하지 않음.)

가 없으므로 게임의 균형*이 이루어진다. 이처럼 각 경기자가 다른 모든 경기자가 선택한 전략을 주어진 것으로 보고 자신의 최적 전략을 선택하는 상황에서 이루어지는 게임의 균형을, 이를 연구한 미국의 경제학자 존 내시의 이름을 따서 '내시 균형'이라고 한다.

각 경기자는 자신이 행동을 변화시킬 때 다른 경기자가 행동을 변화시키지 않을 것으로 가정함.

▶ 동시 게임의 균형으로서 내시 균형

나 과점 시장에서 각 기업은 자신의 행동 변화, 즉 자신의 산출량*이나 가격의 변화에 대하여, 상대 기업이 어떠한 반응을 할 것인지 추측한다. 이러한 '추측된 변화', 즉 자신의 선택이 변화한 정도 대비 상대 기업의 선택이 변화한 정도에 대한 예측치에 따라 과점 기업의 행동은 달라진다. 프랑스의 경제학자 쿠르노가 고안안 '쿠르노 모형'은 과점 시장에서 동질적* 상품을 공급하는 두 기업이 각각 자신의 산출량을 동시에 결정하고, 두 기업의 산출량 결정으로 시장 공급량이 정해지면 시장 수요와 균형을 이루는 수준에서 그 상품의 가격이 정해진다고 가정한다. 이때 산출량을 결정하기 전까지 두 기업 중 어느 기업도 상품의 시장 가격*이 얼마인지 알 수 없기 때문에, 두 기업은 상대 기업의 산출량 수준을 예상하고 이를 고정된 값으로 받아들인 후 자신의 이윤이 극대화되는 산출량을 결정한다. 즉 상대 기업의 산출량에 대한 각 기업의 추측된 변화는 0이다.

상대 기업의 선택이 변화한 정도에 대한 예측치/자신의 선택이 변화한 정도

동시 게임의 상황

두 개의 기업만이 시장에 존재하는 과점 시장의 상황이기 때문

추측된 변화 = 0

▶ 쿠르노 모형의 가정

C와 D 두 개의 기업으로 이루어진 과점 시장에서 쿠르노 모형에 따라 두 기업이 경쟁한다고 가정하자. 먼저 C는 D의 산출량을 예상하고, 시장 수요량에서 그만큼을 뺀 나머지가 자신의 상품에 대한 수요량이라고 생각한다. 그리고 이러한 '잔여 수요'에 한해 자신이 독점적 지위를 행사할 수 있다고 생각한다. D를 제외하면 시장에서 해당 상품을 공급할 수 있는 공급자는 C 자신이 유일하기 때문에, 잔여 수요 전체를 자신의 상품에 대한 수요로 인식하는 것이다. 따라서 C는 D의 예상 산출량을 제외한 잔여 수요로부터 자신의 이윤 극대화 산출량을 도출한다.

잔여 수요

잔여 수요에 대해서는 독점자라고 스스로를 인식함.

▶ 쿠르노 모형에 따른 각 기업의 행동 전략

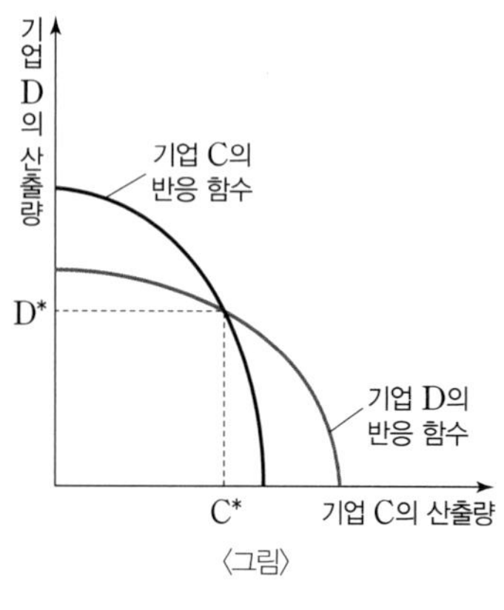

〈그림〉

각 기업이 예상하는 상대 기업의 산출량과 이에 따른 자신의 이윤 극대화 산출량 사이의 관계를 나타내는 '반응 함수'를 이용하면, 〈그림〉과 같이 쿠르노 모형의 균형이 C와 D의 반응 함수가 일치하는 지점에서 성립함을 알 수 있다. 각 기업은 반응 함수에 따라 상대 기업의 산출량을 예상하고 그 예상에 입각해 이윤 극대화 산출량을 결정하고 있으므로, 반응 함수가 일치하는 지점에서는 어느 기업도 자신이 선택한 산출량을 바꿀 이유가 없기 때문이다. 즉 C가 예상한 D의 산출량이 D*인 경우 C의 이윤 극대화 산출량은 C*이며 D가 예상한 C의 산출량이 C*인 경우 D의 이윤 극대화 산출량은 D*이므로, C와 D가 각각 C*와 D*를 자신의 최적 산출량으로 결정하는 균형이 이루어진다.

반응 함수의 개념

(C*, D*)에서 균형이 이루어짐.

▶ 반응 함수와 쿠르노 모형의 균형

어휘! 이것만은 꼭 익히자

- **과점(寡占)**: 몇몇 기업이 어떤 상품 시장의 대부분을 지배하는 상태.
- **장악(掌握)**: 손안에 잡아 쥔다는 뜻으로, 무엇을 마음대로 할 수 있게 됨을 이르는 말.
- **전략(戰略)**: 정치, 경제 따위의 사회적 활동을 하는 데 필요한 책략.
- **균형(均衡)**: 어느 한쪽으로 기울거나 치우치지 아니하고 고른 상태.
- **산출량(産出量)**: 생산되어 나오거나 생산하여 내는 양.
- **동질적(同質的)**: 성질이 같은.
- **시장 가격(市場價格)**: 상품이 시장에서 그때그때 실제적으로 거래되는 가격.

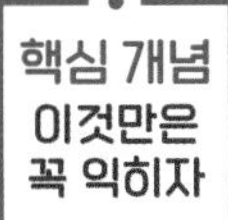

보수 행렬과 내시 균형

게임의 구조를 행렬 형태로 나타난 것으로, 게임에 참여하는 경기자, 각 경기자의 전략, 전략을 선택했을 때 각 경기자의 보수로 구성된다. 다른 경기자의 전략 선택을 알지 못하는 상태에서 각 경기자가 동시에 전략을 선택하는 동시 게임에서, 보수 행렬을 활용하면 게임의 균형인 내시 균형을 쉽게 도출할 수 있다. 상대 경기자의 전략이 주어진 상황에서 각 경기자의 보수를 극대화하는 전략을 구하고, 각 경기자의 전략이 균형을 이룰 때 내시 균형이 성립한다.

추측된 변화

게임 상황에서 각 경기자의 선택이 변화한 정도 대비 상대 경기자의 선택이 변화한 정도에 대한 예측치를 의미한다. 과점 시장의 기업은 자신의 이윤이 자신의 행동뿐 아니라 상대방의 행동에 의해서도 영향을 받으므로, 일종의 게임 상황에 놓인 상태이다. 따라서 추측된 변화를 통해 상대방의 행동을 예측하는데, 상대 기업의 행동을 예상하고 이를 고정된 값으로 받아들이는 경우의 추측된 변화는 0이 된다. 상대 경기자의 전략이 주어진 상황에서의 게임의 균형이 내시 균형이므로, 내시 균형은 추측된 변화가 0일 때의 균형임을 알 수 있다.

잔여 수요와 반응 함수

반응 함수란 과점 시장에서 각 기업이 예상하는 상대 기업의 산출량과 이에 따른 이윤 극대화 산출량 사이의 관계를 나타내는 함수이다. 과점 기업 간의 산출량 경쟁이 이루어지는 쿠르노 모형에서는 추측된 변화를 0으로 가정하므로, 상대 기업의 산출량이 고정된 값이라고 전제한 후 시장 전체 수요에서 상대 기업의 산출량을 제외한 나머지 수요, 즉 잔여 수요가 각 기업의 상품에 대한 수요이다. 따라서 쿠르노 모형의 반응 함수는 각 기업의 잔여 수요와 이윤 극대화 산출량과의 관계를 나타낸 함수가 된다.

■ **이윤 극대화 산출량**

기업의 이윤 극대화 산출량은 기업의 한계 수입과 한계 비용이 일치하는 지점에서 결정된다. 한계 수입은 산출량을 한 단위 변화시킬 때 상품 판매로 얻는 수입의 변화량을, 한계 비용은 산출량을 한 단위 변화시킬 때 상품 산출에 소요되는 비용의 변화량을 의미한다. 한계 수입이 한계 비용보다 큰 경우 산출량을 늘리면 수입의 증가분이 비용의 증가분보다 크므로, 산출량을 증가시키면 이윤이 증가한다. 반면 한계 수입이 한계 비용보다 작은 경우 산출량을 줄이면 수입의 감소분이 비용의 감소분보다 작으므로, 산출량을 감소시키면 이윤이 증가한다. 결국 이윤 극대화 산출량은 기업의 한계 수입과 한계 비용이 일치하는 지점에서 결정된다. 따라서 쿠르노 모형의 경우, 각 기업은 상대 기업의 산출량을 제외한 잔여 수요로부터 한계 수입을 도출하고 이것이 한계 비용과 일치하는 지점에서 이윤 극대화 산출량을 도출한다.

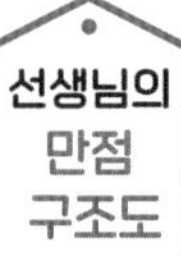

1 지문의 〈표〉에 나타난 동시 게임에서 내시 균형을 도출하는 과정 문항 02 관련

〈표〉

		기업 B	
		가격 유지	가격 인하
기업 A	가격 유지	(100, 40)	(50, 60)
	가격 인하	(120, 30)	(70, 20)

기업 A의 최적 전략	
기업 B의 전략이 '가격 유지'일 때	기업 B의 전략이 '가격 인하'일 때
'가격 유지' 전략을 선택할 때의 보수 ❶ [ ] < '가격 인하' 전략을 선택할 때의 보수 ❷ [ ] ⇒ '가격 인하'가 최적 전략	'가격 유지' 전략을 선택할 때의 보수 ❸ [ ] < '가격 인하' 전략을 선택할 때의 보수 ❹ [ ] ⇒ '가격 인하'가 최적 전략

↓

기업 B가 어떤 전략을 선택하든 '가격 인하'가 기업 A의 최적 전략임.
즉 '가격 인하'는 기업 A의 ❺ [ ] 전략임.

↓

기업 B의 최적 전략
기업 A의 전략이 '가격 인하'일 때
'가격 유지' 전략을 선택할 때의 보수 ❻ [ ] > '가격 인하' 전략을 선택할 때의 보수 ❼ [ ] ⇒ ❽ [ ] 이/가 최적 전략

↓

내시 균형
기업 A는 ❾ [ ] 전략을, 기업 B는 ❿ [ ] 전략을 선택

정답 ❶ 100 ❷ 120 ❸ 50 ❹ 70 ❺ 우월 ❻ 30 ❼ 20 ❽ '가격 유지' ❾ '가격 인하' ❿ '가격 유지'

포인트 2 쿠르노 모형의 균형을 도출하는 과정

기업 D의 산출량이 D일 때,
기업 C의 이윤 극대화 산출량은 C

〈기업 C의 ❶ [ ]〉

기업 C의 산출량이 C일 때,
기업 D의 이윤 극대화 산출량은 D

〈기업 D의 ❷ [ ]〉

↓

기업 D의 산출량이 D*일 때, 기업 C의 이윤 극대화 산출량 C*
그리고
기업 C의 산출량이 C*일 때, 기업 D의 이윤 극대화 산출량 D*

↓

반응 함수의 교차점인 (C*, D*)가 ❸ [ ] 의 균형

정답 ❶ 반응 함수 ❷ 반응 함수 ❸ 쿠르노 모형

담합의 불안정성과 담합 자진 신고자 감면 제도

소수의 기업만이 제품을 생산하여 공급하는 시장 형태를 과점 시장이라고 한다. 여기서 기업의 수가 소수라는 것은 어떤 기업의 이윤이 자신의 행동뿐 아니라 다른 기업들의 행동에 의해서도 영향을 받는다는 것을 의미한다. 따라서 과점 시장에서 각 기업은 자신의 행동에 대한 다른 기업들의 반응을 고려하여 의사 결정을 하는데, 이때 한 기업이 행동을 변화시킬 때 다른 기업들의 행동이 어떻게 변화할지 예상한 값을 '추측 변이'라고 한다.

		기업 B	
		높은 가격	낮은 가격
기업 A	높은 가격	(80, 80)	(30, 140)
	낮은 가격	(140, 30)	(50, 50)

〈표〉

예를 들어 시장 내 어떤 제품의 공급자로 기업 A와 B만이 존재하며, 각 기업의 가격에 대한 추측 변이는 0이라고 하자. 각 기업은 '높은 가격' 전략과 '낮은 가격' 전략을 사용할 수 있으며, 이때 각 기업의 이윤이 〈표〉와 같이 보수 행렬로 나타난다. 보수 행렬이란 각 기업이 특정 전략을 선택한 결과로 얻게 될 이윤을 나타낸 표로, 가령 〈표〉의 (140, 30)은 A가 '낮은 가격' 전략을 선택하고 B가 '높은 가격' 전략을 선택한 경우 A는 140, B는 30의 이윤을 얻게 된다는 것을 의미한다. 이러한 상황에서 각 기업이 서로 협조하지 않는다면, A와 B가 모두 '낮은 가격' 전략을 선택하고 각각 50의 이윤을 얻는 상태에서 균형이 성립된다. 왜냐하면 상대방이 어떤 전략을 선택하든 '낮은 가격' 전략을 선택하는 것이 '높은 가격' 전략을 선택하는 것보다 각 기업의 이윤을 높여 주기 때문이다. 그리고 이때의 균형에서는 각 기업이 서로 협조하여 '높은 가격' 전략을 선택하면 (80, 80)의 이윤을 얻을 수 있음에도 불구하고 협조하지 않음으로써 (50, 50)의 이윤만을 얻게 된다.

만약 A와 B가 협조하여 '높은 가격'을 선택하기로 담합하면 둘 다 이윤을 증가시킬 수 있는데, 담합의 실현은 담합을 하겠다는 상대의 약속을 믿을 수 있을 때 가능하다. 예를 들어, A와 B가 '높은 가격'을 약속했더라도 A가 이를 어기고 '낮은 가격'을 선택한다면 A는 담합 시에 비해 60의 이윤이 증가한다. 따라서 B는 A가 '높은 가격'을 선택하겠다는 담합의 약속을 믿지 않을 것이며 B 역시 담합의 약속을 지키지 않을 것이다. 이와 같이 과점 시장의 기업들에게는 담합의 유인이 존재하는 동시에 담합을 이탈하여 상대를 기만하려는 유인 또한 존재한다.

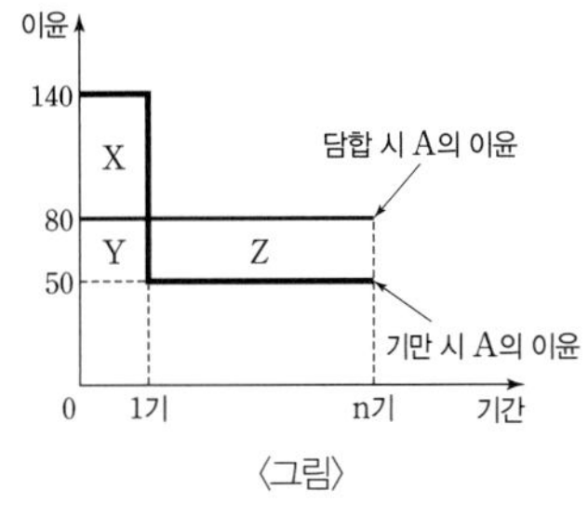

〈그림〉

하지만 이러한 담합의 불안정성에도 불구하고 현실에서는 과점 기업들 간의 담합 행위가 자주 발생한다. 이는 각 기업의 의사 결정이 1회가 아닌 장기간을 고려하여 이루어지기 때문이다. 〈그림〉은 위 〈표〉의 상황에 처한 A가 담합에 참가하는 경우와 담합에 참가하기로 약속하고 실제로는 이를 기만하는 경우 A의 이윤을 나타낸 것이다. 두 기업이 1기만 담합하기로 약속한 경우, A가 담합에 참가하면 면적 Y의 추가 이윤을 얻지만 상대를 기만하면 면적 (X+Y)의 추가 이윤을 얻을 수 있다. 따라서 상대를 기만하는 것이 A에게 유리하다. 한편 각 기업이 n기 동안 담합하기로 약속한 경우, 담합 시 추가 이윤은 (Y+Z)이지만 기만 시에는 1기와 마찬가지로 (X+Y)의 추가 이윤밖에 얻을 수 없다. 1기가 끝났을 때 B가 A의 기만행위를 인식하고 이후에는 B 역시 담합의 약속을 지키지 않을 것이기 때문이다. 따라서 n이 충분히 크다면, Z가 X보다 크게 되어 담합이 형성될 수 있다.

'담합 자진 신고자 감면 제도'(이하 '자진 신고제')란 담합 행위에 참여한 기업이 담합 행위를 자진 신고하거나 담합 행위에 대한 조사에 협조하는 경우 시정 조치 및 과징금 등의 처벌을 감면해 주는 제도이다. 이 제도는 담합에 내재하는 불안정성을 이용하여 담합을 방지하려는 목적으로 도입되었다.

일반적으로 담합에 대한 처벌은 담합 지속 기간 n을 증가시키는 효과를 낳는다. 처벌은 담합에 참가한 기업들의 이윤을 낮추므로, 각 기업은 담합 행위가 적발되지 않기 위해 더 노력하기 때문이다. 즉 담합에 대한 처벌이 존재하는 경우 담합 행위는 더욱 은밀해져 적발이 어려우며, 담합은 더 오래 지속되는 경향이 있다. 이때 자진 신고제는 담합 지속 기간 n을 단축시킬 수 있다. 담합을 같이한 상대 기업보다 먼저 담합 행위를 신고하면 처벌을 면제받을 수 있으므로, 각 기업은 경쟁적으로 담합 행위를 신고할 유인을 갖게 되기 때문이다. n의 단축으로 Z가 X보다 작아지는 경우, 담합은 유지될 수 없을 것이다.

자진 신고제가 성공적으로 운영되기 위해서는 세 가지 전제 조건이 충족되어야 한다. 첫째, 담합 적발 확률이 높아야 하며, 둘째, 담합에 대한 처벌이 강력해야 하고, 셋째, 자진 신고할 경우 얻을 수 있는 이득이 명확해야 한다. 적발 확률이 높아 담합이 영원히 유지될 수 없다는 것을 과점 기업들이 예상할 때, 처벌은 강력한 데 반해 자진 신고의 이득은 분명할 때 기업들의 경쟁적인 자진 신고가 나타날 것이기 때문이다. 이처럼 자진 신고제는 담합 형성 이전에는 담합 형성 가능성을 낮추고, 형성 이후에는 자진 신고를 유도하여 담합을 와해시키는 효과를 갖는다. 자진 신고제의 이러한 역할은 독과점을 규제하여 소비자의 이익을 보호하고 경쟁 압력을 높여 시장의 효율성을 달성하기 위한 제도로서 그 의의를 찾을 수 있다.

독해 포인트 이 글은 담합의 발생 원인과 불안정성에 대한 경제적 원리를 바탕으로 담합의 형성 및 유지를 방지하기 위한 제도인 담합 자진 신고자 감면 제도의 도입 원리와 효과에 대해 소개하고 있다. 과점 기업은 담합을 통해 이윤을 증가시킬 유인과 담합에서 이탈함으로써 이윤을 더욱 증가시킬 유인을 동시에 갖는다. 담합 자진 신고자 감면 제도의 도입은 담합의 불안정성을 증대시켜 담합 형성을 방지하거나 담합 적발 가능성을 높이는 효과가 있다.

주제 담합의 불안정성과 담합 자진 신고자 감면 제도

05강 인공 지능과 형법

주제 통합

EBS 수능특강 독서 241쪽

독해 포인트 (가) 형법은 범죄와 형벌에 관한 법률 체계로 형벌은 인간의 기본권을 제한한다. 형벌이 남용되지 않도록 제어하는 형법의 기본 원리에는 책임 원칙이 있다. 책임 원칙은 어떤 행위에 대하여 책임이 없다면 그 행위에 대해 처벌할 수 없다는 원리이다. 책임 원칙에 따라 형사 책임을 묻고 형벌을 부과하기 위해서는 자유 의지를 지닌 주체로서 범죄 능력이 있어야 하는데, 현행 형법에서 범죄 능력은 자연인에게만 인정된다. 다만 법인은 사회에 미치는 영향 등을 고려하여 양벌규정을 통해 범죄 행위를 할 수 있는 능력은 없지만 형사 책임을 인정하여 처벌받을 수 있다.
(나) 인공 지능을 탑재한 지능형 로봇이 저지른 범죄 행위에 대해 실용적 측면에서 형법을 적용할 필요성이 있다. 그런데 전통적인 형법은 인간의 행위만을 범죄 행위로 보기 때문에 인간으로부터 독립하여 스스로 인식, 판단하고 행동하는 지능형 로봇의 범죄 행위를 인정하지 않는다. 따라서 지능형 로봇은 형법에 따른 책임을 지지 않고 형벌을 받을 수 없다. 최근에는 사회적 체계는 행위가 아닌 소통이라는 체계 이론의 체계 개념을 바탕으로 법적 주체의 지위를 구성하여야 한다는 주장이 있다. 이 주장에 따르면 지능형 로봇에게도 형사 책임을 물을 수 있다. 지능형 로봇의 범죄 능력을 인정한다고 했을 때, 형법이 이루고자 하는 법익 보호 목적을 달성할 수 있다면, 지능형 로봇의 범죄에 형벌을 부과하는 것은 정당화될 수 있다.

주 제 (가) 형법의 책임 원칙과 그 적용
(나) 인공 지능을 탑재한 지능형 로봇에 대한 형법의 적용

㉮ 형법은 범죄와 형벌에 관한 법률 체계로 여러 가지 범죄의 모습, 범죄들에 과해질 형벌의 종류와 그 내용을 (형법의 내용) 규정하고 있다. 형벌은 국가에 의해 개인에게 가해지는 제재* 방식 중 가장 강력하다는 점이 큰 특징이다. 징역형(형법에 규정된 형벌의 한 종류로서, 징역형에 처해지면 교도소에서 복역하며 강제 노역을 해야 함.)은 개인의 자유권을 크게 침해하고, 이를 넘어 '사형'이라는 이름으로 사람을 죽음에 이르게 할 수도 있다. 이렇게 형법은 인간의 기본권인 자유권과 재산권은 물론이고 극한*의 경우 인간의 생명권에도 영향을 미칠 수 있다. 따라서 형법에서 무엇보다 중요하게 다루어지는 것은 형벌이 남용*되지 않고 적절히 사용되도록 제어하는 방법이다(형벌이 인간의 기본권인 자유권, 재산권, 생명권에 영향을 미칠 수 있기 때문임.). 형법의 기본 원리 중 하나인 책임 원칙은 이러한 문제의식에서 생겨났다.
▶ 형법의 특징과 책임 원칙

책임 원칙은 어떤 행위에 대하여 책임이 없다면 그 행위에 대해 처벌할 수 없다는 원리로, 형벌의 근거 기능과 (어떤 행위에 책임이 있어야 형벌을 부과할 수 있음.) 형벌의 제한 기능을 (형량은 그 행위에 대한 책임의 크기를 넘어서는 안 됨.) 포함하고 있다. 즉 형벌은 책임을 전제 요건으로 하며, 형량*의 결정, 특히 형량의 상한(上限)(위와 아래로 일정한 범위를 이루고 있을 때, 위쪽의 한계.)에도 영향을 미친다. 어떤 행위에 책임이 있다고 하여도 그에 합당한 형벌의 양은 그 행위에 대한 책임의 크기를 넘어서는 과도한 양이어서는 안 된다. 이러한 형법의 기본 원칙 덕분에 우리는 자유권에 대한 부당한 침해를 방지할 수 있다.
▶ 책임 원칙의 내용과 의의

책임 원칙에 따라 형벌을 부과하기 위해서는 범죄 행위에 대한 도덕적 · 윤리적 비난 가능성이 인정되어야 한다. 이러한 비난 가능성은 적법과 불법을 선택할 수 있는 인간의 의사 결정의 자유를 전제한 것이다. 즉 범죄자는 자유 의지(외부의 요소에 의해 방해받지 않고 자신의 행동과 의사 결정을 스스로 조절하고 통제할 수 있는 능력)를 지닌 주체로서, 범죄 행위를 할 수 있는 능력과 이미 행한 불법에 대하여 책임을 질 수 있는 책임 능력을 모두 포함하는 범죄 능력이 있어야 한다. 현행 형법에 의하면 범죄 능력은 자연인*에게만 인정되고 그 외의 존재는 범죄 행위의 주체가 될 수 없다.
▶ 책임 원칙의 적용 조건으로서의 자연인

한편 우리 법은 자연인이 아닌 존재에게 형사 처벌하는 규정을 가지고 있다. 우리 법과 판례에 따르면 법인(法人)*은 범죄를 저지를 수는 없지만, 형사 처벌은 받을 수 있다(법인은 범죄 능력은 인정되지 않지만 형벌은 받을 수 있음.). 법인에 대한 처벌 규정은 대개 개인의 범죄 행위를 처벌하면서 그 개인에 대한 감독 의무를 진 법인에도 벌금형을 부과하는 내용을 가지는데, 이처럼 개인과 법인을 함께 처벌하는 규정을 양벌규정이라고 한다. 양벌규정은 원칙적으로 범죄 능력이 부정되는 법인의 형사 책임을 인정하는 특별 규정이다. 이는 법인이 사회에 미치는 영향에 근거한 정책적 고려뿐 아니라 법인 자신의 감 (법인에 대해 형사 처벌을 할 수 있는 양벌규정이 정당화되는 근거)

독 의무 위반*을 근거로 정당화*된다.

▶ 자연인이 아닌 법인에 대한 형사 처벌

* 자연인: 법이 권리 능력을 인정하는 자연적 생활체로서의 인간.
* 법인: 자연인이 아니면서 법에 의하여 권리 능력이 부여되는 사단과 재단.

㈏ 가까운 미래에 인간과 동등한 수준의 정신 능력을 갖추고, 인간처럼 스스로 목표를 설정하고 목표 달성을 위해 자율적으로 수단을 선택하는 인공 지능을 탑재한 지능형 로봇이 등장할 수 있다. 만약 이러한 유형의 지능형 로봇이, 인간이 저지를 경우 범죄로 규정되어 처벌받았을 일을 행하였다면 처벌 대상은 누가 될까? 인간의 통제에서 벗어난 지능형 로봇이 행한 일에 대해 인간에게 책임을 묻기는 어렵다. 이렇게 지능형 로봇이 강력한 사회적 통제 수단인 형법의 적용 범위 밖에 놓이게 되면 처벌의 공백이 생기고 사회적 위협의 대상이 될 것이다. 그러므로 실용적인 측면에서 볼 때, 지능형 로봇으로 인해 형사 처벌을 받아야 하는 범죄 행위와 같은 결과가 발생한 경우, 지능형 로봇에도 형법을 적용할 필요가 있다.

자율적으로 수단을 선택하는 지능형 로봇이 범죄에 해당하는 행위를 하였다면 인간에게 그 책임을 묻기 어려움.

지능형 로봇이 범죄에 해당하는 행위를 했을 때 형법을 적용할 필요가 있는 이유

▶ 지능형 로봇에 대한 형법의 필요성

인공 지능을 탑재한 지능형 로봇이 형법에 따른 책임을 지기 위해서는, 형법이 말하는 범죄 행위를 지능형 로봇 스스로 행했어야 한다. 그런데 전통적인 형법은 인간의 행위만을 생각하여 형법을 구상하였다. 이에 따르면 기계나 로봇의 행위는 인간의 행위가 아니어서 어떤 경우에도 그것이 형벌을 받을 수는 없다. 그러나 지능형 로봇은 인간으로부터 독립하여 스스로 인식, 판단하고 행동할 수 있다는 점에서 기존의 기계나 로봇과는 다르다. 이제는 지능형 로봇에 의해 이루어진 행동 역시 인간과 유사한 새로운 주체의 독립된 행동으로 볼 가능성도 열리게 된 것이다.

지능형 로봇이 형법에 따른 책임을 질 수 없는 이유

지능형 로봇을 인간과 유사한 새로운 주체로 볼 수 있는 이유

▶ 지능형 로봇에 대한 형법 적용의 가능성

최근에는 인간 중심의 법적 주체성 논의를 넘어서 체계 이론의 체계(System) 개념을 바탕으로 법적 주체의 지위를 구성하여야 한다는 주장이 제기되었다. 체계 이론에서는 사회 현상을 관찰할 때 행위가 아닌 소통을 더욱 근원적*인 개념으로 파악한다. 이러한 관점에서 체계 이론은 자연인이 아닌 존재라 할지라도 독자적인 사회적 체계로서 사회적 소통에 참여할 수 있고, 존속*할 수 있는 자율적인 존재라면 법적 주체의 지위를 인정할 수 있다고 본다. 인간이라는 존재를 전제하지 않고 법적 주체의 자격을 사회적으로 구성되어 확립되는 것으로 이해하면 마찬가지로 법적 책임도 사회적으로 구성되어 확립된다. 이 주장에 따르면 인공 지능을 탑재한 지능형 로봇에게 형사 책임을 물을 수 있다는 주장이 성립할 수 있다. 인공 지능의 작동은 인간의 행위로 볼 수 없지만, 인공 지능은 기술적 방법을 통해 사회적 체계와 접촉하고 소통하여 행위의 사회적 맥락을 구성한다. 이렇게 사회적 체계의 소통이 사회적 체계의 행위를 구성하듯이 전통적 행위 개념도 재구성될 수 있다. 인공 지능이 인간을 매개*하지 않고 외부 세계와 직접 접촉하고 소통하는 방식으로 행위를 수행하기 때문이다. 체계 이론의 관점에서 범죄는 사회적 소통의 특정한 유형이다. 따라서 형사 책임을 묻는 근거도 행위가 아닌 소통에서 찾는다. 특정한 소통 방식이 형법을 위반할 때 이를 범죄로 보는 것이다.

형법에 따르면 범죄 능력이 없는 존재

체계 이론의 관점에서 법적 주체의 지위를 인정할 수 있는 조건

체계 이론에서는 소통이 행위보다 더 근원적 개념이므로, 사회적 체계의 소통이 사회적 체계의 행위를 구성함.

체계 이론의 관점에서 지능형 로봇에게 형사 책임을 물을 수 있는 이유

▶ 체계 이론에 근거한 지능형 로봇의 형사 책임

그렇다면 인공 지능을 탑재한 지능형 로봇의 범죄 능력을 인정한다고 했을 때, 지능형 로봇의 범죄에 형벌을 부과하는 것이 정당화될 수 있을까? 형법은 법률이 보호하고 있는 가치인 법익을 침해하는 행위에 대하여 형벌

을 부과하는 방법을 사용하여, 법익이 가지는 가치를 일반인들에게 확실히 증명함으로써 장래의 범죄 행위를 예방하는 과제를 수행하고 있다. 지능형 로봇의 행위를 형법상 유의미한 행위로 파악할 수 있음을 전제로 지능형 로봇의 법익 침해 행위의 가능성을 긍정할 수 있는 경우, 그러한 지능형 로봇의 행위에 대하여 형벌 부과를 통하여 형법이 이루고자 하는 법익 보호 목적을 달성할 수 있다면, 지능형 로봇에게 형벌을 부과하는 것이 정당화될 수 있을 것이다.

형벌 부과의 목적

지능형 로봇에게 형벌을 부과하는 것을 정당화하기 위한 조건 ①

지능형 로봇에게 형벌을 부과하는 것을 정당화하기 위한 조건 ②

지능형 로봇에게 형벌을 부과하는 것을 정당화하기 위한 조건 ③

▶ 지능형 로봇의 범죄에 대한 형벌 부과의 정당화 조건

어휘! 이것만은 꼭 익히자

- **제재(制裁)**: 법이나 규정을 어겼을 때 국가가 처벌이나 금지 따위를 행함. 또는 그런 일.
- **극한(極限)**: 궁극의 한계. 사물이 진행하여 도달할 수 있는 최후의 단계나 지점을 이름.
- **남용(濫用)**: 일정한 기준이나 한도를 넘어서 함부로 씀.
- **형량(刑量)**: 죄인에게 내리는 형벌의 정도. 보통 죄인이 복역해야 할 기간을 이름.
- **위반(違反)**: 법률, 명령, 약속 따위를 지키지 않고 어김.
- **정당화(正當化)**: 정당성이 없거나 정당성에 의문이 있는 것을 무엇으로 둘러대어 정당한 것으로 만듦.
- **근원적(根源的)**: 사물이 비롯되는 근본이나 원인이 되는 것.
- **존속(存續)**: 어떤 대상이 그대로 있거나 어떤 현상이 계속됨.
- **매개(媒介)**: 둘 사이에서 양편의 관계를 맺어 줌.

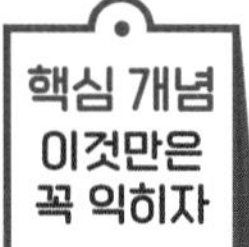

책임 원칙

책임 원칙은 봉건적 형법의 폐해를 극복하기 위해 등장하였다. 근대 형법이 확립되기 이전에는 고의나 과실 유무와 상관없이 어떤 행위로 인해 법익이 침해되었다면 처벌의 대상이 되었다. 또한 범인의 가족 내지 친족 모두를 벌하는 연좌제와 같이 특정 집단의 구성원이 범죄 행위를 하면 그 집단에 속하는 자 전원이 처벌되기도 하였다. 근대 형법에서 책임 원칙은 고의 또는 과실이 없는 행위에 대하여는 벌하지 않는다고 하여 국가의 형벌권을 제한하고 시민의 자유를 보장하고자 하였다. 또한 행위자 개인만을 처벌함으로써 단체 책임을 묻는 봉건적 악습을 없앴다. 현대 형법에 와서는 형벌의 정도를 정하는 일에 있어서 책임 원칙의 역할이 자각되었고, 형벌은 책임의 정도를 넘어서는 안 된다는 내용을 포함하게 되었다.

체계 이론

체계 이론은 독일의 사회학자 루만이 정립하였다. 체계 이론에 따르면 세계는 '체계'와 '환경'으로 구성된다. 체계는 기계, 생명 체계, 심리 체계, 사회적 체계로 구분된다. 체계 이론의 관점에서 인간은 생명 체계와 심리 체계로 구성되는 체계 복합체이다. 이러한 인간은 소통으로 구성되는 사회적 체계와 구별되는 존재이다. 인간이 사회적 체계 안에 포함되기 위해서는 사회적 체계를 구성하는 '소통'에 참여할 수 있어야 한다. 인간은 인격을 활용하여 사회적 체계 안에서 진행되는 소통에 참여할 수 있다.

■ **강한 인공 지능과 약한 인공 지능**

강한 인공 지능과 약한 인공 지능이란 구분은 철학자 존 설(John Searle)에서 유래되었다. 그에 따르면 강한 인공 지능은 인간의 마음을 가지는 것과 완전히 같은 의미로 마음을 가졌으며, 약한 인공 지능은 한정된 지능에 의해서 지적 문제를 해결할 수 있다. 현재 인간이 기술적으로 구현하고 있는 것은 약한 인공 지능이다. 예를 들어 바둑 대결에서 이세돌 9단과 커제 9단을 모두 이긴 인공 지능 알파고는 바둑 기술이라는 측면에서는 인간을 능가하는 능력을 지녔지만, 기존의 정해진 바둑의 규칙 안에서만 작동할 수 있다. 알파고에게 바둑에 대해 반성적·비판적 사고를 할 수 있는 능력은 없다. 정신 능력이라는 측면에서 여전히 인간보다 약한 인공 지능인 것이다.

선생님의 만점 구조도

형법과 형벌에 대한 이해 문항 01 관련

형법	• 여러 가지 범죄의 모습, 범죄들에 과해질 형벌의 ❶ ___ 와/과 그 ❷ ___ 을/를 규정함. • 형벌이 남용되지 않고 적절히 사용되도록 하는 형법의 기본 원리 중 하나가 ❸ ___ 임.
형벌	• 국가에 의해 개인에게 가해지는 ❹ ___ 방식 중 가장 강력함. • ❺ ___ 의 가치를 증명함으로써 장래의 범죄 행위를 예방하기 위함.

정답 ❶ 종류 ❷ 내용 ❸ 책임 원칙 ❹ 제재 ❺ 법익

포인트 2 **법에 근거하여 법인과 지능형 로봇 비교** 문항 03 관련

	법인	지능형 로봇
자연인	❶ ___	×
범죄 능력	×	❷ ___
형사 처벌	❸ ___	❹ ___
법적 의무	❺ ___	×

정답 ❶ × ❷ × ❸ ○ ❹ × ❺ ○

06강 우주 자원 개발과 국제법

주제 통합

EBS 수능특강 독서 245쪽

독해 포인트 (가) 국제 사회를 규율하는 국제법은 세계화에 따른 국제 관계의 변화로 그 중요성이 더욱 커지고 있다. 국제법의 법원으로는 조약, 국제 관습법, 법의 일반 원칙 등이 있다. 국제법은 고유한 입법 기구가 없으며, 국제법을 지키지 않을 때 이를 강제하기 어렵다는 한계가 있다.
(나) 1967년 발효된 외기권 조약은 100개국 이상이 체결한 것으로, 달 및 기타 천체를 포함한 외기권에 대해 자유로운 탐색과 이용을 규정하였다. 최근 우주 자원 개발이 가시화되면서 우주 자원 개발에 대해 좀 더 구체적이고 상세한 규정을 둔 달 조약이 제시되었다. 달 조약에서는 우주 자원을 인류 공동의 유산으로 다루고 있다.

주 제 (가) 국제법의 개념과 법원
(나) 외기권 조약과 달 조약

(가) 국제법은 국제 사회를 규율*하는 법으로, 전통적인 국제법은 주로 국가 간의 관계를 규율하였다. 그러나 최근에는 세계화에 따른 국제 관계의 변화로 국제법의 적용 범위가 개인, 다국적 기업, 국제기구 등으로 확대되고 있다. 국제법은 국가 간의 무역이나 자원 등과 관련한 분쟁이 발생하였을 때 유용한 분쟁 해결 수단을 제공할 뿐만 아니라, 인권이나 환경 문제의 해결을 도모하는 경우와 같이 전 지구적 문제를 해결하기 위한 국제 사회의 협력을 유도*하기도 하며, 세계 시민의 일상적 삶에 편리함을 제공하고 권리를 보호하기도 한다.

(국제법의 정의 / 갈수록 국제법이 중요하게 여겨짐.)

▶ 국제법의 기능과 필요성

이러한 국제법에는 법을 생기게 하는 근거인 법원이 여러 가지가 있다. 국제법의 법원으로는 조약, 국제 관습법, 법의 일반 원칙 등이 있다. 조약은 국제법 주체 간에 체결된 명시적* 합의로 협약, 협정, 의정서 등으로 불리기도 한다. 일반적으로 조약은 국가가 주체가 되어 체결하고, 원칙적으로 체결한 당사국 간에만 구속력*을 지닌다. 1979년 제정*된 달 조약의 경우 프랑스 등 18개국만이 체결하였으며 미국, 중국, 러시아 등 우주 강국들이 참여하지 않아 구속력이 미약하다.

(국제법으로 인정되는 법원 / 조약을 맺은 당사국들에만 효력이 발생함. / 달 조약의 문제점 – 강대국들이 조약을 체결하지 않은 경우 국제법이 법으로서의 실질적인 기능을 하지 못함.)

▶ 국제법의 법원 ① – 조약

이와 달리 국제 사회에서 오랜 기간 반복되어 온 관행이 모두가 따라야 할 법적 의무로 인정됨으로써 성립된 국제 관습법은 별도의 절차를 거치지 않아도 모든 국가에 대해 구속력을 갖는다. 각국의 국내 문제에 다른 나라가 간섭하지 않는다는 국내 문제 불간섭 원칙은 대표적인 국제 관습법이다. 한편 법의 일반 원칙은 문명국이 공통으로 받아들이고 따르는, 국내법에 수용된 법의 보편적인 원칙이다. 권리의 행사와 의무의 이행은 신의*를 따라 성실히 이행해야 한다는 신의 성실의 원칙, 정당한 권리로 인정되지 않는 행위를 금지하는 권리 남용 금지의 원칙, 특별히 합리적인 사유가 존재하지 않는 한 공평하게 처우해야 한다는 형평의 원칙 등은 법의 일반 원칙의 대표적 예이다.

(특별한 절차가 없어도 관행에 따라 국제법으로 인정됨. / 국제 관습법의 대표 예시 / 일반적 상식으로 통용될 수 있는 법의 일반 원리)

▶ 국제법의 법원 ② – 국제 관습법과 법의 일반 원칙

그러나 국제법은 고유한 입법 기구가 없다. 따라서 국제 사회의 모든 국가에 적용할 수 있는 국제법을 만드는 것이 쉽지 않다. 또 국제법을 지키지 않을 때 이를 강제적으로 집행할 기구나 정부가 존재하지 않아 국제법의 이행을 강제하기 어렵다. 그럼에도 불구하고 날이 갈수록 국가 간의 관계가 더욱 밀접해지고 있기 때문에 국제 사회에서 국제법을 준수*해야 한다는 인식은 점점 높아지고 있으며, 국가 간 분쟁의 평화적 해결 수단으로 그 중요성이 더욱 커지고 있다.

(한계 – 강제력을 갖지 못함. 국제법을 지키지 않는다고 하여 강제할 수 없음. / 국제법이 필요한 이유 ① / 국제법이 필요한 이유 ② / 국제법이 필요한 이유 ③)

▶ 국제법의 한계와 중요성

(나) 조약은 국가 간에 맺은 약속으로 법적 구속력을 갖는다. 국제 관습법 역시 국제법으로 인정되어 법적 구속력을 갖지만 문서로 작성되지 않았다는 점에서 문서로 작성된 성문법인 조약과 차이가 있다. 또 조약에서는 그 당사국의 수에 따라 양자적인 것과 다자적인 것이 있다. 1967년 발효*된 국제법인 외기권 조약*은 우주를 모든 국가가 자유롭게 이용할 수 있는 공간으로 규정*하고 있다. 2019년까지 전 세계 100개국 이상이 체결한 외기권 조약 제1조에는 달 및 기타 천체를 포함한 외기권은 형평성을 고려한 국제법에 따라 모든 국가가 자유롭게 탐색하고 이용하며 천체의 모든 영역에 대해 출입을 개방한다고 규정하고 있고, 제2조에는 달 및 기타 천체를 포함한 외기권은 주권의 주장에 의하여 또는 이용과 점유에 의하여 또는 기타 어떠한 수단에 의해서도 국가 전용*의 대상이 되지 아니한다고 규정하고 있다. 외기권 조약에 따라 어떠한 나라도 외기권 및 천체에 대해서 주권을 주장할 수 없으며, 자국의 주권의 영향권 내에 둘 수 없기 때문에 국내법으로 자국민에게 달 및 천체를 포함한 외기권에 대해 소유권을 부여*할 수도 없다.

불문법

대부분의 나라들이 체결하였음.

소유권이나 사용권과 같은 배타적인 권리를 인정받지 못함.

▶ 조약의 특징과 외기권 조약의 내용

우주 자원 개발이 가시화되면서 우주 자원 개발에 대해 좀 더 구체적이고 상세한 규정을 두고 있는 국제법으로는 달 조약이 있다. 달 조약은 태양계 내의 천체를 대상으로 자원에 대해 규정하고 있다. 달 조약은 우주 자원을 인류 공동의 유산의 범주*에 넣고 있다. 인류 공동의 유산이란 국제법적인 개념으로, 특정 지역이나 특정 문화유산 및 자연 유산을 개별 국가나 단체의 착취 및 개발로부터 보호하고 미래 세대를 위해 관리해야 한다는 원칙이 적용된 것이다. 이 원칙은 1954년 헤이그 협약에서 무력 충돌 시 문화 자산을 보호하기 위해 처음 등장한 이후 달 및 태양계 내 천체의 자원에 적용되었다.

우주 자원 개발이 가시화되면서 외기권 조약을 좀 더 구체화하였음.

우주 자원 역시 인류 공동의 것이라는 발상

▶ 달 조약의 내용 ①

달 조약 제11조 제3항에서는 달 표면뿐만 아니라 달 및 태양계 내의 천체들에 매장되어 있는 자연 자원들도 국가, 국제기구, 정부 기관, 비정부 기관 및 단체, 개인의 재산이 될 수 없다고 규정하고 있다. 그리고 달 및 태양계 내의 천체들의 지표나 지하에 우주선이나 시설 및 인력을 배치했다고 해서 지표 및 지하의 소유권을 창출*하는 것이 아니라고 명확히 규정하고 있다. 그렇다고 해서 달 및 태양계 내의 천체를 탐사하고 이용하는 것을 금지하는 것은 아니다. 달 조약 제11조 제4항은 국제법 및 달 조약의 규정들에 따라 국가들이 형평성에 기초해서 차별 없이 달 및 태양계 내의 천체를 탐사하고 이용할 권리가 있다고 규정하였다.

탐사권과 소유권은 구별됨. 우주선이나 시설 및 인력을 배치할 수 있으나 소유하는 것이 아님.

▶ 달 조약의 내용 ②

우주 자원을 탐사하고 이용할 권리는 있지만 소유권은 인정할 수 없다는 규정은 일견 서로 모순된 내용처럼 보일 수 있다. 이에 대해 달 조약은 국제적인 관리를 해결책으로 제시하여 우주 자원의 채굴 가능성이 높아지는 시점이 되면 달 조약 당사국들이 이러한 자원의 채굴을 관리하는 국제 체제를 설립할 것을 예정하고 있다. 그리고 우주 자원으로부터 얻은 혜택을 모든 당사국들이 공유하며, 개발 도상국들의 이익과 수요가 특히 고려되어야 하고, 채굴에 간접적으로 기여한 국가들에 대한 노력도 고려되어야 한다고 명시하였다.

우주 강대국들이 달 조약 체결을 꺼리는 이유

▶ 달 조약을 통한 우주 자원 개발

* **외기권 조약**: 달과 기타 천체를 포함한 대기권 바깥의 탐색과 이용에 있어서의 국가 활동을 규율하는 원칙에 관한 조약.

어휘! 이것만은 꼭 익히자

- **규율(規律)**: 질서나 제도를 좇아 다스림.
- **유도(誘導)**: 사람이나 물건을 목적한 장소나 방향으로 이끎.
- **명시적(明示的)**: 내용이나 뜻을 분명하게 드러내 보이는.
- **구속력(拘束力)**: 자유행동을 구속하는 효력.
- **제정(制定)**: 제도나 법률 따위를 만들어서 정함.
- **신의(信義)**: 믿음과 의리를 아울러 이르는 말.
- **준수(遵守)**: 전례나 규칙, 명령 따위를 그대로 좇아서 지킴.
- **발효(發效)**: 조약, 법, 공문서 따위의 효력이 나타남.
- **규정(規定)**: 내용이나 성격, 의미 따위를 밝혀 정함.
- **전용(專用)**: 남과 공동으로 쓰지 아니하고 혼자서만 씀.
- **부여(附與)**: 사람에게 권리 · 명예 · 임무 따위를 지니도록 해 줌.
- **범주(範疇)**: 동일한 성질을 가진 부류나 범위.
- **창출(創出)**: 전에 없던 것을 처음으로 생각하여 지어내거나 만들어 냄.

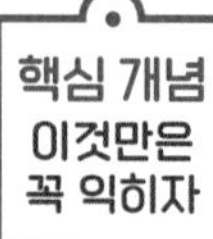

국제법의 법원

세계화, 국제화에 따른 정보 통신의 발달로 국가 간의 관계를 조율하는 국제법이 각광을 받고 있다. 국제법의 법원에는 조약, 국제 관습법, 법의 일반 원칙 등이 있다.

- **조약**: 해당 조약을 체결한 당사자 간에만 구속력을 갖는 약속이다.
- **국제 관습법**: 국제 사회에서 오랫동안 반복되어 온 관행을 법적 의무로 인정함으로써 성립된다.
- **법의 일반 원칙**: 문명국이 공통으로 받아들이고 따르는 보편적인 원칙이다.

달 조약

우주 자원 개발이 가시화되면서 탄생한 조약으로, 우주 자원을 인류 공동 유산의 범주에 넣고 있다. 그러나 미국, 중국, 러시아 등 우주 강국들이 이 조약에 참여하고 있지 않아 구속력이 미약하다.

포인트 3

탐사권과 소유권

- **탐사권**: 달 및 태양계 내의 천체를 자유롭게 탐사할 수 있는 권리
- **소유권**: 달 및 태양계 내의 천체에 대해 배타적으로 소유하거나 전용하는 권리

■ 덴마크, 독일, 네덜란드의 대륙붕 경계 다툼

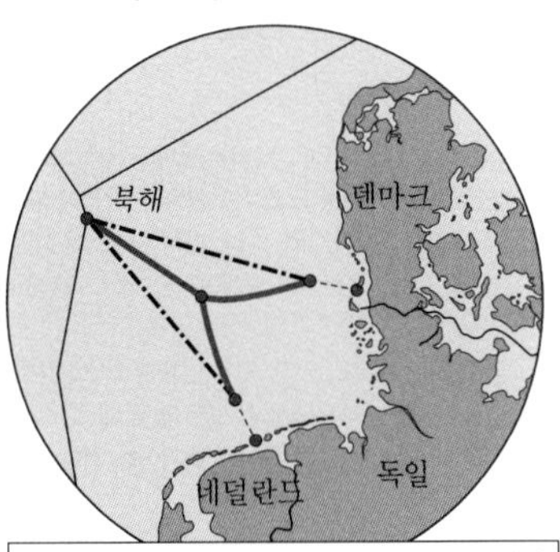

1958년 덴마크, 네덜란드를 비롯한 57개국은 '대륙붕의 경계는 연안국 간의 합의에 따라 결정되며, 합의가 안 되는 특수한 사정이 없다면 등거리 원칙에 따라 중간선을 경계로 삼아야 한다.'는 『대륙붕에 관한 협약』을 체결하였다. 북해의 동남부 해안은 덴마크, 독일, 네덜란드의 연안으로 이루어져 있는데, 이들 국가 간 대륙붕 경계 확정 협상이 결렬되자 덴마크와 네덜란드는 『대륙붕에 관한 협약』의 규정대로 등거리 원칙을 적용하여 경계선을 삼아야 한다고 주장하였다. 그러나 독일은 자국이 『대륙붕에 관한 협약』을 체결하지 않았으므로 등거리 원칙에 구속되지 않으며, 형평에 맞는 경계선을 주장하였다. 이에 대해 덴마크와 독일은 등거리 원칙은 국제 관습법이라고 반박하였다.

■ 우주 자원 개발의 중요성

2023년 인도의 달 탐사선 찬드라얀 3호가 인류 최초로 달의 남극에 착륙하는 데 성공하였다. 러시아도 탐사선을 착륙시킬 계획이었지만 탐사선이 달에 추락하며 실패하였다. 중국 역시 2024년에 탐사선을 달의 남극에 보낼 계획이고, 미국은 2025년에 우주인을 보내겠다고 선언했다. 강대국들이 이처럼 달의 남극 탐사에 열을 올리는 이유는 달의 극지방은 태양 빛을 덜 받기 때문에 물이 잘 보존되어 있을 것으로 기대되기 때문이다. 물이 있다는 것을 발견한다면 우주인의 식수나 우주 작물 재배에 활용할 수 있어 우주 개발의 발판을 선점할 수 있다. 또 달 남극의 분화구에는 희귀 금속이나 핵융합 발전의 핵심 연료가 풍부하다는 연구 결과도 있다.

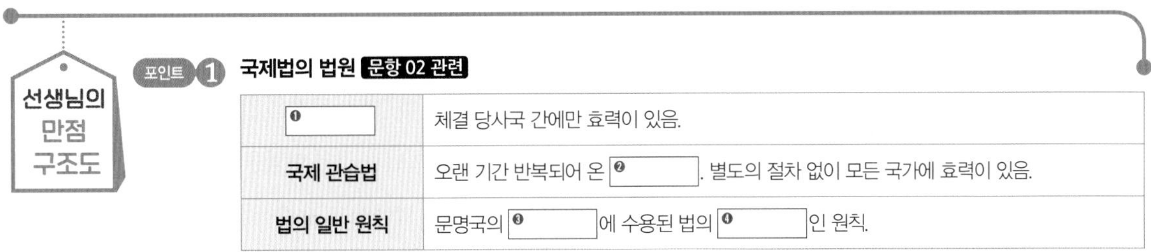

선생님의 만점 구조도

포인트 1 국제법의 법원 문항 02 관련

❶ [ ]	체결 당사국 간에만 효력이 있음.
국제 관습법	오랜 기간 반복되어 온 ❷ [ ]. 별도의 절차 없이 모든 국가에 효력이 있음.
법의 일반 원칙	문명국의 ❸ [ ]에 수용된 법의 ❹ [ ]인 원칙.

정답 ❶ 조약 ❷ 관행 ❸ 국내법 ❹ 보편적

포인트 2 외기권과 달 조약 문항 05 관련

❶ [ ] 조약	→	달 조약
우주 자원 개발이 가시화되기 이전에 대부분의 국가가 체결하였음.		• 우주 자원을 인류 ❷ [ ]의 유산으로 규정함. → 특정 국가의 ❸ [ ]을/를 인정하지 않음. → 우주 자원의 혜택을 모든 당사국이 공유함.

정답 ❶ 외기권 ❷ 공동 ❸ 소유권

07강 법의 이념과 민사 법률관계에 적용되는 법 규범

주제 통합

EBS 수능특강 **독서 250쪽**

독해 포인트 (가) 법은 다른 규범들과는 달리 국가를 전제하므로 국가 공동체가 추구하는 목적뿐만 아니라 법의 이념에도 부합해야 한다. 법의 이념이란 이상적인 법이 갖추어야 하는 성질을 뜻하며, 일반적으로 정의, 합목적성, 법적 안정성이라는 요소로 구성된다. 정의에 부합하는지를 판단할 때는 평균적 정의와 배분적 정의라는 기준이 적용되고, 합목적성은 목적 실현에 적합한 상태인지에 따라, 법적 안정성은 내용의 명확성과 지속성이 인정되는지에 따라 각각 판단해야 한다. 법의 이념을 구성하는 세 가지 요소들은 상호 보완적인 관계이지만, 서로 충돌하는 경우도 있다. 이때는 더 중요한 요소가 실현될 수 있도록 해야 한다.
(나) 민사 법률관계에서는 계약이 원칙적인 규범이지만 법이 원칙적인 규범이 되는 경우도 있다. 민사 법률관계에 적용되는 법 규범에는 성문법뿐 아니라 관습법, 조리도 포함된다. 다만 성문법이 없으면 관습법이 적용되고, 성문법과 관습법이 모두 없을 때 조리가 적용된다. 조리가 적용된 사례로서 제사 주재자 결정에 관한 사건을 들 수 있다. 제사 주재자에 대해서는 성문법이 없어서 과거에는 관습법이 적용되었으나, 관습법 소멸 후에는 조리가 적용되고 있다.

주 제 (가) 법의 이념인 정의, 합목적성, 법적 안정성의 의미와 이들 사이의 관계
(나) 민사 법률관계에 적용되는 법의 유형과 이들이 적용된 사례

가 법은 규범의 일종이지만 도덕, 종교 등의 다른 규범들과는 달리 국가를 전제하고 국가 공권력*에 의해 실현된다. 따라서 법은 국가 공동체가 추구하는 목적이 명시된 규범인 헌법에 들어맞아야 한다. 또한 법의 내용은 이상적인 법이 갖춰야 하는 성질(법의 이념의 의미)인 법의 이념에도 부합*해야 하는데, 독일의 저명한 법학자 라드브루흐에 의하면 법의 이념은 정의, 합목적성, 법적 안정성이라는 세 가지 요소로 이루어진다. ▶ 법의 특징과 법의 이념

정의란 무엇인가에 대해서는 여러 가지 견해가 있지만 사회를 구성하고 유지하는 공정한 도리라고 할 수 있으며, 이러한 정의는 다시 평균적 정의와 배분적 정의(정의의 이념의 두 가지 의미)로 구분된다고 보는 것이 일반적이다. 평균적 정의란 모든 인간을 대등하게 대하는 것이 정의라고 파악하는 것을 뜻하고, 배분적 정의란 각 개인의 특성에 상응*하여 같은 것은 같게, 다른 것은 다르게 다루는 것이 정의라고 파악하는 것을 뜻한다. ▶ 정의의 의미

그러나 정의만을 기준으로 삼아 이상적인 법의 내용을 파악하는 데는 한계가 있다. 법의 내용이 배분적 정의에 부합하는지를 판단하려면 '같음'과 '다름'을 판별*하기 위한 기준이 필요한데, 정의 자체는 이러한 기준을 제시하고 있지 않기 때문이다. 그래서 배분적 정의의 판단 기준을 파악하는 데 필요한 '합목적성'도 법의 이념의 하나로 인정되는 것이다(합목적성 이념은 배분적 정의가 실현되었는지를 판단하기 위해 필요함.). 합목적성이란 목적을 실현하기에 적합한 성질을 뜻하는데 입법뿐 아니라 재판에서도 고려되어야 하는 이념이다. 합목적성은 법의 목적 자체는 정해져 있음을 전제하는데, 법의 목적은 결국 국가 공동체가 추구하는 목적과 가치관에 따라 결정된다. 또한 이러한 가치관은 합목적성 이념과 정의 이념을 연결시킨다. ▶ 합목적성의 의미

법의 내용이 정의와 합목적성에 부합하더라도 이것만으로는 이상적인 법이라고 할 수 없으며, 법적 안정성이라는 이념에도 부합해야 한다. 법적 안정성 이념의 내용은 법 규범의 내용은 명확해야 하고, 한 번 정해지면 일정 기간 동안은 유지되어야 한다는 것이다. 법적 안정성 이념은 법 규범의 본연의 기능을 수행하기 위해 필요하다. 법은 규범의 일종이므로 다른 규범들과 마찬가지로 사람들이 어떤 행위를 하거나 하지 않게 하는 동기를 부여해야 하기 때문이다(법적 안정성 이념은 국가 공동체의 가치관과 무관하고 법이라는 규범 자체의 성질을 반영함.). 그런데 법 규범의 내용이 불명확하면 법대로 행위하고 싶어도 법을 따를 수 없고, 법대로 행위했는데 행위의 기준이었던 법 규범이 금세 바뀌어 버리면 법은 개인의 행위에 대한 동기 부여를 할 수 없게 된다. ▶ 법적 안정성의 의미

법의 이념을 구성하는 세 가지 요소들은 상호 보완적인 관계를 가진다. 하지만 때에 따라서는 서로 충돌할 수 (이어지는 내용은 이 부분에 대한 예시임.)

도 있는데 이 경우 각 요소들의 필요성을 비교하여 더 중요한 요소를 실현시키게 된다. 예컨대 국회에서 법률이 제정된 경우 일정 기간 동안은 적용하는 것이 법적 안정성에 부합하지만 그 내용이 극도*로 정의롭지 못하거나 헌법이 추구하는 목적에 저촉되면 신속하게 법으로서의 효력을 상실시켜야 한다. 또한 동일한 범죄를 저지른 자들에 대해 그 범죄에 상응하는 형벌을 부과하는 것이 정의에 부합하고 공동체의 안전 유지라는 목적을 달성하는 데도 도움이 되지만, 개선될 가능성이 높은 사람에게는 형벌보다 교육을 통해 정상적인 삶을 살 수 있게 해 주는 것이 우리 국가 공동체가 추구하는 목적에 부합한다고 볼 수도 있다. ▶ 법의 이념을 구성하는 요소들 사이의 관계

(나) 당사자들 사이에 다툼이 생겼을 때 법적 절차에 따라 분쟁*이 해결되어야 하는 인간관계를 법률관계라고 하며, 특히 개인들 사이의 재산 관계나 가족 관계를 민사 법률관계라고 한다. 민사 법률관계에서 적용되는 규범은 당사자들이 합의로 정하는 것이 원칙이다. 따라서 계약이 원칙적인 규범이 되고 법은 계약으로 정해지지 않은 내용에 대해서만 규범의 역할을 한다. 다만 민사 법률관계이더라도 사회를 구성하는 기본적 인간관계와 관련된 법률관계나 당사자들 중 일방을 보호할 필요가 있는 법률관계에서는 법이 계약을 대신하여 원칙적인 규범으로 적용된다.

개인들 사이의 재산 관계나 가족 관계와 관련된 분쟁들 중 법적 절차에 따라 해결되어야 하는 경우를 뜻함.

▶ 민사 법률관계에 대해 적용되는 규범

민사 법률관계에 적용되는 법에는 성문법, 관습법, 조리의 세 종류가 있다. 가장 먼저 적용되는 법은 성문법인데, 성문법이란 문서의 형태를 갖추고 있으며 법률에 정해진 절차에 따라 국가 기관이 제정한 법 규범을 뜻한다. 이에 비해 관습법이란 사회 구성원들 사이에서 오랫동안 반복되어 온 관행*이 법으로 받아들여지게 된 경우를 뜻한다. 법을 적용해야 하는 상황에서 성문법이 없을 때 관행이 법 규범의 역할을 하는 것이다. 따라서 관습법도 헌법의 목적이나 법의 이념에 부합해야 함은 물론이다. ▶ 민사 법률관계에 적용되는 법의 종류

관습법이 분쟁 해결 기준으로 적용된다면 법 규범의 일종이기 때문임.

법이 규범으로 적용되어야 할 민사 법률관계에 해당하지만 이에 관한 성문법과 관습법이 모두 없는 경우가 있을 수 있다. 이런 현상은 사회적 상황이 급변*할 때 발생하게 되는데 성문법은 국가 기관의 제정 절차를 거쳐야 하고 관습법은 사회적 관행이 형성되어야 하므로 어느 정도 시간이 지나야 마련될 수 있기 때문이다. 이처럼 성문법과 관습법이 모두 없는 상황이면 '조리'라는 법 규범이 적용된다. 조리의 의미에 대해서는 여러 가지 견해가 있는데 사회 통념 또는 법의 일반 원칙이라고 파악하는 것이 일반적이다. 따라서 조리는 문서나 관행이 없어도 법으로 인정될 수 있다. ▶ 조리의 의미

조리는 별도의 입법이나 확인 절차 없이 법 규범으로 동원될 수 있음.

조리가 법으로 적용된 사례의 예로서 제사용 재산을 상속받을 사람인 '제사 주재자*' 결정에 관한 사건을 들 수 있다. 제사용 재산은 조상의 무덤과 그 주변의 선산*을 뜻한다. 망인의 자녀들이 상속인인 경우 모든 자녀들이 평등하게 상속받을 수 있는 일반적인 재산과는 달리, 제사용 재산만은 한 사람이 물려받게 할 필요가 있다. 여러 명에게 분할*되어 버리면 더 이상 제사용 재산으로서의 역할을 할 수 없게 되기 때문이다. 성문법인 민법은 평등 상속 원칙에 대한 예외 조항을 두어 제사용 재산은 제사를 주재하는 상속인인 제사 주재자가 단독으로 전부 물려받도록 하고 있다. 다만 민법에 제사 주재자의 의미에 관한 조항은 없기 때문에 법원에서는 관습법을 적용하여 제사 주재자가 누구인지에 관한 분쟁을 해결해 왔다. 그러나 최근에는 제사 주재자 결정 기준으로 적용되던 관습법이 그 효력을 잃어버림에 따라 조리를 적용하여 제사 주재자를 정하고 있다. ▶ 조리가 적용된 사례

제사용 재산을 단독으로 승계하게 하는 이유

제사 주재자 결정은 계약이 적용되는 법률관계가 아니라 법 규범이 적용되는 법률관계이기 때문임.

어휘! 이것만은 꼭 익히자

- **공권력(公權力)**: 국가나 공공 단체가 우월한 의사의 주체로서 국민에게 명령하고 강제할 수 있는 권력.
- **부합(符合)**: 부신(符信)이 꼭 들어맞듯 사물이나 현상이 서로 꼭 들어맞음. ≒계합, 동부
- **상응(相應)**: 서로 응하거나 어울림.
- **판별(判別)**: 옳고 그름이나 좋고 나쁨을 판단하여 구별함. 또는 그런 구별.
- **극도(極度)**: 더할 수 없는 정도.
- **분쟁(紛爭)**: 말썽을 일으키어 시끄럽고 복잡하게 다툼.
- **관행(慣行)**: 오래전부터 해 오는 대로 함. 또는 관례에 따라서 함.
- **급변(急變)**: 상황이나 상태가 갑자기 달라짐.
- **주재자(主宰者)**: 어떤 일을 중심이 되어 맡아 처리하는 사람.
- **선산(先山)**: 조상의 무덤이 있는 산.
- **분할(分割)**: 나누어 쪼갬.

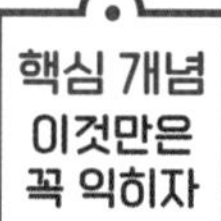

법의 이념과 구성 요소

- **법의 이념**: 법 규범이 갖춰야 하는 성질을 뜻한다. 법의 이념에 부합하지 않는 법 규범도 존재할 수 있으나 법으로서의 효력이 인정될 수 없다.
- **법의 이념 구성 요소**: 정의, 합목적성, 법적 안정성의 세 가지로 나누어진다. 이들은 상호 보완적인 작용을 하지만 서로 모순될 수도 있다. 법의 이념을 구성하는 세 가지 요소들을 동시에 충족하지 못하는 경우에는 문제된 상황에서 더 중요한 요소를 실현시키는 법 규범이 법의 이념에 부합하는 것으로 인정된다.

민법상 법 규범의 종류

민사 법률관계에서 분쟁 해결을 위한 원칙적인 기준은 당사자들 사이의 계약이다. 다만 약자 보호나 통일적 규율이 필요한 경우 계약보다 법 규범이 우선적으로 적용될 수 있는데, 이때 적용될 법 규범에는 세 가지 유형이 있다.

- **성문법**: 국가 기관이 제정하고 문서 형태로 된 법 규범이다.
- **관습법**: 사회에서 반복되어 온 관행이 법적 구속력을 가진 것으로 인정된 상태를 뜻한다.
- **조리**: 성문법이나 관습법이 없을 때 적용되는데, 판단 기준이 된다는 점에서 법 규범의 일종이며 그 내용은 일반 상식과 사회 통념에 따라 정해진다.

■ **제사용 재산**

상속 순위가 같아서 대등한 자격을 가지는 상속인이 여러 명인 경우 이들은 공동 상속인이 되고, 공동 상속인들은 법률로 정해진 비율에 따라 상속 재산을 공유하는 것이 원칙이다. 그러나 제사용 재산에 대해서는 이러한 공동 상속 원칙이 적용되지 않으며, 제사용 재산은 공동 상속인들 중 한 명이 단독으로 물려받게 된다. 제사용 재산에는 분묘와 분묘가 설치된 땅인 기지뿐 아니라 분묘 주위를 둘러싼 임야도 포함된다. 이러한 임야를 법적으로는 나무나 풀 따위를 함부로 베지 못하도록 되어 있는 임야인 금양 임야라고 하지만 일반적으로는 선산이라고 한다. 선산은 그 기능을 유지하고 있을 때만 제사용 재산으로 인정된다. 이미 분묘 주위가 개발되어 더 이상 임야가 아닌 상태에서 원래의 제사 주재자가 사망하여 상속이 개시되면, 기능을 상실한 선산은 공동 상속의 대상이 된다.

포인트 ❶ **법의 이념의 구성 요소** 문항 01, 02 관련

구분	내용
정의	정의는 두 가지 의미를 가진다. ❶ [ ] 은/는 모든 사람을 동등하게 다루어야 함을 뜻하고 ❷ [ ] 은/는 개인의 개성을 존중하여 각자의 개성에 상응하게 다루어야 함을 뜻함.
합목적성	합목적성은 법의 목적이 존재함을 전제한다. 법의 목적은 법의 이념과는 다름. ❸ [ ] 은/는 법이 갖춰야 하는 이상적인 모습이나 성질을 의미하는 데 비해 법의 목적은 법 규범을 정립하는 국가가 추구하는 가치관을 의미함.
법적 안정성	❹ [ ] 은/는 법 규범이 유지되어 사회 구성원들에게 해야 할 일과 하지 말아야 할 일을 알려 주는 기능을 수행할 수 있어야 함을 뜻함.

정답 ❶ 평균적 정의 ❷ 배분적 정의 ❸ 법의 이념 ❹ 법적 안정성

포인트 ❷ **민사 법률관계에 적용되는 규범** 문항 03, 04 관련

구분	내용
성문법	• ❶ [ ] 이/가 법률로 정해진 절차에 따라 제정한 법 규범 • 문서의 형태를 갖추고 있음.
관습법	• 사회 구성원들 사이에 반복된 ❷ [ ] 이/가 법 규범이라고 인식된 것 • 법원의 재판 과정에서 법 규범으로 확인됨.
조리	• 상식, ❸ [ ] • 법원의 재판 과정에서 판단의 기준으로 제시됨.

정답 ❶ 국가 기관 ❷ 관행 ❸ 사회 통념

우리나라의 상속 제도

상속이란 피상속인의 사망에 의해 피상속인이 가지고 있던 모든 재산상 권리와 의무의 일체가 상속인에게 승계되는 것을 말한다. 상속의 순위는 피상속인의 직계 비속*, 직계 존속*, 형제자매, 4촌 이내의 방계 혈족*의 순으로 정해지며, 직계 비속이나 직계 존속이 있는 경우에 피상속인의 배우자는 그 상속인과 같은 순위로 공동 상속인이 된다. 상속인이 여러 사람인 경우에 각 상속인이 받을 수 있는 유산의 비율을 일컫는 상속분은 피상속인의 유언에 의해 지정될 수도 있는데, 유언은 민법이 정하는 조건을 충족해야 효력을 갖게 되고 그에 따라 상속분이 정해진다. 피상속인이 상속분을 지정하지 않았을 때에는 법정 상속분 규정에 따라 상속이 이루어진다. 이때 형제자매처럼 같은 상속 순위의 상속인이 여럿인 경우에는 똑같이 나누어 재산을 상속받는 것을 원칙으로 하지만, 피상속인의 배우자가 직계 비속이나 직계 존속과 공동 상속인인 경우에는 직계 비속이나 직계 존속의 상속분의 1.5배를 상속받게 된다. 또 상속인인 직계 비속이 사망한 경우에는 그 상속인이 받을 상속분을 사망한 상속인의 배우자와 직계 비속이 대신 상속하게 되는데, 이 경우에 배우자와 직계 비속의 상속분 비율 역시 1.5:1이다. 그리고 민법에서는 상속인들 중 피상속인을 부양했거나 재산의 유지 및 증식에 특별한 기여를 한 경우에는 일정액의 기여분을 더 받을 수 있도록 하고 있다.

상속인이 채무를 포함한 피상속인의 모든 재산의 권리와 의무를 제한 없이 승계할 것을 인정하는 의사 표시를 '단순 승인'이라고 한다. 일반적으로 상속인이 상속 개시가 있음을 안 날로부터 3개월 내에 상속에 대한 특별한 의사 표시를 하지 않으면 단순 승인이 이루어진 것으로 간주한다. 그런데 이와 같은 단순 승인으로 인해 피상속인의 권리와 의무가 모두 승계되어 상속인이 피해를 보는 경우가 생길 수도 있는데, 상속인에게 빚이 승계되는 경우가 그 대표적인 예다. 피상속인이 가지고 있던 재산상의 권리와 의무에는 피상속인의 재산뿐만 아니라 빚도 포함된다. 원래 빚을 갚아야 할 피상속인이 사망했기 때문에 상속인이 그 빚을 갚을 필요가 없다고 생각하기 쉽지만 원칙적으로는 그렇지 않다. 이에 민법에서는 '한정 승인'과 '상속 포기' 제도를 마련해 두고 있다.

'한정 승인'은 상속인이 상속으로 취득하게 될 재산의 한도에서만 피상속인의 빚을 갚을 것을 조건으로 상속을 승인하는 것을 말한다. 즉 청산 절차에 따라 상속인이 상속받을 재산으로 피상속인의 빚을 먼저 갚은 후에 나머지의 재산을 상속받는 방법으로, 상속인이 피상속인에게 상속받을 재산과 빚의 규모를 가늠하기 어려울 때에 신고하는 것이 일반적이다. 반면 '상속 포기'는 상속에 관한 권리를 모두 포기하는 것으로, 피상속인에게 상속받을 재산이 상속받을 빚보다 적을 것이 확실한 때에 신고하는 것이 일반적이다. 원래 상속인이었던 사람의 상속 포기 신고가 수리되면 그 사람은 더 이상 상속인으로 간주되지 않는다.

그렇다면 한정 승인이나 상속 포기의 신고는 아무 때나 할 수 있는 것일까? 만약 피상속인에게 재산은 없고 빚만 있다면 피상속인이 사망하지 않았더라도 미리 상속 포기 약정을 하는 것이 낫지 않을까? 우리 법에 따르면 그럴 수는 없다. 한정 승인이나 상속 포기 신고를 할 수 있는 기간을 법으로 정해 놓고 있기 때문이다. 즉 상속의 한정 승인이나 상속 포기는 상속인이 상속 개시가 있음을 안 날로부터 3개월 내에 신고해야 하며, 그 기간이 지나면 단순 승인을 한 것으로 보는 것이 원칙이다. 상속이 개시되기 전에 상속인이 피상속인과 상속 포기 약정을 하더라도 그 포기 약정은 효력이 없다. 다만 상속 순위가 뒤인 사람이 앞인 사람보다 먼저 또는 동시에 상속 포기를 할 수 있도록 규정을 마련해 두고 있으며, 같은 상속 순위 내에서도 상속 포기 순서는 정해져 있지 않다. 또한 피상속인의 빚이 많음을 중대한 과실이 없음에도 불구하고 기간 내에 알지 못해서 상속인이 상속을 단순 승인한 경우에는 특별 한정 승인 제도를 두어 상속인이 상속 재산보다 빚이 많음을 안 이후로 3개월 내에 다시 한정 승인을 할 수 있도록 하고 있다. 이러한 경우 특별 한정 승인을 하면 상속 재산의 한도에서만 피상속인의 빚을 갚으면 된다.

* **직계 비속**: 자기로부터 직계로 이어져 내려가는 혈족. 아들, 딸, 손자, 증손 등을 이름.
* **직계 존속**: 조상으로부터 직계로 내려와 자기에 이르는 사이의 혈족. 부모, 조부모 등을 이름.
* **방계 혈족**: 같은 조상에서 갈라져 나간 혈족. 백부모, 숙부모, 생질, 형제자매 등을 이름.

독해 포인트 이 글은 상속의 개념과 그 과정, 그리고 상속인의 자격과 상속분의 비율 등 상속과 관련된 기본적이고 원칙적인 내용을 소개하고 있다. 더불어 상속인이 피상속인의 재산에 관한 포괄적 권리·의무를 모두 승계하는 '단순 승인', 상속인이 상속으로 취득하게 될 재산의 한도에서만 피상속인의 빚을 갚을 것을 조건으로 상속을 승인하는 '한정 승인', 상속에 관한 권리를 모두 포기하는 '상속 포기' 등에 대해서 추가로 설명하고 있다. 이를 통해 상속이라는 제도 속에서 '단순 승인'으로 인해 피상속인의 권리·의무가 모두 승계되어 상속인이 피해를 보는 경우를 막기 위해 민법에서 '한정 승인'이나 '상속 포기' 제도를 마련하고 있다는 취지를 이해할 수 있다.

주제 상속의 개념과 상속 과정의 다양한 상황에 대한 이해

08강 효율적 계약 파기론과 채권자의 협력 의무

주제 통합

EBS 수능특강 **독서 254쪽**

독해 포인트

(가) 계약이 도덕적인 의미를 가진다고 보는 전통적인 관점에 따르면, 계약 준수는 도덕적 의무이고 계약 파기는 정당한 이유가 있을 때만 가능하다. 이에 비해 효율적 계약 파기론에 의하면 계약 당사자 일방은 상대방에게 손해 배상만 하면 자유롭게 계약을 파기할 수 있다고 본다. 최근에는 효율적 계약 파기론의 정당성을 설명하기 위해 당사자들의 약속 내용에 효율적 계약 파기의 가능성 부여가 포함되어 있었던 것으로 해석하려는 견해도 제기된다.

(나) 채무자가 해야 하는 행위를 뜻하는 '급부'는 그 중요성에 따라 여러 가지 유형으로 나누어지고, 대개 채권자가 원하는 이익 그 자체를 뜻하는 주된 급부와 부수적 급부, 보호 의무가 있다. 급부 의무를 분류하는 것은 위반이 발생했을 때 의미가 있다. 어떤 의무를 위반하든 채무자가 채권자에게 손해 배상을 해 주어야 한다. 그런데 채권자가 일방적으로 계약을 파기하는 '해제권'은 주된 급부 의무가 위반된 경우에만 인정된다. 한편 채무가 이행되려면 채권자의 협력이 필요한 경우 채권자가 협력을 제공하지 않아서 채무가 이행되지 못하는 상태를 채권자 지체라고 하는데, 채권자에게 부과되는 제재는 법률로 정해져 있다.

주 제

(가) 계약의 도덕성과 효율적 계약 파기론
(나) 급부 의무의 유형과 채권자의 협력 의무의 법적 성질론

가 약속은 도덕적 의무를 낳는다. 따라서 약속을 어기면 옳지 않은 행동을 한 것이고, 이에 대해 도덕적 비난을 가하여 약속된 행위를 하도록 심리적인 강제를 가하는 방식으로 제재하는 것은 마땅한 일이다. 그렇다면 계약의 경우에는 어떨까? 계약이 체결*된 경우에도 당사자들은 계약 내용대로 특정한 행위를 해야 할 의무를 진다. 이때 계약을 근거로 발생하는 의무를 채무라고 하고, 계약의 당사자들 중 채무를 부담하는 당사자를 채무자, 채무 이행을 요구할 권리를 가지는 당사자를 채권자라고 한다. 우리 민법에 의하면 채무자가 계약 내용대로 이행할 수 있는데도 이행을 거절하면 채권자는 국가 공권력의 힘을 빌려 강제로 채무를 이행시킬 수 있고 채무자가 손해 배상*을 하더라도 강제 이행을 막을 수 없다.

(채무는 의무의 일종임.)
(우리 민법에 의하면, 계약 파기가 효율적이더라도 채무자는 계약을 파기할 수 없음.)
▶ 계약의 의미와 법적 성질

이처럼 채무는 공권력에 의한 강제의 대상이 되는 법적 의무라는 점에서 도덕적인 의무와 다르다. 도덕적 의무 위반에 대한 제재*는 도덕적인 비난에 의한 심리적 강제에 그치기 때문이다. 그러나 채무 이행 의무가 도덕적 의무가 아니라고 단정할 수는 없다. 만약 계약도 약속의 일종이라고 본다면 채무 불이행은 법적 의무를 위반한 것일 뿐 아니라 약속 준수라는 도덕적 의무도 위반한 것이라고 할 수 있기 때문이다.

(도덕적 의무와 다른 점)
(채무 불이행은 법적 의무 위반임과 동시에 도덕적 의무 위반에도 해당함.)
▶ 채무 불이행과 도덕적 의무 위반의 관계

우리 민법의 입법 태도와는 달리 채무자가 계약 내용대로 이행하지 않더라도 채권자가 입게 될 손해를 충분히 배상하면 '효율적 계약 파기*'에 해당하고 이것은 도덕적으로 문제되지 않는다는 견해도 있다. 이 견해는 '묵시적* 합의 이론'을 근거로 하는데, 채무자가 계약 내용에 따른 이행 대신 손해 배상을 하는 것은 계약 위반이 아니라 계약 준수라고 본다. 채무자가 손해 배상만 하고 채무의 이행을 거절하는 것도 계약 이행에 해당하므로 법적으로나 도덕적으로나 문제되지 않는다는 것이다. 이러한 주장의 논거는 다음과 같이 요약할 수 있다. 계약의 내용은 계약서 기재와 같은 명시적인 방법뿐 아니라 묵시적인 방법으로도 정해질 수 있다. 이처럼 묵시적 합의도 계약 내용이 될 수 있다면 대부분의 계약에는 채무자에게 위와 같은 선택 가능성을 부여하는 내용이 포함된 것으로 해석할 수 있다. 채무자에게 선택 가능성이 보장된 경우가 그렇지 않은 경우에 비해 채무자에게 더 유리하므로 채무자는 더 낮은 대가를 요구하게 마련이고, 채권자가 가장 낮은 대가를 요구하는 채무자와 계약을 했다면 채무자가 효율적 계약 파기를 선택할 수 있다는 것에 대해 묵시적으로 합의했다고 볼 수 있다.

(효율적 계약 파기론의 내용)
(효율적 계약 파기론의 핵심적인 논거)
▶ 묵시적 합의 이론의 내용과 논거

㉯ 어떤 사람이 다른 사람에게 특정한 행위를 요구할 수 있는 권리를 채권이라고 하고 이때 요구 대상인 특정한 행위를 급부라고 한다. 예컨대 금전 대출 계약에서는 채무자가 대출받았던 돈을 갚는 행위가 급부에 해당한다. 하나의 채무를 구성하는 급부에 해당하는 구체적인 행위는 여러 개일 수 있는데 이때 이들의 성질이 서로 다를 수 있다. '주된 급부'는 채권자가 채권을 행사하여 실현하고자 하는 이익 그 자체를 제공하는 것으로서 계약의 목적에 해당한다. 이에 비해 '부수적* 급부'는 주된 급부로부터 채권자가 이익을 얻기 위해 필요한 수단에 해당한다. 예컨대 전자 제품 매매 계약에서, 전자 제품의 배송은 주된 급부인 반면 사용 방법 설명은 부수적 급부에 해당한다. 모든 급부 의무는 계약서 기재와 같은 명시적 합의뿐 아니라 묵시적 합의에 의해서도 발생할 수 있는데, 특히 부수적 급부 의무는 사회 통념*에 의해 인정될 수도 있다. 예컨대 계약서에는 판매자의 전자 제품 배송 의무만 기재되어 있었더라도 사회 통념에 비추어 볼 때 사용 시 주의 사항을 설명해 줄 의무도 인정될 수 있다. 한편 주된 급부 의무와 부수적 급부 의무뿐 아니라 '보호 의무'도 채무를 구성하는 급부에 포함된다고 보는 견해도 있다. 이 견해는 채권자의 재산, 사생활, 건강 등의 이익 보호를 위해 필요한 행위도 급부에 포함된다고 주장한다.

급부 / 주된 급부와 부수적 급부는 급부 행위를 성질에 따라 분류한 것임. / 사회 통념을 근거로 묵시적 합의가 인정될 수 있기 때문임. / 명시적 합의에 근거하며, 문서의 형태를 갖춤. / 묵시적 합의에 근거하며, 사회 통념에 의해 인정됨.

▶ 급부의 여러 가지 유형

급부 의무를 성질에 따라 분류하는 것은 채무자의 고의나 과실로 인해 급부가 실현되지 못하게 된 채무 불이행이 발생했을 때 의미가 있다. 채무 불이행이 발생하면 채권자에게는 구제* 수단이 주어진다. 우선 채권자는 채무자의 급부 불이행으로 인해 자신이 입은 피해를 돈으로 산정*하여 받을 수 있는 권리인 손해 배상 청구권을 행사할 수 있다. 그러나 손해 배상 청구권만으로는 채권자를 충분히 보호하기 어렵다. 채권자도 채무자에게 반대급부를 이행해야 하는 의무를 부담하는 경우가 있기 때문이다. 예컨대 갑이 을로부터 X 물건을 100만 원에 구입하기로 하는 매매 계약을 체결했는데 을이 X 물건을 넘겨줄 채무를 이행하지 않은 경우, 갑이 을에게 X 물건 대신 손해 배상금을 받으려면 반대급부인 100만 원을 을에게 지급해야 한다. 따라서 채무 불이행을 당한 채권자를 구제하려면 채권자에게는 계약을 파기함으로써 반대급부 의무를 벗어날 수 있는 권리인 해제권도 보장되어야 한다. 그런데 채무 불이행의 효과로서 채권자에게 주어지는 손해 배상 청구권과 계약 해제권 중 손해 배상 청구권은 채무자가 위반한 급부 의무의 성질이 무엇이건 인정되는 데 비해 해제권은 채무자가 주된 급부 의무를 위반했을 때만 인정된다.

급부의 성질에 따라 채무 불이행에 대한 구제 수단이 달라지기 때문임. / 예시된 매매 계약에서, 갑이 을에게 X 물건을 넘겨달라고 요구하려면 반대급부인 100만 원을 지급해야 함.

▶ 급부의 유형에 따른 차이

급부 중에서는 채무자 스스로 이행을 마칠 수 있는 것도 있지만 그렇지 않은 것도 있다. 예를 들어 급부의 내용이 송금인 경우 채권자가 채무자에게 계좌 번호를 알려 주지 않으면 채무자는 보낼 돈을 마련했더라도 급부를 이행할 수 없다. 이처럼 급부 실현을 위해 필요한 협력을 채권자가 제공하지 않아서 채무자가 급부를 이행하지 못하게 되는 경우를 채권자 지체라고 하고, 이로 인해 채권자에게 부과*되는 제재는 법률로 정해져 있다. 채권자 지체가 성립한 경우에 채권자가 채무자에 대한 법적 의무를 위반한 것으로 볼 수도 있다. 그러나 이렇게 보더라도 채무자는 채권자의 협력 의무 위반만을 이유로 계약을 해제할 수는 없는 것이 원칙이다.

채권자가 협력을 제공하지 않은 경우의 예시

▶ 채권자가 협력 의무를 위반한 경우인 채권자 지체

어휘! 이것만은 꼭 익히자

- **체결(締結)**: 계약이나 조약 따위를 공식적으로 맺음.
- **손해 배상(損害賠償)**: 법률에 따라 남에게 끼친 손해를 물어 주는 일. 또는 그런 돈이나 물건.
- **제재(制裁)**: 법이나 규정을 어겼을 때 국가가 처벌이나 금지 따위를 행함. 또는 그런 일.
- **파기(破棄)**: 계약, 조약, 약속 따위를 깨뜨려 버림.
- **묵시적(默示的)**: 직접적으로 말이나 행동으로 드러내지 않고 은연중에 뜻을 나타내 보이는.
- **부수적(附隨的)**: 주된 것이나 기본적인 것에 붙어서 따르는.
- **통념(通念)**: 일반적으로 널리 통하는 개념.
- **구제(救濟)**: 자연적인 재해나 사회적인 피해를 당하여 어려운 처지에 있는 사람을 도와줌.
- **산정(算定)**: 셈하여 정함.
- **부과(賦課)**: 일정한 책임이나 일을 부담하여 맡게 함.

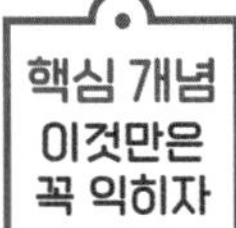

효율적 계약 파기

우리나라 민법상 계약을 일방적으로 파기할 권리인 해제권은 채무 불이행을 요건으로 하며 채권자에게만 인정된다. 이에 비해 채권자와 채무자의 묵시적 합의를 근거로 채무자에게 효율적 계약 파기를 할 수 있는 권리가 인정된다고 주장한다. 효율적 계약 파기란 채무자가 채권자에게 손해 배상을 하고 계약을 일방적으로 파기하는 것을 뜻한다.

채권자 지체

채무자가 해야 하는 행위인 급부 중에서는 채무자 혼자 이행할 수 있는 것도 있고 채권자의 협력을 얻어야만 이행할 수 있는 것도 있다. 채권자 지체란 채무자가 스스로 할 수 있는 행위를 다 했는데도 채권자의 협력을 얻지 못해 이행할 수 없는 상태를 가리킨다. 채권자 지체가 발생하면 채권자는 법률로 정해진 불이익을 입게 된다. 그러나 채권자의 협력 거부가 '채무 불이행'은 아니므로 채무자가 채권자에게 손해 배상 청구권이나 해제권을 행사할 수는 없다.

■ **계약 해제의 유형**

계약에는 구속력이 있는 것이 원칙이다. 즉 계약의 당사자가 계약을 하고 나서 생각이 바뀌더라도 계약을 물릴 수 없다. 해제란 계약의 구속력을 소멸시키는 것으로서 계약이 해제되면 이 계약에 의해 발생했던 채권과 채무는 모두 소멸하게 된다. 해제는 계약의 구속력 원칙에 대한 예외에 해당한다. 따라서 해제가 인정되려면 체결된 계약을 소멸시키는 것을 정당화시킬 수 있는 근거가 있어야 한다.

해제는 정당화 근거에 따라 두 가지로 나누어진다. 합의 해제는 채권자와 채무자가 계약의 효력을 소멸시키는 것을 내용으로 하는 새로운 계약을 하는 것을 뜻한다. 계약의 구속력을 소멸시키는 합의도 독립된 계약이므로 그 내용에 따른 효과가 발생하게 되는 것이다. 이에 비해 법정 해제는 채무 불이행이 발생했을 때 채권자가 일방적으로, 즉 채무자의 동의 없이 계약의 효력을 소멸시키는 것을 뜻한다. 계약의 구속력은 계약 유지에 대한 상대방의 신뢰를 보호하기 위해 인정된다. 그러나 채무자가 채무 불이행을 한 경우라면 채무자가 계약이 유지될 것으로 신뢰하더라도 이러한 신뢰를 보호해 줄 필요가 없으므로 채권자가 일방적으로 계약을 소멸시킬 수 있게 해 주는 것이다.

포인트 1 **도덕적 의무와 법적 의무** 문항 01, 02 관련

도덕적 의무	• 개인들 사이의 ❶ ______ 만을 근거로 발생할 수 있음. • 위반에 대한 제재: 약속대로 행위하라는 ❷ ______ 인 강제를 당하는 데 그침.
법적 의무	• 법적 구속을 받기로 하는 약속인 ❸ ______ 을/를 근거로 발생함. • 위반에 대한 제재: 약속대로 행위하라고 강제당하는 것이 원칙이지만, 채권자는 강제 이행 대신 계약 자체를 파기하는 ❹ ______ 을/를 행사하고 손해 배상 청구를 할 수도 있음.

정답 ❶ 약속 ❷ 도덕적 ❸ 계약 ❹ 해제권

성질에 따른 급부의 유형 문항 05 관련

주된 급부	• 국가 기관이 법률로 정해진 절차에 따라 제정한 ❶ ______ • ❷ ______ 의 형태를 갖추고 있음.
부수적 급부	• 사회 구성원들 사이에 반복된 ❸ ______ 이/가 법 규범이라고 인식된 것 • 법원의 재판 과정에서 법 규범으로 확인됨.

정답 ❶ 법 규범 ❷ 문서 ❸ 관행

쿤과 파이어아벤트의 과학 철학

EBS 수능특강 **독서 259쪽**

독해 포인트 (가) 이 글은 쿤이 과학이 합리적인 학문이 아니라고 주장하는 이유에 대해 설명하고 있다. 쿤은 과학 혁명의 과정을 통해서 과학이 관찰을 통해 어떤 특정한 이론을 결정하는 것이 아니라 이론이 관찰을 결정한다고 주장함으로써 과학이 귀납적이라는 기존의 생각을 뒤집는다. 또한 서로 다른 패러다임은 서로 비교가 불가능하며, 용어의 의미도 다르다. 쿤은 이를 통약 불가능성이라고 했다. 어떤 세계를 설명하는 상이한 패러다임들이 존재할 때, 통약 불가능성으로 인해 어느 패러다임이 더 우월한지 설명할 수 없으며, 이에 따라 패러다임의 선택에 논리적으로 인정할 만한 선택의 기준도 존재하지 않는다는 것이 쿤의 입장이다. 쿤의 이러한 입장은 과학이 합리적인 학문이 아니라는 생각을 내포하고 있다.

(나) 이 글은 과학 이론의 선택에 대한 파이어아벤트의 주장을 설명하고 있다. 과학 이론의 선택에 대해 포퍼는 진리에 더 가까운 이론을 선택해야 한다고 주장하면서 진리에 더 가까운 정도인 진리 근접도를 기준으로 제시한다. 이에 대해 파이어아벤트는 쿤의 통약 불가능성과는 다른 의미에서의 통약 불가능성을 제시하며 과학 이론 선택에 대한 포퍼의 입장을 비판한다. 파이어아벤트는 과학적 용어는 이론이 제공하는 문맥에 따라 가변적인 것이라고 본다. 이 통약 불가능성에 따른다면 과학적 용어의 의미가 다르기 때문에 어느 과학 이론이 더 진리에 가까운지를 판단할 수가 없다. 어느 과학 이론이 합리적이고 우월한지 비교할 수 없기 때문이다. 따라서 파이어아벤트는 어떤 과학 이론을 선택하든지 좋다고 주장한다. 그에게 과학 이론은 사회나, 문화, 언어의 영향으로 선택되어 변화된다. 이러한 관점에서 파이어아벤트는 과학은 합리적인 학문이 아니라 수많은 제도나 전통 중 하나라고 생각한다.

주 제 (가) 쿤이 주장한 과학 혁명과 통약 불가능성
(나) 과학 이론의 선택과 과학에 대한 파이어아벤트의 주장

가 쿤의 『과학 혁명의 구조』는 과학 철학의 지각 변동이라 할 정도로 과학 철학에 큰 영향을 미쳤다. 쿤은 과학자의 세계관을 지배하는 과학적 '패러다임'이라는 개념을 도입하여 과학의 개념 및 이론 변화를 설명하였다. 그가 사용한 패러다임이란 어느 일정한 시기에 일단(一團)*의 과학자 공동체에게 보편적으로 인식된 이론적 틀이나 체계, 개념의 집합체, 과학적 성취들을 가리킨다. 쿤은 이 공동체가 연구의 주체와 방법, 기준, 세계관이나 가치관, 신념 등을 공유하며, 이 공동체 안의 과학자들은 제기되는 문제들을 패러다임 안에서 풀기 위해서 노력한다고 보고, 이를 정상 과학이라고 했다. 만일 문제가 풀리지 않을 경우에는 이들은 정상 과학의 패러다임을 의심하는 것이 아니라 자신의 능력을 의심하면서 이 패러다임을 거부하지 않는 모습을 보인다. 그러나 기존의 패러다임이 더 이상 변칙적인 상황에 대처할 능력이 없는 것으로 판명될 때 과학 혁명이 일어날 수 있다.

(쿤이 제시한 패러다임의 개념 / 정상 과학으로 연구하는 과학자 집단 / 과학 혁명이 일어나는 때)

▶ 과학 혁명의 과정

쿤의 이러한 주장은 과학이 합리적인 체계를 가진 학문이 아님을 드러냈고, 과학이 귀납적이라는 생각을 뒤바꿨다. 쿤은 과학 혁명으로 패러다임이 바뀌면 이 패러다임에 따라 과학적 관찰이 달라진다고 보았다. 그 사례가 천동설을 버리고 지동설을 수용한 과학자가 망원경으로 달을 행성이 아니라, 위성으로 관찰하는 것이다. 이는 친숙한 도구를 가지고서 과거에 이미 들여다본 적 있는 세계를 들여다보면서도 새롭고 다른 것들을 보게 되는 것이다. 이것은 경험주의적 사고방식의 전도*라고 할 수 있다. 다시 말하면 관찰이 이론을 결정하는 것이 아니라 이론이 관찰을 결정한다는 것이며, 세계관이 변화한 과학자는 세계를 다르게 본다는 것이다.

(과학이 합리적인 체계를 가진 학문이 아니며, 귀납적 학문이 아닌 이유 / 동일한 대상이라도 과학 이론이 바뀌면 그에 따라 과학적 인식이 달라짐. / 망원경 / 달 / 달을 행성이 아니라 위성으로 인식하는 것)

▶ 과학 혁명 과정에 대한 쿤의 주장이 미친 영향

이는 과학자가 인식하는 세계가 달라진다는 것을 의미한다. 쿤은 과학 혁명을 전후해서 상이한 패러다임 안에서 문제에 대한 해결 방법과 관찰이 서로 다르고 동일한 용어도 범주와 개념이 달라진다고 보았다. 따라서 과학자들은 상이한 패러다임을 하나하나 비교하는 데 사용할 수 있는 중립적인 언어, 다시 말하면 이론 중립적인 관찰 언어를 사용할 수 없게 된다. 패러다임이 바뀌면 동일한 용어라고 하더라도 해당 용어가 세계와 관련 맺는 방식이 변화된다. 이로 인해 용어가 지시하는 의미와 내포하고 있는 의미가 달라지게 된다. 또한 인식과 무관하게 독립적으로 존재하는 세계도 다르게 인식되기 때문에 모든 패러다임이 적용될 수 있는 동일한 객관적 세계는 존

(예: 천동설과 지동설 / '달'이라는 용어도 천동설에서는 행성으로, 지동설에서는 위성으로 보게 되면서 이론에 따라 '달'의 범주와 개념이 다름. / 가령 천동설과 지동설이 대립하는 상황에서는 '달'에 대해 두 이론에 모두 적용할 수 있는 언어, 즉 용어가 없음. / 천동설에서 지동설로 바뀌면서 '달'과 '지구'의 관계에서 '달'을 행성으로 인식하던 것이 '위성'으로 인식하게 됨. / 가령 우주는 독립적으로 존재하는 세계이지만 천동설에서의 우주와 지동설에서의 우주는 다르게 인식됨.)

재하지 않게 된다. 쿤은 이렇게 과학적 혁명을 전후해서 두 이론이 가지는 방법론적 차원, 개념과 의미론적 차원, 과학자가 인식하는 세계가 다른 것을 '통약 불가능성'이라고 했다. 이 때문에 그는 서로 다른 패러다임에 속하는 과학자들끼리 대화를 나눈다면 그것은 동문서답*이 된다고 보았다.

통약 불가능성의 개념

대화가 안 된다고 봄.

▶ 쿤이 주장하는 통약 불가능성

쿤이 언급한 과학 혁명의 과정, 통약 불가능성은 과학자 집단이 하나의 문제에 대해 둘도 아닌 단 하나의 이론만을 선택하는 모습을 보여 준다. 쿤은 단 하나의 이론 선택에 대해서, 논리적으로 인정할 만한 선택의 기준이 존재하지 않으며 일반적으로 과학 철학자들에 의해 열거되는 정확성, 간결성 등의 가치에 호소하는 설득 과정을 통해 이론 선택을 해야 한다고 주장한다.

과학 이론들 사이의 우열을 나눌 수 없음.

▶ 과학 이론의 선택에 대한 쿤의 주장

(나) 어떤 과학 이론 a를 버리고 과학 이론 b를 선택할 수 있으려면 당연히 b가 a보다 객관적으로 더 나은 것이라야 하고, 그때의 선택을 합리적 선택이라고 한다. 과학 이론의 선택이 합리적이기 위해서는 그 기준이 중요하다. 실재론자였던 포퍼는 진리 근접도를 기준으로 삼아 진리 근접도가 큰 이론이 진리에 더 가깝기 때문에 선택되어야 한다고 보았다. 진리 근접도는 어떤 이론에 대한 참인 귀결 명제에서 거짓인 귀결 명제를 뺀 값의 크기로 정의된다. 예를 들면 '모든 새는 난다.'는 이론이 있다고 하면 '비둘기가 난다.'는 참인 귀결 명제이고 '타조가 난다.'는 거짓인 귀결 명제가 된다. 이러한 귀결 명제에서 참인 귀결 명제의 수에서 거짓인 귀결 명제의 수를 뺀 것이 진리 근접도가 되는 것이다. 그러나 참인 귀결 명제와 거짓인 귀결 명제가 모두 많은 이론 a와 참인 귀결 명제와 거짓인 귀결 명제 모두 적은 이론 b가 있을 때 이론 b가 진리 근접도가 크다고 해서 b가 더 진리에 가까운 이론이라고 할 수 있을지가 문제가 된다.

포퍼가 제시한 과학 이론의 선택 기준

어떤 이론에 대해 참인 명제

진리 근접도에 따른 과학 이론 선택의 문제점

▶ 과학 이론 선택의 기준에 대한 포퍼의 주장

과학 이론의 선택이나 변화는 합리적이지 않다는 입장에 있는 파이어아벤트는 통약 불가능성을 근거로 진리 근접도라는 개념 자체가 성립할 수 없다고 비판한다. 이는 포퍼의 진리 근접도에 대한 정의가 그 개념이 담고 있는 직관적* 의미를 정확하게 설명하지 못한다는 여느 비판들과 다른 것이다. 진리에 더 가까운 이론과 진리에 조금 더 가까운 이론들을 비교하여 합리적으로 평가하려는 것은 통약 불가능하다. 따라서 포퍼의 진리 근접도는 불가능할 수밖에 없다. 파이어아벤트는 이처럼 통약 불가능성을 언급했지만 쿤의 그것과는 다르다. 파이어아벤트의 통약 불가능성은 의미 변동론이다. 파이어아벤트는 언어의 의미가 그것이 사용되는 문맥*에 의해 결정된다는 문맥 의미론의 관점을 가지고 있다. 그에게 과학적 용어는 이름표처럼 이론과 독립적인 하나의 고정된 의미를 가지고 있어서 모든 이론에서 변함없이 그 의미로 사용되는 것이 아니라, 이론이 제공하는 문맥에 따라 가변적인 것이다. 따라서 진리에 더 가까운 이론에서 쓰이는 용어와 진리에 덜 가까운 이론에서 쓰이는 용어는 다르기 때문에 비교를 할 수 없는 것이다.

진리 근접도에 대한 파이어아벤트의 비판

포퍼의 진리 근접도에 대한 다수의 비판

예를 들면 용어 'A'는 이론 '가'와 이론 '나', 이론 '다'에 따라 그 의미가 다르다. 따라서 'A'는 고정된 의미가 없다.

▶ 포퍼의 진리 근접도에 대한 파이어아벤트의 비판

파이어아벤트의 통약 불가능성 주장에 따르면 어떤 과학 이론을 선택해야 하는 것인가라는 문제가 생긴다. 이에 대한 파이어아벤트의 대답은 "뭐든지 좋다"이다. 그에게 있어 과학의 모든 방법론은 그 나름의 한계를 지니고 있으며 어느 이론이 더 우월한지도 비교할 수 없다. 과학적 지식의 진보는 진리를 향해 점진적으로 접근하는 것이 아니라 양립*할 수 없는 여러 이론들이 끊임없이 증식되는 것이다. 그렇기 때문에 어떤 이론이 선택되든 좋

여러 이론 중 어떤 이론이 더 합리적인지 비교할 수 없기 때문

파이어아벤트는 과학적 지식의 진보는 과학 이론이 많이 생산되는 것이라고 보았기 때문에 어떤 이론이 선택되든 괜찮다고 봄.

은 것이다. 그는 합리성 자체를 수많은 전통 가운데 하나로 보고, 과학 이론의 선택에 있어서는 가장 '자연적 해석'으로 보이는 이론이 선택된다고 보았다. '자연적 해석'이란 사회, 문화, 언어를 통해서 대상을 관찰하고 이해하는 틀이다. 과학 이론의 변화는 어떤 과학자 집단의 자연적 해석이 다른 과학자 집단의 자연적 해석으로 대체되는 것이다.

과학이 합리적 학문이 아님을 내포하고 있음.

▶ 과학 이론 선택에 대한 파이어아벤트의 주장

파이어아벤트의 이러한 주장에는 과학 이론의 변화는 사회나 문화, 언어에 영향을 받는 것임이 내포되어 있다. 그에게 과학은 수많은 제도나 전통 중 하나일 뿐이며 과학적 문화와 비과학적 문화 중 어느 것이 더 우월한 것도 아니고 합리적인 체계의 학문도 아니다. 파이어아벤트의 과학 철학을 다원주의와 상대주의로 보는 이유가 바로 여기에 있다.

과학에 대한 상대주의적 입장

▶ 과학에 대한 파이어아벤트의 관점

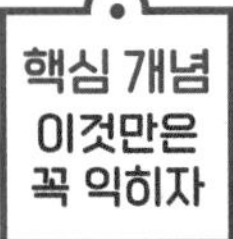

- **일단(一團)**: 한 집단이나 무리.
- **전도(顚倒)**: 차례, 위치, 이치, 가치관 따위가 뒤바뀌어 원래와 달리 거꾸로 됨. 또는 그렇게 만듦.
- **동문서답(東問西答)**: 물음과는 전혀 상관없는 엉뚱한 대답.
- **직관적(直觀的)**: 판단이나 추리 따위의 사유 작용을 거치지 아니하고 대상을 직접적으로 파악하는.
- **문맥(文脈)**: 글월에 표현된 의미의 앞뒤 연결.
- **양립(兩立)**: 두 가지가 동시에 따로 성립함.

핵심 개념 이것만은 꼭 익히자

쿤과 파이어아벤트의 통약 불가능성

- **쿤의 통약 불가능성**: 쿤은 과학적 혁명을 전후해서 정상 과학에서의 이론과 새로 대두된 과학 이론은 방법론적 차원, 개념과 의미론적 차원, 과학자가 인식하는 세계가 다르다고 보았고 이를 통약 불가능성이라고 했다. 쿤은 통약 불가능성으로 인해 서로 다른 패러다임에 속하는 과학자들끼리 대화를 나눌 수 없다고 보았다.
- **파이어아벤트의 통약 불가능성**: 파이어아벤트가 주장한 통약 불가능성은 과학적 용어가 이론과 독립적인 하나의 고정된 의미를 가지고 있는 것이 아니라 이론이 제공하는 문맥에 따라 가변적이라는 것이다. 파이어아벤트는 과학적 용어가 의미가 서로 양립 불가능한 원리들에 의해 결정되기 때문에 상이한 두 이론들을 합리적으로 평가할 수 없다고 보았다.

쿤과 파이어아벤트의 과학 이론 선택

- **쿤의 과학 이론 선택**: 쿤은 하나의 이론이 선택될 때, 논리적으로 인정할 만한 선택의 기준이 존재하지 않는다고 했다. 쿤은 과학 이론의 선택이 과학 철학자들에 의해 열거되는 정확성, 간결성 등의 가치에 호소하는 설득 과정을 통해 이루어져야 한다고 보았다.
- **파이어아벤트의 과학 이론 선택**: 파이어아벤트는 어느 과학 이론이 더 우월한지 비교할 수 없기 때문에 어떤 과학 이론이 선택되어도 좋다고 했다. 그렇다고 해서 아무 이론이나 선택이 되는 것은 아니다. 파이어아벤트는 가장 '자연적 해석'으로 보이는 이론이 선택된다고 보았다. 자연적 해석은 사회, 문화, 언어를 통해서 대상을 관찰하고 이해하는 틀이기 때문에 파이어아벤트에게 과학 이론의 선택은 사회나 문화, 언어에 영향을 받는 것으로 볼 수 있다.

■ 패러다임

패러다임은 한 시대 사람들의 견해나 사고를 지배하고 있는 이론적 틀이나 개념의 집합체를 뜻한다. 이 하나의 패러다임 지배 아래 이루어지는 과학적 활동을 정상 과학이라고 한다. 패러다임에 위기가 찾아오면 이를 극복하기 위한 새로운 패러다임을 모색하게 되는데, 그것이 다시 정상 과학으로 되기까지의 활동을 이상 과학이라고 한다.

■ 비트겐슈타인의 언어 철학

파이어아벤트의 통약 불가능성은 비트겐슈타인의 언어 철학 이론의 영향을 받은 것이다. 비트겐슈타인은 언어를 이해하는 것은 그것이 어떻게 사용될 수 있는지를 이해하는 것이라는 '의미 사용 이론'을 제시한다. 그는 의미 사용 이론을 설명하기 위해 언어를 게임에 비유하여 설명한다. 예컨대 땅따먹기와 같은 게임의 규칙은 절대 불변의 법칙이 아니라 땅따먹기라는 게임을 원활하게 진행하기 위해서 만들어진 것이며, 이런 게임의 규칙은 그것에 참가한 사람들이 게임을 수행할 수 있도록 만드는 형식에 불과하다. 이렇게 언어를 게임에 빗대어 설명한다는 것은 곧 언어가 그것을 사용하는 사람들의 구체적인 활동과 관련해서만 의미가 있다는 것을 보여 준다.

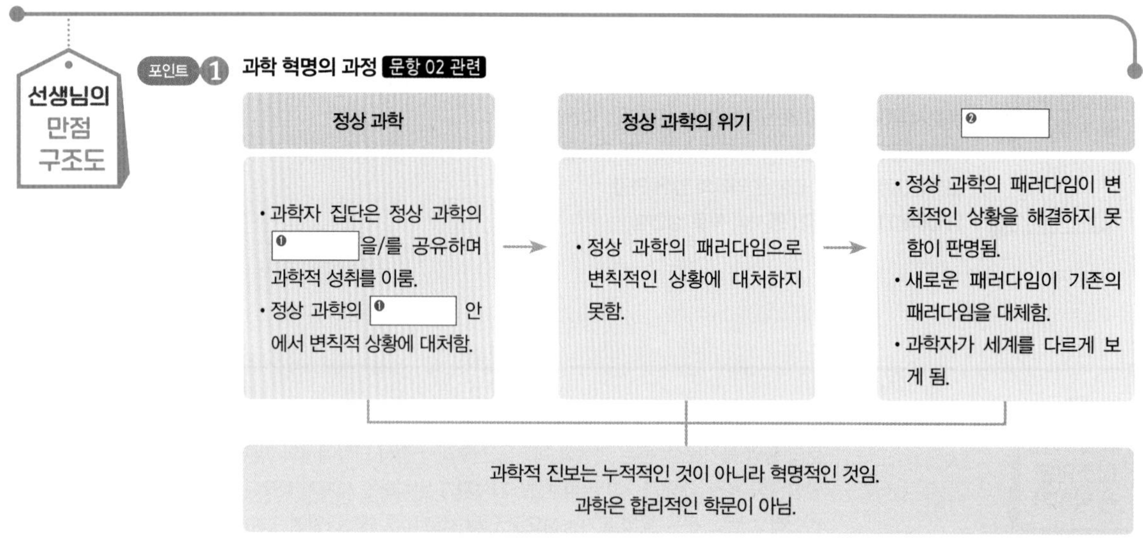

선생님의
만점
구조도
포인트 1 과학 혁명의 과정 문항 02 관련
정상 과학
정상 과학의 위기
❷
• 과학자 집단은 정상 과학의 ❶ 을/를 공유하며 과학적 성취를 이룸.
• 정상 과학의 ❶ 안에서 변칙적 상황에 대처함.
• 정상 과학의 패러다임으로 변칙적인 상황에 대처하지 못함.
• 정상 과학의 패러다임이 변칙적인 상황을 해결하지 못함이 판명됨.
• 새로운 패러다임이 기존의 패러다임을 대체함.
• 과학자가 세계를 다르게 보게 됨.
과학적 진보는 누적적인 것이 아니라 혁명적인 것임.
과학은 합리적인 학문이 아님.

정답 ❶ 패러다임 ❷ 과학 혁명

파이어아벤트의 과학 철학
포퍼의 ❶ 비판

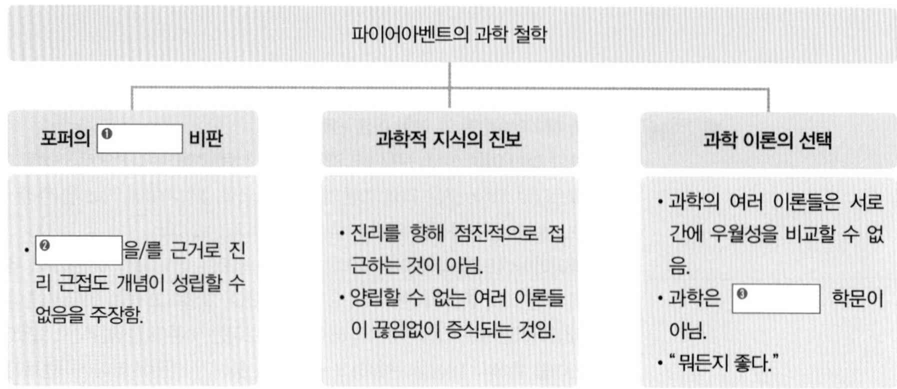

• 과학의 여러 이론들은 서로 간에 우월성을 비교할 수 없음.

정답 ❶ 진리 근접도 ❷ 통약 불가능성 ❸ 합리적

과학과 철학에서의 상대주의

20세기에 절대주의에 대한 비판이 대두되면서 진리의 절대성을 부인하고 모든 것이 상대적이라고 주장하는 상대주의가 대안으로 떠올랐다. 하지만 상대주의를 받아들이면 지식이나 진리의 정당성이 확보되지 못하는 문제가 발생하였다. 이러한 상황에서 로티는 자문화를 중심으로 진리를 판단함으로써 이를 해결하려 하였다. 그는 진리를 언어적 공동체가 합의에 이른 것일 뿐이라고 여겼다. 그에게 철학이란 필연적, 보편적인 것에 대한 탐구가 아니라, 같은 공동체에 속한 동료들 간의 연대를 고취하는 대화를 의미하는 것이었다. 그는 '객관성'을 중시하는 플라톤의 사상에 오염된 서양 철학을 재건하기 위해서는 '유대성'을 중시하는 작업을 시작해야 한다고 주장하며, 철학의 목적은 사람들이 잠깐의 합치에 의문을 제기하고 새로운 방향으로 대화하도록 유도하는 데 있다고 말하였다. 특권적 진리에 대해 끊임없이 의심하는 동시에 대화를 통한 자아 창조의 욕구를 버리지 않는 인물이 로티가 생각하는 새 시대의 인간상이었다.

한편 퍼트넘은 개념 체계와 합리적 수용 가능성을 바탕으로 절대주의와 상대주의의 문제를 해결하려 하였다. 그에 따르면 대상들을 범주화하는 기능을 하는 개념적 도구들의 집합인 개념 체계는 복수로 존재한다. 예를 들어 사과가 한 개 있을 때, 어떤 이는 대상이 한 개라고 생각하지만, 어떤 이는 씨앗, 껍질도 각각 하나의 대상이라고 여긴다. 대상은 객관적으로 존재하지만, 그것을 기술하는 방법은 하나가 아니라고 본 것이다. 하지만 그는 다원주의적 관점을 인정하면서도 모든 진리가 동등한 가치를 갖는 것은 아니라고 보았다. 그는 다양한 개념 체계 속에서 합리적으로 수용될 만한 것들만 진리라고 불릴 수 있고 우리는 이러한 것을 추구해야 한다고 본 것이다.

퍼트넘은 로티가 진리를 지나치게 문화적 차원과 연결 짓는다고 비판하며, 이처럼 이상적 구심점이 없는 공동체의 유대성은 상대주의의 한계를 가질 수밖에 없다고 주장하였다. 로티가 말하는 진리는 이상적 목표를 설정하지 않은 것이므로 합리성을 확보할 수 없다고 본 것이다. 로티는 이상적 목표를 바탕으로 진리를 추구하려는 퍼트넘의 이론이 절대주의의 성격을 갖고 있다고 반박하면서 퍼트넘이 주장하는 이상적 목표도 공동체의 규범과 가치를 기준으로 삼을 수밖에 없다고 주장하였다. 이와 같은 이들의 논쟁은 상대주의의 한계를 극복하기 위한 연구들에 많은 영향을 미쳤다.

독해 포인트 이 글은 절대주의, 상대주의와 관련된 논란 사이에서 상대주의의 한계를 극복하기 위해 노력한 로티와 퍼트넘의 견해를 소개하고 있다. 자문화 중심주의를 바탕으로 상대주의의 한계를 극복하려 한 로티는 진리는 언어적 공동체가 합의에 이른 것뿐이며 절대적 진리는 없다고 주장하였다. 퍼트넘은 로티의 주장이 상대주의의 성격을 갖고 있다는 점을 비판하면서 모든 진리가 동등한 가치를 갖는 것은 아니고, 다양한 개념 체계 속에서 합리적으로 수용될 만한 것들만이 진리라고 불릴 수 있다고 보았다. 이와 같은 두 학자의 논쟁은 상대주의의 한계를 극복하기 위한 노력이라고 볼 수 있다.

주제 상대주의의 한계를 극복하기 위한 로티와 퍼트넘의 논쟁

10강 통증과 통증 관리

주제 통합

EBS 수능특강 독서 263쪽

독해 포인트 (가) 이 글은 통증의 정의와 종류 그리고 통증을 유발하거나 완화하는 물질에 대해 설명하고 있다. 통증은 실제적 또는 잠재적 조직의 손상과 관련해 표현되는 감각적이고 불유쾌한 정서적 경험으로 정의되며, 체성 통증, 내장 통증, 신경병성 통증 등으로 분류한다. 통증의 완화를 위한 연구 과정에서 연구자들은 통증을 일으키는 프로스타글란딘과 통증을 완화하는 엔도르핀 등을 발견하였다.
(나) 이 글은 통증을 관리하는 데 쓰이는 마취제와 진통제에 대해 설명하고 있다. 마취제에는 전신 마취제와 국소 마취제가 있는데 전신 마취제는 의식과 기억, 감각을 상실하게 하고, 국소 마취제는 의식이 깨어 있는 상태에서 원하는 좁은 부위에서 통증을 느끼지 못하게 하는 약물이다. 진통제는 프로스타글란딘의 생성을 억제하여 통증을 완화한다. 흔히 사용하는 경구 진통제들은 해열제로도 사용한다. 진통제는 소화 기관을 보호하는 프로스타글란딘의 생성도 억제하기 때문에 오래 복용할 경우 소화 기관에 염증이 생길 수 있다.

주 제 (가) 통증의 종류와 통증을 유발하거나 완화하는 물질
(나) 마취제와 진통제의 특징

가 통증은 생체에 실제적 또는 잠재적인 조직의 손상이 있을 때 발생하는 감각적이고 정서적인 불유쾌한 경험(통증의 개념)이다. 통증은 몸의 이상을 알려 주고 자동적으로 그 부위를 보호할 수 있도록 유도하는 감각적 반응이지만 개인의 감정이나 기억, 문화적 배경과 같은 정서적인 요소들도 포함되어 작용한다(통증은 주관적 요인을 포함하고 있음.). 우리가 느끼는 통증의 발생 원인이나 형태는 다양하지만, 크게 '체성 통증', '내장 통증', '신경병성 통증'(통증의 종류)으로 나눌 수 있다. 이 중 신경 전달 과정에 이상이 생겨서 발생하는 신경병성 통증은 알려진 바가 적지만(신경병성 통증의 발생 원인에 대해 파악이 어려움.), 체성 통증과 내장 통증에 대해서는 어느 정도 연구가 되어 있다. ▶ 통증의 정의와 종류

체성 통증은 근육이나 피부 등에 자극이 있을 때 느껴지는 통증으로, 통증 부위의 자극이 신경을 통해 대뇌로 전달되기 때문에 통증의 발생 부위를 비교적 명확하게 알 수 있다(체성 통증의 특징 ①). 예를 들어 피부에는 온도나 압력 등의 여러 감각 신호를 인식하는 수용체*가 있는데, 이런 감각 수용체들은 적정 범위의 자극일 때에는 감각으로 인식하지만 적정 범위를 넘어선 강한 자극은 통증으로 인식한다. 뜨거운 물체를 만졌을 때 닿은 부분에 통증을 느끼지만, 손을 떼면 괜찮아지는 것처럼 체성 통증은 통증을 유발하는 자극이 사라지면 통증도 사라진다(체성 통증의 특징 ②). 그런데 상처가 생겨 조직이 손상되었거나 감염이 되었을 경우(자극이 사라져도 지속적인 통증을 느끼는 경우) 다양한 신경 전달 물질이 분비되어 통각을 자극하기 때문에 지속적인 통증을 느끼기도 한다. ▶ 체성 통증의 특징

내장 통증은 소화 기관이나 심장, 간 등과 같은 내부 장기에 관련된 통증으로, 통증의 발생 부위를 알기 어렵다(내장 통증의 특징 ①). 그 이유는 내장 기관들 중에는 감각을 인식하는 수용체가 거의 없는 부위가 있으며, 통증 신호를 전달하는 중추 신경계인 척수에는 내장 통증 정보를 처리하는 별도의 신경 세포가 없기 때문이다(내장 통증 발생 부위를 알기 어려운 이유). 내장 통증은 피부의 통증을 전달하는 신경 세포를 통해 전달되기 때문에 내장 통증이 있는 사람들은 다른 부위의 통증을 호소하기도 한다(내장 통증의 특징 ② – 연관통이 발생할 수 있음.). 가령 협심증과 같은 심장병에 의한 통증은 팔 근육통이나 손의 저림, 목 부위의 뻐근함으로 느껴질 수 있는데, 이러한 통증을 연관통이라고 한다. ▶ 내장 통증의 특징

통증을 통해 우리 몸을 보호할 수 있지만, 통증 그 자체는 삶의 질을 떨어뜨리는 요소이다(통증의 순기능과 역기능). 통증의 완화를 위한 연구 과정에서 연구자들은 통증을 유발하거나 완화하는 물질들을 발견했는데, 대표적인 것이 프로스타글란딘(통증 유발 물질)과 엔도르핀(통증 완화 물질)이다. 통증을 일으키는 요인이 생길 경우 우리 몸은 세포막*의 일부를 분해해 통증 신호 물질의 원

료가 되는 아라키돈산을 만들어 낸다. 아라키돈산이 변형된 사이클로옥시저네이스(COX) 효소는 프로스타글란딘을 생성하는데, 이것이 통증과 발열을 일으키는 것으로 알려져 있다. 엔도르핀은 몸 안에서 생기는 모르핀*이라는 뜻의 이름으로, 마약 성분인 모르핀과 유사한 기능을 하는 호르몬이다. 엔도르핀은 모르핀의 수용체와 결합할 수 있어, 강한 통증 자극이 가해질 때 통증 신호를 차단함으로써 통증을 완화한다.

진통 작용

▶ 통증을 유발하거나 완화하는 물질

㉯ 인류는 아주 오래전부터 전쟁이나 사냥 등으로 인한 부상을 치료하기 위해 외과 수술을 시행해 왔다. 그런데 외과 수술을 위한 통증은 극심한 것이어서 사람들이 견디기 어려워했고, 통증으로 인해 사망하는 경우도 많았다. 사람들은 통증을 극복하기 위해 다양한 방법들을 찾기 위해 노력해 왔는데 한 예로 고대 그리스의 의사 디오스코리데스는 맨드레이크 뿌리를 와인에 넣고 끓인 약을 환자에게 마시게 한 다음 다리 외과 수술을 했다고 전해진다. 이후 경험적 자료가 축적되고 화학 분야의 발전이 이루어지면서 치료를 위해 통증을 관리하는 방법도 크게 발전하게 되었다. 통증을 관리하는 방법으로 현재 가장 널리 쓰이고 있는 것은 마취제와 진통제이다.

외과 수술과 같은 치료 과정에서 발생하는 통증을 마취제나 진통제를 통해 관리함.

▶ 통증을 관리하는 방법

마취제는 신경계에 영향을 주어 의식이나 감각, 운동 및 반사 행동이 없는 상태로 유지시키는 약물로, 전신 마취제와 국소* 마취제로 나눌 수 있다. 전신 마취제는 호흡기나 정맥 주사를 통해 중추 신경계의 기능을 억제함으로써 의식*과 기억, 감각을 상실하게 한다. 정맥으로 투여되는 마취제는 뇌에서 억제성 신호를 전달하는 GABA 수용체에 결합하여 중추 신경을 억제하거나, 흥분성 신호를 전달하는 NMDA 수용체를 억제하기 때문에 통증을 느끼지 못하게 한다. 호흡기를 통해 폐로 흡입시키는 마취제는 폐포의 모세 혈관을 따라 중추 신경계*에 작용하여 운동 감각이 전달되는 것을 차단한다. 전신 마취제를 사용하면 중추 신경계를 통해 이루어지는 호흡 등의 기본적인 생명 유지 활동도 이루어지지 않을 수 있기 때문에 인공호흡 등의 관리가 필요하다.

통증만을 관리하는 것이 아니라 의식, 반사 행동 등이 없도록 함.

억제성 신호를 보내도록 하거나, 흥분성 신호를 억제하도록 함.

전신 마취제 사용 시의 유의점

▶ 마취제와 전신 마취제의 특징

국소 마취제는 의식이 깨어 있는 상태에서 신체의 특정 부위에만 약물을 투여하여 원하는 좁은 부위에서 통증을 느끼지 못하게 하는 약물이다. 신경 세포막에는 나트륨 통로가 존재하는데, 평상시에는 막혀 있던 이 통로가 자극에 의해 열리면 나트륨 이온(Na^+)이 신경 세포 안으로 빠르게 유입된다. 이로 인해 세포 안쪽이 바깥쪽에 비해 양전하를 띠게 되면 다음 부분의 나트륨 통로가 열리게 되는데, 이 과정이 반복됨으로써 신경 말단까지 통증이 전달된다. 국소 마취제는 통증 부위에, 나트륨 통로가 열리지 않게 하는 물질을 주사하여 통증의 전달을 차단한다.

전신 마취제와의 차이점

통증이 신경 세포막에서 전달되는 과정

▶ 국소 마취제의 특징

진통제는 마취제와는 달리 통증을 일으키는 물질의 생성과 전달을 억제하는 방식으로 통증을 완화한다. 일상에서 흔히 사용하는 경구(經口)* 진통제에는 아스피린과 이부프로펜, 아세트아미노펜 등이 있는데, 이들은 모두 통증과 발열을 일으키는 프로스타글란딘의 생성을 억제하는 방법을 사용한다. 프로스타글란딘은 COX 효소의 작용을 통해 만들어지는데, COX 효소를 억제하면 프로스타글란딘이 추가로 생성되는 것을 줄일 수 있다. 프로스타글란딘의 수명은 30초 정도로 매우 짧기 때문에 추가로 생성되지 않으면 통증과 열이 가라앉게 된다. 경구 진통제들은 특정 부위에만 작용하는 것이 아니며, 해열제로도 사용이 가능하다.

진통제가 통증을 억제하는 원리

프로스타글란딘의 추가 생성을 막아서 통증을 억제할 수 있는 이유

▶ 경구 진통제와 작용 원리

그런데 진통제를 오래 복용할 경우 부작용도 나타난다. COX 효소는 통증을 일으키는 프로스타글란딘뿐만 아니라 소화 기관을 소화액으로부터 보호해 주는 프로스타글란딘도 생산한다. COX 효소가 작용하지 못하면 소화 기관에 염증이 생겨 새로운 통증을 유발하기도 한다. 진통제를 처방할 때 진통제와 함께 위 보호제를 함께 처방하거나 식사 30분 후에 복용을 하라고 하는 이유도 그 때문이다.

진통제를 통해 프로스타글란딘의 생성을 막으면 부작용이 생기는 이유

▶ 진통제의 부작용

어휘! 이것만은 꼭 익히자

- **수용체(受容體)**: 세포막이나 세포 내에 존재하며 호르몬이나 항원, 빛 따위의 외부 인자와 반응하여 세포 기능에 변화를 일으키는 물질. 호르몬 수용체, 항원 수용체, 빛 수용체 따위가 있음.
- **세포막(細胞膜)**: 세포질을 둘러싸고 있는 막. 인지질 이중 층 안에 단백질 분자가 삽입되어 있거나 붙어 있는 구조이나, 물질을 선택적으로 투과하고 운반하며 외부의 신호를 감지하는 등 세포의 기능 유지에 필수적인 구조임.
- **모르핀(morphine)**: 아편의 주성분이 되는 알칼로이드. 냄새가 없으며 맛이 쓰고 물에 잘 녹지 않는 무색의 결정체. 마취제나 진통제로 쓰는데, 많이 사용하면 중독 증상이 일어남.
- **국소(局所)**: 전체 가운데 어느 한 곳.
- **의식(意識)**: 깨어 있는 상태에서 자기 자신이나 사물에 대하여 인식하는 작용.
- **중추 신경계(中樞神經系)**: 동물의 신경 계통이 집중하여 중심부를 형성하고 있는 부분. 척추동물의 뇌와 척수, 무척추동물의 신경절이 이에 해당하며, 신체 각부의 기능을 통솔하고 자극의 전달 통로를 이룸.
- **경구(經口)**: 약이나 세균 따위가 입을 통하여 몸 안으로 들어감.

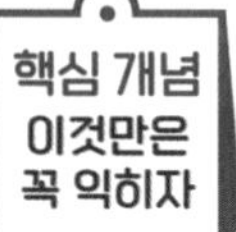

COX 효소의 종류와 기능

진통제는 프로스타글란딘의 생성에 관여하는 효소인 COX-1과 2를 비가역적으로 억제하기 때문에 진통 작용과 함께 소염, 해열 작용을 나타낸다. COX-2는 염증에 관련된 효소이지만, COX-1은 혈액 응고와 위 점막 보호에 관련된 효소이다. 소염 진통제는 이 두 가지를 모두 억제하기 때문에 위장 장애와 같은 부작용이 발생한다. 최근에는 아스피린이 심혈관계 질환 예방에 많이 활용되는데, 저용량의 아스피린은 COX-1에만 작용하여, 장기 복용하면 심근경색, 뇌졸중 등의 심혈관계 질환을 예방할 수 있기 때문이다.

■ **진통제의 종류**

진통제는 크게 마약성 진통제와 비마약성 진통제로 구분된다. 마약성 진통제는 아편과 아편에 관련된 화합물로 아편 유사제로 통칭한다. 모르핀과 같은 마약성 진통제는 척수의 신경 세포에 직접 작용해 통증 신호를 약하게 만들고 동시에 뇌의 안쪽 중뇌나 연수에 작용해 통증을 억제하는 신경계의 작용을 강화시킴으로써 뇌가 통증을 느끼지 못하게 한다. 마약성 진통제는 중독성이 강한 마약과는 달리 합법적으로 통증을 줄이기 위해 승인된 약으로, 고용량을 사용하면 중독을 일으키므로 통증이 극심하거나 기존의 진통제로 효과를 거두지 못하는 상황에 사용한다. 비마약성 진통제는 중추 억제 작용이 있지만, 마약성 진통제에 비하면 작용이 약하고, 마약성 진통제와 달리 아편 유사제 수용체에 결합하지 않으면서 부작용이 비교적 적어 널리 쓰인다. 우리가 흔히 접하는 경구 진통제들은 모두 비마약성 진통제이다.

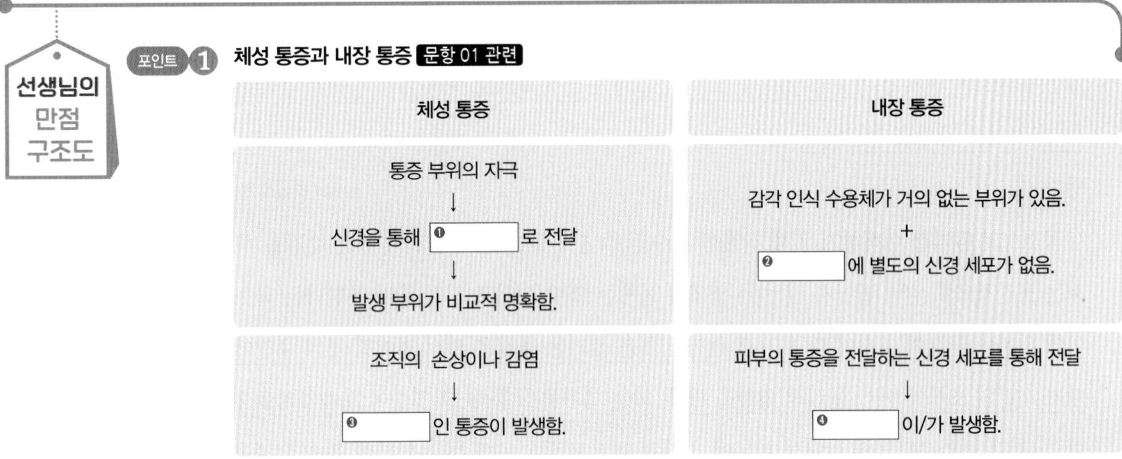

선생님의
만점
구조도
포인트 1
체성 통증과 내장 통증 문항 01 관련
체성 통증
내장 통증
통증 부위의 자극
↓
신경을 통해 ❶ 로 전달
↓
발생 부위가 비교적 명확함.
감각 인식 수용체가 거의 없는 부위가 있음.
+
❷ 에 별도의 신경 세포가 없음.
조직의 손상이나 감염
↓
❸ 인 통증이 발생함.
피부의 통증을 전달하는 신경 세포를 통해 전달
↓
❹ 이/가 발생함.

정답 ❶ 대뇌 ❷ 척수 ❸ 지속적 ❹ 연관통

통증과 발열이 발생하는 과정

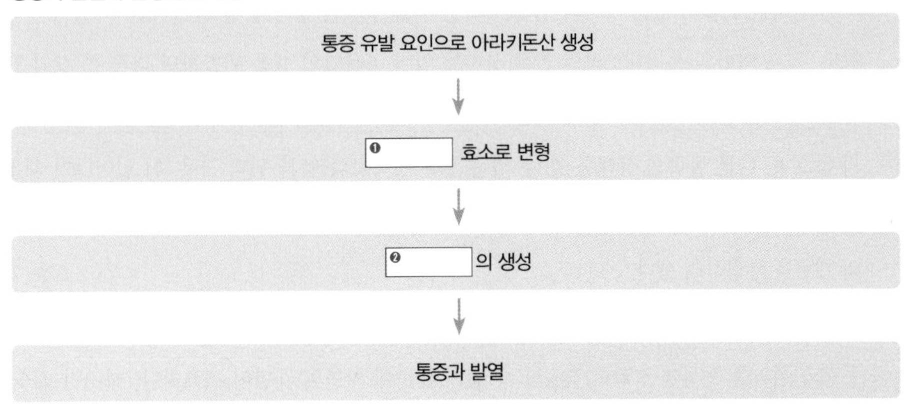

정답 ❶ COX(사이클로옥시제나아제) ❷ 프로스타글란딘

11강 EPR 역설과 상자 속의 시계 사고 실험

주제 통합

EBS 수능특강 **독서 268쪽**

독해 포인트 (가) 이 글은 아인슈타인을 포함한 세 과학자의 사고 실험인 EPR 역설을 소개하고 있다. EPR 역설은 양자 역학의 주류인 코펜하겐학파의 해석을 반박하기 위한 것이다. 코펜하겐학파의 해석에 의하면 전자는 위치와 운동량을 동시에 정확하게 알 수 없고 확률적으로 중첩된 상태에 있으며 전자를 관측함으로써 그 상태를 알 수 있다. 그러나 EPR 역설은 국소성의 원리를 이용하여 코펜하겐학파의 해석을 반박한다. 아인슈타인은 숨은 변수가 있기에 양자 역학에서 확률로 말한다고 한다. 그러나 실제 실험을 통해 과학자들은 불확정성의 원리가 맞다고 여긴다.
(나) 이 글은 양자 역학을 뒷받침하는 하이젠베르크의 불확정성의 원리를 반박하기 위한 아인슈타인의 '상자 속의 시계'라는 사고 실험과 이에 대한 보어의 반박을 소개하고 있다. 아인슈타인은 상자 속의 시계 실험을 통해 광자 한 개의 질량과 에너지를 동시에 정확하게 측정할 수 있다고 주장하여 양자 역학 및 코펜하겐학파의 해석이 잘못되었다고 말한다. 그러나 닐스 보어는 아인슈타인의 사고 실험에서 광자의 질량을 측정할 때 불확정성이 생길 수밖에 없는 이유를 설명함으로써 아인슈타인의 사고 실험을 반박한다. 이에 아인슈타인은 양자 역학과의 싸움에서 패배하게 된다.

주 제 (가) EPR 역설의 개념
(나) 상자 속의 시계 사고 실험과 이에 대한 보어의 반박

가 EPR 역설은 이를 주장한 세 과학자의 이름의 첫 알파벳을 따서 만들어진 명칭인데, 물리량의 측정 문제에 관한 사고 실험을 가리킨다. 1935년 아인슈타인(Einstein)은 포돌스키(Podolsky), 로젠(Rogen)과 함께 양자 역학이 논리적으로 문제가 있음을 보이기 위한 이 역설*을 발표하며 하이젠베르크의 불확정성을 바탕으로 양자 역학을 설명하는 코펜하겐학파의 해석에 문제를 제기했다. 코펜하겐학파에 의하면 전자(電子)는 위치와 운동량 등으로 정해지는 전자의 상태가 확률적으로 여러 가지가 존재할 수 있다고 보는데, 이를 양자 중첩*이라 한다. 이 (코펜하겐학파의 양자 중첩에 대한 설명) 개념에 따르면 전자를 관측하는 순간 더 이상 전자가 확률적으로 여러 가지 상태로 존재하는 겹침 상태가 아니라 단 하나의 상태로 결정된다(EPR 역설에서 문제 삼은 코펜하겐학파의 양자 중첩의 개념). EPR 역설은 이러한 양자 중첩의 개념을 국소성의 원리로 반박*하기 위한 것이었다.

▶ 양자 중첩의 개념을 반박하기 위한 EPR 역설

국소성의 원리를 이해하기 위해 잔잔한 호수의 수면에 돌을 던져 물결이 이는 순간을 생각해 보자. 물리학에서는 공간적으로 멀리 떨어져 있는 두 영역의 물체는 영향을 서로 직접 주지 못한다는 국소성의 원리를 따른다. 이에 의하면 물결이 호수에 다 퍼지기 전까지 처음 생기는 물결은 멀리 떨어진 곳의 수면에는 영향을 주지 못하다가 시간의 흐름에 따라 물리적 영향을 매개*하는 매개물을 통해 그 영향이 차례차례로 전달돼 물결을 일으킨다(국소성의 원리에 대한 설명). 그런데 아인슈타인의 상대성 이론에 의하면 어떤 전달의 속도는 유한하며 광속을 넘을 수 없다. 즉 거리가 있는 두 물체 사이에서 어떤 영향의 전달이 광속보다 빠를 수는 없다는 것이다.

▶ 국소성 원리의 개념

흰 바둑알이 들어 있는 상자와 검은 바둑알이 들어 있는 상자를 멀리 떨어진 두 별에 각각 떨어뜨려 놓았다고 하자. 양자 역학의 논리대로라면 한쪽 상자를 열어 바둑알의 색을 관찰하면 다른 쪽 상자를 열어서 관측하지 않고도 그 색을 알 수 있다(아래 나오는 유령 같은 원격 작용의 결과). 그런데 이는 두 가지 색의 바둑알은 먼 거리에 있음에도 서로 국소성의 원리가 작용하지 않으며, 다른 한쪽의 상태를 알 수 있는 것은 광속보다 빠른 원격 작용*이 일어나기 때문이라는 것을 의미한다(EPR 역설에 대한 설명). 아인슈타인은 이러한 EPR 역설을 통해 양자 역학의 이론이 유령 같은 원격 작용이라고 지칭하며 양자 중첩의 개념을 부정하려 했다.

▶ 국소성 원리에 기반한 양자 역학의 개념 부정

우리는 정확하게 무엇인가를 알지 못할 때(확률의 개념이 필요한 이유) 확률로 말한다. 하이젠베르크의 불확정성 원리에 의하면 물체의 운동량과 위치를 동시에 정확히 측정할 수 없기 때문에 확률의 개념이 필요하다. 하지만 EPR 역설은 여기에 의문

을 제기한다. 아인슈타인은 우리는 원칙적으로 자연에 대해 완벽하게 알 수 있으나 단지 지금 우리가 알지 못하는 '무엇'이 있는데, 알지 못한다는 이유로 양자 역학에서는 확률의 개념에 바탕을 둔 양자 중첩을 만들어 냈다

하이젠베르크의 불확정성에 근거를 둔 해석에 대한 문제를 제기한 이유

는 것이다. 그 알지 못하는 '무엇'을 우리가 알게 되었을 때, 양자 역학에서의 확률은 필요치 않다고 말했다. 그 '무엇'을 숨은 변수라 하는데, 오늘날 대부분의 과학자는 실제 실험을 통해 숨은 변수란 없다고 여긴다.

▶ 숨은 변수의 의미와 과학자들의 평가

㉯ 사고 실험이란 머릿속에서 생각으로 진행하는 실험으로, 실험에 필요한 장치와 조건을 가정한 후 이론을 바탕으로 일어날 결과를 예측하는 것이다. 1930년 아인슈타인은 양자 역학의 확률적인 세계관을 뒷받침하는 하이

불확실성이 수반되기 때문에 확률적이란 표현이 사용됨.

젠베르크의 불확정성의 원리를 반박하기 위해 '상자 속의 시계'라는 사고 실험을 제안했다. 〈그림〉은 아인슈타

아인슈타인의 사고 실험 모식도

인의 사고 실험으로 상자의 오른쪽 면에는 여닫을 수 있는 작은 구멍이 있다. 상자 안에 있는 시계는 구멍이 열리고 닫히는 시간을 정확하게 잴 수 있다. 광자*가 들어 있는 광자함에서 상자의 구멍을 통하여 1개의 광자를 상자 밖으로 나가게 할 수 있다. 상자의 위와 아래에는 각각 용수철과 추가 달려 있고 옆에는 눈금을 가리키는 바늘이 있어 상자의 무게 변화를 잴 수 있다. 먼저 상자의 무게를 잰다. 그다음 상자 안의 광자가 한 개 빠져나올 때까지 창문을 열었다가 닫고 그 시간을 상자 속의 시계를 이용해서 재고 상자의 무게를 다시 잰다. 이때

상자의 무게 변화로 광자의 질량을 구할 수 있음.

무게 변화로부터 상자의 질량 변화를 알 수 있다.

▶ 아인슈타인의 상자 속의 시계 사고 실험 내용

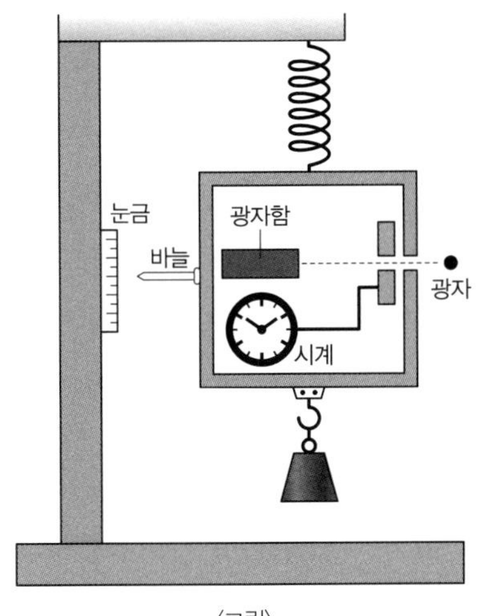

〈그림〉

이 사고 실험이 말해 주는 것은, 광자 1개가 상자 밖으로 나오기까지 상자가 열리고 닫히는 시간과, 상자의 무게 변화로 알아낸 광자의 질량을 동시에 엄밀하게* 구할 수 있다는

아인슈타인의 주장

것이다. 아인슈타인은 이렇게 측정된 질량을 이용해서 질량과 에너지의 관계를 나타내는 질량-에너지 방정식 $E=mc^2$을 만들었다. 그리고 이를 통해 광자 1개의 에너지를 알 수 있기 때문에 시간과 에너지를 동시에 정확하게

질량을 에너지로 전환하는 식

측정할 수 있다고 보았다. 만약 이 사고 실험이 옳다면 불확정성의 원리가 무너지므로 이를 근간*으로 하는 양자 역학 및 코펜하겐학파의 해석이 잘못된 것이 된다.

▶ 상자 속의 시계 사고 실험의 의미

닐스 보어는 아인슈타인의 사고 실험을 반박했는데 그 내용은 다음과 같다. 첫째, 광자가 빠져나간 후 시계를 보고 시간이 얼마나 지났는지 관측해야 한다. 물체를 본다는 것은 물체에서 반사된 빛을 보는 것이기 때문에 바늘과 눈금을 관찰하기 위해서는 바늘과 눈금에 빛을, 즉 광자를 쪼여야 한다. 관측하는 순간, 쪼여 준 광자가 상

측정을 하면 교란이 생기는 이유

자에 들어갔다 나오기 때문에 무게를 측정하는 눈금이 변화하게 된다. 따라서 시간을 측정하는 순간의 질량을 정확하게 잴 수가 없어진다. 즉 눈금과 시계를 동시에 볼 수가 없다는 것이다. 둘째, 상자의 무게를 측정할 때도

닐스 보어의 반박 ① – 시간을 측정하는 순간에 질량의 정확한 측정이 불가능함.

문제가 있다. 무게 측정을 위해 눈금을 읽을 때, 눈금 바늘에도 광자가 부딪히기 때문에 바늘은 절대로 정지해 있는 상태가 아니고 미시적으로는 광자 때문에 바늘은 계속 흔들리고 있다. 관측하는 순간에는 용수철이 흔들리며 상자가 흔들리고 있기 때문에 상자의 질량과 속도의 곱으로 정의되는 상자의 운동량이 불확실해진다. 그러면

눈금의 위치와 상자의 운동량을 동시에 정확하게 알 수가 없다는 것이다. 셋째, 아인슈타인이 내세운 일반 상대성 이론의 주요 내용인 중력에 의한 시간 지연*에 의해서도 시간을 정확하게 측정하는 것이 불가능하다. 즉 중력이 강할수록 시간이 상대적으로 느리게 흐른다는 아인슈타인의 주장에 따르면, 상자에서 광자가 방출*되었을 때 상자의 질량이 줄어들고 그만큼 중력이 약해진다. 이러한 중력장의 변화는 시간에 영향을 주게 된다. 이렇게 보어는 미시 세계 수준의 접근과 해석을 통해 아인슈타인의 사고 실험을 반박하였고 아인슈타인은 수년간 지속*된 양자 역학과의 싸움에서 패배한다.

닐스 보어의 반박 ② – 눈금을 가리키는 바늘도 흔들리고 있으며, 흔들리는 용수철에 의해 상자도 같이 흔들리고 있어 운동량의 정확한 측정이 불가능함.

닐스 보어의 반박 ③ – 중력에 의한 시간 지연에 의해 시간의 정확한 측정이 불가능함.

▶ 상자 속의 시계 사고 실험에 대한 보어의 반박

* **광자**: 빛을 입자로 보았을 때의 이름.

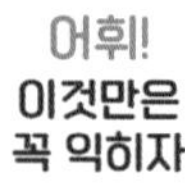

- **역설(逆說)**: 어떤 주의나 주장에 반대되는 이론이나 말. 철학에서는 일반적으로는 모순을 야기하지 아니하나 특정한 경우에 논리적 모순을 일으키는 논증. 모순을 일으키기는 하지만 그 속에 중요한 진리가 함축되어 있는 것으로 간주함. 패러독스(paradox)와 같은 말.
- **중첩(重疊)**: 거듭 겹치거나 포개어짐.
- **반박(反駁)**: 어떤 의견, 주장, 논설 따위에 반대하여 말함.
- **매개(媒介)**: 둘 사이에서 양편의 관계를 맺어 줌.
- **원격 작용(遠隔作用)**: 공간을 사이에 두고 존재하는 두 물체 사이에서 중간 매질의 상태를 바꾸지 아니하고 직접 전파된다고 생각되는 작용. 뉴턴은 만유인력을, 쿨롱은 전기력도 이 작용이라 생각하였음.
- **엄밀하다(嚴密하다)**: 조그만 빈틈이나 잘못이라도 용납하지 아니할 만큼 엄격하고 세밀하다.
- **근간(根幹)**: 사물의 바탕이나 중심이 되는 중요한 것.
- **지연(遲延)**: 무슨 일을 더디게 끌어 시간을 늦춤. 또는 시간이 늦추어짐.
- **방출(放出)**: 입자나 전자기파의 형태로 에너지를 내보냄.
- **지속(持續)**: 어떤 상태가 오래 계속됨. 또는 어떤 상태를 오래 계속함.

EPR 역설

아인슈타인(Einstein), 포돌스키(Podolsky), 로젠(Rogen)이 물리량의 실재성(reality)의 측면에서 양자 역학의 설명이 완전한지에 대한 물음을 역설을 통하여 표현한 것이다. EPR 역설에서 물리적 성질은 국소성을 가지고 있어서 시공간의 어떤 점에 국한되어야 한다고 주장했다. 이는 서로 멀리 떨어져 있는 두 체계는 동시에 서로 영향을 줄 수 없다는 것이다. 서로 영향을 주고받기 위해서는 어떤 형태로든 정보를 주고받아야 하고 그런 정보의 전달은 상대성 이론에 의해 빛보다 빠른 속도로 이루어질 수 없다.

■ **하이젠베르크의 불확정성 원리**

하이젠베르크의 불확정성 원리는 양자 역학에서 두 물리량 중 하나를 다른 하나와 동시에 정확하게 측정할 수 없다는 원리이다. 일반적으로, 입자의 위치(x)와 운동량(p) 간의 관계를 다룬다. 정밀하게 위치를 측정하면 운동량에 대한 정보가 모호해지고, 반대로 운동량을 정밀하게 측정하면 위치에 대한 정보가 모호해진다.

불확정성 원리는 다음 식과 같이 수학적으로 표현된다.

$\triangle x \triangle p \geq \hbar/2$

$\triangle x$는 위치의 불확정성, $\triangle p$는 운동량의 불확정성, ħ(에이치바)는 플랑크 상수를 의미한다. 이 원리는 양자 역학에서 모든 입자에 적용된다.

아인슈타인의 사고 실험 vs. 닐스 보어의 반박 문항 04 관련

	아인슈타인의 사고 실험	닐스 보어의 반박
주장 1	❶ [ ] 1개가 상자 밖으로 나오기까지 상자가 열리고 닫히는 시간 측정 가능	관측하는 순간, 바늘과 눈금에 쪼여진 광자가 상자를 출입하여 시간을 측정하는 순간의 ❷ [ ] 을/를 정확히 측정 불가
주장 2	상자의 무게 변화로 광자의 ❸ [ ] 파악 가능	무게 측정을 위해 눈금 읽을 때, 눈금 바늘에도 ❹ [ ] 이/가 부딪혀 바늘이 흔들림. 관측하는 순간에 용수철이 흔들리며 상자도 흔들리고 있어 상자의 ❺ [ ] 이/가 불확실함.
주장 3	주장 1, 2를 통해 시간과 에너지를 동시에 ❻ [ ] 가능	중력에 의한 ❼ [ ] 에 의해 정확한 시간 측정 불가

정답 ❶ 광자 ❷ 질량 ❸ 질량 ❹ 광자 ❺ 운동량 ❻ 측정 ❼ 시간 지연

12강 로지스틱 회귀와 서포트 벡터 머신

주제 통합

EBS 수능특강 **독서 272쪽**

독해 포인트 (가) 머신 러닝에서 긍정/부정과 같이 이진 분류를 하는 데 요긴하게 활용되는 것이 로지스틱 회귀이다. 주어진 데이터세트의 속성을 고려하여 데이터세트를 둘로 나누는 통계적 방법이 로지스틱 회귀인데 하나의 속성만을 고려하는 경우에는 시그모이드 함수가 사용된다. 일변수 로지스틱 회귀는 데이터세트를 둘로 나누는 최적의 시그모이드 함수를 찾는 것이 핵심이다.
(나) 머신 러닝에서 n개의 속성을 갖는 데이터세트를 둘로 분류하기 위하여 n차원 공간에서 구분하는 경계를 설정하는 방법을 쓰는 것이 서포트 벡터 머신이다. n차원 공간에서 점으로 나타나는 개체들을 나누는 결정 경계는 가능한 한 점들이 결정 경계에서 멀어지도록 마진을 크게 하는 방법을 찾게 된다. 이렇게 결정 경계를 설정하게 되면 새로운 데이터세트가 주어졌을 때 이 모델을 활용하여 데이터세트를 둘로 분류할 수 있게 된다.

주 제 (가) 로지스틱 회귀의 개념과 활용
(나) 서포트 벡터 머신의 개념과 활용

가 "내일 비가 올까?"처럼 일상생활에서 우리는 가부* 또는 긍·부정으로 답해야 하는 양자택일*의 질문을 만
예/아니요
날 때가 많다. 이처럼 무엇인가를 두 가지로 분류해야 하는 문제, 즉 이진 분류* 문제를 머신 러닝*에서 풀이하
'A/B'로 분류한다는 것은 'A인가'에 '예/아니요'로 답하는 것과 같음. 머신 러닝과 별개로 존재하는 통계 기법
기 위해 어떤 방법을 쓰는 것일까? 이때 많이 사용되는 방법이 이진 분류 통계 기법인 '로지스틱 회귀*'이다.
▶ 이진 분류에 쓰이는 로지스틱 회귀

예를 들어 해마다 다트판에 원을 그려 놓고 다트를 던져 다트가 꽂힌 지점이 원 안이나 원 위에 있으면 합격, 벗어나면 불합격으로 판정*하는 대회가 열린다고 하자. 올해 대회에 참석한 10명의 선수 중에서 어떤 선수가 합
'A이면 합격, A가 아니면 불합격'으로 판정할 속성 A가 필요
격 판정을 받을지 예측하려면 어떻게 해야 할까? 먼저 학습 데이터세트를 이용해 모델*을 구축해야 한다. 예를 들어 학습 데이터세트에 이전에 같은 대회에 참가한 선수들의 출생지, 성별, 나이, 소속, 연도별 전적* 등 100가
독립 변수가 100개가 됨.
지 속성의 정보와 '합격/불합격'의 결과가 들어가 있다고 할 때, 머신 러닝은 100개의 변수를 사용하여 참가 선
종속 변수는 2개(0 또는 1)임.
수의 '합격/불합격'을 도출하는 통계적 모델을 구축하게 된다. 그다음에 실전 데이터세트로 올해 참가자 10명에 대하여 같은 100개 속성*의 정보를 제공하고 이번 시합 결과를 예측하라고 요청하면, 머신 러닝은 구축한 통계
학습에서 요구된 속성의 개수가 실전에서도 요구되나 실전 데이터세트에는 합격/불합격 정보는 없음.
적 모델을 사용해서 각 참가자에 대해 '합격/불합격'의 답을 도출할 수 있다. 이런 과정에서 이원적인 답을 도출하는 통계적 모델을 만드는 데 사용되는 통계 기법이 로지스틱 회귀이다. ▶ 로지스틱 회귀가 적용되는 경우
학습의 결과로 모델을 구축할 때 요구됨.

로지스틱 회귀를 이해하기 위하여 위 사례를 단순화시켜 보자. 다트 대회 참가자 10명의 '시합 전 1주일간의
독립 변수가 될 속성을 1개로 단순화
연습 시간'이 모두 달랐고 그들의 시합 결과가 불합격인 경우에는 0, 합격인 경우에는 1의 값을 부여했을 때 〈표 1〉과 같다고 하자.

연습 시간	0	1	2	3	4	5	6	7	8	9
결과	0	0	0	0	0	1	1	1	1	1

〈표 1〉

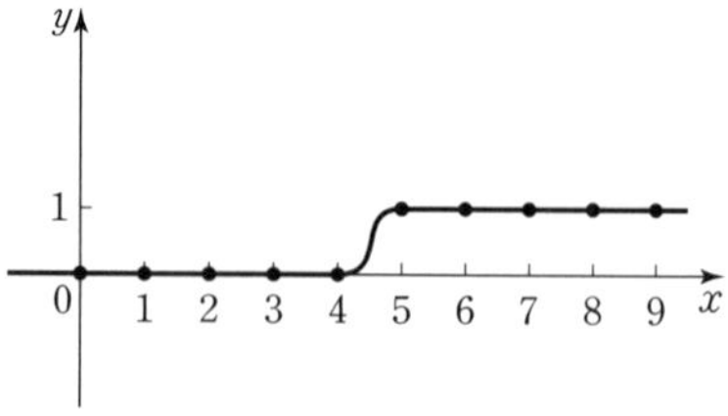

〈그림 1〉

〈표 1〉은 '연습 시간'의 변화에 따른 '결과'의 양상*을 나타내므로 '연습 시간'은 독립 변수로 x, '결과'는 종속 변수로 y라 하면 〈표 1〉은 〈그림 1〉의 점들로 표현된다. 이 점들을 모두 지나는 연속적인 함수 중 하나가 시그모
독립 변수와 종속 변수의 결과를 나타낼 수학적 관계를 근사적으로 모색함.
이드 함수*이다. 〈그림 1〉에 굵은 실선으로 표현되어 있듯이 일반적으로 시그모이드 함수의 그래프는 S 모양의

철사의 양끝을 손으로 잡고 옆으로 잡아당긴 형태인데, x가 한없이 작아지거나 한없이 커지면 y=0과 y=1에 해당하는 두 수평선에 한없이 접근하는 곡선이다. 이 경우에 시그모이드 곡선은 x=4.5를 중심으로 왼쪽은 x=4 이하에서 y 값이 모두 근사적으로 0, 오른쪽은 x=5 이상에서 y 값이 모두 근사적으로 1인 형태여서 〈표 1〉과 같이 다양한 연습 시간 값에 따라 결괏값이 0과 1로 나뉘는 상황을 표현하기 편리하다. 이 사례와 같이 하나의 변수에 대한 양자택일을 결정하는 일변수* 로지스틱 회귀는 주어진 데이터를 설명하기에 가장 적합한 형태의 시그모이드 함수를 발견하는 것이 핵심이다.

근삿값이 0 또는 1 인 것임.

로지스틱 회귀는 통계적으로 맞을 확률이 가장 큰 곡선을 찾아냄.

▶ 일변수 로지스틱 회귀에 사용되는 시그모이드 함수

(나) 서포트 벡터 머신(support vector machine, SVM)*은 머신 러닝 분야 중 하나로 n개의 속성을 갖는 개체들을 유사성에 근거하여 2개의 부류로 나누는 이진 분류 문제가 있을 때 요긴하게 사용된다. 이 경우에 개체들은 n차원 공간에서 n개의 성분으로 지정되는 고유한 위치를 점유하게 되는데 이러한 개체들을 2가지로 분류하기 위한 경계를 설정할 방안이 필요하다.

SVM은 머신 러닝 기법 중 하나

n개의 속성을 갖는 개체를 2개 범주로 분류

n차원 공간의 점(개체)들을 두 부류로 나눌 경계를 긋는 수학적인 문제가 SVM

▶ 이진 분류에 활용되는 서포트 벡터 머신

예를 들어 2종의 개 300마리의 두 가지 속성인 키와 몸무게를 학습 데이터세트로 주고 개들을 두 종(種)으로 분류하는 일을 학습시키고자 한다. 이 경우 키를 x, 몸무게를 y로 하는 2차원* 평면에서 x, y의 2개의 성분*을 갖는 점들로 개들을 나타낼 수 있다. SVM은 2차원 평면에 직선을 하나 그어서 이 300개의 점을 두 부류로 나눈다. 이렇게 2차원에서 SVM은 개체들을 2가지 부류로 구분 짓기 위한 적절한 직선을 긋는 일을 한다. 만약 고려할 속성이 3개인 경우라면 SVM은 개체들을 두 부류로 구분 짓기 위해 적절한 평면을 찾을 것이다.

단순화된 2차원 SVM 문제

모두 만족하는 직선이 그어지지 않을 때 어떻게 최적의 직선을 찾을지가 문제임.

n차원 문제이면 결정 경계는 (n−1) 차원 도형임, 즉 3차원 문제에서 결정 경계는 2차원인 평면임.

▶ n차원 공간을 둘로 구분하는 서포트 벡터 머신

2차원에서 SVM은 어떤 기준으로 적절한 구분선을 찾는 것일까? 예를 들어 〈그림 2〉에서 원과 네모를 구분하는 3개의 직선이 있다고 할 때, 3개의 직선 a, b, c 중 b가 가장 적절하다고 말할 수 있다. 그 이유는 이 직선이 나머지 직선에 비해서 마진(margin)*이 가장 크기 때문이다. 여기에서 마진이란 구분하는 직선과 가장 가까운 데이터와의 수직 거리를 의미한다. 구분하는 직선과 가장 가까운 데이터를 서포트 벡터(support vector)라고 부르므로 마진은 구분하는 직선과 서포트 벡터와의 거리를 의미한다. 이렇게 데이터를 가장 큰 마진으로 구분하는 직선을 '결정 경계'라고 한다. 그렇지만 어떤 경우에는 이상치*가 결정 경계를 찾지 못하게 만들 수도 있다. 이상치란 관측된 데이터의 범위에서 많이 벗어나는 특이한 특성을 갖는 데이터 값을 말한다. 〈그림 3〉에서 D의 자리에 원이 있다면 어떤 직선을 그어도 원과 네모를 완전히 구분할 수 없다. 이때 D에 위치한 원이 이상치이다. SVM은 이상치가 있을 경우에는 이상치를 삭제하고 가장 적합한 결정 경계를 찾는 전략을 택한다. 만약 데이터의 분포가 복잡한 경우에는 저차원을 고차원으로 대응시키는 변환식을 사용하여 결정 경계를 찾을 수도 있는데 그런 방법을 '커널 트릭*'이라고 한다.

SVM은 마진을 최대로 만드는 전략을 택함.

구분선의 양측의 마진이 같아지게 될 것임.

서포트 벡터는 구분하는 직선 양쪽에 2개가 있게 됨.

실제로는 흔히 발생할 것임.

여러 개의 이상치를 찾아내어 삭제할 수도 있음.

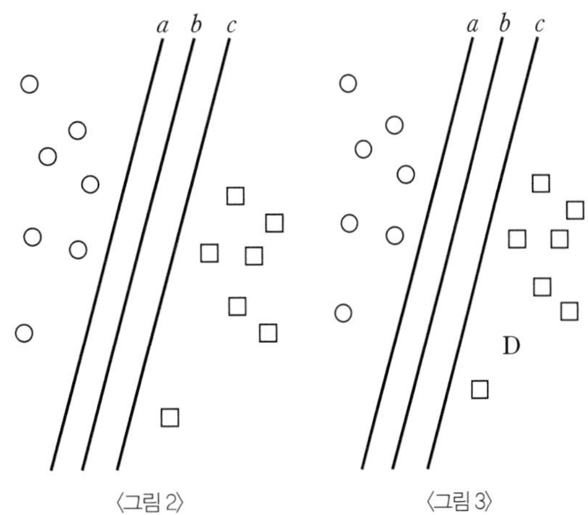

〈그림 2〉 〈그림 3〉

2차원에서 겹치거나 섞여 보이던 것이 3차원에서는 분리되어 보일 경우가 하나의 예가 됨.

▶ 결정 경계를 찾는 방법

이렇게 SVM은 문제와 답이 주어진 학습 데이터세트를 가지고 학습을 하여 데이터를 2가지 부류로 분류하는 최적의 결정 경계를 찾아낸다. 이렇게 확정된 결정 경계는 하나의 모델이 되어 실제 상황에서 데이터를 분류하는 작업을 하는 데 활용된다.

이원 분류를 경계 긋기로 하는 SVM

▶ 결정 경계로 만든 모델의 활용

어휘! 이것만은 꼭 익히자

- **가부(可否)**: 옳고 그름.
- **양자택일(兩者擇一)**: 둘 중에서 하나를 고름.
- **이진 분류(二進分類)**: 규칙에 따라 입력된 값을 두 그룹으로 분류하는 작업.
- **머신 러닝(machine learning)**: 많은 양의 데이터를 제공하여 명시적으로 프로그래밍하지 않고 시스템이 자율적으로 학습하여 모델을 만들고 그 모델로 분류, 예측, 추론 등의 작업을 수행하는 인공 지능의 한 분야.
- **로지스틱 회귀(logistic 回歸)**: 일종의 확률 모델로서 독립 변수의 선형 결합을 이용하여 사건의 발생 가능성을 예측하는 데 사용되는 통계 기법이며 종속 변수가 범주형 데이터를 대상으로 하며 입력 데이터가 주어졌을 때 해당 데이터의 결과가 특정 분류로 나뉘기 때문에 일종의 분류 기법이기도 함.
- **판정(判定)**: 판별하여 결정함.
- **모델(model)**: 이전에 접한 적 없는 데이터세트에서 패턴을 찾거나 이를 근거로 결정을 내릴 수 있는 프로그램.
- **전적(戰績)**: 상대와 싸워서 얻은 실적.
- **속성(屬性)**: 사물의 특징이나 성질.
- **양상(樣相)**: 사물이나 현상의 모양이나 상태.
- **시그모이드 함수(sigmoid 函數)**: S 형태의 곡선으로 수식으로 $\sigma(x)=\frac{1}{1+e^{-a(x-b)}}$로 나타난다. a는 경사도, b는 그래프의 좌우 이동을 결정함.
- **일변수(一變數)**: 변수가 하나뿐인 특성.
- **서포트 벡터 머신(support vector machine)**: 기계 학습의 분야 중 하나로 패턴 인식, 자료 분석을 위한 지도 학습 모델이며, 주로 분류와 회귀 분석을 위해 사용됨.
- **차원(次元)**: 기하학적 도형, 물체, 공간 따위의 한 점의 위치를 말하는 데에 필요한 실수의 최소 개수. 직선은 1차원, 평면은 2차원, 입체는 3차원이지만 n차원이나 무한 차원의 공간도 생각할 수 있음.
- **성분(成分)**: 하나의 벡터를 평면 또는 공간의 각 좌표축 방향의 벡터로 분해하였을 때의 각 벡터.
- **마진(margin)**: 특별한 경우에 허용되는 양이나 정도.
- **이상치(異常値)**: 대부분 값의 범위에서 벗어나 극단적으로 크거나 작은 값.
- **커널 트릭(kernel trick)**: 결정 경계가 쉽게 발견되지 않을 때 저차원을 고차원으로 매핑하는 변환식을 사용하여 고차원에서 결정 경계를 찾는 방법.

로지스틱 회귀

다수의 속성을 가진 개체들을 두 부류로 나누는 통계 기법 중에 로지스틱 회귀가 있다. 하나의 속성이 학습 데이터세트의 개체들을 두 부류로 나누는 데 활용될 수 있다면, 이 데이터세트를 가지고 훈련(학습)을 시킨 후에 새로운 실제 데이터세트를 주고 두 부류로 분류하는 작업을 시킬 수 있다. 이때 활용될 수 있는 함수가 시그모이드 함수이다. 시그모이드 함수는 S자 두 끝을 잡고 좌우로 잡아당긴 모양으로 독립 변수 x에 종속 변수 y를 대응시키는데 일정한 값 x를 경계로 왼쪽의 x값들은 근사적으로 0에, 오른쪽의 x값들은 근사적으로 1에 대응시킨다. 학습의 결과로 이 경계값 x를 정하는 시그모이드 함수를 발견하게 된다.

SVM

서포트 벡터 머신은 n개의 속성을 갖는 개체들을 두 부류로 나누는 머신 러닝의 분류 기법이다. 서포트 벡터 머신은 n차원 공간에서 하나의 점으로 표현되는 개체들을 유사성에 근거하여 두 부류로 나누는데, 이때 (n-1)차원의 결정 경계를 발견하기 위해 서포트 벡터에 해당하는 개체를 찾는다. 서포트 벡터는 결정 경계에서 같은 거리에 있는 개체로 이때 간격을 마진이라고 부른다. 가령, 2차원(2가지 속성을 고려할 때)에서 결정 경계는 1차원인 직선이 되고 서포트 벡터 머신은 이 직선으로부터 같은 거리에 두 점이 있도록 구분선인 결정 경계를 발견하는 것이 일이다. 이렇게 학습 결과로 결정 경계가 결정되면 실제 데이터세트가 주어졌을 때 그들이 가진 속성들을 근거로 각 개체들을 두 부류 중 어디에 넣을지 결정할 수 있게 된다.

■ 시그모이드 함수의 결정

시그모이드 함수의 일반식은 $\sigma(x)=\frac{1}{1+e^{-a(x-b)}}$ $(a>0)$로 표현된다. a=1, b=50일 때 그 그래프가 〈그림 1〉과 같다. 점 (50, 0.5)에 대하여 점대칭인 곡선이다. a=1, b=70일 때는 그래프가 〈그림 2〉와 같다. 점(70, 0.5)에 대하여 점대칭인 곡선이다. 즉 b는 좌우 평행 이동을 일으킨다. a=0.2, b=50일 때에는 그래프가 〈그림 3〉과 같다. 이 곡선은 〈그림 1〉의 곡선과 같이 점 (50, 0.5)에 점대칭이나 그 점 주위의 경사가 더 완만해졌다. 즉 a는 그래프의 경사도를 결정한다.

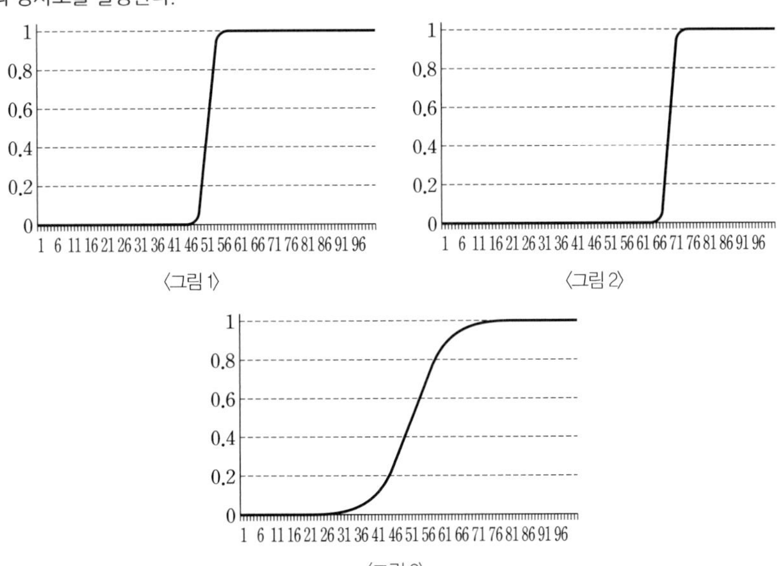

〈그림 1〉 〈그림 2〉 〈그림 3〉

이렇게 a, b의 값에 따라 그래프의 형태가 달라지기 때문에 일변수 로지스틱 회귀에서는 데이터의 성격에 맞게 a, b를 찾아 적절한 시그모이드 함수를 결정하는 것이 핵심이 된다.

선생님의 만점 구조도

포인트 ① **일변수 로지스틱 회귀의 단계** 문항 04 관련

1단계: 학습 데이터세트의 준비(일변수와 그에 따른 ❶ [   ]의 결정에 대한 정보를 포함함.)

↓

2단계: ❷ [   ] 데이터세트를 가장 잘 설명할 수 있는 ❸ [   ] 함수를 결정함.
(어떤 값을 0 또는 ❹ [   ]에 대응시킬지에 따라 가장 적합한 곡선 모양을 결정함.)

↓

3단계: 실전 데이터세트의 각 개체를 앞서 정한 시그모이드 함수(모델)에 의해 두 가지 부류(0 또는 1) 중 어느 것에 대응할지 판정함.

정답 ❶ 양자택일 ❷ 학습 ❸ 시그모이드 ❹ 1

포인트 ② **서포트 벡터 머신에 의한 2차원 공간에서의 분류** 문항 05 관련

1단계: 학습 ❶ [   ] 준비(2개의 ❷ [   ]에 의거하여 양자택일의 결정을 내리는 정보를 포함함.)

↓

2단계: 학습 데이터세트를 가장 잘 설명할 수 있는 ❸ [   ]인 직선을 찾음.
(❹ [   ]을/를 최대화하기 위한 서포트 벡터를 찾아냄.)

↓

3단계: 실제 데이터세트의 각 개체를 앞서 정한 결정 경계(모델)에 의해 두 가지 부류 중 어느 것에 대응할지 판정함.

정답 ❶ 데이터세트 ❷ 속성 ❸ 결정 경계 ❹ 마진

엮어 읽기 12

이상치와 결측치의 처리

이상치는 정상적인 범위 밖에 있는 값으로, 단 하나라도 존재하면 분석 전체에 큰 영향을 미칠 수 있다. 가령 하나의 이상치가 데이터 평균을 크게 바꿔 놓을 수 있다. 이상치는 데이터를 수집하는 과정에서 오류가 개입되어 발생한 것으로 간주되므로 찾아서 제거해야 한다. 이상치를 이해하기 위해서는 데이터의 분포를 가늠하는 데 유용한 사분위수에 대해 알 필요가 있다. 어떤 하나의 속성에 대하여 알려진 데이터 값들을 일렬로 작은 값부터 큰 값의 순서로 나열했을 때 50% 위치에 있는 값이 중앙값이다. 크기가 같은 값이 복수일 경우에도 모두 순위를 세어 준다. 이때 자료 개수가 홀수이면 앞에서 센 순위와 뒤에서 센 순위가 같은 값이 중앙값이다. 자료 개수가 짝수이면 중앙에 있는 두 값의 평균이 중앙값이다. 중앙값을 제2사분위수라고도 한다. 중앙값보다 작은 값들의 중앙값을 제1사분위수라고 하고 중앙값보다 큰 값들의 중앙값을 제3사분위수라고 한다.

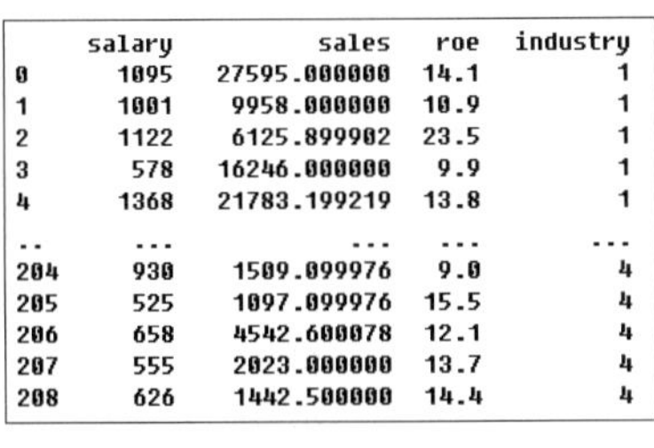

	salary	sales	roe	industry
0	1095	27595.000000	14.1	1
1	1001	9958.000000	10.9	1
2	1122	6125.899902	23.5	1
3	578	16246.000000	9.9	1
4	1368	21783.199219	13.8	1
..	...	...	...	...
204	930	1509.099976	9.0	4
205	525	1097.099976	15.5	4
206	658	4542.600078	12.1	4
207	555	2023.000000	13.7	4
208	626	1442.500000	14.4	4

〈그림 1〉

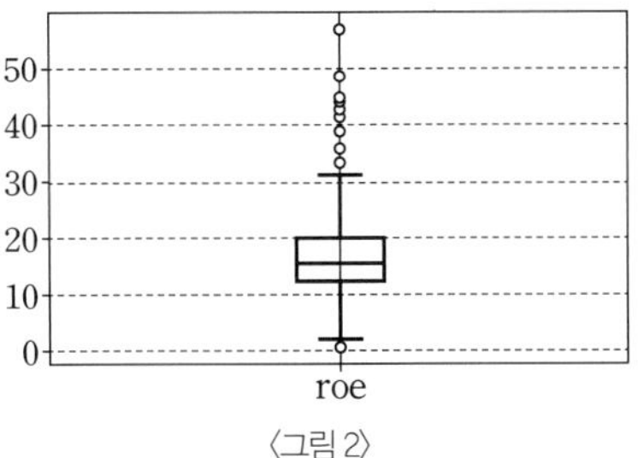

〈그림 2〉

사분위수를 활용하여 이상치를 시각적으로 살펴보기 쉽게 해 주는 것이 상자 수염 도표이다. 〈그림 1〉은 209개 기업의 CEO의 연봉(salary), 기업의 매출(sales), 수익(roe), 업종(industry)을 보여 주는 표의 일부이다. 표의 가장 왼쪽 열은 개별 기업의 데이터를 나타내는 행의 고유 번호로 '인덱스'라고 부른다. 이 표에서는 0번 행부터 일련번호가 매겨져 있다. 〈그림 1〉에서 열 이름이 'roe'인 열의 데이터 값을 모두 선택하여 상자 수염 도표를 그린 것이 〈그림 2〉이다. 상자 수염 도표의 핵심은 직사각형으로 표현된 '상자'이다. 상자의 윗면이 제3사분위수를, 아랫면이 제1사분위수를 표시해 주고, 상자 안의 가로선은 제2사분위수, 즉 중앙값을 표시해 준다. 〈그림 2〉에서 제3사분위수는 20, 제1사분위수는 12.4, 중앙값은 15.5이다. 이상치를 판단하는 절대적인 기준은 존재하지 않지만 통상적으로 IQR를 이용하여 판단한다. IQR는 'interquartile range'의 약자로서, 제3사분위수와 제1사분위수의 차이, 즉 상자 수염 도표에서 상자의 높이를 의미한다. 그러므로 roe 열의 IQR는 20−12.4=7.6이다. 이상치는 허용 상한값보다 크거나 허용 하한값보다 작은 값인데, 일반적으로 허용 상한값은 IQR에 1.5를 곱하여 얻은 값을 제3사분위수에 더한 값이고, 허용 하한값은 IQR에 1.5를 곱하여 얻은 값을 제1사분위수에서 뺀 값이다. 데이터 분포의 특성에 따라 IQR에 1.5가 아닌 다른 값을 곱하여 허용 상한값과 허용 하한값을 구할 수도 있다. 어떤 값을 곱하는 것이 좋은 선택인가는 이상치를 제외하고 수행한 분석이 향후 얼마나 정확한 예측을 가능하게 해 주느냐로 판가름 나게 된다. roe 열에서는 허용 상한값은 20+7.6×1.5=31.4이고, 허용 하한값은 12.4−7.6×1.5=1.0이다. 〈그림 2〉에서 상자 윗면에서 나와 허용 상한값까지, 또 상자 아랫면에서 나와 허용 하한값까지 뻗어 있는 직선을 '수염'이라고 부른다. 그러므로 위쪽으로 뻗은 수염의 끝은 허용 상한값을 표시하고, 아래로 뻗은 수염의 끝은 허용 하한값을 표시한다. 〈그림 2〉에서 허용 상한값과 허용 하한값 밖에 작은 원으로 표시된 것은 이상치에 해당한다. 〈그림 1〉에서 생략된 부분에 이상치들이 있었음을 추정할 수 있다.

결측치는 데이터의 값이 빠져 있는 것이다. 결측치가 있으면 데이터 분석 프로그램이 작동되지 않는 경우가 빈발하는데, 가령 결측치가 있으면 해당 열의 평균을 계산하지 못한다. 그러므로 본격적인 분석에 들어가기 전에 결측치를 처리해 주는 것이 중요하다. 〈그림 3〉에서 10행의 정보를 갖는 데이터를 보면, salary 열에 2개, sales 열에 2개, roe 열에 1개의 데이터 값이 NaN으로 표시되어 있다. NaN은 'not a number'의 약자로 어떤 이유로 해당 수치가 알려지지 않은 결측치에 해당한다. 결측치를 처리하는 방법은 삭제와 대체가 일반적이다. 삭제란 결측치를 포함하는 행이나 열을 삭제하는 것인데 이 과정에서 다른 데이터 값도 함께 삭제되면서 정보의 망실이 일어나기 때문에 주의해야 한다. 해당 행이나 열을 삭제해도 다른 데이터 값들이 충분히 많아서 데이터의 충실성이 지켜진다면 삭제를 시행할 만하다. 대체는 다른 값으로 결측치를 채우는 것인데, 대체하는 값으로는 해당 열의 확보된 데이터 값들의 평균 또는 중앙값이 많이 사용되고 해당 값의 직전 행 또는 직후 행의 데이터 값 등이 사용되기도 한다. 대체는 추가적인 정보의 망실이 일어나지 않는 장점이 있지만, 대체하는 값으로 인한 데이터의 교란을 최소화하는 선택을 해야 한다.

	salary	sales	roe	industry
0	1095.0	27595.000000	14.100000	1
1	NaN	9958.000000	10.900000	1
2	NaN	6125.899902	23.500000	1
3	578.0	16246.000000	5.900000	1
4	1368.0	NaN	13.800000	1
5	1145.0	NaN	20.000000	2
6	1078.0	2266.699951	16.400000	2
7	1094.0	2966.800049	16.299999	2
8	1237.0	4570.200195	10.500000	2
9	833.0	2830.000000	NaN	2

〈그림 3〉

독해 포인트 정상적인 범위를 벗어난 데이터인 이상치를 판단하기 위하여 데이터의 제3사분위수와 제1사분위수의 차이인 IQR의 1.5배를 제1사분위수에서 뺀 값부터 IQR의 1.5배를 제3사분위수에 더한 값까지의 범위를 벗어난 값으로 이상치를 삼는 것이 일반적이다. 이를 위해 이러한 작업을 시각적으로 표현해 주는 상자 수염 도표를 이용하면 편리하다. 결측치는 데이터 값이 알려지지 않은 것인데 해당 열이나 행을 삭제하거나 결측치를 다른 값으로 대체하는 방식으로 처리한다. 이때 데이터의 삭제나 대체로 전체 데이터가 교란되지 않도록 주의해야 한다.

주제 데이터 전처리에서 이상치와 결측치의 처리

III

실전 학습

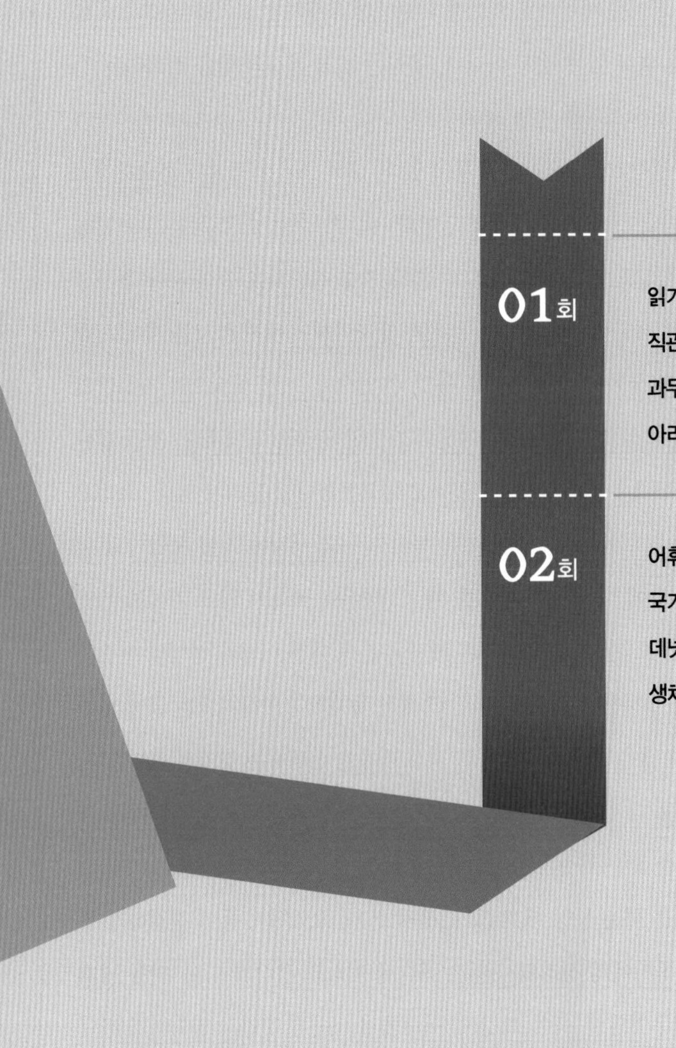

1회 읽기와 병행하는 쓰기

1회

EBS 수능특강 독서 280쪽

독해 포인트 이 글은 읽기와 쓰기가 선후 관계로만 얽혀 있는 것이 아니라 읽기를 하는 동안 병행하는 쓰기가 있으며, 이러한 쓰기가 왜 필요한지를 설명하고 있다. 병행하는 쓰기에는 베껴 쓰기, 생각 쓰기, 요약하기 등이 있다. 쓰기가 동반되지 않은 읽기는 자신의 앎을 심화하거나 새로운 발상으로 나아가는 데 도움을 주지 못한다. 따라서 독서가 성공적으로 이루어지기 위해서는 읽기를 하는 동안 베껴 쓰기, 생각 쓰기, 요약하기 등이 적절하게 동반되어야 한다.

주 제 읽기와 병행하는 쓰기의 유형과 필요성

우리는 읽기와 쓰기를 되풀이하며 살아간다. 그리고 이(읽기와 쓰기)를 통해 앎을 시작하고 확장하며, 타인과 의사소통을 한다. 누군가의 쓰기에서 비롯된 결과물 없이 읽기는 존재할 수 없다. 그래서 우리는 쓰기가 읽기보다 우선한다고 생각한다. 그러나 무엇을 쓰고자 할 때 쓰기의 내용이 되는 그 무엇은 어디에서 오는 것일까? 대부분 누군가가 써 놓은 글에서 비롯된 앎이나 새로운 발상*이 쓰기의 내용이 된다. 읽기는 선행하는 쓰기로 인해 존재하며 후행하는 쓰기의 바탕이 되고, 쓰기는 선행하는 읽기를 바탕으로 의미를 확보하며 후행하는 읽기를 존재하게 한다(읽기와 쓰기가 서로 선후 관계로 얽혀 있는 양상). 그러나 읽기와 쓰기는 이러한 선후 관계로만 얽혀 있는 것이 아니다. 우리는 사실 자신의 앎을 심화하는 한편 새로운 발상으로 나아가기 위해 읽기를 하는 동안 쓰기를 병행*하게 된다. ▶ 읽기와 쓰기의 관계

글을 읽으면서 병행하는 쓰기(성공적인 독서를 위해 글을 읽으면서 함께하는 쓰기)에는 베껴 쓰기, 생각 쓰기, 요약하기 등이 있다. 베껴 쓰기란 글에서 중요하다고 생각하는 부분이나 자기에게 필요한 부분을 골라내어 적어 두는 것('베껴 쓰기'의 개념)을 말한다. 베껴 쓰기는 아무 부분이나 그냥 골라 쓰는 것이 아니라, 중요한 내용에 해당하는지 또는 독서 목적에 부합하는지를 판단하여 쓸 내용을 취사선택*하는 것이다. 따라서 글을 읽는 목적을 분명히 하면서 글의 내용을 정확하게 파악해야('베껴 쓰기'를 제대로 하기 위한 조건) 베껴 쓰기를 제대로 할 수 있다. 이렇게 베껴 쓰기를 한 내용을 모아 보면 글에 대한 이해도를 높일 수 있으며, 이를 바탕으로 자신만의 새로운 발상을 도출*할 수 있다('베껴 쓰기'의 효과). 생각 쓰기란 글을 읽으면서 떠오른 자신의 다양한 생각을 적어 두는 것('생각 쓰기'의 개념)을 말한다. 중국 북송의 유학자 장재는 책을 읽다가 떠오르는 생각이 있으면 곧바로 기록하였다('생각 쓰기'의 사례 ①)고 알려져 있다. 그리고 실학자 정약용 역시 흔들리는 배 위에서도 책을 읽으며 쉴 새 없이 붓을 들어 자신의 생각을 적어 놓았다('생각 쓰기'의 사례 ②)고 한다. 그는 특히 경전*을 읽으면서 궁금한 것이나 그에 대한 답이 떠오를 때, 그 내용을 빼놓지 않고 기록해 두었다. 요약하기는 글의 요점을 간추려 쓰는 것('요약하기'의 개념)이다. 요약하기를 위해서는 해당 부분에 대한 이해가 선행되어야 하므로, 독자는 요약하기의 과정을 통해 글에 대한 이해를 심화하게 된다. 그래서 독자의 요약하기에는 글에 대한 독자의 이해도가 반영된다. 요약하기는 중요하지 않은 내용을 삭제하고 핵심 내용을 선택하는 것에서 출발한다. 그리고 나열되어 있는 하위 개념을 상위 개념으로 대체하여 표현하거나, 또는 선택한 핵심 내용을 간략하게 표현하거나 재진술하게 된다('요약하기'의 과정). 이는 글의 핵심 내용을 찾는 과정과 유사하다. ▶ 읽기와 병행하는 쓰기의 유형

독서가 성공적으로 이루어지기 위해서는 읽기를 하는 동안 베껴 쓰기, 생각 쓰기, 요약하기 등이 적절하게 동반*되어야 한다. 쓰기(베껴 쓰기, 생각 쓰기, 요약하기 등)가 동반되지 않은 읽기는 독자에게 정리되지 않은 잡다한 지식과 생각의 더미*만을 남겨 줄 수 있다. 그러면 독자는 자기가 알게 된 것이 무엇인지, 또는 그 앎이 어디에서 비롯된 것인지 명확하게 판단(쓰기가 동반되지 않은 읽기의 부정적 결과)

하기 어려워진다. 이러한 읽기는 독자가 자신의 앎을 심화하거나 새로운 발상으로 나아가는 데 도움을 주지 못한다. 이 상태에서는 자신의 새로운 발상을 담아낸, 그래서 후행하는 읽기를 존재하게 하는 본격적인 쓰기로 나아가기 어렵다. 충분한 읽기가 뒷받침되지 않은 쓰기에는 자신의 앎이나 새로운 발상이 제대로 담길 수 없으며, 그렇게 작성된 글은 사람들에게 감동을 줄 수 없기 때문이다. 따라서 자신의 앎이나 새로운 발상을 누군가에게 전달하기 위한 본격적인 쓰기는 쓰기가 동반된 읽기로부터 출발한다고 할 수 있다. ▶ 읽기와 병행하는 쓰기의 필요성

충분한 읽기: 베껴 쓰기, 생각 쓰기, 요약하기 등이 적절하게 동반된 읽기

본격적인 쓰기: 자신의 앎이나 새로운 발상을 전달하여 후행하는 읽기를 가능하게 하는 쓰기

어휘! 이것만은 꼭 익히자

- **발상(發想)**: 어떤 생각을 해 냄. 또는 그 생각.
- **병행(竝行)**: 둘 이상의 일을 한꺼번에 행함.
- **취사선택(取捨選擇)**: 여럿 가운데서 쓸 것은 쓰고 버릴 것은 버림.
- **도출(導出)**: 판단이나 결론 따위를 이끌어 냄.
- **경전(經典)**: 성현이 지은, 또는 성현의 말이나 행실을 적은 책.
- **동반(同伴)**: 어떤 사물이나 현상이 함께 생김.
- **더미**: 많은 물건이 한데 모여 쌓인 큰 덩어리.

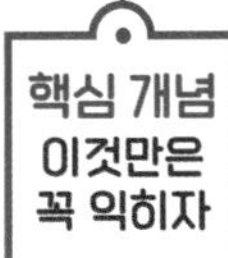

읽기와 병행하는 쓰기와 본격적인 쓰기

- 읽기와 병행하는 쓰기란 글을 제대로 이해하고 새로운 발상으로 나아가기 위해 글을 읽는 동안에 이루어지는 쓰기를 말하며, 여기에는 베껴 쓰기, 생각 쓰기, 요약하기 등이 있다.
- 본격적인 쓰기란 자신의 앎이나 새로운 발상을 누군가에게 전달하기 위한 쓰기를 말하며, 이러한 쓰기로 인해 다른 누군가의 읽기가 존재하게 된다.

■ **장재의 '묘계질서'**

장재(1020 ~ 1077)는 중국 송나라의 유학자로, 횡거진 출신이었기 때문에 횡거 선생이라고 불렸다. 장재는 서재에 종이와 붓과 먹을 가득 쌓아 두고 자다가도 생각이 떠오르면 그것을 기록해 두었으며, 이를 바탕으로 『정몽』이라는 책을 썼다. 주희가 장재에 대해 "생각을 정밀하게 하고 실천에 힘썼으며, 묘한 생각이 떠오르면 재빨리 썼다.(精思力踐, 妙契疾書)"라고 하여, '묘계질서'라는 말이 나오게 되었다. 성호 이익도 묘계질서를 평생 실천하며 살았던 유학자였다. 그는 경전을 읽다가 떠오른 생각들을 바로 기록해 두었고, 이것을 모아 『시경』, 『논어』, 『주역』 등을 해설한 『성호질서』를 편찬하였다.

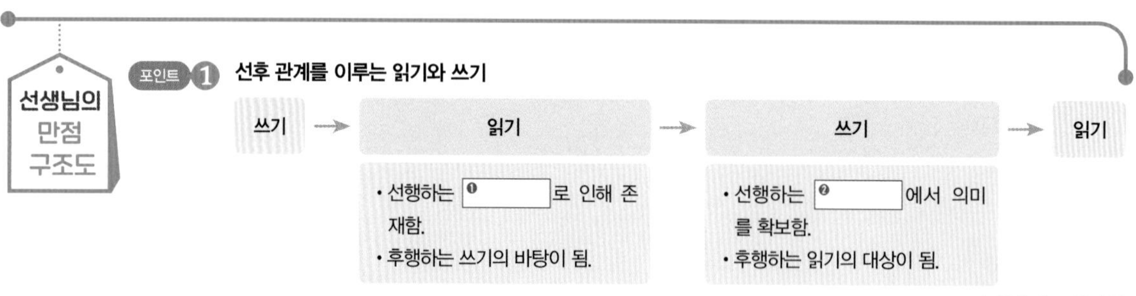

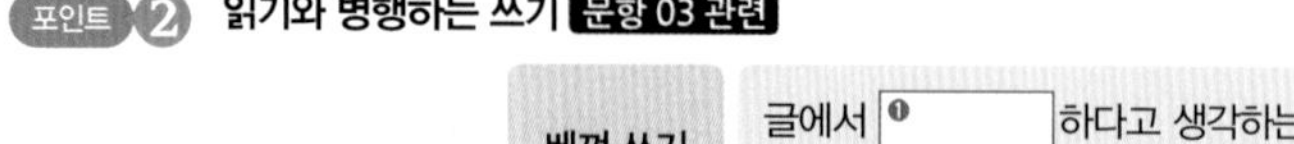

포인트 1 선후 관계를 이루는 읽기와 쓰기

• 선행하는 ❶ 로 인해 존재함.

• 선행하는 ❷ 에서 의미를 확보함.

정답 ❶ 쓰기 ❷ 읽기

포인트 2 읽기와 병행하는 쓰기 문항 03 관련

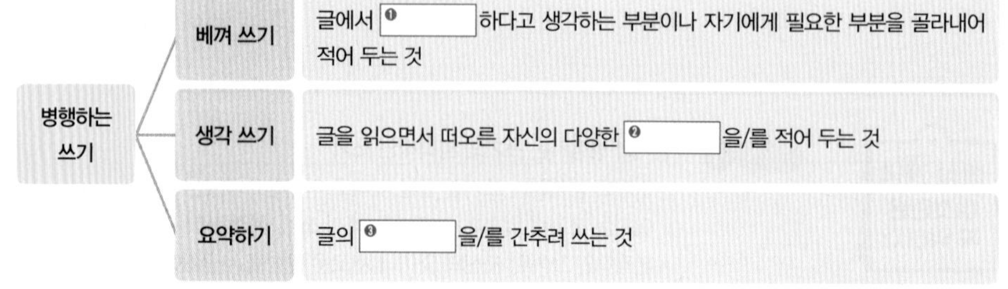

병행하는 쓰기
베껴 쓰기
글에서 ❶ 하다고 생각하는 부분이나 자기에게 필요한 부분을 골라내어 적어 두는 것
생각 쓰기
글을 읽으면서 떠오른 자신의 다양한 ❷ 을/를 적어 두는 것
요약하기
글의 ❸ 을/를 간추려 쓰는 것

정답 ❶ 중요 ❷ 생각 ❸ 요점

1회 직관주의와 정의주의

1회

EBS 수능특강 **독서 283쪽**

독해 포인트 이 글은 자연주의 윤리학을 비판한 무어의 직관주의, 그리고 직관에 의해 윤리적 판단을 할 수 있다는 무어의 주장을 비판한 에이어의 정의주의에 대해 설명하고 있다. 무어는 열린 질문 논증을 통해 규범적 속성을 자연적 속성으로 정의하는 것은 자연주의적 오류를 범하는 것이며, '좋음'의 정의와 같은 윤리적 판단은 단지 직관에 의해 이루어지는 것이라고 주장하였다. 에이어는 이러한 열린 질문 논증의 타당성을 인정하지만, 직관에 의한 판단이 윤리적 판단의 정당화 조건을 만족시킬 수 없다고 보았다. 그는 윤리적 판단이 실제로는 그 어떤 것에 대한 감정을 표현하는 것과 같다고 주장하였다.

주 제 윤리적 판단에 대한 직관주의와 정의주의의 주장

자연주의 윤리학에서는 우리가 어떻게 행위해야 하는가와 관련된 윤리적 판단의 기준이 되는 규범적* 속성을 경험적으로 인식 가능한 자연적인 것에서 이끌어 낼 수 있다고 전제한다. 이를 부정하는 무어는 '열린 질문 논증'을 통해 규범적 속성을 자연적 속성으로 정의하는 것이 타당한지를 검증하였다. 윤리적으로 '좋음'이라는 규범적 속성이 사람들이 '욕구하기를 바라는 것'이라는 자연적 속성으로 정의될 수 있다고 생각해 보자. 무어는 '좋음'이 '욕구하기를 바라는 것'으로 정의되기 위해서는 '좋음은 욕구하기를 바라는 것이다.'라는 명제*에 대해 그 언어에 능통한 인식 주체가 '과연 그런가?'라는 의심을 던질 수 없어야 한다고 보고, 이에 대해 검증하였다.

(이 → 규범적 속성을 자연적인 것에서 이끌어 낼 수 있다는 것)
('욕구하기를 바라는 것' → 사람들이 일반적으로 '좋음'의 정의로 떠올리는 자연적 속성)

▶ 자연주의 윤리학을 부정하는 무어의 검증

무어에 따르면, 인식 주체가 '좋음은 욕구하기를 바라는 것인가?'와 '욕구하기를 바라는 것은 욕구하기를 바라는 것인가?'라는 두 질문을 떠올릴 때 그 인식에는 명백한 차이가 있다. 'A는 B인가?'라는 질문을 던졌을 때, 이 질문의 의미를 완벽하게 이해한 인식 주체가 'A는 B가 아닐 수도 있다.' 혹은 'A가 B인지를 의심할 수 있다.'라고 답하게 된다면, 'A는 B인가?'라는 질문은 열린 질문이다. 반면에 'B는 B인가?'처럼 그 질문을 이해한 인식 주체가 누구나 '예.'라고 답하게 되는 질문은 닫힌 질문이다. 만약 '좋음'과 '욕구하기를 바라는 것'이 동일한 속성을 갖는다고 하면 '좋음은 욕구하기를 바라는 것인가?'는 닫힌 질문이 된다. 그러나 이 경우 '좋음은 욕구하기를 바라는 것인가?'는 '욕구하기를 바라는 것은 욕구하기를 바라는 것인가?'와 같은 동어 반복의 무의미한 질문이 되어 버린다.

('좋음은 욕구하기를 바라는 것인가?' → 열린 질문)
('욕구하기를 바라는 것은 욕구하기를 바라는 것인가?' → 닫힌 질문)
('A는 B인가?' → '좋음은 욕구하기를 바라는 것인가?'에 해당하는 표현)
('B는 B인가?' → '욕구하기를 바라는 것은 욕구하기를 바라는 것인가?'에 해당하는 표현)
(동어 반복의 무의미한 질문이 되어 버린다 → '좋음'과 '욕구하기를 바라는 것'이 동일한 속성을 가질 때의 문제)

▶ 윤리적 판단과 관련된 열린 질문의 성격

자연적 속성 B에 대해 인식 주체가 '좋음은 B이다.'를 의심하지 않고 참으로 받아들이려면, 좋음의 분석만으로 좋음이 자연적 속성 B에 해당함을 알 수 있어야 한다. 이것이 가능하기 위해서는 '좋음은 B이다.'가 '할머니는 여자이다.'와 같이 분석 판단*을 할 수 있는 것이어야 한다. 할머니의 의미가 '부모의 어머니'임을 알고 있는 인식 주체는 할머니에 대한 분석 판단의 과정을 거쳐 '할머니는 여자인가?'라는 질문에 '예.'라고 답을 할 수 있다. 그러나 좋음은 자연적 속성인 빨강, 노랑, 파랑 등과 마찬가지로 그 속성이나 내용을 더 이상 분석할 수 없는 단순 개념*이다. 따라서 '좋음은 B인가?'라는 질문에 대하여 확실하게 답을 할 수 없다. 무어는 이와 같은 열린 질문 논증을 통해 규범적 속성을 자연적 속성으로 정의하는 것은 자연주의적 오류를 범하는 것이며, '좋음'의 정의와 같은 윤리적 판단은 추론*이나 경험*이 아니라 직관*에 의해 이루어지는 것이라고 주장하였다.

('할머니는 여자인가?' → 닫힌 질문)
(좋음은 … 단순 개념 → '좋음은 B이다.'에 대한 분석 판단을 할 수 없는 이유)
('좋음은 B인가?'라는 … 답을 할 수 없다 → '좋음은 B이다.'를 의심하지 않고 참으로 받아들일 수 없는 이유)

▶ 자연주의적 오류와 직관에 의한 윤리적 판단

에이어는 무어가 열린 질문 논증을 통해 자연주의적 오류를 주장한 것이 타당하다고 인정하면서도, 그가 자연주의 윤리학자와 마찬가지로 윤리적 판단의 참 또는 거짓을 따질 수 있다고 보았던 것에 대해 비판하였다. 에이

(열린 질문 논증을 통해 자연주의적 오류를 주장한 것이 타당하다 → 에이어가 인정한 무어의 견해)
(윤리적 판단의 참 또는 거짓을 따질 수 있다 → 에이어가 비판한 무어의 견해)

어에 따르면, 누군가에게 직관적으로 참이라고 보이는 윤리적 판단이 다른 누군가에게는 거짓으로 보일 수 있다. 따라서 윤리적 판단에 대해 상충*하는 두 직관이 존재할 경우 그중 어느 하나를 선택할 수 있는 객관적 기준을 제시하는 것은 불가능하다. 그는 직관에 의한 판단이 주관적 확실성만을 줄 수 있을 뿐이며, 윤리적 판단의 참과 거짓을 따질 수 있는 정당화의 조건을 만족시킬 수 없다고 주장하였다.

에이어가 무어의 직관주의를 비판하는 근거

▶ 열린 질문 논증과 직관주의에 대한 에이어의 견해

에이어는 어떤 것에 대한 윤리적 판단이 실제로는 그 어떤 것에 대한 감정을 표현하는 것과 같다고 하였다. '도둑질은 나쁘다.'라고 말하는 것은 도둑질에 대한 부정적인 감정을 표현하는 것과 다르지 않다는 것이다. 그에 따르면, 윤리적 판단은 단지 감정을 표현하는 것일 뿐이며 그 무엇도 기술*하지 않기 때문에 진리로서의 적합성*을 가지지 않는다. 따라서 윤리적 판단에 대해 참과 거짓을 판별*하는 것은 불가능하다. 이러한 에이어의 주장은 윤리적 판단과 관련된 기본적인 가성*들을 모두 부인하는 급진적인 것이다. 좋음이 지시하는 속성이 실제로 존재한다는 것, 그리고 '좋음은 B이다.'의 참과 거짓을 판별할 수 있다는 것은 대부분의 윤리학자가 의심 없이 받아들여 왔던 가정이다. 에이어는 이와 같은 가정에 도전하며 윤리에 대한 이해를 근본적으로 변화시킬 것을 요구하고 있는 것이다.

정의주의

윤리적 판단에 대해 참 또는 거짓을 판별하는 것이 불가능한 이유

대부분의 윤리학자가 의심 없이 받아들여 왔던 가정들

▶ 윤리적 판단과 관련된 에이어의 정의주의

* **분석 판단:** 주어 개념 속에 이미 내포되어 있는 것을 분석하여, 이것을 술어로 삼는 판단.

어휘! 이것만은 꼭 익히자

- **규범적(規範的)**: 마땅히 따르고 지켜야 할 본보기가 되는 것.
- **명제(命題)**: 어떤 문제에 대한 하나의 논리적 판단 내용과 주장을 언어 또는 기호로 표시한 것.
- **단순 개념(單純槪念)**: 개념과 내포가 일치하여 속성이나 내용을 더 이상 분석할 수 없는 개념.
- **추론(推論)**: 어떠한 판단을 근거로 삼아 다른 판단을 이끌어 냄.
- **경험(經驗)**: 객관적 대상에 대한 감각이나 지각 작용에 의하여 깨닫게 되는 내용.
- **직관(直觀)**: 감각, 경험, 연상, 판단, 추리 따위의 사유 작용을 거치지 아니하고 대상을 직접적으로 파악하는 작용.
- **상충(相衝)**: 맞지 아니하고 서로 어긋남.
- **기술(記述)**: 대상이나 과정의 내용과 특징을 있는 그대로 열거하거나 기록하여 서술함.
- **적합성(適合性)**: 일이나 조건 따위에 꼭 알맞은 성질.
- **판별(判別)**: 옳고 그름이나 좋고 나쁨을 판단하여 구별함. 또는 그런 구별.
- **가정(假定)**: 결론에 앞서 논리의 근거로 어떤 조건이나 전제를 내세움. 또는 그 조건이나 전제.

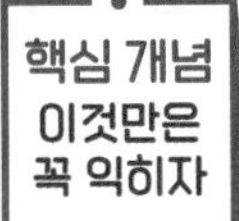

열린 질문과 닫힌 질문

- 열린 질문은 질문의 의미를 완벽하게 이해한 인식 주체가 그 질문이 참이라고 의심의 여지 없이 답할 수 없는 질문으로, 규범적 속성 A를 자연적 속성 B로 정의하려 할 때 'A는 B인가?'와 같은 질문이 이에 해당한다.
- 닫힌 질문은 질문의 의미를 완벽하게 이해한 인식 주체가 누구나 확실하게 답을 할 수 있는 질문으로, 'B는 B인가?'와 같은 질문이 이에 해당한다.

단순 개념과 분석 판단

- '좋음'과 같은 규범적 속성은 자연적 속성인 빨강, 노랑, 파랑 등과 마찬가지로 그 속성이나 내용을 더 이상 분석할 수 없는 단순 개념이다.
- 무어는 '좋음'이라는 규범적 속성이 단순 개념에 해당하여 분석 판단을 할 수 없으므로, 이를 자연적 속성으로 정의하는 것은 자연주의적 오류를 범하는 것이라고 보았다.

■ **메타 윤리학**

메타 윤리학은 규범 윤리학이나 응용 윤리학과 달리 윤리적 담론의 형이상학적 토대에 주목한다. 그래서 우리는 왜 윤리적으로 살아야 하는가, 또는 도덕적 사실은 실재하는가, 그것이 실재한다면 어떻게 정의될 수 있는가 등에 대한 답을 찾고자 한다. 주요 메타 윤리학에는 자연주의, 비자연주의, 정의주의 등이 있다. 자연주의에서는 윤리적 속성은 존재하며, 그 속성은 자연적 속성에서 추론함으로써 정당화할 수 있거나 정의될 수 있다고 주장한다. 비자연주의에서는 윤리적 속성은 존재한다고 보지만, 그것을 자연적 속성으로 정의할 수 없다고 본다. 그러나 정의주의에서는 윤리적 속성이 인식될 수 있다는 것을 부정하며, 윤리적 주장은 단순히 개인적인 감정의 표현일 뿐이라고 주장한다.

포인트 1 무어가 주장하는 자연주의적 오류 문항 05 관련

윤리적 속성인 '좋음'이 자연적 속성인 '욕구하기를 바라는 것'으로 정의되기 위해서는 '좋음은 욕구하기를 바라는 것인가?'라는 질문에 ❶ [ ] 을/를 던질 수 없어야 한다.

↓

'좋음은 욕구하기를 바라는 것인가?'는 닫힌 질문이 아니라 ❷ [ ] 질문이다.

↓

'좋음'과 '욕구하기를 바라는 것'이 동일한 속성을 갖는다면 '좋음은 욕구하기를 바라는 것인가?'는 '욕구하기를 바라는 것은 욕구하기를 바라는 것인가?'와 같은 ❸ [ ] 질문이 된다.

↓

따라서 윤리적 속성인 '좋음'은 자연적 속성인 '욕구하기를 바라는 것'으로 정의될 수 없다.

+

자연적 속성 B에 대하여 '좋음은 B이다.'를 의심하지 않고 참으로 받아들이려면, 좋음의 ❹ [ ] 만으로 좋음이 자연적 속성 B에 해당함을 알 수 있어야 한다.

↓

그러나 '좋음'은 그 속성이나 내용을 더 이상 분석할 수 없는 ❺ [ ] 개념이다.

↓

따라서 '좋음은 B이다.'를 의심하지 않고 참으로 받아들일 수 없다.

⇩

규범적 속성을 자연적 속성으로 정의하는 것은 ❻ [ ] 오류를 범하는 것이다.

정답 ❶ 의심 ❷ 열린 ❸ 무의미한 ❹ 분석 ❺ 단순 ❻ 자연주의적

'나는 왜 윤리적으로 행위해야 하는가'라는 물음에 대한 고찰

피터 싱어는 '나는 왜 윤리적으로 행위해야 하는가?'라는 물음은 '왜 나는 다른 인종의 사람들을 평등하게 대우해야만 하는가?' 혹은 '동물들은 서로 잡아먹는데, 왜 우리는 동물들을 먹지 말아야 하는가?' 등 일정한 방식으로 행위해야 할 윤리적 이유를 찾는 물음들과는 다른 유형의 것이라고 말한다. 후자의 물음들은 윤리 내부에서의 물음이지만, '나는 왜 윤리적으로 행위해야 하는가?'라는 물음은 윤리 자체에 대한 물음이라는 것이다. 그런데 이 물음에 대해 어떤 철학자들은 거부감을 표명하기도 한다.

철학자들이 '나는 왜 윤리적으로 행위해야 하는가?'라는 물음에 거부감을 가지는 이유는 윤리적 원칙에 대한 정의와 관련된다. 윤리적 원칙에 대한 정의 중에서 어떤 개인에게 압도적으로 중요한 원칙이 윤리적 원칙이라는 정의에 따르면, 행위의 이유에 대해 물을 필요가 없어진다. 왜냐하면 그 행위는 개인에게 압도적으로 중요한 원칙에 따른 윤리적 행위이기 때문이다. 예를 들어 빈자를 돕기 위한 기부 행위가 자신에게 압도적으로 중요한 사람이 있다고 할 때, 그 사람은 윤리에 대한 정의에 따라, 실제로 자신의 부를 기부할 결심을 하게 될 수밖에 없다. 윤리에 대한 이러한 정의에 따르는 경우, 일단 윤리적 결심을 하게 되면 더 이상 실천적인 문제는 발생될 수 없다. 그래서 '나는 왜 윤리적으로 행위해야 하는가?'라는 물음은 의미가 없다. 그러나 이 경우 윤리적 원칙은 칸트의 용어에 따를 때 '보편적 입법의 원리'가 아니라 '개인적 격률'에 머물고 만다. 따라서 피터 싱어는 이러한 거부의 입장에 대해 윤리를 윤리 아닌 것과 구별하게 해 주는 특징인 '보편적 관점에 따른 행위'를 요청할 수도 없게 된다고 말한다.

한편 '나는 왜 윤리적으로 행위해야 하는가?'라는 물음을 '나는 왜 합리적이어야 하는가?'라는 물음을 거부해야 하는 이유와 마찬가지 이유에서 거부해야만 한다고 생각하는 입장도 있다. '나는 왜 합리적이어야 하는가?'라는 물음은 일반적으로는 이미 전제되어 있는 것을 묻는 것으로, 논리적으로 타당하지 않다. 왜냐하면 합리성이 이미 전제되어 있지 않으면 합리성은 이해 가능한 방식으로 물어질 수 없기 때문이다. '나는 왜 윤리적으로 행위해야 하는가?'라는 물음이 '나는 왜 합리적이어야 하는가?'라는 물음과 같은 유형의 물음이라고 판단하는 입장에서 본다면, 이 물음은 윤리적이어야 할 윤리적 이유를 묻고 있는 것이 된다. 이는 윤리적으로 내가 해야 하는 일을 왜 윤리적으로 해야 하는가라고 묻는 잉여적 물음이다. 그러나 피터 싱어는 이 물음을 윤리의 윤리적 정당화를 요청하고 있는 물음이라고 해석할 필요는 없다고 말한다. '해야 한다'가 '윤리적으로 해야 한다'를 의미할 필요는 없다는 것이다. 이러한 물음은 단지 행위의 이유를 묻는 한 방식일 수도 있으며, 일반적이고 실천적인 상황에서 특정한 관점을 전제하지 않고 모든 관점에 대해 중립적인 입장으로 물을 수 있다고 말한다. 그러면서 '나는 왜 윤리적으로 행위해야 하는가?'는 이런 종류의 물음이라는 것이다.

피터 싱어는 윤리가 우리 자신의 개인적 관점을 넘어서서 불편부당한 관망자와 같은 보편적인 관점을 취하도록 요구한다고 본다. 따라서 피터 싱어는 '나는 왜 윤리적으로 행위해야 하는가?'라는 물음에 대해, 보편적인 관점에서 수용 가능한 것을 근거로만 행할 것인지 여부를 고민하는 누구라도 아마 적절하게 물을 수 있는 물음이라고 말한다. 즉 그 물음은 행위의 개인적인 근거를 넘어서 보편적인 판단들에만 근거하여 행해야 할 이유들에 대한 물음이라는 것이다.

독해 포인트 이 글은 '나는 왜 윤리적으로 행위해야 하는가?'라는 물음을 제시하고, 이 물음의 의미에 대해 살펴보고 있다. 윤리 자체에 대한 물음인 이 물음에 대해 적절한 물음이 아니라는 견해 두 가지를 소개한 후, 윤리가 개인적 관점을 넘어서서 불편부당한 관망자와 같은 보편적인 관점을 취하도록 요구한다는 견해를 받아들인다면, 결국 이 물음은 '왜 보편적인 판단들에만 근거하여 행위해야 하는가?'라는 물음이라고 말하는 피터 싱어의 견해를 제시하고 있다.

주제 '나는 왜 윤리적으로 행위해야 하는가?'라는 물음에 대한 고찰

1회 과두제의 철칙

1회

EBS 수능특강 **독서 286쪽**

독해 포인트 이 글은 아무리 민주적인 조직이라도 과두제가 필연적으로 나타나게 된다는 미헬스의 주장과 그에 대한 비판을 함께 설명하고 있다. 미헬스는 독일에서 과두제의 부정을 표방하였던 정당에 과두제가 나타나게 되는 과정을 살펴봄으로써 과두제는 모든 조직의 필연적 귀결이라는 과두제의 철칙을 주장하였다. 그는 개인, 대중, 그리고 조직이라는 세 가지 요인에 주목하여 과두제로의 이행 과정을 설명하였다. 그러나 이러한 미헬스의 주장은 순환론적 역사관을 전제하고 있다는 점에서 비판을 받고 있다.

주 제 과두제의 철칙이라는 미헬스의 주장과 그에 대한 비판

과두제는 소수의 사람들 혹은 엘리트* 집단이 국가의 최고 기관을 조직하여 행하는 정치 체제를 말한다. 이는 원래 정치 분야의 용어이지만 오늘날 사회·경제 분야에까지 폭넓게 사용되고 있다. 독일의 정치학자 미헬스는 조직이나 집단의 규모가 커지면 소수에게 권력이 집중되는 과두제적 현상이 나타난다고 주장하였다. 일반적으로 조직은 어떤 거창한 목표나 이념을 성취하기 위한 목적으로 만들어지지만, 이러한 목적을 달성하기 위한 과정에서 그 조직은 중앙 집권적이고 관료적*인 체제를 갖추게 된다. 이에 따라 정보와 권력이 소수에게 편중*되고 다수가 소외*되는 현상이 발생하면서 원래 목표했던 바와는 달리 과두제가 형성된다는 것이다.

과두제의 개념
과두제와는 거리가 먼 목적
거창한 목표나 이념과 배치되는 형태

▶ 조직의 과두제적 현상을 주장한 미헬스

미헬스가 자신의 주장을 입증*하기 위해 분석 대상으로 삼은 것은 독일의 사회주의 정당 및 혁명적 노동당이었다. 그는 보수 정당의 경우, 선거 기간을 제외하면 본래 그들이 지닌 과두제적 경향이 명백하게 드러나므로 사회주의 정당 및 혁명적 노동당의 과두제적 경향에 관한 분석이 중요하다고 보았다. 이들 정당이 초기에 가장 중요하게 표방하였던 것이 과두제의 부정이었기 때문이다. 다시 말해 이론적으로 이들 정당의 근본적인 목표가 모든 형태의 과두제에 대한 투쟁이었으므로, 그러한 정당에 과두제적 현상이 나타난다는 것은 다른 일반적인 조직에도 과두제적 경향이 내재하고 있다는 결정적 증거가 될 수 있는 것이다.

사회주의 정당 및 혁명적 노동당
미헬스가 독일의 사회주의 정당 및 혁명적 노동당을 분석 대상으로 삼은 이유

▶ 미헬스가 선택한 분석 대상

국가의 통치권을 한 사람이 독점하고 있으면 군주정, 소수가 장악하고 있으면 귀족정, 모든 사람이 함께 소유하고 있으면 민주정이라고 한다. 미헬스는 민주정이 귀족정과 같은 과두제로 변해 가는 과정에 주목하였으며, 한 정당이나 집단 내에서도 이러한 변화가 나타난다고 보았다. 그리고 그 변화의 요인을 개인, 대중, 그리고 조직의 세 측면에서 살펴보았다. 여기에서 개인이란 정당에서 지도자 집단에 속하는 사람을 말하는데, 지도자 집단에 속하는 개인의 자질과 내면적 욕구가 과두제로의 이행*에 중요하게 작용한다. 대중은 지도자 집단에 속하지 않는 일반 당원들을 말하는데, 이들은 지도자에 비해 자신의 능력이 부족하다는 인식, 그리고 어떤 대상을 숭배하고자 하는 욕망 등으로 정당이 과두제로 이행하는 데 영향을 미친다. 그리고 정당의 형태를 갖추게 된 조직에서는 내부적으로 비대해진 조직 운영의 합리화를 위해서, 그리고 외부적으로 다른 정당과 경쟁하기 위해서 과두제의 필요성이 발생한다.

민주적인 정당이나 집단의 과두제화
정당의 과두제화와 관련된 개인의 요인
정당의 과두제화와 관련된 대중의 요인
정당의 과두제화와 관련된 집단의 요인

▶ 과두제로 이행하게 되는 세 가지 요인

미헬스는 이러한 세 가지 요인에 주목하여 과두제로의 이행 과정을 설명한다. 정당은 소수에 의해 운영되던 조직이나 집단과 달리 업무가 확대됨에 따라 그 구성원들이 지도부와 대중으로 분화된다. 정당 규모상 대중의 직접 참여가 불가능해지면 조직 운영의 합리화를 위해 뛰어난 자질을 지닌 개인들이 지도부를 형성하게 된다.

개인의 요인, 대중의 요인, 집단의 요인
과두제화와 관련된 집단의 내부적 요인
지도자로서의 자질과 내면적 욕구를 지닌 사람들의 집단

그들은 지도자로서 자신의 가치를 의식하고, 자신의 역량을 자신하며, 자신의 지성과 웅변력 등으로 대중을 유
지도부를 형성하는 개인들 / 지도자로서의 개인적 자질
인*한다. 대중은 지도자와 비교되는 자신의 무능력을 통찰하고, 다른 정당과의 경쟁을 성공적으로 이끌어 가는
지도자에 비해 자신의 능력이 부족하다는 인식
지도자에게 감사해한다. 이러한 과정에서 지도자는 내재해 있던 지배 욕구를 충족하게 되고, 대중은 점차 그러한 지도자를 우월한 존재로 여기며 자신의 숭배 욕구를 충족하게 된다. 다른 정당과의 경쟁에서 이기기 위해 핵
과두제화와 관련된 집단의 외부적 요인
심 사안에 대한 결정의 신속성이 중요해지면서, 정당에서는 지도자를 중심으로 하는 중앙 집권적 조직이 강화된다. 직업적 지도자는 관료화되고, 대중과 지도자의 격차는 더 크게 벌어진다. 대중과 차별되는 지도자의 전문성이 절대화되면, 파면*될 수 없는 종신* 지도자가 등장하여 안정성을 추구하는 방향으로 나아간다. 그리고 이것이 인간에 내재한 지배욕과 함께 작용함으로써 과두제를 부정하였던 정당에 필연코 과두제가 나타나게 되는 것이다. 미헬스는 이처럼 아무리 민주적인 조직이라도 과두제가 필연적으로 나타나게 된다는 과두제의 철칙*을 주
과두제의 철칙이 의미하는 바
장하였다.

▶ 과두제로의 이행 과정

이와 같은 미헬스의 주장은 순환론적 역사관을 전제*하고 있다는 점에서 비판을 받는다. 과두제를 철칙으로 보는 한 민주화의 노력과 그에 따른 성과가 있다 하더라도 다시 과두제로 돌아갈 수밖에 없다. 이를 인정하면 역
과두제의 철칙
사는 과두제화와 민주화가 상호 반복되는 순환 과정을 지속하게 될 뿐이다. 과두제를 벗어날 수 없는 역사의 철칙으로 규정하는 것은 대중 의식의 발전을 인정하지 않는 엘리트 중심적 사고에 기반*하고 있다. 대중의 무능력과 어리석음이 조직의 과두제화를 필연적으로 초래*하는 변하지 않는 요인이 되고 있기 때문이다. 이런 점에서
대중 의식의 발전을 인정하지 않는 엘리트 중심적 사고
과두제에 대한 미헬스의 주장은 민주주의 사회를 대중이 주도해야 한다고 생각하는 사람들에게 스스로 풀어내야 할 하나의 큰 숙제를 남겨 주었다고 할 수 있다.

▶ 미헬스의 주장에 대한 비판

어휘! 이것만은 꼭 익히자

- **엘리트(elite)**: 사회에서 뛰어난 능력이 있다고 인정한 사람. 또는 지도적 위치에 있는 사람.
- **관료적(官僚的)**: 관료들이 하는 방식과 같이 획일적이고 형식적인 태도나 경향이 있는 것.
- **편중(偏重)**: 중심이 한쪽으로 치우침.
- **소외(疏外)**: 어떤 무리에서 기피하여 따돌리거나 멀리함.
- **입증(立證)**: 어떤 증거 따위를 내세워 증명함.
- **이행(移行)**: 다른 상태로 옮아감.
- **유인(誘引)**: 주의나 흥미를 일으켜 꾀어냄.
- **파면(罷免)**: 잘못을 저지른 사람에게 직무나 직업을 그만두게 함.
- **종신(終身)**: 목숨을 다하기까지의 동안.
- **철칙(鐵則)**: 바꾸거나 어길 수 없는 중요한 법칙.
- **전제(前提)**: 어떠한 사물이나 현상을 이루기 위하여 먼저 내세우는 것.
- **기반(基盤)**: 기초가 되는 바탕. 또는 사물의 토대.
- **초래(招來)**: 일의 결과로서 어떤 현상을 생겨나게 함.

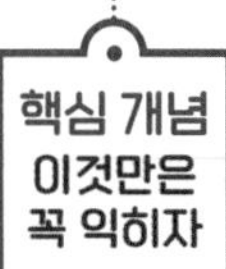

국가 통치권의 소유 양상에 따른 정치 체제

- **군주정**: 국가의 통치권을 한 사람이 독점하고 있는 정치 체제
- **귀족정**: 국가의 통치권을 소수의 귀족이 장악하고 있는 정치 체제
- **민주정**: 국가의 통치권을 모든 사람이 함께 소유하고 있는 정치 체제

※ 미헬스는 한 정당이나 집단 내에서도 민주정이 귀족정과 같은 과두제로 변해 가는 것과 비슷한 변화가 나타난다고 주장했다.

과두제의 철칙

- 과두제의 철칙은 아무리 민주적인 조직이라도 과두제가 필연적으로 나타나게 된다는 것이다.
- 과두제로 이행하게 만드는 세 가지 요인에는 지도자 집단에 속하는 개인의 자질과 내면적 욕구, 지도자에 비해 자신의 능력이 부족하다는 대중의 인식과 어떤 대상을 숭배하고자 하는 대중의 욕망, 내부적으로 비대해진 조직 운영을 합리화하고 외부적으로 다른 정당과 경쟁하기 위한 조직의 필요성이 있다.

■ **독일의 사회 민주당**

1875년에 창당된 사회 민주당(SPD)은 독일에서 가장 오래된 정당으로 사회 민주주의를 강령으로 채택하고 있다. 사회 민주당은 독일이 뒤늦은 산업화 과정에서 극심한 계급 갈등을 겪던 와중에 창당하여 노동자의 목소리를 대변하는 데 주력하였으며, 1945년에 창당된 기독교 민주 연합(CDU)과 함께 독일의 대표적인 수권 정당이 되었다. 미헬스는 사회 민주당에 입당하여 왕성한 정치 활동을 펼쳤다. 그리고 그 경험을 바탕으로 사회 민주당과 함께 민주적 운영을 지향했던 혁명적 노동당 등의 과두제적 경향을 분석함으로써 과두제의 철칙을 주장하였다.

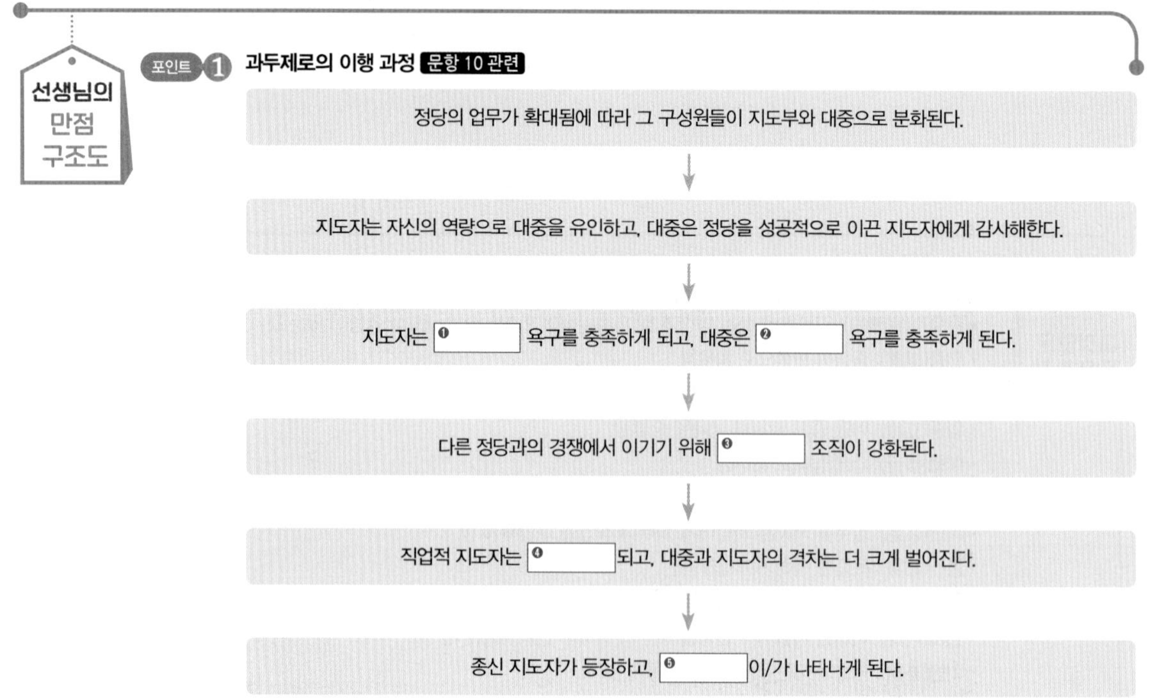

선생님의
만점
구조도
포인트 1
과두제로의 이행 과정 문항 10 관련
정당의 업무가 확대됨에 따라 그 구성원들이 지도부와 대중으로 분화된다.
지도자는 자신의 역량으로 대중을 유인하고, 대중은 정당을 성공적으로 이끈 지도자에게 감사해한다.
지도자는 ❶ 욕구를 충족하게 되고, 대중은 ❷ 욕구를 충족하게 된다.
다른 정당과의 경쟁에서 이기기 위해 ❸ 조직이 강화된다.
직업적 지도자는 ❹ 되고, 대중과 지도자의 격차는 더 크게 벌어진다.
종신 지도자가 등장하고, ❺ 이/가 나타나게 된다.

정답 ❶ 지배 ❷ 숭배 ❸ 중앙 집권적 ❹ 관료화 ❺ 과두제

정당 정치와 국고 보조금

현대 대의 민주주의에서 정당과 정당 정치는 대의제의 본질을 구성하는 데 필수 불가결하다. 따라서 우리 헌법 제8조에서는 정당 설립의 자유와 정당 운영에 대한 지원을 보장하고 있다. 이는 정당이 국민의 정치적 의사 형성에 참여하고, 형성한 여론을 정치권에 전달함으로써 국민의 정치적 의사 형성에 기여하기 때문이다. 정당은 사회의 여러 문제에 대한 대안을 제시하여 행정부의 정책 결정에 영향을 미친다. 나아가 정당은 정부의 조직을 구성하는 공직자를 충원해 정치 체계를 유지·발전시키는 기능도 하며, 한 사회가 직면하고 있는 공공의 문제를 공공 정책으로 전환시키는 역할을 수행한다.

정당이 제 기능을 수행하기 위해서는 일정한 자금이 필요한데, 이 자금을 정치 자금이라고 한다. 정치 자금은 정치 활동, 특히 정당의 기본적 활동과 기능인 정치적 이익의 취합, 여론의 조직과 표출, 국민에 대한 정치 사회화, 정부의 조직과 지도자의 선택 등을 수행하기 위해 소요되는 비용이다. 우리 법에서는 정치 자금을 정당의 유지·운영에 필요한 경비와 선거에 소요되는 자금으로 구분한다. 정당의 유지와 일상적인 운영에 관련된 비용은 정치 자금법에 의해 규율되고, 선거 과정에서 쓰이는 선거 비용은 공직 선거법에 의해 규제되는 이원적 구조인 것이다.

정당은 정치 자금이 필요함에도 불구하고 경제 활동을 통해 자금을 조달할 수 없다. 이는 돈에 의해 대의 민주주의 원칙이 훼손될 수 있기 때문이다. 따라서 대부분의 국가는 경제 활동 외의 방법으로 정치 자금을 조달할 수 있는 방법을 마련해 놓고 있다. 우리나라는 당원이 내는 당비, 정당 및 국회 의원 등의 후원회 후원금, 개인이나 단체가 선거 관리 위원회에 기탁한 기탁금, 국가가 정당에 지급하는 보조금, 정당의 소식지 등을 발행해서 얻는 부대 수입을 통해 정치 자금을 조달할 수 있도록 하고 있다. 이 중 개인이 자발적으로 내는 당비, 후원금, 기탁금 등과 달리 국가가 국민의 세금을 바탕으로 정당에 보조금을 지급하는 국고 보조금 제도는 사적 기부금 제도가 건전하게 발전하지 못한 나라의 경우 정당의 재정난을 해결한다는 측면에서 매우 중요하다. 국고 보조금 제도는 정치 자금의 불법 수수에 따른 정치 부패를 방지하고, 정당 간의 재정 능력 격차에 따른 불이익을 해소하고, 재정 압박으로 인한 공적 활동의 저하를 막아서 정당을 보호·육성하려는 데 목적을 두고 있다.

국고 보조금은 정당의 일반적인 운영과 관련하여 쓰이는 경상 보조금과 선거 활동을 위해 쓰이는 선거 보조금으로 구분되는데, 경상 보조금은 정당이 존속하는 한 매년 지급되는 반면, 선거 보조금은 전국 단위의 선거가 있는 해마다 지급된다. 선거 시기가 되면 정당은 후보자 공천 심사, 정강 정책 홍보 등의 비용이 필요하므로 이를 보조하기 위한 선거 보조금을 추가적으로 지급하는 것이다. 2021년에는 유권자 1인당 1,052원을 기준으로 하여 경상 보조금과 선거 보조금이 각각 462억 원씩 책정되었다.

현행 국고 보조금 제도에서는 국고 보조금을, 기본적으로 각 정당의 교섭 단체 구성 여부 및 원내 의석수에 따라 배분하고 부수적으로 각 정당의 득표율을 고려하여 배분하고 있다. 이런 배분 방식은 다음과 같은 이유에서 정당화될 수 있다. 국고 보조금은 국민이 낸 세금이기 때문에 그들의 정치적 의사가 존중되어야 하므로 선거에 나타난 유권자들의 정치적 지지 의사를 고려하여 각 정당의 원내 의석수를 기준으로 배분하는 것이 유권자의 주권을 존중하고 유권자의 선호를 만족시키는 조치라 할 수 있다. 또 원내 의원을 배출하지 못한 정당이라 하더라도 일정 정도 이상의 득표율로 정치적 지지가 확인된다면 국고 보조금을 지급하는 것이 유권자들의 주권을 존중하고 군소 정당을 보호·육성하는 취지라 할 수 있다.

그러나 원내 의석수만을 기준으로 삼아 국고 보조금을 배분하는 것은 전체 유권자의 의사를 제대로 반영하고 있다고 단언하기 어렵다. 가령 우리나라의 국회 의원 300명 중 253명인 지역구 의원은 단순 다수 대표제에 의해 선출되는데, 이와 같은 경우 선출된 의원을 지지한 사람보다 그렇지 않은 사람이 더 많을 수도 있기 때문이다. 더욱이 지역 선거구 간의 유권자 편차 등으로 인해 득표율과 의석 비율 간의 편차가 발생할 수 있기 때문에 원내 의석수가 유권자들의 정치적 선호를 제대로 반영하지 못할 수 있다. 이런 측면에서 각 정당이 얻은 득표율만을 고려하여 국고 보조금을 배분해야 한다는 주장이 있을 수도 있다. 이와 달리 소수 정당과 신생 정당에 국고 보조금을 지급하자는 최소 수혜자 원칙에 따른 배분 방식이 있을 수도 있다. 이는 새로운 이념이나 환경 문제 등 새로운 정치·사회적 쟁점을 내걸고 유권자의 지지를 확보하기 위해 노력하는 신생 정당이나 군소 정당에 일정 액수의 국고 보조금을 지급하자는 것이다.

독해 포인트 이 글은 현대 대의 민주주의 제도에서 각 정당에 지급되는 국고 보조금에 대해 설명하고 있다. 현대 대의 민주주의 제도에서 정당은 민주 정치를 구현하는 데 필수적이다. 따라서 우리 헌법에서는 정당의 자유로운 설립과 운영을 보장하고 있으며 정당에 필요한 자금을 국고 보조금의 형식으로 지원하고 있다. 국고 보조금은 경상 보조금과 선거 보조금으로 나뉘며, 2021년 기준 각각 462억 원씩 책정되었다. 현재 우리나라의 국고 보조금은 국회 의원 의석수와 득표율 등에 따라 차등 지급되고 있는데, 국고 보조금의 지급 방법에 대해서는 여러 의견이 존재한다.

주제 정당 정치와 국고 보조금 제도

1회 아리스타르코스의 계산

1회

EBS 수능특강 **독서 289쪽**

독해 포인트 이 글은 고대 그리스 천문학자 아리스타르코스가 지구와 태양의 크기와 거리를 계산했던 과정을 설명하고 있다. 아리스타르코스는 하늘에 반달이 떴을 때 지구와 달과 태양의 위치 관계, 달과 태양의 시각(視角), 월식 때 달이 지구의 그림자에 가려지는 시간 등을 활용해 달과 태양의 크기, 그리고 지구로부터 달과 태양까지의 거리를 계산하였다. 그가 계산한 결과는 관측이 부정확하고 측정 기술도 부족했기 때문에 현재 우리가 알고 있는 것과 상당한 차이가 있지만, 18세기 전까지 그 계산법은 태양계의 크기를 추정할 수 있는 대표적인 방법이었다.

주 제 지구와 태양에 대한 아리스타르코스의 계산

고대 그리스의 천문학자 아리스타르코스는 하늘에 반달이 떴을 때 지구와 달과 태양의 위치 관계, 그리고 달과 태양의 시각(視角) 등을 활용해 지구로부터 달까지의 거리와 지구로부터 태양까지의 거리를 계산하였다. 지구상의 관찰자가 하늘에서 반달을 볼 수 있다는 것은 지구상의 관찰자와 달, 그리고 태양이 이루는 각이 90°임을 의미한다. 그래서 지구상의 관찰자가 반달을 보고 있는 순간의 지구를 E, 달을 M, 태양을 S라 하면, 이 세 점을 잇는 삼각형은 직각 삼각형이고 각 EMS는 90°가 된다. 아리스타르코스의 관측에 따르면 이 직각 삼각형의 각 MES는 약 87°였으며, 선분 길이의 비 $\overline{ES}:\overline{EM}$은 약 19:1이었다. 아리스타르코스는 이를 바탕으로 지구로부터 태양까지의 거리가 지구로부터 달까지의 거리의 약 19배라고 추정* 하였다.

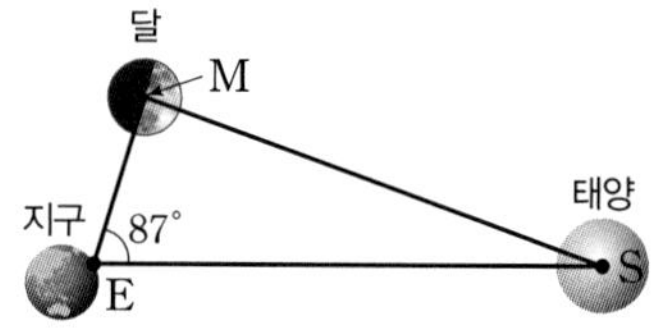

(이: $\overline{ES}:\overline{EM}$이 약 19:1이라는 것)

▶ 반달을 활용한 달과 태양까지의 거리의 비 계산

다음으로 아리스타르코스는 지구에서 바라본 달의 크기와 태양의 크기가 거의 같다는 데 주목하였다. 물체의 양쪽 끝으로부터 눈에 이르는 두 직선이 이루는 각을 시각이라 하는데, 지구에서 바라본 달의 크기와 태양의 크기가 같으면 그 시각도 같은 것이다. 지구에서 바라본 달과 태양의 시각이 같다는 것은 지구상의 관찰자의 위치를 꼭짓점*으로 하고 달과 태양의 지름을 밑변으로 하는 두 이등변 삼각형이 닮은꼴*임을 의미한다. 그렇다면 지구로부터 태양까지의 거리와 지구로부터 달까지의 거리의 비는 태양의 지름과 달의 지름의 비와 같다고 볼 수 있다. 따라서 아리스타르코스는 태양의 지름이 달의 지름의 약 19배가 된다고 하였다.

(지구에서 바라본 달과 태양의 시각: 아리스타르코스는 둘 다 약 1/2°로 알고 있었음.)
(지구로부터 태양까지의 거리: 태양의 지름을 밑변으로 하는 이등변 삼각형의 꼭짓점에서 밑변에 수직으로 내린 선분의 길이)
(지구로부터 달까지의 거리: 달의 지름을 밑변으로 하는 이등변 삼각형의 꼭짓점에서 밑변에 수직으로 내린 선분의 길이)
(태양의 지름과 달의 지름의 비와 같다고 볼 수 있다: 두 이등변 삼각형이 닮은꼴이기 때문)

▶ 시각을 활용한 달과 태양의 지름의 비 계산

아리스타르코스는 월식(月蝕)* 때 달이 지구의 그림자에 처음 가려지기 시작한 뒤부터 달이 지구의 그림자 속으로 완전히 들어가기까지의 시간과 달이 지구의 그림자 속으로 완전히 들어간 뒤부터 달이 다시 보이기 시작할 때까지의 시간을 측정하였다. 그 결과 월식 때 달이 지구의 그림자 속으로 완전히 들어가기까지의 시간과 달이 지구의 그림자 속에서 전혀 보이지 않는 시간이 거의 같다는 것을 발견하였다. 이를 바탕으로 그는 월식 때 달을 가리는 지구 그림자의 지름이 달의 지름의 약 2배라는 결론을 내리게 되었다.

(달이 지구의 그림자에 처음 가려지기 시작한 뒤부터 달이 지구의 그림자 속으로 완전히 들어가기까지의 시간: 월식이 시작될 때부터 개기 월식이 시작될 때까지의 시간)
(달이 지구의 그림자 속으로 완전히 들어간 뒤부터 달이 다시 보이기 시작할 때까지의 시간: 개기 월식이 진행되는 시간)
(이: 월식 때 달이 지구의 그림자 속으로 완전히 들어가기까지의 시간과 달이 지구의 그림자 속에서 전혀 보이지 않는 시간이 거의 같다는 것)

▶ 월식을 활용한 달과 지구 그림자의 지름의 비 계산

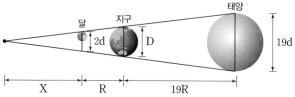

태양
달
지구
2d
D
19d
X
R
19R

위의 그림은 월식 때 달이 지구의 그림자 속에 완전히 들어가기 시작한 순간 달, 지구, 태양의 크기와 위치를 나타내고 있다. 달의 지름을 d, 지구의 지름을 D, 지구로부터 달까지의 거리를 R라고 하자. 그러면 앞에서 아리스타르코스가 계산한 결과에 따라 월식 때 달을 가리는 지구 그림자의 지름은 2d, 태양의 지름은 19d, 그리고 지

태양의 지름과 달의 지름의 비, 그리고 지구로부터 태양까지의 거리와 지구로부터 달까지의 거리의 비가 19:1이라는 것

구로부터 태양까지의 거리는 19R가 된다. 이 그림은 바로 밑변의 길이가 각각 2d, D, 19d이고, 그 높이가 각각 X, X+R, X+20R인 세 닮은 삼각형을 보여 준다. 여기에서 가장 작은 삼각형과 가장 큰 삼각형에 대한 비례식*

X : 2d = (X+20R) : 19d

을 계산해 보면, X=40R/17임을 알 수 있다. 그리고 가장 작은 삼각형과 중간 크기의 삼각형에 대한 비례식에

X : 2d = (X+R) : D

X=40R/17를 대입해 보면, d=20D/57임을 알 수 있다. 이러한 계산을 통해 아리스타르코스는 달의 지름이 지구 지름의 약 0.35배이고, 태양의 지름이 지구 지름의 약 6.67배라는 계산을 할 수 있었다.

20/57 / 20/57×19

▶ 지구 지름과 비교하여 계산한 달과 태양의 지름

아리스타르코스는 지구에서 바라본 달의 시각과 태양의 시각을 약 1/2°로 알고 있었다. 그리고 이를 바탕으로

달의 시각과 태양의 시각이 둘 다 약 1/2°라는 것

지구로부터 달, 그리고 지구로부터 태양까지의 거리를 계산할 수 있었다. 지구를 중심으로 360° 회전하는 달과 태양의 궤적*을 각각 하나의 원이라고 볼 때, 달과 태양은 각각의 궤적에 해당하는 원에 720개씩 놓일 수 있다.

달과 태양의 시각이 만약 1°였다면, 달과 태양은 각각의 궤적에 해당하는 원에 360개씩 놓일 수 있음.

이에 따르면 지구로부터 달까지의 거리는 그 둘레가 달 지름의 720배가 되는 원의 반지름이 된다. 이를 원의 둘레를 구하는 공식에 적용해 보면, 지구로부터 달까지의 거리 R는 720d/2π가 된다. 여기에 d=20D/57를 대입해

2πR = 720d

보면, 지구로부터 달까지의 거리를 지구 지름의 상대적인 값으로 계산할 수 있다. 아리스타르코스는 이와 같은 방식으로 지구로부터 달까지의 거리가 지구 지름의 약 40배에 해당한다고 보았다. 그리고 여기에 달과 태양 간

720/2π×20D/57 / 720/2π×20D/57×19

거리의 비를 적용하여 지구로부터 태양까지의 거리가 지구 지름의 약 764배에 해당한다고 보았다.

▶ 지구 지름과 비교하여 계산한 지구로부터 달과 태양까지의 거리

아리스타르코스가 계산한 달과 태양의 크기, 그리고 지구로부터 달과 태양까지의 거리는 현재 우리가 알고 있는 것과 상당한 차이가 있다. 달의 지름은 지구 지름의 약 0.25배, 지구로부터 달까지의 거리는 지구 지름의 약 30배, 태양의 지름은 지구 지름의 약 109배, 지구로부터 태양까지의 거리는 지구 지름의 약 12,000배에 해당한다. 이 오차*는 관측의 부정확과 측정 기술의 부족에서 비롯된 것이었다. 이러한 한계에도 불구하고 기하학*적 원리를 활용한 아리스타르코스의 계산법은 18세기에 금성이 태양 표면을 통과하는 현상을 이용해 더 정확한 결

제롬 랄랑드는 1761년과 1769년 관측 자료를 종합하여 태양과 지구 사이의 거리를 1억 5천 3백만 킬로미터로 계산하였음.

과를 얻기 전까지 태양계의 크기를 추정할 수 있는 대표적인 방법이었다.

▶ 아리스타르코스가 했던 계산의 한계와 의의

어휘!
이것만은
꼭 익히자

- **추정(推定)**: 미루어 생각하여 판정함.
- **꼭짓점(點)**: 각을 이루고 있는 두 변이 만나는 점.
- **닮은꼴**: 크기만 다르고 모양이 같은 둘 이상의 도형.
- **월식(月蝕)**: 달이 지구의 그림자에 가려 일부나 전부가 가려짐. 또는 그런 현상.
- **비례식(比例式)**: 두 개의 비가 같음을 나타내는 식. a : b=c : d 따위가 있음.
- **궤적(軌跡)**: 수레바퀴가 지나간 자국이라는 뜻으로, 물체가 움직이면서 남긴 움직임을 알 수 있는 자국이나 자취를 이르는 말.
- **오차(誤差)**: 실지로 셈하거나 측정한 값과 이론적으로 정확한 값과의 차이.
- **기하학(幾何學)**: 도형 및 공간의 성질에 대하여 연구하는 학문.

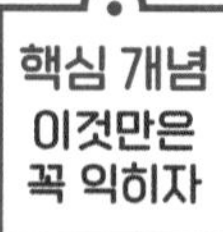

월식

- 월식은 달이 지구의 그림자에 가려지는 현상으로 태양, 지구, 달의 위치로 배열되어 있을 때 발생한다.
- 지구의 그림자에 의하여 달의 일부분이 가려져 보이는 현상을 부분 월식이라 하고, 지구의 그림자에 의하여 달이 완전히 가려져 어둡게 보이는 현상을 개기 월식이라고 한다.
- 아리스타르코스는 월식 때 달이 지구의 그림자 속으로 완전히 들어가기까지의 시간과 달이 지구의 그림자 속에서 전혀 보이지 않는 시간이 거의 같다는 것을 바탕으로 달과 지구의 지름을 계산하였다.

지구에서 바라본 달과 태양의 시각

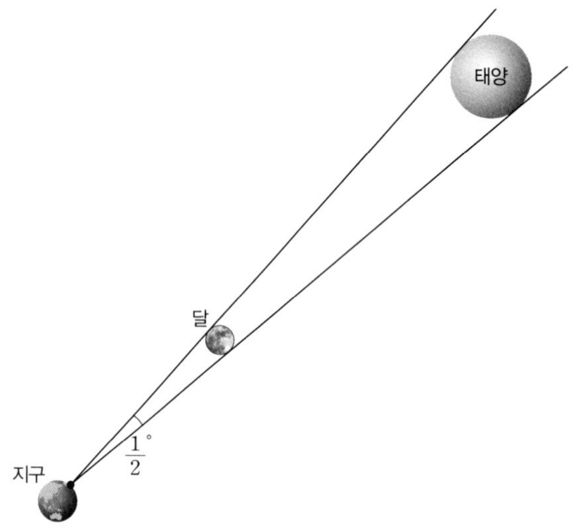

- 아리스타르코스는 지구에서 바라본 달의 시각과 태양의 시각이 같으며, 둘 다 약 1/2°로 알고 있었다.
- 아리스타르코스는 이를 바탕으로 지구로부터 달, 그리고 지구로부터 태양까지의 거리를 계산하였다.

■ **아리스타르코스(B.C. 310 ~ B.C. 230)**

그리스의 천문학자로 코페르니쿠스보다 18세기 전에 지구의 자전과 지구가 태양 주위를 돈다는 태양 중심의 지동설을 주장한 것으로 알려져 있다. 이에 대한 그의 저작은 지금 존재하지 않지만, 아르키메데스와 플루타르코스의 책에 그의 지동설 주장과 관련된 기록이 남아 있다. 그가 남긴 유일한 논문은 「태양과 달의 크기와 거리에 관하여」이다. 이 논문에서 그는 지구의 지름과 비교하는 방식으로 달과 태양의 지름, 그리고 지구로부터 달과 태양까지의 거리를 계산하였다.

선생님의 만점 구조도

포인트 ❶ **달과 태양의 크기**

지구 E, 달 M, 태양 S가 직각 삼각형을 이룰 때의 각 MES = 약 87°

↓

$\overline{ES}$: $\overline{EM}$ = 약 ❶ [　　　]

↓

지구에서 바라본 달의 시각 = 지구에서 바라본 태양의 시각

↓

태양의 지름 : 달의 지름 = 약 ❷ [　　　]

↓

월식 때 달을 가리는 지구 그림자의 지름, 지구의 지름, 태양의 지름을 밑변으로 하는 세 닮은 삼각형의 비례식 계산

↓

달의 지름 = 지구 지름의 약 ❸ [　　　] 배

태양의 지름 = 지구 지름의 약 ❹ [　　　] 배

정답 ❶ 19:1 ❷ 19:1 ❸ 0.35 ❹ 6.67

포인트 ❷ **지구로부터 달과 태양까지의 거리** 문항 16 관련

지구에서 바라본 달의 시각 = 지구에서 바라본 태양의 시각 = 약 ❶ [　　　]

↓

지구로부터 달까지의 거리 = 그 둘레가 달 지름의 720배가 되는 원의 반지름

↓

지구로부터 달까지의 거리 = ❷ [　　　] /2π

↓

d = 20D/57를 대입하면, 지구로부터 달까지의 거리 = 지구 지름의 약 ❸ [　　　] 배

↓

달과 태양 간 거리의 비를 적용하면, 지구로부터 태양까지의 거리

= 지구 지름의 약 ❹ [　　　] 배

정답 ❶ 1/2° ❷ 720d ❸ 40 ❹ 764

독서 읽기 1

케플러와 지구의 타원 궤도 운동

케플러가 살던 시대에는 아직 많은 자연의 영역에서 수학적 법칙이 제대로 수립되지 않았었다. 자연법칙의 존재에 대한 케플러의 믿음이 얼마나 컸던지 그는 수십 년을 누구의 지지도 없이 행성 운동에 대한 수학적 법칙을 찾아내는 데 바쳤다. 그는 코페르니쿠스의 태양 중심설을 선구적으로 받아들이고 튀코 브라헤의 관측치를 토대로 행성의 운동에 관한 법칙을 수립하였다. 이후 뉴턴의 만유인력의 발견은 그의 행성 운동 법칙이 있었기에 가능했다.

코페르니쿠스는 항성과 행성의 겉보기 운동*을 파악하는 가장 좋은 방법이 태양과 항성들을 정지한 것으로 상정하고, 자전하는 지구가 다른 행성처럼 태양 주위를 도는 것으로 간주하는 것임을 당대 소수의 지식인에게 인식시켰다. 당시에 튀코 브라헤는 관측을 통해 행성의 운동에 대한 정밀한 데이터를 충분히 확보하였고 케플러는 이 데이터를 토대로 가까스로 행성 궤도를 발견할 수 있었다. 태양 주위에서 행성들의 운동 경로를 확정하려는 케플러에게 극복할 수 없을 것 같은 난제는 태양 주위를 도는 지구에서 행성이 어느 때에 어떤 방향에 보일 것인지만 알 수 있을 뿐 실제로 어느 위치에 있는지 알 수 없다는 점이었다. 케플러는 먼저 지구 자체의 운동에 대해 알아내야 했지만 이것은 태양, 지구, 항성들만 있을 때에는 불가능했을 것이다. 고정된 항성들을 기준으로 하여 태양과 지구의 연결선이 항상 고정된 평면에 놓여 있다는 것을 케플러는 쉽게 알 수 있었다. 또한 항성들에 대한 태양의 겉보기 운동의 각속도는 1년을 주기로 규칙적으로 바뀌는 것이 알려져 있었다. 그러나 지구에서 태양까지의 거리가 1년 동안 어떻게 바뀌는지는 알려져 있지 않았기 때문에 이것은 별로 유용하지 않았다. 지구에서 태양까지의 거리 변화를 알아야만 지구 궤도의 실제 모양과 지구가 태양을 어떤 식으로 도는지를 알 수 있었다.

케플러는 마침내 이 문제를 푸는 방법을 발견했다. 케플러는 태양의 관측 데이터로부터 항성을 배경으로 한 태양의 겉보기 경로에서 태양의 각속도는 바뀌지만 1년을 주기로 같아진다는 것을 확인했다. 그러므로 지구의 궤도는 닫혀 있고 매년 같은 방식으로 그려지는 것으로 가정하는 것이 타당했다. 이러한 가정에서 지구 궤도의 모양을 확인할 아이디어가 도출되었다. 지구의 공전 궤도면의 어딘가에서 밝게 빛나는 랜턴 M을 상정한다. 그 점은 지구에서 1년 중 어느 때든지 볼 수 있는 점이다. 이 랜턴 M은 지구보다 태양에서 멀리 떨어져 있다고 가정하자. 먼저 지구 E가 태양 S와 랜턴 M을 연결하는 선에 정확하게 놓이는 순간이 종종 돌아온다. 이 순간에 지구 E로부터 랜턴 M을 바라본다면 우리의 시선은 직선 SM과 일치할 것이다. 만약 지구가 다른 때에 다른 위치에 온다면 지구에서 태양 S와 랜턴 M이 둘 다 보일 것이고 삼각형 SEM에서 우리는 각 E의 크기를 잴 수 있다. 우리는 또한 관측 데이터로부터 항성을 기준으로 할 때 직선 SE의 방향과 직선 SM의 방향을 알고 있다. 삼각형 SEM에서 우리는 또한 각 S를 알고 있다. 그러므로 종이 위에 임의로 그린 밑변 SM 위에 우리는 각 E와 각 S에 대한 지식을 바탕으로 삼각형 SEM을 그릴 수 있다. 이로써 지구의 궤도는 관측 데이터를 통해 확정될 것이다. 물론 아직 그것의 절대적인 크기는 알지 못한다. 그렇다면 케플러는 랜턴 M을 어디에서 구했을까? 케플러가 주목한 것은 화성이었다. 당시에 화성의 공전 주기가 알려져 있었고 케플러는 지구와 화성과 태양이 거의 일직선에 오는 일이 자주 발생한다는 것을 알고 있었다. 화성 M은 화성의 공전 궤도에서 매 화성년마다 같은 자리로 돌아온다. 그러므로 그때마다 SM은 고정된 밑변이고 지구 E는 매번 지구의 공전 궤도의 다른 지점에 있게 된다. 그러므로 이 순간마다 태양과 화성을 관측하는 것은 지구의 진짜 궤도를 파악하는 수단이 되고 그때 화성은 가상적인 랜턴의 역할을 한다. 케플러는 이러한 사고를 통해 지구 궤도의 모양이 타원임과 지구가 궤도를 그리는 방식을 발견할 수 있었다.

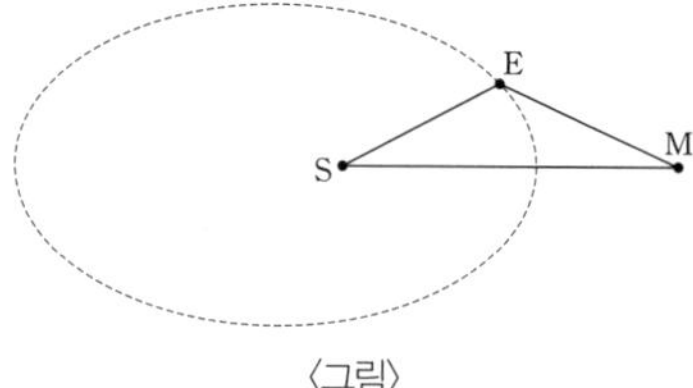

〈그림〉

이렇게 케플러가 지구의 궤도를 알게 되자 튀코 브라헤의 관측 데이터를 통해 나머지 행성들의 궤도와 위치를 계산하는 것은 원리상 간단했다. 그럼에도 불구하고 당시의 수학의 상태를 고려할 때 그것은 힘든 작업이었다. 이러한 계산 작업으로부터 우리에게 친숙한 케플러의 세 가지 행성 운동 법칙이 발견되었다. 즉 케플러는 행성이 타원 궤도를 그리고, 특정한 행성과 태양을 연결하는 선이 단위 시간마다 휩쓸고 지나가는 면적은 같으며, 행성이 그리는 타원의 장축의 세제곱에 행성의 공전 주기의 제곱이 비례한다는 사실을 발견할 수 있었다.

* **겉보기 운동**: 운동하는 관찰자에게 보이는 천체의 상대적인 운동.

독해 포인트 케플러는 자연의 영역에서 수학적 법칙이 제대로 수립되지 못했던 시대에 코페르니쿠스의 태양 중심설을 받아들이고 튀코 브라헤의 관측치를 토대로 행성 운동 법칙을 수립하였다. 케플러는 지구가 공전하는 궤도면에 고정된 랜턴을 확보한다면 지구의 공전 궤도 운동을 밝힐 수 있음을 알았고 화성이 그 역할을 하게 함으로써 목적을 달성할 수 있었다. 케플러는 지구의 공전 궤도 운동을 밝혀낸 다음 확보된 관측 데이터로부터 계산을 통해 세 가지 행성 운동 법칙을 발견할 수 있었다.

주제 케플러가 지구의 타원 궤도 운동을 밝혀낸 과정과 그 발견의 의의

2회 어휘 지식과 독해의 관계

2회

EBS 수능특강 **독서 295쪽**

독해 포인트 이 글은 어휘 지식과 독해 사이의 상관관계에 대한 대표적인 가설인 어휘 질적 수준 가설, 도구 가설, 적성 가설, 지식 가설 등의 입장을 설명하고 있다. 어휘 질적 수준 가설에서는 단어 표상 능력에서 우수한 독해 능력이 비롯된다고 보며, 도구 가설에서는 독해에 필요한 어휘를 많이 알고 있을수록 독해를 잘할 수 있다고 본다. 그리고 적성 가설에서는 탁월한 언어 적성이, 지식 가설에서는 배경지식이 어휘가 독해에 영향을 미치는 데 작용한다고 본다.

주 제 어휘 지식과 독해의 상관관계에 대한 여러 가설의 입장

글을 읽는 과정은 문자들을 하나씩 이해하는 데서 시작하며, 어휘 하나를 이해하고, 다음 어휘를 이해하여 문장 전체를 이해하는 것의 반복이 텍스트 이해라고 할 수 있다(텍스트 이해의 과정). 이는 글을 읽을 때 모르는 어휘를 많이 접하게 되면 독해가 원활하게 이루어지기 어렵다고(어휘에 주목해 텍스트 이해를 설명하는 관점의 전제) 보는 관점을 전제*하고 있다. 많은 연구에서 어휘 지식과 독해 사이에 높은 상관성*이 있다는 것을 지속적으로 밝혀 왔다. 어휘 지식은 '어휘 폭'과 '어휘 깊이'의 두 차원으로 구분된다. 어휘 폭은 얼마나 많은 어휘를 알고 있는지를(어휘 폭의 개념) 의미하며, 어휘 깊이는 어떤 단어에 대하여 부분적 지식만을 갖추고 있는지 혹은 세부적인 지식을 많이 갖추고 있는지를(어휘 깊이의 개념) 의미한다. 이러한 어휘 지식이 어떻게 독해에 도움이 되는가를 이해하는 것은 독해 능력의 향상을 위해 무엇에 주의를 기울여야 하는지를 알려 준다(어휘 지식과 독해의 관계가 독해 능력의 향상에 시사하는 점).

▶ 어휘 지식과 독해의 관계

어휘 지식과 독해의 상관관계에 대한 대표적인 가설로는 어휘 질적 수준 가설, 도구 가설, 적성 가설, 지식 가설 등이 있다. 어휘 질적 수준 가설에서는 우수한 독해 능력이 단어 표상 능력에서 기인*한다고(어휘 질적 수준 가설의 입장) 본다. 독자가 단어들 각각에 대한 철자, 음운, 형태, 통사* 지식을 질적으로 얼마나 잘 갖추었는지가 독해에 직접적인 영향을 준다는(어휘 질적 수준 가설의 내용) 것이다. 가령 철자에 대한 지식이 부족하여 단어 표상 능력이 떨어지는 독자는 '사람', '사랑'과 같이 철자가 유사한 단어의 뜻을 혼동할 수 있다. 불완전한 어휘적 표상은 글의 내용을 추론하고 새로운 정보를 통합하는 데 맥락에 부합하지 않는 의미를 활성화하여 독해에 어려움을 초래*할 수 있다(불완전한 어휘적 표상이 독해에 미치는 부정적 영향). 도구 가설에서는 작업을 할 때 적절한 도구를 많이 가지고 있으면 능률이 오르는 것처럼 독해에 도움이 되는 적절한 어휘를 많이 알고 있을수록 독해를 잘할 수 있다고(도구 가설의 입장) 본다. 어휘의 여러 자질에 대한 지식의 수준을 고려하는 어휘 질적 수준 가설과 달리, 도구 가설은 독해에 도움이 되는 어휘의 양을 중심으로 어휘와 독해의 관계를 설명한다(어휘 질적 수준 가설과 도구 가설의 차이점). 어휘를 많이 익히면 인과적으로 독해 능력이 향상된다고 제시하는 것이다.

▶ 어휘 질적 수준 가설과 도구 가설의 입장

적성 가설에서는 어휘력이 높다는 것을 언어에 대한 적성, 즉 언어를 잘 배우고 다룰 수 있는 소질이 뛰어난 것으로 설명한다(어휘력과 언어에 대한 적성의 관계에 대한 적성 가설의 설명). 이 가설에 따르면, 탁월한 언어 적성을 가진 사람일수록 어휘를 잘 학습할 수 있기 때문에 독해에 능숙하다(적성 가설의 입장). 이는 어휘가 독해에 미치는 영향이 직접적이지 않고 언어 적성에 따라 다르게 나타난다는 것이다(어휘가 독해에 미치는 영향에 대한 적성 가설의 입장). 즉 어휘가 독해에 미치는 영향이 간접적이라고 보는 입장이다. 이 입장에서는 언어 지능 지수가 언어 적성을 나타낼 수 있으며, 언어 지능 지수가 높은 독자가 낮은 독자보다 어휘를 더 풍부하게 알고 있는 경향이 있다고 제시한다. 실제로 언어 지능 지수와 어휘는 상관관계가 매우 높기 때문에(어휘 표준화 검사를 통해 언어 지능 지수를 파악할 수 있는 이유) 읽기 연구에서는 종종 일반적인 언어 지능 지수 검사를 대신하여 어휘 표준화 검사가 사용된다. 지식 가설에서도 어휘와 독해의 영향 관계를 간접적(적성 가설과 지식 가설의 공통점)

인 것으로 설명한다. 이 입장에서는 어휘력이 높다는 것을 배경지식을 많이 갖고 있다는 것으로 설명한다. 어휘와 독해 사이에 배경지식을 상정하여 그 영향 관계를 설명하는 것이다. 이 입장에서는 넓고 깊은 배경지식이 스키마*로 작용하여 독해를 잘할 수 있게 한다고 본다. 실제로 종종 한 영역에 관한 어휘력을 측정함으로써 해당 영역에 대한 개인의 배경지식 수준을 확인할 수 있는데, 이것은 지식 가설을 뒷받침한다.

지식 가설의 입장

지식 가설에서 설명하는, 배경지식이 독해에 미치는 영향

▶ 적성 가설과 지식 가설의 입장

어휘! 이것만은 꼭 익히자

- **전제(前提)**: 어떠한 사물이나 현상을 이루기 위하여 먼저 내세우는 것.
- **상관성(相關性)**: 두 가지 사건이나 사물 사이에 서로 관계되는 성질이나 특성.
- **기인(起因)**: 어떠한 것에 원인을 둠.
- **통사(統辭)**: 생각이나 감정을 말과 글로 표현할 때 완결된 내용을 나타내는 최소의 단위.
- **초래(招來)**: 일의 결과로서 어떤 현상을 생겨나게 함.
- **스키마(schema)**: 외부의 환경에 적응하도록 환경을 조작하는 감각적 · 행동적 · 인지적 지식과 기술을 통틀어 이르는 말.

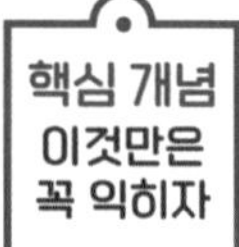

어휘에 주목해 텍스트 이해를 설명하는 관점의 전제

텍스트 이해는 어휘 하나를 이해하고 다음 어휘를 이해하여 문장 전체를 이해하는 것의 반복이다. 이와 같이 텍스트 이해를 설명하는 입장에는 글을 읽을 때 모르는 어휘를 많이 접하게 되면 독해가 원활하게 이루어지기 어렵다는 관점이 전제되어 있다.

어휘 지식의 두 유형

어휘 지식은 '어휘 폭'과 '어휘 깊이'의 두 가지 유형으로 구분될 수 있다.

- **어휘 폭**: 얼마나 많은 어휘를 알고 있는지를 의미한다. 알고 있는 어휘의 양을 의미한다고 볼 수 있다.
- **어휘 깊이**: 어떤 단어에 대하여 부분적 지식만을 갖추고 있는지 혹은 세부적인 지식을 많이 갖추고 있는지를 의미한다.

■ **언어적 맥락을 활용한 단어 학습**

언어적 맥락이란 언어 활동을 둘러싼 명시적 혹은 암시적인 모든 구어적·문어적 자료를 말한다. 이러한 언어적 맥락 속에서 이루어지는 자료와의 상호 작용은 새로운 단어를 학습할 수 있게 해 준다. 가령 어린 아동은 종종 성인과 대화하는 데 참여하여 대화를 통해 제시되는 단어들을 학습한다. 성인의 말을 통해 제공되는 모르는 단어의 의미를 추론함으로써 새로운 단어를 습득하게 된다. 그리고 아동이 읽기 능력을 가지게 되면 읽기가 새로운 어휘를 학습하는 주요 수단이 된다. 모르는 단어를 일부 포함한 글을 읽음으로써 어휘를 학습할 확률을 연구한 결과에 따르면, 아동은 글에서 접하는 새로운 단어의 11~22% 정도를 학습한다. 글을 통해 단어를 학습하는 것은 능숙한 독자일수록 빠르게 일어난다. 매우 능숙한 독자는 미숙한 독자보다 두 배 이상 많은 단어를 배운다.

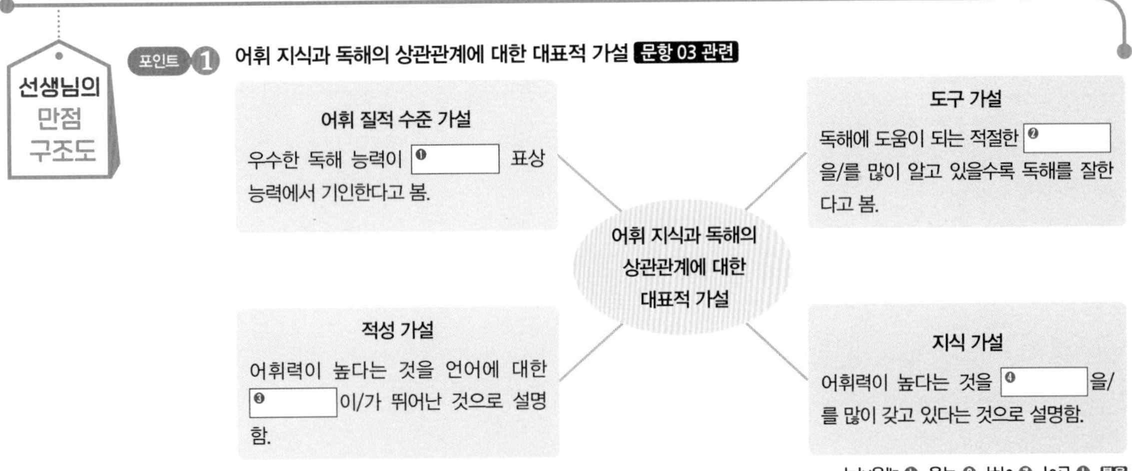

선생님의
만점
구조도
포인트 1 어휘 지식과 독해의 상관관계에 대한 대표적 가설 문항 03 관련
어휘 질적 수준 가설
우수한 독해 능력이 ❶ 표상 능력에서 기인한다고 봄.
도구 가설
독해에 도움이 되는 적절한 ❷ 을/를 많이 알고 있을수록 독해를 잘한다고 봄.
어휘 지식과 독해의 상관관계에 대한 대표적 가설
적성 가설
어휘력이 높다는 것을 언어에 대한 ❸ 이/가 뛰어난 것으로 설명함.
지식 가설
어휘력이 높다는 것을 ❹ 을/를 많이 갖고 있다는 것으로 설명함.
정답 ❶ 단어 ❷ 어휘 ❸ 적성 ❹ 배경지식

포인트 2 **어휘가 독해에 미치는 영향에 대한 입장 차이**

직접적인 영향을 미친다고 보는 입장		간접적인 영향을 미친다고 보는 입장
• ❶ 가설: 단어들 각각에 대한 철자, 음운, 형태, 통사 지식을 질적으로 얼마나 잘 갖추었는지가 독해에 직접적 영향을 미친다고 봄. • ❷ 가설: 어휘를 아는지가 독해에 직접적 영향을 미치므로 어휘를 많이 익히면 인과적으로 독해 능력이 향상된다고 제시함.	↔	• ❸ 가설: 탁월한 언어 적성을 가진 사람일수록 어휘를 잘 학습할 수 있기 때문에 어휘가 독해에 미치는 영향이 언어 적성에 따라 다르게 나타난다고 봄. • ❹ 가설: 어휘력이 높은 것을 배경지식을 많이 갖고 있는 것으로 보고 어휘와 독해 사이에 배경지식을 상정하여 그 영향 관계를 설명함.

정답 ❶ 어휘 질적 수준 ❷ 도구 ❸ 적성 ❹ 지식

읽기 능력과 매튜 효과

글을 읽으려면 글자 읽기, 요약, 추론 등의 읽기 기능, 어휘력, 읽기 흥미나 동기 등이 필요하다. 글 읽는 능력이 발달하려면 읽기에 필요한 이러한 요소를 잘 갖추어야 한다.

읽기 요소들 중 어휘력 발달에 관한 연구들에서는, 학년이 올라감에 따라 어휘력이 높은 학생들과 어휘력이 낮은 학생들 간의 어휘력 격차가 점점 더 커짐이 보고되었다. 여기서 어휘력 격차는 읽기의 양과 관련된다. 즉 어휘력이 높으면 이를 바탕으로 점점 더 많이 읽게 되고, 많이 읽을수록 글 속의 어휘를 습득할 기회가 많아지며, 이것이 다시 어휘력을 높인다는 것이다. 반대로, 어휘력이 부족하면 읽는 양도 적어지고 어휘 습득의 기회도 줄어 다시 어휘력이 상대적으로 부족하게 됨으로써, 나중에는 커져 버린 격차를 극복하는 데에 많은 노력이 필요하게 된다.

이렇게 읽기 요소를 잘 갖춘 독자는 점점 더 잘 읽게 되어 그렇지 않은 독자와의 차이가 갈수록 커지게 되는데, 이를 매튜 효과로 설명하기도 한다. 매튜 효과란 사회적 명성이나 물질적 자산이 많을수록 그로 인해 더 많이 가지게 되고, 그 결과 그렇지 않은 사람과의 차이가 점점 커지는 현상을 일컫는다. 이는 주로 사회학에서 사용되었으나 읽기에도 적용된다.

그러나 글 읽는 능력을 매튜 효과로만 설명하는 데에는 문제가 있다. 우선, 읽기와 관련된 요소들에서 매튜 효과가 항상 나타나는 것은 아니다. 인지나 정서의 발달은 개인마다 다르며, 한 개인 안에서도 그 속도는 시기마다 다르기 때문이다. 예컨대 읽기 흥미나 동기의 경우, 어릴 때는 상승 곡선을 그리며 발달하다가 어느 시기부터 떨어지기도 한다. 또한 읽기 요소들은 상호 간에 영향을 미쳐 매튜 효과와 다른 결과를 낳기도 한다. 가령 읽기 기능이 부족한 독자라 하더라도 읽기 흥미나 동기가 높은 경우 이것이 읽기 기능의 발달을 견인할 수 있다.

그럼에도 불구하고 읽기를 매튜 효과로 설명하는 연구는 단순히 지능의 차이에 따라 글 읽는 능력이 달라진다고 보던 관점에서 벗어나, 읽기 요소들이 글을 잘 읽도록 하는 중요한 동력임을 인식하게 하는 계기가 되었다.

독해 포인트 이 글은 개인별 읽기 능력의 차이를 사회학적 개념인 매튜 효과와 연결하여 설명하고 있다. 어휘력 발달에 대한 연구들에서는 학년이 올라감에 따라 어휘력 격차가 점차 커진다고 보았는데, 이는 어휘력 격차가 읽기의 양에 영향을 미치고, 읽기의 양 때문에 어휘력 격차가 더욱 커지기 때문이다. 이러한 분석은 사회적 명성과 물질적 자산을 가진 사람과 그렇지 않은 사람과의 차이가 점점 더 커지는 현상인 매튜 효과와 유사한 점이 있다. 읽기에는 인지나 정서의 발달이 작용하므로 읽기 능력을 매튜 효과로만 설명하기는 어렵지만, 읽기를 매튜 효과와 관련하여 설명하는 것은 단순 지능의 차이로 읽기 능력의 차이가 생긴다고 보던 관점을 벗어나게 하였다는 점에서 의의가 있다.

주제 읽기 능력의 차이에 작용하는 여러 요인들과 매튜 효과

2회 국가의 중립성에 대한 상반된 입장

EBS 수능특강 **독서 298쪽**

독해 포인트 (가) 이 글은 다원주의 사회에서 국가가 어떤 특정한 종교나 가치관을 편파적으로 지원하거나 장려해서는 안 되며, 그 다양한 신념 체계에 대해 중립적이어야 한다는 자유주의자들의 입장을 설명하고 있다. 자유주의자들이 국가의 중립성을 정당화하는 방식을 상대주의나 회의주의에 호소하는 방식, 공리주의적 방식, 칸트적 자유주의의 방식, 정치적 자유주의의 방식 등의 네 가지로 구분하고 각각의 방식으로 어떻게 국가의 중립성이 정당화되는지를 설명하고 있다.

(나) 이 글은 국가가 중립적이어야 한다는 자유주의자들의 입장에 대한 공동체주의자들의 비판적 입장을 설명하고 있다. 공동체주의의 입장에서는 자치에 대한 참여가 필요하며 그 참여를 잘하기 위해서는 시민으로서의 자질 혹은 시민적인 덕을 갖추거나 습득해야 하는데 이를 위해 국가의 역할이 필요하다고 본다. 이와 같은 입장에서 공동체주의자들은 시민들의 좋은 삶을 장려하는 것이 정치 제도의 제일 미덕이기 때문에 국가의 중립성에 반대한다.

주 제 (가) 국가의 중립성을 정당화하는 자유주의자들의 입장
(나) 국가의 중립성에 반대하는 공동체주의자들의 입장

가 현대 사회는 사회 구성원들이 다양한 종교, 가치관, 세계관을 지니고 살아가는 다원주의*적 성격을 지니고 있다. '국가의 중립성'이란 다원주의 사회에서 국가가 어떤 특정한 종교나 가치관을 편파적*으로 지원하거나 장려해서는 안 되며, 그 다양한 신념 체계에 대해 중립적이어야 한다는 것이다.(국가의 중립성의 개념) 대부분의 자유주의자는 국가의 중립성을 자신들의 신조로 삼으며, 국가의 중립성을 토대로 종교의 자유, 집회 및 결사의 자유, 표현의 자유, 사생활의 비밀과 자유 등의 기본권이 보장된다(국가의 중립성과 기본권의 관계에 대한 자유주의자의 입장)고 주장한다. 이 입장에서는 어떤 삶이 가치 있는 삶인가는 국민 각자의 선택에 맡겨야 하며(자유주의 입장에서 국민의 자율성 존중을 위해 제시하는 요건), 그렇게 할 때만 국민 각자의 자율성이 존중될 수 있다고 본다.

▶ 국가의 중립성을 신조로 삼는 자유주의자들의 입장

자유주의자들이 국가의 중립성을 정당화하는 방식은 상대주의나 회의주의에 호소하는 방식, 공리주의적 방식, 칸트적 자유주의의 방식, 정치적 자유주의의 방식 등의 네 가지로 구분될 수 있다. 상대주의나 회의주의에 호소하는 자유주의자들은 어떤 세계관이나 가치관도 절대적으로 참이거나 거짓일 수 없다는 것 또는 그 타당성이 객관적으로 인식될 수 없다는 것(상대주의나 회의주의에 호소하는 자유주의자들이 국가의 중립성을 정당화하는 근거)을 정당화의 근거로 제시한다. 이 입장에서는 가치를 판단할 때 절대적으로 참이거나 거짓인 것은 없기 때문에 국가가 구성원 개개인의 가치관을 모두 똑같이 중립적으로 대우*해야 한다고 주장한다.(구성원 개개인의 가치관을 대우하는 국가의 태도에 대한 입장) 한편 공리주의적 방식에서는 국가가 국민이 특정한 삶의 방식을 받아들이게 만들면 장기적으로 사회 전체의 행복 총량이 줄어든다(공리주의적 방식에서 국가의 중립성을 정당화하는 근거)는 것을 정당화의 근거로 제시한다. 사람들이 때때로 잘못된 선택을 하더라도 스스로 삶의 방식을 자유롭게 선택하도록 하는 것이 사회 전체의 행복 총량을 늘어나게 한다(사회 전체의 행복 총량 증대를 위해 사람들의 삶의 방식 선택에 국가가 관여해서는 안 된다는 입장)고 보는 것이다. 그런데 이러한 입장은 인간을 사회 전체의 행복을 위한 수단으로 처우*해 권리를 침해할 우려가 있어 인간 고유의 존엄성을 보장하는 데 한계가 있을 수 있다.(공리주의적 방식의 한계)

▶ 국가의 중립성을 정당화하는 상대주의나 회의주의에 호소하는 방식과 공리주의적 방식

'옳음'과 '좋음', '정의'와 '선'을 구분하는 칸트적 자유주의자들은 국가의 중립성을 정당화하는 근거로 특정한 가치관을 장려하거나 지원하는 것보다 옳음과 정의를 보장*하는 것이 우선되어야 한다는 원리(칸트적 자유주의자들이 국가의 중립성을 정당화하는 근거)를 제시한다. 이 원리에 따르면, 국가는 그 구성원들이 개별적으로 삶의 목적을 추구하는 일을 지원하는 것보다 그들에게 개인 권리의 공정한 체계를 보장하는 일을 우선시해야 한다.(개인 권리의 공정한 체계를 보장하는 일을 우선시하는 칸트적 자유주의자들의 입장) 즉 개인의 권리가 사회 전체의 선을 위해 희생될 수 없다. 그런데 칸트적 자유주의자들의 입장에 대해서 개인은 사회에 속해 있기 때문에 개인의 자유는 사회가 있어 가능한 것인데 개인의 자아를 사회와 유리*된 자아로 인식한다는 비판이 가능하다.(개인의 권리가 사회 전체를 위해 희생될 수 없다는 칸트적 자유주의자들의 입장에 대한 비판) 이러한 비판과 관련하여, 다

원적인 사회에서 신념 체계가 다른 사람들과의 갈등을 해결하며 평화롭게 살아가기 위해서 정치적 영역에 한해 자유주의적 원리를 채택해 상호 존중과 관용의 태도를 중시해야 한다고 주장하는 입장이 있다. 이러한 입장을 '정치적 자유주의'라고 한다. 이 입장을 대표하는 롤스는 시민의 자율성이 윤리적 차원이 아니라 정치적 차원의 것이므로 자유주의가 옹호*되는 것은 정치적인 차원에서이지, 철학적이거나 형이상학적인 차원에서가 아니라고 말한다. 이와 같이 자유주의적 원리를 정치적 영역에 한정해 적용하는 입장은 정치적 자유주의가 칸트적 자유주의와 구별됨을 보여 준다.

정치적 자유주의의 입장

정치적인 차원에 국한해 자유주의적 원리를 옹호하는 롤스의 입장

▶ 국가의 중립성을 정당화하는 칸트적 자유주의의 방식과 정치적 자유주의의 방식

㉯ 공동체주의자들은 오늘날 가정이 해체되고, 전통적인 가치들이 무너지며, 각 공동체의 유대*가 사라지게 된 것이 자유주의자들이 개인의 자아를 잘못 이해하여 국가의 중립성을 신봉하게 된 데서 비롯되었다고 비판한다. 그리고 공동체주의자들은 자유주의자들이 개인주의적 입장에서 자유를 자신의 가치관을 자유롭게 선택하는 자유로만 이해하는 것을 문제 삼으며 자유는 자치에 대한 참여로 이해되어야 한다고 주장한다. 자치에 대한 참여는 사회의 공동선에 대해 동료 시민들과 함께 숙고* · 토론 · 심의하며 정치 공동체인 사회의 운명을 정하는 데 참여하는 것이다. 그런데 자치에 대한 참여를 잘하기 위해서는 사람들이 시민으로서의 자질 혹은 시민적인 덕을 갖추고 있거나 습득할 수 있어야 한다. 이를 위해서는 국가의 역할이 필요하므로 공동체주의자들은 국가가 중립적일 수 없다고 본다.

국가의 중립성을 정당화하는 자유주의자들의 입장에 대한 공동체주의자들의 비판

자유주의자들의 개인주의적 입장을 비판하는 공동체주의자들의 입장

자치에 대한 참여를 잘하기 위해 필요한 선행 요건

국가가 중립적일 수 없다고 보는 공동체주의자들의 입장

▶ 자유주의자들의 입장에 대한 공동체주의자들의 비판

현대의 공동체주의 입장을 대표하는 샌델이 보기에, 자유주의자들은 개인을 공동체에 도덕적 · 시민적 유대로 묶여 있지 않은 자아, 즉 자유롭고 독립적이어서 자신이 속해 있는 공동체로부터 주어지는 책무를 지지 않는 자아로 생각한다. 샌델은 이렇게 자아를 인식하면 자유를 지켜 낼 수 없다고 비판한다. 이와 관련하여, 자유주의자들은 사적인 자아로서의 개인적인 정체성과 공적인 자아로서의 정치적인 정체성이 구별되므로 공적 영역에서 정치적인 정체성을 띰으로써 다원적인 사회에서 상호 존중에 기반한 사회적 협력을 도모*할 수 있다고 주장한다. 이는 특정한 철학보다는 민주주의적 방식을 통한 정의에 대한 합의가 우선한다는 원리를 내세워 특정한 철학에 연루되지 않고 정치적 영역에 한정하여 정치적 인간의 자율성을 옹호하는 롤스의 입장과 연결된다. 이와 같은 입장을 샌델은 '최소주의적 자유주의'라고 부른다. 샌델은 정치적 문제에는 특정한 철학적, 도덕적 가치관이 개입될 수밖에 없다고 본다. 그런데 최소주의적 자유주의의 입장은 실제적인 것인 정치를 형이상학적인 철학에서 분리해 내자는 생각에 의거해 있다. 샌델은 이렇게 실제적인 것을 우선시하는 최소주의적 자유주의는 사회적 협력의 실제적인 이익을 능가*할 수 있는 도덕적 · 종교적 가치관이 있을 수 있음을 간과하는 문제가 있다고 본다.

자아에 대한 자유주의자들의 입장에 대한 샌델의 비판적 입장

샌델의 비판적 입장에 대한 자유주의자들의 반박

롤스의 정치 자유주의적 입장

롤스와 상반된 샌델의 입장

최소주의적 자유주의에 대한 샌델의 비판

▶ 최소주의적 자유주의의 입장에 대한 샌델의 비판

공동체주의자들은 자유주의자들의 입장에 대해 '과연 자유주의 입장에서 개인의 자유에 부여하는 가치가 그 자유를 누리는 데 많은 사람에게 필수 불가결한 문화 및 문화적 관행을 보호하는 일과 양립*할 수 있는가'라는 문제를 제기한다. 사람들이 자유를 높이 평가하는 이유는 그 자유가 자신들의 목적 추구 활동을 가능하게 해 주기 때문일 것이다. 그런데 사람들의 목적 추구 활동의 의미는 하나의 그물망처럼 얽혀 있는 문화적 관행과 전통

공동체주의의 입장에서 자유주의의 입장의 타당성과 관련해 제기하는 문제

에 의존한다. 그렇다면 이러한 문화적 관행과 전통이 지속되도록 사회적 지원이 이루어져야 한다. 그러나 자유주의 입장에서는 자율성을 평등하게 존중하는 것을 깨트릴 수 있다는 이유로 특정한 문화를 보호하는 것을 금지할 수 있다. 자유주의자들은 정의를 사회 제도의 제일 미덕으로 중시하기 때문이다. 그런데 공동체주의자들은 시민들의 좋은 삶을 장려*하는 것을 정치 제도의 제일 미덕으로 중시한다. 그래서 공동체주의자들은 국가의 중립성에 대해 반대한다.

문화적 관행과 전통에 대한 사회적 지원의 필요성을 근거로 자유주의 입장에 제기할 수 있는 문제점

공동체주의자들이 국가의 중립성에 반대하는 근거

▶ 국가의 중립성에 반대하는 공동체주의자들의 입장

어휘! 이것만은 꼭 익히자

- **다원주의(多元主義)**: 개인이나 여러 집단이 기본으로 삼는 원칙이나 목적이 서로 다를 수 있음을 인정하는 태도.
- **편파적(偏頗的)**: 공정하지 못하고 어느 한쪽으로 치우친 것.
- **대우(待遇)**: 어떤 사회적 관계나 태도로 대하는 일.
- **처우(處遇)**: 조처하여 대우함. 또는 그런 대우.
- **보장(保障)**: 어떤 일이 어려움 없이 이루어지도록 조건을 마련하여 보증하거나 보호함.
- **유리(遊離)**: 따로 떨어짐.
- **옹호(擁護)**: 두둔하고 편들어 지킴.
- **유대((紐帶)**: 끈과 띠라는 뜻으로, 둘 이상을 서로 연결하거나 결합하게 하는 것. 또는 그런 관계.
- **숙고(熟考)**: 곰곰 잘 생각함. 또는 그런 생각.
- **도모(圖謀)**: 어떤 일을 이루기 위하여 대책과 방법을 세움.
- **능가(凌駕)**: 능력이나 수준 따위가 비교 대상을 훨씬 넘어섬.
- **양립(兩立)**: 두 가지가 동시에 따로 성립함.
- **장려(奬勵)**: 좋은 일에 힘쓰도록 북돋아 줌.

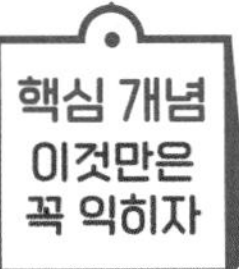

국가의 중립성에 대한 자유주의와 공동체주의의 대립

자유주의에서는 개인이 자신의 가치관이나 삶의 방식 등을 자유롭게 선택할 수 있어야 한다고 본다. 이와 같은 입장에서 국가가 개인에게 특정한 가치관을 장려하거나 지원하는 것은 적절하지 않다. 국가는 중립적이어야 하는 것이다. 반면 공동체주의에서는 자유를 자치에 대한 참여로 보고, 자치에 대한 참여를 잘하기 위해서는 사람들이 시민으로서의 자질 혹은 시민적인 덕을 갖추고 있거나 습득할 수 있어야 한다고 주장한다. 공동체주의에서는 사람들이 시민으로서의 자질 혹은 시민적인 덕을 갖추거나 습득하는 데 국가의 역할이 필요하기 때문에 국가는 중립적일 수 없다고 본다.

공동체주의자들의 비판에 대한 자유주의자들의 반박

공동체주의 입장에서는 개인의 권리를 사회보다 우선시하는 자유주의 입장에 대해 개인의 자아를 사회와 유리된 자아로 인식하는 것이라고 비판한다. 즉 개인을 도덕적·시민적 유대로 묶여 있지 않는 자아로 보는 것이 적절하지 않다고 말하는 것이다. 이러한 비판에 대해 자유주의 입장에서는 사적인 자아로서의 개인적인 정체성과 공적인 자아로서의 정치적인 정체성이 구별되기 때문에 공적 영역에서 정치적인 정체성을 띰으로써, 즉 정치적 영역에 한해 자유주의적 원리를 채택함으로써 다원적인 사회에서 상호 존중에 기반한 사회적 협력을 도모할 수 있다고 주장한다.

■ **현대 공동체주의의 대두**

인간의 본질을 '인간은 사회적 동물이다'로 대변되는 공동체적 삶의 양식을 통해 파악하려는 사상은 고대와 중세 시대를 거쳐 유구하게 전개되어 온 것이다. 그런데 현대의 공동체주의는 자유주의에 대한 비판으로서 등장한 것이다. 자유주의는 착취와 불합리성으로 점철된 중세의 억압적인 공동체를 해체하고 인권과 자유를 가진 근대적 개인을 출현시켰으며, 인간 사회와 공동체가 개인들의 자발적인 계약적 합의에서 이룩된다고 설명하며 근대의 지배적 이념으로 자리를 잡았다. 이 과정에서 근대적 개인은 개인적 자유와 인권과 분업을 통해 물질적 풍요를 얻었다. 공동체주의는 이러한 시대를 배경으로 자유주의를 비판하기 위해 등장했다. 공동체주의에서는 자유주의는 가족 혹은 지역 공동체를 경시하거나 무시함으로써 공동체와 공공선을 훼손하며, 정치적 공동체에의 참여가 인간의 가치 있는 삶에 대해 갖는 중요성을 간과하게 만든다고 비판해 왔다. 그리고 중립적인 입장에서 정의의 원칙을 통한 절차주의적인 통괄만을 국가의 임무라고 생각하는 자유주의의 입장에 대해서도 비판해 왔다.

선생님의 만점 구조도

포인트 ❶ **자유주의자들이 국가의 중립성을 정당화하는 방식** 문항 06 관련

상대주의나 회의주의에 호소하는 방식
가치를 판단할 때 ❶ [　　　](으)로 참이거나 거짓인 것은 없다. 따라서 국가가 구성원 개개인의 가치관을 모두 똑같이 중립적으로 대우해야 한다.

❷ [　　　] 자유주의의 방식
옳음과 정의를 보장하는 것이 우선되어 국가가 개인 권리의 공정한 체계를 보장하는 일을 우선시해야 하므로 국가는 중립적이어야 한다.

국가의 중립성 정당화

공리주의적 방식
국가가 국민으로 하여금 특별한 삶의 방식을 받아들이게 만들면 사회 전체의 행복 ❸ [　　　]이/가 줄어들기 때문에 국가는 중립적이어야 한다.

정치적 자유주의의 방식
정치적 영역에 한해 자유주의적 원리를 채택해 상호 존중과 ❹ [　　　]의 태도를 중시해야 하므로 국가의 중립성은 정당화될 수 있다.

정답 ❶ 절대적 ❷ 칸트적 ❸ 총량 ❹ 관용

포인트 ❷ **자유주의자들의 입장에 대한 공동체주의자들의 비판**

공동체주의자들의 비판

개인주의적 입장에서 자유를 자신의 가치관을 자유롭게 선택하는 자유로만 이해하는 것은 문제이다. 자유는 자치에 대한 ❶ [　　　](으)로 이해되어야 한다.

개인을 자유롭고 독립적이어서 자신이 속해 있는 공동체로부터 주어지는 ❷ [　　　]을/를 지지 않는 자아로 이해해서는 안 된다. 그러면 자유를 지켜 낼 수 없다.

정치적 문제에는 특정한 철학적, 도덕적 가치관이 개입될 수밖에 없다. 정치적 영역은 철학적, 도덕적 영역과 ❸ [　　　]인 것으로 분리되지 않는다.

→ **자유주의자들의 입장**

정답 ❶ 참여 ❷ 책무 ❸ 독립적

정의에 대한 철학적 담론

현대 철학에서 자유 지상주의자들은 자유를 어떤 외부적 강제나 강압도 없는 상태라고 정의하였다. 현대 사회의 개인은 각자의 신념을 인정하고 자신의 신념을 타자에게 강요하지 않아야 하며, 국가는 기본적으로 개인에게 간섭하지 않아야 한다는 것이다. 이는 개인의 자유에 대한 독점적 소유권을 강조한 것이다. 한편, 자유 지상주의자들과 차별화되어 자유주의적 평등주의자라고 불리는 학자들이 있다. 롤스는 그 대표적 학자로, '정의'에 대한 담론을 본격적으로 들고나와 정치 철학의 지형을 바꾸어 놓았다는 평가를 받았다. 롤스는 사상 체계의 제1의 덕목이 진리라면 사회 제도의 제1의 덕목은 정의라고 주장하였다. 그가 특히 강조하였던 것은 모든 개인은 자유롭고 평등한 존재이며, 소수 혹은 사회적 약자가 강자의 권력 때문에 자신들에게 주어진 정치적 권리를 희생당해서는 안 된다는 것이다. 또한 어떠한 제도가 아무리 효율적인 것이라고 할지라도 그것이 정의에 부합하지 않으면 개혁되거나 폐기되어야 한다고 주장하였다.

롤스는 정의의 핵심이 절차적 공정성에 있다고 보았다. 한 사회 내에서 사회 구성원들이 자신의 사회를 운영해 나갈 법과 제도를 합의한다고 할 때, 이 법과 제도가 정의로운 것인지 아닌지는 그것이 정해지는 절차적 공정성에 달려 있다는 것이다. 롤스는 절차적 공정성에 대해 설명하기 위해 사회 구성원들이 법과 제도의 토대가 되는 사회 운영 원리를 합의하는 이른바 원초적 상황을 가정한다. 원초적 상황에서는 무지의 장막이라는 특수한 정보 차단 장치가 있어서 이 상황에 참여한 사람들은 자신이 처한 사회적 지위나 자신의 선호에 관한 정보를 알 수 없다. 이때 참여자들이 합리적이라면 자신이 어떤 사회적 조건에 처해 있는지를 모르기 때문에 자신이 최악의 상황에 빠지게 될 수 있음을 고려하게 될 것이고, 타고난 능력이나 처해진 환경, 계층적 조건 등에 의해 좌우되지 않는, 불편부당한 정의의 원칙을 마련하게 될 것이다. 이 때문에 원초적 상황에서는 자연스럽게 절차적 공정성이 확보된 원칙이 마련되고 최악의 상황에 처한 사람들에게 가장 유리한 사회 제도를 선택하게 됨으로써 사회적 안전망이 생기게 된다.

롤스는 원초적 상황에서 개인들이 합의하는 원칙이 곧 정의의 원칙임을 강조하였다. 롤스가 정의의 원칙으로 제시한 것 중 가장 혁명적인 개념으로 평가받는 것은 차등의 원칙인데, 롤스는 차등의 원칙을 통해 약자를 배려하기 위한 경제적 불평등은 허용할 수 있다고 하였다. 이러한 발상이 구체화된 것이 바로 롤스가 제시한 맥시민 원리(maximin rule)이다. 효율성의 원칙에 따라 사회적 자원이 불평등하게 분배되는 상황에서 최소의 몫을 가져가는 사람을 최소 수혜자라고 하고 최대의 몫을 가져가는 사람을 최대 수혜자라고 하는데, 맥시민 원리는 최소 수혜자에게 최대의 이익이나 최우선 순위를 부여하는 방식으로 사회적 자원을 분배하여야 한다는 내용을 담고 있다. 롤스는 최대 수혜자에게 최대의 이익이나 최우선 순위를 부여하는 방식으로 사회적 자원을 분배하여야 한다는 맥시맥스 원리(maximax rule)에 대해서는 부정적인 입장을 취하였다.

롤스는 개인의 정치적이고 법적인 권리는 독점적이고 배타적인 권리이기 때문에 이러한 권리에 개입하는 것은 허용될 수 없으며, 개인의 종교적·정치적 신념 역시 무지의 장막 아래에 있어 모르는 것으로 가정해야만 모든 개인이 자유롭고 평등하게 살아갈 수 있는 정의의 원칙을 마련할 수 있다고 하였다. 정의에 대한 롤스의 담론에 대해 드워킨은 모든 개인은 동등하게 대우받을 권리가 있다는 입장에서 국가가 모든 구성원들이 자유와 평등을 누릴 수 있도록 관심을 기울여야 한다는 롤스의 견해에 공감을 표하였다. 그러나 공동체주의자라고 불리는 매킨타이어는 롤스에 대한 비판적 입장을 견지하였다. 매킨타이어는 롤스가 말하는 개인은 자신이 살아가는 공동체에는 무관심하고 오로지 자신의 이익만을 추구하는 자아라고 지적하였다. 또한 공동체의 덕, 공공선 등에 대해 다루지 않고 정의를 규정하는 것은 원천적으로 불가능하다는 것을 강조하였다. 구체적인 상황에서 유덕한 행위를 하도록 만드는 공동체의 윤리적 가치나 관행, 전통이 원초적 상황을 통해 정당성을 확보한 불편부당한 관점보다 더 중요하며, 사람의 덕과 공동체의 가치에 의해 매개되지 않는 정의란 존재할 수 없다는 것이다. 이는 현대 정치 철학의 주요 논쟁으로 꼽히는 자유주의와 공동체주의 논쟁의 주된 내용이라 할 수 있다.

독해 포인트 이 글은 자유주의적 평등주의자라고 불리는 롤스의 정의론을 중심으로 하여 현대 사회의 정의에 대한 철학적 담론을 다루고 있다. 자유 지상주의자들은 외부적 강제나 강압이 없는 독점적 소유권으로서 자유권을 강조하였다. 이와 달리 롤스는 개인의 자유를 강조하면서도 원초적 상황에서 개인이 합의하는 원칙이 곧 정의의 원칙이며, 사회적 자원의 분배가 기본적으로 평등하게 이루어져야 한다는 것을 차등의 원칙, 맥시민 원리 등을 통해 역설하였다. 이러한 롤스의 정의에 대한 입장은 공동체주의자들에게 비판을 받기도 하였으며, 현대 정치 철학의 주요 논쟁으로 이어지기도 하였다.

주제 롤스의 정의론과 현대 철학에서의 정의에 대한 담론

2회 데넷의 지향계 이론

2회

EBS 수능특강 **독서 303쪽**

독해 포인트 이 글은 '지향성'이란 철학적 개념으로 마음 읽기에 대한 이해의 지평을 넓힌 철학자인 대니얼 데넷의 지향계 이론의 주요 내용을 설명하고 있다. 지향계 이론에 따르면, 어떤 대상의 마음을 읽는 것은 그 대상에 '지향적 태세'를 취하는 것이다. 데넷은 개체의 물리적 구성 요소와 그것을 지배하는 법칙으로 개체의 행동을 설명하고 예측하는 '물리적 태세', 설계된 개체나 체계의 행동이 그 설계대로 이루어질 것이라고 설명하고 예측하는 '설계적 태세'와 '지향적 태세'를 구별했다. 지향적 태세는 물리적 태세나 설계적 태세를 취하는 데 어려움이 있는 대상에 대한 설명과 예측을 할 수 있는 것이다. 지향적 태세는 어떤 존재자이든 그 존재자를 합리적 행위자인 양 취급하여 그 존재자의 행동을 설명하고 예측하는 전략이다. 데넷은 아무리 단순한 체계라도 그 행동이 지향적 태세를 통해 신빙성 있게 예측된다면 그 체계는 지향성을 가진 것으로 본다.

주 제 마음 읽기에 주목한 데넷의 지향계 이론의 주요 개념과 입장

우리는 상대의 마음을 읽는다는 표현을 사용하고는 한다. 철학에서 마음 읽기란 무엇일까? 마음 읽기는 다른 개체의 믿음과 욕구를 알고 그 믿음과 욕구에 의해 그 개체가 행동한다는 것을 이해한다는 뜻이다. 대니얼 데넷은 '지향성'이라는 철학적 개념으로 마음 읽기에 대한 이해의 지평*을 넓힌 철학자이다. 그는 지향성을 '~에 관함(about-ness)'이라고 보고 마음을 읽는 것에 주목했다. 그의 지향계 이론에 따르면, 어떤 대상의 마음을 읽는 것은 그 대상에 '지향적 태세'를 취하는 것이다. 만일 이 태세로 그 대상의 행동이 유용하게 잘 설명되고 예측되면 그 대상은 지향적 체계이다.

(철학에서의 마음 읽기의 개념 / 마음 읽기에 관한 데넷의 관점 / 데넷이 제시한 마음 읽기의 개념 / 지향적 체계의 개념)

▶ 데넷의 지향계 이론에서 제시하는 마음 읽기

데넷은 어떤 유형의 행동을 설명하고 예측하는 전략에 '물리적 태세', '설계적 태세', '지향적 태세' 등의 세 가지가 있다고 제시했다. '물리적 태세'는 어떤 개체의 행동을 설명하고 예측할 때 그 개체의 물리적 구성 요소와 그것을 지배하는 법칙을 사용하는 전략이다. 소금을 물에 넣었을 때 나타나는 현상에 대해 소금과 물의 물리적 구성 요소, 그리고 그것들을 지배하는 물리적 법칙을 통해 설명하고 예측할 수 있다. '설계적 태세'는 어떤 목적을 수행*하기 위하여 설계된 개체나 체계의 행동이 그 설계대로 이루어질 것이라고 설명하고 예측하는 데 사용되는 전략이다. 가령 '이 벽시계는 세 시 정각에 종을 세 번 친다.'는 것을 물리적 태세로 설명하는 것은 실용적이지 않다. 시계를 분해해서 구성 요소를 파악하고 작동 원리를 물리적으로 설명하는 것은 많은 시간을 필요로 하기 때문이다. 시간을 알리기 위한 목적으로 벽시계가 종을 치도록 설계되어 있는 것을 알면 세 시가 되었을 때 벽시계가 보일 행태를 설명하고 예측할 수 있다. 설계적 태세는 탐구하고자 하는 체계의 기능적 목적에 대한 지식으로 그 체계의 행동 유형에 대한 설명과 예측을 하는 것이다.

(물리적 태세의 개념 / 설계적 태세의 개념 / 설계적 태세로 벽시계의 행태를 설명하고 예측하는 방식 / 설계적 태세에서 체계의 행동 유형을 설명하고 예측하기 위해 주목하는 요소)

▶ 물리적 태세와 설계적 태세의 개념

데넷은 물리적 태세나 설계적 태세를 취하는 데 어려움이 있는 대상에 대해 '지향적 태세'로 효과적인 설명과 예측을 할 수 있다고 본다. 지향적 태세는 인간, 동물, 인공물 중 어떤 존재자이든 그 존재자를 마치 믿음과 욕구를 고려하여 행동하는 합리적 행위자인 양 취급*하여 그 존재자의 행동을 설명하고 예측하는 전략이다. 설명과 예측의 대상을 어떤 목적을 위해 합리적으로 행동하는 체계라고 간주*하고 그 행동을 설명하고 예측하는 것이다. 이를 위해 데넷은 세 조건을 모두 만족하는 경우에 대상을 합리적인 체계라고 가정할 수 있다고 제시한다. 첫째, 합리적인 체계는 어떤 목적 혹은 여러 단계의 목적을 성취하기 위하여 최상으로 설계되었다고 가정한다. 둘째, 합리적인 체계는 목적을 수행하는 데 필요한 일련의 규칙과 제약에 따라서 행동한다고 가정한다. 셋째, 합

(지향적 태세가 유용한 경우에 대한 데넷의 견해 / 지향적 태세의 개념 / 대상을 합리적인 체계라고 가정할 수 있는 첫 번째 요건 / 대상을 합리적인 체계라고 가정할 수 있는 두 번째 요건)

리적인 체계는 정보를 수집하고 저장하고 처리하는 과정을 수행한다고 가정한다. ▶ 지향적 태세에 대한 데넷의 입장

대상을 합리적인 체계라고 가정할 수 있는 세 번째 요건

데넷에 의하면, 어떤 지향적 체계가 유기체*인 경우 그 체계는 자연환경과의 관계 속에서 진화의 과정을 통해 형성된 것이다. 진화의 과정을 통해 환경에 성공적으로 적응한 유기체만이 적자생존*의 법칙에 따라 생존했을 것이기 때문이다. 적자생존의 법칙에 따라 생존한 유기체는 생존과 번영을 목표로 정보를 수집하고 저장하고 처리하는 믿음의 체계를 구성하므로 합리적으로 행동하는 체계로 볼 수 있는 조건들을 모두 충족할 것이다. 따라서 현존하는 유기체의 믿음의 체계는 대체로 참된 믿음으로 이루어져 있다고 볼 수 있다. 그 믿음이 참이 아니었다면 해당 유기체는 생존할 수 없었을 것이다. 데넷이 합리성을 최상의 설계로 규정한 까닭도 진화의 과정을 통하여 믿음의 체계가 대부분 참된 믿음으로 구성되어야 한다고 보기 때문이다. ▶ 지향적 체계로서 유기체가 갖고 있는 특징

유기체를 합리적으로 행동하는 체계로 볼 수 있는 근거

유기체의 믿음의 체계가 참된 믿음으로 이루어져 있다고 보는 근거

데넷은 아무리 단순한 체계라도 그 체계의 행동이 지향적 태세를 통해 신빙성 있게 예측된다면 그 체계를 지향성을 가진 것으로 여긴다. 이에 대해 누가 어떤 목적으로 체계를 해석하느냐에 따라 그 체계의 지향성 유무가 달라질 수 있다는 비판이 있다. 가령 인간보다 훨씬 뛰어난 지능을 가진 외계 존재가 발달한 과학에 근거해 인간의 행동을 관찰한다고 할 때, 그 존재가 인간의 행동을 물리적 태세만으로 실용적으로 설명하고 예측한다면 그 존재에게 인간은 온도 조절 장치처럼 단순한 체계의 대상으로 인식될 수 있다. 이에 대해 데넷은 '진짜 패턴'이라는 개념을 사용해 반박한다. 그는 지향적 태세를 취하지 않고 인간의 행동을 설명하려는 어떤 시도도 자료 속에 실제로 존재하는 '진짜 패턴'을 포착할 수 없다고 주장한다. 진짜 패턴은 물리적 태세를 통해 기술된 것을 지향적 태세를 통한 기술로 바꾸는 것을 가능하게 해주는 것으로 지향적 체계의 행동 유형을 설명할 수 있는 패턴을 의미한다. 그에 따르면, 진짜 패턴이 있는 대상은 지향성을 갖고 있기 때문에 지향성의 유무가 상대적으로 달라지지 않는다. ▶ 지향계 이론에 대한 비판과 그에 대한 데넷의 반박

지향성을 지닌 체계에 대한 데넷의 관점

데넷의 지향성 이론에 대한 비판

데넷의 주장이 상대적인 성격을 갖고 있다고 비판하는 사례

진짜 패턴의 개념

지향성 판단을 상대적이라고 비판하는 것에 대한 데넷의 반박

어휘! 이것만은 꼭 익히자

- **지평(地平)**: 사물의 전망이나 가능성 따위를 비유적으로 이르는 말.
- **수행(遂行)**: 생각하거나 계획한 대로 일을 해냄.
- **취급(取扱)**: 사람이나 사건을 어떤 태도로 대하거나 처리함.
- **간주(看做)**: 상태, 모양, 성질 따위가 그와 같다고 봄. 또는 그렇다고 여김.
- **유기체(有機體)**: 많은 부분이 일정한 목적 아래 통일 · 조직되어 그 각 부분과 전체가 필연적 관계를 가지는 조직체.
- **적자생존(適者生存)**: 환경에 적응하는 생물만이 살아남고, 그러지 못하는 것은 도태되어 멸망하는 현상.

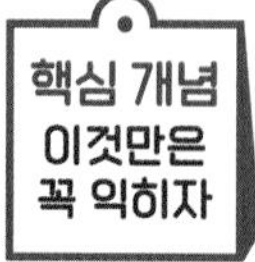

물리적 태세와 설계적 태세

- **물리적 태세**

  어떤 개체의 행동을 설명하고 예측할 때 그 개체의 물리적 구성 요소와 그것을 지배하는 법칙을 사용하는 전략이다. 가령 소금을 물에 넣었을 때 나타나는 현상에 대해 소금과 물의 물리적 구성 요소, 그리고 그것들을 지배하는 물리적 법칙을 통해 설명하고 예측하는 것이다.

- **설계적 태세**

  어떤 목적을 수행하기 위하여 설계된 개체나 체계의 행동이 그 설계대로 이루어질 것이라고 설명하고 예측하는 데 사용되는 전략이다. 가령 '이 벽시계는 세 시 정각에 종을 세 번 친다.'는 것에 대해 시간을 알리기 위한 목적으로 벽시계가 종을 치도록 설계되어 있는 것을 고려하여 벽시계의 행태에 대해 설명하고 예측하는 것이다.

지향적 태세를 통한 설명과 예측

물리적 태세나 설계적 태세로 어떤 대상에 대해 설명하고 예측하는 것이 비효율적이거나 어려운 경우 지향적 태세를 통해 설명과 예측을 할 수 있다. 지향적 태세는 대상을 합리적으로 행동하는 체계라고 간주하고 그 행동을 설명하고 예측하는 것이다. 데넷은 합리적인 체계에 대해 어떤 목적 혹은 여러 단계의 목적을 성취하기 위하여 최상으로 설계되었으며, 목적을 수행하는 데 필요한 일련의 규칙과 제약에 따라서 행동하고, 정보를 수집하고 저장하고 처리하는 과정을 수행하는 것으로 가정해 설명하고 예측한다. 데넷에 따르면, 아무리 단순한 체계라도 그 체계의 행동이 지향적 태세를 통해 신빙성 있게 예측된다면 그 체계를 지향성을 가진 것으로 볼 수 있다.

■ **데넷의 '다중 초안 모형'**

데넷은 『설명된 의식』에서 의식에 관한 두 가지 통념을 비판했다. 첫째는 감각질이 의식이라는 생각이고, 둘째는 마치 객석 한가운데에 앉아 뇌 속에서 돌아가는 모든 일을 영화 감상하듯 관찰하고 통제하는 작은 존재 같은 것이 의식이라는 생각이다. 데넷은 이를 의식에 관한 '데카르트의 극장 모형'이라고 부르고 이 모형을 대체하기 위해 '다중 초안 모형'을 제시했다. 다중 초안 모형에 따르면 뇌의 모든 정신 활동이 감각 입력이 병렬적으로 처리되고 해석된 결과물이기 때문에 의식이 발생하는 자리 같은 것은 존재하지 않는다. 정보는 신경계로 들어오면서부터 연속적으로 편집되고 수정된다. 이때 수많은 초안만이 존재한다. 우리가 단일한 의식을 가진 행위자인 것처럼 느끼는 것에 대해 데넷은 우리 뇌에서 수많은 초안이 병렬적으로 처리되는 과정에서 하나의 안으로 쏠리는 현상이 생겨나기 때문이라고 보았다.

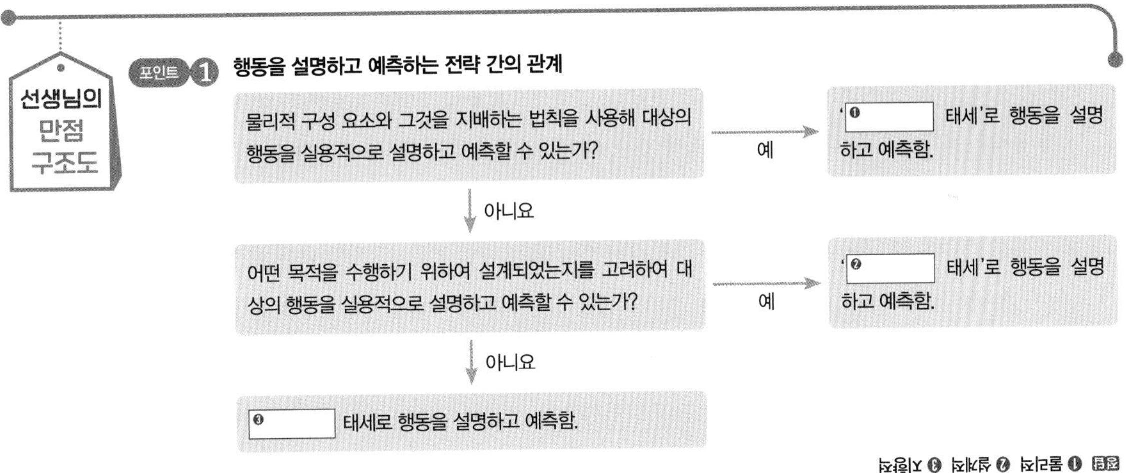

선생님의
만점
구조도
포인트 1 행동을 설명하고 예측하는 전략 간의 관계
물리적 구성 요소와 그것을 지배하는 법칙을 사용해 대상의 행동을 실용적으로 설명하고 예측할 수 있는가?
예
'❶ [ ] 태세'로 행동을 설명하고 예측함.
아니요
어떤 목적을 수행하기 위하여 설계되었는지를 고려하여 대상의 행동을 실용적으로 설명하고 예측할 수 있는가?
예
'❷ [ ] 태세'로 행동을 설명하고 예측함.
아니요
❸ [ ] 태세로 행동을 설명하고 예측함.
정답 ❶ 물리적 ❷ 설계적 ❸ 지향적

포인트 2 지향계 이론을 비판하는 입장에 대한 데넷의 반박 문항 11 관련

비판하는 입장		데넷의 입장
인간보다 훨씬 뛰어난 지능을 갖고 과학이 발달한 외계 존재가 인간의 행동을 관찰한다면, 그 외계 존재가 인간의 행동을 ❶ [ ] 태세만으로 실용적으로 설명하고 예측할 수 있을 것이다. 그렇다면 그 외계 존재에게 인간은 단순한 체계의 대상으로 인식된다. 이는 누가 어떤 목적으로 체계를 해석하느냐에 따라 그 체계의 ❷ [ ]의 유무가 상대적으로 달라질 수 있음을 나타낸다.	비판 → / ← 반박	지향적 태세를 취하지 않고 인간의 행동을 설명하려는 어떤 시도도 자료 속에 실제로 존재하는 '진짜 패턴'을 포착할 수 없다. 물리적 태세를 통해 기술된 것을 ❸ [ ] 태세를 통해 기술된 것으로 바꾸는 것을 가능하게 해 주는 ❹ [ ]이/가 있는 대상은 지향성의 유무가 상대적으로 달라지지 않는다.

정답 ❶ 물리적 ❷ 지향성 ❸ 지향적 ❹ 진짜 패턴

2회 생체 내의 화학 결합과 창발성

2회

EBS 수능특강 **독서 307쪽**

독해 포인트 이 글은 생체 내에서 일어나는 화학 반응에 대해 설명하고 있다. 생명체는 탄소를 근간으로 수소, 산소, 질소, 인, 황 등의 여러 물질이 여러 화학 반응을 통해 배열되고 결합해 있는 복합체이다. 생체 내의 분자들이 형성되는 화학 결합은 원자 간의 결합과 분자 간의 결합으로 나누어 살펴볼 수 있다. 생체 내 화학 반응이 일어나기 위해서는 분자들이 일정한 거리에서 반응할 수 있어야 하며 분자들의 운동이 비교적 자유로워야 한다. 이를 도와주는 물질이 단백질이다. 이 글에서는 생체 내 화학 반응만으로 설명할 수 없는 생명 현상도 다루고 있다. 창발성의 개념을 소개함으로써 생체 내의 현상이 다양하고 복잡한 양상으로 나타남을 제시하고 있다.

주 제 생체 내에서 일어나는 화학 반응과 창발성

생명체는 탄소(C)를 근간으로 해서 수소(H), 산소(O), 질소(N), 인(P), 황(S) 등의 원소가 여러 화학 반응을 통해 정교하게 배열*되고 결합해 있는 복합체이다. 탄소가 생체 고분자의 골격으로 사용되는 이유는 원자의 가장 바깥 껍질에 4개의 원자가 전자*가 있어서 다른 원자와 전자를 공유할 수 있는 특성을 갖고 있기 때문이다. (탄소의 물질적 특성) 원자의 특성은 생체 고분자의 형성 과정에서 다양한 화학 반응이 일어나는 요인이 된다. (물질의 특성과 화학 반응의 관계) 예를 들어 전자를 끌어당기는 능력인 전기 음성도가 큰 산소는 분자에 결합되어 있을 때도 많은 경우 부분적인 음전하를 띤다. (화학 반응을 일으키는 산소의 특성) 이러한 이유로 산소는 생체 고분자 형성 과정에서 부분적인 양전하를 띠는 원소와 쉽게 결합할 수 있다. 생체 내에서 탄소, 수소, 산소, 질소, 인, 황 등은 화학적으로 결합한다. 생체 내에서 이루어지는 화학 결합은 크게 원자 간 결합과 분자 간 결합으로 나누어 살펴볼 수 있다.

▶ 생명체를 이루는 주요 원소와 원소의 특성이 화학 반응에 미치는 영향

원자 간 결합은 공유 결합이나 이온 결합에 의해 이루어질 수 있다. 공유 결합은 분자를 구성하는 원자 간에 전자가 공유됨으로써 각 원자가 안정화되는 결합이다. (공유 결합의 개념) 전자의 공유는 일반적으로 옥텟 규칙에 따라 이루어진다. 옥텟 규칙은 원자가 가장 바깥의 전자 껍질에 있는 전자를 잃거나 얻음으로써 전자의 개수를 8개로 만들어 안정한 상태에 도달하고자 하는 경향을 의미한다. (옥텟 규칙의 개념) 수소나 헬륨의 경우에는 예외적으로 가장 바깥의 전자 껍질에 2개의 전자를 채운다. 두 원자 사이에 공유한 전자가 한 쌍일 때는 단일 결합, 두 쌍일 때는 이중 결합, 세 쌍일 때는 삼중 결합이라고 하며, 공유한 전자쌍이 많을수록 결합력이 강해진다. (공유 전자쌍의 개수와 결합력의 관계에 관한 원리) 탄소의 경우 최대 삼중 결합까지 할 수 있다. 메테인은 1개의 탄소에 4개의 수소가 각각 단일 결합해 있는 구조이다. 탄소에 있는 4개의 원자가 전자는 1개의 원자가 전자를 지닌 수소 4개와 각각 공유 결합한다. (메테인에 있는 탄소의 공유 결합 양상) 이로써 탄소는 8개의 전자를, 수소는 2개의 전자를 원자의 가장 바깥 전자 껍질에 채운 것이 된다. 이와 같은 공유 결합과 달리, 이온 결합은 두 원소 간에 공유하는 전자 없이 원자 간의 결합이 이루어지는 것이다. (공유 결합과 구별되는 이온 결합의 특성) 이온 결합은 양이온과 음이온 사이의 정전기적 인력에 기반을 둔 결합이다. (이온 결합의 개념) 예로 염화 나트륨이 생성되는 것을 들 수 있다. 옥텟 규칙에 따라 나트륨은 가장 바깥의 전자 껍질에 있는 전자 하나를 내어 주는 반면 염소는 가장 바깥의 전자 껍질에 전자 하나를 채움으로써 각각 양이온, 음이온이 된다. 이렇게 만들어진 양이온과 음이온은 각각 양전하*와 음전하*를 띠기 때문에 일정 거리 내에서 서로 잡아당겨 결합을 함으로써 염화 나트륨을 생성한다.

▶ 공유 결합과 이온 결합의 원리와 특성

분자 간 결합은 수소 결합이나 반데르발스 힘에 의해 이루어질 수 있다. 수소 결합은 수소 원자가 전기 음성도가 큰 원자와 공유 결합할 때 부분적인 양전하를 띠기 때문에 일어난다. 전기 음성도가 큰 원자는 부분적인 음전

하를 띠기 때문에 다른 분자에 있는 부분적인 양전하를 띠는 수소와 결합할 수 있는데, 이를 수소 결합이라고 한다. 가령 수소 결합은 각기 다른 물 분자 간의 결합에서 나타난다. 전기 음성도가 큰 산소는 물 분자에서 부분적으로 음전하를 띠지만, 물 분자의 수소는 부분적으로 양전하를 띤다. 이에 따라 각기 다른 물 분자의 수소와 산소가 서로 결합하게 된다. 수소 결합은 결합력이 공유 결합보다 약한데, 수소 결합보다 결합력이 약한 것은 반데르발스 힘에 의한 결합이다. 반데르발스 힘은 전기적으로 중성인 분자 사이에서 극히 근거리에서만 작용하는 약한 인력이다. 가령 기름 분자들이 서로 뭉쳐 있는 것은 반데르발스 힘 때문이다. 많은 원자로 이루어진 분자들이 한꺼번에 서로 당기면 반데르발스 힘도 꽤 큰 힘으로 작용할 수 있다.

수소 결합의 개념 / 수소 결합을 일으키는, 물 분자의 산소와 수소의 특성 / 수소 결합, 공유 결합, 반데르발스 힘 등의 결합력 차이 / 반데르발스 힘의 개념

▶ 수소 결합과 반데르발스 힘의 원리와 특성

생체 내 화학 반응이 일어나기 위해서는 분자들이 약 0.1nm 정도의 일정한 거리에서 반응할 수 있어야 하며, 분자들의 운동이 비교적 자유로워야 한다. 이에 따라 생체 내 화학 반응을 위해서는 원자들 간의 공유 결합이 끊어져야 하는데, 상온에서는 그것이 쉽게 이루어지지 않는다. 이를 도와주는 촉매 역할을 할 수 있는 물질이 단백질이다. 단백질은 이온화* 되거나 부분적으로 양전하 또는 음전하를 띠는 아미노산들로 이루어져 있다. 이에 따라 단백질은 음전하와 양전하 사이의 당기는 힘의 작용을 통해 공유 결합을 끊는 촉매 역할을 할 수 있다. 한편 분자들은 물에 녹아 있으면 여러 운동이 가능하다. 이 상태에서 가능한 분자 운동으로는 진동, 회전, 병진 등의 세 가지가 있다. 여러 개의 원자로 이루어진 분자는 진동 운동에 의해 원자 간의 결합 거리가 약 0.1nm 범위에서 짧아졌다 길어졌다 한다. 분자들이 회전 운동을 하게 되면, 반응성이 있는 작용기들이 다른 분자들과 충돌하게 된다. 병진 운동은 분자들이 전후좌우로 자유롭게 돌아다니는 것이다. 병진 운동에 의해 화학 반응을 위한 분자 간의 충돌 횟수가 늘어나게 된다. 이 세 운동은 다양한 화학 반응을 촉진* 하는 역할을 한다.

생체 내 화학 반응이 일어나기 위한 요건 / 공유 결합을 끊는 촉매 역할을 할 수 있는 단백질의 특성 / 진동 운동에 의해 나타나는 양상 / 회전 운동에 의해 나타나는 양상 / 병진 운동의 개념 / 병진 운동에 의해 나타나는 양상 / 진동, 회전, 병진 운동이 생체 내 화학 반응에 미치는 영향

▶ 단백질의 촉매 역할과 분자 운동의 종류

물질이 배열되고 결합되는 생체 내 화학 반응만으로는 생명 현상을 설명할 수 없다. 생명 현상은 부분의 합 이상의 것이다. 이를 설명하기 위한 개념이 '창발성'이다. 창발성이란 하위 계층에는 없는 특성이나 행동이 상위 계층에서 자발적으로 돌연히* 출현* 하는 현상을 말한다. 생명체는 단백질, 탄수화물, 핵산과 같은 거대 분자들과 지질로 구성된다. 이 거대 분자들은 그보다 간단한 단위 분자들이 사슬처럼 연결되어 만들어진다. 가령 단백질은 아미노산이라는 단위 분자가 연결되어 만들어진다. 이때 거대 분자에서는 단위 분자에 없던 새로운 특성이 창발적으로 출현한다. 거대 분자들이 정교하게 서로 결합하여 세포라는 단위가 만들어지고, 세포들이 다시 서로 정교하게 연결되어 하나의 생명체가 만들어진다. 이 과정에서도 단계별로 높은 수준의 조직화가 진행될 때마다 새로운 특성이 창발적으로 나타나 정교한 생물체가 된다.

창발성의 개념 / 하위 요소들이 연결되어 상위 요소가 만들어질 때 나타나는 창발성

▶ 창발성의 개념과 양상

* **원자가 전자:** 원자의 가장 바깥 전자 껍질에 있는 전자로, 화학적인 성질과 반응을 결정하는 데 영향을 미침.

어휘! 이것만은 꼭 익히자

- **배열(配列/排列)**: 일정한 차례나 간격에 따라 벌여 놓음.
- **양전하(陽電荷)**: 양의 전기를 띤 전하. 또는 양의 부호를 가지는 전하.
- **음전하(陰電荷)**: 음의 전기를 띤 전하. 또는 음의 부호를 가지는 전하.
- **이온화(ion化)**: 전해질이 용액 속에서 양이온이나 음이온으로 해리되거나 그렇게 만듦. 또는 그런 현상.
- **촉진(促進)**: 다그쳐 빨리 나아가게 함.
- **돌연히(突然히)**: 예기치 못한 사이에 급히.
- **출현(出現)**: 나타나거나 또는 나타나서 보임.

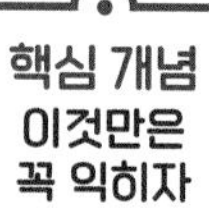

공유 결합과 이온 결합

• 공유 결합

분자를 구성하는 원자 간에 전자가 공유됨으로써 각 원자가 안정화되는 결합이다. 전자의 공유는 옥텟 규칙에 따라 이루어진다. 공유한 전자가 한 쌍일 때는 단일 결합, 두 쌍일 때는 이중 결합, 세 쌍일 때는 삼중 결합이라고 하며, 공유한 전자쌍이 많을수록 결합력이 강해진다. 오른쪽 그림과 같이 메테인은 1개의 탄소에 4개의 수소가 각각 단일 결합해 있는 구조인데, 탄소의 가장 바깥 전자 껍질에 4개의 원자가 전자는 1개의 원자가 전자를 지닌 수소 4개와 각각 공유 결합한다.

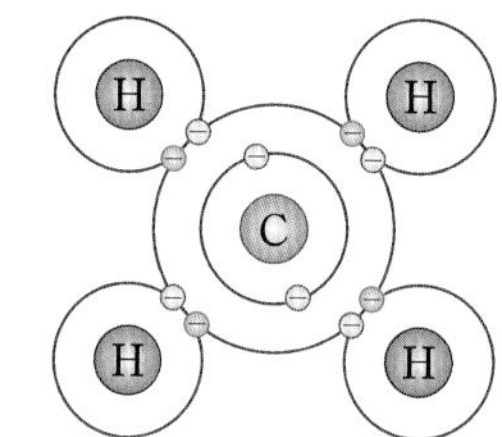

메테인에 있는 탄소와 수소의 공유 결합

• 이온 결합

공유 결합과 달리, 이온 결합은 전자의 공유 없이 결합이 이루어지는 것이다. 이온 결합은 양이온과 음이온 사이의 정전기적 인력에 기반을 둔 결합이다. 정전기적 인력이란 반대 전하를 띤 두 물체 사이에 오로지 전하로 인해 나타나는 인력을 말한다. 이온 결합의 예로 염화 나트륨이 생성되는 것을 들 수 있다. 나트륨은 가장 바깥 전자 껍질의 전자 하나를 잃음으로써, 염소는 전자 하나를 얻음으로써 옥텟 규칙을 만족하는 이온이 된다. 각각 양이온과 음이온이 된 나트륨과 염소는 아래의 그림처럼 이온 결합에 의해 서로를 잡아당겨 결합하게 된다.

Na + Cl = NaCl

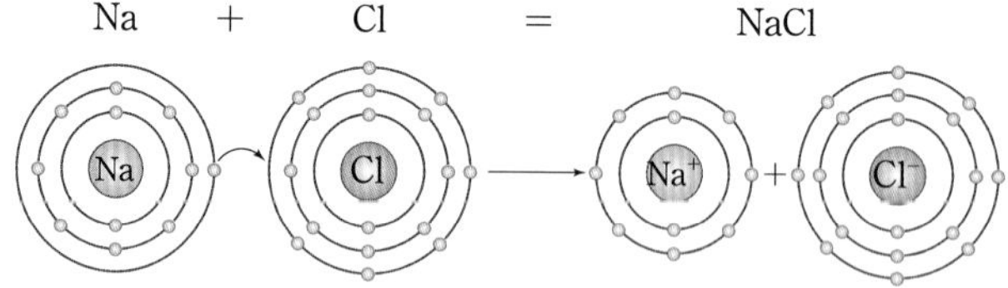

창발성

창발성이란 하위 계층에는 없는 특성이나 행동이 상위 계층에서 자발적으로 돌연히 출현하는 현상을 의미한다. 예를 들어, 산소는 물질을 태우는 데 필요한 무색무취의 기체이고 수소는 폭발성을 가진 가장 가벼운 기체이다. 산소 원자 하나에 수소 원자 두 개가 결합하면 물(H_2O)이라는 전혀 다른 화학적 특성을 가진 물질이 돌연히 출현한다. 물의 특성은 결합하기 이전의 산소와 수소는 갖고 있지 못한 것이다. 생명체에서는 모두 20종의 아미노산이 발견된다. 이들 아미노산은 제각각 조금씩 다른 특성을 지니고 있다. 아미노산이 결합되는 순서와 배열에 따라 다양한 단백질이 만들어지는데, 이때 아미노산에 없던 특성이 출현한다. 헤모글로빈은 약 550개 정도의 아미노산이 서로 결합하고 배열되어 만들어지는데, 20종의 아미노산 어느 것도 갖고 있지 못한 창발적 특성인 산소 운반의 특성을 나타낸다.

■ **생명체를 이루는 4가지 고분자 화합물**

생명체를 이루는 4가지 고분자 화합물로는 단백질, 탄수화물, 핵산, 지질이 있다. 단백질은 20종의 아미노산이 결합되어 사슬처럼 연결된 고분자 화합물이다. 탄수화물은 포도당, 과당과 같은 단당류가 연결되어 다양한 종류의 다당류가 된 것이다. 핵산은 뉴클레오티드가 일련의 사슬로 연결되어 DNA나 RNA를 만든다. 지질은 반데르발스 힘으로 뭉쳐 있는 고분자 화합물이다.

분자 간 결합에 작용하는 원리 문항 15 관련

수소 결합	• 수소 결합은 수소 원자가 전기 음성도가 큰 원자와 공유 결합할 때 부분적인 ❶ ____ 을/를 띠기 때문에 일어난다. • 전기 음성도가 큰 원자는 부분적인 음전하를 띠기 때문에 다른 분자에 있는 부분적인 양전하를 띠는 ❷ ____ 와/과 결합할 수 있는데, 이를 수소 결합이라고 한다. • 대표적인 예로 물 분자 간의 결합을 들 수 있다. 전기 음성도가 큰 ❸ ____ 은/는 물 분자에서 부분적인 음전하를 띠지만, 물 분자의 수소는 부분적으로 양전하를 띠기 때문에 물 분자 간의 결합이 가능하다. • 수소 결합은 이온 결합에 비해 결합력이 약하다.
반데르발스 힘	• 전기적으로 중성인 분자 사이에서 극히 근거리에서만 작용하는 약한 ❹ ____ 이다. • 예를 들면 기름 분자들이 서로 뭉쳐 있는 것은 반데르발스 힘 때문이다. • 수소 결합에 비해 결합력이 약하다. 그러나 많은 원자로 이루어진 분자들이 한꺼번에 서로 당기면 반데르발스 힘도 꽤 큰 힘으로 작용할 수 있다.

정답 ❶ 양전하 ❷ 수소 ❸ 산소 ❹ 인력

포인트 2

생체 내 화학 반응을 위한 요건과 단백질의 역할

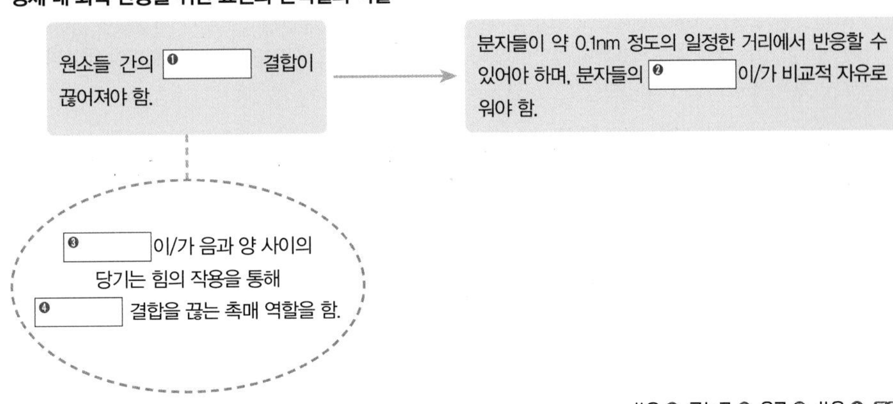

정답 ❶ 공유 ❷ 운동 ❸ 단백질 ❹ 공유

독해 읽기 2

소독약의 화학적 원리

가벼운 찰과상으로 피부 표피에 상처가 나면 소독약을 이용해 소독하게 된다. 이때 우리가 사용할 수 있는 소독약으로는 과산화 수소, 포비돈 아이오딘이 있다. 과산화 수소와 포비돈 아이오딘이 상처를 소독하는 원리는 무엇일까?

과산화 수소는 산소 원자를 분해하는 과정을 통해 상처를 소독한다. 과산화 수소는 물 분자에 산소 원자가 하나 더 붙어 있는 분자 구조로 이루어져 있다. 즉 수소 원자와 산소 원자가 각각 두 개씩 결합하여 있는 것이다. 과산화 수소를 상처 부위에 바르면 인체의 혈액이나 피부의 세포에 있는 카탈레이스라는 효소가 작용하여 과산화 수소가 물 분자와 산소 원자로 분해되면서 거품이 일어난다. 이때 분해된 산소 원자는 활성 산소가 되는데, 활성 산소는 강한 반응성을 지니고 있어서 상처 부위의 병원균을 파괴한다. 이때 우리 몸의 세포는 슈퍼옥사이드 디스뮤테이즈라는 방어 효소가 작용하기 때문에 파괴되지 않는다. 하지만 상처가 깊거나 넓어지면 과산화 수소의 사용량이 많아져서 활성 산소가 늘어나기 때문에 우리 몸의 세포가 활성 산소의 공격을 모두 막아 내지 못하게 되므로 주의해서 사용해야 한다.

포비돈 아이오딘은 아이오딘의 특성을 이용해 상처를 소독한다. 아이오딘은 전기 음성도가 높은 원소이기 때문에 산화력이 강하다. 산화력은 어떤 물질이 수소나 전자를 잃게 하거나 산소와 결합하게 하는 힘 등을 의미한다. 포비돈 아이오딘을 상처 부위에 바르면 아이오딘이 떨어져 나오면서 상처 부위의 병원균으로 침투해서 병원균의 세포 내에 있는 단백질이나 지방산 등을 산화시켜서 병원균 자체를 파괴한다.

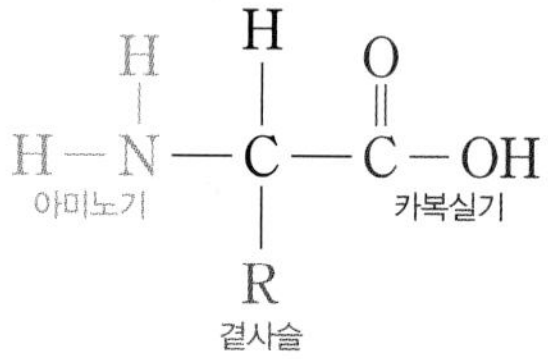

아이오딘이 병원균의 단백질을 산화시키는 과정은 병원균의 단백질을 구성하고 있는 다양한 결합 구조 중에 수소를 분리하거나 전자를 빼앗는 방식으로 진행된다. 일반적으로 단백질은 생물의 몸을 구성하는 기본 구성 단위인 아미노산들의 결합으로 구성되어 있다. 아미노산은 〈그림〉과 같이 탄소를 중심으로, 질소와 수소가 결합한 아미노기, 곁사슬, 카복실기 등이 결합한 구조이다. 아이오딘은 아미노기의 결합 구조와 곁사슬 간의 결합 구조에 영향을 줌으로써 병원균을 파괴한다. 첫째, 아이오딘은 아미노기를 구성하고 있는 질소와 수소의 결합을 깨뜨린다. 아미노기의 결합 구조가 깨지게 되면 병원균이 생명을 유지하는 데 필요한 구조 단백질 등이 파괴된다. 둘째, 아이오딘은 황과 수소의 결합에 영향을 준다. 아미노산의 종류는 곁사슬이 어떤 결합 구조를 이루고 있느냐에 따라 결정되는데, 황과 수소가 결합한 곁사슬을 가진 아미노산은 동일하게 황과 수소가 결합한 곁사슬을 가진 다른 아미노산을 만나 서로 결합하는 이황화 결합을 한다. 이황화 결합은 황이 수소와 결합하면서 사용한 전자 이외에 여분의 전자가 있을 때 이루어지고 단백질의 구조 안정화에 큰 도움을 주는데, 아이오딘은 황이 여분으로 가진 전자를 빼앗아 곁사슬이 서로 결합하지 못하게 함으로써 단백질의 구조를 불안정하게 한다. 아이오딘이 지방산을 산화시키는 과정은 지방산을 구성하고 있는 탄소의 결합 구조를 깨뜨리는 방식으로 진행된다. 지방산은 탄소가 이중으로 결합한 경우가 많은데, 아이오딘은 탄소의 이중 결합을 깨고 핵산* 사이로 침투한다. 아이오딘이 핵산 사이에 침투하면 핵산이 산화하면서 세포를 구성하고 있는 세포벽, 세포막, 세포질 등이 파괴된다.

〈그림〉

하지만 아이오딘을 사용할 때는 유의해야 할 점들이 있다. 19세기 초에 아이오딘이 상처를 입은 사람들의 상처를 소독하는 데 처음 사용되었을 때는 많은 양의 아이오딘이 한꺼번에 방출되어 병원균과 피부 세포를 가리지 않고 파괴하는 부작용이 있었다. 피부 세포까지 파괴되는 부작용을 줄이기 위해 상처를 치료하는 데 필요한 양이라도 아이오딘이 한꺼번에 방출되지 않도록 다른 화합물과 결합시켜 아이오딘과 화합물 간의 결합력이 강해지도록 만들어야 한다. 이때 아이오딘과 결합하는 화합물로 주로 사용되는 것이 독성이나 자극성은 낮고 안정성은 높은 포비돈이다. 포비돈 아이오딘은 포비돈과 아이오딘의 결합을 통해 아이오딘이 서서히 방출되면 신체의 세포를 파괴하지 않고, 아이오딘에 의한 통증과 자극을 이전보다 줄일 수 있다. 그렇다 하더라도 지나치게 많은 아이오딘을 상처 부위에 바르는 것은 주의가 필요하고, 신장 기능이 약한 사람들은 사용하지 않는 것이 좋다. 왜냐하면 아이오딘은 체내에 유입된 후 일반적으로 2일 정도 지나 신장을 통해 배설이 이루어지므로 체내의 단백질에 영향을 끼치지 않지만, 신장 기능이 약하면 아이오딘의 배설이 원활하지 못해 아이오딘의 영향을 받을 수 있기 때문이다. 또한 소량의 아이오딘이라도 인체의 기초 대사를 조절하는 갑상샘 호르몬에 직접적인 영향을 주기 때문에 갑상샘 기능에 이상이 있는 경우에는 사용하지 않아야 한다. 임신한 경우에도 태반을 통해 아이오딘이 태아의 갑상샘에 전달되어 영향을 줄 수 있기 때문에 주의해야 한다.

* **핵산**: 모든 생명체에 필수적인 물질로 세포의 기능 수행에 필요한 세포핵 내부와 외부의 정보를 전달하고 발현하는 기능을 하며, 다음 세대의 자손에게 유전 정보를 전달하는 역할을 함.

독해 포인트 이 글은 소독약을 상처에 발랐을 때 일어나는 화학 작용과 그 원리에 대해 소개하고 있다. 대표적인 소독약인 과산화 수소와 포비돈 아이오딘의 상처 소독 과정을 서술하고 그 특징과 사용할 때의 유의점을 살펴보고 있다. 과산화 수소는 물 분자와 산소 원자로 분해되는 과정에서 발생하는 활성 산소가 병원균을 파괴하는 방식으로 상처를 소독한다. 하지만 상처가 깊거나 넓은 부위에는 사용하지 말아야 한다는 유의점이 있다. 포비돈 아이오딘은 아이오딘의 강력한 산화력을 이용해 병원균의 단백질과 지방산 등을 산화시키는 방식으로 상처를 치료한다. 하지만 아이오딘 역시 지나치게 많이 사용해서는 안 되고, 신체 기능에 영향을 줄 수 있는 경우에는 사용하지 말아야 한다는 유의점이 있다.

주제 소독약인 과산화 수소와 포비돈 아이오딘의 화학적 원리 및 사용할 때의 유의점